桜蔭中学校

〈収録内容〉

便利なDLコンテンツは右のQRコードから ⇒

解答用紙　過去年度　国語の問題は紙面に掲載　解説+α

※データのダウンロードは2025年3月末日まで。

※データへのアクセスには、右記のパスワードの入力が必要となります。 ⇒ 704845

〈合格最低点〉

※学校からの合格最低点の発表はありません。

本書の特長

実戦力がつく入試過去問題集

- ▶ 問題 …………… 実際の入試問題を見やすく再編集。
- ▶ 解答用紙 …… 実戦対応仕様で収録。
- ▶ 解答解説 …… 詳しくわかりやすい解説には、難易度の目安がわかる「基本・重要・やや難」の分類マークつき（下記参照）。各科末尾には合格へと導く「ワンポイントアドバイス」を配置。採点に便利な配点つき。

入試に役立つ分類マーク 

基本 確実な得点源！
受験生の 90％以上が正解できるような基礎的、かつ平易な問題。
何度もくり返して学習し、ケアレスミスも防げるようにしておこう。

重要 受験生なら何としても正解したい！
入試では典型的な問題で、長年にわたり、多くの学校でよく出題される問題。
各単元の内容理解を深めるのにも役立てよう。

やや難 これが解ければ合格に近づく！
受験生にとっては、かなり手ごたえのある問題。
合格者の正解率が低い場合もあるので、あきらめずにじっくりと取り組んでみよう。

合格への対策、実力錬成のための内容が充実

- ▶ 各科目の出題傾向の分析、合否を分けた問題（過去３年分）の確認で、入試対策を強化！
- ▶ その他、学校紹介、過去問の効果的な使い方など、学習意欲を高める要素が満載！

解答用紙ダウンロード 解答用紙はプリントアウトしてご利用いただけます。弊社ＨＰの商品詳細ページよりダウンロードしてください。トビラのＱＲコードからアクセス可。

＋α ダウンロード 2019 年度以降の算数の解説に ＋α が付いています。弊社ＨＰの商品詳細ページよりダウンロードしてください。トビラのＱＲコードからアクセス可。

UD FONT 見やすく読みまちがえにくいユニバーサルデザインフォントを採用しています。

桜蔭中学校

生徒数　707名
〒113-0033
東京都文京区本郷1-5-25
☎03-3811-0147
総武線・中央線・都営三田線水道橋駅
徒歩５分～７分
丸ノ内線・都営大江戸線本郷三丁目駅
徒歩８分～９分

「礼と学び」の心を育成
学習意欲を喚起させる授業で
女子校有数の東大合格率

URL	https://www.oin.ed.jp

お茶の水女子大学の同窓会が設立

1923（大正12）年の関東大震災後、不足した女子教育機関を整備、振興する目的で、東京女子高等師範学校(お茶の水女子大学の前身）の同窓会が、1924（大正13）年に桜蔭女学校を設立した。新学制により、1947（昭和22）年に桜蔭中学校として再発足。翌年に桜蔭高等学校を設立した。

「勤勉・温雅・聡明であれ」「責任を重んじ、礼儀を厚くし、よき社会人であれ」を校訓に、中・高6年間の完全一貫教育で、品性と学識、自主性を備えた女性の育成を目指している。

自主的に勉強する生徒が多く、女子校では有数の東大合格実績を誇る。卒業後は大学進学を経て社会へ参加し、各方面で活躍する有能な人材を世に送り出している。

交通の便のよい都心文教地区に立地

白山通りからひとつ脇道にそれると、そこは喧騒とは無縁の世界。いくつかの高校や大学が隣接する文教地区にあり、周辺には緑も多い恵まれた教育環境である。約7000㎡の敷地には、2003年に校舎の一部を改築し、地上6階地下2階建て校舎が完成。LL教室や礼法室をはじめ、プラネタリウム、天体観測ドーム、コンピューター教室も完備する。2021年秋より東館建設が始まり、2023年秋に竣工（普通教室２学年分）。体育館、温水プール、理科教室のフロアが完成した。

さらに、群馬県北軽井沢には「浅間山荘」、西東京市には「ひばりが丘運動場」と、校外施設も充実している。

タブレット授業　中３自由研究

予復習を必要とするレベルの高い授業

“東大進学校”といっても、主要教科の授業時間数は中・高ともに特別多いわけではないが、授業の進度が速く、内容もかなりグレードが高いため、当然、予習復習が必要となる。また、“理系の桜蔭”と言われているだけに、数学と理科の内容が濃く、数学では教科書と問題集の併用が特色となっている。

中高一貫のメリットとして、中学３年次には高校の先取り授業が行われる。高校では、2・3年次から選択科目を設置する。

学年や教科によって、ユニークな方法を取り入れているのも特色で、そのひとつが中学での「卒論」にあたる「自由研究」の作成である。中学２年の３学期に研究を開始して9月に提出し、全作品が展示される。なお、全員の作品の要約は一冊の本にまとめられる。

そのほか、学力に偏重することなく、「礼と学び」の心を養うため、中学と高校2年次には礼法の授業（中1は週1時間、中2・3は5週に1時間、高2は隔週1時間）が設置され、日常生活のマナーやお茶の出し方などの、礼儀作法一般を学ぶ。

文化系クラブが活発 夏期合宿も待ち遠しい

クラブは、運動部９、文化部24 で文化部が多く、中にはリズム水泳部、天文気象部などのユニークなクラブもある。クラブは中１から高２まで全員必修であり、９月の文化祭はクラブの研究成果の発表が主体となっている。また、学校行事には、中１から高３まで縦割りにしたチームに分かれ、クラス対抗で競技する５月の体育大会や、中１と高１の全員が参加する浅間山荘夏期合宿などがある。

礼法の授業で礼の精神を学ぶ

東大合格多数の女子進学校

毎年、超難関大学に多くの合格者を出す進学校として知られ、女子校としては有数の進学実績を誇る。2023年３月卒業生は、東大67名、お茶の水女子大５名、一橋大２名、東京医科歯科大11名など国公立大に128名、早稲田大119名、慶應義塾大78名、上智大47名など私立大に501名が現役合格した。医歯薬系への進学者が多いことも特徴である。

2024 年度入試要項

試験日　2/1

試験科目　国・算・社・理＋面接

募集定員	受験者数	合格者数	競争率
235	565	287	2.0

過去問の効果的な使い方

① **はじめに**　ここでは，受験生のみなさんが，ご家庭で過去問を利用される場合の，一般的な活用法を説明していきます。もし，塾に通われていたり，家庭教師の指導のもとで学習されていたりする場合は，その先生方の指示にしたがって，過去問を活用してください。その理由は，通常，塾のカリキュラムや家庭教師の指導計画の中に過去問学習が含まれており，どの時期から，どのように過去問を活用するのか，という具体的な方法がそれぞれの場合で異なるからです。

② **目的**　言うまでもなく，志望校の入学試験に合格することが，過去問学習の第一の目的です。そのためには，それぞれの志望校の入試問題について，どのようなレベルのどのような分野の問題が何問，出題されているのかを確認し，近年の出題傾向を探り，合格点を得るための試行錯誤をして，各校の入学試験について自分なりの感触を得ることが必要になります。過去問学習は，このための重要な過程であり，合格に向けて，新たに実力を養成していく機会なのです。

③ **開始時期**　過去問との取り組みは，通常，全分野の学習が一通り終了した時期，すなわち6年生の7月から8月にかけて始まります。しかし，各分野の基本が身についていない場合や，反対に短期間で過去問学習をこなせるだけの実力がある場合は，9月以降が過去問学習の開始時期になります。

④ **活用法**　各年度の入試問題を全問マスターしよう，と思う必要はありません。完璧を目標にすると挫折しやすいものです。できるかぎり多くの問題を解けるにこしたことはありませんが，それよりも重要なのは，現実に各志望校に合格するために，どの問題が解けなければいけないか，どの問題は解けなくてもよいか，という眼力を養うことです。

算数

どの問題を解き，どの問題は解けなくてもよいのかを見極めるには相当の実力が必要になりますし，この段階にいきなり到達するのは容易ではないので，この前段階の一般的な過去問学習法，活用法を2つの場合に分けて説明します。

☆偏差値がほぼ55以上ある場合

掲載順の通り，新しい年度から順に年度ごとに3年度分以上，解いていきます。

ポイント1…問題集に直接書き込んで解くのではなく，各問題の計算法や解き方を，明快にわかるように意識してノートに書き記す。

ポイント2…答えの正誤を点検し，解けなかった問題に印をつける。特に，解説の 基本 重要 がついている問題で解けなかった問題をよく復習する。

ポイント3…1回目にできなかった問題を解き直す。同様に，2回目，3回目，…と解けなければいけない問題を解き直す。

ポイント4…難問を解く必要はなく，基本をおろそかにしないこと。

☆偏差値が50前後かそれ以下の場合

ポイント1～4以外に，志望校の出題内容で「計算問題・一行問題」の比重が大きい場合，これらの問題をまず優先してマスターするとか，例えば，大問2までをマスターしてしまうとよいでしょう。

理科

理科は1から順番に解くことにほとんど意味はありません。理科は，性格の違う4つの分野が合わさった科目です。また，同じ分野でも単なる知識問題なのか，あるいは実験や観察の考察問題なのかによってもかかる時間がずいぶんちがいます。記述，計算，描図など，出題形式もさまざまです。ですから，解く順番の上手，下手で，10点以上の差がつくこともあります。

過去問を解き始める時も，はじめに1回分の試験問題の全体を見通して，解く順番を決めましょう。得意分野から解くのもよいでしょう。短時間で解けそうな問題を見つけて手をつけるのも効果的です。くれぐれも，難問に時間を取られすぎないように，わからない問題はスキップして，早めに全体を解き終えることを意識しましょう。

社会

社会は1から順番に解いていってかまいません。ただし，時間のかかりそうな，「地形図の読み取り」，「統計の読み取り」，「計算が必要な問題」，「字数の多い論述問題」などは後回しにするのが賢明です。また，3分野(地理・歴史・政治)の中で極端に得意，不得意がある受験生は，得意分野から手をつけるべきです。

過去問を解くときは，試験時間を有効に活用できるよう，時間は常に意識しなければなりません。ただし，時間に追われて雑にならないようにする注意が必要です。“誤っているもの”を選ぶ設問なのに“正しいもの”を選んでしまった，“すべて選びなさい”という設問なのに一つしか選ばなかったなどが致命的なミスになってしまいます。問題文の“正しいもの”，“誤っているもの”，“一つ選び”，“すべて選び”などに下線を引いて，一つ一つ確認しながら問題を解くとよいでしょう。

過去問を解き終わったら，自己採点し，受験生自身でふり返りをしましょう。できなかった問題については，なぜできなかったのかについての分析が必要です。例えば，「知識が必要な問題」ができなかったのか，「問題文や資料から判断する問題」ができなかったのかで，これから取り組むべきことも大きく異なってくるはずです。また，正解できた問題も，「勘で解いた」，「確信が持てない」といったときはふり返りが必要です。問題集の解説を読んでも納得がいかないときは，塾の先生などに質問をして，理解するようにしましょう。

国語

過去問に取り組む一番の目的は，志望校の傾向をつかみ，本番でどのように入試問題と向かい合うべきか考えることです。素材文の傾向，設問の傾向，問題数の傾向など，十分に研究していきましょう。

取り組む際は，まず解答用紙を確認しましょう。漢字や語句問題の量，記述問題の種類や量などが，解答用紙を見て，わかります。次に，ページをめくり，問題用紙全体を確認しましょう。どのような問題配列になっているのか，問題の難度はどの程度か，などを確認して，どの問題から取り組むべきかを判断するとよいでしょう。

一般的に「漢字」→「語句問題」→「読解問題」という形で取り組むと，効率よく時間を使うことができます。

また，解答用紙は，必ず，実際の大きさのものを使用しましょう。字数指定のない記述問題などは，解答欄の大きさから，書く量を考えていきましょう。

――出題傾向と対策
合否を分けた問題の徹底分析――

出題傾向と内容

出題分野1 〈数と計算〉

毎年,「四則計算」が出題されており,それほど難しい計算問題ではないが,分数計算には注意しよう。「数の性質」の出題率も高い。「単位の換算」をマスターしよう。

2 〈図形〉

「平面図形」の問題も毎年,出題されているが,基本レベルの問題ではなく,「立体図形」や「割合と比」や「場合の数」の内容と組み合わされた問題が出題される。

特に,円周率を利用する計算では,一々,3.14をかけるのではなく,3.14は残したまま,式自体を簡単にしてから,最後に答えを計算するようにするのがポイントである。

「立体図形」の問題も,毎年,出題されており,複雑な立体について体積や表面積を計算する力が問われる。

また,「作図」の問題として「グラフ」を描く力が試されることもある。

3 〈速さ〉

「速さ」の問題もほぼ毎年,出題されている。「旅人算」の出題率が高い。

4 〈割合〉

「割合」の問題もほぼ毎年,出題されており,「濃度」・「売買算」・「仕事算」に関する出題もある。

最終的に比を求める問題でなくても,「図形」や「速さ」などの問題で,「比」を利用できるように練習しておくことが必要である。

5 〈推理〉

「数列・規則性」の問題がほぼ毎年,出題されているほか,「論理・推理」・「場合の数」の出題率も高い。

6 〈その他〉

「鶴カメ算」・「植木算」・「差集め算」・「消去算」以外の出題は近年,見られない。

出題率の高い分野

❶立体図形・体積　❷平面図形・面積　❸割合と比　❹速さの三公式と比

来年度の予想と対策

出題分野1 〈数と計算〉…分数計算・還元算を含む「四則計算」,「数の性質」が出題されると予想される。

2 〈図形〉…「平面図形」・「立体図形」の応用問題を練習しよう。ダイアグラムの利用も重要。

3 〈速さ〉…比を使う「旅人算」の解き方を練習しよう。

4 〈割合〉…「速さの比」・「面積比」・「比の文章題」の応用問題を練習しよう。

5 〈推理〉…「数列・規則性」・「場合の数」・「推理」,その他の応用問題を練習しよう。

6 〈その他〉…「差集め算」・「鶴カメ算」・「植木算」・「消去算」,その他の基本問題を復習しよう。

学習のポイント

●大問数4・5題　小問数15題～30題　　●試験時間50分　満点100点

●「図形」・「速さ」の比を利用する問題,「数列・規則性」の問題がポイントになる。

年度別出題内容の分析表　算数

（よく出ている順に，☆◎○の3段階で示してあります。）

	出　題　内　容	27年	28年	29年	30年	2019年	2020年	2021年	2022年	2023年	2024年
数と計算	四則計算	○	○	○	○	○	○	○	○	○	○
	単位の換算		☆	◎			◎		○		○
	演算記号・文字と式				◎			☆			○
	数の性質	◎	◎	○	○	○	☆	☆	○	○	
	概　数		☆							○	
図形	平面図形・面積	☆	○	☆	☆	☆	☆	☆	☆	☆	☆
	立体図形・体積と容積	☆	☆	☆	☆		☆	☆	☆	☆	☆
	相似（縮図と拡大図）	○									
	図形や点の移動・対称な図形		☆			☆	☆		○	☆	☆
	グラフ							☆			☆
速さ	速さの三公式と比	☆	☆	◎	◎	☆	◎	☆	☆	☆	
	旅人算	☆	○	○				☆			
	時計算					☆			◎		
	通過算										
	流水算								☆		
割合	割合と比	◎	☆	◎	☆	☆	◎	☆	☆	☆	☆
	濃　度										
	売買算		☆								
	相当算										
	倍数算・分配算										
	仕事算・ニュートン算										
	比例と反比例・2量の関係										
推理	場合の数・確からしさ	◎		☆	◎		○	☆		☆	◎
	論理・推理・集合								◎	☆	
	数列・規則性・N 進法	◎	☆		○	○	☆	◎	○		
	統計と表							☆			
その他	和差算・過不足算・差集め算		○								
	鶴カメ算	○			○	○		○			
	平均算										
	年令算										
	植木算・方陣算		○			○	◎			☆	
	消去算						○			○	

桜蔭中学校

2024年度 桜蔭中学校 合否を分けた問題 算数

Ⅲ (1) 「平面図形・図形や点の移動・文字と式・割合と比」

> よく出題されるタイプの「正三角形の回転移動」であり，ミスするわけにはいかない。なるべく計算が簡単になるように，工夫しよう。

【問題】

1辺が1cmの正三角形ABCと1辺が3cmの正方形PQRTがあり，正三角形ABCの面積をScm^2とする。

(1) 正三角形を図1のように正方形の(あ)の位置に置き，正三角形を正方形の内側を回転させながら再び(あ)の位置に重なるまで移動させる。正三角形が通過した面積をSを使った式で表しなさい。

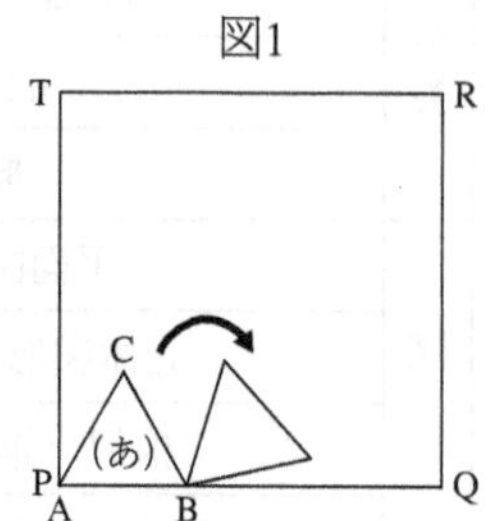

【考え方】

$(1\times1+S+1\times1\times3.14\div6)\times4$

$=S\times4+4+3.14\times\frac{2}{3}$

$=S\times4+\frac{457}{75}(cm^2)$

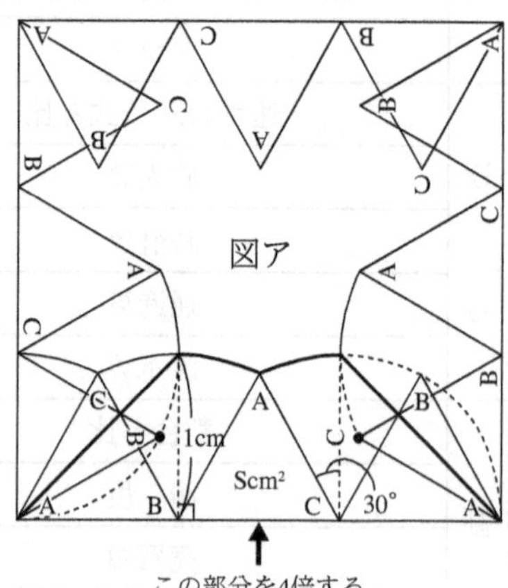

受験生に贈る「数の言葉」――――――――――「ガリヴァ旅行記のなかの数と図形」

作者 ジョナサン・スウィフト(1667～1745)

…アイルランド ダブリン生まれの司祭

リリパット国…1699年11月，漂流の後に船医ガリヴァが流れ着いた南インド洋の島国

①人間の身長…約15cm未満 ②タワーの高さ…約1.5m

③ガリヴァがつながれた足の鎖の長さ…約1.8m ④高木の高さ…約2.1m

⑤ガリヴァとリリパット国民の身長比…12：1 ⑥ガリヴァとかれらの体積比…1728：1

ブロブディンナグ国…1703年6月，ガリヴァの船が行き着いた北米の国

①草丈…6m以上 ②麦の高さ…約12m ③柵(さく)の高さ…36m以上

④ベッドの高さ…7.2m ⑤ネズミの尻尾(しっぽ)…約1.77m

北太平洋の島国…1707年，北緯46度西経177度に近い国

王宮内コース料理 ①羊の肩肉…正三角形 ②牛肉…菱形 ③プディング…サイクロイド形

④パン…円錐形(コーン)・円柱形(シリンダ)・平行四辺形・その他

2023年度 桜蔭中学校 合否を分けた問題 算数

Ⅰ (2)「2量の関係」

「歯車」の歯数と回転数の問題であり，難しい内容ではない。
できなければいけない問題で得点できないと，失敗する。

【問題】

4つの歯車A，B，C，Dがあり，図のようにAとB，CとDはかみ合っている。BとCは同じ軸に取り付けられており，滑ることなく一緒に回る。A，B，Cの歯数は68，48，27でAが11回転すると，Dは$7\frac{19}{24}$回転する。このとき，Dの歯数はいくつか。

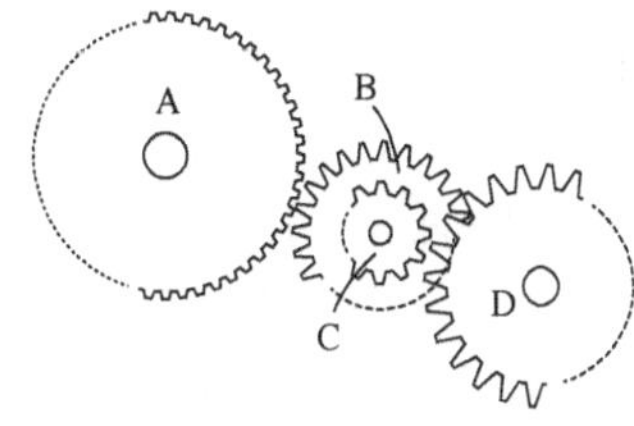

【考え方】

$\underline{68\times 11\div 48}\times 27\div 7\frac{19}{24}=54$

↑

BとCの回転数

受験生に贈る「数の言葉」

バートランド・ラッセル(1872～1970)が語るピュタゴラス(前582～496)とそのひとたちのようす(西洋哲学史)

①ピュタゴラス学派のひとたちは，地球が球状であることを発見した。

②ピュタゴラスが創った学会には，男性も女性も平等に入会を許された。
財産は共有され，生活は共同で行われた。科学や数学の発見も共同のものとみなされ，ピュタゴラスの死後でさえ，かれのために秘事とされた。

③だれでも知っているようにピュタゴラスは，すべては数である，といった。
かれは，音楽における数の重要性を発見し，設定した音楽と数学との間の関連が，数学用語である「調和平均」，「調和級数」のなかに生きている。

④五角星は，魔術で常に際立って用いられ，この配置は明らかにピュタゴラス学派のひとたちにもとづいており，かれらは，これを安寧とよび，学会員であることを知る象徴として，これを利用した。

⑤その筋の大家たちは以下の内容を信じ，かれの名前がついている定理をかれが発見した可能性が高いと考えており，それは，直角三角形において，直角に対する辺についての正方形の面積が，他の2辺についての正方形の面積の和に等しい，という内容である。
とにかく，きわめて早い年代に，この定理がピュタゴラス学派のひとたちに知られていた。かれらはまた，三角形の角の和が2直角であることも知っていた。

2022年度 桜蔭中学校 合否を分けた問題 算数

Ⅰ (2)「平面図形，図形や点の移動」

> 「直線ℓの上を図形が回転して進む」問題であり，難しい内容ではない。
> 正6角形の性質を利用して着実に計算できれば，解ける問題である。
> すなわち，①では，APの長さを正確に求めることが第1のポイントになり，
> ②では，ARの長さを利用する。

【問題】

右図のように，高さ6cmの2つの正三角形ABCとPQRを，斜線部分がすべて同じ大きさの正三角形になるように重ねて1つの図形を作る。

この図形を直線ℓの上をすべることなく矢印方向へ回転させる。最初，点Aはℓ上にあり，ℓとCBは平行である。

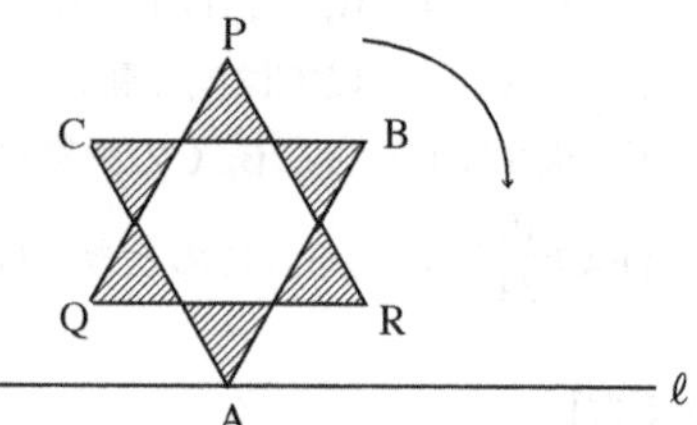

①2点A, Rが同時にℓ上にあるまで図形を回転させるとき，点Pが動いた道のりは何cmか。

②点Aが最初あった位置をXとし，図形を回転させて再び点Aがℓ上にくる位置をYとする。このときXYの距離は何cmか。

【考え方】

①右図において，三角形OABは正三角形で角RAℓは30度

したがって，Pが動く道のりは

$(6+6\div3)\times2\times3.14\div12=\dfrac{314}{75}$ (cm)

② ①より，ARは $(6+6\div3)\div2\times6=24$ (cm)

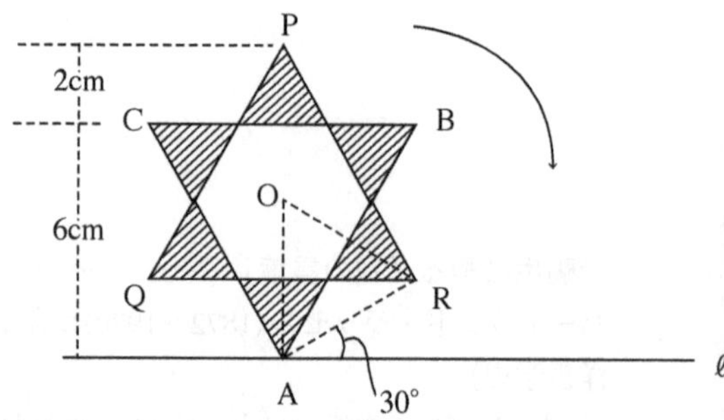

受験生に贈る「数の言葉」

数学者の回想　　高木貞治1875～1960

数学は長い論理の連鎖だけに，それを丹念にたどってゆくことにすぐ飽いてしまう。論理はきびしいものである。例えば，1つの有機的な体系というか，それぞれみな連関して円満に各部が均衡を保って進んでゆかぬかぎり，完全なものにはならない。

ある1つの主題に取り組み，どこか間違っているらしいが，それがはっきり判明せず，もっぱらそればかりを探す。神経衰弱になりかかるぐらいまで検討するが，わからぬことも多い。夢で疑問が解けたと思って起きてやってみても，全然違っている。そうやって長く間違いばかりを探し続けると，その後，理論が出来ても全く自信がない。そんなことを多々経験するのである。(中略)

技術にせよ学問にせよ，その必要な部分だけがあればよいという制ちゅう（限定）を加えられては，絶対に進展ということはあり得ない。「必要」という考え方に，その必要な1部分ですらが他の多くの部分なくして成り立たぬことを理解しようとしないことがあれば，それは全く危険である。

——出題傾向と対策
合否を分けた問題の徹底分析——

出題傾向と内容

例年，大設問は4～5問，小問数は30～40問程度である。物理・化学・生物・地学の4分野から幅広く出題されている。解答形式は選択問題・記述問題が多いが，文章記述や作図問題も出される。また，難度の高い計算問題も多く出されるので，30分という試験時間で解くには，手際よく解かなければいけない。また，実験や観察に関わる条件を提示して，設問に答えさせるという出題形式が多く，学校では習わないような科学的な現象について問われることも多いので，問題文をしっかりと読み，理解し，説明することができる思考力が必要とされている。

物理分野 2024年度は音の伝わり方，2023年度は台ばかりやゴムひもと台車の運動，2022年度はガリレオ温度計や金属膨張がテーマになっている。また，それ以前には，ふりこ・てことばね・モーターのしくみ・光の性質・熱の伝わり方・電流回路・浮力などについて出題されている。いずれにしても，与えられた実験結果などにもとづいて，現象の説明や計算などが求められている。したがって，日頃から，学習した物理現象について，計算問題を解く力だけではなく，論理的に説明することができる力もしっかりと身につけておきたいものである。

化学分野 2024年度は，揚浜式製塩（あげはましきせいえん），2023年度は水溶液と金属の反応，2022年度はろうとスチールウールの燃焼がテーマになっている。また，それ以前には，状態変化，ものの溶け方，塩酸と水酸化ナトリウム水溶液の中和，気体の発生などについて出題されている。これらの問題は，身近にある様々な物質を題材としながら，それに関する知識や計算問題などが出されている。また，環境問題に関する物質の知識問題も出されることがある。いずれにしても，化学分野における様々なパターンの計算問題を，日頃から，しっかり練習しておく必要がある。

生物分野 2024年度は植物工場，2023年度はセミの生態，2022年度は動物の分類がテーマになっている。また，それ以前には，植物と動物を中心にして幅広く出題されている。いずれにしても，生物分野からも，単なる知識問題だけではなく，様々な題材をテーマとして出題され，そこに示された条件をもとに考える問題が出されることもある。

地学分野 2024年度は関東ローム層，2023年度は月の満ち欠けや金星，2022年度は湿度，2021年度は不定時法がテーマになっている。また，それ以前には，地層のでき方・日本の天気・星と星座などについて出題されている。いずれも分野においても基本から応用までの幅広い知識をもとに出されるので，地学分野における知識問題や応用問題まで，しっかりと練習しておく必要がある。

学習のポイント

●基本から応用問題まで慣れておこう。また，表やグラフを読み取る力を身につけよう！

来年度の予想と対策

物理・化学・生物・地学の4分野から幅広く出題されるので，いずれの分野においても，基本から応用まで，しっかりと学習しておくべきである。ただし，本校においては，生物分野からは，植物や動物，化学分野からは水溶液や気体の発生に関する問題が出されることが多い。

今後も，本校の特徴といえる表やグラフをもとに分析させる問題が予想される。表やグラフから情報を正確に読み取り，読み取った情報とこれまで獲得した知識をもとにして，自分でまとめ直し，考える道筋を見つける練習をしておく必要がある。

いずれにしても，試験時間にくらべると問題数が多いので，手際よく解くことが必要になってくる。

年度別出題内容の分析表　理科

（よく出ている順に，☆◎○の3段階で示してあります。）

	出題内容	27年	28年	29年	30年	2019年	2020年	2021年	2022年	2023年	2024年
生物的領域	植物のなかま	○	☆		☆		☆	☆		☆	
	植物のはたらき		☆		☆		☆	☆			☆
	昆虫・動物	☆		☆					☆	☆	
	人　体					☆				○	
	生態系						☆				
地学的領域	星と星座					☆				☆	
	太陽と月			☆				☆		◎	
	気　象	☆	☆		○		◎		☆		
	地層と岩石										☆
	大地の活動										
化学的領域	物質の性質				◎		☆		☆		
	状態変化				☆				☆		
	ものの溶け方		☆	☆		☆		☆			☆
	水溶液の性質	☆	☆			☆				☆	
	気体の性質		○		☆				◎		
	燃　焼								☆		
物理的領域	熱の性質								☆		
	光や音の性質			○	☆						☆
	物体の運動									☆	☆
	力のはたらき	◎	◎	☆			☆			○	
	電流と回路	☆		○		☆					○
	電気と磁石							☆			
その他	実験と観察		◎	◎	◎	◎	◎	◎	◎	◎	
	器具の使用法		○		◎	○		☆		◎	
	環　境			☆			☆				
	時　事						◎				○
	その他										

桜蔭中学校

2024年度 桜蔭中学校 合否を分けた問題 理科

●この大問で，これだけ取ろう！

I	揚浜式製塩	やや難	問1は，砂糖の結晶の形に関する知識問題，問2は，食塩の溶解度に関する記述問題，問3は，食塩水に含まれている水分に関する計算問題，問4は，ねん土層に関する知識問題であった。また，問5は，揚浜式製塩に関する思考力を試す難度の高い計算問題であった。さらに，問6も，平らなおけに入る塩水に関する計算問題であり，問7は，塩の結晶が液面に見られる理由に関する問題であった。全体的に，本文に示された条件をしっかり読み取ることで，7問以上は解きたい。
II	植物工場	やや難	問1は，野菜を植物工場で育てる利点に関する記述問題，問2は，発光ダイオードの略称に関する問題，問3は，日本人が発明・実用化した発光ダイオードに関する知識問題であった。また，問4は，サニーレタスの育ち方に適した光の色に関する思考力を試す問題であり，問5は，気孔に関する知識問題であった。いずれにしても，知識問題を中心にして，5問以上は解きたい。
III	関東ローム層	標準	問1は，小学校の運動場のかわきやすさに関する思考力を試す問題，問2は，関東ローム層のでき方や層をつくる粒に関する問題であった。また，問3は，地下水やわき水が採取できる場所に関する問題であった。ここも，知識問題を中心にして7問以上は解きたい。
IV	音の伝わり方	やや難	問1は，音の大きさとビーズの動き方に関する問題，問2は，音の波形から，振動数を求める計算問題であった。また，問3は，球の位置や的の位置に関する計算問題や球が発射されてから的に当たるまでの時間および的の位置に関する計算問題であった。さらに，問4は，発射装置や的を動かしたときの，球が的に当たる間隔に関する問題，問5は，救急車のサイレンの音と電車の踏切の音に関する問題であった。本文に示された条件などをしっかり読み取ることで，10問程度は解きたい。

●鍵になる問題はIVだ！

IVの問1は，音の大きさに関する基本的な問題であった。

問2は，音の波形から，振動数を求める計算問題であり，振動数は，1秒間に振動する回数なので，「1(秒)÷1回に振動するのにかかる時間」で求められることを理解しておく必要があった。また，同時に，音の波形から，音の高さや音の大きさの違いを理解できるようにしておく必要があった。

問3は，「球の位置」「的の位置」「的に当たるまでの時間」などを求める計算問題であった。この場合，本文に示された条件をしっかり読み取る必要があった。

問4・問5は，「音源が聞く人に近づいている場合には音が高く聞こえ，音源が聞く人から遠ざかる場合は低く聞こえる」という「ドップラー効果」に関する問題であったが，問3で求めた実験結果などからも推測することができた。

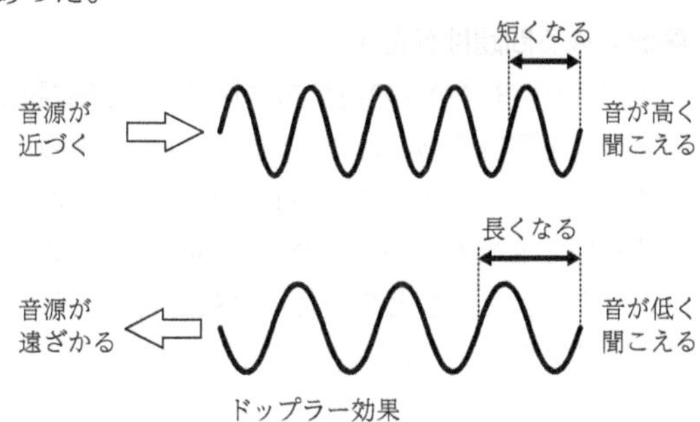

ドップラー効果

2023年度 桜蔭中学校 合否を分けた問題 理科

●この大問で，これだけ取ろう！

Ⅰ	水溶液と金属の反応	やや難	問1は，塩酸の性質に関する知識問題であった。また，問2・問3は，アルミニウムと塩酸の反応で，過不足なく反応した塩酸の体積やアルミニウムの重さを求める計算問題であった。さらに，問4では，塩酸とアルミニウムの反応で生じる塩化アルミニウムの重さを求める計算問題であり，問5では，塩酸の濃さを求める難度の高い計算問題であった。問6・問7は，一定量の塩酸を水酸化ナトリウム水溶液で少しずつ中和したときにアルミニウムや鉄を加えるときに発生する水素の発生量のグラフを選ぶ問題であった。全体的に，本文に示された条件をしっかり読み取ることで，5問程度は解きたい。
Ⅱ	セミの生態	標準	問1は，ヒグラシの鳴き声を選ぶ知識問題，問2は，ヒトの血管に関する知識問題，問3は，セミが卵から成虫になるまでの順序を答える問題であった。また，問4は，セミのオスが鳴くときにふるわせる部分に関する知識問題，問5はセミの口と同じ形をしている昆虫を選ぶ知識問題であった。さらに，問6は，光ファイバーが夏になると切断する問題に関する情報をもとにして，原因となるセミを特定する思考力を試す難度が高い問題であった。いずれにしても，知識問題を中心にして，5問程度は解きたい。
Ⅲ	月の満ち欠けと金星	標準	問1は，日の出の位置に関する知識問題，問2は，新月から12日目の月に関する問題，問3は，植物を材料とする食材に関する知識問題，問4は，春の七草に関する知識問題であった。また，問5は，(1)で，地球からすばるまでの距離を「光年」で表す計算問題であった。さらに，(2)は，わし座の1等星に関する知識問題，(3)は，夏の大三角形に関する知識問題，(4)・(5)は，宵の明星に関する問題であった。ここも，知識問題を中心にして5問以上は解きたい。
Ⅳ	台ばかりのしくみ，ゴムひもと台車の運動	やや難	問1は，台ばかりの使い方に関する記述問題であった。また，問2は，台ばかりに使われている歯車の直径に関する計算問題であった。問3・問4は，台車をゴムひもで引くときの実験に関して，「台車が最も速くなったときの時間」と「そのときの台車の速さ」に関する計算問題であった。さらに，問5・問6は，「台車の重さ」「ゴムひもの本数」「引っ張ったときのゴムひもの長さ」を変える実験を行った結果から読み取れることに関する難度の高い計算問題であった。本文に示された条件などをしっかり読み取ることで，5問程度は解きたい。

●鍵になる問題はⅣだ！

Ⅳの問1は台ばかりの使い方に関する知識問題であった。また，問2では，図に示された台ばかり内部のつくりを理解することで，歯車の直径を求めることができた。ただし，この場合，歯車は半回転しかしていないことに気をつける必要があった。さらに，問3・問4では，実験で示されている結果をしっかり読み取る必要があった。また，問5・問6では，「台車の重さ」「ゴムひもの本数」「引っ張ったときのゴムひもの長さ」などを変える実験を行い，その結果を比べる場合，比べるもの以外の条件はすべて同じにする必要があった。

2022年度 桜蔭中学校 合否を分けた問題 理科

●この大問で，これだけ取ろう！

Ⅰ	動物の分類	標準	問1は，受精や関節などに関する知識問題であった。また，問2は，魚類のメダカと両生類のカエル・イモリ，ほ乳類のハムスターに関する知識問題であり，問3・問4は，ウーパールーパーのひれに関する知識問題であった。さらに，問5は，陸上生活をする動物の「後足」に相当する魚類のひれがどれであるかを問う問題であった。問6は，カエル・イモリ・ウーパールーパーが幼生から成体に成長する図が表された上に，ウーパールーパーに近い仲間を選び，それを選んだ理由を問う，思考力を試す記述問題であった。問7は，ハムスターの誕生に関する基本問題であった。全体的に，本文をしっかり読み取ることで，13問程度は解きたい。
Ⅱ	ガリレオ温度計と金属の膨張	やや難	問1は，ガリレオ温度計内のエタノールの温度が43℃よりも高いか低いかを調べるには何gのおもりを用いれば良いのかという難度が高い計算問題であった。また，問2は，おもりの重さを0.1gずつ重くして5つのおもりを用意した場合，3つが浮き，2つが沈むときのエタノールの温度を求める難度の高い計算問題であった。また，問3は，エタノールの固体は液体に沈むが，水の固体（氷）は液体（水）に浮くことに関する知識問題であった。問4は，鉄の棒のすき間を何mmにすれば良いのかを問う計算問題であった。いずれも，本文に示された条件などを読み取ることで，5問程度は解きたい。
Ⅲ	タオルのかわき方と湿度	やや難	問1・問2は，タオルのかわき方に関する思考力を試す問題が出された。この場合，本文に示された条件の違いによって，どのようなかわき方の違いが見られるのかを考える問題であった。また，問3~問6は，本文に示された数値をもとにして，「タオルに含まれている水の重さ」「24時間の間にタオルから部屋に蒸発した水蒸気の量」「20℃の部屋全体に含むことができる水蒸気の量」「湿度」などに関する計算問題が出された。6問程度は解きたい。
Ⅳ	ろうとスチールウールの燃焼	やや難	問1・問2は，酸素と二酸化炭素の性質などに関する知識問題であり，問3は，「スチールウールが燃える理由」に関する典型的な記述問題であった。また，問4は，使い捨てカイロに関する知識問題であった。さらに，問5～問7は，使い捨てカイロを使った実験を行い，その結果から読み取れる事などに関する思考力を試す問題であった。本文に示された条件などをしっかり読み取ることで，5問程度は解きたい。

●鍵になる問題はⅢだ！

Ⅲの問1・問2では，実験1で示されている条件をしっかり読み取ることで，どの場所に置くと最もタオルがかわきやすいのか，どの場所に置くと最もタオルがかわきにくいのかを理解する必要があった。

また，問3～問5では，実験2の実験結果をもとにして，「タオルに含まれている水蒸気の量」や「空気中に移動した水蒸気の量」などを求める計算問題であり，問6では，湿度（%）＝$\frac{\text{実際に含まれている水蒸気量（g）}}{\text{最大に含むことができる水蒸気量（g）}}\times 100$という式で求められることを理解しておく必要があった。

──出題傾向と対策
合否を分けた問題の徹底分析──

出題傾向と内容

大問数は，過去3年同様に，今年も3題。小問数は例年40～50問程度で，今年は解答欄で51問，そのうち20字程度，60字程度の記述が各1問ずつ，用語記入の問題が25問，他は記号の問題であった。記号選択では空欄補充的な適語選択の問題と，オーソドックスな一問一答のような記号選択の問題の他，正誤問題もある。分野別では大問ごとにⅠが地理，Ⅱが政治，Ⅲが歴史となっていて，今年も政治分野は少な目といった感じ。地理と歴史では歴史の方が少し多め。文章の記述は地理と歴史には出されているが政治分野では出されていない。

地　理　どこか特定の場所について出題するというのはほとんどなく，何らかのテーマに沿った出題がここ数年続いている。非常に高度な知識を要求する問題は少ないが，基本的な用語などの正確な定義などは必要である。あとは基本的な事柄を正しく理解し，そこから様々なものに考えを広げられるか否かが問われているとみても良い。また，伝統工芸や食材，郷土食といった実生活に結びついた知識も問われることもある。

世界地理についても有名な国の様子などは出題されることがあるので押さえておきたい。

歴　史　時代の偏りはほとんどなく，何らかのテーマと関連付けたもの，地理と関連したものが出題されることが多い。極端に細かい知識が問われることはまずないが，普通に学ぶであろう事柄を正確に，やや深く掘り下げて勉強しているかどうかが問われている。言葉を知っているだけではなく，背景から知っていてそのもののイメージをつかめているかどうかが大切である。

政　治　地理，歴史と比べるとやや基本的な事柄中心の問題になっているが，ここでも単に言葉を知っているだけではなく，その意味や関連する他のことがらとのつながりを理解していることが必要。また，経済分野に関しても景気や通貨制度などの基本的な知識は必要。

本年度の出題項目は以下の通りである。

Ⅰ　地理　「水道」に関連する問題
Ⅱ　政治　「国際社会」に関連する問題
Ⅲ　歴史　税制度に関連する問題

学習のポイント

暗記だけに頼るのではなく，基本事項についての因果関係をつかむようにしよう。
教科書や資料集の写真や図版には要注意。

来年度の予想と対策

基本的な事柄が多いが，正確に，言葉の意味や背景，関連する事柄とのつながりなどが問われてくるので，単なる暗記ではなく，教科書や参考書類を丁寧に読み込む勉強が必要である。また，新聞やテレビなども利用して，日本や世界の人々の暮らしなどは実態のある知識を身につけておきたい。

地　理　日本の国土を中心とした地図の正しい理解が大前提。地図帳を丁寧にみて道路や鉄道，河川などに沿った主要都市，平野，盆地などの分布を把握し，その各地の人々の暮らしなどを気候，産業，などとともに把握しておきたい。用語については，言葉の意味を正確に掴んでおきたい。世界地理も出されたこともあるので，主要国の位置関係，気候などはつかんでおこう。

歴　史　各時代の特色をとらえ，時代の転換点となった出来事の因果関係を確実に把握しておきたい。また，中国や朝鮮半島の国々，欧米とのかかわりも理解しておきたい。資料集や参考書，教科書の図版は名称と時代などを含め覚えておこう。

政　治　日本国憲法についての基本的な学習がまず必要。これを踏まえて，三権分立や地方自治，国際社会や時事的な事柄についても理解を深めておこう。また，経済的な事柄も問われることがあるので，為替相場や国際収支，流通などについての基本的な事柄はおさえておきたい。時事的なことも要注意。

年度別出題内容の分析表　社会

（よく出ている順に，☆◎○の3段階で示してあります。）

出題内容				27年	28年	29年	30年	2019年	2020年	2021年	2022年	2023年	2024年
地理	日本の地理	テーマ別	地形図の見方				◎		○				○
			日本の国土と自然		◎	◎	☆	◎	☆	☆	☆	☆	☆
			人口・都市		○	○						◎	○
			農林水産業	☆	○	☆			☆	☆	○	◎	◎
			工　業	◎	○	○				☆	◎	○	
			交通・通信				○	◎		◎	◎		
			資源・エネルギー問題		◎	◎					◎		◎
			貿　易			○				○	◎	○	
		地方別	九州地方										
			中国・四国地方										
			近畿地方										
			中部地方										
			関東地方							○			
			東北地方										
			北海道地方										
	公害・環境問題					○		○			○		○
	世界地理			◎	◎			○	◎	◎		◎	◎
日本の歴史	時代別	旧石器時代から弥生時代		◎		○	◎	○	○	○	◎	◎	◎
		古墳時代から平安時代		○	◎	◎	◎	☆	○	◎	☆	◎	◎
		鎌倉・室町時代		○	◎	◎		◎	◎	◎	○	○	◎
		安土桃山・江戸時代		◎	◎	☆	◎	☆	◎	◎	☆	☆	◎
		明治時代から現代		☆	◎	☆	☆	☆	☆	☆	☆	◎	○
	テーマ別	政治・法律		○	☆	☆	○		☆	◎	☆	☆	☆
		経済・社会・技術		☆	◎	☆	☆	◎	◎	◎	☆	◎	◎
		文化・宗教・教育		◎	○	◎	☆	○	◎	○	☆	◎	◎
		外　交		○		◎	☆	○		○	◎	◎	
政治	憲法の原理・基本的人権			○	○	◎	○	◎				◎	◎
	国の政治のしくみと働き			◎	◎	◎	◎	◎	◎	◎	◎	○	○
	地方自治					○				○			
	国民生活と社会保障				◎	○		◎		○			
	財政・消費生活・経済一般				○				○		○	◎	
	国際社会と平和			◎		○	◎	◎	○	◎	◎	◎	◎
時事問題					○	◎	◎		○	○	○		◎
その他				○	○				○		◎		◎

桜蔭中学校

2024年度 桜蔭中学校 合否を分けた問題 社会

Ⅲ

Ⅲは「税」に関連する歴史分野の内容で，割と長い文章を読まなければならない問題である。内容そのものはさほど難しい文章ではないが，空欄が多いので，丁寧に文脈を把握していくことが必要。

設問の形式では空欄補充，正誤問題，語句選択，記述の4通りのパターンの設問が並んでいる。

問題の本文の中の空欄補充は全部で14で，10は語を書くもので，4は本文の下にある選択肢の中から当てはまる語を選び記号で答えるもの。

空欄補充問題は，どれも比較的基本的な歴史の知識が問われているものばかり。本文の文脈を丁寧に追っていけば，空欄の語を考えるのはさほど難しいものではない。Ⅲは歴史の内容のものと考えてよいが，空欄補充の語は一部，政治単元の内容のものもあるが，知識としては基本的なものなので戸惑うことはほとんどないと思われる。

記述問題が，受験生にとってはやや難しいものであったかもしれない。

1904年に政府の税収が急増した理由として増税が行われたからということを示したうえで，なぜ増税が行われたのかの原因と，その後も税収が多い状態が続いた理由を60字以内で説明せよというもの。年号が明記されているので日露戦争に関連することだというのはほとんどの受験生にはわかることであろう。また，日露戦争の戦費が莫大なものになっていたということも知っているとは思う。そのため増税が行われ，国民の負担が重くなっていたということもだいたいわかると思う。しかし，その戦費のために外国で多額の債券を売り，その返済のために重税の状態が続いていたということは知らないとわからないだろう。日比谷焼き討ち事件を単に賠償金がなかったから起こった暴動と覚えている受験生も多いであろうから，なかなかこの問題は答えづらいものといえる。

語句選択は邪馬台国があった場所を近畿とする説の裏付けとされる遺跡を4択で選ぶもの。ここはズバリ纏向遺跡を知らないと選びづらいが，吉野ケ里遺跡と登呂遺跡は近畿地方ではないことはわかるであろうから，纏向遺跡か唐古・鍵遺跡のどちらかであろうと絞ることは可能である。

正誤問題は全部で9問。すべて本文中の下線部の語に関連する内容の3つの短文があり，それぞれの短文の正誤の組み合わせのパターンを記号選択で選び答えるもの。9問の中で2問は政治単元のものといってよいもので，日本国憲法に定められている国民の義務や権利に関連するものと，消費税に関連するものが出されている。この2問はさほど悩まずに正解することができるであろう。残りの8問が歴史のもの。どの設問も誤りのある文は，本校を受験するレベルの中学受験生であれば知っているであろう知識と照らし合わせれば十分に正誤の判断はつきそうなものではある。ただ，短い時間の中で焦って読んでいると，どれも正しいものに見えてしまう可能性は高い。サッと読み飛ばしてしまうと気づきにくいので，この手のものの場合には多少，区切りながら読み，その内容を頭の中で知識と照らし合わせながら，読んでいくのが一番であろう。また，社会科の場合，地理，歴史，政治のどの分野でも，正誤問題でなくても何かと取り違えがちな似たもののセットのようなものが少なからずある。自分の中でよく区別を間違えたり悩んだりするものがある人は，その手のものの組み合わせを思い出しながら正誤問題を見ていくのも，誤りのあるものを探す際に有効であろう。自分が何かと取り違えがちな語が使われているのを見たら，必ずその似たものを思い出して比べてみるとわかりやすいかもしれない。

正誤問題は，ある程度，似た問題を多くこなしておけばパターンが見えてくるだろう。多くの受験生が区別に悩むようなものに誤りのパターンを入れてくることが多い。あとは，極端な表現をしている選択肢が誤りのことが多い。いずれにしても，問題数をこなしておけば，このような感覚はつかめることと思われる。

2023年度 桜蔭中学校 合否を分けた問題 社会

Ⅰ

Ⅰは Ⅰ「日本の島」に関連する地理分野の内容で，割と長い文章を読まなければならない問題である。内容そのものはさほど難しい文章ではないが，空欄が多いので，丁寧に文脈を把握していくことが必要。

設問の形式では空欄補充，記号選択，記述の3通りのパターンの設問が並んでいる。

問1，問2は文章中の空欄補充の設問で，文章を丁寧に読み，文脈をしっかりと把握しながら考えていくことがまず大切。空欄補充のものはさほど悩むようなものはないので，ここは全問正解を目指したいところ。

記号選択では設問の内容と合う選択肢を選ばせるものと正誤問題の答えのパターンを選ばせるものと2種ある。設問の内容と合う選択肢を選ぶものは問3，問4，問7，問9で，この中では問3と問9がやや悩むかもしれない。問3は男鹿半島とほぼ同緯度の都市を，ロンドン，ニューヨーク，リヤド，キャンベラから選ばせるもの。男鹿半島の緯度については北緯40度と設問中に明記してあるが，これはメルカトル図法の世界地図を普段から見慣れていて，日本と北米大陸，ユーラシア大陸の大まかな位置関係がわかっていないとわかりづらいかもしれない。流石にオーストラリアのキャンベラを選ぶ受験生はほとんどいないとは思うが，悩みそうなのはニューヨークとロンドンのどちらかであろう。問9は神奈川県，佐賀県，長崎県，北海道の漁業に関する統計の表をみて，北海道以外の3県のものをそれぞれ選ばせるもの。北海道はわかりやすいのですぐに選べるが，他の3県についてはその県の漁業関連の事柄について，知っていることと統計の内容をつなげて考えられるかどうかがカギであろう。問4は日本の都道府県庁所在地3か所の説明文を読み，それのある場所を地図中から選ばせるもの。説明文はさほど悩むものではないが，Cの札幌市のものが多少悩むかもしれない。問7は日本海最大の島として佐渡島がわかり，そのシルエットを選択肢の中から選ぶもので，ここは確実に得点しておきたいもの。

正誤問題形式のものが問6で，領空，領海，排他的経済水域などに関する国際的な決まり事を正確に理解しているか否かが問われる。A，Bの内容が正しいというのは，割とわかりやすいと思うが，Cの排他的経済水域の他国の船舶による航行が禁止されているのか否かで悩むかもしれない。

多くの受験生にとっての最大の難関が記述であろう。問5と問8の2問である。

問5では奄美大島や小笠原諸島，沖縄について，なぜ離島振興法が適用されずに，それぞれ個別の法律が作られているのかということを説明させるもの。正直，このことに関してズバリ知っているという受験生はまずいないであろう。ただ，問題文を丁寧に読み，自分の知識と照らし合わせられれば類推することは可能であろう。太平洋戦争後に，奄美大島は知らなくても，沖縄や小笠原がアメリカの占領下にあったということといつ返還されたのかということはまずすべての受験生は知っているであろう。そうであれば離島振興法が制定されたのが，これらの地域の返還前だと気づけば答えを書くことが出来るであろう。問8は喜界島の地下の水タンクに関する図を見て，どういうことなのかというのを説明するもの。問8にある図を見て，すぐにどういうことなのかがわかればいいが，イメージが全くわかないと，かなり答えを書くのに悩むかもしれない。このことについての知識があるかどうかで言えば，まずほとんどの受験生は知識はないであろう。だから与えられている情報から，ひたすらイメージできるかどうかの勝負である。

大問Ⅱの歴史の問題では記述は，今年度は知識の有無で差がついてしまう問題といえるが，この大問Ⅰの記述2題に関しては，知識云々より問題文，設問などで与えられている情報を余さず活用し，考えぬくことで正解にたどり着けるかどうかが分かれてくる。

2022年度 桜蔭中学校 合否を分けた問題 社会

I

Iは「交通」「環境」「感染症」に関連する地理分野の内容で，結構長い文章を読まなければならない問題である。要求されているものが多く，さらに深く考えないと答えづらい設問も多い。今年度の大問は3題で，このIが今年度の問題の中では一番多い分量となっている。

かなりの分量の文章を読ませ，様々な設問に答えさせる形式になっている。下線部ごとの設問は，文章全体を読まないでも答えられるものもあるので，本文を読みながら設問の該当箇所にきたら，とりあえず問題も見て考えてみるようにして解いていくと時間短縮になる。設問の難易度はかなり開きがあるので，あっさり答えられるものもあれば，相当悩むものもある。空欄補充問題は本文を読みながら，空欄の前後とのつながりをよく考えていけば，比較的容易にこたえられるものが多いので，ここは極力外さないようにしていきたい。下線部に関連する設問では，問3，問5，問7が悩まされるものと言える。問3は群馬県，岡山県，福島県，岐阜県の4県について，統計の表を見て，どこのものかを考えさせる問題。統計の数値に関して言えば，受験生が一般的に順位などで覚えているものとはまったく違うもので，耕地面積の中の水田の割合，在留外国人数，在留外国人数のうち国籍別の人数が1位の国名，一世帯当たり乗用車保有台数といったもの。この統計を見て，群馬県に該当するものを選ばせる問題になっている。おそらく群馬県以外は答えを絞れる受験生はいないかもしれない。群馬県の農業の特徴として首都圏向けの近郊農業で比較的畑作が盛んだということ，群馬県の南部のあたりは関東内陸工業地域，北関東工業地域にあたり，自動車やその他機械類の組み立て工場が多く，外国人の労働力が大きな役割を果たしている場所であるということ，関東の自動車や機械類の工場で働く外国人は，ブラジルやペルーなどの南米の出身者が比較的多いということに思い当れば，表の中のあを選ぶことができる。

次に厄介なのが問5の記述であろう。首都圏の主な自動車専用道路略図を見て，北関東自動車道の完成が，北関東工業地域にもたらした効用について答えるもの。まず，地図の中で北関東自動車道がどこにあるのかを把握し，本文から高崎市とひたちなか市の茨城港とを結ぶ道路になっていることを把握し，この道路が開通する前は北関東工業地域と茨城港とのつながりはなかったと判断することが重要。地図を見ると茨城港と東京港とが書かれており，茨城港とつながっている道路が北関東自動車道以外にないので，北関東自動車道が開通する前は，北関東工業地域で製造されたものは東京港へ運ばれて輸出されていたと類推はでき，その運ばれるルートを考えるといろいろなルートはあるが，東京のところなので，渋滞があったことは想像できるであろう。こういったことをつなぎ合わせて考えれば，正解にたどり着くことは可能であるが，与えられているものをよく見て，考えることが求められており，短い時間内に答えなければならない問題とすると，かなりの難問といえよう。

問7の記述も要注意のもの。従来の記念碑・石碑の記号に対し，2019年に新しく自然災害伝承碑が付け加えられていることを踏まえ，その自然災害伝承碑の記号が作られた理由を考えて書くというもの。ここ数年，毎年のように，豪雨や台風，あるいは地震などの災害が発生していることを思い出し，もしも過去に同様の災害があった場所で自然災害伝承碑があれば，現代の人たちに災害についての意識をもたせるためといったことを思いつければ，助けになりうるということを考えることはできそうではある。

他の大問についても同様だが，この学校の記述は，与えられているものと関連する事柄など，自分の知識と照らし合わせて考えられれば，何かしら正解になりそうなことを思いつけそうな問題は多い。ストレートに答えを知っていて書けるというものは残念ながらほとんどないので，何かと関連付けて考えていくことの訓練をしているか否かで合否が分かれてくるといえよう。

――出題傾向と対策 合否を分けた問題の徹底分析――

出題傾向と内容

文の種類：説明的文章(論説文，随筆)・文学的文章(小説)

大問2題構成で独立した知識問題はない，というスタイルが続いている。文章の量や構成・語彙などは中学入試の標準的なレベルであるが，設問一つ一つの難度が高いため，高い読解力や，記述の力が求められる。今年は随筆と小説であったが，論説文も過去に出題されているので，今後も出題される可能性は高い。

記述形式：一問一答型の知識問題は少なく，比較的字数の多い自由記述問題が中心となっている。ポイントをおさえた的確な表現で解答をまとめることができるかどうかが，合否の分かれ目となっている。また，単に大意やあらすじをつかむだけの読み方では対応できず，論理を追って要旨をとらえる力，作品の奥に隠された作者の意図や主題をつかみ出す批評的な力も不可欠である。

漢字：書き取り7題。手堅く得点できるようにしたい。

選択肢など：選択肢で答える問題のある年もあったが，今年は出題されていない。

出題頻度の高い分野

❶論説文・小説・随筆　❷要旨の読み取り　❸心情の読み取り　❹文章の細部の読み取り
❺記述力・表現　❻漢字の読み書き

来年度の予想と対策

長文読解2題の出題が予想される。ほとんど記述式という形からもわかるように，小手先の技術や要領のよさではない，本当の国語力が求められる出題が続くだろう。過去の出題から，構成としては大きく説明的文章と文学的文章に分けられるが，文章量が多いので，文字を読むことに抵抗があるレベルでは，設問を解くことが難しい。どんな文章でも当たり前のようにスラスラ読めるように，日ごろの読書習慣は欠かせない。

また，読むだけでなく，その内容をまとめる練習もしておきたい。「わかりやすく説明」する記述の力は，一朝一夕では身につかないことを肝に銘じる必要がある。

学習のポイント

- 漢字の読み書きを確実にする。
- 論説文・小説・随筆について，いろいろな内容の文章に慣れておく。
- 要旨をまとめる練習，自分の考えを簡潔にまとめて書く練習をする。

年度別出題内容の分析表　国語

（よく出ている順に，☆◎○の３段階で示してあります。）

		出題内容	27年	28年	29年	30年	2019年	2020年	2021年	2022年	2023年	2024年
設問の種類		主題の読み取り	◎	◎	◎	◎	◎	◎	◎	◎	◎	◎
		要旨の読み取り	◎	◎	◎	◎	◎	◎	◎	◎	◎	◎
		心情の読み取り	◎	◎	◎	◎	◎	◎	◎	◎	◎	◎
		理由・根拠の読み取り	◎	◎	○	○	○	○	○	○	○	○
		場面・登場人物の読み取り	○	○	○	○	○	○	○	○	○	○
		論理展開・段落構成の読み取り										
		文章の細部表現の読み取り	☆	☆	☆	☆	☆	☆	☆	☆	☆	☆
		指示語										
		接続語										
		空欄補充	○	○	○	○	○	○	○	○	○	○
		内容真偽										
	根拠	文章の細部からの読み取り	◎	◎	◎	◎	◎	◎	◎	◎	◎	◎
		文章全体の流れからの読み取り	◎	◎	◎	◎	◎	◎	◎	◎	◎	◎
設問形式		選択肢		○	○		○	○				
		ぬき出し		○	○							
		記　述	☆	☆	☆	☆	☆	☆	☆	☆	☆	☆
記述の種類		本文の言葉を中心にまとめる	◎	◎	◎	○	○	○	○	○	○	○
		自分の言葉を中心にまとめる	◎	◎	◎	◎	◎	◎	◎	◎	◎	◎
		字数が50字以内				○			○			
		字数が51字以上	☆	☆	☆	☆	☆	☆	☆	☆	☆	☆
		意見・創作系の作文										
		短文作成										
語句・知識		ことばの意味										
		同類語・反対語										
		ことわざ・慣用句・四字熟語	○			○	○	○	○	○		○
		熟語の組み立て										
		漢字の読み書き	○	○	○	◎	○	○	○	○	○	○
		筆順・画数・部首										
		文と文節										
		ことばの用法・品詞										
		かなづかい										
		表現技法										
		文学史										
		敬　語										
文章の種類		論理的文章（論説文，説明文など）		○		○	○	○	○	○		
		文学的文章（小説，物語など）	○	○	○	○	○	○	○	○	○	○
		随筆文	○		○						○	○
		詩（その解説も含む）										
		短歌・俳句（その解説も含む）										
		その他										

桜蔭中学校

2024年度 桜蔭中学校 合否を分けた問題 国語

一 問一

★合否を分けるポイント（この設問がなぜ合否を分けるのか？）

字数の多い記述問題の中，漢字の書きという基本問題を確実に得点することが，合格にとって大切であるため。

★この「解答」では合格できない！

（×）A：清査・正査

→「精査」は，くわしく調査すること。「精」には，〝詳しい・細かい・綿密〟という意味がある。

（×）B：提示

→「提示」は，提出して示すこと。文章中の「テイジ」は〝一定の時期・時間または時刻〟という意味の「定時」がふさわしい。

（×）C：縦前

→「建前」は，表向きの方針のことで，「たて」は「建」と書くことを覚えよう。

（×）D：神径・心経

→「反射神経」は，刺激に対して瞬間的に反応する能力のこと。「しんけい」は「神経」と書くことを覚えよう。

★こう書けば合格だ！

（○）A：精査　B：定時　C：建前　D：神経

二 問二

★合否を分けるポイント（この設問がなぜ合否を分けるのか？）

字数の多い記述問題の中，慣用句などの語句の知識問題を確実に得点することが，合格にとって大切であるため。

★この「解答」では合格できない！

（×）ア：顔・体

→文章の流れをふまえると，ここでは，〝わざわざ訪問する〟という意味の「足を運ぶ」がふさわしい。「顔を運ぶ」「体を運ぶ」とは言わない。

（×）イ：目玉

→文章の流れをふまえると，〝人の目を引くことがら〟という意味の「目玉」もあてはまり得るが，設問文には「漢字一文字を答えなさい」とあるので不適当。〝特徴のある様子〟という意味の「顔」がふさわしい。

★こう書けば合格だ！

（○）ア：足　イ：顔

2023年度 桜蔭中学校 合否を分けた問題 国語

一 問一

★合否を分けるポイント（この設問がなぜ合否を分けるのか？）

字数の多い記述問題の中，漢字の書きという基本問題を確実に得点することが，合格にとって大切であるため。

★この「解答」では合格できない！

（×）A：風調

→「フウチョウ」は本文中では，時代の移り変りによって生ずる世の中の傾向，という意味だが，風に吹かれて生ずる潮の流れ，という意味もある。

（×）B：迫熱

→「ハクネツ」は本文中では，議論や勝負，熱意などが最高潮に達すること，という意味だが，物体が高温において白色光に近い光を発すること，という意味もある。

★こう書けば合格だ！

（○）A：風潮　　B：白熱

一 問二

★合否を分けるポイント（この設問がなぜ合否を分けるのか？）

複数の自由記述問題の一つ一つの解答を，ポイントをおさえて短時間で的確にまとめることが，合格にとって大切であるため。

★この「解答」では合格できない！

（△）ことばが人を深く傷つけるということにとまどい，怯えている。

→――部①の冒頭の順接の接続語「だから」に注目し，その直前の内容から解答をまとめているところはよい。しかし，この内容に加えて，「誰でも，自分は正しいと思って，ことばを発します」という内容も含めてまとめたほうが，完全な解答である。

★こう書けば合格だ！

（○）自分が発することばは正しいと思って発しても，どんなことばであってもどこかで誰かを深く傷つけるということ(にとまどい，怯えている)。

（○）自分が正しいと思って発したことばも，誰かを深く傷つける場合があり，それがいやなら沈黙するしかないこと(にとまどい，怯えている)。

→――部①の冒頭の順接の接続語「だから」に注目。「だから」を挟んで前が原因，あとが結果という関係になるので，「だから」の直前に解答の手がかりがある。「誰でも，自分は正しいと思って，ことばを発します。それでも，そのことばは，どこかで誰かを深く傷つける。……それがいやなら，沈黙するしかありません」の部分を簡潔にまとめる。解答文の「にとまどい，怯えている」は，設問文に含まれる内容なので，省略可である。

2022年度 桜蔭中学校 合否を分けた問題 国語

一　問一

★合否を分けるポイント（この設問がなぜ合否を分けるのか？）

字数の多い記述問題の中，漢字の書きという基本問題を確実に得点することが，合格にとって大切であるため。

★この「解答」では合格できない！

（×）a　組識

→「組織」には，組み立てる，という意味がある。「織」「識」「職」は形が似ているので注意する。

★こう書けば合格だ！

（○）組織

一　問五

★合否を分けるポイント（この設問がなぜ合否を分けるのか？）

字数の多い記述問題は，解答のポイントをおさえた上で，ケアレスミスに気をつけて解答をまとめる必要があるため。

★この「解答」では合格できない！

（△）食卓に並ぶ食材は，海や大気，太陽の光などが育んできたものであり，少なくとも三十五億年前から滅びることなくそれぞれ進化し今の姿形となった。それはとても愉快で，壮大なことだから。

→一文目は，解答として含むべき内容になっているが，二文目で，傍線部の「愉快で，壮大な」という言葉をそのまま使っている点がよくない。設問では，「筆者は『食べる』ことをなぜ『愉快で，壮大』だと述べているのですか」と問われているので，「……愉快で，壮大なことだから」では，解答になっていない。

（△）食卓に並ぶ食材は，海や大気，太陽の光などが育んできたものであり，それらは，少なくとも三十五億年前から滅びることなくそれぞれ進化し今の姿形となった。そのような様々な来歴をもったものが目の前の食卓に集まり，それらが自分の一部になることは胸躍る体験である。

→解答として含むべき内容をまとめているが，設問では，「なぜ……ですか」と問われているので，解答は「……から。」「……ので。」など，理由を表す言葉でまとめる必要がある。

★こう書けば合格だ！

（○）食卓に並ぶ食材は，海や大気，太陽の光などが，見事に関係しあい豊かに育んできたものであり，それらは，少なくとも三十五億年前から滅びることなくそれぞれ進化し今の姿形となった。そのような様々な来歴をもったものが目の前の食卓に集まり，それらが自分の一部になることは胸躍る体験だから。

→あとの三つの段落で述べられている内容をふまえて解答をまとめる。「僕たちは何億年も前に別の進化の道を歩みはじめ，ここで，この食卓で，久しぶりに再会をした」など，筆者が「愉快で，壮大」と感じる事柄が述べられている。設問では，「なぜ……ですか」と問われているので，解答は「……から。」「……ので。」など，理由を表す言葉でまとめる。

MEMO

2024年度

★★★★★★★★★★★★★★★★★★★★★★★★

入　試　問　題

2024年度

桜蔭中学校入試問題

【算　数】（50分）　＜満点：100点＞

【注意】 答えはすべて解答用紙に書きなさい。
円周率を用いるときは，3.14としなさい。

Ⅰ 次の □ にあてはまる数または言葉を答えなさい。

(1) ① $16-\left\{7\frac{1}{3}\times2.2-\left(5.7-4\frac{1}{6}\right)\div3\frac{2}{7}\right\}=$ ［ア］

② $5.75-\frac{3}{2}\div\left(\frac{15}{26}-\right.$ ［イ］ $\left.\times1.35\right)=2\frac{1}{28}$

(2) 黒い丸●と白い丸○を右の（例）のように，縦7マスすべてに並べます。

（例）

① 並べ方のきまりは次の（あ）（い）（う）（え）です。

（あ） 上から2マス目と上から4マス目には同じ色の丸は並べない。

（い） 上から2マス目と上から6マス目には同じ色の丸を並べる。

（う） 下から3マスすべてに同じ色の丸を並べることはできない。

（え） 上から4マス目が白い丸のとき，上から3マス目と上から5マス目の両方ともに黒い丸を並べることはできない。
（3マス目，5マス目のどちらか一方に黒い丸を並べることはできる）
このとき，黒い丸と白い丸の並べ方は全部で ［ウ］ 通りあります。

② 縦7マスを右のように4列並べます。①の（あ）（い）（う）（え）のきまりに次の（お）のきまりを加えて，黒い丸と白い丸をこの28マスに並べるとき，並べ方は全部で ［エ］ 通りあります。

（お） 各列の上から2マス目のA，B，C，DにはAとDに同じ色の丸，BとCに同じ色の丸を並べる。また，AとBには同じ色の丸を並べない。

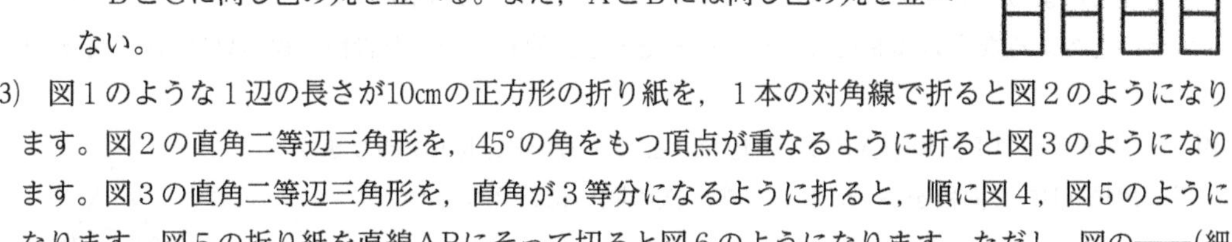

(3) 図1のような1辺の長さが10cmの正方形の折り紙を，1本の対角線で折ると図2のようになります。図2の直角二等辺三角形を，45°の角をもつ頂点が重なるように折ると図3のようになります。図3の直角二等辺三角形を，直角が3等分になるように折ると，順に図4，図5のようになります。図5の折り紙を直線ABにそって切ると図6のようになります。ただし，図の――(細い直線）は折り目を表します。

表紙，問題用紙，解答用紙を折ったり，切ったりしてはいけません。

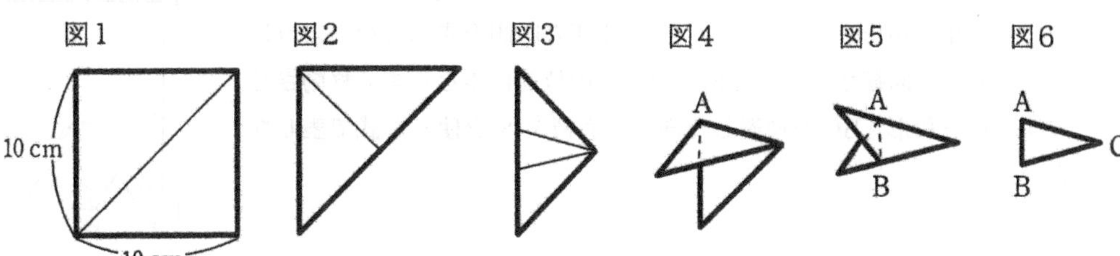

① 図6の折り紙を広げたときの図形の名前は [オ] です。

② 図6のABの長さをはかると2.7cmでした。図6の折り紙を広げたときの図形の面積は [カ] cm²です。

③ 右の図7のように，図6の三角形ABCの内部から1辺の長さが0.6cmの正方形を切りぬきます。さらに，中心が辺BC上にある直径1cmの半円を切り取ります。図7の折り紙を広げたとき，残った部分の面積は [キ] cm²です。

図7

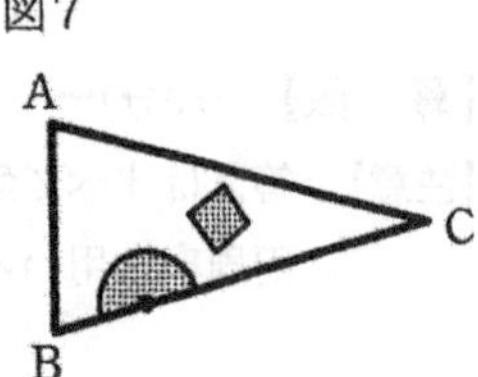

Ⅱ 同じ大きさのたくさんの立方体と，青色，黄色，赤色の絵の具があります。この絵の具は混ぜると別の色もつくれます。青色と黄色を同じ量ずつ混ぜると緑色ができます。たとえば，青色10mLと黄色10mLを混ぜると緑色が20mLできます。また，赤色と黄色を同じ量ずつ混ぜるとオレンジ色，青色と黄色を1：2の割合で混ぜると黄緑色ができます。

今，この絵の具で立方体の6面をぬることにしました。青色の絵の具は120mL，黄色，赤色の絵の具はそれぞれ200mLずつあります。絵の具はすべて使うとは限りません。この絵の具はどの色も10mLで立方体の$1\frac{1}{5}$面をぬることができます。

次の問いに答えなさい。アからウは [ ] にあてはまる数を答えなさい。

(1) この立方体の1面をぬるのに必要な絵の具は [ア] mLです。

(2) この立方体の6面すべてを1色でぬります。

① 6面すべてが赤色でぬられた立方体をできるだけ多くつくるとすると，[イ] 個つくることができます。

② 6面すべてが黄緑色でぬられた立方体をできるだけ多くつくるとすると，[ウ] 個つくることができます。

(3) この立方体の6面を3面ずつ同じ色でぬります。オレンジ色と緑色の2色で3面ずつぬられた立方体をできるだけ多くつくるとすると，何個つくることができますか。

(4) この立方体の6面を1面ずつ青色，黄色，赤色，緑色，オレンジ色，黄緑色でぬります。

① このような立方体をできるだけ多くつくるとすると，何個つくることができますか。

② このような立方体を最も多くつくったとき，使わなかった青色の絵の具は何mLですか。

Ⅲ 1辺が1cmの正三角形ABCと1辺が3cmの正方形PQRTがあります。正三角形ABCの面積をS cm²とします。次の問いに答えなさい。

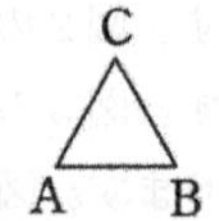

(1) 正三角形ABCを<図1>のように正方形PQRTの（あ）の位置に置きます。点Aは点Pと重なっていて，点Bは辺PQ上にあります。このあと正三角形ABCを，正方形PQRTの内側をすべらないように矢印の向きに回転させながら再び（あ）の位置に重なるまで移動させます。正三角形ABCが通過した部分の面積をSを使った式で表しなさい。

<図1>

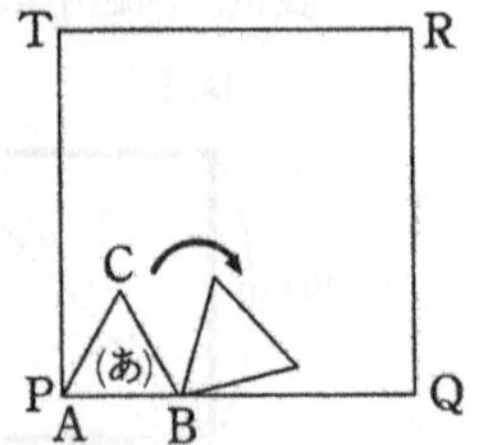

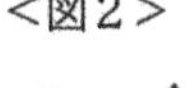

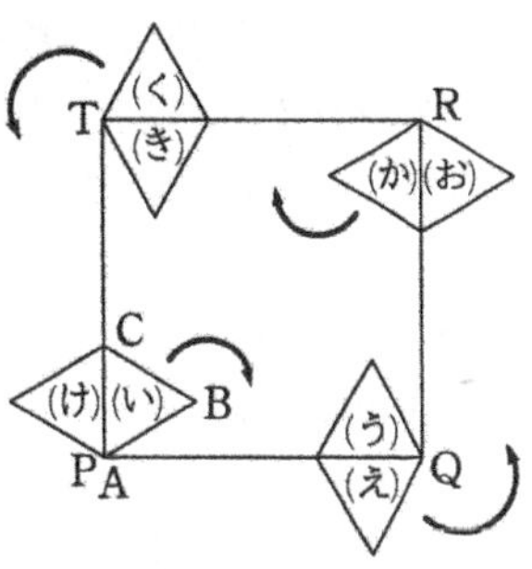

⑵ 正三角形ABCを＜図２＞のように正方形PQRTの（い）の位置に置きます。点Aは点Pと重なっていて，点Cは辺TP上にあります。このあと正三角形ABCを，正方形PQRTの内側をすべらないように矢印の向きに回転させながら（う）の位置に重なるまで移動させます。ここで，直線PQを対称の軸として折り返し，（え）の位置に重なるようにします。次に，正三角形ABCを，正方形PQRTの外側をすべらないように矢印の向きに回転させながら（お）の位置に重なるまで移動させます。今度は，直線RQを対称の軸として折り返し，（か）の位置に重なるようにします。再び正三角形ABCを，正方形PQRTの内側をすべらないように回転させながら（き）の位置に重なるまで移動させます。同じように，（く）の位置へ折り返し，正方形PQRTの外側をすべらないように回転させながら（け）の位置に重なるまで移動させます。

このとき，点Cがえがいた曲線で囲まれた図形の面積を求めなさい。

Ⅳ 下の図のような水そうA，B，Cと金属のおもりD，Eがあります。A，B，C，D，Eはすべて直方体です。

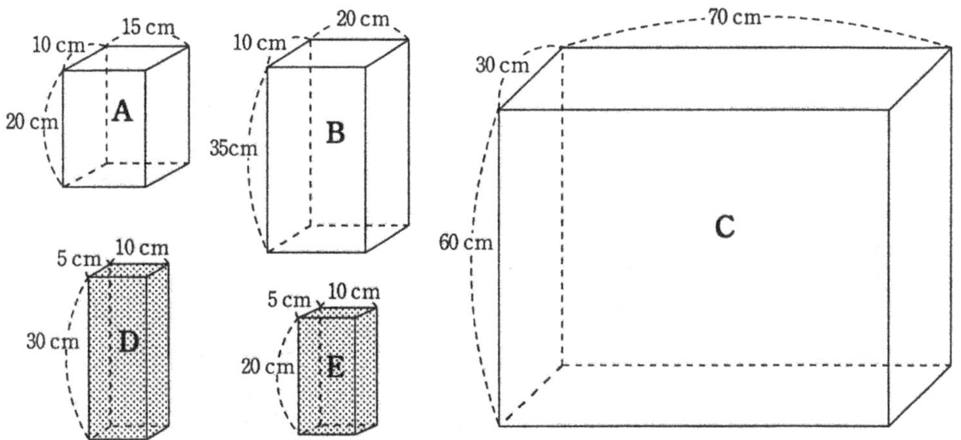

水そうAの底面におもりD，水そうBの底面におもりEをそれぞれ固定して，下の図のように，これらを水そうCに入れて底に固定します。まず，水そうAにホースPで毎分１Lの割合で水を入れます。水そうAに水を入れ始めてから５分後に，水そうBにホースQで毎分２Lの割合で水を入れます。水そうA，Bからあふれた水はすべて水そうCにたまります。水を入れても固定したおもりや水そうは傾（かたむ）いたり，浮（う）き上がったりしません。次のページの２つのグラフは，水そうAに水を入れ始めてから水そうCが水で満たされるまでの，水そうCに入っている水の量と，水そうCの底面から水面までの高さを表したものです。ただ

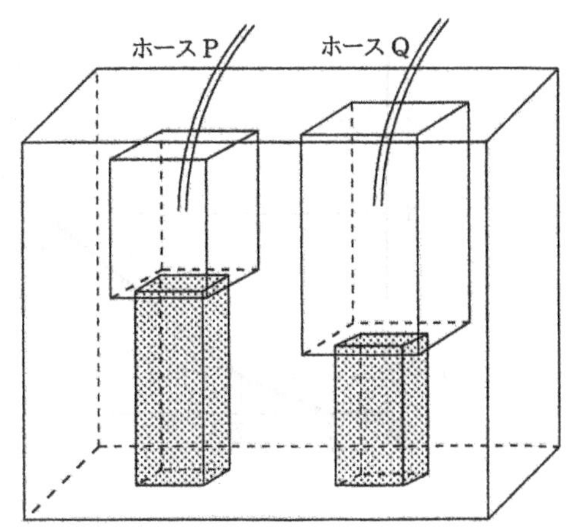

し，水そうCに入っている水の量は，水そうA，Bに入っている水の量はふくみません。水そうの厚さ，ホースの厚さは考えません。

２つのグラフの □ にあてはまる数を求めなさい。ただし，ア～キ，サ，シは答えの数のみ書きなさい。ク，ケ，コは式も書きなさい。

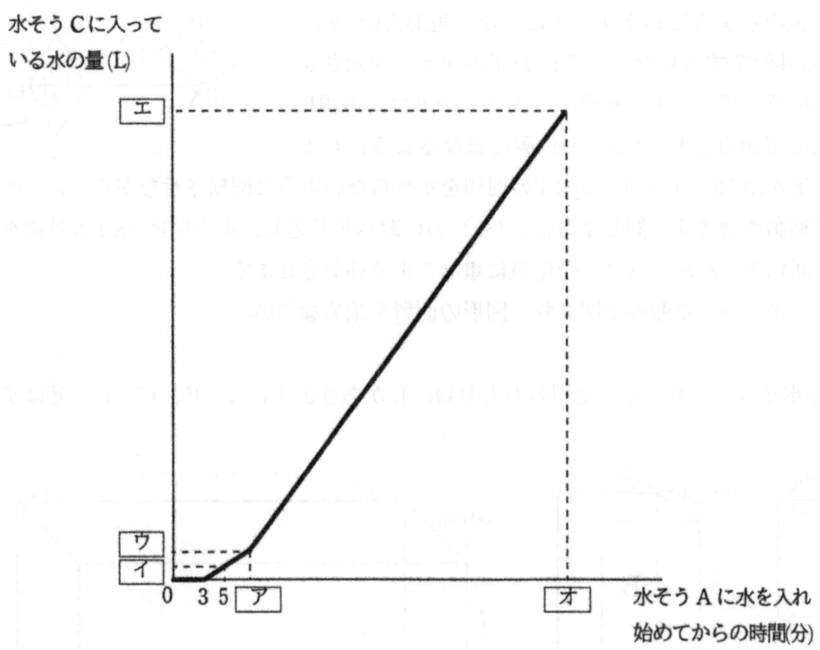

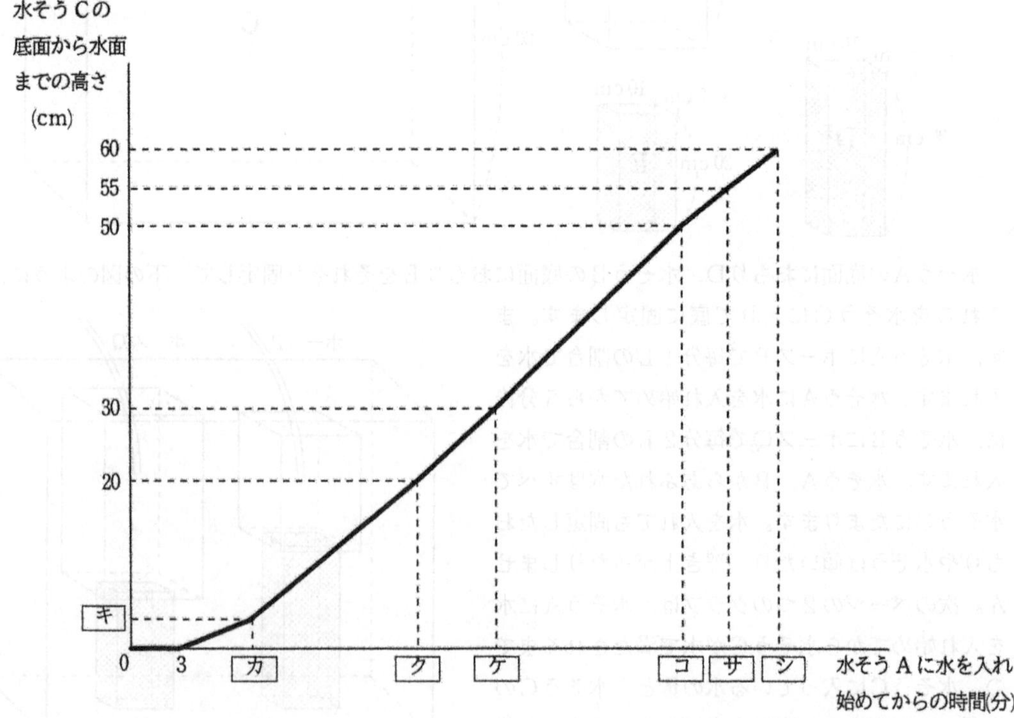

【理　科】（30分）　＜満点：60点＞

I　つぎの文章を読み，後の問いに答えなさい。

水溶液を冷やしたり，水分を蒸発させたりすると，とけているもの（固体）はつぶとなって出てきます。これを結晶といい，ものによって結晶の形や色は決まっています。

たとえば，湯に砂糖をできるだけ多くとかしてから，ゆっくり冷やしていくと(1)結晶が出てきます。これと同じやり方で食塩の結晶は出てくるでしょうか。残念ながら，ほとんど出てきません。なぜなら，食塩は（　　　　2　　　　）からです。食塩の結晶を取り出すには，食塩水から水を蒸発させなければいけません。食塩は100℃の水100ｇに39.3ｇまでとけます。100℃の食塩水から水を蒸発させる場合，食塩の結晶ができ始めるとき，まだ食塩水の（　3　）％が水分ですから，これをすべて蒸発させるのは大変です。食塩水から食塩を取り出すには大きなエネルギーが必要なのです。

海水には約３％の塩（食塩）がとけていますが，海水をそのまま煮つめて塩を取り出すのでは能率が良くないので，こい塩水をつくる工夫が欠かせません。

日本で古くから行われてきた塩づくりに，揚浜式製塩という方法があります。まず，細かい砂がしきつめられた塩田の上に海水をていねいにまきます。海水が地下にしみこまないように，塩田の下は（　4　）の層になっています。太陽のエネルギーにより水分が蒸発し，かわいた砂の表面には塩の結晶がつきます。塩のついた砂を集めて，塩田に設置してある箱の中に入れます。(5)箱の上から海水を流しこむと，砂の表面についた塩が海水にとけこみ，こい塩水が下からでてきます。図１は箱の断面を表しています。この塩水を，大きな(6)かまに入れて煮つめていきます。はじめは強火で煮つめ，水分がある程度蒸発したところでいったん火を消して(7)冷まします。その後，弱火でさらに煮つめ，かまの底にたまった塩を取り出します。このように，海水からの塩づくりでは，さまざまな工夫がなされているのです。

図１

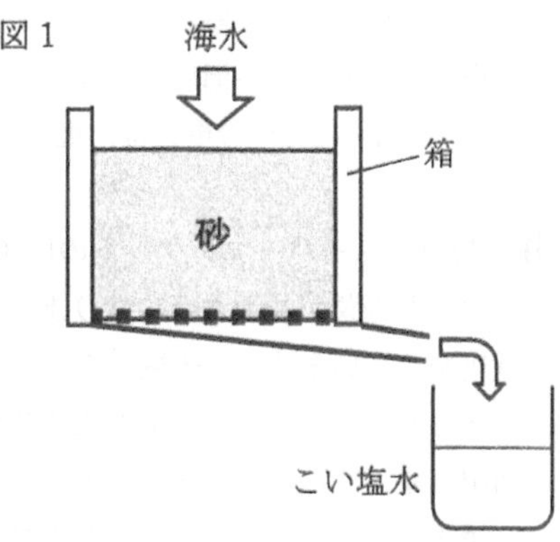

問１　下線部(1)はどのような形ですか。もっともふさわしいものをつぎのア～オから１つ選び，記号で答えなさい。

ア．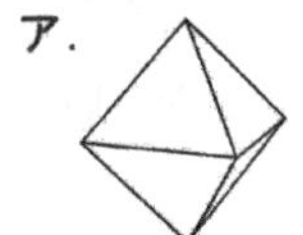　イ．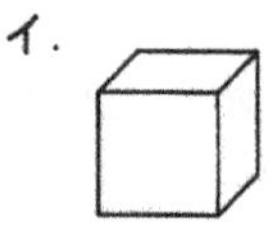　ウ．　エ．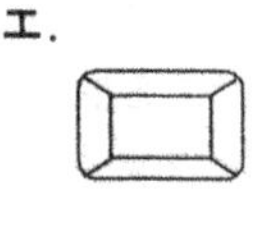　オ．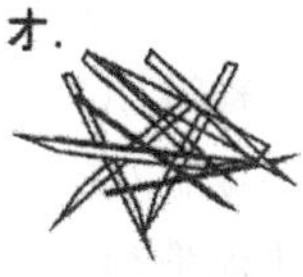

問２　文中の（２）にあてはまる語句を25字以内で書きなさい。

問３　文中の（３）にあてはまる数字を，小数第２位を四捨五入して，小数第１位まで求めなさい。

問４　文中の（４）にあてはまる語をつぎのア～オから１つ選び，記号で答えなさい。

ア．れき　　イ．砂　　ウ．粘土　　エ．軽石　　オ．木

問5　下線部(5)について述べたつぎの文の（a）～（e）にあてはまる数字を答えなさい。ただし，答えが割り切れない場合は，小数第2位を四捨五入して，小数第1位まで求めなさい。

海水を3％の食塩水とし，箱の下から出てくる「こい塩水」を12.7％の食塩水とします。100kgの「こい塩水」をつくる場合を考えてみましょう。箱の上から入れた海水はすべて下から出てくるものとし，途中で水は蒸発しないものとします。

100kgの「こい塩水」にふくまれる水は（a）kgなので，箱の上から流しこむ海水は（b）kgです。箱の上から流しこむ海水にとけている塩は（c）kgですから，砂の表面から海水にとけこむ塩の量は（d）kgと計算できます。それだけの塩がついた砂をつくるためには，少なくとも（e）kgの海水を塩田にまく必要があります。

問6　下線部(6)のかまは，平らなおけのような形をしていて，内側は右図のような直径1.6m，高さ30cmの円柱形だとすると，かまいっぱいに入る塩水はおよそ何Lですか。もっとも近いものをつぎのア～カから1つ選び，記号で答えなさい。

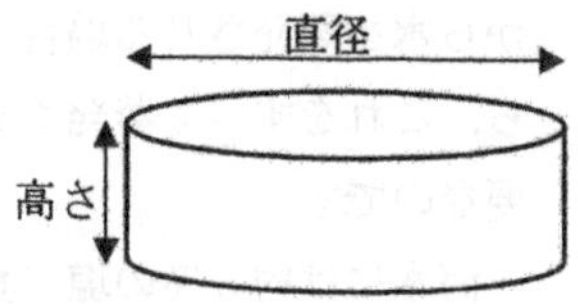

ア．200　イ．600　ウ．2000　エ．6000　オ．20000　カ．60000

問7　下線部(7)のとき，しばらくすると液面にいくつかの塩の結晶が見られることがあります。その理由として正しいものを，つぎのア～エから1つ選び，記号で答えなさい。

ア．底よりも液面に近いほうがうすい塩水なので，液面に結晶がうかぶ。

イ．液面は蒸発が盛んなので，液面の近くで結晶ができる。

ウ．底の近くから温度が下がるので，液面の近くで結晶ができる。

エ．1 cm^3あたりの重さは，塩水よりも結晶のほうが小さいので，液面に結晶がうかぶ。

Ⅱ　最近，スーパーマーケットの店頭には，畑で育てた露地栽培の野菜だけでなく，「植物工場」で生産した野菜が並ぶようになりました。植物工場では土を使わず，水と液体肥料により育てる水耕栽培をしています。(1)機械を用いて，適切な条件を維持できることが特ちょうです。

あるサニーレタスは，完全人工光型の植物工場で作られています。完全人工光型では太陽光は一切用いず，すべてを(2)発光ダイオードなどの光でまかなっています。

植物工場において，サニーレタスが最も育ちやすい光条件を探るため，さまざまな色の発光ダイオードを用いて，サニーレタスを育てる実験を行いました。なお，この実験は，光の色以外の条件（光の強さや気温など）を一定にして行いました。つぎのページの表1は，サニーレタスを3週間育てたときの，各部分の重さなど（8個体の平均値）をまとめたものです。後の問いに答えなさい。

問1　下線部(1)について，野菜を植物工場で育てる利点を1つあげ，20字以内で書きなさい。

問2　下線部(2)をアルファベットの略称で書きなさい。

問3　下線部(2)について，2014年にノーベル物理学賞を受賞した赤﨑氏，天野氏，中村氏が発明・実用化した発光ダイオードは何色ですか。つぎのア～オから1つ選び，記号で答えなさい。

ア．赤　イ．黄　ウ．緑　エ．青　オ．白

問4　表1より，つぎの①～③にあてはまるのは何色の光と考えられますか。あとのア～ウから1つずつ選び，記号で答えなさい。

①　サニーレタスを成長させる効果が最も小さい

②　1枚あたりの葉を最も重く，大きくする

③ 茎をのばし，草たけを最も高くする

ア．赤色光　　イ．青色光　　ウ．緑色光

表1

	赤色光	青色光	緑色光	赤色光＋青色光※1
葉の重さ(g)	8.56	7.28	1.99	13.96
茎の重さ(g)	2.60	1.40	0.56	3.98
根の重さ(g)	1.36	1.43	0.29	2.04
全体の重さ(g)	12.52	10.11	2.84	19.98
葉の数(枚)	8.25	4.88	5.38	6.50
主茎の長さ(cm)	21.60	8.53	14.35	16.09
気孔コンダクタンス※2	0.056	0.062	0.038	0.090

※1　赤色と青色の発光ダイオードを半数ずつ使い，合計の光の強さは他の色の光と同じである。

※2　気孔における気体の通りやすさを表す値。値が大きいほど，気体が通りやすい。

園芸学研究(2018)，植物工場学会誌(1999)より作成

問5　表1より，「赤色光＋青色光」を当てたサニーレタスの全体の重さが最も重く，気孔コンダクタンスが最も大きいことがわかります。気孔コンダクタンスが大きいと成長できる理由をあげた文中の（a），（b）にあてはまる語を答えなさい。

・（　a　）が盛んになることで，根からの水や栄養の吸収が盛んになるから。

・空気中の（　b　）を取り入れやすくなることで，多くのでんぷんをつくることができるようになるから。

Ⅲ　以下の文章を読み，問いに答えなさい。

5月のある金曜日は，朝から雨が降っていましたが，昼前には雨がやみました。翌日の土曜日，O小学校では運動場がかわき，運動会を行うことができました。しかし，近くのN小学校では運動場に水が残り，運動会は延期になってしまいました。図1はO小学校，図2はN小学校の運動場の地面の写真および運動場と校舎の配置図です。

図1　O小学校

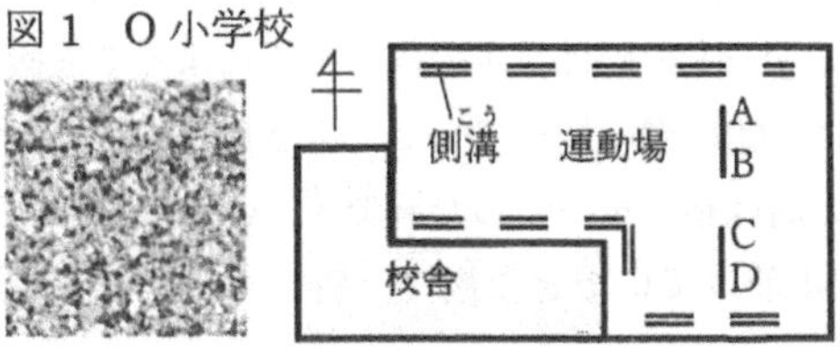

側溝　運動場　A　B　C　D　校舎

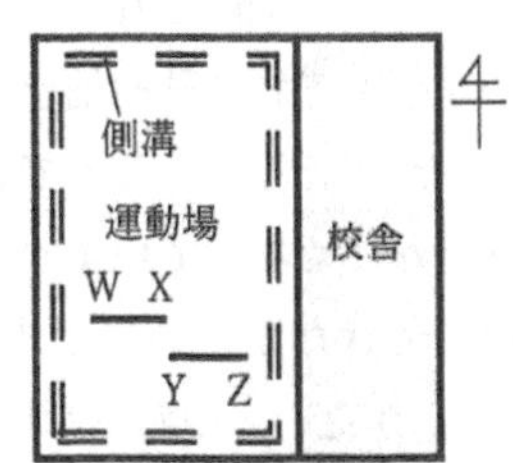

図2　N小学校

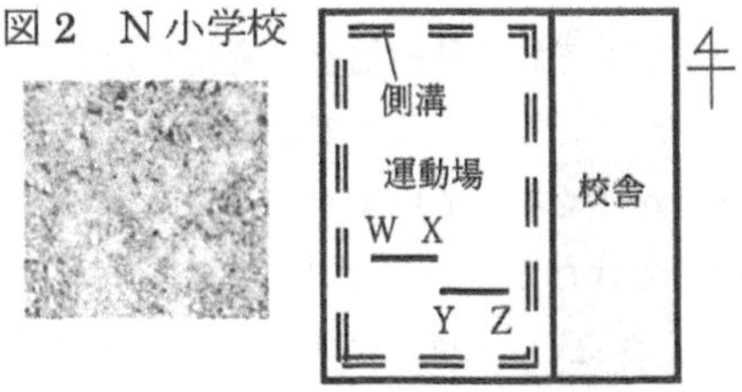

・O小学校は運動場の南西側に校舎があり，N小学校は運動場の東側に校舎がある。どちらの校舎も4階建てである。

・図1のAB，CDの向きと図2のWX，YZの向きに水平器（図3）を置くと，空気の玉がB，C，W，Zの側に動いた。

図3　水平器

問１　O小学校の運動場がN小学校の運動場より早くかわいた理由をつぎの**ア～キ**から１つ選び，記号で答えなさい。

ア．地面に水がしみこみやすく，側溝に水が流れやすく，午後の日当たりが良いため。
イ．地面に水がしみこみにくいが，側溝に水が流れやすく，午後の日当たりが良いため。
ウ．側溝に水が流れにくいが，地面に水がしみこみやすく，午後の日当たりが良いため。
エ．午後の日当たりが悪いが，地面に水がしみこみやすく，側溝に水が流れやすいため。
オ．地面に水がしみこみにくく，側溝に水が流れにくいが，午後の日当たりが良いため。
カ．午後の日当たりが悪く，地面に水がしみこみにくいが，側溝に水が流れやすいため。
キ．午後の日当たりが悪く，側溝に水が流れにくいが，地面に水がしみこみやすいため。

桜蔭中学校は，JR水道橋駅東口を出た後，神田川にかかる水道橋をわたって白山通りを北上した後，右折して忠弥坂(ちゅうやざか)を登った本郷台地の上に位置しています。図４の太線が，JR水道橋駅から桜蔭中学校までの道のりです。図５は，図４の点線の位置の断面の地層のようすを単純化して表したものです。

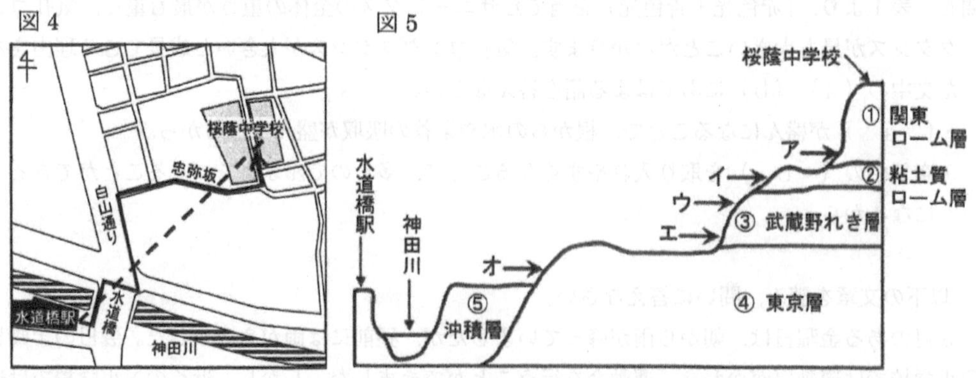

問２　桜蔭中学校や水道橋駅周辺の地層について説明した，つぎの文章について答えなさい。

図５の①，②のロームというのは，砂や粘土などが含まれた混合土のことで，日本では主に噴火(ふんか)によって飛ばされた（　a　）やれき，小さな穴がたくさんあいた石（軽石）がたまったあと，つぶがくずれて砂や粘土に変化したものです。③～⑤の層は流水のはたらきによって運搬(ぱん)されたつぶが（　b　）してできた層です。②の層は，①の層に比べて（c　大きい／小さい）つぶの割合が多くなっています。③の層はれき，④の層は粘土を主とした層です。④の層は15～13万年前にできたかたい層です。⑤の層は１万8000年前以降にできた層で，新しく，他の層に比べて（d　かたい／やわらかい）のが特ちょうです。

ⅰ）文中の（a），（b）にあてはまる語を書きなさい。また（c），（d）はあてはまる語を選んで書きなさい。

ⅱ）文中の下線部の「れき」は，つぶの大きさがどれくらいのものか，つぎの**ア～エ**から１つ選び，記号で答えなさい。

ア．0.06㎜以上　　**イ**．0.5㎜以上　　**ウ**．２㎜以上　　**エ**．８㎜以上

ⅲ）③の層のれきは，①，②の層のもととなるれきとどのようなちがいがあるか，簡単に説明しなさい。

ⅳ）③の層と④の層は，できた当時どちらの水深が深いと考えられるか，③か④の番号で答えなさい。

ⅴ）④の層と⑤の層は，できた時代が連続していません。その理由として正しいものをつぎの**ア**～**エ**から１つ選び，記号で答えなさい。

ア．①～④の層ができたあと，火山の噴火によって水道橋駅付近の層がふき飛ばされ，そのあとに生じた火山の噴火による溶岩（ようがん）がかたまって⑤の層ができた。

イ．①～④の層ができたあと，川によって水道橋駅付近の層がしん食され，そのあとにこの場所が海になり，⑤の層ができた。

ウ．①～④の層ができたあと，地震（しん）によって断層ができて，①～③の層がくずれ，残った④の層の上にくずれたものが混ざって重なって⑤の層ができた。

エ．①～④の層ができたあと，大きな力が加わって曲がり，前のページの図５の右側の土地だけが盛り上がったため，新しい⑤の層が低いところにみられる。

問３　水道橋の名は，江戸（えど）時代に作られた神田上水の水路橋に由来します。桜蔭中学校のある本郷台地の周辺では，神田上水が引かれるまでは，地下水やわき水を利用していました。本郷台地において，地下水やわき水が採取できる場所を図５の**ア**～**オ**から２つ選び，記号で答えなさい。

Ⅳ　以下の文章を読み，問いに答えなさい。

音がどのように伝わるかを調べるために，ＡさんとＢさんはつぎの実験を行いました。

【実験１－①】　図１のように，ブザーを入れた紙コップと風船を細い糸でつなげ，ぴんと張りました。Ａさんがブザーを鳴らし，しばらく経ってから止めました。その間，Ｂさんは風船をそっと手で持ち，耳を当て，風船から聞こえる音と手に伝わる感覚を調べました。その結果，音が聞こえ始めるとほぼ同時に風船を持つ手に小刻みなふるえ（振（しん）動）が伝わり，音が聞こえ終わるとほぼ同時にふるえが止まりました。このことから，音を出すものは振動しており，その振動が伝わることで音が伝わることがわかります。

【実験１－②】　図１の風船の中に小さなビーズをいくつか入れて，ブザーの音の高さは変えずに大きさだけを変えて，ビーズの動き方を観察しました。

【実験１－③】　図２のように，風船の代わりにマイクロフォンを入れた紙コップをつけました。実験１－①と同様に，ブザーを鳴らし，マイクロフォンが拾った音をオシロスコープという装置で観察しました。オシロスコープとは，マイクロフォンによって電気信号に変えられた音の振動のようすを，グラフとして見ることができる装置です。

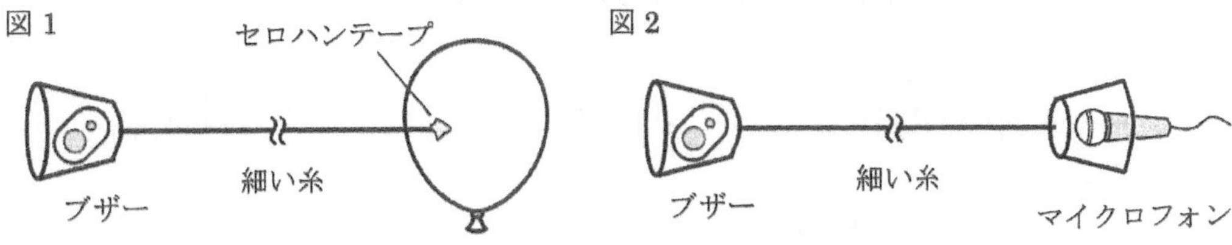

問１　実験１－②の結果，音を大きくしたときのビーズの動き方として正しいものをつぎの**ア**～**ウ**から１つ選び，記号で答えなさい。

ア．より速く小刻みに動く　　**イ**．より大きくはねるように動く　　**ウ**．変わらない問２　実験１－③について，つぎの問いに答えなさい。

ⅰ）実験１－③の結果，図３のようなグラフの形をみることができました。図３の横軸(じく)は時間，たて軸は音の振動の大きさを表していて，図に示す範囲(はんい)（☆）が振動１回分を表しています。図３の音は，１秒間に何回振動していますか。

図３

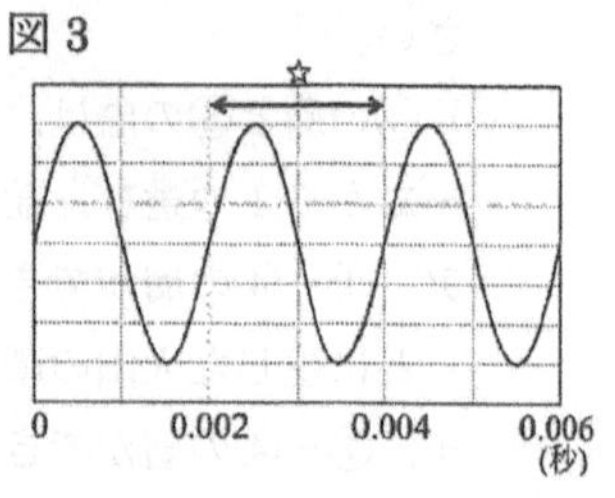

ⅱ）音の高さと振動の回数の関係は，高い音ほど１秒間に振動する回数が多く，低い音ほど１秒間に振動する回数が少ないことがわかっています。そこで，ブザーの音の高さや大きさを変えて同様に実験を行いました。図３の音より高い音のときに観察できるグラフの形を**ア**～**エ**からすべて選び，記号で答えなさい。横軸とたて軸は図３と同じです。

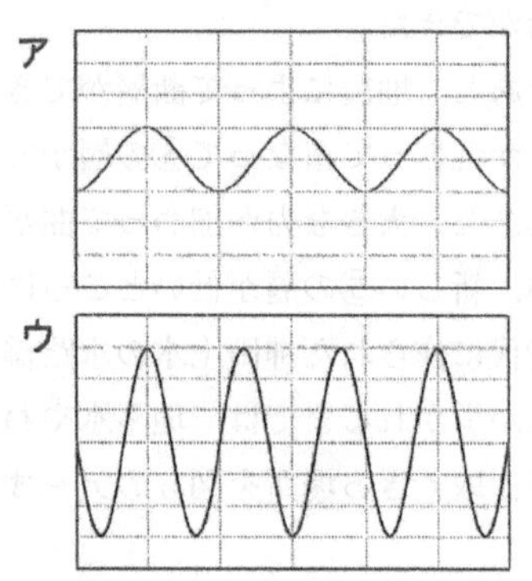

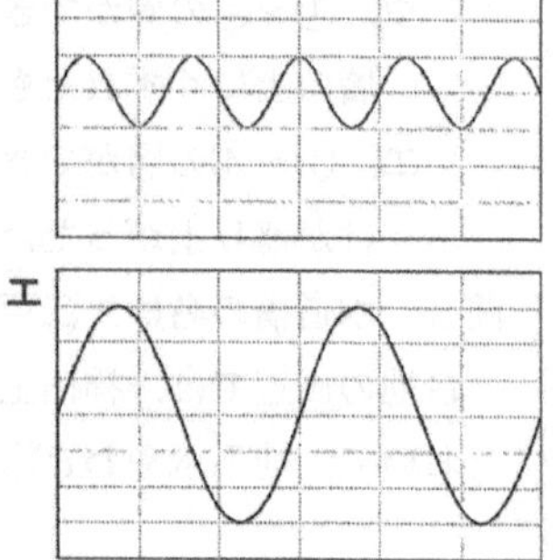

音を出すものを音源といいます。人は，音源からはなれたところで音を聞くとき，音源の振動によってまわりの空気が振動し，それが耳に届くことで音を聞いています。しかし，音源が動きながら音を出したり，人が動きながら音を聞いたりすると，聞こえる音の高さが変わります。これは，例えば目の前を救急車が通り過ぎたときに聞こえるサイレンの音の高さが変わることなどで知られています。このことを確かめるために，ＡさんとＢさんはつぎの実験を行いました。

【実験２】 図４のように，水平なゆかの上に，小さな球を一定の間隔(かんかく)で発射することができる発射装置と的(まと)を一直線上に置きます。発射装置と的はそれぞれゆかの上を右か左に動くことができます。このとき，球が受ける空気の抵抗(ていこう)や重力などの影響(えいきょう)は考えず，球は的に向かって減速も落下もせず，まっすぐ飛ぶものとします。

発射装置を点Ｏ（０ｍ）に固定し，点Ｏから18ｍはなれた位置に的を置きました。発射装置からは１秒間に１個ずつ球が発射され，発射された球は一定の速さで１秒間に８ｍずつ進みます。いま，はじめの球が発射されたと同時に，的を一定の速さで１秒間に２ｍずつ発射装置に近づけます。表１は，はじめの球が発射されてからの時間と，球と的の位置を0.2秒ごとに表したものです。ここで位置は，発射装置からのきょりで表します。

図４

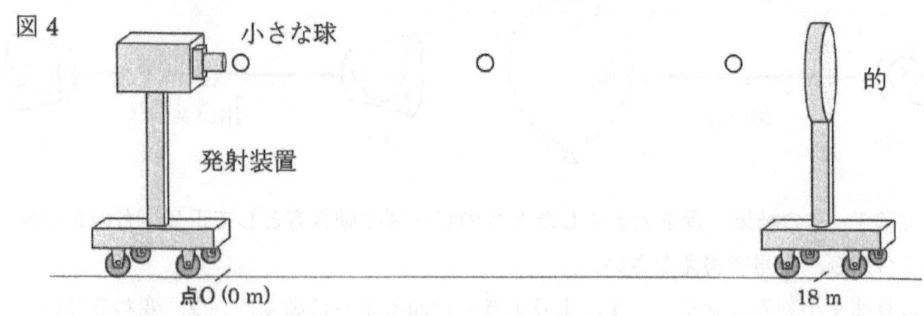

表１

時間(秒)	0	0.2	0.4	0.6	0.8	1	…
球の位置(m)	0	**ア**		**イ**		8	…
的の位置(m)	18		**ウ**		**エ**	16	…

問３　実験２について，つぎの問いに答えなさい。

ⅰ）表１の**ア**～**エ**にあてはまる数字を答えなさい。

ⅱ）はじめの球が発射されてから的に当たるまでの時間（秒）を答えなさい。また，そのときの的の位置（m）を答えなさい。

ⅲ）発射装置からは全部で４個の球を発射しました。はじめの球が発射されてからそれぞれの球が的に当たるまでの時間とその間隔をまとめた表２の**オ**～**ク**にあてはまる数字を答えなさい。

表２

球の順番	1	2	3	4
的に当たるまでの時間(秒)	ⅱの答え	**オ**	**カ**	4.2

間隔(秒)	／	**キ**		**ク**

問４　発射装置と的の間のきょりを18mにもどしたあと，発射装置や的を右や左に動かしながら，球が的に当たる間隔を調べました。発射装置や的を動かす場合は，それぞれ１秒間に２mずつ動かし，発射装置が発射する球の条件は実験２と同じです。つぎの文中の（ａ）～（ｃ）にあてはまる語句を下の**ア**～**ウ**から１つずつ選び，記号で答えなさい。

・発射装置を固定して的を発射装置から遠ざけると，球が的に当たる間隔は（　ａ　）。

・的を固定して発射装置を近づけると，球が的に当たる間隔は（　ｂ　）。

・発射装置と的をどちらも近づく向きに動かすと，球が的に当たる間隔は（　ｃ　）。

ア．１秒より長くなる　　**イ**．１秒より短くなる　　**ウ**．１秒である

問５　実験２を音にあてはめてみると，発射装置は音源，球１個は音の振動１回分，的は音を聞く人と考えることができます。つぎの文**ア**～**オ**から正しいものをすべて選び，記号で答えなさい。ただし，救急車と電車は一定の速さで直線上を移動しているものとします。

ア．立ち止まっているときに，まっすぐ近づいてくる救急車のサイレンの音は，だんだん低くなっていくように聞こえる。

イ．立ち止まっているときに，まっすぐ遠ざかっていく救急車のサイレンの音は，だんだん低くなっていくように聞こえる。

ウ．立ち止まっているときに，目の前を救急車が通り過ぎると，救急車のサイレンの音の高さがそれまで聞こえていた音の高さより急に低くなった。

エ．電車に乗っているときに，踏切（ふみ）に近づいていくと，踏切の音が本来の高さと比べて一定の高さだけ低くなって聞こえる。

オ．電車に乗っているときに，踏切から遠ざかっていくと，踏切の音が本来の高さと比べて一定の高さだけ低くなって聞こえる。

【社　会】（30分）　＜満点：60点＞

I 次の文を読み，文中の空欄 [1] ～ [7] に適する語句をすべて漢字２文字で答えなさい。下線部については後の設問（①～⑤）に答えなさい。

桜蔭中学校から歩いて５分ほどの場所に，東京都水道歴史館があります。ここでは江戸時代から現在に至るまでの水道の歴史を知ることができます。

徳川家康は1590年に江戸に入ると，さっそく上水の整備にとりかかりました。海に近い江戸では [1] を掘っても水に塩分が混じり，飲み水には不向きでした。そこで川や池から水路をひき，石製や木製の水道管で市中に水を送るしくみが整えられました。江戸の庶民は地下の水道管とつながった [1] から水をくんで生活に使いました。江戸の人口が増え，水の需要が増えると，幕府は多摩川の水を江戸に引き入れるため [2] 上水を開削し，江戸城や江戸南西部に水を送りました。武蔵野台地を流れる [2] 上水は台地のあちこちに分水され，農家の生活用水や農業用水にも利用されました。こうして①<u>水に恵まれない武蔵野台地の開発</u>が進められました。

江戸時代につくられた上水のしくみは，明治時代には近代化されましたが， [2] 上水は導水路として引き続き使われました。第二次世界大戦後の高度経済成長期に東京の水の需要は大きく増えます。東京では新潟県と群馬県の県境の山から流れ出す [3] 川水系の水を利用するようになり， [2] 上水は上流部を除いて使われなくなりました。現在，文京区本郷には， [3] 川から荒川に引きこまれた水が朝霞 [4] 場を経て給水されています。

水源としての重要性が高まった [3] 川上流には，水を安定的に利用するために八ッ場ダムなどがつくられています。ダムには主に４つの役割があります。生活に必要な水や農地や工場で使う水を確保すること，渇水時も流水を補給して川の機能を維持すること，水量を調節して [5] の被害を防いだり軽減したりすること，そして水量と落差を利用して [6] を生産することです。

生活や産業活動などには②<u>川の水</u>だけでなく地下水も利用されます。日本では，農業・工業・③<u>生活用水</u>の約１割を地下水がになっています。地下水は冬でも温度があまり低くならないので，北陸地方では [7] 用にも利用されています。

現代の世界はさまざまな水問題に直面しています。海洋，河川，地下水の汚染の問題もあります。巨大なダムの建設が水をめぐる対立を生んでいる地域もあります。④<u>世界の災害</u>の多くは水に関係しているそうです。世界では水不足の影響が深刻化する一方で， [5] の被害も拡大しています。2023年。世界気象機関が，この年の７月の世界平均気温が観測史上最高の月平均気温となるだろうと発表すると，国連のグテーレス事務総長は「地球温暖化の時代は終わり，⑤<u>地球＜Ｐ＞の時代</u>が到来した」と述べました。気候変動は水に関わる災害を増大させている一因と考えられています。

設問

① 下線部①について，17世紀末ごろ乾いた赤土におおわれた武蔵野台地北東部の開発が進められました。次のページの**図１**は，開発された武蔵野台地の一部の現在の様子を，地図記号を使って示した模式図です。道路に面して家がたち，その背後に細長い畑が広がっています。細長い畑はいくつにも区切られており，その境界には樹木作物が植えられていることが，地図記号からわかります。後の**表１**は，この樹木の栽培面積が広い上位８府県を示しています。

　ⅰ　畑を区切るように植えられているこの樹木作物の名称を答えなさい。

　ⅱ　この樹木の作物としての価値以外の役割を20字以内で答えなさい。

図１

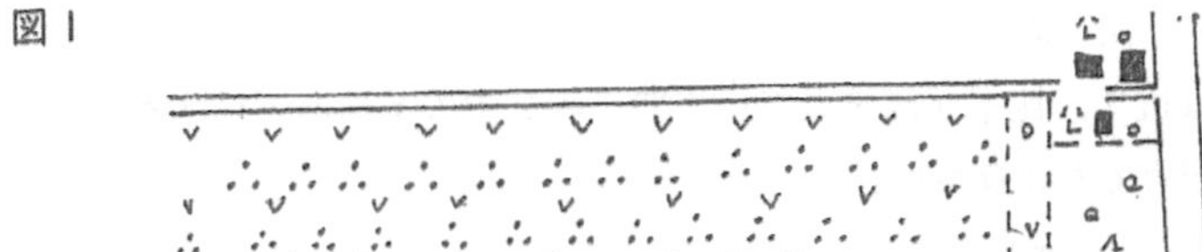

表１　栽培面積の広い府県（2023年）

順位	府県	順位	府県
1	静岡	5	福岡
2	鹿児島	6	宮崎
3	三重	7	熊本
4	京都	8	埼玉

出典「政府統計の総合窓口（e-Stat）」

② 下線部②について，次の説明文は日本の川について述べています。説明文Ａ～Ｄにあてはまる河川を下の地図中の **ア～コ** から１つずつ選び，記号で答えなさい。

Ａ　上流にある鉱業所からの排水中のカドミウムにより川の水や水田が汚染され，主に下流の住民に発生した深刻な健康被害は，1968年に国内最初の公害病に認定された。下流には新幹線停車駅をもつ県庁所在都市がある。

Ｂ　日本の中でもきわめて降水量の多い山岳部から流れ出す川である。上流域はスギの産地として知られ，下流の河岸段丘では果樹栽培がさかんである。河口にある都市は，江戸時代には御三家のひとつが整備した城下町として栄えた。

Ｃ　曲がりくねって流れることで有名な川で，川に沿って明治時代にはいくつもの屯田兵村が開かれた。かつては泥炭地が広がっていた下流の平野は，土地改良により今では日本を代表する水田地帯になっている。

Ｄ　四県を流れる川で，かつては下流の低地の人々は集落や農地を堤防で囲み，母屋がある土地よりも一段高い所に水屋をつくったり，協同で土もりをして避難場所をつくったりしたが，現在は水屋は少なくなった。

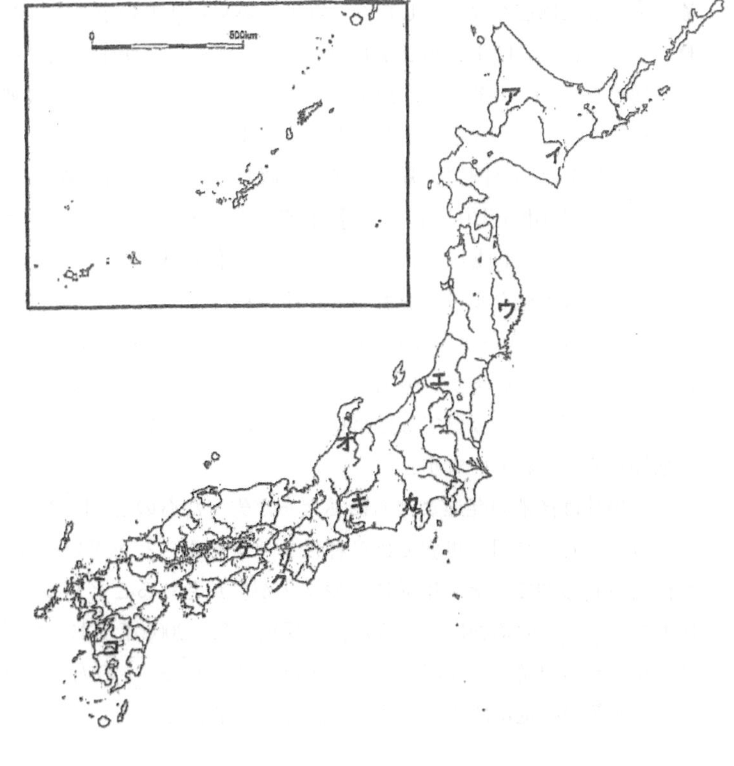

③　下線部③について，次の**表２**は東京都水道局が発表している家庭での水の使われ方を示しています。**表２**中の**Ｙ**は近年，比率が高まっています。**表２**中の**Ｙ**にあてはまるものを次の **ア～ウ** から１つ選んで，記号で答えなさい。

表２　家庭での水の使われ方

	X	Y	Z	洗濯	その他
2022年度	20%	43%	15%	16%	6%

出典　東京都水道局一般家庭水使用目的別実態調査

ア　風呂　　**イ**　炊事　　**ウ**　トイレ

④　下線部④について，次の文中の空欄に適する国名を答えなさい。

2023年２月６日，トルコ南部でマグニチュード7.8の地震が発生し，トルコとその南隣の国（　1　）で多数の犠牲者が出た。2011年から内戦が続く（　1　）では，壊れた建物の修復が十分に進んでいない中で多くの被害が出た。４月にはアジアを史上最悪の熱波がおそった。とくに現在世界第１位の人口大国である（　2　）では記録的な猛暑となった。７月には（　3　）で大規模な森林火災が発生し，煙は（　3　）だけでなくアメリカ合衆国にも影響をおよぼした。

⑤　下線部⑤について，<Ｐ>に適する語句を答えなさい。

Ⅱ　次の文を読み，文中の空欄 [1] ～ [3] に適する語句を答えなさい。[1] は漢字で答えなさい。空欄【A】・【B】にあてはまるものを次のページの選択肢 **ア～ク** から１つずつ選び，記号で答えなさい。また下線部については後の設問（①～③）に答えなさい。

2023年６月，①コロンビアで行方不明になっていた１歳から13歳の４人の子どもが熱帯林で発見されたというニュースは，世界をおどろかせました。小型飛行機の墜落で子どもたちの母親をふくめた大人３人は亡くなりましたが，乳児をふくむ４人の子どもは助かり，子どもたちだけで，熱帯林の中で40日もの間生き延びました。この子どもたちが生き延びられたのは彼らが熱帯林での暮らしに通じた [1] であり，熱帯林で食べ物を探したり，危険な動物などから身を守ったりする力を持っていたことが大きかったと考えられます。

コロンビアという国は大陸の北側に位置し，太平洋と【　A　】の二つの大海に面した国家です。この大陸には16世紀頃に【　A　】を渡ってヨーロッパ系の人々がやってきて，[1] の国家を滅ぼし，植民地を形成しました。奴隷として【　B　】から多くの人々がつれてこられており，今日，この大陸には多様なルーツをもつ人々が見られます。コロンビアの隣にある②ブラジルという国も似たような特徴がみられる国です。ブラジルの北部は世界最大の流域をもつ [2] 川が流れ，熱帯林におおわれています。隣国コロンビアにもその熱帯林は広がっており，小型飛行機が墜落したのもその一部です。今日では熱帯林の破壊が急速に進んでおり，③二酸化炭素などの温室効果ガスの増加が心配されています。

この事件は技術の発達とともに私たちが失ったものを，[1] が今なお保っていることを教えてくれました。今日，世界では多様性を尊重することが求められています。[[1] は経済成長が優先される中で，その生活様式や文化が脅かされることが多くあります。このため，2007年に国連で [1] の権利に関する宣言が採択され，2008年日本でも「[3] 民族を [1] とすることを求める決議」が採択され，2019年には「[3] の人々の誇りが尊重される社会を実現するための施策の推進に関する法律」が制定されました。

【選択肢】

ア　紅海　　イ　地中海　　ウ　インド洋　　エ　大西洋

オ　アフリカ　　カ　アジア　　キ　アメリカ　　ク　オーストラリア

設問

①　下線部①のコロンビアの場所を次の地図中の **ア～ク** から１つ選び，記号で答えなさい。

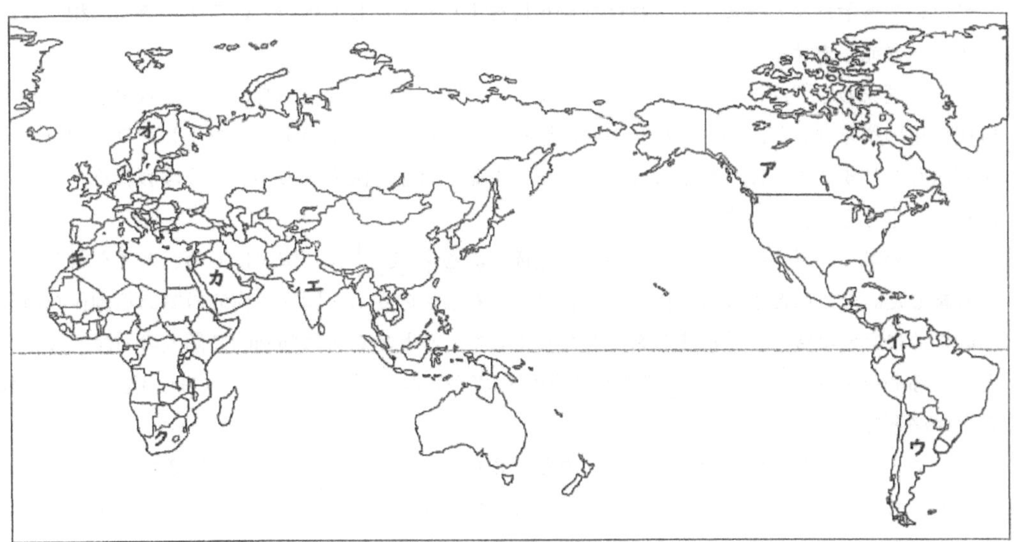

②　下線部②のブラジルについて述べた次の文 a ～ c の正誤の組み合わせが正しいものを下の **ア～ク** から１つ選び，記号で答えなさい。

a　ブラジルには多くの日本人が20世紀に移り住み，現在も多くの日系人が暮らしている。

b　スペインがかつてブラジルを植民地として支配していたため，スペイン語が主な言語となっている。

c　2022年現在，日本で暮らす外国人は，ブラジル人が中国人に次いで２番目に多い。

ア　a 正　b 正　c 正　　**イ**　a 正　b 正　c 誤　　**ウ**　a 正　b 誤　c 正

エ　a 正　b 誤　c 誤　　**オ**　a 誤　b 正　c 正　　**カ**　a 誤　b 正　c 誤

キ　a 誤　b 誤　c 正　　**ク**　a 誤　b 誤　c 誤

③　下線部③について述べた次の文 a ～ c の正誤の組み合わせが正しいものを下の **ア～ク** から１つ選び，記号で答えなさい。

a　国連安全保障理事会において，2015年「持続可能な開発目標」が採択された。

b　「持続可能な開発目標」では貧困(ひんこん)をなくし，気候変動への対策をとるなどの行動が求められている。

c　国連環境(かんきょう)計画などのＮＧＯを中心に，地球環境問題への積極的な取り組みが進められている。

ア　a 正　b 正　c 正　　**イ**　a 正　b 正　c 誤　　**ウ**　a 正　b 誤　c 正

エ　a 正　b 誤　c 誤　　**オ**　a 誤　b 正　c 正　　**カ**　a 誤　b 正　c 誤

キ　a 誤　b 誤　c 正　　**ク**　a 誤　b 誤　c 誤

Ⅲ　次の文を読み，文中の空欄 1 ～ 10 に適する語句をすべて漢字で答えなさい。 1 は1つの用語で答えなさい。空欄【A】～【D】にあてはまるものを次のページの選択肢 ア～ソ から1つずつ選び，記号で答えなさい。また下線部については後の設問（①～⑪）に答えなさい。

私たちはなぜ税を納めるのでしょうか。今日日本では，税とは国または 1 が，その経費として人々から強制的に徴収するお金のことを指します。税を納める①義務があることが，日本国憲法においても示されています。これは国家が税を主な収入として動いているからです。税がなければ国家は機能しません。

今日の国家の原型はヨーロッパで生まれました。国王が強大な権力をにぎって戦争をくりかえし国民に重い税を課したため，これを不満に思った人々が国王と争い王政を廃止（はいし）したり，国王の権力を制限したりするようになりました。こうして生命や財産を国家から不当にうばわれることなく人間らしく生きる権利が生まれました。

このため多くの国では政治の最終的な決定権である 2 は，国民にあると考えられるようになりました。それにともなって税は支配者にとられるものから，国家の構成員である国民が自分たちのために必要な費用を分担するものとなりました。それでも税は強制的に個人の財産をうばうことになるわけですから， 2 をもつ国民の代表からなる【　A　】でその使い道が決められることが必要です。

日本で，こうした近代的な税制のはじめと考えられているのが，1873年にできた 3 という税です。しかしこの時にはまだ日本には【　A　】がなかったため，政府が一方的に定めた税は本当の意味での近代的な税といえるのか疑問がのこります。1874年に土佐藩出身の 4 らが政府に【　A　】の開設を求める意見書を提出しましたが，そこでも税を負担するものはその使いみちについて意思を表明する権利があると述べています。

3 は当初は政府の収入の9割以上を占（し）めていました。その後1887年には個人の収入に対して課税される 5 が導入されました。 5 による収入ははじめはごくわずかでしたが，徐々（じょじょ）に増加していきました。②1904年から政府の 3 や 5 などの税収入は急激に増加し，その後もその状態が続きました。

税にはいろいろなものがあります。いくつかをみていきましょう。関税は国家の収入となりますが，幕末に日本がアメリカなどの国と結んだ条約により，日本は関税を自分たちだけで決めることができなくなってしまいました。関税は国家の収入となるだけでなく，【　B　】をおさえて国内の産業を守るなどの役割も果たすものであり，日本の産業発展にはとても重要な意味をもちました。そこで条約の改正に取り組み， 6 が外相（がいしょう）だった時に，日本は新しい条約を結び，完全に自由に関税を決めることができるようになりました。戦後にはアメリカの占領下（せんりょうか）で， 5 のような直接税を中心とした税制度がとられましたが，1989年に③消費税が導入され，間接税の割合が増えていきました。令和5年度の予算では 5 を上回り，消費税が最大の税収入となる見込（こ）みです。こうした国の税を集める仕事をしている国税庁は，国の予算に関する仕事をしている【　C　】の外局です。

次に近代以前の税制をふりかえってみましょう。そもそも④国家が存在しなかった時代には税は存在しません。日本列島で国家の形成が始まると，中国との交流が始まり中国の歴史書に日本列島のことが記されるようになります。3世紀頃に⑤邪馬台国について記した中国の歴史書【　D　】には，すでに税が存在したことが記されています。その後豪族（ごうぞく）が連合して 7 と呼ばれる政府を作り，大王が強大な力を持つようになりました。5世紀の九州に大王の力がおよんでいたことが，熊本県の［ 8 ］古墳(こふん)出土の鉄刀からわかります。

東アジアの国々の争いが激しくなると［ 7 ］もその影響を受けるようになります。⑥聖徳太子らが改革を試み，新しい国家体制をめざしましたが，新しい国家体制が実現したのは⑦8世紀に入る頃でした。新しい国家体制の下では，従来の有力豪族は国家の役人となり，高い位をあたえられた［ 9 ］として，高い収入などの特権をえました。新しい税制が定められ，米や布などを納めるほかに，成人男性には地方で年に60日以内，土木工事などを行う［ 10 ］といった負担も課せられました。これらの税負担は非常に重く，やがて逃(に)げ出す農民が多くなり，耕作が放棄(ほうき)される土地が増えると，政府は土地制度の一部を変更(へんこう)するようになりました。最終的に11世紀頃には大土地私有が認められるようになり，税制もそれに応じたかたちに変化しました。

［ 9 ］が所有した私有地は荘園(しょうえん)と呼ばれ，それを現地で管理するものが地方武士となっていきました。やがて武士が政治において大きな力を持つようになり，⑧源頼朝が幕府を開きました。将軍は御家人に領地の支配を保障して，主従関係を結びました。将軍も武士もそれぞれが領地をもち，そこから入ってくる年貢(ねんぐ)を財源としていました。その後⑨農業生産力が高まると，農民たちは経済力をつけて，税を納めることに抵抗(ていこう)するようになりました。

戦国時代には大名たちは戦いのために税の徴収を強化しようとしますが，農民の抵抗も激しくなりました。こうした状況(じょうきょう)が大きく変わったのは⑩織田信長から豊臣秀吉の時代です。豊臣秀吉は全国の大名を従わせ，検地を行って耕地の面積や収穫高(しゅうかくだか)を把握(はあく)し，刀狩で農民たちの武器を没収(ぼっしゅう)し支配者に抵抗できないようにしました。⑪江戸時代にもその仕組みが引きつがれていきました。

江戸時代の年貢を近代的税に置きかえたものが，はじめに出てきた［ 3 ］です。この頃の政府は税を国民のために使うという意識はうすく，むしろ富国強兵のための財源と考えていたと言っていいでしょう。しかし今日の税は私たちのために使われるものであり，私たちはその使いみちを知り，選挙などを通じて自分たちの意思を表明していくことが大切です。

【選択肢】

ア　内閣	イ　『後漢書』東夷伝	ウ　輸入	エ　経済産業省	オ　裁判所
カ　総務省	キ　『魏志』倭人伝	ク　生産	ケ　国民投票	コ　内閣府
サ　議会	シ　『漢書』地理志	ス　財務省	セ　『宋書』倭国伝	ソ　輸出

設問

① 下線部①について述べた次の文a～cの正誤の組み合わせが正しいものを下のア～クから1つ選び，記号で答えなさい。

a　日本国憲法では，子どもに教育を受けさせることは義務であると定められている。

b　日本国憲法では，選挙で投票することは義務であると定められている。

c　日本国憲法では，働くことは義務であるとともに権利であると定められている。

ア　a 正　b 正　c 正	イ　a 正　b 正　c 誤	ウ　a 正　b 誤　c 正
エ　a 正　b 誤　c 誤	オ　a 誤　b 正　c 正	カ　a 誤　b 正　c 誤
キ　a 誤　b 誤　c 正	ク　a 誤　b 誤　c 誤	

② 下線部②について，1904年に急激に政府の税収が増加したのは増税が行われたためです。なぜ増税が行われたのか，その原因とその後もその状態が続いた理由を，60字以内で説明しなさい。

③　下線部③について述べた次の文 a ～ c の正誤の組み合わせが正しいものを下の ア～ク から1つ選び，記号で答えなさい。

a　消費税は少子高齢化が進み，増え続ける社会保障費をまかなうために導入された。

b　消費税は年齢や働いているかどうかに関わりなく，多くの人々が負担する税となっている。

c　消費税は収入が高い人ほど負担感が強い税となっており，消費を減らす危険がある。

ア　a 正　b 正　c 正　　イ　a 正　b 正　c 誤　　ウ　a 正　b 誤　c 正

エ　a 正　b 誤　c 誤　　オ　a 誤　b 正　c 正　　カ　a 誤　b 正　c 誤

キ　a 誤　b 誤　c 正　　ク　a 誤　b 誤　c 誤

④　下線部④について述べた次の文 a ～ c の正誤の組み合わせが正しいものを下の ア～ク から1つ選び，記号で答えなさい。

a　5000年前の日本列島では，狩りや漁や植物採集が行われていた。

b　5000年前の日本列島では，土偶などが作られまじないが行われていた。

c　5000年前の日本列島では，全域で稲作が行われていた。

ア　a 正　b 正　c 正　　イ　a 正　b 正　c 誤　　ウ　a 正　b 誤　c 正

エ　a 正　b 誤　c 誤　　オ　a 誤　b 正　c 正　　カ　a 誤　b 正　c 誤

キ　a 誤　b 誤　c 正　　ク　a 誤　b 誤　c 誤

⑤　下線部⑤が近畿地方にあったという説を裏付けると考えられている遺跡を次の ア～エ から1つ選び，記号で答えなさい。

ア　吉野ヶ里遺跡　　イ　唐古・鍵遺跡　　ウ　登呂遺跡　　エ　纏向遺跡

⑥　下線部⑥について述べた次の文 a ～ c の正誤の組み合わせが正しいものを下の ア～ク から1つ選び，記号で答えなさい。

a　豪族に私有地と私有民をあたえて，彼らの力を強化しようとした。

b　豪族に天皇の命令には絶対に従うようにうながした。

c　豪族に位を与えて，役人として国家のために働かせようとした。

ア　a 正　b 正　c 正　　イ　a 正　b 正　c 誤　　ウ　a 正　b 誤　c 正

エ　a 正　b 誤　c 誤　　オ　a 誤　b 正　c 正　　カ　a 誤　b 正　c 誤

キ　a 誤　b 誤　c 正　　ク　a 誤　b 誤　c 誤

⑦　下線部⑦の出来事について述べた次の文 a ～ c の正誤の組み合わせが正しいものを下の ア～ク から1つ選び，記号で答えなさい。

a　中国の法律をモデルとして作られた律令により，新しい税制が定められた。

b　中臣鎌足が中国から帰国した留学生とともに政治改革に取り組んだ。

c　ききんや反乱が起こると聖武天皇は大仏を作るため，鑑真に高い位を与えて協力させた。

ア　a 正　b 正　c 正　　イ　a 正　b 正　c 誤　　ウ　a 正　b 誤　c 正

エ　a 正　b 誤　c 誤　　オ　a 誤　b 正　c 正　　カ　a 誤　b 正　c 誤

キ　a 誤　b 誤　c 正　　ク　a 誤　b 誤　c 誤誤

⑧　下線部⑧の源頼朝が幕府を開くまでの出来事について述べた次の文 a ～ c の正誤の組み合わせが正しいものを次のページの ア～ク から1つ選び，記号で答えなさい。

a　保元の乱に敗れて，源頼朝は伊豆へ流された。

b　石橋山の戦いで，源頼朝が平氏に敗れた。

c　壇ノ浦の戦いで，源義仲が平氏を滅ぼした。

ア　a 正　b 正　c 正　　イ　a 正　b 正　c 誤　　ウ　a 正　b 誤　c 正
エ　a 正　b 誤　c 誤　　オ　a 誤　b 正　c 正　　カ　a 誤　b 正　c 誤
キ　a 誤　b 誤　c 正　　ク　a 誤　b 誤　c 誤

⑨　下線部⑨について述べた次の文 a ～ c の正誤の組み合わせが正しいものを下の ア～ク から1つ選び，記号で答えなさい。

a　稲（いね）の二期作が各地で行われるようになり，農業生産力が高まった。

b　農業生産力が高まると，農民たちが自分たちの村を守るために団結を強めた。

c　各地で特産物の栽培や手工業が発達して，交通や輸送もさかんになった。

ア　a 正　b 正　c 正　　イ　a 正　b 正　c 誤　　ウ　a 正　b 誤　c 正
エ　a 正　b 誤　c 誤　　オ　a 誤　b 正　c 正　　カ　a 誤　b 正　c 誤
キ　a 誤　b 誤　c 正　　ク　a 誤　b 誤　c 誤

⑩　下線部⑩について述べた次の文 a ～ c の正誤の組み合わせが正しいものを下の ア～ク から1つ選び，記号で答えなさい。

a　織田信長は駿河の北条氏を桶狭間の戦いで破って，勢力を強めた。

b　織田信長と徳川家康は騎馬隊（きばたい）を効果的に使って，長篠の戦いで武田氏を破った。

c　豊臣秀吉は全国を統一すると２度にわたって清と戦った。

ア　a 正　b 正　c 正　　イ　a 正　b 正　c 誤　　ウ　a 正　b 誤　c 正
エ　a 正　b 誤　c 誤　　オ　a 誤　b 正　c 正　　カ　a 誤　b 正　c 誤
キ　a 誤　b 誤　c 正　　ク　a 誤　b 誤　c 誤

⑪　下線部⑪について述べた次の文 a ～ c の正誤の組み合わせが正しいものを下の ア～ク から1つ選び，記号で答えなさい。

a　武士，百姓（ひゃくしょう），町人といった身分は固定されており，職業や住む場所を自由に変えることができなかった。

b　人口の８割をこえる百姓は名主を中心に自分たちで村を運営し，年貢などを負担した。

c　町人も百姓と同じように重い税をかけられたが，中には大名にお金を貸すような大商人も登場した。

ア　a 正　b 正　c 正　　イ　a 正　b 正　c 誤　　ウ　a 正　b 誤　c 正
エ　a 正　b 誤　c 誤　　オ　a 誤　b 正　c 正　　カ　a 誤　b 正　c 誤
キ　a 誤　b 誤　c 正　　ク　a 誤　b 誤　c 誤

「ああ。一九八九年。高校三年の年じゃったから、よう覚えとる」

「そうか。その年か。あんたにはそんなこと言うてなかったけどな、その年の暮れにね。杣田さんが、社長を解任されてね」

「解任？　ギャラリーで会社を立て直したのに？」

「そう。もともと、海会堂書店は、同族企業でね。創業者の子供が、三人、おった。息子が二人と、娘が一人。普通なら長男か次男が継ぐんじゃけど、いろいろあって、娘の婿さんが継ぐことになった。それが杣田さんや。もともと勤めてた、大手の重工業の会社を辞めてな。まあ、そういうこともあって、社長になってからも、社内での杣田さんの立場は、いろいろと難しいとこがあったんじゃ。で、結局、息子さんがやっぱり継ぐことになって、杣田さんは、まあ言うたら、お払い箱になってしもうた。それで、十三年ほど続いた、二階の海会堂ギャラリーも、春に閉めることになって。そうなったら、私も、海会堂におる意味はない。どうしようか、と思うてたら、杣田さんが、言うたんじゃ。りょうさん、僕は、ここ辞めても、ギャラリーをどこかで続けよと思てるんや。これまで関わってきた画家は、ほとんど無名の頃に知りおうて、今はもう身内みたいなもんや。伴侶みたいなもんや。僕は、彼らの『居場所』を失いとうないんや。作品の『居場所』を失いとうないんや。りょうさん、もしよかったら、僕を手伝うてくれへんかって」

「③居場所」。その言葉が、静の心に突き刺さった。

遠い昔、幼い頃に浅草から出てきた祖母が、社長をお払い箱になった男と、神戸の片隅でギャラリーを開く。それが二人の「居場所」となる。

人生は、そして人と人とは、なんと不思議な縁で繋がっているのだろうか。

（増山実『百年の藍』）

※設問の都合で本文の表記を変えたところがあります。

注1：りょうの夫で、鶴来の社長
注2：鶴来の会社で作ったジーンズのブランド名
注3：光太郎とりょうの次男
注4：光太郎の叔父で、りょうの育ての親

問一 □A～Cのカタカナを漢字に直しなさい。

問二 【ア】【イ】に入る体の一部を表す漢字一文字を答えなさい。

問三 ――線部①の理由を、この時りょうが神戸に来たきっかけをふまえて、説明しなさい。

問四 ――線部②とありますが、この時のりょうの気持ちを説明しなさい。

問五 ――線部③とありますが、「居場所」という言葉が「静の心に突き刺さった」のはなぜですか。

る。そこで今、大型の美術本が、結構売れてるから、絵を売ることで、絵の好きなお客さんに【ア】を運んでもらえるような、そんな書店にしたいって。今は、船の本が【イ】になってるけど、もう一つの書店の【イ】を作りたいって」

「面白いことを考える人じゃね」

「そうなんじゃ。あたいも、面白そうじゃ、と思うた。それで、あたいは、社長に言うた。『ここで、働かせてください』って。そうしたら、社長が、急に真面目な顔になって、あたいの目をじっと見て、言うたんじゃ」

静は身を乗り出して、りょうの言葉に耳を傾けた。

「『もちろん、ここでギャラリーをやるのは、ビジネスのためです。そやけど同時に、それは、大げさに言うたら、その作家の、生き死にに関わることでもあるんです。それから、精魂込めた作品の、生死に関わることでもあるんです。まあ言うたら、私らは、医者みたいなもんです。それだけの責任がある。あなたに、それを負うだけの覚悟がありますか』あたいは、答えたよ。『それを聞いて、余計やりたくなりました』って」

そうして、りょうは、その海の近くの書店で働くことになったのだという。

「けど、りょうばあちゃん、その時、六十じゃろ？　よう、雇うてくれたね」

「もともとその書店は、B **ネンパイ** の書店員さんが多かったんじゃ。客層に、ネンパイのお客さんが多いから、お客さんからしたら、自分と同じ歳くらいの店員がおった方が安心してくれるっていう考えでね。六十を越えた店員が、すでに三人も働いとった。それとね、社長がギャラリーやる、言うた時、社員は、みんなそこに配属されるのを嫌がったんやて」

「なんでじゃろ」

「そりゃあ、みんな、本を売りとうて、書店に勤めてるんじゃけえ。やっぱり、文芸書とか、人文書とかそういうのを売りたいんよ。社長も困っとったんや。無理に配属して、いやいや働かれてもなあ、って。そんな時に、ひょっこりあたいが現れたってわけじゃ」

「じゃけど、りょうばあちゃん、美術のC **ソヨウ** はあったの？」

「ない、ない。若い頃、好きじゃった。いうても、竹久夢二とか、中原淳一とか、そういう時代じゃからねえ。最近の画家のことなんか、からっきしじゃけえ、必死で勉強したよ。美術の専門雑誌とか読んだり、方々の展覧会に【ア】を運んだりね。そんなあたいを見て、社長、その人は、杣田さんていうんじゃけど、三十五歳で、私より二十五歳も下の、杣田さんが言うた。りょうさん、勉強もええですけど、もっと、大事なことがあると思うんです、って」

勉強より大事なことって何だろう。静はりょうの言葉を待った。

「相手が命を懸けて向かいおうとるもんに、どれだけ気づけるか。有名より無名。正統より異端。中心より辺境。そこに眠ってるもんに、どれだけ共感する力を持ってるかです。僕らの、生き方そのものが問われるんですって、杣田さんは言うたんよ。杣田さんのその言葉を聞いて、②あたいは、美術の雑誌を閉じた。そうして、時間はかかったけど、ギャラリーは海会堂書店の大事な柱の一つになった。当時無名やった作家を何人も見いだして、店の売り上げにもつなげた。そうして、あれは、いつやったかな、そう、ちょうど、ベルリンの壁が崩壊した年」

「船の本？」

「そう。商船から軍艦(ぐんかん)からヨットからボートから、あらゆる船に関する本。歴史やら法律やら造船やら船舶免許(せんぱくめんきょ)の参考書やら、ロープの結び方の本とかまでね。何本もの棚に、ずらっと」

「港町の書店じゃから、船関係のお客さんが多いんじゃろうかのう」

「そういうことじゃろうなあ。それにしてもえらい充実(じゅうじつ)ぶりじゃった。それで、あたいはその時、思い出したことがあった。子供の頃、浅草におった頃(ころ)のことじゃ」

そこでりょうは、母親との思い出を語った。

「母親と、いっぺんだけ、凌雲閣(りょううんかく)ちゅう、高い展望塔(とう)に登ったことがあったんじゃ。十二階の展望台からな、ぎょうさんの海に浮ぶ船が見えた。そのとき、あたいは、母親に聞いたんじゃ。あのお船たちは、どこから来たの？　どこ行くの？　って。母親は、あたいに言うた。遠い遠いところからだよ。遠い遠いところへ行くのよ。あたいも、船に乗れるかなあ、そう言うあたいに、母親は、ああ、大きくなったら乗れるよ。りょう、おまえは、大きくなったら、どこへでも行け。この街を飛び出して、あの船に乗って、自由に、どこへでも行けばいいんだよ。突然、ふっと、そんなことを思い出したんじゃ」

静は祖母の話に聞き入った。

「①それでな、あたいは、二階におった、店員に聞いた。この店の社長はどこですかって。そうしたら、店員が教えてくれた。あそこで、ノコギリ持ってんのが、社長ですよって。見たら、店の奥(おく)の方で、作業服着て材木をノコギリで切っとる人がおった。あの人が社長か。なんで社長がノコギリ持っとるんですかって聞いたら、社長に聞いてみてくれって。それで、あたいは、近づいて社長に言うたんじゃ。手伝いましょうかって」

「いきなり？」

「そうじゃ。おまえも覚えとき。初めて会うた人と仲良うなろうと思うたら、その人のやってることを手伝うことじゃ。社長は、一瞬(いっしゅん)、はあ、ちゅうような顔をしとったけどな、それやったら、ちょっと、この材木の端(はし)っこ、持っといてくれるかなあ、って。それからあたいは、しばらくその、日曜大工みたいな作業を手伝うたんじゃ。作業が一段落したとき、社長があたいに言うた。えらい助かりました。ありがとうって。それで、この工事は、何してるんですか？って、社長に聞いた。その時の会話は、今でも、忘れられんなあ。社長は、あたいに、こう言うたんじゃ。ああ、これですか。ここは社長室やってんけど、そんなもんいらんなあ、いうことで、取り壊すことにしたんですわって」

「社長が、社長室を？　取り壊してたの？」

「そうなんじゃ。不思議じゃろ。壊して何にするんですかって聞いたら、『ギャラリーを作ることにしたんですわって』って。『ギャラリー？』思わず聞き返したら、社長はな、人懐(なつ)こい笑顔で言うたんじゃ。『自分の目で見て、ええなと思った、まだ無名の画家の絵の企(き)画展と、販(はん)売をやろうと思ってます。会社のみんなからは、無謀(ぼう)やとか、A ドウラク やとか言われてます。それで、まあ、私が一人で、こうやって』って」

「絵の企画展？　販売？　本屋さんで？」

「あたいもそのとき、同じことを社長に聞いた。そしたら社長は、こう説明してくれた。今はたしかに、本の売り上げは好調やけど、これからの書店は、いろんなことをやっていかんと生き残れん時代がきっと来

うと思ったのですか。

問四　――線部③で述べられている、筆者が詩を書く喜びを説明しなさい。

二、次の文章を読んで、後の問いに答えなさい。

◇次の文章は、「鶴来」という会社でジーンズ製作に一生をささげてきた「りょう」が、年をとってから、孫の「静」に自分の人生を振り返って話をしている場面です。

「ねえ、りょうばあちゃん。もう一つ、教えてくれる？」

「なんじゃ。なんでも聞いてええよ」

「そうやって鶴来は、ジーンズで新しいスタートを切ったのに、りょうばあちゃんは、なんで鶴来の家を出て、神戸に来たんじゃ？」

「その話も、まだ静には、しとらんかったのう」

りょうは視線を遠くに向けた。

「[注1]光太郎じいちゃんは、[注2]エミリー・スミスのジーンズを見た、その一ヶ月後に亡うなった。五十三歳で、あたいは五十五歳じゃった。それからあたいは五年、六十まで鶴来におった。で、六十になったとき、あの家を出ようと思うたの。鶴来はもう[注3]久志が社長になっとったし、会社は久志に任したらええ。あんたも、もう大学生になっとったしな。それもあるけど、一番の理由は、もう鶴来には、[注4]恭蔵さんもおらん。光太郎さんもおらん。あたいにとって、鶴来におる意味は無うなったんじゃ。それで、あの家を出て、新しいことをやろうと思うた。そう決めたんじゃ」

「その、新しい人生が、なんで神戸やったんじゃ」

「そうは決めたんじゃけどな。次に何をやろうか、何も決めとらんかった。そんなことを考える暇もなかったしな。ただ、これまでとは違う人生を始める。それだけじゃった。挨拶回りに、これまでお世話になった取引先を全部回った。それで、神戸の取引先が、元町にあっての。神戸の港のすぐ近くの街じゃ。挨拶が終わって、元町の商店街を一人で歩いとった。そうしたら、一軒の書店の看板が目に入った。茶色の外壁にオレンジの文字で、『海会堂書店』って書いとった」

「カイエドウ？」

「海に会うで、海会堂や。あたいは、ええ名前じゃなあ、と思うて、港町のその書店に入ってみたんじゃ。商店街の中の本屋にしては、結構広い店やった。百坪近くはあったかなあ。二階だてでな、平台や棚を見たら、品揃えが、他の書店とは違う。女学生の頃、倉敷の古書店で働いとったことがあったからな。もともと本が好き、本屋が好きじゃから、そういうのは、ちょっと見たらわかる。ええ書店には、ええ書店の匂いがするんじゃ。古書店なんかは、店主の色がそれぞれ棚に現れて特徴があるもんじゃけど、そこは新刊の、しかもそこそこ大きい書店じゃのに、棚に表情があった。何より、店の名前からして、表情があるじゃろう」

海会堂。確かにいい名前だ、と、静は思った。

「通りがかった若い店員に、ええ名前の店ですねぇ、て言うたら、ええ、よう言われます。海に会うで、海会。私も好きです。それと、カイエっていうのは、フランス語でノートとか、練習帳っていう意味もあるらしいですよ、って教えてくれた。あたいは、ますます興味を持ってね。それで、二階に上がってみて、びっくりした。船の本が、壁一面に、ずらっと置いてあったんじゃ」

て言葉が暴走していく。感情というより、反射D［シンケイ］で言葉を書いている感じだった。わかりやすい言葉ではなかったけれど、その言葉の手触りにこそ、自分というものが存在している気がしていた。

次第にそれを読みたがる人が現れて、「書く言葉」だからこそ、受け入れられる「わからなさ」があるのかな、なんてことを思った。話す間はどうしても、相手の顔が目の前にあり、周りには空間があり、空気があり、それまでの雰囲気を崩さないように、言葉を選ぶ。言葉より場が優先されてしまうのは、「コミュニケーション」としては当たり前のことなのかもしれない。②けれど、書いた言葉は、ネットの海にある言葉は、どうだったのだろう。当時の、個人サイトが点在しているようなインターネットでは、まだ言葉はどれもがひとりごとで、コミュニケーションを前提とはしていなかった。「わかってもらう」なんてこと、考えなくてよかったんだ。だって、相手の顔は見えないし、互いがどういう環境でそれを書いているのか、読んでいるのかも知ることができない。言葉の手触りだけが生々しく、やってくる。そこにしか、「人」の気配がなかったんじゃないだろうか。

よく知らない相手なのに、同じ言葉を話している。けれど、あきらかに、自分とは違う言葉選びを相手はしていて、相手の背景にあるものは何一つ見えないのに、その「異物感」に相手の生きてきた痕跡を感じる。言葉のすべてがわからなくても、言いたいことがなんなのかわからなくても、その「異物感」にときどき、ぐっときたり、むしろ嫌悪感を抱いたりする。言葉が「人」を伝える瞬間だと思った。「わからなさ」に「人」が宿る瞬間だと思った。そういう言葉を、私はずっと書きたいと、思っていたんだ。

ネットに書いていた言葉には、次第に読者が現れて、そうしてそれを「詩みたいだ」と言う人が現れたことで、私は「詩」を発表するようになった。これが、私が詩人になったきっかけだったと思う。

詩は、私にとって、「わからなさ」に宿るものです。わかってもらいたい、という感情を抱いた途端、その言葉は詩ではなくなる、と思っています。読んで、その詩を「好きだ」といってくれる人も、それぞれが違う解釈をしていたりする。彼らがどう読むかなんて私にはコントロールできないし、それでも、届くものがある、ということが私にとっては大切だった。読み手と書き手が、完全にわかりあう必要などないのだろう。わからないけれど、でも、だからこそ強く残る手触りがあり、それこそが「詩」なのかもしれなかった。それぞれが、自分自身の中にあるものを、そこから思い出すのではないか。共感や、わかってもらう、ということを追いかけて、忘れ始めていた自分の「本当」が、奥にまだ眠っていることを思い起こすのではないか。もしかしたら。そんなことを、最近は、考えています。

実際のところはわからない。わからなくて、いいと思う。③ただ、私が書いた「わからなさ」が作品として、誰かに届いていくとき、私は、書いていてよかった、と思う。こんなことがあるんだ、といつも驚かされている。こんな瞬間があるなら、いつまでも、いくらでも、書いていけると、そのたびに、思う。

（最果タヒ『恋できみが死なない理由』）

問一 □A～Dのカタカナを漢字に直しなさい。

問二 ――線部①とはどういうことですか。くわしく説明しなさい。

問三 ――線部②とありますが、筆者はなぜ「書いた言葉」で表現しよ

「わけのわからないことを言って、場を凍らせるな」

一緒にいるだけで、なんか話しているだけでOKの場。それを壊すな。だってこれこそが平穏だから。場のために、私たちは言葉を選ぶ。わかりやすいように、伝わりやすいように言葉を選ぶけれど、相手に自分を理解してほしいからそうしているのではないのかもしれない。誰ももう、理解しようとしてなくて、だからこそ、「なにそれ?」ってなるようなことは言ってはいけない。「わかる」っていうのは、流してしまってOKってこと。そうやってさらさら通りのいい会話をして、時間をやり過ごしたい。別に、悪いことではなくて、そういう退屈だってあっていいとは思うのだ。

けれど、私は耐えられなかった。自分の気持ちをそぎ落として、わかりやすい言葉に無理やり、あてはめて、そうしてだんだん、私は何かを捨ててきてしまっているのでは、と思い始めた。「わかる」と言われたらほっとする。みんなも自分もくつろいでいる空間は、私だって、壊したくない。けれど、語る言葉が「C タテマエ」であろうとも、声にするたびに、そっちのほうが「本当」であったように感じてしまう。自分が本当はどう思っていたのか。誰とも話さず、言葉にもせずにいたら、だんだん忘れてしまうんだ。

最適化されていく。みんなにわかるように話すことで、みんなの知っている言葉を使うことで、その言葉に合わせるように自分という人間も、最適化されていく。みんなに「わかりやすい」人間になる。場を壊さない人間になる。でも、それだけだ。場の要素でしかない私。ここに自分がいたっていなくたって、同じだと思った。誰にだって共感される人間なんて、すべてが「わかって」もらえる人間なんて、そこにいる意味がないとも思った。全く別の家で、全く別の人生を生きてきて、わかるはずなんてないのに。「わからなさ」にこそ自分があると、思うのに。それなのにそれらすべてを捨ててしまっている気がした。「わかる」と言ってもらいたいがために。でも私は、やっぱり人は、「わからないけれど、でも、なんか好きだよ」「なんか嫌いだよ」、そういう感情でつながっていくものだと思った。だから、きっと、話し言葉以外の「言葉」を探し始めたのだろう。

中学生だった頃、私はインターネットで日記を書き始めていた。友達にはまだネットに詳しい子がそんなにはいなかったけれど、でも、ネットにはすでにたくさんのWEB日記が存在していて、そこでは現実の人付き合いなんて、全く関係ないみたいだった。また、個人の書いた言葉、というものは、耳で聞く言葉と大きく違って見えたのだ。言葉より優先される「場」がないから、言葉が、話し言葉よりもずっと、ごろっと目の前に現れている。ノリで流すことができない。スルーができない。わからない言葉は、わからない言葉のまま存在感を発揮し、私はそれが羨ましかった。「わからなくてもいい」と思って言葉を書けることが魅力的だった。

とりとめもない思考回路。それを、ただ言葉にしてぶつけていった。友達に話しても「は?意味不明」と言われるようなもの。だけれど、言葉と体が結びついて、言葉を書くことが、体をぎゅっと丸めたり、思いっきり走ったりすることと同じように感じられた。次の瞬間に自分が何を書こうとしているのか、わからない。理性とか、そんなものを置き去りにして、私の感情が言葉を選び、そのうち、感情すら置き去りにし

【国語】（五〇分）〈満点：一〇〇点〉

一、次の文章を読んで、後の問いに答えなさい。

自分の気持ちを言葉にする、という行為は、自分への「暴力」でもあると思っています。言葉はそこまで、柔軟なものではない。いろんな人が、いろんな人生を生きて、見つけてきた感情がどれも同じはずはないのに、「好き」「嫌い」「ムカつく」「うれしい」、①言葉にすればまるですべてが同じ形をしているみたい。本当は、その人の言葉でしか、その人の感情は表せない。本当は、新しい感情を語るためには、新しい言葉を探していかなくちゃいけない。けれど、そうしたら伝わらなくなるから。「わからない」「意味不明」「わかるように喋って?」だから私は、「言葉にしてこそ、相手に伝わってこそ、自分の感情に意味があるんだ」と思いはじめていた。学生時代。誰かと気持ちをシェアしたい、一緒に喜んだり、悲しんだりしたいって、時もあるし、だから必死で共感を求めた。けれど、それって本当に、思いのすべてを理解してもらわなくちゃ、できないことなんだろうか?

何一つ伝わってないな、と思うことは多かった。話し方が下手なのか、コミュニケーション能力の問題か、教室で友達と話していても、私の言いたいことはほとんど伝わっていない、と思うことが多かった。友達の言いたいことも、多分私は理解できていない。でも、その場のノリとか、勢いとか、そういうものによって会話は流されて、一言一言を A セイサ することなんてない。いや、そんなの誰ももう求めていないのだ。「あ、それいいよね」「わかる」「まじそう」そう繰り返していくことで、時間も一緒に流れていく。一緒に話していれば、一緒にいれば、それだけで湧く親しみというのがあって、たとえ友達の言いたいことがわかっていなくても、友達はそれでも私と一緒にいたいと思ってくれるし、私もそれでいいと思っていた。

その場が盛り上がればいい、という会話の仕方は、中学から高校にかけて激しく、流行のもの、テレビ、音楽について話していれば大体のことはやりすごせていた。それぞれが違うことを言っていても、テーマがそこにあれば、まあなんとかなってしまう。部活動とか、先生とか授業のこともそう。何かを褒めたいとか、何かを貶したいとか、大きな方向性が定まっていれば、それに従いつつ、みんな意外と好き勝手に話して、そうしてそのほとんどがスルーされていくんだ。「わかる」とか。そういう言葉が受け流していく。小説やドラマみたいに、セリフすべてに存在意義があるわけではない、と当時の私はよく考えていた。早口で言えば誰もが聞きもらすし（それでいて聞き返すようなこと誰もしないし）、ぱっと聞いておもしろくなかったら「ていうかさ」って違う話になったりする。言葉は使い捨てられていく。多分、ドラマとか漫画では、省略されてしまうやりとりだろう。きっと、物語など何もない私たち。そんな私たちの会話では、言葉がおざなりにされていく。「何を言うか」より「誰と話すか」の方が大事で、「どう話すか」「どんなテンションで話すか」が大事で、だから相手の言葉を正確に拾おうとはしなくなる。親しい相手になればなるほど、そうだった。言葉は、そばにいることを知らせる、B テイジ 連絡みたいなものだ。

それでも一つだけルールがある。

2024年度

解　答　と　解　説

《2024年度の配点は解答欄に掲載してあります。》

＜算数解答＞

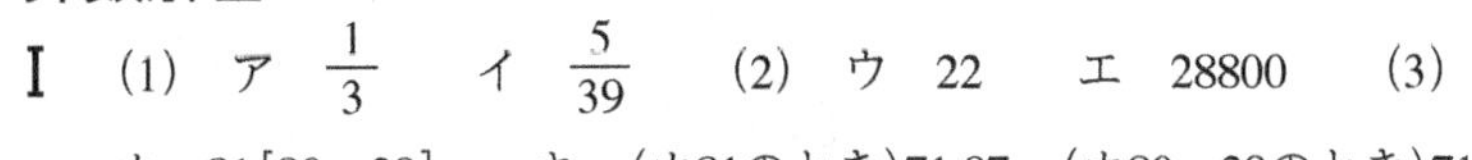

Ⅰ　(1)　ア　$\frac{1}{3}$　　イ　$\frac{5}{39}$　　(2)　ウ　22　　エ　28800　　(3)　オ　正十二角形

カ　81［80，29］　キ　(カ81のとき)71.97　(カ80，29のとき)71.26

Ⅱ　(1)　ア　$8\frac{1}{3}$　　(2)　イ　4　　ウ　6　　(3)　8個　　(4)　①　7個　　②　$13\frac{1}{18}$mL

Ⅲ　(1)　$4\times S+6\frac{7}{75}(cm^2)$　　(2)　$12.14cm^2$

Ⅳ　ア　8.5　　イ　2　　ウ　5.5　　エ　113.5　　オ　44.5　　カ　8.5　　キ　2.75　　ク　20

ケ　$26\frac{1}{6}$　　コ　$37\frac{5}{6}$　　サ　41　　シ　44.5

○推定配点○

Ⅱ・Ⅲ　各3点×8　　他　各4点×19　　計100点

＜算数解説＞

Ⅰ　(四則計算，場合の数，平面図形，図形や点の移動，割合と比)

(1)　①　$16-\left(\frac{22}{3}\times\frac{11}{5}-\frac{23}{15}\times\frac{7}{23}\right)=16-\left(\frac{242}{15}-\frac{7}{15}\right)=16-\frac{47}{3}=\frac{1}{3}$

$\square=\left\{\frac{15}{26}-\frac{3}{2}\div\left(5\frac{3}{4}-2\frac{1}{28}\right)\right\}\div\frac{27}{20}=\left(\frac{15}{26}-\frac{21}{52}\right)\div\frac{27}{20}=\frac{5}{39}$

重要　(2)　①　きまり　(あ)　2と4の丸の色は異なる。

(い)　2と6の丸の色は同じ。

(う)　5～7の丸の色は同じではない。

(え)　4が○のとき，

3と5が共に●であることはない。

求める場合の数は，以下の22通り

ア～オ…4×5＝20(通り)

カ…2通り

	ア	イ	ウ	エ	オ	カ
1						
2	○	○	○	●	●	●
3						
4	●	●	●	○	○	○
5	○	●	●	○	○	●
6	○	○	○	●	●	●
7	●	○	●	○	●	○

②　ABCDの丸の並べ方…○●●○、●○○●　2通り

A	B	C	D

したがって，①より，

$(4\times3)\times(4\times2+2)\times(4\times2+2)\times(4\times3)\times2$

$=12\times10\times10\times12\times2=14400\times2=28800$(通り)

重要　(3)　①　図2の重なり…2重

図3の重なり…4重

図4の重なり…8重＋4重

図5の重なり…12重

図1

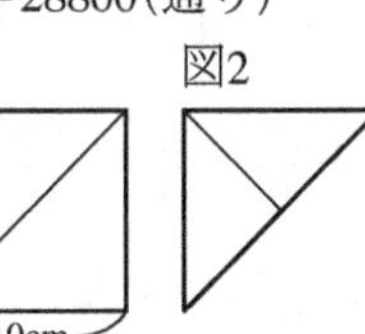

図2

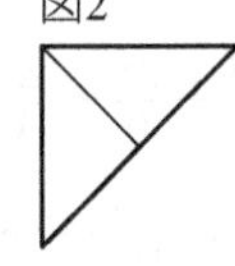

図3

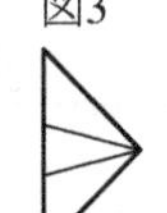

図4

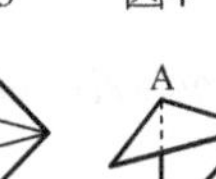

図5

図6

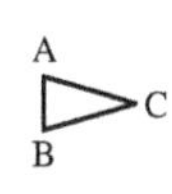

したがって，紙を広げたときの図形は正12角形

② 図アより，正12角形の面積は$2.7\times5\times6=81(\text{cm}^2)$

【別解】 切り取る部分の面積…図イより，$3.65\times1.35\times4$
$=19.71(\text{cm}^2)$

正12角形の面積…$80-19.71=80.29(\text{cm}^2)$

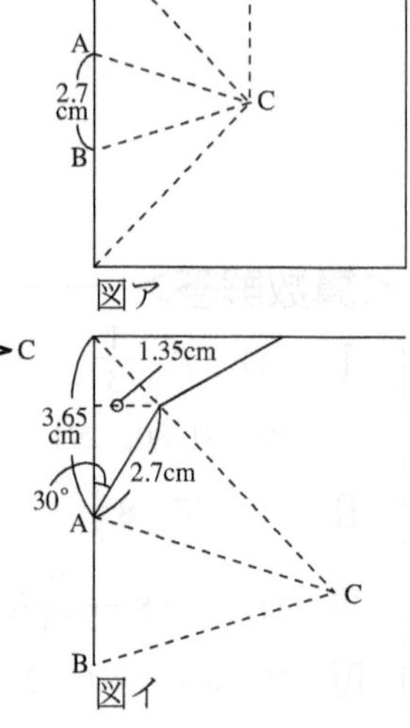

③ ②と図7より，

$81-(0.6\times0.6\times12+0.5\times0.5\times3.14\times6)$

$=81-(4.32+4.71)$

$=71.97(\text{cm}^2)$

【別解】 $80.29-(4.32+4.71)=71.26(\text{cm}^2)$

図7

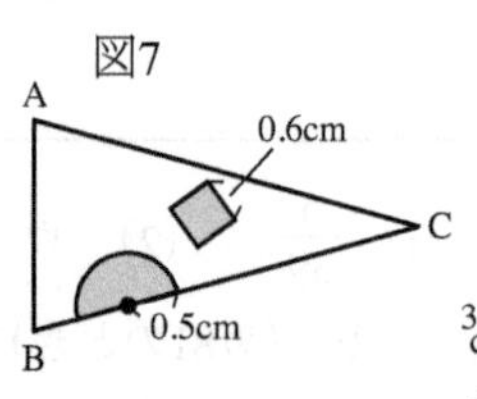

Ⅱ (平面図形，立体図形，割合と比)

青と黄1：1→緑　赤と黄1：1→オレンジ　青と黄1：2→黄緑

青…120mL　黄…200mL　赤…200mL

10mL…1.2面の量

基本 (1) 1面の絵の具の量…$10\div1.2=\frac{25}{3}(\text{mL})$

重要 (2) ① 赤をぬれる面の数…(1)より，$200\div\frac{25}{3}=24$(面)

したがって，求める個数は$24\div6=4$(個)

② 黄緑の絵の具の量…$100+200=300(\text{mL})$

黄緑をぬれる面の数…$300\div\frac{25}{3}=36$(面)

したがって，求める個数は$36\div6=6$(個)

(3) オレンジ3面の絵の具のなかの黄の量…$\frac{25}{3}\times3\div2=12.5(\text{mL})$

緑3面の絵の具のなかの黄の量　　　…12.5mL

したがって，求める個数は$200\div(12.5\times2)=8$(個)

やや難 (4) ① オレンジ1面の絵の具のなかの黄の量…(1)より，$12.5\div3=\frac{25}{6}(\text{mL})$

緑1面の絵の具のなかの黄の量　　　…$\frac{25}{6}$mL

黄緑1面の絵の具のなかの黄の量　　…$\frac{25}{3}\times\frac{2}{3}=\frac{50}{9}(\text{mL})$

1個のなかの黄の量…$\frac{25}{6}\times2+\frac{50}{9}+\frac{25}{3}=\frac{200}{9}(\text{mL})$

黄の量による個数…$200\div\frac{200}{9}=9$(個)

緑1面の絵の具のなかの青の量　…$\frac{25}{6}$mL

黄緑1面の絵の具のなかの青の量…$\frac{25}{3}\times\frac{1}{3}=\frac{25}{9}(\text{mL})$

1個のなかの青の量…$\frac{25}{6}+\frac{25}{9}+\frac{25}{3}=\frac{275}{18}(\text{mL})$

青の量による個数…$120\div\frac{275}{18}\fallingdotseq7.8$(個)

したがって，求める個数は7個

② ①より$120-\frac{275}{18}\times7=\frac{235}{18}$(mL)

要 Ⅲ （平面図形，図形や点の移動，文字と式，割合と比）

＋α (1) 図ア

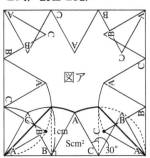

$(1\times1+S+1\times1\times3.14\div6)\times4$

$=S\times4+4+3.14\times\frac{2}{3}$

$=S\times4+\frac{457}{75}$(cm²)

(2) 図イ

$1\times1\times3.14+3\times3$

$=12.14$(cm²)

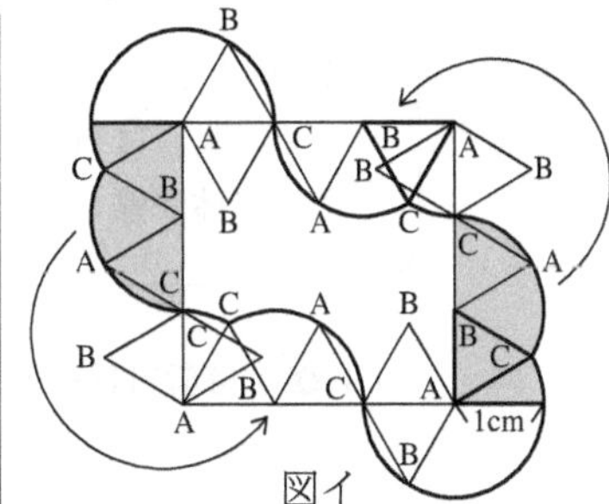

Ⅳ （平面図形，立体図形，割合と比，グラフ，単位の換算）

ホースP毎分の給水量…1000cm³

ホースQ毎分の給水量…5分後から2000cm³

水そうAの底面積…150cm²

水そうBの底面積…200cm²

水そうCの底面積…2100cm²

おもりD・Eの底面積…50cm²

ア…$5+200\times35\div2000=8.5$(分)

イ…$1000\times(5-3)=2000$(cm³)$=2$(L)

ウ…アより，$1000\times(8.5-3)=5500$(cm³)$=5.5$(L)

エ…$2100\times60-\{150\times20+200\times35+50\times(30+20)\}$

$=126000-12500=113500$(cm³)$=113.5$(L)

オ…$5+(150\times20+200\times35+113500-1000\times5)\div$

$(1000+2000)=5+118500\div3000=44.5$(分)

カ…アより，8.5分

水そうC－おもりD・Eの底面積…$2100-50\times2=2000$(cm²)

キ…ウより，$5500\div2000=2.75$(cm)

ク…キより，$8.5+2000\times(20-2.75)\div3000=20$(分)

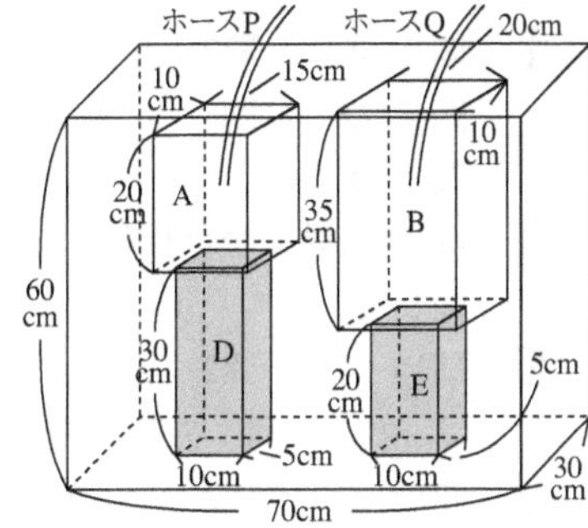

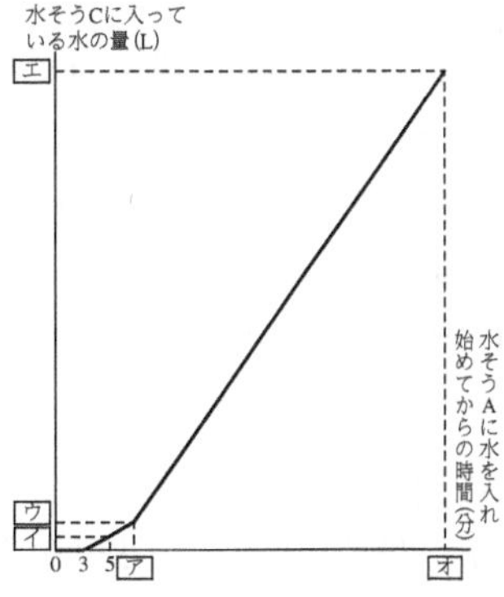

水面の高さ20～30cmまでの水そうC－「おもりD＋水そうB」の底面積

…$2100-(50+200)=1850$(cm²)

ケ…クより，$20+1850\times10\div3000=26\frac{1}{6}$(分)

水そうC－水そうA・Bの底面積…$2100-350=1750$(cm²)

コ…ケより，$26\frac{1}{6}+1750\times20\div3000=37\frac{5}{6}$(分)

水面の高さ50～55cmまでの水そうC－水そうBの底面積

…$2100-200=1900$(cm²)

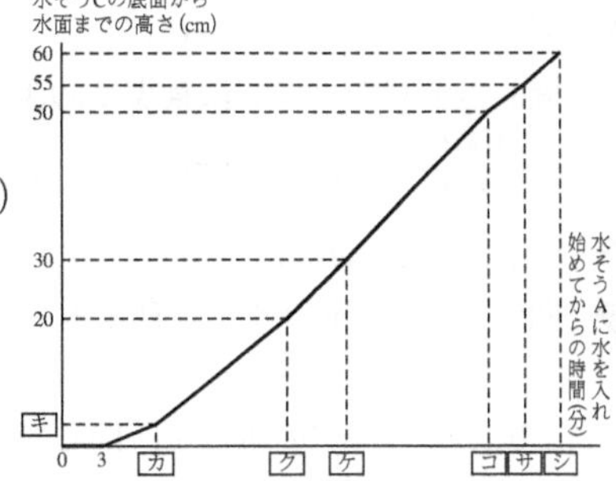

サ…コより，$37\frac{5}{6}+1900\times5\div3000=41$(分)

シ…サより，$41+2100\times5\div3000=44.5$(分)

★ワンポイントアドバイス★

Ⅰ(2)「並べ方」は一見，面倒そうだが実際はそれほど難しくはない。Ⅱ「立方体と絵の具」は(1)～(3)で確実に得点しよう。さらに，Ⅳ「水そうとおもり」は，考え方自体が難しい問題ではなく，得点できる。

＋α は弊社HP商品詳細ページ(トビラのQRコードからアクセス可)参照。

<理科解答>

Ⅰ　問1　エ　問2　温度が変わっても，とける量がほとんど変わらない　問3　71.8
問4　ウ　問5　a　87.3　b　90　c　2.7　d　10　e　333.3　問6　イ
問7　イ

Ⅱ　問1　天候にかかわらず，いつでも収穫できる。　問2　LED　問3　エ
問4　①　ウ　②　イ　③　ア　問5　a　蒸散　b　二酸化炭素

Ⅲ　問1　エ　問2　i　a　火山灰　b　たい積　c　小さい　d　やわらかい
ii　ウ　iii　丸みを帯びている　iv　④　v　イ　問3　ア，エ

Ⅳ　問1　イ　問2　i　500(回)　ii　イ，ウ　問3　i　ア　1.6　イ　4.8
ウ　17.2　エ　16.4　ii　1.8(秒)，14.4(m)　iii　オ　2.6　カ　3.4　キ　0.8
ク　0.8　問4　a　ア　b　イ　c　イ　問5　ウ，オ

○推定配点○

Ⅰ　問1・問4・問7　各1点×3　他　各2点×8　Ⅱ　問1　2点　他　各1点×7
Ⅲ　問2iii　2点　他　各1点×9(問3完答)　Ⅳ　問2 i・問3 ii・問5　各2点×4(問5完答)
他　各1点×13(問2 ii 完答)　計60点

<理科解説>

Ⅰ　(ものの溶け方―揚浜式製塩)

重要　問1　身近な物質の例だと，アはミョウバン，イは食塩，ウはデンプン，オは水酸化ナトリウムの結晶である。

重要　問2　食塩は温度による溶解度の差がほとんどないので，温度を下げてもあまり結晶が出てこない。

問3　100℃の水100gに食塩は39.3gとけて139.3gの食塩水ができるので，水の割合は，
$\frac{100(g)}{139.3(g)}\times100=71.78(\%)$より，71.8％である。

基本　問4　粘土の層は粒が小さいので，水を通さない。

やや難　問5　a　12.7％の「こい食塩水」100kgに含まれている水は，$100(kg)\times(1-0.127)=87.3(kg)$である。

b　3％の海水の重さを□kgとすると，$□(kg)\times(1-0.03)=87.3(kg)$より，□＝90(kg)である。

c　90kgの海水に含まれている塩は，$90(kg)\times0.03=2.7(kg)$である。

d　12.7%の「こい食塩水」 100kgに含まれている塩は，100(kg)×0.127＝12.7(kg)なので，砂の表面から海水に溶けこむ塩の量は，12.7(kg)－2.7(kg)＝10(kg)である。

e　10kgの塩を含む海水の重さは，10(kg)÷0.03＝333.33…(kg)より，333.3kgである。

や難 問6　直径1.6m(半径0.8m)，高さ30cm(0.3m)の円柱に入る塩水は，0.8(m)×0.8(m)×3.14×0.3(m)＝0.60288(m^3)＝602.88(L)なので，約600Lである。

問7　液面は，蒸発がさかんに行われるので，飽和状態に達して，食塩の結晶ができる。

Ⅱ　(植物のはたらき―植物工場)

問1　植物工場では，天候に左右されることがなく，一年中安定して収穫できる。

要 問2　発光ダイオードの略称はLEDである。

要 問3　赤﨑氏らによって青色のLEDが実用化されることで，光の三原色である緑色・青色・赤色がすべてそろい，いろいろな色を出すことができるようになった。

や難 問4　①　表1より，緑色光を当てたサニーレタスの全体の重さが最も小さい。

②　表1より，1枚あたりの葉の重さは，赤色光では，8.56(g)÷8.25＝1.03…(g)
青色光では，7.28(g)÷4.88＝1.49…(g)，緑色光では，1.99(g)÷5.38＝0.36…(g)である。

③　主茎の長さは，赤色光が最も長い。

要 問5　気孔のはたらきが大きくなることで，蒸散が盛んになり，根からの水の吸収をさかんにすることができる。また，同時に，空気中からの二酸化炭素の吸収が多くなることで，光合成のはたらきもさかんにすることができる。

Ⅲ　(地層と岩石―関東ローム層)

や難 問1　O小学校の地面は，N小学校に比べて粒があらく，水がしみこみやすいことがわかる。また，O小学校は，南西側に校舎があるので，午後の日当たりが悪い。ただし，地面に水平器を置くと，空気の玉がB，Cの側に動いたことから，地面はA，Dの側に向かって下がっていることになるので，側溝に水が流れやすく，地面がかわきやすい。

問2　i　関東ローム層は，関東地方を広くおおっていた火山灰の粒などからできた砂や粘土の地層のことである。また，武蔵野れき層・東京層・沖積層は，いずれも流水のはたらきで土砂が海底にたい積することでできたものである。その中で，沖積層が最も新しくできたものなので，他の層に比べるとやわらかい。

ii　粒の大きさが，れきは2mm以上，砂は0.06～2mm，粘土は0.06mm以下である。

iii　武蔵野れき層は，河川の流水のはたらきでたい積したれきがもとになっているので，粒が丸みを帯びている。

iv　④の東京層は，粘土を主とした層なので，水深が深い海底でたい積してできた。

v　①～④の層は，同じ場所にたい積していることから，下から④，③，②，①の順にたい積したことがわかる。また，その後，④の層の一部が川によってしん食された後に⑤の層がたい積した。

要 問3　地下水やわき水は，粘土の層の上にたまる。

Ⅳ　(光や音の性質―音の伝わり方)

問1　音が大きくなると，振動の幅が大きくなる。

問2　i　図3より，この音が1回振動するのにかかる時間は，0.004(秒)－0.002(秒)＝0.002(秒)なので，1秒間に振動する回数は，1(秒)÷0.002(秒)＝500(回)である。

ii　音が高くなると，振動数が多くなり，波の数が増える。

や難 問3　i　球は1秒後に8m進むので，アは8(m)×0.2＝1.6(m)，イは8(m)×0.6＝4.8(m)である。また，的の位置は1秒間に2mずつ発射装置に近づくので，ウは，18(m)－2(m)×0.4＝17.2(m)，エは，18

(m)−2(m)×0.8＝16.4(m)である。以上より，表1は，次のようになる。

時間(秒)	0	0.2	0.4	0.6	0.8	1.0
球の位置(m)	0	1.6	3.2	4.8	6.4	8
的の位置(m)	18	17.6	17.2	16.8	16.4	16

ii　球は1秒後に8m進み，的の位置は1秒間に2mずつ発射装置に近づくので，球は的に対して，1秒間に，8(m)＋2(m)＝10(m)近づくので，球が18m離れている的に当たるまでの時間は，18(m)÷10(m)＝1.8(秒)である。また，そのときの的の位置は，18(m)−2(m)×1.8＝14.4(m)である。

iii　1番目の球と4番目の球を発射する時間の差は，4.2(秒)−1.8(秒)＝2.4(秒)なので，球は，2.4(秒)÷3＝0.8(秒)ごとに発射されている。したがって，オは，1.8(秒)＋0.8(秒)＝2.6(秒)であり，カは，2.6(秒)＋0.8(秒)＝3.4(秒)である。

問4　的を発射装置から遠ざけると，球が的に当たる間隔は1秒よりも長くなる。また，発射装置を的に近づけたり，発射装置と的のどちらも近づけるように動かすと，球が的に当たる間隔は1秒よりも短くなる。

やや難　問5　ア　まっすぐ近づいてくる救急車のサイレンの音は高く聞こえる。

イ　まっすぐ遠ざかっていく救急車のサイレンの音は低くなって聞こえるが，だんだん低くなるわけではない。

ウ　目の前を救急車が通り過ぎると，サイレンの音が急に低く聞こえる。(正しい。)

エ　電車に乗っていて，踏切に近づくと，踏切の音が高くなって聞こえる。

オ　電車に乗っていて，踏切から遠ざかると，踏切の音が低くなって聞こえる。(正しい。)

★ワンポイントアドバイス★

理科の基本的な問題から応用問題まで含めて十分に理解しておくこと。また，思考力を試す問題にも十分に慣れておくこと。

＜社会解答＞

Ⅰ　1　井戸　2　玉川　3　利根　4　浄水　5　洪水　6　電力　7　融雪
①　i　茶　ii　風で畑の表土がとばされるのを防ぐこと。　②　A　オ　B　ク
C　ア　D　キ　③　ア　④　1　シリア　2　インド　3　カナダ　⑤　沸騰化

Ⅱ　1　先住民族　2　アマゾン　3　アイヌ　A　エ　B　オ　①　イ　②　エ
③　カ

Ⅲ　1　地方公共団体　2　主権　3　地租　4　板垣退助　5　所得税　6　小村寿太郎
7　大和政権[大和朝廷]　8　江田船山　9　貴族　10　雑徭　A　サ　B　ウ
C　ス　D　キ　①　ウ　②　日露戦争が起こり，戦費のための増税が行われた。戦後も賠償金を得られなかったので，戦費を払うために高い税金を取り続けたから。
③　イ　④　イ　⑤　エ　⑥　オ　⑦　エ　⑧　カ　⑨　オ　⑩　ク
⑪　イ

○推定配点○

Ⅰ　①ii　3点　他　各1点×17　Ⅱ　1～3　各2点×3　他　各1点×5
Ⅲ　②　5点　他　各1点×24　計60点

＜社会解説＞

Ⅰ　(日本の地理―「水道」に関連する問題)

1　井戸は地下水を採取するために，地下水面まで掘り下げられた穴。地下水は通常はあまり圧力がかかっていないので，水をくみ上げるために古くから使われているのはひもの端にバケツ状のものをつけて，そのバケツを地下水面までおろしてくみ上げる方式と，ポンプを使ってくみ上げる方式。　2　玉川上水は江戸の飲料水不足解消のために多摩川の水をひくために羽村から四谷まで江戸時代初期に開削された上水道。　3　利根川は群馬県と新潟県の県境の上越の山の中から流れ出し群馬県内を南下し関東平野を流れる川で，かつては東京湾にもかなり流れ込んでいたが，江戸時代に治水工事が行われ現在は茨城県と千葉県の県境を流れ太平洋へとほとんどの水が注ぐ川。

4　浄水場は飲料用の水を実際に飲用にしても大丈夫なように水の中のごみなどを取り除いたり消毒を行う施設。　5　河川の流量が多く，川の水位が岸を超えて，水があふれる洪水もあれば，河川の流量が通常より増えて土手を削り決壊させてしまい発生する洪水もある。　6　日本の水力発電所の多くはダムがあるところの周辺にあり，一般的なものはダムの水を高い場所にあるプールに夜間にくみ上げて貯めておき，その水を山の斜面にはわせたパイプの中に落として，水がパイプの中の水車やスクリューのようなものを回すことで電気を起こすようになっている。　7　豪雪地帯では，道路に一定間隔で穴があけてあるパイプが這わせてあり，そのパイプに水を流すと，パイプの穴から水が路面に出て，路面の雪を溶かすようになっているところもある。

や難　①　i　武蔵野台地にある東京都の北西部や埼玉県西部の畑だと，畑の周りや畑を区切るようなかたちで茶の木が植えられているのを見かける。　ii　関東ローム層がひろがる武蔵野台地は赤土の粒子が細かく軽いので，風が吹くとその土が飛ばされやすい。そこで畑の周りや区切るところに茶の木を並べて植えておくと，土が他のところへ飛んでしまうのを防ぐことにも役立つ。

重要　②　A　カドミウム汚染の公害病はイタイイタイ病で，その問題が起こったのは富山県の神通川流域なのでオ。　B　降水量の多い山岳部は紀伊山地で，ここから流れ出す川は紀ノ川のク。上流部の杉は吉野杉で河口の城下町は御三家の紀州徳川家の和歌山。　C　蛇行した川で泥炭地の下流域があるのは石狩川でア。流水客土による土壌改良で豊かな農地になった。　D　四県を流れる川で下流域に輪中がみられるのは木曽川のキ。

基本　③　ア　かつては家庭での水の使い道で一番多かったのが水洗トイレであったが，節水型のトイレが普及したことで，現在は風呂が一番多い。表のXがトイレ，Yが風呂，Zが炊事になる。

④　1　シリアは地中海の一番東奥でトルコの南隣に位置する国。一連の「アラブの春」で始まった民主化運動でアサド政権に対して反アサドの勢力が立ち上がり内乱となり，当初はアサド側が非人道的な武器を使用して国際的な非難を受けていたが，反アサド側も同様のものを使ったため，反アサド側を支援する動きも鈍ってしまい，紛争がこう着状態になった。　2　国連人口基金UNFPAが2023年4月に発表したところでは，インドの人口が14億2860万人に2023年中に達し，中国の人口を抜いて世界一になるとのこと。ただしこの段階ではインドの正確な人口は把握できておらず，また中国の人口も香港やマカオなどは含まれていない一方で台湾は含んだものになっている。　3　カナダで2023年に大規模な森林火災が各地で起こり，特に比較的湿潤な気候であるカナダ東部でも大規模な火災が起こり広まってしまったのは，明らかに異常気象のためであるとされている。

⑤　2023年7月に国連のアントニオ・グテーレス事務総長が，各地の異常気象の状況を指して，地球温暖化の状態は終わり，地球沸騰化の状態であるとした。

Ⅱ　(政治―国際社会に関連する問題)

1　先住民族は，かつては各地でヨーロッパなどから流入した人々よりも劣る者のように見られていたが，近年では多様性を認める世の中になり，先住民族の文化も尊重して受け入れる姿勢がとられるようになってきている。　2　アマゾン川は世界最大の流域をもつ，ブラジルを流れる大河。
3　アイヌは北海道の先住民族。かつては日本でもアイヌを本土の人々よりも劣る者のように見ていたが，現在ではだいぶ変わった。
A　南北アメリカ大陸とユーラシア大陸の間にあるのは大西洋。　B　南米大陸に住む，アフリカ系住民は，かつてスペインやポルトガルが南米大陸の多くを植民地としていた時代に，当初は鉱山，のちには大規模な農園などでの労働力としてアフリカ大陸から連れてきた奴隷の子孫。

基本 ①　イ　コロンビアは南米大陸北部の，北アメリカ大陸と南米大陸とがつながった細長い部分が南米大陸と接するところにある国。コロンビアの東隣がベネズエラ，コロンビアの南西にあるのがエクアドル，エクアドルとコロンビアの南に位置するのがペルー，ペルーとコロンビアの南東にあるのがブラジル。

②　a　明治時代の日本は貧しく，政府が主導して南北アメリカの国々へ，日本の農家の跡取りでない子の移民をあっせんしていた。これは昭和の戦後の時代にも少し続いていた。ブラジルには多くの人が渡り，その子孫が現在でも日系の2世，3世としている。　b　南米大陸の国々の中でブラジルはポルトガルの元植民地で，他の多くはスペインの元植民地。　c　日本にいる外国人は多い順に中国，ベトナム，韓国，フィリピン，ブラジル，ネパール，インドネシア，アメリカ，タイ，台湾となる。

重要 ③　a「持続可能な開発目標」を2015年に採択したのは安全保障理事会ではなく国連総会。
b　正しい。　c　NGOは非政府組織の略で，国連やいかなる国家とは関係ないもの。

Ⅲ　(日本の歴史―税制度の歴史に関する様々な問題)

1　地方公共団体は都道府県や区市町村のことで，それぞれがその地域の住民や企業から何らかの税を徴収している。　2　国民主権という時の主権はその国の政治の在り方を最終的に決める権利。主権国家という場合の主権はその国が国家のことを他国に左右されずに決定できる権利。　3　1873年の地租は土地所有者に対して，土地の価格の地価の3％を税として課したもの。この税率は1877年に2.5％に軽減された。　4　板垣退助は土佐藩出身の政治家で，新しくできた明治政府の中で活躍していたが，1873年に征韓論を西郷隆盛らと主張したが大久保利通らの反対で受け入れられなかったのを機に，政府から離れていわゆる自由民権運動を展開するようになった。　5　所得税は個人の収入にかかる国税の直接税。　6　小村寿太郎は宮崎県の出身で，英語，法律学に秀でていたことで外務大臣を何回か務め，日英同盟を結んだことや関税自主権を回復させたことの功績で知られる。　7　大和政権は２世紀末から3世紀ごろに有力な豪族たちが大王と呼ばれる最有力者を中心につくった連合政権で，この大王がのちの天皇となり，大和政権が朝廷になると考えられている。
8　江田船山古墳は熊本県玉名郡にある5世紀末ごろに造営されたとみられている前方後円墳。ここから出土した銀象嵌のある鉄刀にワカタケルの名が刻まれている。　9　地域の有力者である豪族が，中央の政権が次第に確立されていく中で，その政権の中で高位の地位を得て何らかの官僚のようなものになっていくのが貴族。　10　雑徭は律令制のもとで，農民に課された負担の一つで，国司の下で60日の労役につくもの。　A　サ　議会は人民の代表が集まり，政治に関することなどを議論するもの。板垣らが求めた民撰議院は国民が選んだ議員の集まる議会というもの。
B　ウ　輸入品に関税を課すことで，国の収入にもなるが，同様のものを国内で生産している場合に，輸入品に関税を課すことで輸入品の価格に税が上乗せされ，国産品に対してハンディがつくことになる。　C　ス　現在の日本の財政に関する事柄を扱う省が財務省。　D　キ『魏志』倭人伝は中国の魏呉蜀の三国時代の魏の歴史書である『魏志』にある倭国に関する記述の部分。その中に邪馬台国や卑弥呼に関する記録がある。

基本 ① a 日本国憲法に定められている国民の三大義務は納税，勤労，子供に教育を受けさせること。 b 日本の選挙では投票の義務はない。 c 三大義務の中の勤労は権利としては社会権の一部。納税の権利や教育を受けさせる権利というものはない。教育に関しては社会権の一部として教育を受ける権利がある。

やや難 ② 1904年から05年にかけてあった日露戦争が日本にとっては非常に損失も大きな戦であり，戦費が膨大な金額となり，その資金調達のために，日本は欧米で外債を発行してかなりの額を集めたが，国内でも増税が行われた。この外債を返済するために戦後さらに増税が行われている。

③ aとbは正しい。 c 消費税は税率が一律なため。同じ価格のものを誰が買ってもその消費税は同じになる。その消費税額が収入に占める負担率を見れば，収入の少ない人ほど負担は重くなる。

④ aとbは正しい。 c 5000年ほど前の日本は縄文時代で，まだ稲作はなく，弥生時代になっても北海道では稲作はない。

やや難 ⑤ 纒向遺跡は奈良県桜井市にある遺跡で，2世紀末から4世紀頃のものとされ，ここにある前方後円墳の箸墓古墳を卑弥呼の墓ではないかとする意見もあるが，否定的な意見もある。

⑥ a 聖徳太子は天皇を中心とする政治の基盤を作ろうとし，豪族たちの力をおさえようとしていた。 bとcは正しい。

重要 ⑦ aは正しい。 b 8世紀は701年から800年。中臣鎌足が活躍していたのは7世紀。 c 聖武天皇が大仏造立の際に協力させた僧は行基。

⑧ a 源頼朝が平氏との戦で敗れ伊豆に流されたのは保元の乱ではなく平治の乱。 bは正しい。 c 壇ノ浦で平氏を破るのは源義仲ではなく源義経。

重要 ⑨ a 日本では南四国や南九州などの限られた場所でしか稲の二期作は不可能。 bとcは正しい。

⑩ a 織田信長が勢力を伸ばすきっかけは守護大名の今川氏を破った桶狭間の戦い。 b 長篠の戦で騎馬軍を使って戦ったのは武田勝頼の軍勢。 c 豊臣秀吉は全国統一後，二度にわたって朝鮮半島へ出兵。

⑪ aとbは正しい。 c 江戸時代の年貢は田畑を持つ農民が米を納めるもので，町人には年貢はない。町人の場合には，運上金や冥加金といったものを商売によっては納めさせられていた。

★ワンポイントアドバイス★

正誤問題が多いので，丁寧に問題文を読み，自分の知識と照らし合わせながら語が文脈の中で違和感がないか判断していくこと。誤りの場合，何か似たものが本来の正しいものと入れ替えられていることが多いので要注意。

＜国語解答＞

一 問一 A 精査 B 定時 C 建前 D 神経 問二 (例) 感情とは，それぞれの人がそれぞれの人生を生きる中でいだく，別個のものであるはずなのに，みんなに共通の言葉で表されてしまうと，その違いは見えなくなってしまい，一人一人の異なる感情が同じものとしてひとくくりにされてしまうということ。 問三 (例) ネットでは互いに顔を合わせることなく，だれもが自由に発信できる。また，ネットでは，目の前の相手に届けることを目的にせず，だれにも気をつかわずに言葉を書くことができる。したがって筆者は，書いた言葉であれば自分自身をそのままに表すことができると考えたから。

問四 （例）「わからなさ」とは，他者とは完全に理解しあうことのできないような，筆者自身の感覚や感情であり，筆者はそれを詩として発表している。筆者の詩を読んだだれかが，このわからない言葉の異物感をきっかけにその言葉の意味や背景に思いをめぐらせ，読み手自身の，そぎ落とされてしまっていた思いに気づいたり，思いがけない発想を得たり，筆者の感想をこえた解しゃくをしたりする。そうやって，自分の書いた詩が他者の中に混ざり育っていき，自分が他者とつながっていくことを，筆者はうれしく思っている。

二 問一 A 道楽 B 年配 C 素養 問二 ア 足 イ 顔 問三 （例） りょうは次に何をやろうか決めていないまま，これまでとは違う人生を始めようと思って取引先へのあいさつのために神戸の街を歩いていた。そこで見つけた書店でかべ一面の船の本に出会い，幼いころ船を見ながら母親に「お前は大きくなったら自由にどこへでも行けばいいんだよ」と言われたことを思い出した。ここが自分の居場所なのではないかと背中をおされたように感じ，このような書店を作った社長に会いたいと思ったから。 問四 （例） 専門雑誌にすでに名を連ねる作家の後を追い知識にたよって絵を探すのではなく，作家が命をかけて表現しようとしていることに向き合い，自分の目で作品を見つけ出すことを大切にしたいという社長の思いを聞いてはっとし，心をうたれた。 問五 （例） 作家や作品を守り育てよう，居場所を作ろうとすることが，これまで人生をささげてきた鶴来を離れたりょうや，海会堂の社長の座を追われた杣田さんにとっても，自分らしい役割を果たせ，生きる意味を感じられる場となったのだと思い，心を揺さぶられたから。

○推定配点○

一 問一 各3点×4 問四 13点 他 各12点×2

二 問一・問二 各3点×5 他 各12点×3 計100点

＜国語解説＞

一 （随筆―漢字の読み書き，内容理解，要旨）

基本 問一 A 「精査」は，くわしく調査すること。 B 「定時」は，一定の時期・時間または時刻。 C 「建前」は，表向きの方針。 D 「反射神経」は，刺激に対して瞬間的に反応する能力のこと。

問二 ――線部①の前後に注目。「いろんな人」の「感情がどれも同じはずはない」，「本当は，その人の言葉でしか，その人の感情は表せない」という筆者の考えをふまえて解答をまとめる。

やや難 問三 「話す」言葉においては「相手の顔が目の前にあ」る。これとは違う「書いた言葉」「ネットの海にある言葉」には，どのような特性があるのかを読み取る。――線部②の前の段落に，「わかりやすい言葉ではなかったけれど，その言葉の手触りにこそ，自分というものが存在している気がしていた」とあり，――線部②のあとに，「相手の顔は見えないし，……知ることができない」とある。これらの内容をふまえて考える。

重要 問四 直前の段落の内容をふまえて解答をまとめるとよい。

二 （小説―漢字の読み書き，空欄補充，慣用句，内容理解，心情理解，主題）

基本 問一 A 「道楽」は，本職以外の趣味などにふけり楽しむこと。 B 「年配」は，世間のことによく通じた相当の年ごろ。中年。 C 「素養」は，かねてから学びおぼえたこと。

問二 ア 「足を運ぶ」は，わざわざ訪問する，という意味。 イ 「顔」はここでは，特徴のある様子のこと。

やや難 問三 ――線部①の「二階」「店員」が神戸の書店「海会堂」でのことであることをふまえ，りょうが神戸にいたいきさつ，海会堂の本を見て「突然，ふっと，……思い出した」ことをおさえて，解答をまとめる。

問四　――線部②の直前に注目。「相手が命を懸けて向かいおうとるもんに，どれだけ気づけるか。有名より無名。……僕らの，生き方そのものが問われる」という社長の言葉に，りょうは感銘を受けたため，「雑誌を閉じた」のである。

問五　――線部③の前のりょうの話と，直後で静が考えている内容をふまえて解答をまとめる。

★ワンポイントアドバイス★

すべて記述問題である。読解は，短時間の中で，文章の内容をおさえ，自分の言葉にまとめ，適切な字数で的確に説明する力が求められる。ふだんからいろいろなジャンルの文章にふれることや，文章を要約する練習をすることが力となる！

大切なことはメモしておこうネ！

2023年度
★★★★★★★★★★★★★★★★★★★★★★★

入　試　問　題

2023年度

桜蔭中学校入試問題

【算　数】（50分）　<満点：100点>

【注意】 答えはすべて解答用紙に書きなさい。
円周率を用いるときは，3.14としなさい。

I　次の □ にあてはまる数を答えなさい。

(1)　$0.003\times4+\boxed{\text{ア}}\times4+2\frac{37}{54}=2\frac{106}{135}$

(2)　4つの歯車A，B，C，Dがあります。
図のように歯車AとB，CとDはそれぞれかみ合っています。
また，BとCは同じ軸（じく）に取り付けられていて，すべることなく一緒に回ります。
A，B，Cの歯数はそれぞれ68，48，27で，Aが11回転するときDは$7\frac{19}{24}$回転します。

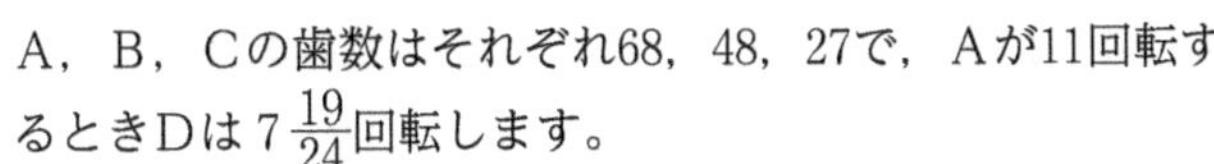

このとき，Dの歯数は □イ です。
さらに，Aが5回転するのに3秒かかるとすると，Dは12回転するのに □ウ 秒かかります。

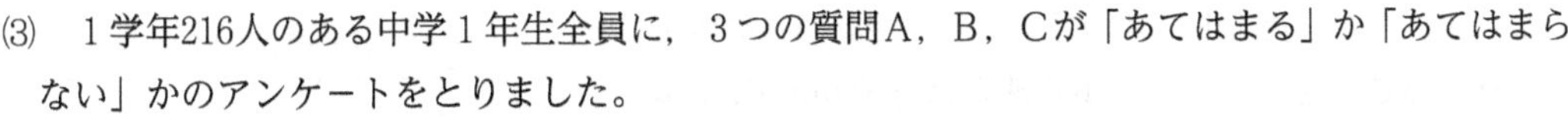

(3)　1学年216人のある中学1年生全員に，3つの質問A，B，Cが「あてはまる」か「あてはまらない」かのアンケートをとりました。
このアンケート結果を2つのグループがそれぞれ別のグラフにまとめて，文化祭で発表することにしました。
まずグループⅠは次のような帯グラフでまとめました。

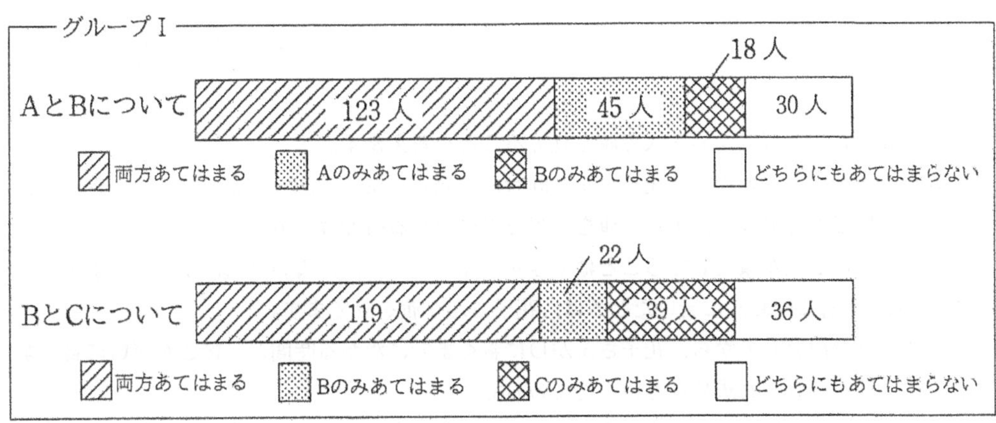

①　3つの質問それぞれについて「あてはまる」と答えた人は，
Aは □エ 人，Bは □オ 人，Cは □カ 人います。

②　グループⅠの表から，3つの質問全てに「あてはまる」と答えた人は少なくとも □キ 人い

ると分かります。

③　グループⅡは，割合を小数第２位で四捨五入して次のような円グラフでまとめました。

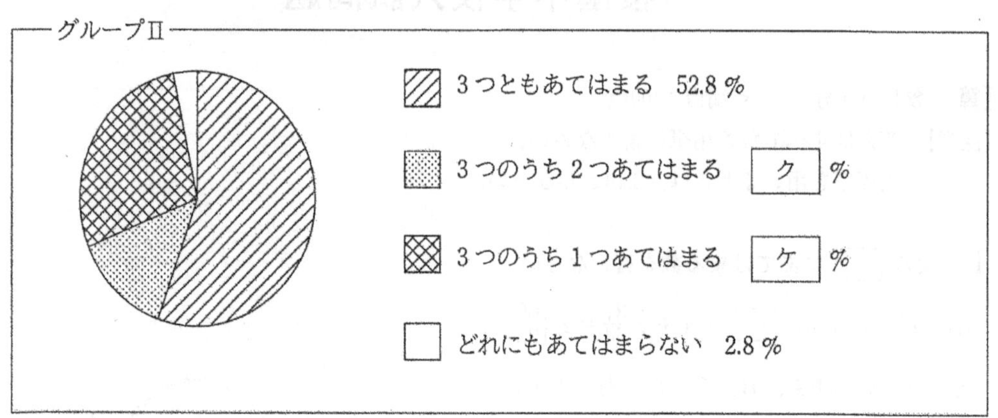

Ⅱ　たて300m，横500mの長方形の形をした土地があります。その土地のまわりに図のように，旗を立てるための穴が空いています。１つの穴に１本ずつ旗を立てる計画を考えます。
ただし，穴と穴の間は10mで，長方形の４つの角A，B，C，Dに穴は空いていません。
角とすぐとなりの穴との間も10mずつ空いています。
また，旗の本数は十分あり，穴の大きさ，旗の太さは考えないものとします。

⑴　全ての穴に旗を立てるとすると，立てる旗は全部で何本か求めなさい。

⑵　花子さんが長方形のAの地点から，時計回りに旗を立てることを考えます。歩く速さは分速70mで，１本の旗を立てるのにかかる時間は$2\frac{1}{3}$分です。
１人で全ての穴に旗を立てるとすると，Aを出発してから最後の穴に旗を立て終えるまでにかかる時間を求めなさい。

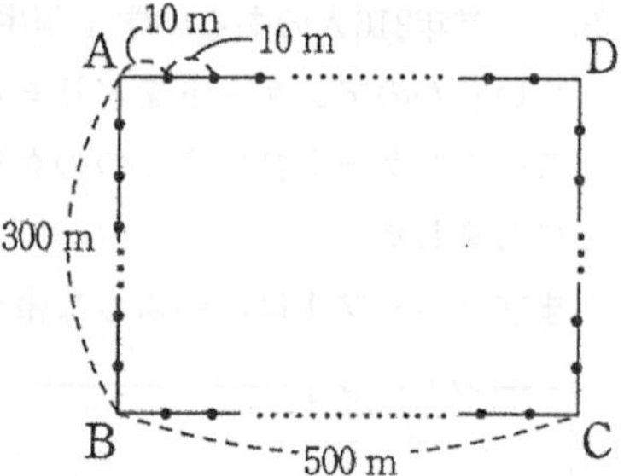

次に，花子さんと桜さんの２人で旗を立てることを考えます。
桜さんは長方形のAの地点から花子さんと同時に出発し，反時計回りに旗を立てていきます。
花子さんと同じ速さで歩き，１本の旗を立てるのにかかる時間は２分です。
ただし同じ穴に２人が旗を立てることはできず，先に立てる穴に着いた人が旗を立てます。
また，2人が同時に同じ穴に着いたときは，花子さんが旗を立てます。

⑶　２人がAを出発してから，花子さんがDに着くまでにかかる時間と，桜さんがCに着くまでにかかる時間をそれぞれ求めなさい。答えのみでよい。

⑷　２人で全ての穴に旗を立てるとすると，２人がAを出発してから最後の穴に旗を立て終えるまでにかかる時間を求めなさい。

Ⅲ　A，Bの2人がそれぞれ1つずつのさいころを同時にふって，出た目によって勝敗を決め得点をつけるゲームをします。

ここで，「素数」とは1とその数自身のほかに約数がない整数のことです。1は素数ではありません。

ルール

勝敗について

・さいころの目は「1」，「素数」，「1でも素数でもない数」の順に強いとし，強い目を出した方が勝ちとします。 ただし「6」は「1」には勝つとします。

・2つとも同じ目の数が出たときはあいことします。

・あいこでなく，2つとも「素数」か，2つとも「1でも素数でもない数」が出たときは大きい数の方を勝ちとします。

得点について

・はじめは2人とも0点とします。

・1回ふって勝敗が決まったときは，勝った方が1点，負けた方が0点とします。あいこのときは点はありません。

・あいこだった次に勝敗が決まったときは，あいこだった同じ目の数を勝った方の点とします。あいこが続いたときも，その次に勝敗が決まったらあいこになった同じ目の数を足して勝った方の点とします。どちらのときも，負けた方は0点とします。

2人が出した目を表にすると，次の例のようになります。

例1　2回ふったとき

	1回目	2回目
A	2	3
B	4	5
	Aの勝ち	Bの勝ち

表よりA，Bは1点ずつで同点

例2　6回ふったとき

	1回目	2回目	3回目	4回目	5回目	6回目
A	1	4	4	1	6	2
B	1	1	4	1	1	2
	あいこ	Bの勝ち	あいこ	あいこ	Aの勝ち	あいこ

表よりAは5点，Bは1点

(1)　2回ふってAが3点を得るとき，AとBの目の出方の組は全部で何通りあるか求めなさい。また，そのうちの1組を上の例にならって解答らんの表に書きなさい。答えのみでよい。

(2)①　3回ふってAとBが同点になったとき，Aの得点として考えられる数を解答らんに全て書きなさい。ただし解答らんを全て使うとは限りません。

②　①のときのAとBの目の出方の組は全部で何通りあるか求めなさい。

Ⅳ　1辺が10cmの立方体があります。図1のように，2つの面に①，②と名前をつけます。さらに，面①には半径1cmの円Aがあり，上から見ると図2のようになっています。

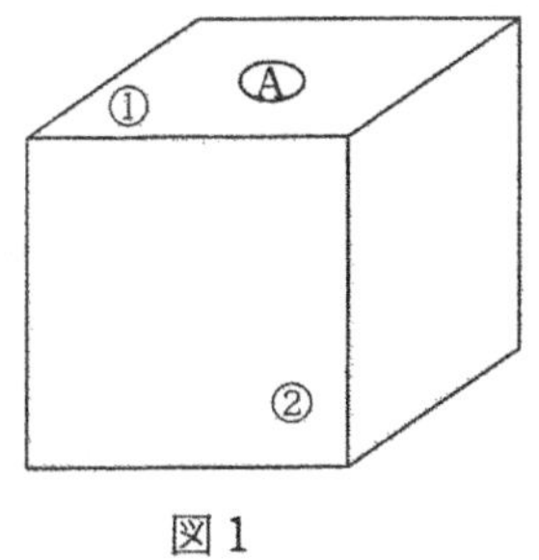

図1

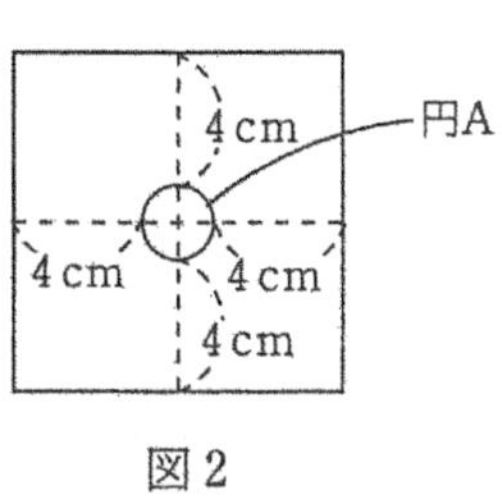

図2

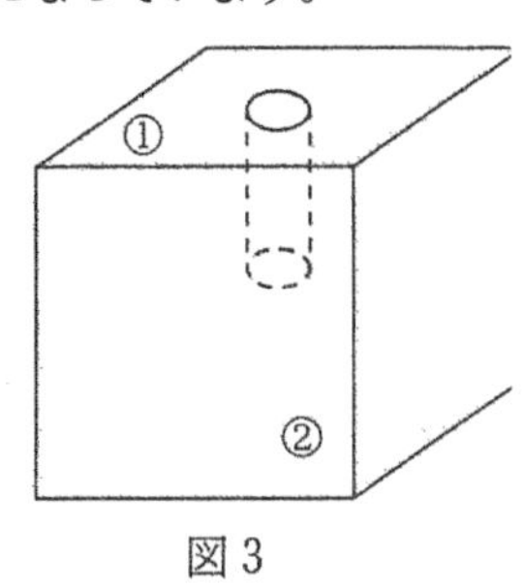

図3

円Aは面①に対して垂直に，秒速1㎝で向かい合う面まで動きます。
このとき，円Aが通過した部分を立方体からくり抜いてできる立体について考えます。
ただし，円Aの厚さは考えないものとします。
例えば円Aが動き始めてから5秒後の立体は，前のページの図3のように，立方体から底面の半径が1㎝，高さが5㎝の円柱をくり抜いてできる立体です。

⑴ 円Aが動き始めてから7秒後の立体の体積を求めなさい。

さらに面②にはたて4㎝，横2㎝の長方形Bがあり，正面から見ると図4のようになっています。長方形Bは円Aと同時に出発し，面②に対して垂直に，向かい合う面まで動きます。円Aが通過した部分に加えて，長方形Bが通過した部分も立方体からくり抜いてできる立体について考えます。
ただし，長方形Bの厚さも考えないものとし，円Aと長方形Bはおたがいにぶつかっても止まることなく動き続けるものとします。

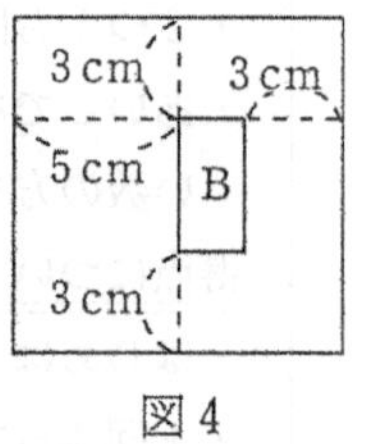

図4

⑵ 長方形Bの動く速さは秒速2㎝とします。
円Aと長方形Bが動き始めてから3秒後と5秒後の立体の体積をそれぞれ求めなさい。

⑶ 長方形Bの動く速さは秒速0.625㎝とします。
円Aと長方形Bが動き始めてから8秒後の立体の体積を求めなさい。

⑷ 円Aと長方形Bが動き始めてから9秒後の立体の体積が920.42㎤であるとき，長方形Bの動く速さを求めなさい。

【理　科】（30分）　＜満点：60点＞

Ⅰ　塩酸の中にアルミニウムを入れると，水素という気体が発生します。塩酸は塩化水素(えんかすいそ)が水にとけてできた水溶液(すいようえき)です。水素は，この塩酸の中にとけている塩化水素とアルミニウムが反応して発生します。次の実験１，２について，あとの問いに答えなさい。

【実験１】　同じ重さのアルミニウム片(へん)を５個用意した。このアルミニウム片を１つずつ異なる試験管に入れ，それぞれの試験管にうすい塩酸（塩酸Ａとする）を４mL，８mL，12mL，16mL，20mL加えて発生した水素の体積をはかると，結果は**表１**のようになった。

表１

塩酸Ａの体積［mL］	4	8	12	16	20
水素の体積［mL］	90	180	225	225	225

【実験２】　アルミニウム0.3ｇに２％の濃(こ)さの塩酸（塩酸Ｂとする）を加えていくと，塩酸Ｂが60mLのときちょうどアルミニウムがなくなり，375ｍＬの水素が発生した。そして，反応後の液体を蒸発皿に入れて加熱すると，1.5ｇの白い固体が残った。

問１　塩酸の性質について，正しいものを次の**ア**～**オ**からすべて選び，記号で答えなさい。

ア．うすい黄色の液体である。

イ．つんとしたにおいがする。

ウ．蒸発皿に入れて加熱すると，白い固体が残る。

エ．青色リトマス紙につけると赤くなり，赤色リトマス紙につけても色の変化が起こらない。

オ．息をふきこむと白くにごる。

問２　実験１で使ったアルミニウム片１個が，ちょうどなくなるために必要な塩酸Ａは何mLですか。整数で答えなさい。

問３　実験１で使ったアルミニウム片１個の重さは何ｇですか。小数第２位まで答えなさい。

問４　実験１と同じ重さのアルミニウム片１個を使い，ある体積の塩酸Ａを加えるとアルミニウムがなくなりました。反応後の液体を蒸発皿に入れて加熱し，残った白い固体の重さをはかりました。白い固体は何ｇですか。小数第１位まで答えなさい。

問５　塩酸Ａの濃さは何％ですか。ただし，塩酸Ａ，Ｂどちらも体積が１mLのときの重さが１ｇであるとし，小数第１位まで答えなさい。

酸性の液体とアルカリ性の液体を混ぜると，酸性の性質，アルカリ性の性質をたがいに打ち消しあいます。これを中和(ちゅうわ)といいます。また，ちょうどよい量で酸性の液体とアルカリ性の液体を混ぜると，中性の液体をつくることができます。ある濃度の塩酸（塩酸Ｃとする）とある濃度の水酸化ナトリウム水溶液Ｄを50mLずつ混ぜ，この水溶液にBTB溶液を入れると，緑色になりました。Ｃ，Ｄの水溶液を使い行った実験３について，あとの問いに答えなさい。

【実験３】　塩酸Ｃを50mL入れた三角フラスコを11個用意し，それぞれに異なる量の水酸化ナトリウム水溶液Ｄを加えてよく混ぜた。その後，同じ重さのアルミニウム片をそれぞれ１つずつ入れて，発生した気体の体積をはかると，結果は次のページの**表２**のようになった。

表2

塩酸Cの体積 [mL]	50	50	50	50	50	50	50	50	50	50	50
水酸化ナトリウム水溶液Dの体積 [mL]	0	10	20	30	40	50	60	70	80	90	100
発生した気体の体積 [mL]	420	420	（実験結果の数字が入る）								

問6　加えた水酸化ナトリウム水溶液Dの体積と，発生した気体の体積の関係をグラフにすると，グラフの形はどのようになりますか。次の**ア**～**ケ**から1つ選び，記号で答えなさい。

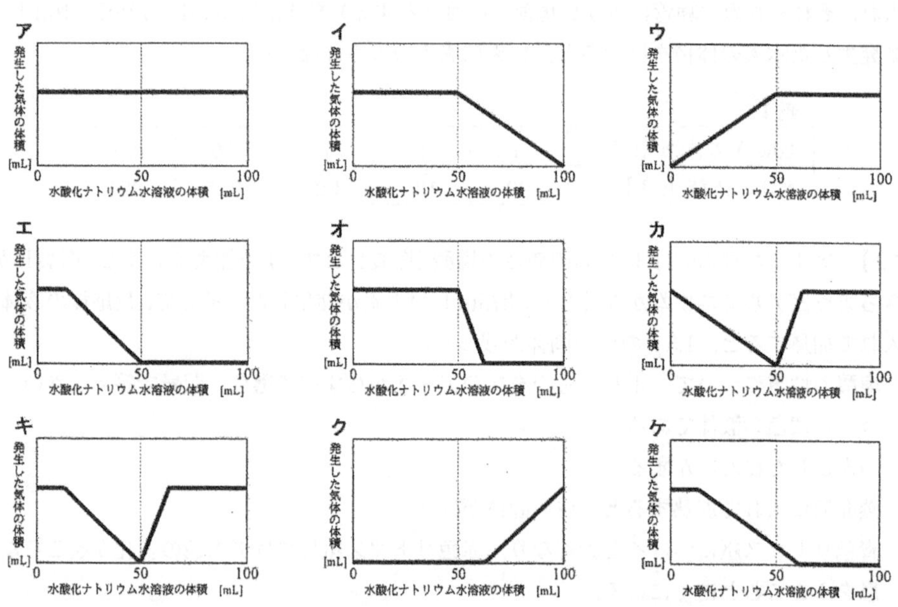

問7　実験3のアルミニウム片をある重さの鉄に変え，同じように実験を行いました。加えた水酸化ナトリウム水溶液Dの体積と，発生した気体の体積の関係をグラフにすると，グラフの形はどのようになりますか。問6の**ア**～**ケ**から1つ選び，記号で答えなさい。ただし，加えた水酸化ナトリウム水溶液Dと，発生した気体の体積の関係は，加えた水酸化ナトリウム水溶液Dが0mL，10mLのときまではアルミニウムのときと同じであったとします。

Ⅱ　夏を代表するこん虫であるセミには多くの種類があります。東京周辺ではアブラゼミ，ミンミンゼミ，ツクツクボウシ，ヒグラシ，ニイニイゼミなどが確認されています。以下の問いに答えなさい。

問1　ヒグラシの鳴き声を文字で表したときに最も近いものを次の**ア**～**カ**から1つ選び，記号で答えなさい。

ア．ツクツクボーシ　**イ**．ジージリジリ　**ウ**．ミーンミーン　**エ**．チィー
オ．カナカナカナ　**カ**．シャワシャワシャワ

問2　セミのぬけがらの中には白い糸のようなものが見えます。これは体の中で空気（酸素）を運ぶ管で，気管といいます。ヒトの体にはりめぐらされていて，酸素を運ぶ役割をしている管は何ですか。

問3　次のページの**ア**～**ク**をセミが卵から成虫になる順番に並べかえなさい。ただし，使わない記号もあります。

ア．さなぎになる　　イ．土から出てくる　　ウ．土にもぐる
エ．木の幹や葉で羽化する　　オ．土の中で羽化する　　カ．土の中でふ化する
キ．木の根の中でふ化する　　ク．木の幹や枝の中でふ化する

問４　セミのオスが鳴くときに主にふるわせるのは右図のア～エのどの部分ですか。

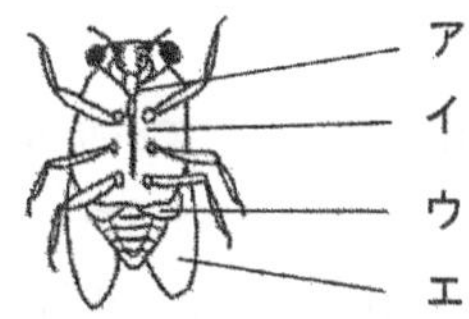

問５　セミは木のしるを吸ってえさとしており，口は吸うのに適した形をしています。セミのように，吸うのに適した形の口をもつこん虫を次のア～カから選び，記号で答えなさい。

ア．ハエ　　イ．バッタ　　ウ．カマキリ　　エ．チョウ　　オ．トンボ　　カ．カブトムシ

問６　平成17年（2005年）から平成19年（2007年）頃，屋外にある光ファイバーケーブルが夏になると断線し，インターネット接続が不安定になることが西日本で多数報告されました。調査の結果，ある種類のセミが産卵場所に似た光ファイバーケーブルに産卵管をさして卵を産みつけてしまうためだと判明し，現在ではセミ対策をしたケーブルが使われています。**資料１**，**資料２**を使って，あとの(1)(2)に答えなさい。

資料１　都道府県別FTTH（光ファイバーケーブルを用いた家庭用通信サービス）提供自治体の割合（2005年）※総務省『情報通信白書（平成17年）』ブロードバンドサービスの普及状況　をもとに作成

都道府県	普及率（%）	都道府県	普及率（%）
東京都	85	大阪府	100
神奈川県	95	京都府	56
千葉県	46	滋賀県	84

資料２　セミの種類と分布（2005年）※ぬけがらや鳴き声の市民調査をもとに作成

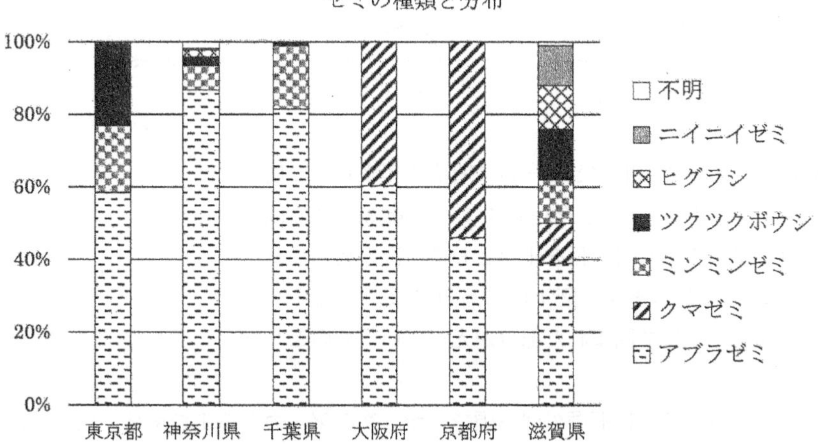

(1)　西日本でインターネット接続が不安定になる原因となったセミの種類を推定するには，どの都道府県どうしのデータを比べるのが最もよいですか．次のページのア～エから選び，記号で答えなさい。

ア．千葉県と大阪府　　イ．東京都と京都府
ウ．神奈川県と大阪府　エ．千葉県と滋賀県

⑵　⑴を比べた結果，どの種類のセミが原因だと考えられますか。

Ⅲ　以下の文章を読み，あとの問いに答えなさい。

1月1日の朝を元旦（がんたん）と呼びます。この「旦」という漢字は1太陽がのぼるようすに由来すると言われています。年賀状には「迎春（げいしゅん）」「初春」などの文字がよく書かれます。現代では冬ですが，2旧暦（れき）の「お正月」はもうすぐ春を迎（むか）える時期だったので言葉はそのまま残ったのです。お正月に食べるおせち料理には3数の子，黒豆，田作り，かまぼこ，海老（えび），栗（くり）きんとんなどが入っていて，それぞれに願いがこめられています。また，1月7日には4七草がゆを食べて健康を願います。昔の人が実際に若菜（わかな）を野でつんでいたことは，平安時代に書かれた『枕草子（まくらのそうし）』に「七日の日の若菜を，六日人の持て来（き）…」とあることからもわかります。

また，枕草子を読むと当時の人が星を観察していたことを知ることもできます。「5星は すばる。彦星（ひこぼし）。夕づつ。よばひ星すこしをかし。」という文章があり，これは今のことばに直すと「星は，昴（すばる）がいい。彦星。宵（よい）の明星（みょうじょう）。流れ星は少しおもしろい。」となります。すばるとは，プレアデス星団とも呼ばれる星の集まりです。現代よりも夜の明かりが少ない時代には肉眼でもよく見えたのでしょう。

現代人も宇宙にあこがれる気持ちは変わりません。2021年には宇宙飛行士以外の日本人が初めて6国際宇宙ステーションに滞（たい）在したことが話題になりました。2022年にはアルテミス計画も始まり，月に再び人類が降り立つことを目指しています。

※参考文献　松尾聰，永井和子（1997）『新編日本古典文学全集 18・枕草子』小学館

問1　下線部1について，日の出時刻は太陽がどの位置にきたときの時刻ですか。次のア～ウから1つ選び，記号で答えなさい。

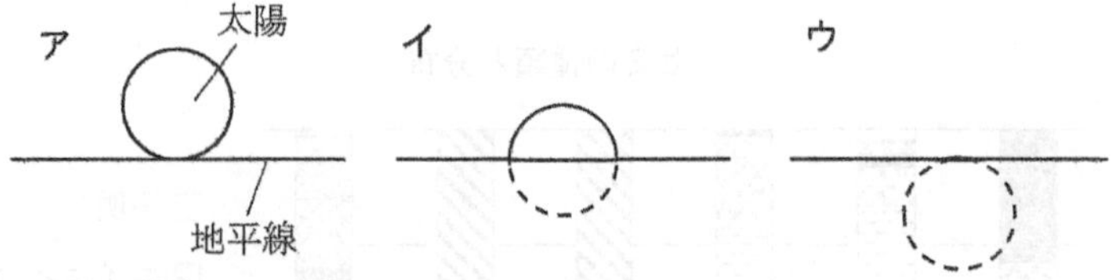

問2　下線部2について，旧暦とは一般に明治6年より前に使用されていた太陰（いん）太陽暦のことを指します。太陰太陽暦では月の満ち欠けに基づき，新月の日を1日として，次の新月にあたる日を翌月の1日とします。図1はある日に東京で見えた月を表し，実線（——）で囲まれた部分が光っているものとします。

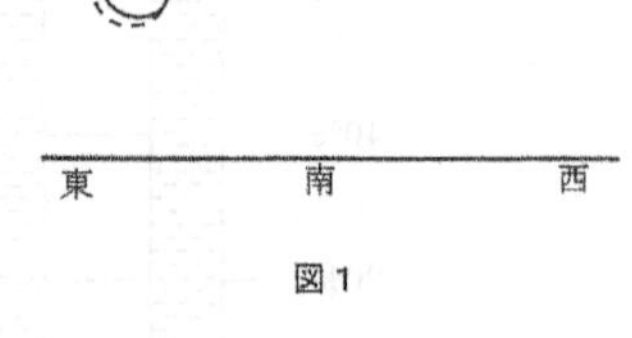

図1

⑴　図1の月が見えるのは旧暦の何日頃ですか。次のア～カから1つ選び，記号で答えなさい。

ア．3日　　イ．7日　　ウ．12日　　エ．18日　　オ．23日　　カ．27日

⑵　図1の月が真南に位置するのは何時頃ですか．次のア～クから選び，記号で答えなさい。

ア．午前0時　イ．午前3時　ウ．午前6時　エ．午前9時
オ．午後0時　カ．午後3時　キ．午後6時　ク．午後9時

問3　下線部3について，次の**ア**～**カ**のうち，主な材料が植物に由来するものをすべて選び，記号で答えなさい。

ア．数の子　　**イ**．黒豆　　**ウ**．田作り　　**エ**．かまぼこ　　**オ**．海老　　**カ**．栗きんとん

問4　下線部4について，次の問いに答えなさい。

(1)　春の七草は「せり，なずな，ごぎょう，はこべら，ほとけのざ，すずな，すずしろ」です。これらのうち，ダイコンはどれですか。

(2)　春の七草のうち，なずな，すずな，すずしろはアブラナ科の植物です。主にアブラナ科の植物の葉に卵を産むこん虫を次の**ア**～**オ**から1つ選び，記号で答えなさい。

ア．アブラゼミ　　**イ**．モンシロチョウ　　**ウ**．オニヤンマ　　**エ**．ナナホシテントウ　　**オ**．アゲハチョウ

問5　下線部5について，次の問いに答えなさい。

(1)　地球からすばるまでの距離はおよそ4200兆kmです。[km] を使って表すと，けた数が多くなってしまうため，[光年] という単位を使うのが一般的です。1光年とは光が1年間に進む距離で，9兆5000億kmです。地球からすばるまでの距離はおよそ何光年ですか。小数第1位を四捨五入して整数で答えなさい。

(2)　「彦星」と呼ばれる星は，わし座の1等星の別名です。この星の名前を答えなさい。

(3)　(2)の星は夏の大三角をつくる星の1つです。夏の大三角をつくる星を**図2**の**ア**～**サ**から3つ選び，記号で答えなさい。

図2

(4)　夕づつ（宵の明星）とは夕方に見られる金星のことです。**図3**は，地球の北極のはるか上空から見た，太陽・金星・地球の位置関係を表しています。金星は地球と同じように反時計回りに太陽の周りを回る惑星です。太陽の光を反射して光るため，地球からは月のように満ち欠けをして見えます。日没後に最も長い時間見ることができるのは金星が**図3**の**ア**～**カ**のどの位置にあるときですか。ただし，太陽・金星・地球の大きさの比は実際とは異なります。

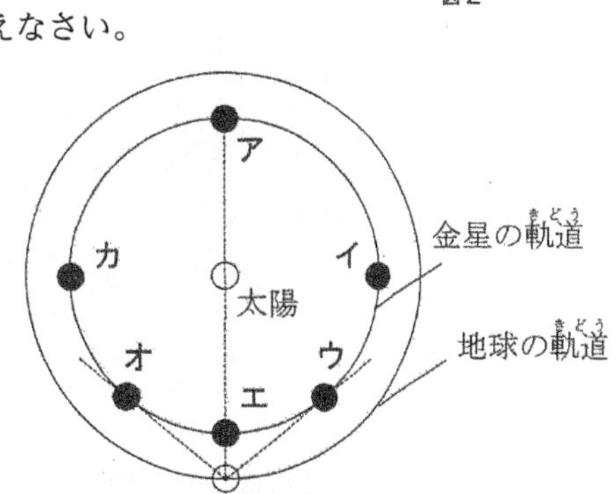

図3

(5)　(4)で答えた位置に金星があるとき，東京からはどのような形に見えますか。大きさは考えないものとして，次の**ア**～**キ**から1つ選び，記号で答えなさい。ただし，実線（——）で囲まれた部分が光っているものとし，金星の満ち欠けの観察にはふつう望遠鏡を使いますが，肉眼で見えたものとします。

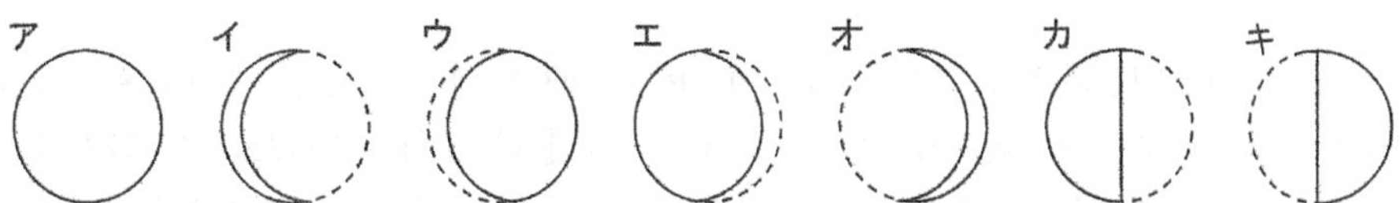

問6　下線部6について，国際宇宙ステーションはアルファベット3文字で何と呼ばれますか。

問7　太陽の活動状態は私たちの生活に大きな影響（えいきょう）をおよぼします。2025年には「太陽○○○」による大規模な通信障害が予想されています。文中の○○○にあてはまるカタカナ3文字を答えなさい。

Ⅳ　以下の文章を読み，あとの問いに答えなさい。

ばねは，加えられた力に応じて伸（の）び，伸びると縮んで元にもどろうとする性質をもっています。台ばかりには内部にばねが組みこまれており，ばねの伸びた長さから物の重さを調べることができます。

ある台ばかりを分解したところ，内部は**図1**のようになっていました。8㎝のうで2本と16㎝のうで2本が，一番奥（おく）（図の右側）を支点として平行に取り付けられています。ばねは，その上端（じょうたん）が調節ねじの差しこまれたナットに，その下端が下のうでの中央にわたされた棒に，それぞれ固定されています。調節ねじは台ばかりの外箱の上面にはめこまれており，回すとナットが上下するようになっています。

皿に物をのせると下のうでの中央がおし下げられ，**図2**のように4本のうでが平行をたもったまま下に動きます。するとばねの下端が下に引かれてばねは伸び，また，下のうでの手前側（図の左側）に取り付けられた板状の歯車①が円形の歯車②を回転させ，歯車②に固定された針がふれるようになっています。

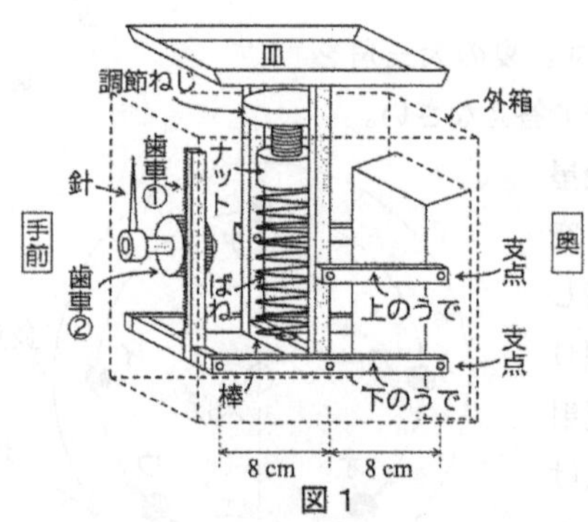

図1

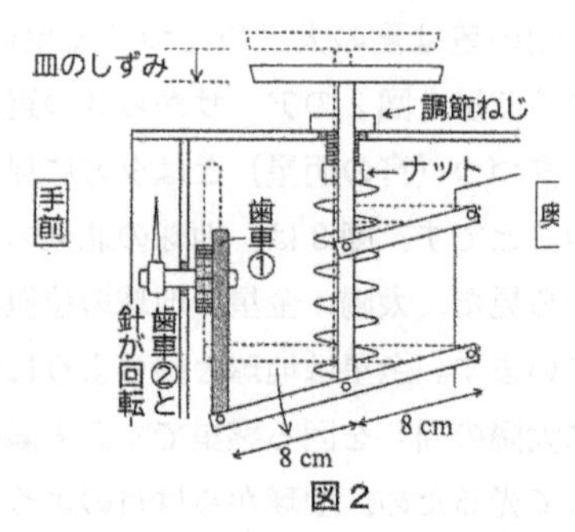

図2

問1　次の1～3は台ばかりの使い方の手順を示したものです。[a]，[b] にあてはまる文を，図中の語句を1つずつ用いてそれぞれ10字程度で答えなさい。

1　台ばかりを平らな台の上に置く。

2　[a] ことによって，[b] ようにする。

3　はかる物を皿の上に静かにのせる。

問2　皿に2㎏の物をのせたところ，皿が1㎝しずみ，針が180°回転しました。歯車②の直径は何㎝ですか。円周率を3.14として計算し，小数第2位を四捨五入して小数第1位まで答えなさい。

次に，ばねと同じように，加えられた力に応じて伸び，伸びると縮んで元にもどろうとする性質をもつゴムひもについて調べるために，以下の実験【A】を行いました。ゴムひもは，両端に小さな輪を作っておき，力を加えずにまっすぐに置いたときの長さが10㎝のものを用いました。両端の小さな輪の長さは無視できるものとします。

【A】 図3のように，1本のゴムひもの片方のはしを平らな床(ゆか)に固定し，もう一方のはしを重さ500gの台車のフックに引っかけ，ゴムひもの長さが20cmとなるところ，つまりゴムひもが元の長さから10cm伸びたところまで台車を引っ張って手をはなしました。すると台車はゴムひもが縮む向きに動き出しました。手をはなしたときの台車の先端を点Pとします。この実験のようすを横から動画にとり，0.1秒ごとの台車の位置，つまり点Pから進んだ距離(きょり)を調べました。**表1**は，手をはなしてからの時間と台車の位置の関係を示したものです。

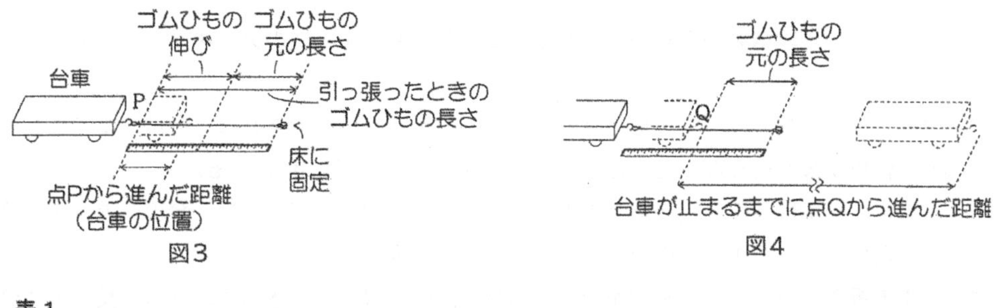

図3　　図4

表1

時間〔秒〕	0	0.1	0.2	0.3	0.4	0.5	0.6	0.7	0.8	0.9
台車の位置〔cm〕	0	0.3	1.2	2.5	4.3	6.5	8.8	11.3	13.6	15.9

ゴムひもが元の長さにもどったとき，つまり台車が点Pから10cm進んだときに台車は最も速くなりました。このときの台車の先端(せんたん)を点Qとします。点Qを過ぎるとゴムひもが台車からはずれ，**図4**のように，点Qから60cm進んで台車は止まりました。

問3　台車が最も速くなったのは，手をはなしてからどのくらい時間が経ったときですか。次の**ア**～**ク**から選び記号で答えなさい。

ア．0.1～0.2秒　**イ**．0.2～0.3秒　**ウ**．0.3～0.4秒　**エ**．0.4～0.5秒

オ．0.5～0.6秒　**カ**．0.6～0.7秒　**キ**．0.7～0.8秒　**ク**．0.8～0.9秒

問4　問3の0.1秒間に台車は何cm進みましたか。

実験【A】と同様の実験を，【B】～【D】のように条件を変えて行いました。

【B】 台車の重さを1000g，1500gと変え，それぞれ1本のゴムひもの長さが20cmとなるところまで引っ張って手をはなした。

【C】 1本のゴムひもを重さ500gの台車に引っかけ，ゴムひもの長さが30cm，40cmとなるところまで引っ張って手をはなした。

【D】 ゴムひもを2本，3本重ね，それを重さ500gの台車に引っかけ，ゴムひもの長さが20cmとなるところまで引っ張って手をはなした。

それぞれの条件と，「台車が最も速くなった0.1秒の間に進んだ距離」，「台車が止まるまでに点Qから進んだ距離」を示したものが次のページの**表2**です。

表２

実験	【A】	【B】		【C】		【D】	
台車の重さ［g］	500	1000	1500	500	500	500	500
ゴムひもの本数［本］	1	1	1	1	1	2	3
引っ張ったときの ゴムひもの長さ［cm］	20	20	20	30	40	20	20
台車が最も速くなったときの 0.1秒間に進んだ距離［cm］	問４の 答え	1.7	1.4	4.8	7.3	3.4	4.2
台車が止まるまでに 点Ｑから進んだ距離［cm］	60	30	20	240	540	120	180

問５　ここまでの実験結果からわかることとして正しいものを，次の**ア**～**キ**からすべて選び，記号で答えなさい。

ア．ゴムひもの本数，引っ張ったときのゴムひもの長さが同じであれば，台車の重さを２倍にすると，台車が最も速くなったときの0.1秒間に進んだ距離は0.5倍になる。

イ．ゴムひもの本数，引っ張ったときのゴムひもの長さが同じであれば，台車の重さを２倍にすると，台車が止まるまでに点Ｑから進んだ距離は0.5倍になる。

ウ．台車の重さ，ゴムひもの本数が同じであれば，引っ張ったときのゴムひもの長さを２倍にすると，台車が最も速くなったときの0.1秒間に進んだ距離も２倍になる。

エ．台車の重さ，ゴムひもの本数が同じであれば，引っ張ったときのゴムひもの伸びを２倍にすると，台車が止まるまでに点Ｑから進んだ距離も２倍になる。

オ．台車の重さ，ゴムひもの本数が同じであれば，引っ張ったときのゴムひもの伸びを２倍にすると，台車が止まるまでに点Ｑから進んだ距離は４倍になる。

カ．台車の重さ，引っ張ったときのゴムひもの長さが同じであれば，ゴムひもの本数を２倍にすると，台車が最も速くなったときの0.1秒間に進んだ距離も２倍になる。

キ．台車の重さ，引っ張ったときのゴムひもの長さが同じであれば，ゴムひもの本数を２倍にすると，台車が止まるまでに点Ｑから進んだ距離も２倍になる。

問６　ゴムひもを２本重ね，それを重さ250ｇの台車に引っかけ，ゴムひもの長さが25㎝となるところまで引っ張って手をはなすと，台車が止まるまでに点Ｑから進んだ距離は何㎝だと考えられますか。整数で答えなさい。

【社　会】（30分）　＜満点：60点＞

Ⅰ　次の文を読み，後の問いに答えなさい。

日本は太平洋北西部に位置する島国で，隣り合う国との＜　X　＞は海上にあります。島とは，水域によってまわりを完全に囲まれた陸地をさし，国土交通省「日本の島嶼の構成」(2022年４月１日現在)によれば，日本は6852の島からなり，そのうち421島に人が住んでいます。主な島として，面積の広い順に，①本州，北海道，九州，四国，［　1　］島，国後島，沖縄島などがあります。②都道府県庁所在都市のある５つの島を本土や本島と呼び，その他の島を離島と呼びます。

1953年７月に，「離島振興法」が制定され，離島として指定された地域では，電気・水道・港湾・漁港・道路の整備，医療・教育などの環境の改善が，国からの補助によって進められることになりました。ただし③奄美群島や［　2　］諸島，沖縄については，離島振興法の対象ではなく，それぞれ「奄美群島振興開発特別措置法」，「［　2　］諸島振興開発特別措置法」及び「沖縄振興特別措置法」という法律に基づき振興が図られています。

2007年４月には，我が国の④＜　Y　＞，排他的経済水域などを適切に管理する必要性が増大していることから，「有人＜　X　＞離島法」が施行されました。＜　X　＞に近い人の住む島は，漁業，海洋資源の調査，＜　Y　＞の警備などに関わる活動の拠点として重要な役割を果たしています。北海道の礼文島や石川県［　3　］半島沖の舳倉島，⑤日本海で面積が最も大きい島，大韓民国から50㎞ほど離れた位置にあって江戸時代には朝鮮との交流の窓口だった［　4　］，潜伏キリシタンの集落が世界遺産に登録されている［　5　］列島などがその例です。これらの島々では，航路・航空路運賃の引き下げなど，生活を便利にし，島の経済を活発にするための取り組みが法律に基づき進められています。

島の成り立ちはさまざまです。⑥喜界島や与論島はサンゴ礁が隆起してできた島で，諏訪之瀬島や［　2　］諸島の西之島は火山活動によってできた島です。2021年８月13～15日には，［　2　］諸島の硫黄島南方で海底火山の「福徳岡ノ場火山」が大規模な噴火を起こし，新しい島ができましたが，その後消滅しました。この噴火では多量の＜　Z　＞が火山周辺の海面を埋め尽くしました。海流によって西に移動した＜　Z　＞は奄美群島，沖縄島などに漂着し，観光業や⑦漁業への影響が心配されました。

問１　文中の空欄＜X＞～＜Z＞に適する語句を，それぞれ漢字２文字で答えなさい。

問２　文中の空欄［　1　］～［　5　］に適する地名を漢字で答えなさい。

問３　下線部①について，本州の男鹿半島に北緯40度を示す碑があります。本州の男鹿半島とほぼ同じ緯度にある都市として最も適当なものを次のア～エから１つ選び，記号で答えなさい。

ア　ロンドン（イギリス）　　　　イ　ニューヨーク（アメリカ合衆国）

ウ　リヤド（サウジアラビア）　　エ　キャンベラ（オーストラリア）

問４　下線部②について，次のA～Cの説明文に当てはまる都道府県庁所在都市を次のページの地図のア～コから１つずつ選び，それぞれ記号で答えなさい。

A　日本で最も工業出荷額の多い都道府県の都道府県庁所在都市で，日本最大の輸出額をほこる貿易港がある（2020年）。

B　江戸時代には阿武隈川の水運と養蚕でさかえた城下町で，今日県内では３番目に人口が多い都市である。

C　三大都市圏以外の都道府県庁所在都市としては，人口が最も多い都市で，ビールなどの食品工業がさかんである。

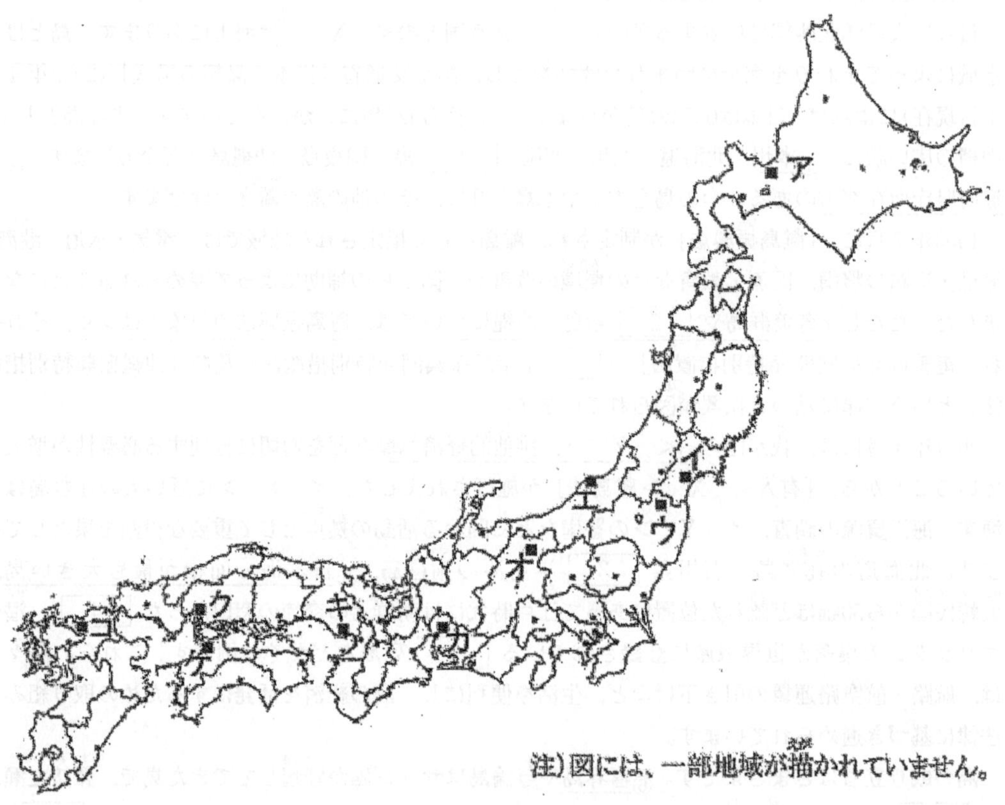

問５　下線部③について，この３地域が離島振興法の対象とはならずに，それぞれ特別な法律がつくられた理由を説明しなさい。

問６　下線部④について，次のＡ～Ｃの文の正誤の組み合わせとして正しいものを下のア～カから１つ選び，記号で答えなさい。

Ａ　自国の沿岸から200海里までは，天然資源開発などの権利が認められている。

Ｂ　領土と海岸から12海里までの海域の上空を領空という。

Ｃ　許可なく，ほかの国の排他的経済水域に入ってはいけないことになっている。

ア　Ａ：正　Ｂ：正　Ｃ：誤
イ　Ａ：正　Ｂ：誤　Ｃ：正
ウ　Ａ：正　Ｂ：誤　Ｃ：誤
エ　Ａ：誤　Ｂ：正　Ｃ：正
オ　Ａ：誤　Ｂ：正　Ｃ：誤
カ　Ａ：誤　Ｂ：誤　Ｃ：正

問７　次のページの図は日本に属する島です。下線部⑤に該当する島をア～エから１つ選び，記号で答えなさい。縮尺も方位も一定ではありません。

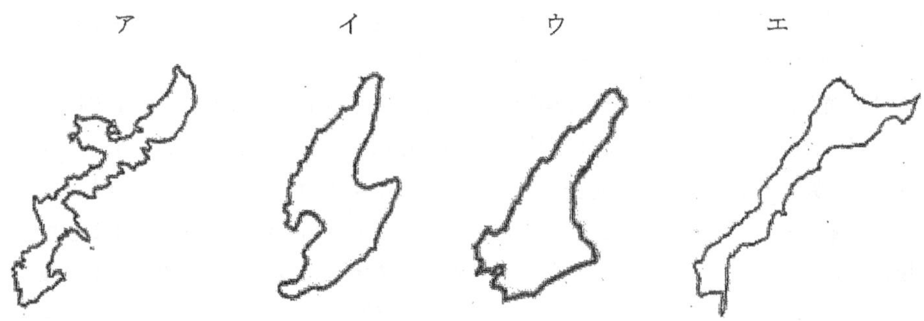

問８　下線部⑥について，喜界島では次の図のように地中に壁を設けて地下にダムをつくっています。喜界島で地下ダムを利用する理由と地下ダムのしくみを，図を参考にして説明しなさい。
（問８と問９の解答場所に注意すること）

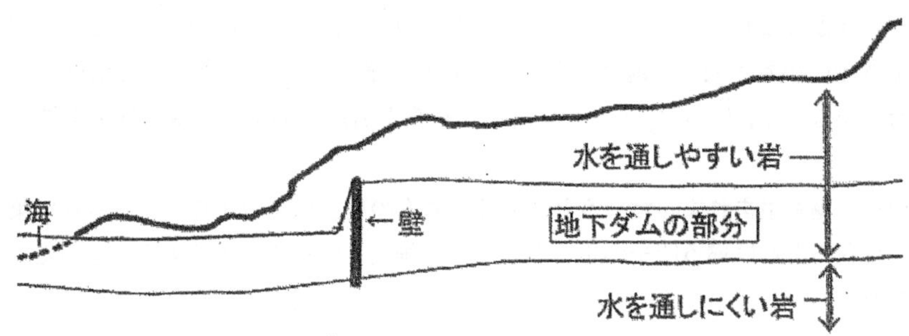

問９　下線部⑦について，次の表は，神奈川県，佐賀県，長崎県，北海道の漁業に関する統計をまとめたものです。神奈川県，佐賀県，長崎県に当てはまるものを表中のア～エから１つずつ選び，それぞれ記号で答えなさい。
（問８と問９の解答場所に注意すること）

	海面漁業就業者数（人）	海面漁業漁獲量（t）	海面養殖業収穫量（t）	産出額の多い魚介類
ア	24,378	894,911	94,115	貝類
イ	3,669	6,531	76,685	海そう類・えび類
ウ	11,762	228,051	23,021	アジ類・マグロ類
エ	1,848	30,599	816	マグロ類

『データブックオブザワールド2022』および
漁業・養殖業都道府県別生産量・産出額(2020)水産庁資料より作成

Ⅱ　次の文を読み，文中の空欄 1 ～ 6 に適する語句を漢字で答えなさい。また，下線部について後の問いに答えなさい。

2022年２月末からのロシアによる①ウクライナ侵攻の影響は，世界中に広がりました。それにともなって，小麦価格が上昇しました。そもそも侵攻前から高温や乾燥がもたらした不作などで，世界的に小麦価格は上がっていました。ロシアとウクライナだけで世界の小麦輸出量の４分の１を占めていたため，世界に大きな影響を与えました。②日本は小麦の多くを輸入に頼っているため，小麦価格の上昇は大きな問題です。日本ではいつから小麦を栽培し，いつから小麦を食べていたのでしょうか。「小麦の歴史」について考えてみましょう。

小麦は人類が古くから栽培していた植物の１つで，今から１万年以上前にはすでにつくられていました。日本には，③<u>弥生時代</u>に中国や朝鮮半島から伝来したといわれています。④<u>今から1800年ほど前の水田跡で有名な静岡県の遺跡</u>からは，炭化した小麦の種子も出土しています。⑤<u>５世紀</u>ころまでには米とともに麦類やあわ，ひえなども主食として栽培されるようになりました。日本最古の歌集とされる『[1]』にも麦を詠んだ歌があります。奈良時代には朝廷が麦の栽培をすすめており，⑥<u>平城宮</u>跡からも「小麦五斗」と記された木簡が見つかっています。鎌倉時代中期から[2]が始まり，稲の裏作として小麦が栽培されるようになりました。小麦の栽培は，江戸時代になると本格的に全国へ普及し，特に米の栽培に向いていない地域で小麦が生産されました。

江戸時代には，[3]を起点とする五街道など全国各地を結ぶ道が整備され，航路も発達しました。交通の発達にともなって，茨城の小麦が千葉の銚子にしょうゆの原料として運ばれたり，海路によって九州の小麦が大阪に運ばれたりしました。また，[4]参りなど信仰と楽しみをかねた旅が流行するなかで，[4]神宮には各地から来た農民が稲穂や小麦の種子を納めたといわれています。

小麦を使った麺も生まれました。うどんやそうめんの起源は，唐からもたらされた菓子だとされています。現在の形とは違う団子のようなもので，細長く切って食べるようになったのは⑦<u>宋</u>の食文化の影響だといわれています。麺の形になってからも，僧侶や貴族が食べる高級品であり，庶民の食べ物ではありませんでした。

小麦を使った菓子については，平安時代，疫病退散のための儀式に小麦・卵・砂糖を使った「唐板（からいた)」というせんべいが供えられたという記録があります。疫病退散の儀式は15世紀後半に京都で起きた[5]の乱で途絶えてしまいましたが，乱の後に唐板は復活し，現代まで受け継がれてきました。また，16世紀にはヨーロッパ人宣教師が日本を訪れ，⑧<u>キリスト教</u>とともにカステラやビスケットなどを伝えました。その多くはポルトガル人やスペイン人との[6]貿易によってもたらされたため，これらのお菓子を「[6]菓子」と呼びます。⑨<u>織田信長</u>はヨーロッパからの物産品を非常に喜んだといわれています。

16世紀半ばにポルトガル人がもたらしたパンは，⑩<u>江戸時代</u>には一般に普及することはありませんでした。⑪<u>1842年</u>に伊豆の代官江川太郎左衛門が日本で初めてパンを焼いたとされていますが，日本で「パン食」が広がり始めたのは⑫<u>明治時代</u>に入ってからのことです。⑬<u>日本が開国すると</u>，アメリカ産の小麦粉がたくさん流入するようになりました。しかし欧米の食文化がすぐに日本で広まったわけではなく，日本人は米食文化を守り続けました。朝食にパンを食べるということが一般的になったのは⑭<u>第二次世界大戦後</u>のことで，アメリカのライフスタイルが日本でも広がり，食パンが流行するようになりました。パンやパスタには外国産の小麦の方が向いていることもあり，⑮<u>国産小麦</u>の生産は落ち込みました。しかし，1970年代の世界的な穀物の不作をきっかけに，国内で自給できるように生産拡大や品種改良を目指す政策がとられました。

小麦に関わらず，私たちの食卓は，自国から遠く離れた地域でつくられたものであふれています。さまざまな要因でモノやヒトの流れが滞ると，多くの人々の生活に影響がでます。世界中に適切に食料が供給されるよう，平和を願うばかりです。

① この国の位置として正しいものを次の地図のア～オから１つ選び，記号で答えなさい。

② 現在，日本が最も多く小麦を輸入している国を次のア～エから１つ選び，記号で答えなさい。

ア アメリカ　イ カナダ　ウ 中国　エ オーストラリア

③ 吉野ヶ里(よしのがり)遺跡（佐賀県）からの出土品のうち，弥生時代の出土品として正しくないものを次のア～エから１つ選び，記号で答えなさい。

ア 祭りのときに使われたと考えられる銅鐸(どうたく)

イ 矢じりがささった人骨

ウ 筒型(つつがた)や人型などさまざまな形の埴輪(はにわ)

エ 中国製の貨幣(かへい)や，南方の貝でつくった腕輪(うでわ)

④ この遺跡の名称(めいしょう)として正しいものを次のア～エから１つ選び，記号で答えなさい。

ア 板付(いたづけ)遺跡　イ 登呂(とろ)遺跡　ウ 三内丸山遺跡　エ 菜畑遺跡

⑤ ５世紀の日本の様子を説明した文として正しいものを次のア～エから１つ選び，記号で答えなさい。

ア 中国の後漢王朝の皇帝(こうてい)から金印を授(さず)けられた。

イ 『古事記』や『日本書紀』が完成した。

ウ 大和朝廷の影響力が，九州から関東まで及んだ。

エ 有力者の墓である古墳(こふん)がつくられ始めた。

⑥ 平城京の位置として正しいものを次の地図のア～カから１つ選び，記号で答えなさい。なお，地図上の点線は現在の府県の境界線をあらわしています。

⑦ 宋王朝が存在したころの日本の出来事として正しいものを次のア～エから１つ選び，記号で答えなさい。

ア 豊臣秀吉が，二度にわたって朝鮮に兵を送った。

イ 源頼朝が，石橋山の戦いで敗れた。

ウ 徳川家光が，祖父の家康をまつる日光東照宮（とうしょうぐう）を建て直した。

エ 足利義満が，京都の北山に金閣を建てた。

⑧ 以下のＡ～Ｄは，日本にキリスト教が伝わった後の出来事です。時代の古い順に並べ，解答欄に従って答えなさい。

Ａ：島原や天草で，キリスト教の信者を中心とした大規模な一揆（いっき）が起こった。

Ｂ：天正遣欧（けんおう）使節として，４人の少年たちがローマに送られた。

Ｃ：オランダ人を出島に移し，鎖国（さこく）が完成した。

Ｄ：徳川家康が，キリスト教の布教を全国で禁止した。

⑨ 織田信長は1560年に尾張（おわり）国で今川義元軍を破りました。この戦いの名称を漢字で答えなさい。

⑩ 江戸時代以前の武士は主人のために戦うことを義務づけられていました。江戸時代に入り，戦いがほとんど起こらなくなると，将軍と大名との主従関係を確認（かくにん）するために，将軍は大名たちに戦うことの代わりにどのようなことを命じましたか。以下の語句をすべて使って60字以内で説明しなさい。

［ 江戸　　領地　　河川（かせん） ］

⑪ 19世紀前半の出来事として正しいものを次のア～エから１つ選び，記号で答えなさい。

ア もと幕府の役人だった大塩平八郎（へいはちろう）が，幕府に対して大阪で兵をあげた。

イ 一国一城令が出され，大名が住む城以外は壊（こわ）されることになった。

ウ 貧しい人々のために医療をほどこす小石川養生所がつくられた。

エ 徴兵令（ちょうへいれい）が出され，20歳（さい）以上の男子が３年以上軍隊に入ることになった。

⑫ 明治政府は民間の会社を育成することにも力を入れました。日本初の銀行や多くの会社の設立にたずさわり，日本経済の発展に力を尽くした実業家の名前を漢字で答えなさい。

⑬ 開国前後のことがらについて述べた，次のＡ～Ｃの文の正誤の組み合わせとして正しいものを下のア～カから１つ選び，記号で答えなさい。

Ａ ペリーの艦隊（かんたい）は，アメリカ合衆国の西海岸から太平洋をわたって，日本の浦賀（うらが）に来航した。

Ｂ アメリカからの開国要求について，幕府は朝廷に報告するとともに，広く大名からも意見を求めた。

Ｃ 外国から多くの食品が輸入されるようになると，米が余って価格が下がり，農民の生活が苦しくなった。

ア Ａ：正 Ｂ：正 Ｃ：誤　　イ Ａ：正 Ｂ：誤 Ｃ：正

ウ Ａ：正 Ｂ：誤 Ｃ：誤　　エ Ａ：誤 Ｂ：正 Ｃ：正

オ Ａ：誤 Ｂ：正 Ｃ：誤　　カ Ａ：誤 Ｂ：誤 Ｃ：正

⑭ 第二次世界大戦について述べた，次のＡ～Ｃの文の正誤の組み合わせとして正しいものを下のア～カから１つ選び，記号で答えなさい。

Ａ 1939年にドイツがソビエト連邦（れんぽう）を攻撃（こうげき）して，第二次世界大戦が始まった。

Ｂ 日本は1940年に，ドイツ・イタリアと同盟を結んだ。

C　日本は1941年にマレー半島を攻撃して，イギリスとの戦いを始めた。

ア　A：正　B：正　C：誤　　イ　A：正　B：誤　C：正

ウ　A：正　B：誤　C：誤　　エ　A：誤　B：正　C：正

オ　A：誤　B：正　C：誤　　カ　A：誤　B：誤　C：正

⑮　次のア～オは小麦を含(ふく)む５つの農作物に関して，その収穫量(しゅうかくりょう)の多い順に都道府県名を並べたものです。小麦に当てはまるものを表中のア～オから１つ選び，記号で答えなさい。

	１位	２位	３位	４位	５位
ア	新潟	北海道	秋田	山形	宮城
イ	北海道	福岡	佐賀	愛知	三重
ウ	熊本	北海道	愛知	茨城	栃木
エ	北海道	千葉	徳島	青森	長崎
オ	茨城	熊本	北海道	山形	青森

『日本国勢図会2022/23』

Ⅲ　次の１～５の文を読み，文中の空欄［１］～［５］に適する語句・数字を答えなさい。［１］は解答欄に従って答えなさい。［２］～［５］は，略称は用いず，漢字で答えなさい。また，下線部についてそれぞれの問いに答えなさい。

１　日本国憲法が施行された［１］は憲法記念日です。日本国憲法は大日本帝国憲法を①改正するという手続きを経て，制定されました。

問１　文中の下線部①に関連して，国民投票法が2007年に制定されました。憲法改正についての記述として誤っているものを次のア～エから１つ選び，記号で答えなさい。

ア　衆議院及び参議院で総議員の３分の２以上の賛成によって，改正が発議される。

イ　憲法改正には，国民投票で有効投票数の過半数が賛成する必要がある。

ウ　国民投票法は，投票年齢(ねんれい)を18歳以上としている。

エ　憲法改正が成立すると，内閣総理大臣の名で，天皇はこれを公布する。

２　日本国憲法の三大原則は，国民主権・基本的人権の尊重・②平和主義です。基本的人権については，憲法制定時には想定されていなかった状況(じょうきょう)に対して「新しい人権」が主張されることがあります。プライバシーの権利の主張を背景に，2003年に［２］法が制定されました。

問２　文中の下線部②に関連する記述として誤っているものを次のア～エから１つ選び，記号で答えなさい。

ア　日本国憲法第９条は，国際紛争(ふんそう)を解決する手段としての交戦権を否定しているが，自衛権を否定しているわけではない，というのが政府の見解である。

イ　1950年に朝鮮戦争が起こり，GHQ（連合国軍最高司令官総司令部）の指令によって，自衛隊の前身である警察予備隊がつくられた。

ウ　自衛のための必要最小限度の戦力は保持できる，というのが政府の見解である。

エ　自衛隊の任務には，防衛のほか，災害派遣や国際協力などが含まれる。

３「主権」ということばにはいくつかの意味があり，「③国民主権」や「主権国家」のように使われます。選挙で投票することも主権の行使の1つです。近年，投票率の低下が指摘(してき)されており，投票率を向上させるためにさまざまな手段がとられています。投票日以前に，自分の選挙区内の指定された投票所で，投票日と同じ方法で投票できる制度を［ 3 ］投票といいます。

問3　文中の下線部③の主権の意味として正しいものを次のア～エから1つ選び，記号で答えなさい。

ア　国の政治のあり方を最終的に決める権力のこと。

イ　独立していて，他の国や勢力に支配されていないこと。

ウ　国民が国の代表であるということ。

エ　統治権（立法権・行政権・司法権）が及ぶということ。

4　国の一般会計予算（2020年度）の歳入の税収の中で1番大きな割合を占めている税目は［ 4 ］税でした。④歳出の主要経費別分類の中で，1番大きな割合を占めているのは社会保障関係費です。

問4　文中の下線部④に関連して，国の一般会計予算（2020年度）の歳出の主要経費別分類で，2番目に多いものを次のア～エから1つ選び，記号で答えなさい。

ア　公共事業関係費　　イ　国債費(こくさいひ)

ウ　教育及び科学振興費　　エ　地方交付税交付金等

5　ロシアによるウクライナ侵攻などによって，⑤国際連合のあり方が問われているといえます。国連の主要機関のうち，国際平和と安全の維持(いじ)，国際紛争の解決などで重要な役割を果たしているのが［ 5 ］です。［ 5 ］は国連加盟国に対して強い権限をもっています。

問5　次のグラフは文中の下線部⑤の分担金の国別割合をあらわしています。aはアメリカです。bに当てはまる国名を次のア～エから1つ選び，記号で答えなさい。

ア　イギリス　　イ　ドイツ　　ウ　日本　　エ　中国

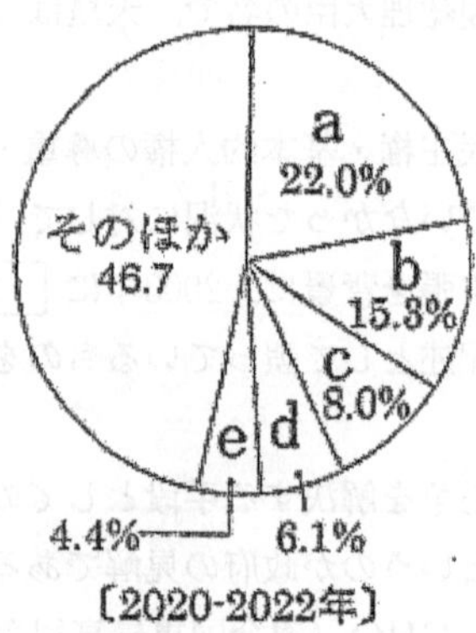

〔2020-2022年〕

悪口を書かれた手紙を配られている。

＊2　このマンション＝椿マンションのこと。犬や猫などのペットが飼育できる。

問一　□A～Eのカタカナを漢字に直しなさい。送りがながある場合は、それも含めて答えなさい。

問二　【　】ア、イにあてはまる漢字一～二字の言葉を次のひらがなから選び、漢字に直して答えなさい。

むし　いろ　め　ゆうき　りょうしん　けいさん　ぜつぼう

問三　――線部①の「あんなこと」とはどういうことですか。具体的に答えなさい。

問四　――線部②のように言うのはなぜですか。くわしく説明しなさい。

問五　＝＝線部について、なぜ「お姉ちゃん」は羽美をこのようにさそったのですか。くわしく説明しなさい。

「わたし、お姉ちゃんて、すごく親切だなあって思ってたよ。いろいろ親切にしてあげてたじゃん」
「そういうのが不愉快になる人もいるよ」
「だけど村重さん、ほんとにそんな質問で怒ったの」
「それはね、わかんない。もしかしたら、わたしが親切ぶってることがいやだったのかもしれない。親切にするって、親切にしてあげてるほうはいい気もちになれるけど、ずっと親切にされるのって苦しいかもしれないから。かすみちゃん、ほんとはわたしのことが、ずっと前からうっとうしかったのかもしれないんだよね」
「じゃあどうすればいいの」
「わかんないけど。いいことをしようとしても人を傷つけてしまうこともあるんだから、②いい人間になろうと自分で思って何かするってことはまちがいだったって、おとついここで思いました。はい、おしまい」
「おしまいにしないでよ」
「羽美が、誰が悪いことをしている人かって、いろんな人を疑ってたから、わたしも自分のことを考えてみる気になったのかもしれない。いい人がまるごといい人ってわけじゃないし、悪い人だと言われてる人がまるごと悪いわけでもないよ。そんなに簡単に分けられないんじゃないのって言いたかっただけ」
「じゃあ、いい人っていないの」
「いるよ。いいことをしようと思わないでいいことをしちゃう人はいるよ。だからって、その人がまるごといい人ってわけでもないよ、やっぱり」
「なにそれ。今井さんは普通のやさしそうなおばあさんに見えるのに、夜こっそり生ゴミをマンションの前に捨てに行ったり、悪口を書いた手紙を近所に配ったりしたよ。猫が自分ちの庭にうんちやおしっこをするからって、仕返ししたの。それってやっぱり悪いことだよね」
　お姉ちゃんはふんふんとうなずき、「そうなんだよなあ」と言った。
「なにが」
「あの人きっと孤独なんだと思う」
「孤独?」
「わたし、わかるんだよね。どんどん孤独になって、普通に物事を判断できなくなることってあると思うよ。いつのまにか、誰かに自分が攻撃されてるって思い込んじゃったんじゃないの。だからやっちゃったんじゃないのかな」
「そうかなあ。わかんないよ」
「いい人の中から悪い【ア】が伸びることもあるんじゃないの。正しい行いの中に【イ】が混じってることもあるんじゃないの。だから、いい悪いは簡単には言えないよ」
「そんなのいやだなあ」
「羽美が佐々村さんや今井さんのことを嗅ぎまわっていたことって、たぶん無駄じゃないよ。大道さんが犬をもらってあげるって言ってくれたのも、羽美が親身になって細田くんの悩みに付き合ってあげたからだよ。それに今井さんから『もうしない』って言葉を引きだしたんだから、今井さんに会いに行った意味もあるよ。ね。じゃあそろそろ帰ろうか」
　お姉ちゃんは買い物袋とトイレットペーパーを持って立ちあがった。
　わたしも立った。

＊1　椿カイロプラクティック＝佐々村整体治療院の近くに新しくできた。

わたしたちは土手の上を公園の入り口へとまわり、石段をおりていった。

池の向こう側にハーモニカを吹いている男の人がいた。

池の縁をまわって藤棚まで行くと、お姉ちゃんもわたしも荷物をおろし、ベンチに腰をおろした。リュックはしょったままだった。（中略）

「おとつい、ここに久しぶりに来たんだよね」とお姉ちゃんは言った。

お姉ちゃんは買い物袋をさぐり、「キスチョコ食べよう」と、さっき今井さんがくれた袋を取りだした。

袋を破り、わたしのてのひらにキスチョコを数個落とした。（中略）

「あのね、いい人間になるのってE ムズカシイ よ」とお姉ちゃんは言った。「そういうことを、ここで考えた」

お姉ちゃんは噴水を見ている。

「いい人間？」

急に言われてもわからない。たぶん、そのことについて、わたしはあまり考えたことがない。

「わたしね、小さいときからどうしたらいい人間になれるんだろうって考えてたんだ。大きくなったらいい人間になりたいと思ってたから」

「うん」

わたしも噴水を見つめる。水はいくらでも、あふれて光になる。

「誰かにいやなことをされても、我慢しなきゃいけないと思ってたこともある。我慢するのがいいことだと思ってたから。だけど我慢しているのと、いい人間になるというのは違うことなんだよね」

わたしはお姉ちゃんが家でそんなにいつも我慢していたっけ、と考える。お姉ちゃんはいつもわたしの上に君臨してなかった？と思ったけれど、言わなかった。

「かすみちゃん。おぼえてる？」

「おぼえてるよ。お母さんが病気で困ってたんだよね」

「わたし、かすみちゃんの役に立ちたいと思って、いろいろお手伝いしてたんだけど」

「知ってるよ」（中略）

「かすみちゃんのお母さんが病院に行くとき、一緒についていったことがあるんだけどね。お母さんが診察室に入っているあいだ、わたしたちは待合室で待っていたの。そのとき、わたし、かすみちゃんに『お父さんとお母さんは、どうして離婚なんかしちゃったの』ってきいちゃったんだよね。かすみちゃんは『知らない』って、そのときはこたえたんだけど、かすみちゃんは、わたしがそんな質問をしたことで怒ったのかもしれなかった。っていうか、傷ついたのかもしれない。そのときはそんなことは思わなかったんだけど。だってなんでもない質問だとわたしは思ってたから。そのあと何度かかすみちゃんちに行ったけど、なんだかそれまでとは感じが違っちゃってて、それからちょっとたって、『もう、うちに来ないでくれる？』って言われたんだよね」

「えー、わかんない、わたし」

「だろうね」

お姉ちゃんは自分の膝の上にある手に目を落とした。

「わたし、そのあと、やっぱりあんなことをきいちゃったからだなって思ってたんだけど、でも、そうじゃなかったかもしれない」

池に張り出した場所にいた高校生らしい二人が立ちあがって池の外へと出ていった。

「猫と犬が大嫌いなんだって」

「ふうん」

お姉ちゃんは小さく息を吐き、「羽美はずっと犯人捜しをしてたんだ」と言った。

「行こう」とわたしは言った。「今井さん、もうしない、って言ってた」

「そうか。そんなふうには見えなかったけどね、あの人。わかんないね、人って」

歩きながらお姉ちゃんは言った。

「自分のやったことは正当化しませんって今井さんは言ったの。自分が何をしたかわかってますって。恥ずかしいことだって」

「ふうん」

お姉ちゃんは小さくうなずいた。

「おうちをとってもきれいにしているの。お庭も。隣の家からピアノがきこえてきたり、家の前に無断で車を停められたりするのを迷惑がってた。子どもが隣の空き地で遊ぶのもいやみたいだった」

「羽美。いいところへ連れていってあげようか」とお姉ちゃんは言った。

「どこ」

「すぐ近く」

佐々村整体治療院の前を通りすぎるとき、お姉ちゃんは顔だけそちらに向けて玄関ドアの周囲にくっついているD［ヒョウサツ］や貼り紙などを見た。

「なるほど」とお姉ちゃんは言った。

踏切を渡って信誠フドウサンの角を曲がった。しだいに買い物袋が重く感じられてきた。でも我慢した。

「どこ」

「すぐ近く」

お姉ちゃんの持っている袋のほうに大根や牛乳など、重いものがたくさん入っているはずなのに、お姉ちゃんは重そうな素振りも見せず、どっちかというと軽やかに歩いていく。

小学校の前を通りすぎると、「こっちだよ」と古川電器の角を曲がった。

わたしたちは黙って歩いた。

お姉ちゃんが連れていったのは宝ケ池だった。古川電器の角を曲がったあと、また踏切を越え、そこからゆるくカーブした道の先にあった。

「あ、ここ、久しぶり」とわたしは言った。

前はときどき遊びに来ていた。春に、お花見に家族みんなで来たこともある。あれはわたしがまだ保育園に行っていた頃だ。

ひょうたんの形をしている宝ケ池の周囲は散歩道になっていて、桜のほかにもいろんな木が植えられている。藤棚もある。ベンチもところどころに置かれている。

道路から一段高くなったところに土手があり、土手にあがって見ると、池はかなり低い場所にある。

「あそこで休憩しよう」

土手からお姉ちゃんは池の畔の藤棚の下のベンチを指差した。池に沿った散歩道を犬を散歩させている人や、ほかにも三、四人の人がいたが、ベンチには誰も座っていなかった。池のまんなかに噴水があり、水が丸く円を描いて吹きあがっている。

踏切を渡り、それから佐々村整体治療院の前を通りすぎた。お姉ちゃんがわたしをちらっとふり返った。わたしが何度も佐々村さんの話をしていたから、ぴんときたのだと思う。わたしは知らん顔をしていた。

＊1椿カイロプラクティックの前も通りすぎた。

「こんな静かなところですけどね。この道の先の家が空き巣に入られたのよ」と今井さんはお姉ちゃんに言った。

「怖いですね。その犯人、捕まったんですか」

「どうもまだみたい。そんなこと、これまで一度だってなかったのに物騒でしょ。ときどきパトカーがまわってくれているけど、それもいつまでもってわけにもいかないから」

「鍵、しっかり掛けてくださいね」とお姉ちゃんはやさしい声で言っている。

お姉ちゃんて、こんなに親切な人だったっけ、とわからなくなる。家の外で、お姉ちゃんはいったいどんな顔をしているんだろう。

今井さんの家に着いた。

「どうもありがとう」

今井さんはお姉ちゃんの手から買い物袋を受け取り、それから

「ちょっと待ってて」と言って門の中へ入っていった。

「ほら、お庭を見て。バラがきれいだよ、羽美」とお姉ちゃんは言った。

「知ってる」とわたしはこたえた。

今井さんはすぐに現れた。手には英語の文字が書かれた菓子袋を持っている。中に、一つひとつが銀紙に包まれている小粒のチョコレートらしいものがたくさん入っているのが見える。今井さんはその袋をお姉ちゃんがさげている買い物袋に押し込んだ。

「ほんとうに助かったわ。ありがとうございました」

今井さんはお姉ちゃんに頭をさげ、それからわたしにも頭をさげた。

そして顔をあげてわたしを見た。

「こんなやさしいお姉さんがいらっしゃったのね。また遊びにいらっしゃい」と今井さんは言った。

おとつい会ったばかりだというのに、そのことには触れなかった。あれだけおしゃべりしたことを忘れたような顔をしていた。

「ありがとうございます」とお姉ちゃんは返事した。

わたしは何も言わなかった。（中略）

椿カイロプラクティックの前を通りすぎるときに、わたしは「ここ」と、持っていたトイレットペーパーをお姉ちゃんに渡してからカイロプラクティックを指差した。

「何が」

お姉ちゃんは立ち止まってカイロプラクティックの小さな建物を見た。（中略）

「＊2このマンションの入り口んところに生ゴミが捨てられてたの。さっきの今井さんがね、捨てたの。わたし、おとつい今井さんちにあがったんだよ。今井さん、捨てたのは抗議のつもりだったって言ってた。悪いことかもしれないけど、自分が猫から受けている被害に比べればなんてことないって」

お姉ちゃんは今井さんの家のほうをふり返った。今井さんの家は突き当たりを右に曲がったところにあるから、ここからは見えない。

「羽美が言っていたのはさっきの人だったんだ」

お姉ちゃんは驚いたようだった。

今井さんは、わたしにはまだ気づいていないようだった。

「あら、あなたたちこそ荷物をたくさん持ってらっしゃるのに」

今井さんはわたしたちが持っている荷物に目をやった。

「大丈夫です」

そう言うと、今井さんが何か言う前に、お姉ちゃんはわたしに「そっちのリュックを背中にしょって。このトイレットペーパーをあんたが持って」と言った。「リュックが入ってた紙袋はリュックに入れちゃえばいいでしょ」

それから「持ちます、持ちます」と言って、お姉ちゃんは今井さんの手から奪うようにして買い物袋を一つ受け取った。

「いいの？　ほんとうに？」

今井さんはお姉ちゃんを見て、わたしを見た。それでも今井さんは表情を変えなかった。まだわたしに気づいていないようだ。大人から見れば、子どもの顔はみんなおんなじに見えるのかもしれない。わたしも何も言わなかった。

「平気です」とお姉ちゃんは言った。

「悪いわねえ」と言いながら、今井さんは歩きだした。「ついつい買いすぎちゃって」

今井さんとお姉ちゃんが並んで歩く後ろをわたしは歩いた。

今井さんは歩きながら、ときどきお姉ちゃんに歳をきいたり、学校のことをきいたりした。

「車の運転をずいぶん前にやめたもんだから、ほんとうに不自由で。さっきタクシーに乗ろうかとA シアン してたところだったの。だけどおかげで助かっちゃったわ」

わたしは前を歩く今井さんの帽子の下から見えている白髪を見る。

（中略）

信号で止まるたびに今井さんはわたしをふり返り、「大丈夫？」と声をかけた。初めて会う子を見る目でわたしを見た。

わたしは黙ってうなずいた。今井さんはわたしに気づいているはずだった。あの黒い服の子だ、とわかっているはずだ。なのに今井さんは気づかないふりをしている。わたしは二人のB ホチョウ に合わせてついていった。

水色の格子柄のワンピースを着て、スカーフを首に巻いている今井さんはやさしそうなおばあさんに見える。①あんなことをするような人には見えない。

信誠C フドウサン の角まで来たとき、今井さんは「もうここでいいわ。ここからだともうすぐだし、ゆっくり歩いて帰れば大丈夫だから」と言った。

わたしは、よかったと思った。

「でももうすぐなら、ついでに家まで持っていってあげます。へっちゃらです」とお姉ちゃんは言って、「こっちですか」と、先に角を曲がっていった。

「若い人はいいわねえ。力もあるし、脚も丈夫だし。髪の毛もつやつやしてるわ。年を取るといろんなものを失っちゃうから、それが心細いのよ」

お姉ちゃんはうなずきながら話をきいている。

「思うようにならないことばっかりよ」

お姉ちゃんは大きくうなずく。

いい聞かせたのです。最初にやったのは苦手な物理の高校時代の教科書を読むことでした。それから、原子力の基礎知識、原子炉工学の教科書を初級からステップを踏んで読み、原子力学会の学会誌を読んで意味がわかるようになったのはその年の終わりでした。けれども、そのころには、もう原発や原子力問題について書く必要がなくなっていたのです。それでもよかった、とぼくは思いました。納得がいくところまで犀のようにゆっくりただひとりで歩いていくことができたのだから。

いま、ぼくは、ウクライナの作家の作品をずっと読んでいます。ウクライナ語からロシア語に訳されたものをさらに翻訳ソフトにかけて、ということもあります。そして、ウクライナと縁の深い、たくさんのロシアの作家の作品も。すると、少しずつ、その国に住む人たちの顔やことばづかいがわかってくるような気がするのです。それがなんの役に立つのかという考えもあるでしょう。もちろん、なにかをすぐにしなければならないこともあります。ぼくは「③見る前に跳べ」ということばも大好きです。けれども、「④犀のようにただひとり歩む」ことを忘れたくないとも、強く思うのです。

問一 □A～Cのカタカナを漢字に直しなさい。送りがながある場合は、それも含めて答えなさい。

問二 ——部①とありますが、何にとまどい、何に怯えているのですか。簡潔に答えなさい。

問三 ——部②とありますが、峯田さんはなぜ、世界がつながってひとつになることを望まないのですか。説明しなさい。

問四 ——部③④とは、それぞれどのようなことの比ゆですか。簡潔に答えなさい。

問五 作家である筆者は、カミュ・峯田和伸という表現者のどのような点に希望を感じているのですか。

二、次の文章を読んで、後の問いに答えなさい。

レジをすませてエコバッグ二つに食料を詰め、わたしは片手にリュックの入った紙袋、もう片方の手にエコバッグを持った。お姉ちゃんはトイレットペーパーとエコバッグを持って出口に向かった。

ショッピングセンターから出たところに、おばあさんが一人立っていた。足もとに、ふくらんだ買い物袋を二つ置いている。その人がおばあさんだとわかったのは、つばの広い帽子の下から見えている髪が白かったからだ。

おばあさんは腰をかがめると、いかにも重そうにそれぞれの袋を持ちあげた。

「大丈夫ですか」

おばあさんに声をかけたのはお姉ちゃんだった。

「いえね、ちょっと膝が悪いもんだから。休憩していたの」とおばあさんは言った。膝が痛いことを恥じるような口ぶりだった。

「荷物、一つお持ちしましょうか」と言ったのもお姉ちゃんだった。

わたしはびくっとした。その人が今井さんだとわかったからだ。わたしの胸の中には、おとつい今井さんに言われたことがずっしりと残っていた。今井さんの話をきいていたときには今井さんの言うことには正しさのようなものがある気がしたのに、今井さんから離れたあとでは今井さんの何が正しいのか、正しさの意味がわからなくなってしまっていた。

いるうちに、どんどん悪い感情に押し流されていくからだと。インスタグラムをやっている峯田さんに、ひとりしかフォローしていないのはなぜですか、とインタビュアーが訊ねると、峯田さんはこう答えました。
「誰かとつながろうとか、一切ないんだよね。もう、この年で新しく誰かとつながりたいとか、友達できたらいいなとか思わないよ。今いる友達とずっと会ってたいの。つながりたくないんだよね、誰とも」
　たとえば、「キズナ」ということばが持っているイヤらしさに、峯田さんは敏感なのだと思います。そして、誰かがなにかをしでかすと、みんなが「謝罪しろ」というA［フウチョウ］。自分の友だちでも知り合いでもなんでもないのに。みんなストレスがたまっていて、誰かが謝るところを見たいのだろうか。あるいは、有名人が亡くなると、みんなが一斉に「ご冥福を」と声をあげること。どうして、みんな「関係ないね」といわないのだろうか。そのことについて、峯田さんは、こういうのでした。「世の中で何かが起こった。さっぱり関係ないはずなのに、『私はこう思う』とか、世界とすごくくっついちゃってさ。本来、自分と世界なんて違うじゃん。別に関係ないんだもん。世界と一個になろうとしてるんだよね。世界と一個になんかなれないよ、そんなの」。そんな峯田さんの気持ちをひとことでいいあらわすことば。それを、インタビュアーが思い出させます。去年の武道館での銀杏ＢＯＹＺの公演のタイトルでした。
「②世界がひとつになりませんように」
　いいことばだ、と思いました。峯田さんはいいます。
「ネットってさ、最初のころはすごい楽しみで『あっ、世界が近くなる』『もっとわからない世界が知れるようになる』ってワクワクしたんだけど。今はそんなにワクワクしない。広がると思ったのに、どんどん狭くなっちゃって」と。
　バラバラだからおもしろい。バラバラだから、広い。ひとつの意見、ひとつの考えになった瞬間に、その世界は狭く、息苦しいものになってゆきます。
　だから、「世界がひとつになりませんように」。（中略）
●２０２２年２月25日（中略）
　入ってくるニュースは、どれも戦争に関係したことばかり。いろんな人たちがあらゆるところで、いろんな意見をいっています。なんだか、ぼくたちも、なにかをしなきゃならない、なにかをいわなきゃならない。そんなふうに追い立てられているような気がします。みなさんは、いかがでしょう。ところで、ぼくの好きな、お釈迦様のことばに、こういうものがあります。
「犀のようにただひとり歩め」
　このことばにはどんな意味があるのだろう、とよく考えます。犀は群れない動物で、ひとりで生きるのだそうです。性質は鈍重で、視力も弱い。けれども、嗅覚と聴覚に優れ、自分の鼻先の一本の角をまるで目印のようにして、周りの世界を確かめながら、ゆっくり、ただひとりで前へ進んでゆくのです。
　東日本大震災で原発が壊れたころ、ぼくは、ある新聞で論壇時評を書いていました。そして、原発についての情報とB［ハクネツ］した議論が、ものすごいC［イキオイ］で溢れだしていました。そのことについて書こうとしたとき、ぼくは、自分に、なにかをいうだけの知識が欠けていることに気づきました。だから、ゆっくりやろう、とぼくは自分に

【国　語】（五〇分）〈満点：一〇〇点〉

一、次の文章を読んで、後の問いに答えなさい。

●2020年6月5日（中略）

こんばんは。作家の高橋源一郎です。少しずつですが、日常が戻りつつあります。みなさんはどうでしょうか。

前回の放送の直後、おそらくはSNSでの誹謗中傷のせいで、ひとりの若い女性が命を絶ちました。その、痛ましいニュースを耳にしながら、ぼくは、この番組でも紹介した、「新型コロナウイルス」の流行以降、世界中でもっとも読まれている本、カミュの『ペスト』の、ある登場人物のことばを思い出しました。彼は主人公である医師のリウーにこう告白します。

「誰でもめいめい自分のうちにペストをもっているんだ。なぜかといえば誰一人、まったくこの世に誰一人、その病気を免れているものはないからだ。そうして、引っきりなしに、自分で警戒していなければ、ちょっとうっかりした瞬間に、ほかのものの顔に息を吹きかけて、病毒をくっつけちまうようなことになる。自然なものというのは、病菌なのだ。そのほかのもの――健康とか無傷とか、なんなら清浄といってもいいが、そういうものは意志の結果で、しかもその意志は決してゆるめてはならないのだ。りっぱな人間、つまりほとんど誰にも病菌を感染させない人間とは、できるだけ気をゆるめない人間のことだ。しかし、そのためには、それこそよっぽどの意志と緊張をもって、決して気をゆるめないようにしていなければならんのだ」

口から出る「息」に含まれ、他人に感染して傷つけるもの。いうまでもなく、それは「ことば」に他なりません。「ペスト」を、いや、あらゆる、人を傷つけるウイルスを、ぼくたちはみんな持っているのです。

ぼくは半世紀以上も前から、カミュの愛読者で、およそ手に入るものはみんな読んできましたが、いまのことばに、カミュが生涯をかけたメッセージが詰まっていると思っています。人を傷つけることばを吐くことがいけないことは、誰でもわかる。けれども、なぜか、カミュは「誰一人、まったくこの世に誰一人、この病気を免れているものはない」というのです。

誰でも、自分は正しいと思って、ことばを発します。それでも、そのことばは、どこかで誰かを深く傷つける。どんなことばでも。それがいやなら、沈黙するしかありません。それを知りながら、カミュは、ことばを発すること、書くことをやめませんでした。①だから、カミュのことばは、自信たっぷりではなく、とまどいながら、自分自身を疑いながら、怯えながら、書かれています。それだけが、「ペスト」のように感染し、人を傷つけることばにならない可能性を持つことを知っていたのです。（中略）

●2020年12月11日（中略）

先日、ぼくも大好きな、パンクロックバンド、銀杏BOYZのヴォーカルでシンガーソングライター、優れた俳優としても知られる峯田和伸さんのインタビューが話題になりました。ぼくもそれを読んで、感心し、そして、そのインタビューの最後にでてきたことばに強くうたれたのでした。

峯田さんは、ツイッターやSNSで、人々が、みんなひとつの方向に流れ出そうとしていることが怖いといいました。それは、文句をいって

大切なことはメモしておこうね！

2023年度

解　答　と　解　説

《2023年度の配点は解答欄に掲載してあります。》

＜算数解答＞

Ⅰ　(1)　ア　0.022　　(2)　イ　54　　ウ　$10\frac{14}{85}$　　(3)　①　エ　168　　オ　141
カ　158　　②　キ　101　　③　ク　13.4　　ケ　31.0

Ⅱ　(1)　156本　　(2)　6時間$26\frac{5}{7}$分　　(3)　花子さん2時間$1\frac{10}{21}$分　　桜さん2時間$47\frac{3}{7}$分
(4)　3時間$\frac{2}{7}$分

Ⅲ　(1)　15通り　　表：解説参照　　(2)　①　0点，1点　　②　3816通り

Ⅳ　(1)　978.02cm^3　　(2)　3秒後　942.58cm^3　　5秒後　907.44cm^3　　(3)　938.02cm^3
(4)　秒速0.8cm

○推定配点○
Ⅲ　各6点×4　　他　各4点×19　　計100点

＜算数解説＞

Ⅰ　（四則計算，2量の関係，割合と比，グラフ，集合，消去算，概数，平面図形）

(1)　$\square=\left(2\frac{106}{135}-2\frac{37}{54}-0.012\right)\div4=(0.1-0.012)\div4=0.022$

(2)　イ　$68\times11\div48\times27\div7\frac{19}{24}=54$

ウ　Aが5回転すると，Bは$68\times5\div48=\frac{85}{12}$(回転)する。
Cが$\frac{85}{12}$回転すると，Dは$\frac{85}{12}\div2=\frac{85}{24}$(回転)する。
したがって，Dが12回転すると，
$3\div\frac{85}{24}\times12=\frac{864}{85}$(秒)かかる。

やや難　(3)　①　A…45＋123＝168(人)
B…123＋18＝141(人)
C…119＋39＝158(人)

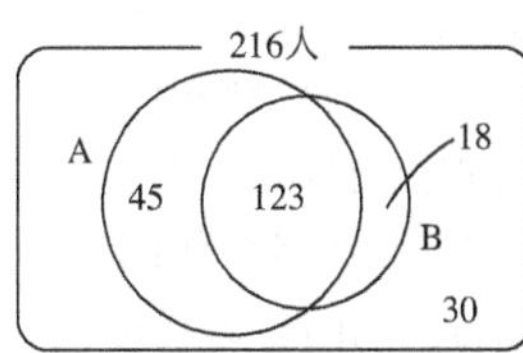

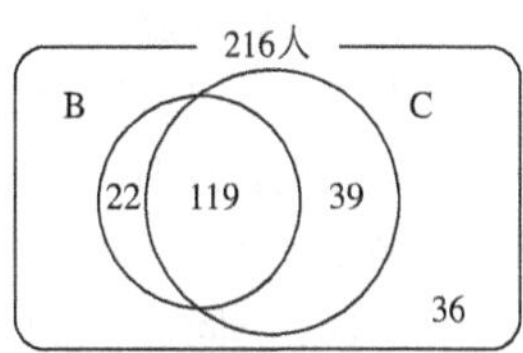

②　右図において，シ＋タ＝22(人)，タ＋ス＝18(人)，サ＋シ＝123(人)，サ＋ス＝119(人)であり，タが0人のとき，シ＋ス＝22＋18＝40(人)
したがって，少なくともサは(123＋119－40)÷2＝101(人)

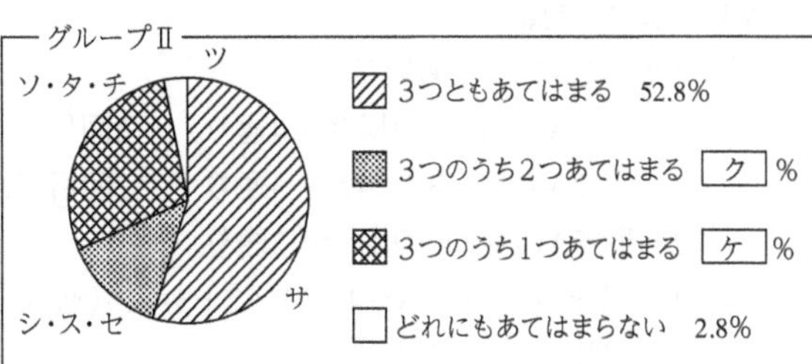

③　右図より，サは216×0.528より114人，ツは216×0.028より，6人
②より，シは$123-114=9$(人)，スは$119-114=5$(人)
チは$30-6=24$(人)，セは$39-24=15$(人)
したがって，クは$(9+5+15)\div216=29\div216\fallingdotseq13.4$(％)
ケは$100-(52.8+2.8+13.4)\fallingdotseq31.0$(％)

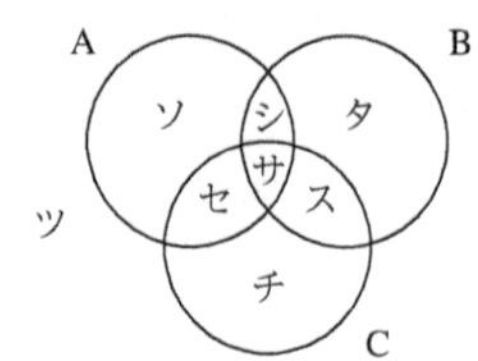

重要　Ⅱ　(平面図形，植木算，速さの三公式と比，規則性，割合と比)

(1)　$(500\div10-1+300\div10-1)\times2=(49+29)\times2=156$(本)

(2)　(1)より，$\{(500+300)\times2-10\}\div70+2\frac{1}{3}\times156=386\frac{5}{7}$

(分)$=$6時間$26\frac{5}{7}$分

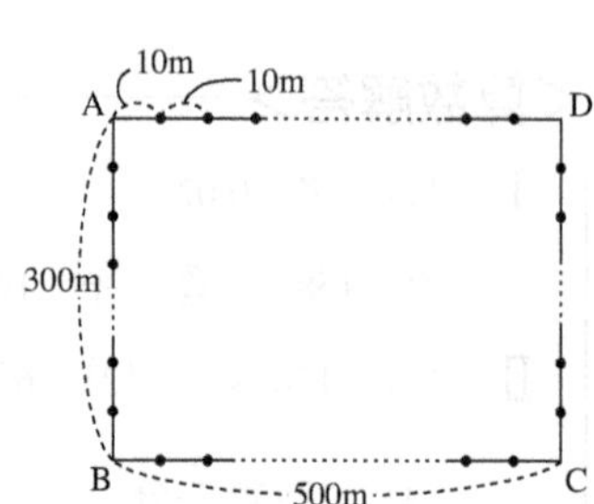

(3)　花子さんがDに着くまでの時間

…$500\div70+2\frac{1}{3}\times49=121\frac{10}{21}$(分)$=$2時間$1\frac{10}{21}$分

桜さんがCに着くまでの時間

…$(300+500)\div70+2\times(29+49)=167\frac{3}{7}$(分)$=$2時間$47\frac{3}{7}$分

(4)　花子さんが10mずつ進んで旗を1本ずつ立てる時間…$10\div70+2\frac{1}{3}=2\frac{10}{21}$(分)

2時間$47\frac{3}{7}$分$-$2時間$1\frac{10}{21}$分$=45\frac{20}{21}$(分)

$45\frac{20}{21}\div2\frac{10}{21}=18\frac{29}{52}$より，桜さんがCに着いたとき，花子さんはDC上に18本の旗を立て終わっている。桜さんが10mずつ進んで旗を1本ずつ立てる時間…$10\div70+2=2\frac{1}{7}$(分)

$29-18=11=6+5$(本)より，桜さんが60m進んで旗を6本立てる時間は$60\div70+2\times6=12\frac{6}{7}$(分)，花子さんが50mずつ進んで旗を5本ずつ立てる時間は$50\div70+2\frac{1}{3}\times5=12\frac{8}{21}$(分)

したがって，求める時間は2時間$47\frac{3}{7}$分$+12\frac{6}{7}$分$=$3時間$\frac{2}{7}$分

やや難　Ⅲ　(数の性質，場合の数，論理)

目のうち，1が最強で，次に5，3，2，その次に6，4という強さの順になり，1には6が勝つ。勝ちで1点，負けで0点，あいこの後に勝敗が決まる場合，あいこの目を得点とする。右表の例では2回目のBの得点は1回目の目の数1より，1点，5回目のAの得点は3・4回目の目の数4，1より，5点

6回ふったとき

	1回目	2回目	3回目	4回目	5回目	6回目
A	1	4	4	1	6	2
B	1	1	4	1	1	2
	あいこ	Bの勝ち	あいこ	あいこ	Aの勝ち	あいこ

表よりAは5点，Bは1点

(1)　1回目が3の目であいこ

2回目でAの目が1の場合…4通り　　2回目でAの目が5の場合…4通り
2回目でAの目が3の場合…3通り　　2回目でAの目が2の場合…2通り
2回目でAの目が6の場合…2通り
したがって，全部で$(4+2)\times2+3=15$(通り)
表の例は，右のようになる。

	1回目	2回目
A	3	6
B	3	1

(2)　①　表1～3…1点　　表4…0点

② 表1…Bが先に勝つ場合もあるので15×15×6×2＝2700(通り)
表2・3…Bが先に勝つ場合もあるので15×15×2×2＝900(通り)
表4…6×6×6＝216(通り)
したがって，全部で2700＋900＋216＝3816(通り)

表1

	1回目	2回目	3回目
A	1	2	1
B	2	1	1

表2

	1回目	2回目	3回目
A	1	1	2
B	2	1	1

表3

	1回目	2回目	3回目
A	1	1	2
B	1	2	1

表4

	1回目	2回目	3回目
A	1	1	1
B	1	1	1

要 Ⅳ （平面図形，図形や点の移動，立体図形，速さの三公式と比）

立方体の体積…10×10×10＝1000(cm^3)
円Aの面積…1×1×3.14＝3.14(cm^2)
長方形Bの面積…4×2＝8(cm^2)

(1) 1000－3.14×7＝978.02(cm^3)

(2) 3秒後の体積
図ア…1000－(8×6＋3.14×3)＝942.58(cm^3)
5秒後の体積
図イ…1000－(8×10＋3.14×3＋1.57×2)＝907.44(cm^3)

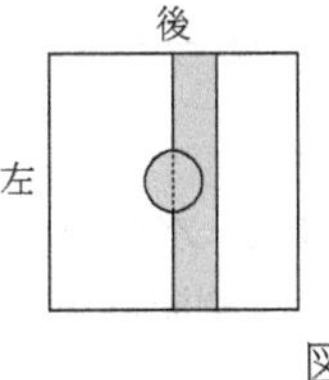

図ア

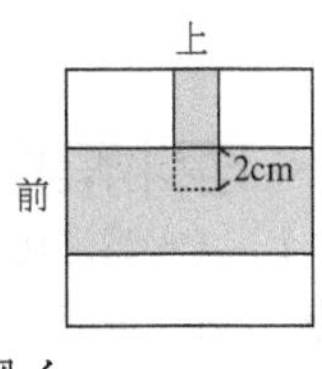

図イ

(3) 図ウ…0.625×8＝5(cm)より，1000－(8×5＋3.14×4＋3.14÷4×3×4)＝938.02(cm^3)

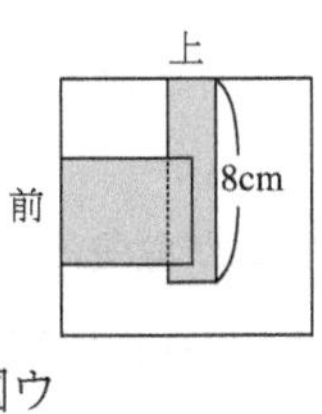

図ウ

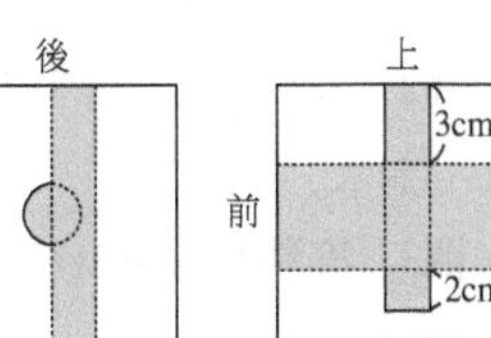

図エ

＋α (4) 図エ…1000－(8×10＋3.14×5＋1.57×4)＝898.02(cm^3)
(920.42－898.02)÷8＝2.8(cm)　したがって，Bの秒速は(10－2.8)÷9＝0.8(cm)

★ワンポイントアドバイス★
全般に分数計算が多く，注意が必要である。また，Ⅰ(3)の集合の問題も簡単ではなく，面倒と感じたらⅡ「旗を立てる問題」やⅣ「立方体と体積」の問題を優先して解いたほうが，解きやすいと思われる。

＋α は弊社HP商品詳細ページ(トビラのQRコードからアクセス可)参照。

＜理科解答＞

Ⅰ　問1　イ，エ　問2　10(mL)　問3　0.18(g)　問4　0.9(g)　問5　7.2(%)
問6　キ　問7　エ

Ⅱ　問1　オ　問2　血管　問3　ク，ウ，イ，エ　問4　ウ　問5　エ
問6　(1)　ウ　(2)　クマゼミ

Ⅲ　問1　ウ　問2　(1)　ウ　(2)　ク　問3　イ，カ　問4　(1)　すずしろ
(2)　イ　問5　(1)　442(光年)　(2)　アルタイル　(3)　ア，キ，ク　(4)　オ
(5)　キ　問6　ISS　問7　フレア

Ⅳ　問1　(a)　調節ねじを回す　(b)　針が0を指す　問2　1.3(cm)　問3　カ
問4　2.5(cm)　問5　イ，オ，キ　問6　540(cm)

○推定配点○

Ⅰ　各2点×7(問1完答)　Ⅱ　各2点×7(問3完答)
Ⅲ　問1～問5(2)・(3)　各1点×8(問3完答)　他　各2点×5(問5(3)完答)
Ⅳ　各2点×7(問5完答)　計60点

＜理科解説＞

Ⅰ　(水溶液の性質―水溶液と金属の反応)

重要　問1　塩化水素は刺激臭がする気体である。また，塩酸は酸性なので，青色リトマス紙をつけると赤色になる。

問2　表1から，1個のアルミニウム片と過不足なく反応する塩酸は，$4(\mathrm{mL})\times\frac{225(\mathrm{mL})}{90(\mathrm{mL})}=10(\mathrm{mL})$である。

問3　実験2で，0.3gのアルミニウムが塩酸に溶けると375mLの水素が発生するので，実験1で用いた1個のアルミニウム片の重さは，$0.3(\mathrm{g})\times\frac{225(\mathrm{mL})}{375(\mathrm{mL})}=0.18(\mathrm{g})$である。

問4　実験2で，0.3gのアルミニウムがすべてとけた後に1.5gの白い固体(塩化アルミニウム)が生じたので，0.18gのアルミニウムがすべてとけた後に生じる白色の固体の重さは，$1.5(\mathrm{g})\times\frac{0.18(\mathrm{g})}{0.3(\mathrm{g})}=0.9(\mathrm{g})$である。

やや難　問5　0.18gのアルミニウムと10mLの塩酸Aが過不足なく反応し，0.3gのアルミニウムと60mLの塩酸Bが過不足なく反応する。したがって，60mLの塩酸Aと過不足なく反応するアルミニウムは，$0.18(\mathrm{g})\times6=1.08(\mathrm{g})$なので，塩酸Aの濃さは，$2(\%)\times\frac{1.08(\mathrm{g})}{0.3(\mathrm{g})}=7.2(\%)$である。

やや難　問6　表2から，水酸化ナトリウム水溶液Dを10mL加えるまでは，発生する水素の体積は420mLのままである。これは，十分な塩酸があるので，水酸化ナトリウム水溶液によって一部の塩酸が中和されたが，アルミニウムはすべて溶けたためである。ただし，その後は，加えた水酸化ナトリウム水溶液の量が増えるにしたがい，塩酸が中和され，塩酸が減っていくので，溶けるアルミニウムの量も減り，発生する水素の量も減少する。さらに，水酸化ナトリウム水溶液を50mL加えると，塩酸50mLと完全に中和して，中性の食塩水になるので，水素は発生しなくなる。さらに，その後は，加えた水酸化ナトリウム水溶液の量に比例して水素が発生するが，アルミニウムを溶かすのに十分な量の水酸化ナトリウム水溶液になると，発生する水素の量は，再び，一定になる。(図1参考)

やや難　問7　水酸化ナトリウム水溶液の量が50mL加えるまでは，発生する水素の発生量はアルミニウムの

ときと同じであるが，鉄は水酸化ナトリウム水溶液には溶けないので，完全に中和してからの水素の発生量は0のままである。（図2参考）

図1

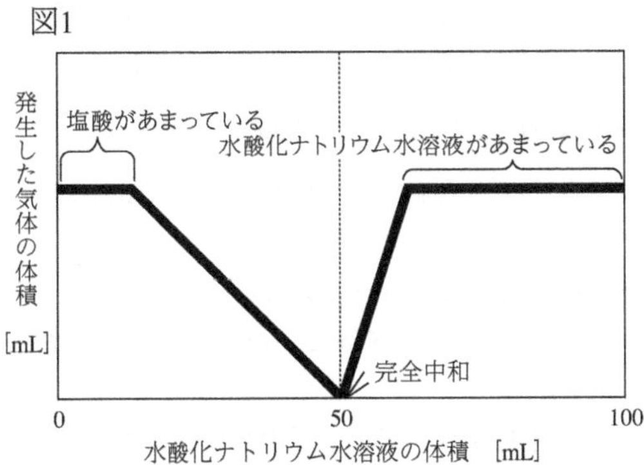

図2

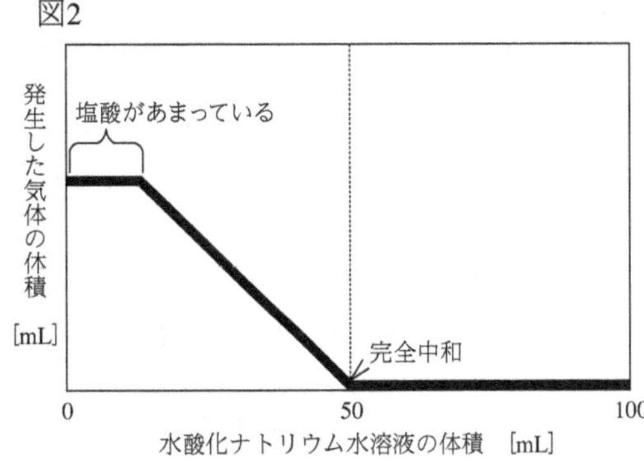

Ⅱ （昆虫・動物―セミの生態）

問1 「ツクツクボーシ」はツクツクボウシ，「ジージリジリ」はアブラゼミ，「ミーンミーン」はミンミンゼミ，「チィー」はニイニイゼミ，「カナカナカナ」はヒグラシ，「シャワシャワシャワ」はクマゼミの鳴き声である。

基本 問2 血管には血液が流れていて，赤血球が酸素を運ぶ役割をしている。

重要 問3 セミの成虫は木の幹や枝に卵を産む。卵は翌年の梅雨の頃にふ化して，土にもぐり，数年後に，土から出てきて，羽化する。

基本 問4 セミのオスは腹部を振動させることで鳴く。

基本 問5 ハエ・カブトムシはなめる口，バッタ・カマキリ・トンボはかむ口である。

やや難 問6 クマゼミは，主に，西日本に生息する。また，クマゼミのメスが光ファイバーケーブルを木の枝と間違えて，産卵管をさして卵を産みつけることで，インターネットの接続が不安定になる被害が報告されている。

資料1から，東日本で普及率が最もよいのは神奈川県，西日本で普及率が最もよいのは大阪府であり，資料2から，クマゼミの分布が，東日本の神奈川県においてはわずかであるのに対して，西日本の大阪府において40％であることから確かめられる。

Ⅲ （太陽と月，星と星座―月の満ち欠け，金星）

基本 問1 日の出は，太陽の上部が地平線から出る時刻のことである。

問2 図1の月は，満月の3日ほど前の月であり，新月からは15(日)－3(日)＝12(日目)の月である。また，この月は，満月が南中する午前0時よりも約3時間ほど前の午後9時頃に南中する。

問3 数の子はニシンの卵，田作りはカタクチイワシを使った料理のことである。

重要 問4 すずなはカブ，すずしろはダイコンで，いずれもアブラナ科の植物である。

問5 (1) 地球からすばるまでの距離は，$\frac{4200(\text{兆km})}{9.5(\text{兆km})}=442.1\cdots(\text{光年})$より，442光年である。

基本 (2) 「彦星」はわし座のアルタイル，「おりひめ星」はこと座のベガである。

基本 (3) 図2のアははくちょう座のデネブ，キはベガ，クはアルタイルである。

やや難 (4)・(5) 図3のオは夕方の西の空に見える「宵の明星（よいのみょうじょう）」であり，右半分が太陽の光を反射して光っている。また，太陽から最も離れていて，約3時間ほど見える。

問6 国際宇宙ステーション(ISS)は，地上から約400km上空を回っている。

問7 太陽フレアは太陽の表面で見られる爆発現象のことで，地球での通信障害が起こることが心配されている。

Ⅳ （力のはたらき，物体の運動－台ばかりのしくみ，ゴムひもと台車の運動）

重要 問1　台ばかりは水平な台の上に置き，はかる物を皿の上に置く前に，針が0を指すように調節する。

やや難 問2　図2において，皿が1cmしずむと，上のうでの先は1cm，下のうでの先は2cmしずむので，歯車①も2cm沈むことがわかる。このとき，歯車②は180°だけ回ったので，歯車②の直径を□cmとすると，$3.14 \times □ \times \frac{1}{2} = 2$(cm)より，□＝1.27…(cm)となるので，□＝1.3cmである。

問3　台車が10cm進んだときに台車は最も速くなったので，表1から，0.6秒後の8.8cmと0.7秒後の11.3cmの間である。

問4　0.7秒と0.6秒の間に進んだ距離は，11.3(cm)－8.8(cm)＝2.5(cm)である。

やや難 問5　ア　台車の重さが500gの【A】と台車の重さが1000gの【B】を比べると，0.1秒間に進んだ距離は，1.7(cm)÷2.5(cm)＝0.68(倍)になる。

イ　台車の重さが500gの【A】と台車の重さが1000gの【B】を比べると，点Pから進んだ距離は，30(cm)÷60(cm)＝0.5(倍)になる。(正しい)

ウ　台車の重さが500g，ゴムひもの本数が1本で，引っ張ったときのゴムひもの長さが20cmの【A】と40cmの【C】を比べると，0.1秒間に進んだ距離は，7.3(cm)÷2.5(cm)＝2.92(倍)になる。

エ・オ　台車の重さが500g，ゴムひもの本数が1本で，引っ張ったときのゴムひものびが20(cm)－10(cm)＝10(cm)の【A】と，30(cm)－10(cm)＝20(cm)の【C】を比べると，止まるまでに進んだ距離は，240(cm)÷60(cm)＝4(倍)になる。(オは正しい)

カ　台車の重さが500g，ゴムひもの長さが20cmで，ゴムひもの本数が1本の【A】と本数が2本の【D】を比べると，0.1秒間に進んだ距離は，3.4(cm)÷2.5(cm)＝1.36(倍)になる。

キ　台車の重さが500g，ゴムひもの長さが20cmで，ゴムひもの本数が1本の【A】と本数が2本の【D】を比べると，台車が進んだ距離は，120(cm)÷60(cm)＝2(倍)になる。(正しい)

やや難 問6　台車の重さが500gで，ゴムひもを1本で，引っ張ったときのゴムひものびが，40(cm)－10(cm)＝30(cm)の【C】の結果と比べると，台車の重さが250gで，ゴムひもを2本重ね，引っ張ったときのゴムひものびが，25(cm)－10(cm)＝15(cm)となるので，台車が進んだ距離は次のようになる。

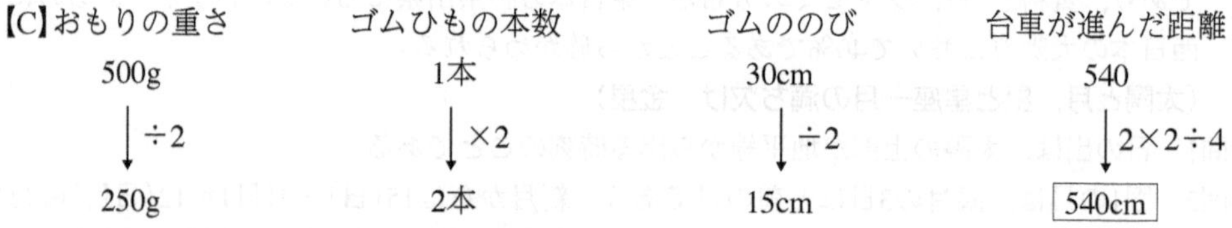

★ワンポイントアドバイス★

理科の基本的な問題から応用問題まで含めて十分に理解しておくこと。また，思考力を試す問題にも十分に慣れておくこと。

＜社会解答＞

Ⅰ　問1　X　国境　　Y　領海　　Z　軽石　　問2　1　択捉(島)　　2　小笠原(諸島)
3　能登(半島)　　4　対馬　　5　五島(列島)　　問3　イ　　問4　A　カ　　B　ウ
C　ア　　問5　離島振興法制定時は，3つの地域は日本政府の行政範囲になく，アメリカの管理下に置かれ，日本復帰後にそれぞれを対象とする特別な法律をつくったから。
問6　ア　　問7　イ　　問8　喜界島には大きな川がないので，地下に壁をつくり，海に流れ出るのを止めて，地下の水をため，その水をくみ上げて使うため地下ダムをつくった。
問9　(神奈川)　エ　　(佐賀)　イ　　(長崎)　ウ

Ⅱ　1　万葉集　　2　二毛作　　3　日本橋　　4　伊勢　　5　応仁　　6　南蛮　　①　イ
②　ア　　③　ウ　　④　イ　　⑤　ウ　　⑥　オ　　⑦　イ　　⑧　B→D→A→C
⑨　桶狭間(の戦い)　　⑩　領地と江戸に1年おきに滞在させる参勤交代を義務とし，江戸城の修理や全国の河川の堤防造りなどの土木工事も行わせた。　　⑪　ア　　⑫　渋沢栄一
⑬　オ　　⑭　エ　　⑮　イ

Ⅲ　1　5月3日　　2　個人情報保護(法)　　3　期日前(投票)　　4　消費(税)
5　安全保障理事会　　問1　エ　　問2　ウ　　問3　ア　　問4　イ　　問5　エ

○推定配点○

Ⅰ　問5　3点　　問8　2点　　他　各1点×17　　Ⅱ　⑩　3点　　他　各1点×20
Ⅲ　1～5　各2点×5　　他　各1点×5　　計60点

＜社会解説＞

Ⅰ　(日本の地理―「日本の島」に関連する問題)

問1　X　日本の国境は海岸線から12カイリの領海の外側に設定されているが，日本海側のように隣国と近接している海域の場合には日本と相手国の中間地点を国境としている。　Y　領海は海岸線から12カイリの中で，領海の外で海岸線から200カイリの範囲内が排他的経済水域となる。
Z　火山の噴出物の一つが軽石で，火山から噴き出す溶岩が冷えて固まる際に，溶岩の中に溶け込んでいるガスが抜けて，そこが泡のような形で空間になっているので，軽い石になる。

基本　問2　1　択捉島はいわゆる北方領土の中の最大の島で，択捉島の北端が日本の最北端になる。
2　小笠原諸島は伊豆諸島の南に点在する島々。　3　能登半島は富山県，石川県の北側で日本海に突き出た半島で富山湾の北にかぶさるかたちであるので，富山湾では暖流の対馬海流が湾の中に流れ込み豊かな漁場をつくっている。　4　対馬を支配していた宗氏が間にたって，江戸時代初期に朝鮮との関係が修復された。　5　五島列島は長崎県の西にある島々で，複雑な海岸線を持つ島が多い。

問3　イ　ニューヨークが北緯40度46分。ロンドンは北緯51度28分，リヤドは北緯24度42分，キャンベラは南緯35度19分。

問4　Aは最も工業出荷額が多い県の愛知県名古屋市のカ。Bは阿武隈川が流れる福島県福島市のウ。Cは三大都市圏以外では最大の人口のある札幌市のア。

やや難　問5　離島振興法は本文にあるように1953年7月に制定されているが，奄美大島，小笠原，沖縄に関しては太平洋戦争後アメリカが占領，管理することになっており，奄美大島が日本に返還されるのは　1953年12月，小笠原は1968年，沖縄は1972年でいずれも離島振興法制定後のことなので，それぞれ個別の法対応が行われた。

重要　問6　C　排他的経済水域は領海とは異なり，排他的経済水域の航行や上空の通過，あるいは排他的

経済水域の中にパイプラインや海底ケーブルなどを敷設し通すことは拒めない。

問7　イ　日本海で最大の島の佐渡島はイ。アは沖縄本島，ウは淡路島，エは国後島。

やや難 問8　喜界島の地下ダムに関する問題。沖縄の島々の多くはサンゴ礁の上にある島なので，真水の地下水があるところは少なく，またこの喜界島や沖縄本島などは大きな川がない。そのため真水を確保することが，島の生活では非常に大切なことであり，沖縄県は47都道府県の中で米の生産が極めて少ないのもこのことが理由だということを思い出してほしい。喜界島では設問の図のように，地下の水を通さない岩盤の上に水をためる貯水池のようなものを島の地下につくることで真水を確保している。そのことを本文や設問の図からよみとって書けるかどうかがこの問題のポイントである。図の中の壁の場所が海に近いところにあることでこの壁が島の地下に大きな空間をつくることをイメージできて，それを言葉で説明できれば大丈夫であろう。

問9　佐賀県は有明海の海苔の養殖を思い出せれば海面養殖業収穫量が比較的大きく，産出の多いものに海藻類の多いイが当てはまるとわかる。また長崎県は漁業に従事する人も多く海面漁業漁獲量も多く，産出額の多い魚介類がアジ類，マグロ類が多いウになる。アは漁業従事者や海面漁業漁獲量，海面養殖業収穫量ともに多く，貝類の産出が多いので北海道，残るエが神奈川県となる。

Ⅱ　（日本の歴史―「小麦の歴史」に関連する問題）

1は「日本最古の歌集」から万葉集，2は「鎌倉時代中期から」「稲の裏作として小麦が栽培」から二毛作，3は「江戸時代」「3を起点とする五街道」から日本橋，4は「4参りなど信仰と楽しみをかねた旅」から伊勢，5は「15世紀京都で起きた5の乱」とあるので応仁，6は「ポルトガル人やスペイン人との6貿易」とあるので南蛮がそれぞれ入る。

①　地図中のイがウクライナ。アはベラルーシ，ウはポーランド，エはルーマニア，オはトルコ。

基本 ②　日本の小麦の輸入の半分以上がアメリカからで，それにカナダ，オーストラリアと続く。

③　ウ　埴輪は古墳の土留および副葬品の役割のものなので，吉野ヶ里遺跡ができた弥生時代にはまだない。

④　イ　登呂遺跡は静岡県にある，水田の跡の遺跡。

⑤　ウ　4世紀半ばには大和政権が誕生し，九州から東北にまでその支配が広がっていった。アは1世紀，イは奈良時代の8世紀，エは3世紀末頃から。

⑥　オ　平城京は現在の奈良県の北部に位置する。

重要 ⑦　イ　宋王朝は960年に成立し，1279年にモンゴル帝国に滅ぼされ元に代わられる。日本だと平安時代から鎌倉時代にまたがる時代。ア，ウ，エの時代は中国の王朝は明。

⑧　B　1582年→D　1613年→A　1637年→C　1641年の順。

⑨　桶狭間は現在の愛知県の知多半島の北のあたりに位置する。桶狭間の戦いは典型的な下剋上の戦で，守護大名の今川義元を格下の織田信長が倒し，織田信長が勢力を伸ばしていく始まりとなるもの。

やや難 ⑩　江戸時代，諸大名の妻子を江戸に住まわせて人質とし，大名には領国と江戸とを一年おきに往復させる参勤交代を課し，また，江戸城の修理や河川の改修工事や街道の整備などの事業をやらせ，経済的な負担を課した。

⑪　ア　大塩平八郎の乱は1837年。イは1615年，ウは1722年，エは1873年。

⑫　渋沢栄一は1840年に現在の埼玉県の深谷市血洗島の豪農の家に生まれ，1931年に亡くなっている。

⑬　オ　Aはペリーが最初に日本に来た際には，当時の蒸気船だと燃費が悪く太平洋を横断できないので，大西洋を渡り，ヨーロッパのところからアフリカ南端を回り，インド，東南アジアを経て日本にやってきたので誤り。Cは開国後，様々な品を外国人が買い求め，日本の中では品不足

となり物価が高騰したので誤り。

⑭　エ　Aは1939年9月にドイツが攻め込んだのはポーランドで誤り。

⑮　小麦の生産が多い都道府県の組み合わせはイ。アは米，ウはトマト，エはにんじん，オはメロンの順位。

Ⅲ　(政治─政治に関する様々な問題)

1　日本国憲法は1946年11月3日に公布，翌1947年5月3日から施行された。

問1　エ　憲法改正が国会の発議後の国民投票で成立すると，天皇は国民の名で公布するので誤り。

2　2003年に施行された個人情報保護法で，それまではかなりルーズであった個人情報の管理に関して，企業などが注意しないといけないことになった。

基本　問2　ウ　現在の日本国憲法第9条では一切の戦力を持たないということになっているので誤り。

3　期日前投票は選挙の公示がなされた後，投票日の前日まで所定の場所で投票所の入場券を持参して行けば投票できるもの。

重要　問3　ア　主権はその国の在り方を最終的に決める権限であり，現在の日本ではそれを国民が持つ。

4　消費税率が引き上げられ10%になってから，歳入の中で消費税が所得税を抜き，最も多い財源となっている。

問4　イ　一般会計予算の歳出の中で最も多いのが社会保障関係のもので，2番目に多いのが国債費。

5　国際連合の安全保障理事会はいわゆる五大国の常任理事国と10の任期2年の非常任理事国からなり，重要な議決を行う場合には五大国すべてを含む9か国以上の賛成が必要である。

問5　エ　現在の国連の分担金の拠出額で2番目に多いのが中国。aはアメリカ，cが日本，dはドイツ，eはイギリス。

★ワンポイントアドバイス★

試験時間との闘いになるのは今年度も同様。いかに，一読して正確に問題を把握して答えを的確に考えていけるかどうかがカギ。全体に知識をフルに活用し，一見無関係のようなものも関連づけて考えてみることも大事。

<国語解答>

一　問一　A　風潮　B　白熱　C　勢い　問二　(例)　自分が発することばは正しいと思って発しても，どんなことばであってもどこかで誰かを深く傷つけるということにとまどい，怯えている。　問三　(例)　世界がひとつの意見，ひとつの考え方になると，／自分たちだけが正しいという気持ちになり，違った意見をもつものを排除したり攻撃したりするような，苦しい世界になるから。／様々な意見や考え方をもつことが許されず，同じ見方をしなければ居場所がないような世界は苦しいから。　問四　③　(例)　考える前に行動せよ，ということ。　④　(例)　群れずに，ゆっくりよく確かめながら歩くこと。

問五　(例)　カミュも峯田さんも，ことばには人を傷つけたり，一つの方向へ人々をまとめてしまったりする危険があることを知りながら，だれかの背中を押すかもしれないと信じて，書き，歌い，ことばで表現することをやめなかった。それは，深く考えた自分自身のことばだけが，世界がわかったような気にならずにすむ唯一の可能性であり，またそのような不完全なことばでしか，ことばの不完全さを表現できないことをわかっているからである。その姿勢に，作家である筆者は勇気をもらい，支えられていると感じているということ。

二　問一　A　思案　B　歩調　C　不動産　D　表札　E　難しい　問二　ア　芽　イ　計算　問三　(例)　猫に迷惑をかけられたのでその仕返しに，生ごみをそのマンションの前に捨てたり，悪口を書いた手紙を配ったりしたこと。　問四　(例)　お姉ちゃんは，お母さんが病気のかすみちゃんの手伝いをしていたことがあったが，かすみちゃんの両親の離婚の理由を尋ねたことで，もう来ないで欲しいと言われてしまった。この質問でかすみちゃんが怒ったのだと思っていたがそうではなく，親切にされること自体が苦しかったのではないかと気づいた。よかれと思ってやって，自分が気持ち良くなったとしても，相手が傷つき不愉快な思いをすることがあるのだと学んだから。　問五　(例)　自分が「かすみちゃん」にかつてしたことはどういうことだったのかを「お姉ちゃん」はここでゆっくり考えることができたのであり，今現在，今井さんのことで「いい人」，「悪い人」「正しいこと」って何なのかわからなくなっている妹に，簡単に決めつけないでゆっくり考えてごらんと伝えたかったから。

○推定配点○

一　問一　各3点×3　問四　各5点×2　他　各10点×3

二　問一・問二　各3点×7　他　各10点×3　計100点

＜国語解説＞

一　(随筆―漢字の書き取り，内容理解，要旨)

基本　問一　A「風潮」は，時代の移り変わりによって生ずる世の中の傾向，という意味。　B「白熱」は，議論や勝負，熱意などが最高潮に達すること。　C　送り仮名の付け方に注意すること。

重要　問二　――部①の冒頭に，順接の「だから」があるので，その直前が解答の内容となる。「だから」を挟んで前が原因，あとが結果という関係になっている。

問三　「2020年12月11日」の文章の「峯田さんは，ツイッターやSNSで，人々が，みんなひとつの方向に流れ出そうとしていることが怖いといいました」や，「ばらばらだからおもしろい。……ひとつの意見，ひとつの考えになった瞬間に，その世界は狭く，息苦しいものになってゆきます」などの部分に注目して，解答をまとめる。

問四　③　跳ばずに待っているよりも，跳んでみて失敗したほうが学ぶものも多い，といった意味合いを含んでいる言葉。　④「2020年2月25日」の文章の「このことばにはどんな意味があるのだろう，……」から始まる段落の内容に注目。

やや難　問五　カミュと峯田さんの共通点を考える。二人とも，「ことば」の危険性や不完全性を知っており，だからこそ，自分自身の「ことば」を発しているということである。

二　(小説―漢字の書き取り，空欄補充，内容理解，心情理解，主題)

基本　問一　A「思案」は，思いめぐらすこと，という意味。　B「歩調」は，歩行の調子，という意味。　C「信誠不動産」という不動産店である。　D「表札」の「札」を「礼」としないように注意する。　E「難」の左側の形に注意する。

問二　ア　ここでの「芽」は，新しく生じて発展しようとするもの，という意味を表している。

イ　人はときに，打算的に，正しい行いをする場合もあるということ。

問三　あとの，羽美とお姉ちゃんの会話に注目。今井さんは「自分が猫から受けた被害」の抗議として，「マンションの入り口」に「生ゴミを捨て」たのである。また，「今井さんは……夜こっそり生ゴミをマンションの前に捨てに行ったり，悪口を書いた手紙を近所に配ったりした」という部分にも注目。

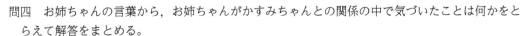

重要 問四　お姉ちゃんの言葉から，お姉ちゃんがかすみちゃんとの関係の中で気づいたことは何かをとらえて解答をまとめる。

やや難 問五　羽美は，今井さんが他人のマンションに生ゴミを捨てていたことを思い出し，「いい人」「悪い人」について疑問をもちつつ，お姉ちゃんに話しかけた。これを聞いたお姉ちゃんは，羽美を誘って，自分がかすみちゃんとの関係の中で気づいたことを話している。お姉ちゃんは，人間に関する自分の経験を話すことで，羽美に，人間や正しさについて自分でよく考えてもらおうとしたのである。

★ワンポイントアドバイス★

字数の多い記述問題が中心である。文章も長い。限られた時間内で，文章の内容をおさえ，自分の言葉で説明する力が求められる。読書を含め，ふだんからいろいろなジャンルの文章にふれ，文章を要約する練習をしておくことが大切！

大切なことはメモしておこうネ！

2022年度

★★★★★★★★★★★★★★★★★★★★★★★★

入　試　問　題

2022年度

桜蔭中学校入試問題

【算　数】（50分）　＜満点：100点＞

【注意】　答えはすべて解答用紙に書きなさい。
円周率を用いるときは，3.14としなさい。
円すいの体積は（底面積）×(高さ)×$\frac{1}{3}$で求めることができます。

Ⅰ　次の $\boxed{}$ にあてはまる数を答えなさい。

(1)　$13\frac{1}{3}-\left\{\left(4\frac{13}{14}\times \boxed{\text{ア}} -2.375\right)\div 1\frac{2}{11}-3\frac{5}{7}\right\}=5\frac{11}{24}$

(2)　高さ6㎝の2つの正三角形ABCとPQRを，図のように斜（しゃ）線部分がすべて同じ大きさの正三角形になるように重ねて，1つの図形を作ります。
この図形を，直線ℓ上をすべることなく矢印の方向に1回転させます。
最初，点Aはℓ上にあり，ℓとCBは平行です。

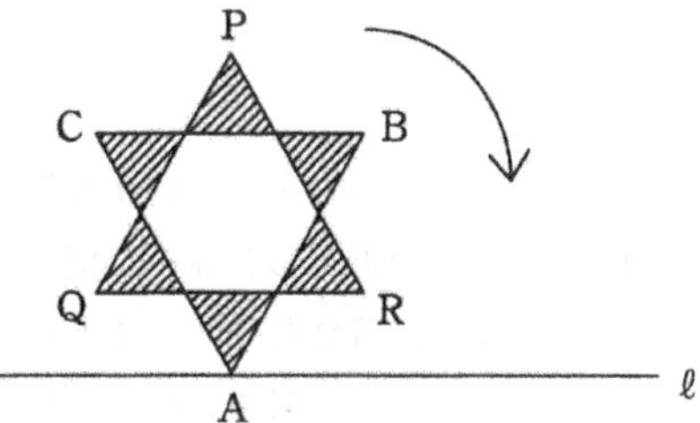

①　2点A，Rが同時にℓ上にある状態になるまで図形を回転させたとき，点Pが動いた道のりは $\boxed{\text{イ}}$ ㎝です。

②　点Aが最初にあった位置をXとします。図形を回転させて，再び点Aがℓ上にくる位置をYとします。このとき，2点X，Yの距離（きょり）は $\boxed{\text{ウ}}$ ㎝です。

(3)　次のようなルールで整数を1つずつ選んでいきます。
1つ目は1以上の整数を選びます。
2つ目は1つ目より大きい整数を選びます。
3つ目以降は，直前に選んだ2つの数の和である数を選びます。
たとえば，1つ目の数が1，2つ目の数が2であるとき，
3つ目の数は3，4つ目の数は5，5つ目の数は8，……となります。

①　1つ目の数が2，4つ目の数が24であったとき，2つ目の数は $\boxed{\text{エ}}$ です。

②　8つ目の数が160であったとき，1つ目の数は $\boxed{\text{オ}}$ ，2つ目の数は $\boxed{\text{カ}}$ です。

Ⅱ　12時間で短針が1周するふつうの時計があります。0時から24時までの1日の針の動きに注目します。

(1)　0時を過ぎてから最初に短針と長針が重なるのは何時何分ですか。

(2)　0時を過ぎてから24時になる前に，短針と長針は何回重なりますか。

Ⅲ　一定の速さで流れている川の上流に地点Aがあり，その5㎞下流に地点Cがあります。
2地点A，Cの間に地点Bがあり，AB間の距離はBC間の距離よりも短いです。
2せきの定期船P，Qは，

Ｐは　A→B→C→B→A→……，Ｑは　C→B→A→B→C→……
の順でAC間を往復します。
ＰはＡから，ＱはＣから同時に出発し，出発した後の地点Ａ，Ｂ，Ｃではそれぞれ５分とまります。
２せきの船の静水時の速さは同じであり，川の流れの速さの４倍です。
船がＡを出発してから，はじめてＣに着くまでに25分かかります。
ただし，川の幅は考えないこととします。

⑴　静水時の船の速さは分速何ｍですか。

⑵　Ｐ，Ｑは，２地点Ｂ，Ｃの間で初めて出会いました。
その地点をＤとするとき，AD間の距離は何ｍですか。

⑶　Ｐ，Ｑが２回目に出会ったのは地点Ｂでした。
このとき，ＰはちょうどＢを出発するところで，ＱはちょうどＢに着いたところでした。
AB間の距離は何ｍですか。

Ⅳ

⑴　いくつかの同じ大きさの正方形を，辺が重なるように並べます。
図１は４つの正方形を並べた例です。図２のようにずれたり，
図３のように離(はな)れたりすることはありません。
こうしてできた図形を，底面（Ａ）とよぶことにします。

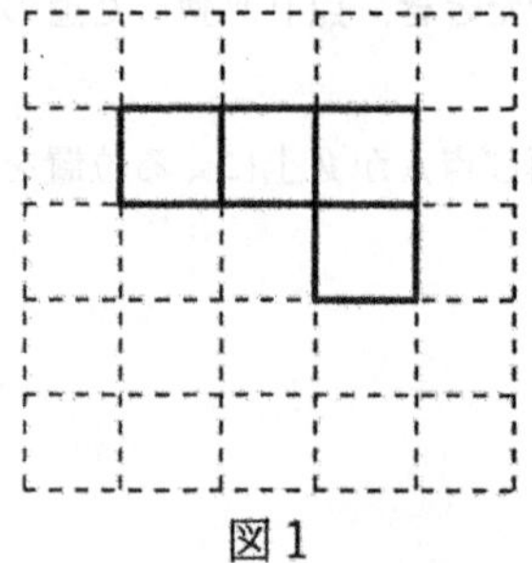
図１

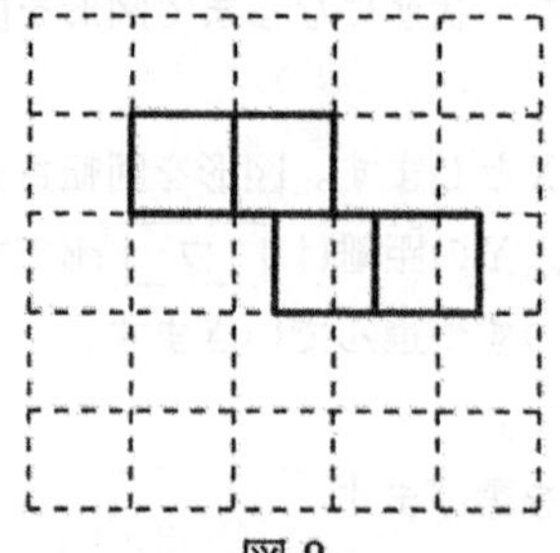
図２

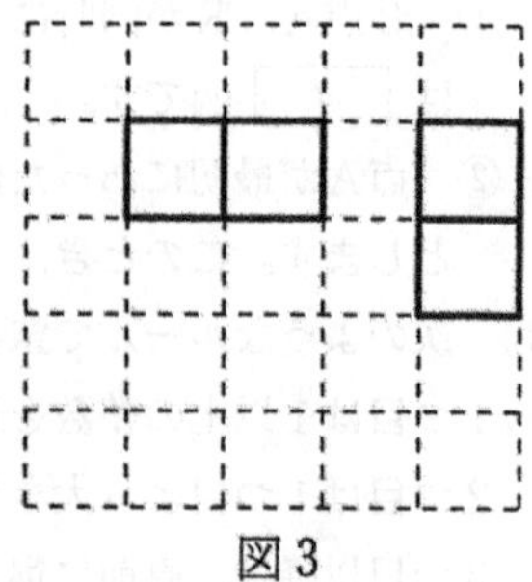
図３

底面（Ａ）をつくる正方形と同じ辺の長さの立方体をいくつか用意し，
次の規則に従って，底面（Ａ）の上に積み上げていきます。
規則「底面（Ａ）をつくる正方形それぞれについて，
他の正方形と重なっている辺の数だけ立方体を積み上げる」
たとえば，底面（Ａ）が次のページの図４の場合は，次のページの図５のような立体ができます。
５つの正方形を並べて底面（Ａ）をつくるとき，

①　使う立方体の数が一番多くなるような底面（Ａ）を，問題文の図にならってかきなさい。
複数ある場合は，そのうちの１つをかくこと。また，そのときに使う立方体は何個ですか。

②　一番高く立方体が積み上がるような底面（Ａ）を，問題文の図にならってかきなさい。
複数ある場合はそのうちの１つをかくこと。

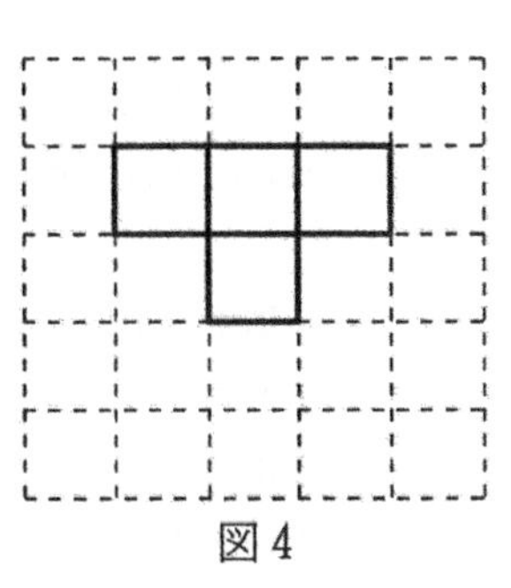
図４

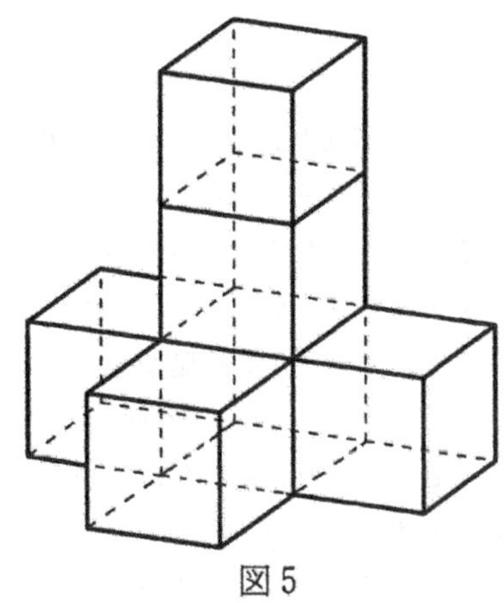
図５

⑵　半径３㎝のいくつかの円を，他の円と接するように並べます。２つの円のときは，図６のようになります。

⑴と同じように，離れることなく並べ，できた図形を底面（Ｂ）とよぶことにします。
底面の半径が３㎝で高さが３㎝の円柱と円すいをいくつか用意し，
次の規則に従って，底面（Ｂ）の上に積み上げていきます。

規則「底面（Ｂ）をつくる円それぞれについて，接している円の数だけ円柱か円すいを積み上げる。ただし，円すいの上に円柱や円すいを積むことはできない」

たとえば，底面（Ｂ）が図６の場合は，図７のような３種類の立体ができます。

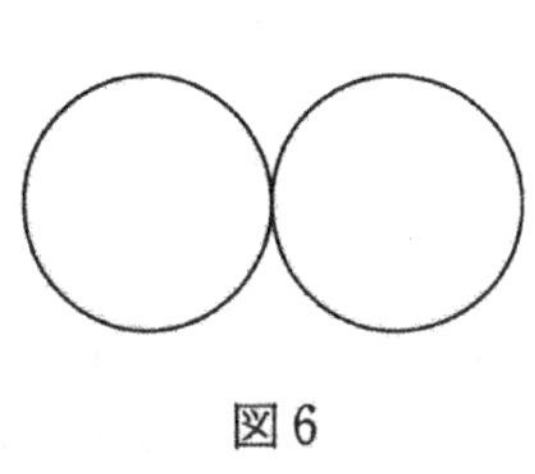
図６

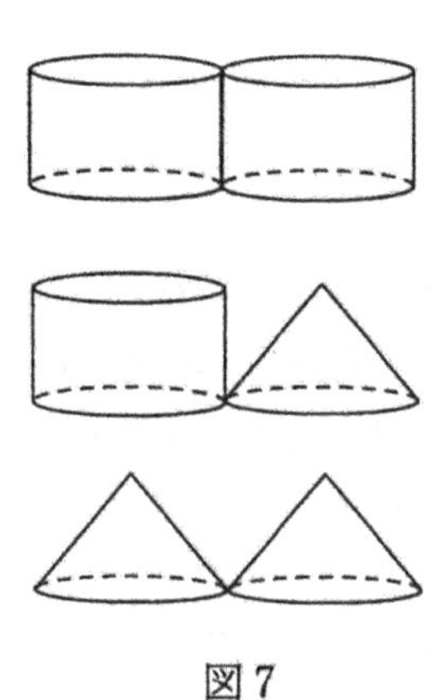
図７

４つの円を並べて底面（Ｂ）をつくるとき，積み上げてできた立体の体積が
350㎤以上750㎤以下となるものについて考えます。

①　体積が一番大きくなる立体について，円柱と円すいを何個ずつ使いますか。
また，その立体の体積を求めなさい。

②　使う円すいの数が一番多くなる立体について，体積が一番大きくなる立体と，
一番小さくなる立体の体積をそれぞれ求めなさい。

【理　科】（30分）　＜満点：60点＞

I　桜さんの小学校では，ゾウリムシ，ザリガニ，メダカ，カエル，イモリ，ハムスター，メキシコサンショウウオ（ウーパールーパーとも呼ばれる）を飼っています。これらの生き物を，色々な基準でなかま分けしたものが，下の図１です。

まず，aのゾウリムシとそれ以外のb～fの生き物は，からだをつくる細胞（さいぼう）が１個か，複数個かで分けることができます。細胞が複数個ある生き物は，卵（らん）（ヒトでは卵子（らんし）と呼ぶ）と（　A　）が結びついてできた（　B　）が細胞を増やしながら成体へと成長していきます。

つぎに，bのザリガニとそれ以外のc～fの生き物は，からだの中に骨があるかないかで分けることができます。骨のあるc～fの生き物には，骨と骨のつなぎ目である（　C　）と，骨につながり，ちぢんだりゆるんだりする（　D　）があり，それらのはたらきでからだを支えたり，動かしたりしています。<u>c～fの生き物は，いろいろな方法でさらになかま分けできます。</u>

図１

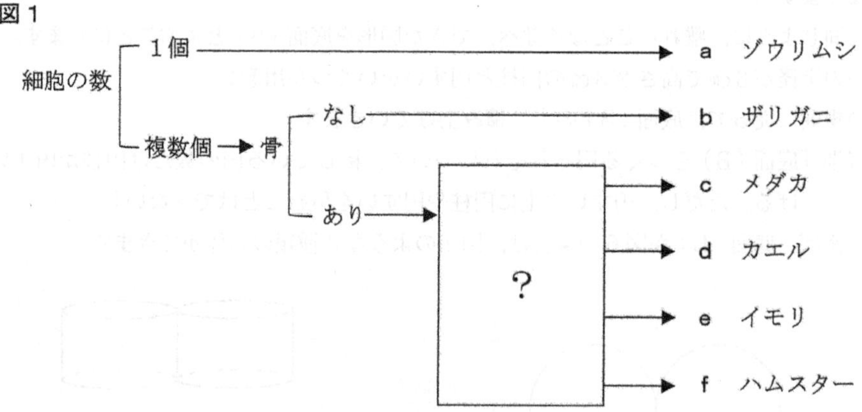

問１　文章中の（A）～（D）にあてはまる語を答えなさい。

問２　文章中の下線部について，c～fの生き物を基準X～基準Zによってグループ①とグループ②の２つに分けました。基準X～基準Zの説明として正しいものを，ア～オから１つずつ選び，記号で答えなさい。

	グループ①	グループ②
基準X	cメダカ	dカエル　eイモリ　fハムスター
基準Y	cメダカ　dカエル　eイモリ	fハムスター
基準Z	cメダカ　fハムスター	dカエル　eイモリ

説明

ア．子の世話をしないのがグループ①，子の世話をするのがグループ②

イ．かたい殻（から）のない卵（たまご）を産むのがグループ①，かたい殻のある卵を産むのがグループ②

ウ．肺呼吸をする時期がないものがグループ①，肺呼吸をする時期があるものがグループ②

エ．冬眠（とうみん）しないのがグループ①，冬眠するのがグループ②

オ．からだの表面がうろこでおおわれているのがグループ①，
　　毛でおおわれているのがグループ②

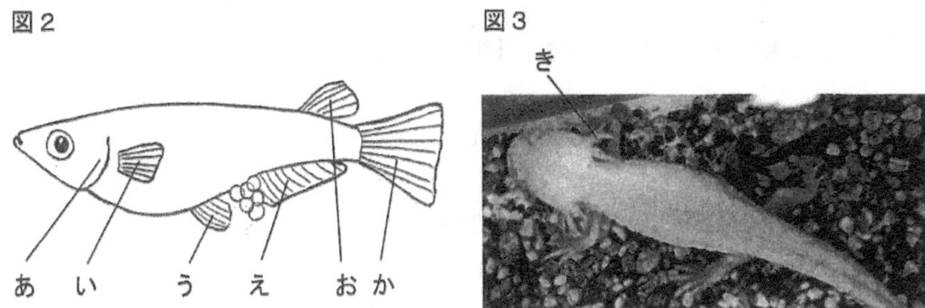

図2は，産卵しているメダカのスケッチです。**図3**はウーパールーパーの成体の写真です。ウーパールーパーはからだの中に骨を持つ生き物です。ウーパールーパーに近いなかまの多くは変態しますが，ウーパールーパーは幼生（子供の時の姿）の特ちょうを残したまま成体になります。

問3　ウーパールーパーの**き**の部分はメダカの**あ**の内部にある構造が外側に出ているものです。この部分を何というか，答えなさい。

問4　ウーパールーパーの**き**の部分はひだ状になっています。この利点は何ですか。つぎの**ア**～**エ**から1つ選び，記号で答えなさい。

ア．エサをつかまえて，取りこみやすい
イ．表面積が大きくなり，酸素を取り入れやすい
ウ．水草に姿が似ていて，敵に見つかりにくい
エ．見た目が派手になり，メスをひきつけやすい

問5　水中生活をする魚の「ひれ」のうちのいずれかが，陸上生活をする生物の「前足（手）」と「後足（足）」に相当します。メダカの「ひれ」のうち，ウーパールーパーの「後足（足）」にあたるものはどれですか。**図2**の**い**～**か**から1つ選び，記号で答えなさい。

図4は，カエル，イモリ，ウーパールーパーが幼生から成長して成体になるようすを表したものです。

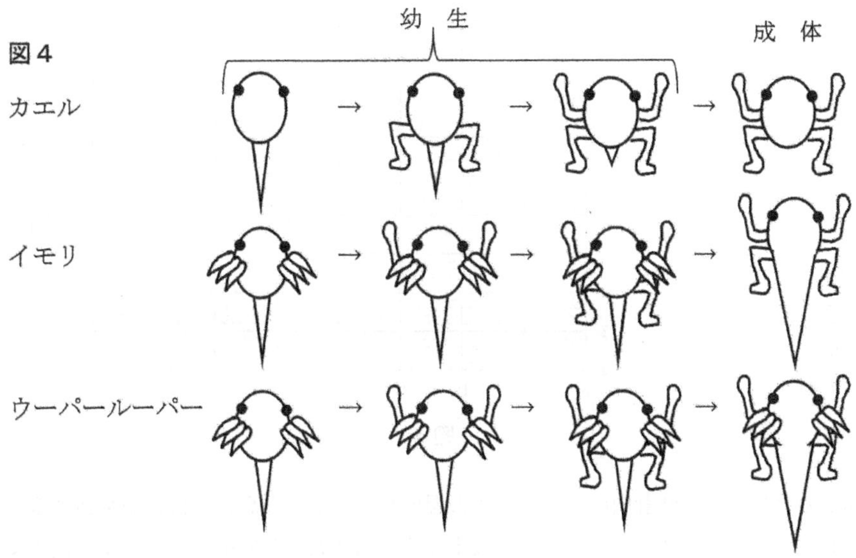

問6　ウーパールーパーはカエル，イモリのどちらに近いなかまだと考えられますか。「カエル」または「イモリ」を丸で囲みなさい。また，【部位】の２か所に注目して，その理由を２つ説明しなさい。

【部位】目　頭　胸　腹　ひれ　足　尾

ハムスターの赤ちゃんは，母親の体内で約15日間育った後，体重はおよそ５ｇで生まれてきます。一度に10ぴき近い赤ちゃんが生まれることもあります。**図５**は，ハムスターの体内に６ぴきの赤ちゃんがいる図です。

問7　**図５**のく，けの部分を何というか，それぞれ答えなさい。

図５

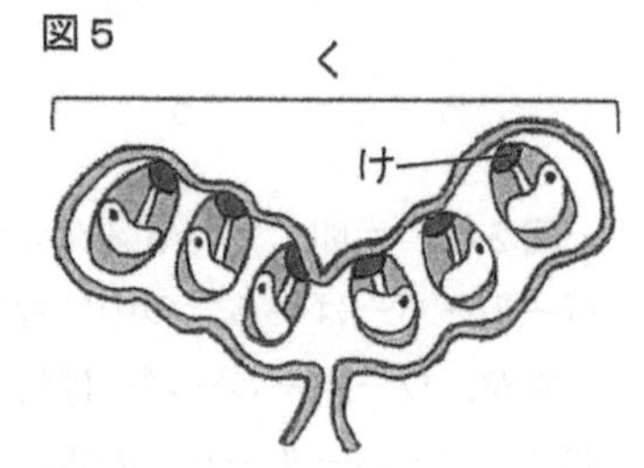

Ⅱ　文章【A】【B】を読み，各問いに答えなさい。

【A】　液体は，温度が変化すると同じ重さのまま体積が変化します。このことを利用して簡単な温度計を作ることができます。**図１**の装置はガリレオ温度計と呼ばれ，ある液体中にいくつかのおもりを入れたものです。液体の体積が温度によって変化することから，中に入れたおもりの浮き沈みを観察することで温度を調べることができます。

ここで**図２**のように，アルコールの一種であるエタノールを容器に注ぎ，そこにいろいろな重さのおもりを入れ，ガリレオ温度計を作ることを考えます。おもりは，温度によって体積の変化しない10㎤の容器に適量の砂を入れて密閉した**図３**のようなものをいくつか用意します。また，**図４**は，エタノール100ｇの体積と温度の関係を表したグラフです。

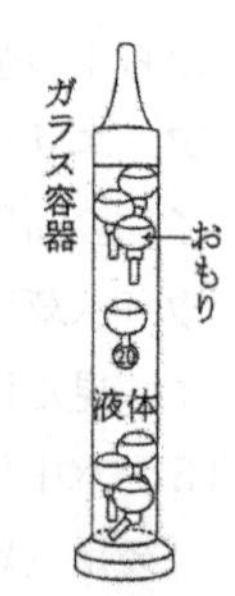

図１　市販のガリレオ温度計

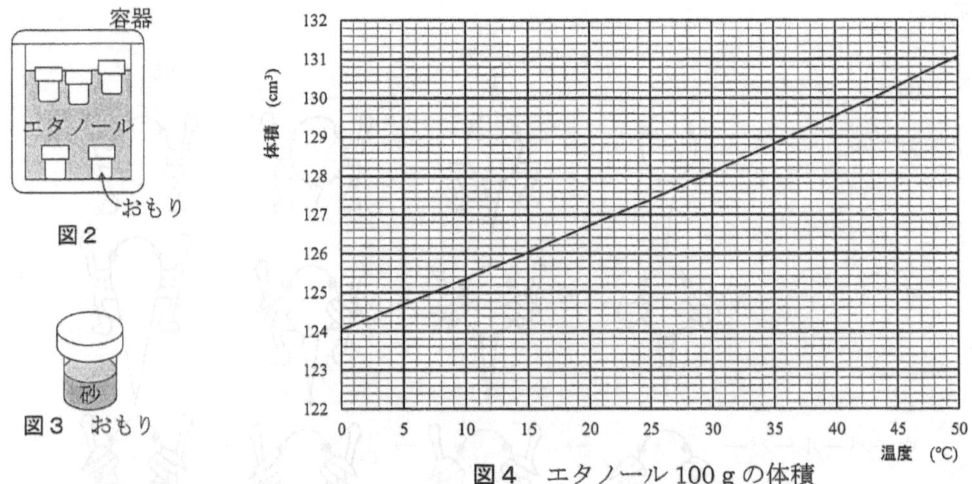

図２

図３　おもり

図４　エタノール 100 g の体積

問1　**図２**のガリレオ温度計内のエタノールの温度が43℃よりも高いか低いかを調べるためには，何ｇのおもりを用いればよいですか。小数第２位を四捨五入して小数第１位まで答えなさい。また，エタノールの温度が43℃よりも高いとき，このおもりは浮きますか，それとも沈みますか。「浮く」または「沈む」を丸で囲みなさい。

問２　問１で用意したおもりの他に，それよりも0.1ｇずつ重くしたものを４つ用意し，全部で５つのおもりをエタノールに入れました。エタノールがある温度となったとき，5つのおもりのうちの３つが浮き，２つが沈みました。このときのエタノールの温度は何℃だと考えられますか。つぎの**ア**～**オ**から最も近いものを１つ選び，記号で答えなさい。

ア．１℃　**イ**．13℃　**ウ**．26℃　**エ**．36℃　**オ**．48℃

問３　以下の文章の空らん①～④にあてはまる語を下の**ア**～**エ**から選び，記号で答えなさい。

エタノールを冷やしていくと，－（マイナス）114℃で固体となる。この温度で固体となる前の液体のエタノール100ｇの体積は117㎝^{3}であり，同じ温度で固体となったエタノール100ｇの体積は107㎝^{3}である。同じ体積の－114℃の固体と液体のエタノールを比べると，固体のほうが液体よりも［　①　］く，固体を液体に入れると［　②　］ことが知られている。また，水は冷やしていくと０℃で氷となるが，同じ体積の０℃の液体の水と比べると，固体のほうが液体よりも［　③　］く，固体を液体に入れると［　④　］ことが知られている。

ア．重　**イ**．軽　**ウ**．浮く　**エ**．沈む

【Ｂ】　０℃のときの長さがちょうど２ｍで同じ重さの鉄の棒を２本用意しました。１本を０℃に保ち，もう１本を均一にゆっくりと温めたところ，45℃になったときに２本の長さの差が１㎜となりました。（**図５**）　温度が１℃上がるごとにのびる長さは同じであるものとします。

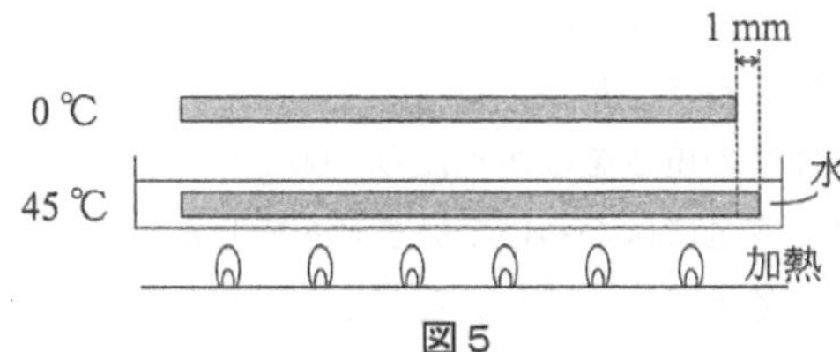

図５

問４　０℃のときの長さが25ｍである鉄の棒を並べて鉄道のレールを作る場合について考えます。温度が変化しても棒がぶつかってゆがむことのないよう，鉄の棒はすきまを開けて並べられます。直射日光が当たって温度が50℃となっても，となり合うレール同士がぶつからないようにするためには，０℃のときに少なくとも何㎜のすきまを開けておけばよいですか。小数第１位を四捨五入して整数で答えなさい。

Ⅲ　桜さんは，洗たく物がかわくようすに興味を持ち，以下の実験を行いました。

【実験１】　室内と庭にぬれたタオルを15枚ずつ干し，そのかわき方を確認しました。そのときの庭と室内を上から見たようすと条件を**図１**に，タオルの干し方を**図２**に示します。タオルは，**図２**中の||||| の場所に干しています。（**図１**，**図２**は次のページにあります。）

図２の**Ａ**と**Ｄ**を比べると，**Ｄ**の方がかわくのに時間がかかりました。桜さんは，その理由を以下のように考えました。

⑴　室内の**Ｄ**は，庭の**Ａ**とちがって（あ）がないこと。

⑵　室内の**Ｄ**は，庭の**Ａ**とくらべて（い）が低いこと。

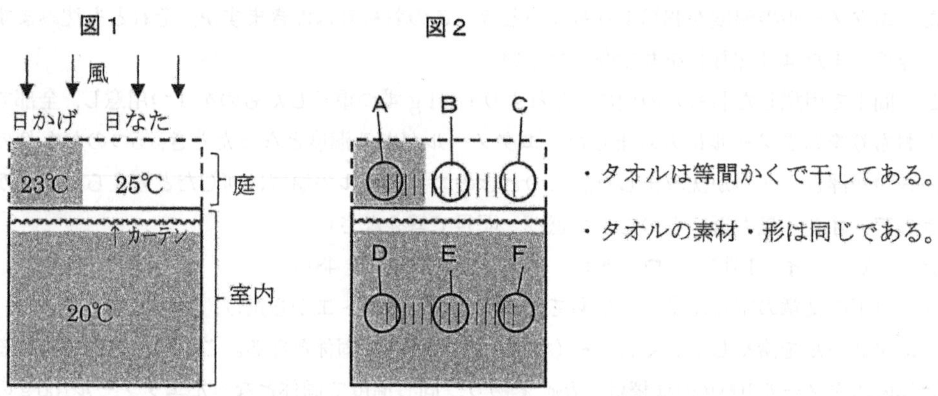

問1　前のページの理由の文中の（あ），（い）にあてはまる語を答えなさい。

問2　図2のA～Fの中で，タオルが最もかわきやすい場所と最もかわきにくい場所の組み合わせとして正しいものを，つぎのア～カから選びなさい。

	ア	イ	ウ	エ	オ	カ
最もかわきやすい場所	A	A	B	B	C	C
最もかわきにくい場所	E	F	E	F	E	F

【実験2】①～④のように，タオルの重さの変化を調べました。

①　かわいたタオルの重さをはかったら，43g だった。

②　①のタオルを水にぬらして軽くしぼり，その重さをはかったら，151g だった。

③　閉め切った部屋の中に②のタオルを干した。

④　24時間後に，再びタオルの重さをはかったら，60g だった。

④で取り出したタオルは，完全にはかわいていませんでした。これは部屋の空間に，タオルにふくまれている水を水蒸気としてすべてふくむことができなかったからです。空気中にふくむことができる最大の水蒸気量を飽和（ほうわ）水蒸気量といい，20℃では1 m³あたり17.3g です。

この実験中，室内は閉め切っていて，部屋の外との空気の出入りはなく，気温は常に20℃，部屋の容積は15m³，24時間後の部屋の中は水蒸気を飽和水蒸気量までふくんでいるものとして答えなさい。

問3　①～④から，つぎの重さを求めなさい。

(i)　ぬらして軽くしぼったタオルにふくまれている水の重さ

(ii)　24時間のあいだにタオルから部屋の空気中に移動した水蒸気の重さ

問4　この20℃の部屋全体にふくむことができる水蒸気は最大何gか。小数第1位を四捨五入して整数で答えなさい。

問5　タオルを干しはじめたとき，部屋全体にふくまれていた水蒸気は何gか。小数第1位を四捨五入して整数で答えなさい。

問6　一定の容積の空間において，ふくむことができる最大の水蒸気量に対する，実際にふくまれている水蒸気量の割合（%）のことを，しつ度といいます。タオルを干しはじめたときの部屋の中のしつ度は何%か。小数第1位を四捨五入して整数で答えなさい。

Ⅳ 文章を読み，各問いに答えなさい。

ものが燃えるときには，空気中の酸素が使われます。例えばろうそくが燃えると，ろうの成分が酸素と結びついて**気体A**と水（水蒸気）ができます。

鉄は燃えるのでしょうか。厚い鉄板は燃えませんが，スチールウールならば燃えます。厚い鉄板でも，空気中に置いておくとしだいにさびていきます。さびるとは，ゆっくり時間をかけて酸素と結びつく現象です。このように鉄には酸素と結びつきやすい性質があるのです。

使いすてカイロは，鉄が酸素と結びつくときに発生する熱を利用しています。鉄を粉末状にして内袋(うちぶくろ)に入れ，さらに外袋に入れて保管します。使うときに外袋から取り出すと，温度が上がり始めます。ちょうど良い温度が長い時間続くように工夫されています。

問１　酸素について説明した文として正しいものを**ア**～**ク**からすべて選び，記号で答えなさい。

ア．空気中でスチールウールを燃やすと発生する。
イ．水にとかすと酸性を示し，石灰水に通すと白くにごる。
ウ．人が空気を吸いこむときよりも，はき出したときに体積での割合が減る気体である。
エ．品質を保つためにおかしの袋に入っていることがある。
オ．水にドライアイスを入れると出てくるあわと同じ気体である。
カ．日光が当たると植物が出す気体で，空気中での体積の割合が２番目に多い。
キ．塩酸にスチールウールを入れると発生する。
ク．100℃で液体から気体に変化する。

問２　**気体A**について説明した文として正しいものを問１の**ア**～**ク**からすべて選び，記号で答えなさい。

問３　下線部について，スチールウールが燃えるのはなぜですか。「厚い鉄板よりもスチールウールのほうが，」に続けて10～20字で答えなさい。

問４　使いすてカイロについて説明した文として正しいものを**ア**～**キ**から３つ選び，記号で答えなさい。

ア．内袋には小さな穴がたくさんあいていて，外袋から取り出すとすぐに鉄が空気にふれて温度が上がり始める。
イ．内袋には小さな穴がたくさんあいていて，中の空気が膨張(ぼうちょう)して袋が破れるのを防いでいる。
ウ．内袋も外袋も空気を通さない素材でできているため，長期間保管することができる。
エ．製造過程で発熱し始めても，内袋に入れると止まる。
オ．製造過程で発熱し始めても，外袋に入れると止まる。
カ．鉄のつぶが大きいほうが速く温度が上がる。
キ．鉄のつぶが小さいほうが速く温度が上がる。

つぎの手順で，使いすてカイロの温度を調べる実験をしました。

手順１　カイロを外袋から取り出し，タオルの上に置く。

手順２　図１のようにタオルとカイロの間に温度計をはさみ，１時間おきにカイロの温度を測定する。

図１

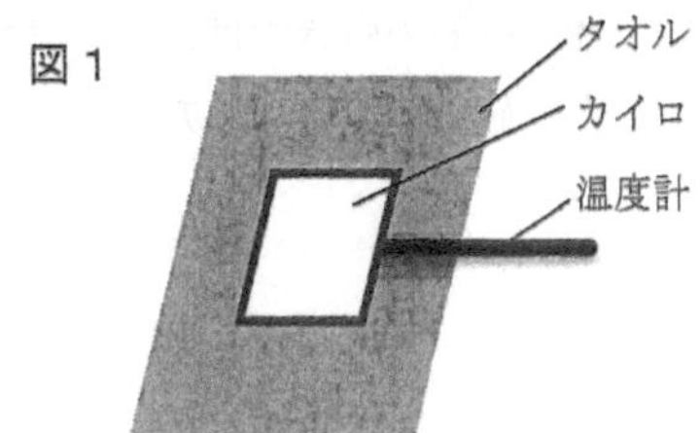

同じカイロを２つ用意し，カイロ①は振らずにそのまま置いておき，カイロ②はときどき振りました。外袋から取り出したあとの時間に対する温度の変化をグラフで表すと図２のようになりました。

実験後のカイロをさわってみると，①は板のように固まっていましたが，②はさらさらしていました。実験後のカイロ①の重さは，実験前より５ｇ増えていました。カイロ①に磁石を近づけると，引きつけ方は実験後のほうが実験前より弱くなりました。

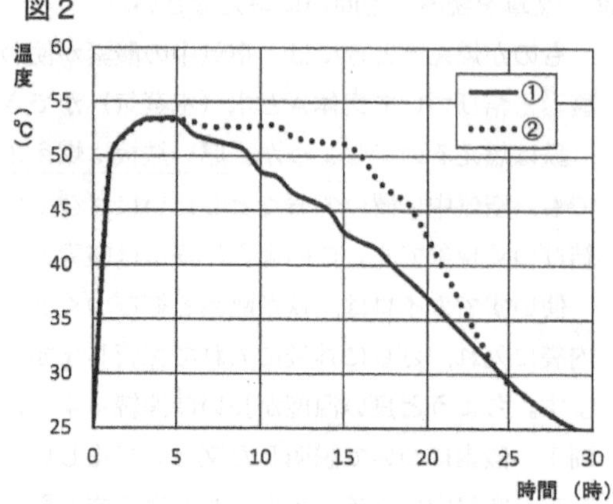

問５　実験結果のグラフ（図２）について説明した文として正しいものを**ア**～**カ**からすべて選び，記号で答えなさい。

ア．カイロを振ると鉄が空気にふれやすくなるため，最高温度に達するまでの時間は振ったもののほうが振らないものより短い。

イ．カイロを振るたびにまわりの空気で冷やされるため，最高温度に達するまでの時間は振ったもののほうが振らないものより長い。

ウ．カイロを振っても振らなくても，温度の上がり方に大きな差はない。

エ．カイロを振ると鉄が空気にふれやすくなるため，最高温度は振ったもののほうが振らないものより高い。

オ．カイロを振るたびにまわりの空気で冷やされるため，振ったものには振らないものより低い温度が続く時間帯がある。

カ．カイロを振るたびに空気にふれていなかった鉄が空気にふれるため，振ったものには振らないものより高い温度が続く時間帯がある。

問６　増えたカイロの重さは，すべて鉄と結びついた酸素の重さだとすると，カイロ①の実験に必要な空気は少なくとも何Ｌですか。小数第２位を四捨五入して小数第１位まで答えなさい。ただし，空気の体積の21％が酸素であり，酸素１Ｌの重さは1.31ｇとします。

問７　実験後のカイロ②について説明した文として正しいものを**ア**～**カ**から２つ選び，記号で答えなさい。

ア．重さは，実験後のカイロ①より軽い。

イ．重さは，実験後のカイロ①と同じである。

ウ．重さは，実験後のカイロ①より重い。

エ．磁石の引きつけ方は，実験前より強い。

オ．磁石の引きつけ方は，実験前より弱く，実験後のカイロ①より強い。

カ．磁石の引きつけ方は，実験後のカイロ①より弱い。

【社　会】（30分）　＜満点：60点＞

＊漢字で書くべきものは漢字で記しなさい。

Ⅰ　次の文章を読んで，後の問いに答えなさい。

世界的に広がる感染症は，人の流れを妨げましたが，貨物の流れは宅配便などの利用増加によってますます重要になってきました。旅客や貨物を運ぶ手段には，①自動車，鉄道，船舶，航空機などがあり，それぞれに適した利用法があります。

後の図は首都圏の主な自動車専用道路の略図です。このうち北関東自動車道は比較的新しい道路で，2011年に②群馬県の高崎市と茨城県のひたちなか市を結ぶ形で開通しました。この道路の終点はひたちなか市にある茨城港へとつながっていて，③北関東工業地域と港を結ぶ働きをしています。そのため，この道路が完成したことで④貨物の流れに大きな効用が生まれています。茨城港では何基ものクレーンによって，国際規格の大きさに統一された［1］が，専用船と陸上輸送用のトラックの間を行き来しています。また，⑤主要な輸出品を運ぶための専用埠頭もあります。

茨城港は貿易港であると同時に周辺には⑥工場や発電所があります。ここにある火力発電所は［2］を燃料とする火力発電所です。［2］は価格が比較的安く，供給が安定としていることから，日本では長く火力発電の燃料のひとつとされてきました。しかし近年，地球温暖化防止のため，二酸化炭素の排出量を実質ゼロにする［3］社会をめざす世界的傾向の中で，その発電方法が問題となっています。

地球温暖化の傾向は数値にもはっきりあらわれています。気象庁は昨年５月に新しい「平年値」を公表しました。平年値は10年ごとに更新されていて，過去［4］年間分の観測値による平均値が使用されます。それによると，旧平年値に比べ，東京（北の丸公園）の新しい年平均気温は0.4度上がり，およそ［5］度となりました。最高気温が35度以上になる［6］日も増えています。地球温暖化の影響は日本近海の海水温にもおよんでいます。秋になって海水温が下がると［7］海流に乗って，成魚が日本近海へ南下する［8］の水揚げの時期が遅れたり，量が減少したりという変化にも関連しているといわれます。2020年の［8］の水揚げ量は10年前の約15％ほどでした。また本来日本では越冬できなかった動植物が，外国からの貨物とともに運ばれ，繁殖する例も報告されています。その中には，感染症を引き起こす害虫もいます。

感染症を媒介することもある蚊を防ぐ目的で，日本で古代から使われてきたものに「蚊帳」があります。蚊帳は文字通り蚊の侵入を防ぐために室内につるす麻や綿を素材とするネットです。高温多湿な日本の夏は蚊の発生が多く，蚊帳や除虫菊からつくる蚊取線香は欠かせないものでした。昭和後期以降，日本では一般家庭の窓に，アルミサッシ枠の［9］が普及して，蚊帳の使用は減っていきました。しかしマラリアやデング熱など蚊が媒介する感染症がある熱帯地方では蚊帳の需要がまだ多く，日本でつくられた蚊帳も海外援助のひとつとして発展途上国に贈られています。また蚊帳のほか，日本発祥のうずまき型蚊取線香を，日本の協力で現地で生産している国もあります。このような形の海外援助は，［10］の通じていない地域でも導入できるうえ，現地で取れる作物などから［11］を調達できるので，その国の人々の生活を向上させ産業発展にも役立ちます。また，新型コロナウィルス感染症の拡大によって，日本の家庭で一般的な［12］が海外で注目されています。［12］は明治時代に来日した外国人との習慣の違いの問題を解決するために日本人が考案したオーバーシューズがもとになったそうです。地球温暖化や感染症は地球人の共通の課題です。風土や宗教の違いは大きくても，物や人，情報の交流が頻繁(ひんぱん)になった今，ともに知恵(ちえ)を出しあい，協力しあって解決しなくてはなりません。

首都圏の主な自動車専用道路略図

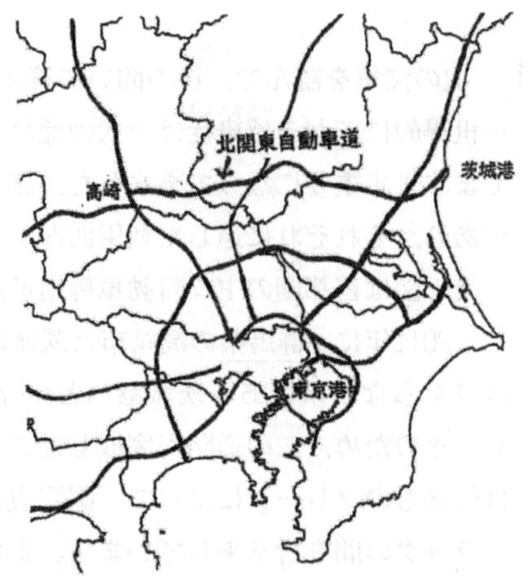

問１　文中の空欄(くうらん) 1 ～ 12 に当てはまる語句または数字を答えなさい。ただし， 5 については，もっとも適切な数字を次から１つ選び，そのまま記しなさい。

5 に適する数字：14　16　18　20

問２　次の文にあげた特徴(とくちょう)を持つ交通の手段を，文中の下線部①にある４つの輸送手段から１つ選び，そのまま記しなさい。

【重いものも，正確な時間で輸送でき，温室効果ガスの排出も比較的少ない。日本では貨物よりも旅客輸送に多く利用される。】

問３　文中の下線部②について，次の表は，群馬県と人口数が近い福島・岡山・岐阜の各県を比較したものです。群馬県の数値などを示すものを表中の あ～え から１つ選び，記号で答えなさい。

	あ	い	う	え	全国
田の割合（%）注１	38.2	78.4	70.6	76.5	54.4
在留外国人数（百人）注２	617	316	156	602	29331
在留外国人数のうち国籍(こくせき)別人数が１位の国名	ブラジル	ベトナム	中国	フィリピン	中国
一世帯当たり乗用車保有台数（台）注３	1.68	1.40	1.57	1.63	1.08

二宮書店「データブックオブザワールド2021」・「出入国在留管理庁　統計」より作成

注１　田の割合：耕地の総面積にしめる田の割合（2019）

注２　在留外国人数：観光客などの３か月以内の短期滞在(たいざい)者を除く外国人の数（2019年12月末）

注３　一世帯当たり乗用車保有台数（2020）

問４　文中の下線部③について，北関東工業地域内の工業都市の特徴をのべた文として適切でないものを次の あ～え から１つ選び，記号で答えなさい。

あ　太平洋戦争中に疎開(そかい)してきた軍需工場がもとになって機械工業が発展した。

い　絹織物の産地として知られ，現在も繊維(せんい)工業が立地している。

う　二毛作の裏作として生産するコムギを原料とした製粉業が立地している。

え　1950年代後半から工業用地を造成し，石油化学コンビナートなどが形成された。

問５　文中の下線部④について，北関東自動車道の完成が，北関東工業地域にもたらした効用について，完成前の状況と比較して説明しなさい。

問６　文中の下線部⑤について，右の写真は，この埠頭に最も関連の深い専用船です。この船舶で運ばれる工業製品名を答えなさい。

日本海事広報協会「日本の海運 2021-2022」より

問７　国土地理院の地形図に使われる地図記号は，時代の流れによって変わります。文中の下線部⑥の記号は一部の地形図では使われなくなりました。一方で新しく考案された記号もあります。後の〈 い 〉の地図記号はもともとあった〈 あ 〉の記号をもとにしてつくられ，現在はこの２種類の記号が使い分けられていて，〈 い 〉は〈 あ 〉よりも少し大きめに描かれています。〈 あ 〉の例としてあげた写真〈 あ 〉は東京の渋谷駅前のもので，地形図にも掲載されています。また，写真〈 い 〉は桜蔭中学校の近くにある〈 い 〉の例で，2021年の６月に国土地理院のウェブ地図に掲載されました。

〈あ〉および〈い〉の地図記号名を明らかにしながら，〈あ〉と区別する形で〈い〉の地図記号がつくられた理由を説明しなさい。

〈 あ 〉　〈 い 〉

写真 〈 あ 〉

写真 〈 い 〉

Ⅱ　次の文章を読んで，後の問いに答えなさい。

2020年の日本人の平均寿命は男女とも過去最高となりました。医療技術の進歩や健康意識の高まりなどがその要因ですが，日本の医療はどのような歴史を歩んできたのでしょうか。①縄文・弥生時代の住居跡から薬に使われたものと思われる植物が発見されていますが，主に儀式やまじないが医療行為として行われていたようです。縄文時代に，人間をかたどってつくられた［ 1 ］は，豊かなめぐみだけでなく，ケガをした部分の回復を願い［ 1 ］の同じ場所を壊したとも考えられています。②古墳時代になると朝鮮半島を経て医療技術が日本に伝わり，遣隋使・③遣唐使の時代には中国から直接医療技術がもたらされるようになりました。中国から来日し，奈良に［ 2 ］寺を建てた鑑真は薬に関する豊富な知識で医療の進歩に貢献しました。また，８世紀には④聖武天皇のきさきによって病人を保護する施設もつくられました。その一方で，⑤平安時代の人々は病気の原因を⑥恨みを持つ霊のたたりと考え，霊を退治するための祈りや儀式も行われていました。紫式部が書いた長編小説『 3 』にはそのようすが描かれています。

鎌倉時代，僧の栄西は中国の⑦宋に留学した際に，薬としての 4 の効用などを学んできました。その後， 4 を飲む習慣は広がり，戦国時代には千利休によって 4 を楽しむ新しい作法が定まりました。また，戦国時代には南蛮人の渡来によって⑧西洋の医療も日本に伝わりました。江戸時代に入ると，８代将軍 5 の時代に⑨鎖国下でも日本への来航が認められていた 6 から西洋の医療が伝わります。中津藩の医者であった 7 と小浜藩の医者であった杉田玄白は， 6 語で書かれた解剖に関する書物を翻訳し『解体新書』を出版しました。その後，⑩1858年に伝染病が大流行すると幕府もその対策として西洋の医療を重視しました。

明治時代，政府は⑪近代化のための改革を進め，その過程で⑫藩立病院が県立病院へと移行するなど，医療の分野にも変化が生じました。日清・⑬日露戦争に突入すると，医療は富国強兵を支える基盤として重視されるようになります。また，この時期は⑭西洋の文化が積極的に取り入れられ，⑮医療も発展しました。大正時代，第一次世界大戦が起こりヨーロッパからの輸入が停滞すると医療品の国産化が進みましたが，太平洋戦争では医療品や医師が不足する苦しい状況に陥りました。

戦後はＧＨＱの指導の下，医療の分野でも改革が行われました。その後，⑯独立を回復すると，⑰経済発展により家庭用電気製品が普及し生活水準が向上すると同時に，レントゲンや心電図などの医療機器も普及し医療水準も向上しました。近年は，最新の科学技術が医療の発展に貢献する一方，それに伴う新たな問題も生じており，これからの医療のあり方が問われています。

問１　文中の空欄 1 ～ 7 に適する語句を答えなさい。その際に 6 以外は漢字で， 4 は漢字一字で答えなさい。

問２　文中の下線部①に関する次のＸ～Ｚの文の正誤の組合せとして正しいものを，後の あ～か から１つ選び，記号で答えなさい。

Ｘ　縄文時代の人々は土器を用いて，野生の動物や木の実などを煮たり，貯えたりした。

Ｙ　縄文時代の人々は石や木，金属などを加工して生活に必要なさまざまな道具をつくっていた。

Ｚ　弥生時代の人々は石包丁や田げた，千歯こきなどの農具を使い，協力して作業をするようになった。

あ　Ｘ：正　Ｙ：正　Ｚ：誤　　い　Ｘ：正　Ｙ：誤　Ｚ：正
う　Ｘ：正　Ｙ：誤　Ｚ：誤　　え　Ｘ：誤　Ｙ：正　Ｚ：正
お　Ｘ：誤　Ｙ：正　Ｚ：誤　　か　Ｘ：誤　Ｙ：誤　Ｚ：正

問３　文中の下線部②に関する次のＸ～Ｚの文の正誤の組合せとして正しいものを，あとの あ～か から１つ選び，記号で答えなさい。

Ｘ　前方後円墳は近畿地方を中心に全国に広がっており，大和朝廷が北海道から九州までの豪族や王を従えていたことが分かる。

Ｙ　大和朝廷の中心人物は大王と呼ばれ，稲荷山古墳から出土した鉄剣にはヤマトタケルの名が刻まれている。

Z　渡来人が養蚕や織物，焼き物などの高度な技術を日本に伝えた。

あ　X：正　Y：正　Z：誤　　い　X：正　Y：誤　Z：正

う　X：正　Y：誤　Z：誤　　え　X：誤　Y：正　Z：正

お　X：誤　Y：正　Z：誤　　か　X：誤　Y：誤　Z：正

問４　文中の下線部③に関して，遣唐使とともに留学生として唐に渡り皇帝に仕えたが，帰国できず唐で一生を終えた人物名を答えなさい。

問５　文中の下線部④の命令でつくられた大仏の材料の中で最も多く使われたものを，次の あ～え から１つ選び，記号で答えなさい。

あ　金　　い　銅　　う　水銀　　え　すず

問６　文中の下線部⑤に関して，藤原道長は一条天皇から後一条天皇の時代に摂政として，頼通は後一条天皇から後冷泉天皇の時代に摂政や関白として大きな力を持ちました。しかし，藤原氏は後三条天皇が即位（そくい）すると力を失いました。このことから，摂政や関白などとして力を持つためには天皇とどのような関係になることが重要であったかを，次の系図を参考に説明しなさい。

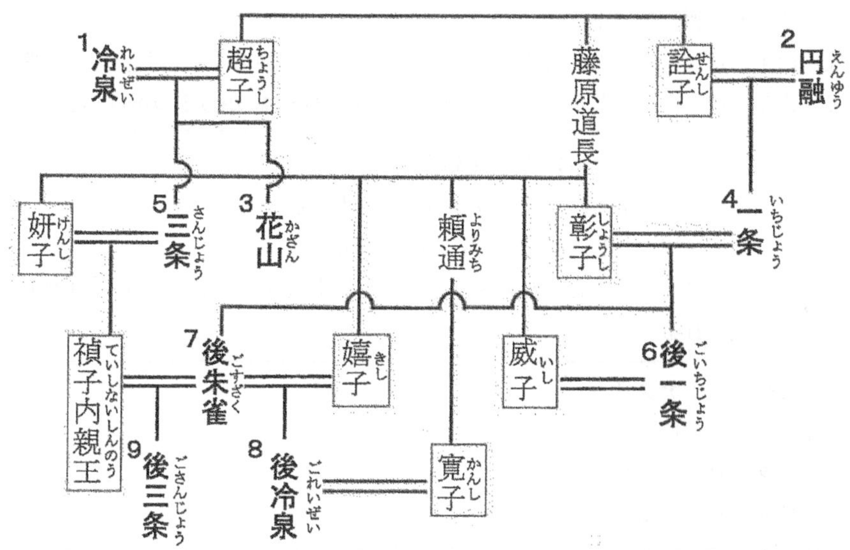

（太字は天皇，数字は即位の順番を表す。＝は婚姻（こんいん）関係を，□で囲まれた人物は女性を表す。）

問７　文中の下線部⑥に関して，当時の人々にたたりをもたらすとして恐（おそ）れられた人物には，遣唐使の廃止（はいし）を提案した人物もいます。この人物名を答えなさい。

問８　文中の下線部⑦に関して，平清盛が宋との貿易拠点（きょてん）として整えた港があった現在の県名を，次の あ～え から１つ選び，記号で答えなさい。

あ　広島県　　い　兵庫県　　う　山口県　　え　福岡県

問９　文中の下線部⑧に関して，戦国大名の織田信長，豊臣秀吉の西洋の医療に対する態度は，両者のキリスト教に対する態度とほぼ同じでした。このことを参考に，信長と秀吉の西洋の医療に対する態度についての文として適切と考えられるものを，あとの あ～え から１つ選び，記号で答えなさい。

あ　信長も秀吉も西洋の医療の受け入れに積極的であった。

い　信長は西洋の医療の受け入れに積極的で，秀吉は消極的であった。

う　信長は西洋の医療の受け入れに消極的で，秀吉は積極的であった。

え　信長も秀吉も西洋の医療の受け入れに消極的であった。

問10　文中の下線⑨に関して，鎖国下における交流について次の X～Z の文の正誤の組合せとして正しいものを，下の あ～か から1つ選び，記号で答えなさい。

X　朝鮮との間では対馬藩を窓口に貿易が行われ，日本から朝鮮に通信使が派遣(はけん)された。

Y　蝦夷地(えぞち)では松前藩が，本州の産物とアイヌの人々が生産した生糸(きいと)や木綿(もめん)などを取り引きした。

Z　琉球王国は，幕府の将軍や琉球国王が代わるたびごとに江戸に使節を送った。

あ　X：正　Y：正　Z：誤

い　X：正　Y：誤　Z：正

う　X：正　Y：誤　Z：誤

え　X：誤　Y：正　Z：正

お　X：誤　Y：正　Z：誤

か　X：誤　Y：誤　Z：正

問11　文中の下線部⑩に関して，1858年に結ばれた以下の史料の条約において，空欄【A】【B】に当てはまる語句の組合せとして正しいものを，下の あ～え から1つ選び，記号で答えなさい。

第1条　今後日本とアメリカは友好関係を維持(いじ)する。 第3条　下田・函館に加え，以下の港を開港…（中略）…する。 神奈川（横浜）【　A　】新潟　兵庫（神戸） 第6条　日本人に対し法を犯(おか)したアメリカ人は，領事裁判所にて【　B　】の国内法に従って裁かれる。

あ　A：長崎　B：アメリカ

い　A：長崎　B：日本

う　A：博多　B：アメリカ

え　A：博多　B：日本

問12　文中の下線部⑪に関して，政府が医療の近代化の手本とした国は，大日本帝国憲法の作成の際にも参考とした国です。君主の権限が強い憲法を持ったこの国を，次の あ～え から1つ選び，記号で答えなさい。

あ　イギリス

い　アメリカ

う　フランス

え　ドイツ

問13　文中の下線部⑫に関して，この移行の背景には明治政府が中央集権化のため1871年に行った政策がある。この政策の名称(めいしょう)を答えなさい。

問14　文中の下線部⑬に関して，日露戦争後（1905年）の日本の領土を，次のページの あ～え から1つ選び，記号で答えなさい。なお，後の地図中の濃(こ)い部分が日本の領土を表します（図の範囲(はんい)に一部省略があります。また，図中の点線は現在の国境線を表します）。

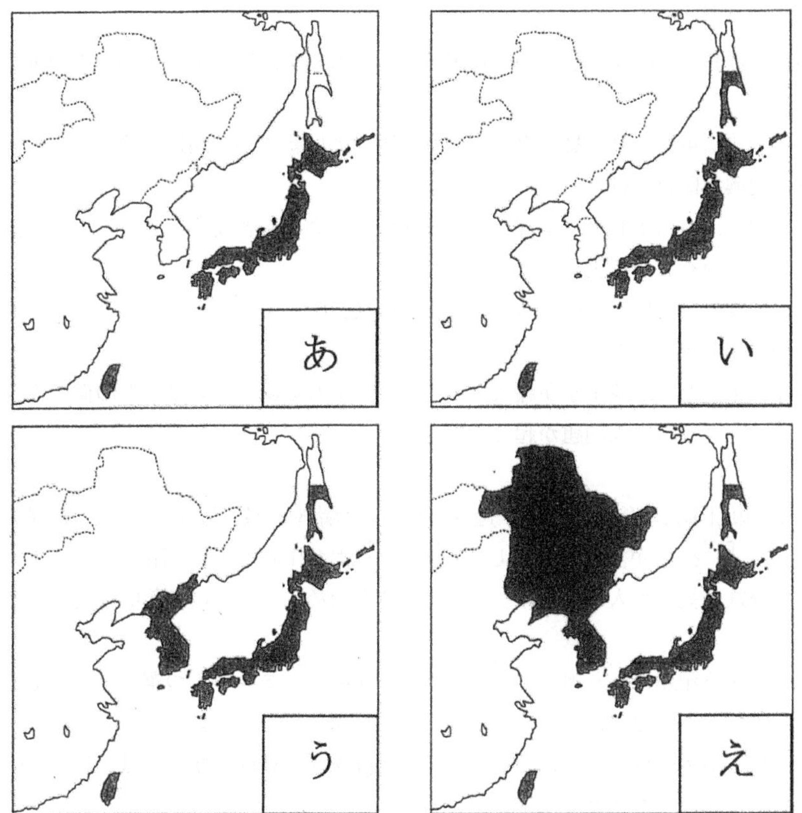

問15　文中の下線部⑭に関して，1883年に外交上のねらいから，日本が西洋化したことを示すため，外国人との社交場として東京に建てられた西洋風の建物の名称を答えなさい。

問16　文中の下線部⑮に関して，感染症の赤痢(せきり)の原因となる菌(きん)を発見し，医療の発展に貢献した人物名を，次の あ～え から1つ選び，記号で答えなさい。

あ　北里柴三郎　　い　野口英世　　う　鈴木梅太郎　　え　志賀潔

問17　文中の下線部⑯に関して，この時に結ばれた以下の条文を含む条約名を答えなさい。

第1条　アメリカの軍隊を日本国内とその付近におく。この軍隊は，日本が外国から武力で攻撃(こうげき)されたり，内乱が起きたりしたときなどに使用される。

問18　文中の下線部⑰に関して，ある年の『経済白書』（政府が発表する日本経済に関する報告）には「もはや戦後ではない。回復を通じての成長は終わった」と記されています。これは，戦後の復興によって生産が戦前の水準を超(こ)え，新たな経済発展の段階に入ったことを表しています。この『経済白書』が発表された時期を，次の あ～え から1つ選び，記号で答えなさい。

あ　1940年代　　い　1950年代　　う　1960年代　　え　1970年代

Ⅲ　次の①～⑤の各文の空欄 [1] ～ [5] に適する語句をそれぞれ答えなさい。そのとき，[4] と [5] はカタカナで記しなさい。さらに問A～Eに答えなさい。

①　1950年に [1] が起こり，アメリカは戦争に加わりました。アメリカ軍は戦争に必要な物資の多くを日本から調達したため，日本経済が復興するきっかけとなりました。その後，日本経済

は大いに発展しました。

問A　高度経済成長期に関する記述のうち誤っているものを，次のア～エから１つ選び，記号で答えなさい。

ア　1960年代には東京オリンピックが開かれ，国内では新幹線や高速道路などが整備され，世界に日本の復興を印象づけた。

イ　1960年頃(ごろ)に，白黒テレビや洗濯機(せんたくき)，冷蔵庫が各家庭にも普及するようになり，国民は生活が豊かになっていくことを実感した。

ウ　産業の発展とともに，環境(かんきょう)の破壊(はかい)も進み，四大公害病をはじめとする多くの公害問題が発生し，環境省が設置された。

エ　1960年代半ばから，輸出額が輸入額を上回り，それ以降，アメリカとの間でカラーテレビや鉄鋼をめぐって貿易摩擦(まさつ)問題が起こった。

②　2021年で，東日本大震災(だいしんさい)から10年が過ぎました。道路や学校，防潮堤(ぼうちょうてい)などの再建を進めるための省庁として［ 2 ］が設置されました。［ 2 ］は2021年３月末で閉じられることになっていましたが，家族を失った人々の心のケアなどをするために，さらに10年間存続されることになりました。

問B　震災に関する記述のうち誤っているものを，次のア～エから１つ選び，記号で答えなさい。

ア　関東大震災からの復興に取り組んだ政治家に後藤新平がいる。

イ　９月１日を防災の日とし，この日を含(ふく)む一週間を防災週間とするのは，1923年の９月１日に関東大震災が起こったことに由来している。

ウ　2011年には，東日本大震災からの復興を進めるために，国会は補正予算を成立させ，仮設住宅などがつくられた。

エ　東日本大震災からの復興に役立てるため，消費税率10%には復興税（復興特別税）分が含まれている。

③　三権のうち，国会で決められた法律や予算にもとづいて，それを実施(じっし)するのが［ 3 ］権である。

問C　［ 3 ］権に関する記述のうち誤っているものを，次のア～エから１つ選び，記号で答えなさい。

ア　内閣総理大臣は，国会が指名し，天皇が任命する。

イ　国務大臣は，内閣総理大臣が任命する。

ウ　内閣総理大臣と国務大臣で行う閣議で，内閣の方針を多数決で決定して，政治を進めていく。

エ　内閣が統制する機関には，各省のほかに，消費者庁や金融庁(きんゆうちょう)，宮内庁(くないちょう)などがある。

④　2019年の参議院議員選挙で，重度の障害を持つ人が当選したことが大きく取り上げられました。また，東京オリンピック・パラリンピックの開催(かいさい)もあり，障害者への理解が進んだと思われます。障害者だけでなく，高齢者(こうれいしゃ)や国籍の違う人など，すべての人が使いやすいように意図してつくられた製品や情報・環境のことを［ 4 ］と呼びます。

問D　障害者や少数者に関する記述のうち誤っているものを，あとのア～エから１つ選び，記号で答えなさい。

ア　2006年に国際連合は障害者権利条約を採択し，障害のある人たちの権利を世界に広げていくことが約束された。

イ　2013年に，日本では障害者差別解消法が制定され，障害のある人が行動の妨げになるものを取り除くように求めた場合，役所や会社，店などは負担が重くなり過ぎない範囲で対応することが求められた。

ウ　2008年にアイヌ民族を日本の先住民族とすることを求める決議が，国会で採択された。

エ　2020年に，沖縄の文化の復興・発展のための拠点として民族共生象徴空間（ウポポイ）が沖縄県那覇市に開かれた。

⑤　第二次世界大戦が終了し，日本はアメリカを中心とする連合国軍に占領されました。連合国軍は日本の民主化を進めました。教育制度も改革され義務教育は小学校中学校の９年間となりました。［ 5 ］は第二次世界大戦によって荒廃した国々の子どもたちに緊急の食料を与えたり健康管理を行う目的で1946年に設立された国際連合の機関です。日本も［ 5 ］から支援を受けた粉ミルクなどが，学校給食に使われました。

問Ｅ　次の出来事を時代の古い順に並べたとき２番目になるものを，次のア～エから１つ選び，記号で答えなさい。

ア　日本国憲法が公布される。　　イ　日本が独立を回復する。

ウ　女性の参政権が認められる。　エ　サンフランシスコ平和条約を結ぶ。

「なに、これ」

「いや、やるよ」

「こんなんもらっても…さっきうち見たでしょ？　植える庭、ないよ」

「じゃあ、こっから投げるか？」

ちょうど、鎖をひきずるような音を立てて、陸橋の下を、電車が通過したところだった。

「線路のわきに、いつかヒマワリが咲くかもな。それはそれで、俳句に詠んでみたい」

ソラは、その言葉にうなずくと、ぱっと欄干の向こうへ、こぶしを振った。

ハセオは、フェンスに阻まれる恰好になりながらも、投げられたもののゆくさきを追おうと、身を乗り出した。

しかし――線路へまっさかさまに落ちていくヒマワリの種は、いくら目を凝らしても、見えなかった。

ハセオはすぐさま、ソラのほうに視線を移した。待ちかまえていたように、ソラはてのひらをさしだしてみせる。そこにはさっきと変わらず、大地のパワーのおおもとが、ひとつ。

「捨ててもいいって！」と、ちょっと照れくさそうなハセオ。

「いいや」ソラはかぶりをふって、ぐっと手の内の種を握りしめた。

④「取っておく」

（高柳克弘『そらのことばが降ってくる　保健室の俳句会』）

問一　□a～cのカタカナ部分の漢字を使った二字熟語を自分で考えて答えなさい。上下どちらに使ってもよい。

問二　【ア】【イ】にあてはまる言葉を考えて答えなさい。

問三　――線部[A]は慣用句です。（　）に当てはまる言葉を考えて答えなさい。

問四　（1）――線部①の句はどのようなことをいっていますか。説明しなさい。

（2）――線部①の句と比べて、ハセオが――線部②のようにいうのはなぜですか。ハセオの気持ちをくわしく説明しなさい。

問五　――線部③とありますが、「出るのを待っていた」という表現をふまえて、ここでのソラの気持ちを説明しなさい。

問六　――線部④とありますが、この時のソラはどのような気持ちだったでしょうか。説明しなさい。

あとも、どうしてソラが怒ってんのかわからなくて、北村センセに言われて、ようやく気づいたんだ。でも、どうしたらいいのかわからなくて」

こぶしを握りしめて、種を再びてのひらにおさめてから、ハセオは、さっきと同じ、欄干でソラと並ぶポーズに戻る。

ぽつぽつと話すハセオの声は、ときどきやってくる電車の轟音にかき消されながら、続いていく。

「でもな、おれ、下手くそなんだよな。まだまだ、俳句、下手くそでさ。あの句もさ、挨拶のつもりだったんだ。あのとき言っただろ？　挨拶だって……そんで、おれも、ソラに何か挨拶の俳句が作れんかなと思って、それで出てきたのが、あの句でさ……でも、下手くそだよな、ぜんぜん伝わってないんだもんな、まだまだだよな……」

ハセオは、話しているうちに、ソラに謝っているというよりも、自分の俳句の下手さにしょげているようになった。

「挨拶句ってさ、うまくいくと、すげー句になるんだよな、たとえばさ、昔の人の句で、

①**たとふれば独楽のはじける如くなり**

っていうのがあって、これ、死んじゃった友だちっていうか、ライバルに贈った、まあ、一種の挨拶句なんだけどさ、コマがばちばちーって戦うような二人だって言っててさ、こういうたとえができるのって、カッコいいと思うんだよな。②おれの句、ぜんぜんだめだよな」

聞いているうちに、ソラは、怒りや不快感よりも、呆れる気持ちが強くなってきた。

コイツ、どれだけ、俳句好きなんだよ。

ソラに謝っているのか、自分のc［カリョウ］不足を嘆いているのか。

だいたい、友だちが死んだときに詠まれた句を例にあげるなんて、不吉じゃないか。友だちの前で——

そこまで思って、ソラははっとした。

そうか、僕にとっては、ハセオはもう友だちなんだ。

「もう、いいよ」

その言葉が、素直に出てきた。③いま浮かんだというよりも、すでにソラの中にあって、出るのを待っていた、という感じの言葉だった。

ハセオが、悪意で、ああいう句を作るやつじゃないことは、わかっていた。こんなに俳句が好きなハセオが、俳句を、揶揄うためや、馬鹿にするために使うはずはない、ということ。

「そっか、ありがとう！」

その言葉が聞きたかった！　とばかりにハセオの顔が輝いたのは、夕闇の中でも、はっきりわかった。

ソラの手を、ぐっとつかんで、あらあらしく上下に振る。

「おれ、ずっと俳句をやってきたけど、ソラだけなんだ、『俳句なんて』って言わなかったやつ。オヤジもさ、友だちもさ、みんな、『俳句なんて、古臭い』とか『将来のために何の役にも立たない』とかって……」

ソラははっとして、ハセオの顔を、正面から見た。

こういうふうに見えて、ハセオも、いろいろな言葉に傷ついてきたのかもしれない。（中略）

ぶんぶんぶん。

激しく手を振られて、ようやく解放されたソラの手には、何か違和感があった。

手を開くと、そこにはヒマワリの種がひとつ。

少しだけ開いたドアの向こうには、困惑ぎみの、母の顔があった。

その顔の上に、長身のハセオの顔が、のぞいている。

ソラは、反射的に、マスクをしていない口元を手で隠そうとしたが、やめた。いまさら、と思ったのだ。

「ごめん、ストーカーみたいなことして……北村センセにたのみこんで、住所、教えてもらったんだ」

ストーカーみたい、じゃない。

家にまで来るなんて、完全にストーカーだよ、と思いつつ、ここまで入ってきてしまった以上、無視することもできない。ハセオのことだ。玄関で迎えた母に、いつもの調子で、相手が吹き飛んでしまいそうな風速で言葉を送り続けて、強引に家の奥まで入り込んできたのだろう。

「待って待って」

こんなにちらかっている部屋の中を、見せるわけにはいかない。着ているものも、パジャマのままだ。

「ちょっと、外行こ」

ソラは、ハセオをうながして、階段を下りていった。（中略）

すでに日が暮れかけていた。（中略）おのずから足が向いたのは、いつもふらっと行く陸橋の方角。後ろをついてくるハセオは、いつになく物静かで、おなかをすかした犬のように素直だった。（中略）

道が急に盛り上がったところに、陸橋がかかっている。ほとんど人の通らないこの橋で、通り過ぎる電車を眺めていると、心がおちつくのだ。学校で臣野シゲルたちのいじめの対象になっていたときも、放課後ここへ来て、欄干にもたれて、時間を過ごしたものだった。（中略）

ソラが、いつものとおりに欄干にもたれると、ハセオも、となりで同じポーズをとる。

しばらく、しんみりとした沈黙が流れるのかなと思っていたが、

「ソラ、あのな、悪かったよ」

ためらいもなく、頭を下げてくるあたりが、ハセオらしいと思いつつ、ソラは反応を示さなかった。

「あのな、あの句なんだけどな……いや、まず、これ見て」

ハセオは、さっと手を出す。どこからか取り出した様子はなかったから、ずっと手に握っていたようだ。

てのひらを、ひらく。薄暗がりの中でも、あきらかなそれは、ヒマワリの種だった。

ソラの顔がくもったのを察したのか、ハセオは早口になって、

「これ、北村センセの花壇のやつを、一個もらってきたんだけど……おれにとってはな、ヒマワリって、こう、噴水みたいというか、花火みたいというか……」

ハセオは、両手をけんめいに上下させた。たぶん、噴水のかたちを示したかったのだろう。でも、だれかを応援しているような、場違いなジェスチャーになってしまっていた。

「……こんな感じでな、地面の中のパワーが、あの茎を通って、噴き出しているように見えんの。それで、ヒマワリの種は、そのおおもとっていうか」

指先に挟んだ種を、じっと眺めつつ、

「それで、あのときな、ソラの顔にホクロあるなー、ヒマワリの種みたいだなー、ソラの顔からヒマワリ、ぶわーっと生えたらおもしろいなーとか…ぜんぜん、そんな、バカにするつもりは、なかったんだよ。あの

じゃ、緊張するわよ」

北村先生が、A（　　）を出してくれる。

「そっかー。ソラのが、早く見たかったんだけどな。じゃあ、まずはおれから――」

そう言って、ハセオが朗々と読み上げる。あの日、「白雨」の句を読み上げたのと同じ、澄んだ声で。

向日葵の種みたいだなそのホクロ

――しかし、その朗読は、あのときとは、まったく正反対の効果をもたらしてしまった。

その句が声となって宙空に放たれたとたん、保健室の空気が、さっと変わった。明るかった日ざしまでもが、一瞬で翳ったように錯覚した。

ハセオの句は、あきらかに、ソラの顔のホクロを詠んだものだった。

「……どうかな？　感想は？　んん？」

ハセオは、二人の顔を見比べる。はじめて学校で句会ができたうれしさ、会心の句ができたうれしさが、その顔にはあふれていた。だが、対照的に、ソラの顔は、ひきしまり、かたくなっていた。

北村先生は、あわてていた。何か言わなくては、という焦りが、顔に出ていた。

ソラはそのまま立ち上がって、保健室を出ていこうとした。うっかり、入り口わきのラックに入れておいた鞄を、取り忘れるところだった。ドアの前でキュッとするどく上履きを鳴らして方向転換し、鞄のほうに手を伸ばす。

「どうした？」と、駆け寄ってきたハセオが、その腕をつかんだが、ソラはそれをふりきり、ドアを開けて、廊下へ踏み出した。

◇　◇　◇

三日前の句会でハセオが作った句が、ソラには、どうしても許せないでいた。

ヒマワリの花壇で、ソラの顔をじっと見ていたハセオ。

気にしないようなそぶりはしていたけれど、やはり、このホクロのことを、おもしろおかしく俳句にするほどには、関心を持っていたのだ。

ほかの花よりも、ずっと大ぶりで、存在感のあるヒマワリ――種も、りっぱだ。その種にたとえられた、この、大きなホクロ。

ベッドの上で寝返りを打つ。（中略）体重でベッドがきしむ音が、いやに大きく聞こえる。昼ごはんの時間が近づいていたけれど、動いていないせいか、ちっともおなかがすかない。

そのまま眠った夢の中に、さまざまな記憶の断片が、ただよっていた。

椅子に縛りつけられ、まぶたを金具で固定されて、むりやりいくつもの映画を見せられているようだった。短く断ち切られた記憶が、何度も目の前を過ぎっては、消えていく。

目覚める直前に見ていたのは、臣野シゲルたちが、ソラが買ってきたパンを、パスし合っている記憶だった。（中略）

「あの、お友だち、来てるわよ」

母が言い終わらないうちに、

「ソラ、おれ、おれ」

と、聞きなれた声がした。

ハセオだ。驚きよりも、奇妙な感覚が、先におそってきた。自分の家の中で、ハセオの声を聞くなんて。

音は少なすぎた。ほとんど、作文の一行と見分けのつかない言葉になってしまう。言葉を削る必要があるのだろうが、言いたいことが伝わらなくなってしまいそうで、どこをどう削ればよいのか、見当がつかない。

「あのさ」とソラは、窓に近づく。花壇では、ハセオが、ヒマワリの花とにらめっこしていた。長身のハセオが、ヒマワリには見下ろされているかっこうになるので、なんだかおかしかった。

「なんか、コツみたいのないかな」

「ないよ。自由に詠めばいいんだ」

「そうは言ってもさ」

「うーん」ハセオは、コツなどいままで考えたこともない、というふうだった。

「おれはね、まずは当たり前のことはいわないようにしてる。ヒマワリだったら、【　ア　】とか、【　イ　】とかは、当たり前だろ。それいっても、つまんないじゃん」

「たしかに」ソラは、手許のノートに、さっそくメモをする。

〈当たり前のことはいわない〉

「それから？」

「うーん、あとは、挨拶するように詠むといいって、いわれるな」

「挨拶？」

「そう。俳句はさ、ひとりでつぶやくようなもんじゃないってこと。誰かに向けて書くっていうのかな。その相手は、人だったり、ヒマワリだったり、場所だったり、いろいろなんだろうけど」

「挨拶ねえ」

わかったようでわからない。それでも、一応、〈挨拶の心を持つ〉と書いておく。

ハセオのほうでは、ソラの顔をじっと見て、

「おっ、いいな、いま、一句できたわ」

「はー!?」

自分だけわかっているかのようにからから笑うハセオが急に憎らしくなり、ソラは自分の席に戻った。北村先生は、いつもの笑みが消え、真剣なb 表ジョウ で、ノートに向き合っている。書いては消し、消しては書き、を繰り返しているようだ。

結構本気だな……ソラは、北村先生の、知らない一面をかいま見た気がした。

そうこうしているうちに、二十分は、あっという間に経過した。

「はいはい、ゴ――ル――試合終了――」（中略）

「じゃあ、作った中から一句、これぞというのを短冊に書いて」

ハセオがまた、ポケットから短冊を出してきて、北村先生と、ソラに渡す。ハセオがどこからともなく短冊を出してくるマジック（？）にも、だんだん慣れてしまった。

「書いた？　じゃあ、それを、読みあげてみよう。はいソラくん」

「えっ、これ口に出すの？　自分で？」

短冊を持ったまま、ソラはかたまってしまった。

「そそ」

「それはちょっと……」

自分の句を――しかも、ほとんどはじめて作って、おそらく出来もいまいちのはずの句を、自分の口で読み上げるのは、抵抗感があった。

「経験者のハセオくんからがいいんじゃない？　いきなりソラくん

自由に溢れた場所にしたいと思う。

（森田真生『僕たちはどう生きるか　言葉と思考のエコロジカルな転回』）

注1　化学的にそれ以上は分解することができない物質
注2　物質の化学的性質を失わない最小単位
注3　表現や発想が非日常的であるさま
注4　デジタル画像の細かさを表す度合い
注5　生物と環境のつながりを研究する学問

問一　[　]　a～cのカタカナを漢字に直しなさい。なお、送り仮名が必要な場合は送り仮名も含めて書きなさい。

問二　[A]にあてはまる、身体の一部を表す言葉を考えて漢字で答えなさい。

問三　[B]にあてはまる、「あらゆる人々」という意味を表す四字熟語を考えて答えなさい。

問四　――線部①からは、何についてのどのような（筆者の）気持ちが読み取れますか。説明しなさい。

問五　――線部②とありますが、筆者は「食べる」ことをなぜ「愉快で、壮大」だと述べているのですか。説明しなさい。

問六　――線部③の経験をすることで、筆者は子どもたちがどのように成長していくと考えていますか。現在の社会のあり方をふまえて説明しなさい。

二、次の文章を読んで、後の問いに答えなさい。

◇中学生のソラは、同級生の臣野たちのいじめの対象になったことをきっかけに教室に行けなくなり、保健室に登校しています。ある日、保健室でハセオという生徒に出会います。ハセオはいつも俳句をつくっていて、保健の北村先生に俳句を教えています。

「じゃあ、今日のお題は、ヒマワリで決まりね」

窓辺まで、いそいそと歩いて行った北村先生は、さーっとカーテンを開けた。

保健室の前に、北村先生が作っている花壇。その花を、切り取ってきて、窓辺の花瓶にさすのが習慣だった。でも、いまは、その必要はない。

背の高いヒマワリが、窓の向こうにａ[リン立]して、大きな金色の花を、ソラたちに誇っていたからだ。

「すげっ！」と、椅子の上にあぐらをかいていたハセオは、そのまま立ち上がる。

「北村センセ、ナイス！　じゃあ、お題はヒマワリで、制限時間はいまから二十分。一句。はじめー」

「まるでスポーツみたいだね」とソラが笑うと、ハセオものってくる。

「いいこと言うな、ソラ！　そうそう、俳句は、言葉のスポーツ。句会は、試合なんだよ」

「がんばるわよお」

などと、いまにも腕まくりしそうな北村先生の張り切りに影響されたのだろうか。

「おれ、ちょっと観察してくる」

と、ハセオは窓をがらがらと開けると、上履きのまま、外の花壇へ飛び出してしまった。

とはいえ、張り切ればよいというものではないことが、作り始めて、ソラにはわかってきた。言いたいことを言おうとすると、あまりに十七

大豆を煮込み、潰し、発酵させて、じっくりとｃ［スガタ］を変えてきた味噌。そういえば僕が作った味噌はどうなっているだろうか。天草の塩もある。富山の米もある。それぞれが別の進化の来歴をたどってきた動物や植物や鉱物たちが、いまこの食卓の上で共演をしている。そのすべては、少なくとも三五億年前から一度も滅びたことがない「生命」の異なる表現である。同じ地球環境を、鯛は鯛として、キャベツはキャベツとして、イチゴはイチゴとして、イモはイモとして受け止め、解釈し、この地上で生きるとはどういうことかを、それぞれのやり方で表現してきた。僕たちは何億年も前に別の進化の道を歩みはじめ、ここで、この食卓で、久しぶりに再会をした。

「これはお母さんによる宇宙と生命の歴史の表現なんだよ」と僕が子どもたちに語る。息子たちは目を丸くして笑いながら「うまーい！」と叫ぶ。何気ない食事の場面から、あらゆるスケールに認識がはみ出し、この世の生態学的な豊かさに、感動としみじみとした喜びを覚える。この感動はしかし、彼らが大人になる頃には、いまと同じように魚を食べることなどできなくなっているかもしれないという悲しみと［Ａ］合わせなのである。

春になり、法然院の土地にうずたかく積もった腐葉土を、近隣で畑をしている人たちがときどきもらいに来てくれるようになった。小倉ヒラクさんを招いたワークショップで作った落ち葉堆肥とは別に、すでにここには長年にわたって、庭掃除で出た落ち葉を重ね続けてきた結果、大量の腐葉土が蓄積されている。これをみんなでふるいにかけ、小石や枝を取り除き、真っ黒でふかふかの腐葉土を、好きなだけ持ち帰ってもらうのだ。

親と一緒にやってくる子どもたちも、僕たちと一緒に土をふるいにかける。飽きたら石や枝を探して遊ぶ。育てたり、作ったりする経験もいいが、③子どもたちにはまず、「もらう」こと、「拾う」ことを、たくさん経験してほしいと思う。

自然の圧倒的に潤沢な富を、僕たちの社会はお金を払わなければ買えない商品に変えてしまう。「あのみかん採ってもいい？」と散歩中に息子に聞かれて僕は、「ダメだよ、あれは他の誰かのものだから」と答えなければいけない。自然からの純粋な贈り物を、僕たちはお金を払わなければ買えないことにしてしまった。散歩道に美味しそうなビワがなっているのに、僕は子どもたちに「採ってもいいよ」と言えない。それは誰か別の人の土地に植わったビワの木だからだ。

かつて人間は、自然からもらい、拾いながら生きていた。育てたり、作ったりする以前に、自然から圧倒的な富を与えられていた。自然から与えられるというこの経験が、人間の生活の前提にあった。物を贈り合う連鎖は、「こんなにもらってしまった」という、驚きと感謝の経験からこそ動き出すのではないだろうか。

腐葉土をもらいにきた家族の子どもたちは、石や枝を拾って、それをもらっていく。「どんどんもらってね！」と僕が言うと、子どもたちも真剣になって探し始める。思う存分拾ったりもらったりできる場所を、僕たちはもっと作っていかないといけない。

知識や学問だって本当は、圧倒的に潤沢な富として、もっと自由に拾ったりもらったりできるものであってもいいはずである。［Ｂ］が集い、思わぬ来客が行き交う未来の学び舎は、拾うことともらうことの

【国語】（五〇分）〈満点：一〇〇点〉

一、次の文章を読んで、後の問いに答えなさい。

野菜には栄養がある。食べることは栄養とエネルギーの摂取である。だが、本当にそうなのだろうか。

周防大島から届いたとれたてのスナップえんどうに食らいつくとき、僕たちの頭には栄養やエネルギーのことなど少しもない。ただどうしようもなくそそられてかぶりつく。そして「うまーい！」と叫ぶ。

食べるという行為を緻密に捉えようとすると、どんな風景が浮かび上がるのだろうか。これに関して、生物学者の福岡伸一が面白い研究を紹介している。それは、ドイツに生まれ、アメリカに亡命したユダヤ人科学者ルドルフ・シェーンハイマーによる実験である。

シェーンハイマーが立てた問いはシンプルだった。それは、動物が何かを食べるとき、食べものはどこに行くのだろうかという問いだ。これを確かめるために彼は、同位体標識法という手法を用い、[注1]元素に目印を付け、その元素を含むアミノ酸を作って、ネズミに三日間食べさせてみた。

シェーンハイマー自身は、食べものはネズミの体内で燃やされ、しかるべき時間が経過したあと、燃えかすが呼吸や糞尿となって排泄されるだろうと予想していた。だが実験の結果は予測を裏切るものであった。目印を付けたアミノ酸は、ネズミの全身に飛び移り、その半分以上が、脳や筋肉、消化器官や骨、血管、血液など、あらゆるａ［ソシキ］や臓器を構成するタンパク質の一部となっていたのだ。

食べることは単にカロリーをとることでも、栄養を摂取することでもなかった。緻密に調べてみると、食べることは、文字通り自分の体の一部が、食べられたものに置き換わっていく過程であることがわかったのだ。

動物が何かを食べることと、車にガソリンを入れることの違いがここにある。車にどれほどガソリンを入れても、車を構成する部品が、ガソリンの成分に置き換わっていくことはない。ところが僕たちがえんどう豆を食べ、魚を食べ、リンゴを食べるときには、えんどう豆や魚やリンゴを構成していた分子[注2]が、それまで自分の体を構成していた分子と置き換わっていく。さっきまでえんどう豆だったものが僕になり、さっきまで魚の一部だったものが自分の一部になる。まるでカメレオンのように、僕はキャベツになり魚になりトマトになりスナップえんどうになる。①緻密に調べてみると、想像以上にシュール[注3]なことが、食べるときにはくり広げられている。

少なくともただカロリーや栄養を摂取しているだけというのは、食の理解としてあまりにも解像度[注4]が低い。②僕たちは食べるとき、もっと愉快で、壮大なことをしているのかもしれない。

僕は自宅で食事をするとき、食卓に並ぶ食材を生み出してきたあらゆるものの生態学的[注5]な連関を、なるべく詳細に想像してみようとする。鯛が泳いでいた瀬戸内海の海。その海の流れを生み出してきた大気。スナップえんどうを育てた土の微生物。土をはぐくみ続けた宮田さん。あそこの土には周防大島の海から打ち上げられた海藻や竹チップも投入されているのだった。種子から見事にこんなに丸々と育った豆たち。一億五〇〇〇万キロ離れた太陽の光をｂ［アビ］て、こんなにも豊かに育ってきた。

大切なことはメモしておこうネ！

2022年度

解　答　と　解　説

《2022年度の配点は解答欄に掲載してあります。》

<算数解答>

Ⅰ　(1)　ア　$3\frac{6}{23}$　　(2)　イ　$4\frac{14}{75}$　　ウ　24　　(3)　①　エ　11　　②　オ　7　　カ　8

Ⅱ　(1)　1時$5\frac{5}{11}$分　　(2)　21回　　Ⅲ　(1)　分速200m　　(2)　2656.25m　　(3)　2343.75m

Ⅳ　(1)　①　図：解説参照　10個　　②　図：解説参照

(2)　①　(円柱)8個　　(円すい)2個　　(体積)$734.76cm^3$

②　(大きい)$621.72cm^3$　　(小さい)$452.16cm^3$

○推定配点○

Ⅰ，Ⅳ(1)　各5点×8(Ⅰ(3)②　完答)　　他　各6点×10　　計100点

<算数解説>

Ⅰ　(四則計算，平面図形，図形や点の移動，規則性，数の性質)

(1)　$\square=\left\{\left(13\frac{8}{24}-5\frac{11}{24}+3\frac{5}{7}\right)\times\frac{13}{11}+2\frac{3}{8}\right)\times\frac{14}{69}=\left(\frac{649}{56}\times\frac{13}{11}+2\frac{3}{8}\right)\times\frac{14}{69}=\frac{225}{14}\times\frac{14}{69}=\frac{75}{23}$

(2)　①　右図において，三角形OABは正三角形で角RAℓは30度
したがって，Pが動く道のりは$(6+6\div3)\times2\times3.14\div12=\frac{314}{75}$(cm)

②　①より，ARは$(6+6\div3)\div2\times6=24$(cm)

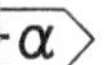
(3)　①　3つ目の数…2＋エ　4つ目の数…2＋エ×2＝24　したがって，エは(24－2)÷2＝11

②　3つ目の数…オ＋カ　　4つ目の数…オ＋カ×2
5つ目の数…オ×2＋カ×3
6つ目の数…オ×3＋カ×5　　7つ目の数…オ×5＋カ×8
8つ目の数…オ×8＋カ×13＝160
したがって，カ×13＝8×(20－オ)より，カ＝8，オ＝20－13＝7

Ⅱ　(速さの三公式と比，時計算)

(1)　$360\div(6-0.5)=65\frac{5}{11}$(分)より，1時$5\frac{5}{11}$分

重要　(2)　(1)より，1時台から10時台まで毎時1回ずつ両針が重なり，11時台は重ならず12時に重なる。
したがって，24時になる前までには10＋1＋10＝21(回)重なる。

重要　Ⅲ　(速さの三公式と比，流水算，割合と比，単位の換算)

(1)　AC間の下りの時間は25－5＝20(分)，下りの分速は5000÷20＝250(m)
したがって，静水時の分速は250÷(4＋1)×4＝200(m)

(2)　(1)より，上りの分速は200－200÷4＝150(m)，Pが地点Bで停止している間，Qは150×5＝750(m)上っている。
したがって，下りの分速：上りの分速は250：150＝5：3

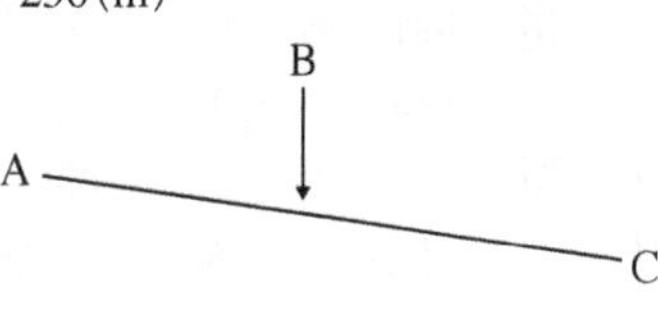

であり，AD間は$(5000-750)\div(5+3)\times5=2656.25$(m)

(3) Qが地点Aに着いて下り始めるまでの時間は$5000\div150+5\times2=\frac{130}{3}$(分)，Pが地点Cに着いて上り始めるまでの時間は$25+5=30$(分)　Qが地点Aから下り始めるとき，QP間は$5000-150\times\left(\frac{130}{3}-30\right)=3000$(m)　また，Pが2回目に地点Bで停止している間，Qは$250\times5=1250$(m)下っている。したがって，AB間は$1250+(3000-1250)\div(5+3)\times5=2343.75$(m)

Ⅳ　(平面図形，立体図形，論理)

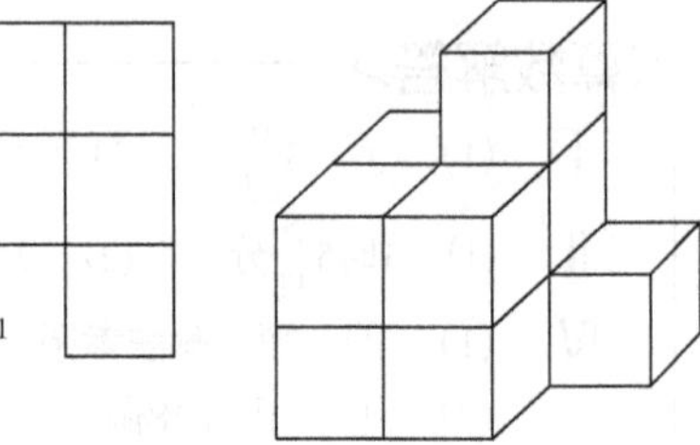

図1

重要 (1) 規則：底面を形成する各正方形について，他の正方形と共有する辺の数だけ立方体を積み上げる。

① 図1のような例がある。
したがって，立方体の個数は$3+2\times3+1=10$(個)

② 図2になる。

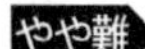

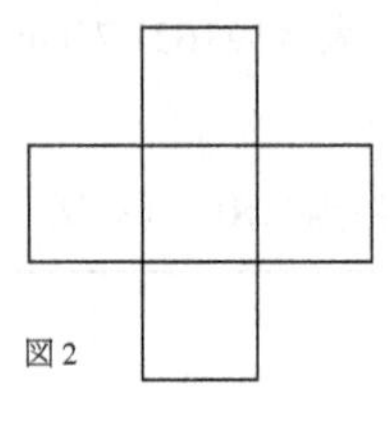

図2

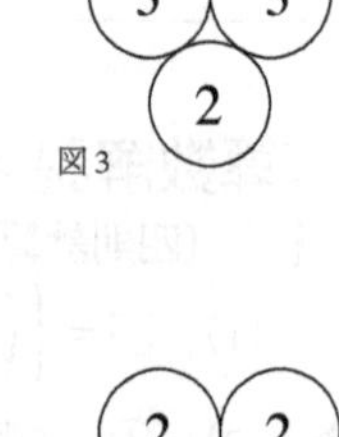

図3

やや難 (2) 円柱の体積…$3\times3\times3.14\times3=84.78$(cm^3)
円すいの体積…$3\times3\times3.14\times3\div3=28.26$(cm^3)

①図3について，2段目まで円柱$2\times4=8$(個)を配置して円すい2個を配置する。
したがって，最大の体積は$84.78\times8+28.26\times2=734.76$(cm^3)

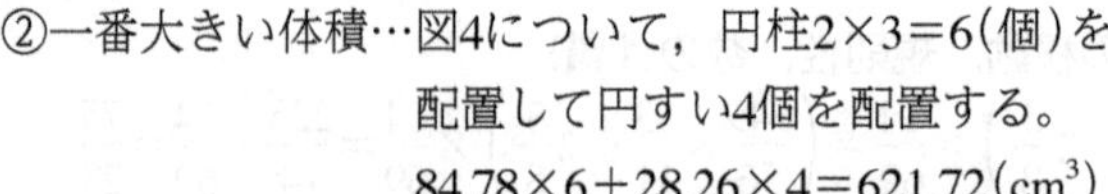

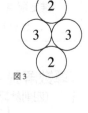

②一番大きい体積…図4について，円柱$2\times3=6$(個)を配置して円すい4個を配置する。
$84.78\times6+28.26\times4=621.72$(cm^3)

一番小さい体積…図5について，円柱4個を配置して円すい4個を配置する。
$(84.78+28.26)\times4=452.16$(cm^3)

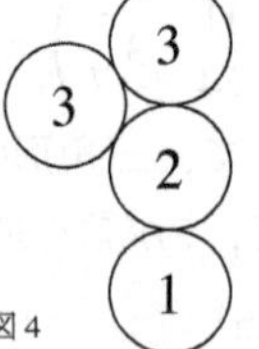

図4

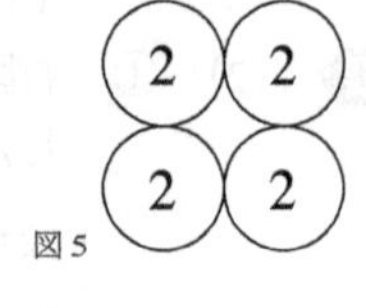

図5

★ワンポイントアドバイス★

難問はないが，注意しなければならないポイントが多く簡単な問題が少ない。Ⅳ「平面図形，立体図形，論理」では，「規則」をしっかり読み取らないと失敗する。底面を形成する正方形や円形の配置の図が，重要になる。

＋α は弊社HP商品詳細ページ(トビラのQRコードからアクセス可)参照。

<理科解答>

Ⅰ 問1 A 精子　B 受精卵　C 関節　D 筋肉
問2 X ウ　Y ア　Z エ　問3 えら　問4 イ　問5 う
問6 生物 イモリ 理由 先に前足,後に後足が生える。尾が成体になっても残っている。
問7 く 子宮　け たいばん

Ⅱ 問1 7.7(g),沈む　問2 イ　問3 ① ア　② エ　③ イ　④ ウ
問4 14(mm)

Ⅲ 問1 あ 風　い 気温　問2 オ　問3 i 108(g)　ii 91(g)
問4 260(g)　問5 169(g)　問6 65(%)

Ⅳ 問1 ウ・カ　問2 イ・オ　問3 (厚い鉄板よりもスチールウールのほうが,)表面積が大きく酸素と結びつきやすいから。

問4　ア・オ・キ　　問5　ウ・カ　　問6　18.2(L)　　問7　ウ・カ

○推定配点○

Ⅰ　問5・問6理由　各2点×3　　他　各1点×12

Ⅱ　問1・問2・問4　各2点×4　　問3　各1点×4　　Ⅲ　各2点×8

Ⅳ　各2点×7(問1・問2・問4・問5・問7各完答)　　計60点

<理科解説>

Ⅰ　(昆虫・動物－動物の分類)

重要　問1　ゾウリムシのように1個の細胞からできている生物を単細胞生物といい，ザリガニなどのように多数の細胞からできている生物を多細胞生物という。また，卵と精子が結びつくことを受精といい，生じた受精卵が細胞分裂をくり返して，新しい個体に成長する。

重要　問2　基準X　cのメダカは魚類であり，一生，えら呼吸を行う。

基準Y　fのハムスターはほ乳類であり，親が子の世話をする。

基準Z　dのカエルとeのイモリは，ともに両生類であり，冬眠をする。

重要　問3　メダカのあは「えらぶた」であり，内部には「えら」がある。

重要　問4　「えら」はひだ状になっていて，表面積を広くすることで，水中の酸素を取り入れやすいしくみになっている。

や難　問5　メダカのいの「むなびれ」は「前足」に相当し，うの「はらびれ」は「後足」に相当する。

や難　問6　カエル・イモリ・ウーパールーパーはいずれも両生類の仲間であるが，イモリは，ウーパールーパーと同じように，成体になっても尾が長いままであり，前足→後足の順に生えてくる。

重要　問7　ほ乳類のハムスターの赤ちゃんは，母親のくの「子宮」の中で育つ。また，けの「たいばん」を通して，母親から養分を受け取っている。

Ⅱ　(物質の性質・熱の性質－ガリレオ温度計，金属の膨張)

や難　問1　図4のグラフより，エタノール100gの体積は，43℃のとき130cm^3である。したがって，10cm^3の容器におもりを入れた重さは，100(g)×10(cm^3)÷130(cm^3)＝7.69…(g)より，7.7gにする必要がある。また，エタノールの温度を43℃よりも高くすると，エタノールの体積が増え，同じ体積あたりの重さがおもりよりも軽くなるので，おもりは沈む。

や難　問2　おもりの重さは，7.7g，7.8g，7.9g，8.0g，8.1gである。まず，1℃のとき，100gのエタノールの体積は，124.2cm^3なので，10cm^3の重さは，100(g)×10(cm^3)÷124.2(cm^3)＝8.05…(g)より，7.7g，7.8g，7.9g，8.0gのおもりは浮き，8.1gのおもりは沈む。次に，13℃のとき，100gのエタノールの体積は，125.8cm^3なので，10cm^3の重さは，100(g)×10(cm^3)÷125.8(cm^3)＝7.94…(g)より，7.7g，7.8g，7.9gのおもりは浮き，8.0g，8.1gのおもりは沈む。

重要　問3　エタノールは液体から固体になると，体積が縮み，同じ体積あたりの重さが重くなるので，固体は液体に沈む。一方，水は液体から固体になると，体積が大きくなり，同じ体積あたりの重さが軽くなるので，固体(氷)は液体(水)に浮く。

や難　問4　2mの鉄は45℃上昇すると1mm長くなるので，25mの鉄は50℃上昇すると，

$$1(\text{mm}) \times \frac{25(\text{m})}{2(\text{m})} \times \frac{50(℃)}{45(℃)} = 13.8\cdots(\text{mm})$$より，14mm長くなる。

Ⅲ　(状態変化・気象－タオルのかわき方・湿度)

問1　あ　室外は風が吹いているが，室内は風が吹いていない。

い　室内は20℃，室外は23～25℃である。

問2　最もかわきやすい場所は，気温が高く，風通しが良いCである。また，最もかわきにくい場所は，気温が低く，風通しが悪いEである。

問3　（ｉ）　②－①より，151(g)－43(g)＝108(g)である。

（ⅱ）　②－④より，151(g)－60(g)＝91(g)である。

問4　20℃の飽和水蒸気量が17.3gなので，15m^3の部屋に含むことができる水蒸気量は，17.3(g)×15＝259.5(g)より，260gである。

問5　問4と問3の(ⅱ)の結果から，260(g)－91(g)＝169(g)

問6　湿度は，$\frac{169(g)}{260(g)} \times 100 = 65(\%)$

Ⅳ　(燃焼－ろうとスチールウールの燃焼)

重要　問1・問2　ア～クについては，次のようになっている。

ア．スチールウール(鉄)を燃やすと酸化鉄が生じる。

イ．二酸化炭素を水に溶かすと炭酸水になる。

ウ．はく息に含まれている酸素の割合は，すう息に含まれている割合よりも少ない。

エ．お菓子の袋はちっ素で満たされていて，お菓子の酸化を防いでいる。

オ．固体のドライアイスは昇華して，気体の二酸化炭素になる。

カ．植物は光エネルギーを利用して，二酸化炭素と水を取り入れ，でんぷんと酸素をつくる。

キ．塩酸にスチールウールを入れると，水素が発生する。

ク．水は100℃で沸騰して，内部から水蒸気のあわが出てくる。

重要　問3　スチールウールは鉄板などと比べると，表面積が大きく，酸素とふれやすいから。

問4　使い捨てカイロの外袋には小さな穴が開いていないが，内袋には小さな穴が開いていて，空気が入ることで，スチールウールが酸素と反応して，温度が上がる。また，鉄の粒が小さい方が表面積が広くなり，速く温度が上がる。

問5　カイロを振っても振らなくても，最高温度になるまでの時間には大きな差がない。また，その後は，カイロを振った方が，高い温度が持続されることがわかる。

やや難　問6　カイロ①では5gの酸素が結びついたので，必要な空気の体積は，

$1(L) \times \frac{5(g)}{1.31(g)} \div 0.21 = 18.17\cdots$ (L)より，18.2L

問7　カイロ②の方がカイロ①よりも多くの酸素と反応しているので，カイロ②の方がカイロ①よりも重い。また，磁石の引きつけ方は，カイロ②の方がカイロ①よりも弱い。

★ワンポイントアドバイス★

理科の基本的な問題から応用問題まで含めて十分に理解しておくこと。また，思考力を試す問題にも十分に慣れておくこと。

<社会解答>

Ⅰ 問1 1 コンテナ 2 石炭 3 脱炭素[カーボンニュートラル] 4 30 5 16
6 猛暑 7 千島 8 サンマ 9 網戸 10 電気 11 材料[原料]
12 スリッパ 問2 鉄道 問3 あ 問4 え 問5 従来は東京港を主に利用していたため，都心を経由せねばならず，渋滞に巻き込まれることも多かったが，太平洋に面した茨城港と結ばれたことで，アメリカ合衆国などとの行き来にかかる時間が短縮された。
問6 自動車 問7 〈あ〉は記念碑の記号で，石碑や立像など有名なもの，目印になるものが記載された。〈い〉は自然災害伝承碑で，過去の自然災害の記録を再確認し，再びの災害に備えるため，記念碑の記号とは区別した。

Ⅱ 問1 1 土偶 2 唐招提(寺) 3 源氏物語 4 茶 5 徳川吉宗
6 オランダ 7 前野良沢 問2 う 問3 か 問4 阿倍仲麻呂 問5 い
問6 自分の娘や姉妹を天皇家のきさきにし，生まれた孫や甥を天皇にする。
問7 菅原道真 問8 い 問9 い 問10 か 問11 あ 問12 え
問13 廃藩置県 問14 い 問15 鹿鳴館 問16 え 問17 日米安全保障条約
問18 い

Ⅲ 1 朝鮮戦争 2 復興庁 3 行政(権) 4 ユニバーサルデザイン 5 ユニセフ
問A ウ 問B エ 問C ウ 問D エ 問E ア

○推定配点○
Ⅰ 問5・問7 各4点×2 他 各1点×16 Ⅱ 問6 3点 他 各1点×23 Ⅲ 各1点×10
計60点

<社会解説>

Ⅰ (日本の地理－「交通」「環境」などに関連する問題)

問1 1 コンテナは鉄製の箱で，大きさの規格はいくつかあるが，基本的には万国共通のものになっている。この箱の中に品物を入れておくことで，バラバラに積み下ろしをするよりは効率よく行える。 2 石炭は20世紀前半までは火力発電の燃料をはじめ，蒸気機関の燃料や，家庭で 燃料を燃やすことで二酸化炭素が生じるのを防ぐということで掲げられているもの。基本的に化石燃料系のものはすべて炭素を含む。 3 脱炭素は，究極のところでは化石燃料の使用に頼らずに何らかのエネルギーを得ていこうというもの。自然由来の再生可能エネルギーへの転換が中心となるが，二酸化炭素の排出量をゼロとするのは厳しいので，現在動いているのはカーボンニュートラルということで，二酸化炭素の排出量と吸収量とを均衡させせようというもので，パリ協定もこの線で進んでいる。 4 平年値は西暦の1の位が1の年に更新され，過去30年分のデータの平均をとる。2022年5月に出された平年値は1991年から2020年の30年分のもの。 5 東京の新しく発表された平年値の年平均気温は15.8度で約16度となる。 6 最高気温が35度以上の日を猛暑日といい，30度以上が真夏日，25度以上が夏日となる。 7 千島海流は日本の太平洋側を南下してくる寒流。 8 サンマは北太平洋に広く分布する魚で，日本で漁獲されるもののほとんどは南の方の日本海流の海域で生まれ，成長してくると北上し，夏の時期には北海道の北東の沖のプランクトンの多い海域で餌をたくさん食べて大きくなり，寒流が南下してくるのにのって秋には北海道，東北，関東の沖の太平洋側で順に採れるようになる。 9 網戸は夏の時期に，窓をただ開けておくとカなどの虫が家の中に入ってくるのを防ぐために，窓の枠に網を張って窓のところに置くものとして作られている。現在のアルミサッシの窓の場合には一般にガラス窓と外側の雨戸などの間にガラス窓などと同じように開閉できるようにしたものが置かれている。 10 アフリカやアジア，南米，太平洋の島々の中には，まだ電気がごく普通には供給されていない地域もある。 11 蚊帳の原材料は現在では化学繊維が主流だが，かつては麻などが使われた。 12 スリッパはスリップ(滑る，滑らす)という言葉から生まれたもので，足を滑らせるようにしてつま先だけを覆うように装着する，足裏全体の大きさほどの底のある室内履きの履物。

重要 問2 鉄道は，陸上を走る乗り物で通常線路(レール)の上を走るため，普通の道路上を移動する車や歩行者とは走路が分かれるので，時間通りの運行が可能である。また，船舶には劣るが重量物の運搬に関しては自動車や航空機よりもはるかに多く運べる。温室効果ガスに関しては，客車や貨車を引っ張る車両の動力が電気のモーターのものだと，その消費電力を発電する際の温室効果ガスの排出はもちろんあるが，同じだけの旅客や貨物を自動車で輸送するのと比べれば，排出される温室効果ガスの量ははるかに少なくてすむ。

やや難 問3 **あ** 群馬県は関東地方の中では近郊農業が盛んな場所なので，稲作も行われているが畑になっている場所が多い。また，群馬県の南部は自動車や機械類の組み立て工業が盛んな場所で，ブラジル系の出稼ぎ労働者が多く集まっている。**い**が岡山県，**う**が福島県，**え**が岐阜県。

問4 **え** ここでいう北関東工業地域は埼玉県，群馬県や栃木県，茨城県の県境が接する地域を中心に広がるもので，主に自動車や機械類の組み立て工業が盛んな場所。内陸部にあるので石油化学コンビナートはない。

やや難 問5 北関東工業地域の場所は，かつては製品や原材料の輸送には東京とつながる自動車道や鉄道の利用が中心で，自動車道に関しては，交通量が多く，渋滞もよく起こり，物流の時間が読みづらい場所であったが，北関東自動車道ができると，群馬県や栃木県から直接茨城港へアクセスできるようになり，東京につながらないから渋滞も少なく，輸送時間も短く，また渋滞による遅れなどをあまり気にしないで済むようになった。

問6 写真の船は自動車運搬船でRO-RO式と呼ばれる，今日の一般的なもので積み荷の自動車を運転して船に積み込み，運転して船から降ろす形。船の後部か前部に大きなスロープがあり，港の桟橋のところから車が直接乗り降りできるようになっていて，船の中を何層にも分けてあり，大量の車が積み込めるようになっている。

やや難 問7 自然災害伝承碑 の地図記号は，従来の記念碑 とは区別して2019年に新たに設定された地図記号。過去に発生した津波，洪水，火山災害，土砂災害などの自然災害に関する事柄が記載されている記念碑，モニュメント等を地図上に記載することで，人々に身近に起こりえる災害を意識してもらい，防災への意識を高めてもらうことを目的としている。<あ>は渋谷駅前の忠犬ハチ公の記念碑，<い>は関東大震災に関する自然災害伝承碑。

Ⅱ (日本の歴史－「医療」「外交」「文化」などに関する問題)

問1 1 土偶は縄文時代の遺跡などから出土するもの。女性をかたどったとされる土で出来た人形。 2 唐招提寺は唐から来日した鑑真が開いた寺院で，鑑真が日本に伝えた律宗の総本山。 3 『源氏物語』は紫式部が書いた文学作品。紫式部は藤原道長の娘の彰子に仕えていたので，当時の朝廷の中のことや貴族の生活などが，『源氏物語』からうかがい知ることができる。 4 茶を日本に伝えたのは臨済宗を伝えた栄西とされ，最初は薬としてもたらされたという。 5 江戸幕府の第八代将軍は徳川吉宗。吉宗が自らやった改革が享保の改革で，綱吉の代までで悪化していた幕府の財政の立て直しを中心に改革が行われた。 6 鎖国下で来日が認められていたヨーロッパの唯一の国がオランダ。オランダは来日を禁じられた国々とは異なり，キリスト教の布教にはさほど熱心ではなく，純粋に貿易のためだけに来日していると幕府も判断し，鎖国はしていても西洋のことを幕府が知るための1つの窓口としてオランダは残された。 7 前野良沢は中津藩の藩医で，青木昆陽に蘭学を師事し，オランダ語の解剖書の『ターヘル・アナトミア』を杉田玄白らと翻訳し『解体新書』として刊行した。

基本 問2 X 正しい。 Y 縄文時代にはまだ金属を使う技術は伝わっていなかったので誤り。 Z 千歯こきは江戸時代に使われるようになった脱穀用の器具であり，弥生時代にはまだ存在しないので誤り。

重要 問3 X 古墳時代にはまだ朝廷の力は北海道には及んでいないので誤り。 Y 稲荷山古墳から出土した鉄剣に刻まれていたのはヤマトタケルの名ではなく，ワカタケルなので誤り。 Z 正しい。

問4 阿倍仲麻呂は717年に留学生として吉備真備や玄昉らとともに唐にわたり，長安で学んだあと，唐に仕えた。その後，帰国しようとしたが天候などのために果たせず，そのまま唐で死去した。

問5 大仏の中は銅でつくられ，外側が金でメッキされていた。

やや難 問6 家系図の中で有名なところでは，藤原道長が娘の彰子を一条天皇に嫁がせ，二人の間に生まれた子を後に後一条天皇として立てている。同様に道長の子の頼通は娘の寛子を後冷泉天皇に嫁がせたが，この二人の間には後の天皇として立てられる子が生まれず，藤原氏の摂関政治が頼通の代で途絶えてしまった。藤原氏は天皇に娘を嫁がせ，生まれた子を後の天皇に立てることで，その天皇の祖父として影響力を行使してきた。

問7 遣唐使廃止を894年に建議したのは菅原道真で，この頃の唐は大きな農民反乱や，その他様々な出来事で衰退しつつあり，907年には滅びてしまう。そのような衰えている唐に危険を冒してまで渡っても，学んで得るものはないということで遣唐使を廃止するように菅原道真は主張したとされる。菅原道真は，藤原基経の子の時平とともに朝廷の要職についていたが，時平に謀られて，901年には大宰府へ左遷されてしまい，そのたたりを当時の人々が恐れていたという。

基本 問8 平清盛が日宋貿易のための港としたのが大輪田泊で，現在の兵庫県の神戸港のそば。

重要 問9 **い** 織田信長はさまざまな西洋のものを取り入れようとし，医学もまた同様であったが，豊臣秀吉は，西洋に対しては貿易の利はとるものの，文化面への理解は信長ほどではなかったとされる。医学に関しては秀吉は鍼灸に凝っていたようで，灸を前田利家と互いにやりあっていたという記録もある。

問10 X 江戸時代，対馬藩が間に入り江戸幕府と朝鮮との間の関係は保たれた。当初，秀吉の朝鮮出兵の際に，朝鮮半島から連れてこられていた捕虜の引き取りのために朝鮮からの使節が来日していたが，やがて幕府の将軍が代替わりする際に通信使が表敬訪問にくるようになった。同様に日本から朝鮮へ使者を送っていたということはないので誤り。 Y 江戸時代，松前藩がアイヌとの交易をおこなったが，アイヌ側から日本が手に入れていたのは毛皮や魚介類などで，日本側からアイヌが木綿などを入手していたので誤り。 Z 琉球王国は江戸幕府の将軍の代替わりの際や琉球王国の国王が代わる際に江戸に使節を派遣していたので正しい。

基本 問11 **あ** 日米修好通商条約の内容。下田に代わって神奈川（横浜）が開港，その他，函館，新潟，長崎，兵庫（神戸）が開港した。またいわゆる不平等な点として，日本がアメリカなどの領事裁判権を認め，アメリカ人などが日本で犯罪を犯した場合には，その外国人の国の法律でその国の領事が裁くという形になった。また，外国からの輸入品に勝手に関税をかけることができる関税自主権が日本にはなかった。

問12 **え** 伊藤博文が大日本帝国憲法の草案を作成する際に手本としたのがプロシア王国やその後のドイツ帝国の憲法で，これは国王や皇帝といった君主の権力が強く，天皇中心の憲法をつくりたかった日本の理想に近いものであったからである。

問13 明治政府はまず，1869年に全ての大名に対し，その支配下の土地と人民を国に差し出す版籍奉還を行わせ，大名はその後も知藩事として，その場所の支配を続けられるようにしたが，1871

年の廃藩置県により，知藩事に代えて中央から府知事や県令を送り込み，名実ともに国が一括して各地を支配する仕組みに切り替えた。なお，この際に，琉球だけは中国を意識し，1872年に琉球藩を作り，1879年にそれを沖縄県とした。

重要 問14　い　日本の国境に関しては，まず1854年の日露和親条約の中で，千島列島の中のウルップ島より南を日本，北をロシアとし，樺太に関しては領国雑居としてどちらが住むことも可能にした。次いで1875年の千島樺太交換条約で，千島列島全域を日本領とし，樺太はロシア領とした。そして，日清戦争の下関条約では台湾や澎湖諸島が日本領となり，1905年のポーツマス条約で樺太の北緯50度以南が日本となった。これらの場所が黒く塗られているのがいの地図。

問15　鹿鳴館は井上馨が条約改正を行う際に，日本が近代国家になってきているということを欧米にアピールするためにつくられ，ここで舞踏会を開いたりした。

問16　志賀潔は仙台出身の細菌学者で，明治になってから生まれた人物。赤痢菌を発見。

問17　1951年のサンフランシスコ講和条約と同時に結ばれたのは日米安全保障条約。その後，1960年に一部改訂され，その後，10年毎に更新している。

問18　い　1945年の終戦後1950年に朝鮮戦争が始まるまでは，戦前から加工貿易国であった日本は，海外からの資源の輸入が難しく経済復興が進まなかったが，朝鮮戦争の特需景気でアメリカドルが日本にかなり入ったことで，海外からの資源の輸入も出来るようになり，産業が動き出したことで，国民経済も少しずつ回復するようになる。1955年から1970年頃までのいわゆる高度経済成長の時期に日本の経済は急成長を遂げる。「もはや戦後ではない」という表現は1956年の経済白書に見られた。

Ⅲ　(政治―政治に関する様々な問題)

1　朝鮮戦争は1950年に朝鮮民主主義人民共和国(北朝鮮)が，大韓民国(韓国)に攻め込んで始まる。一度は朝鮮半島の南端ちかくまで北朝鮮軍が韓国軍を追いやったが，アメリカを中心とする国連軍が介入し，北朝鮮軍を南北朝鮮の境目の北緯38度線を越えて，中国との国境付近まで追いやった。その後，中国が北朝鮮に加勢して南下し，結局，北緯38度線の辺りで一進一退する状態になり，1953年にその時の占領地域の境目で境界線が引かれ，今日に至っている。

2　復興庁は東日本大震災後の2012年に内閣の下に設置され，庁ではあるが，府や省と同等の権限をもち，担当も大臣となっている。

3　行政権は三権の中の政治を行うもの。三権分立の考え方に基づく国家統治の仕組みとしてはほぼ完全に三権が分かれているアメリカなどの大統領制と，イギリスや日本などの内閣が国会(議会)の信任のもとに政治を担当する議院内閣制とがある。

4　ユニバーサルデザインは，全ての人にとって利用しやすい，使いやすいように設定することで，個々の道具や品物の他にも情報や環境にもあてはめられる。

5　ユニセフは国連児童基金の略で，第二次世界大戦後，子どもへの緊急援助のための組織としてスタートし当時は国際連合児童緊急基金とされ，日本も1949年から1964年まではその援助の対象となっていた。ユニセフは現在では開発途上地域や，紛争地などでの子どもの支援を対象とし，子どもの権利条約の普及活動もおこなっている。

基本 問A　ウ　いわゆる高度経済成長期は1955年から70年までで，現在の環境省の前身の環境庁は1971年に総理府の外局として設置された。その後，2001年の中央省庁再編の際に，環境庁から格上げされ環境省となった。

問B　エ　復興特別税は所得税，法人税，住民税に上乗せされて徴収されており，消費税ではないので誤り。

基本 問C　ウ　内閣は国会に対し，連帯して政治の責任を負うので，内閣の閣議は全会一致となっており多数決ではないので誤り。

重要 問D　エ　ウポポイは沖縄ではなく，北海道のアイヌの文化の復興・発展のための拠点として北海道の白老郡白老町に設置されたものなので誤り。

問E　ウ　1945年→ア　1946年→エ　1951年→イ　1952年の順。

★ワンポイントアドバイス★

問題文，設問の選択肢など読む量が多いわりに試験時間が短いのでスピードが大事。悩む場合はとりあえずそこは飛ばして，次の問題へ進もう。全体に知識をフルに活用し，一見無関係のようなものも関連づけて考えてみることも大事。

<国語解答>

一　問一　a　組織　b　浴び　c　姿　問二　A　背中　問三　B　老若男女

問四　(例)　食べることは,食べたものから栄養とエネルギーだけを摂取することだと思っていたが,くわしく調べてみると,食べる前は自分とは異なるものであった植物や動物が,自分の体の一部と置き換わっていくことだと分かった。それは,自分がキャベツやトマトや魚になることであり,その現実離れした不思議なことに驚き,面白く思う気持ち。

問五　(例)　食卓に並ぶ食材は,海や大気,太陽の光などが,見事に関係しあい豊かに育んできたものであり,それらは,少なくとも三十五億年前から滅びることなくそれぞれ進化し今の姿形となった。そのような様々な来歴をもったものが目の前の食卓に集まり,それらが自分の一部になることは胸躍る体験だから。

問六　(例)　現在の社会は,自然から得られる富をお金で買わなければならない商品に変えてしまったが,本来人間は自然から無償で圧倒的な富をもらい,拾いながら生きてきた。子どもたちが自然から自由にもらう経験をすることで,与えられることに対する驚きや感謝の念を実感し,それによって,今度は他者に対して見返りを求めず何かを与えられる人間に成長していくと考えている。

二　問一　a　(例)　林業　b　(例)　感情　c　(例)　量産

問二　ア　大きい　イ　黄色い　問三　A　助け舟

問四　(1)　(例)　自分とあなたは,対等にぶつかったりはじけたりし合うコマのようによいライバル同士であった。その大事なあなたが亡くなって悲しいということ。

(2)　(例)　①は,今は亡き友を惜しむ,最高のあいさつの句である。一方,ハセオはソラの顔のホクロを,生命力あふれるヒマワリの種にたとえて,あなたは大きなパワーをもっている,とほめたつもりであいさつの句を作ったが,ソラは,ホクロがからかわれたと思い傷ついてしまった。自分の真意を俳句できちんと伝えられなかったのは,自分の句が未熟なせいだとハセオは考えて,②のようにいったのである。

問五　(例)　ソラにとってホクロは,いじめられた記憶につながるものであった。句会でハセオがそのホクロをよんだのは,自分をからかってのことだと思ったソラは傷つき,ハセオを許せなかった。

しかし,率直に謝罪するハセオの話すことといえば,自分に,ソラへのあいさつの気持ちを句で表す力が不足していることへの嘆きばかりで,ハセオが人をおとしめる句を作るはずがないことや，ハセオが手本とする昔の人の句からもお互いがすでに友だちになっていたことに気がついた。その時,「もう，いいよ」という言葉が口をついて出た。その言葉で，自分はもうずっとまえにハセオを評していたのだ，とわかり，わだかまりのない自分の心をハセオに伝えて，すっきりと安心した気持ちになっている。

問六 （例） ハセオがソラに贈ったあいさつの句をきっかけに，自分にとってハセオは大事な友だちであるとあらためてソラにはわかった。そこによまれたヒマワリの種は，ハセオと自分をつないでくれたものである。また，ソラ自身に前を向く力をくれたものでもあり，ソラにとってしっかりにぎりしめたい大切なものになったので，「取っておく」といったのである。

○推定配点○

一 問一～問三 各3点×5 他 各10点×3

二 問一～問三 各3点×5 他 各10点×4 計100点

<国語解説>

一 （論説文―漢字の書き，空欄補充，慣用句，内容理解，要旨）

基本 問一 a 「織」「職」「識」を区別しておくこと。 b 「浴」の音読みは「ヨク」。熟語に「浴室」「日光浴」など。 c 「姿」の音読みは「シ」。熟語に「姿勢」「雄姿」など。

問二 「背中合わせ」は，二つの物事が裏表の関係にあること。

問三 「ろうにゃくなんにょ」と読む。

重要 問四 何を「調べ」，どのようなことが「想像以上にシュール」だったのかを読み取る。――線部①を含む段落全体と直前の段落に注目。「食べること」について調べてみると，「食べることは，文字通り自分の体の一部が，食べられたものに置き換わっていく過程であること」であった。これを筆者は「シュール」と感じたのである。

問五 あとの三つの段落で述べられている内容をふまえて解答をまとめる。「僕たちは何億年も前に別の進化の道を歩みはじめ，ここで，この食卓で，久しぶりに再会をした」など，筆者が「愉快で，壮大」と感じる事柄が述べられている。

やや難 問六 「子どもたち」が「『もらう』こと，『拾う』ことを，たくさん経験」することが，何につながるのか，あとの四つの段落で筆者が主張していることを読み取る。

二 （小説―漢字の書き取り，熟語，空欄補充，慣用句，内容理解，心情理解，主題）

問一 a 「林立」は，林のように多くの物が並び立つこと。 b 「表情」は，心中の感情や情緒を，顔つきや身振りに出しあらわすこと。 c 「力量」は，人の能力の大きさの度合いのこと。

問二 「ヒマワリ」に関する，誰もが思いつきそうな「当たり前」のイメージにあたる内容を考える。

問三 「助け舟を出す」は，困っている人を助けたり，力を貸すなどの意味がある。

問四 (1) 死んでしまったライバルに贈った句であることをふまえる。作者は，自分とそのライバルとの関係を，はじけ合う独楽にたとえている。 (2) ハセオは，ソラをほめたつもりで句を作ったが，その真意がソラには伝わらなかった。ハセオは自分の作句の力を未熟だと感じている。

重要 問五 「そうか，僕にとっては，ハセオはもう友だちなんだ」「ハセオが，悪意で，ああいう句を作るやつやないことは，わかっていた」など，ソラの心の中の言葉に注意して，解答をまとめる。

やや難 問六 「そうか，僕にとっては，ハセオはもう友だちなんだ」というソラの気づきに注目。「ヒマワリの種」は，二人を繋ぐ象徴的なものである。ソラはそれを大切にしようと思ったのである。

★ワンポイントアドバイス★

字数の多い記述問題が中心である。文章も長いので，内容をしっかりおさえたうえで，自分の言葉で説明する力が求められる。読書を含め，ふだんからいろいろなジャンルの文章にふれることや，文章を要約する練習をしておくことが大切！

MEMO

大切なことはメモしておこうネ！

T.G

2021年度

★★★★★★★★★★★★★★★★★★★★★★★★

入　試　問　題

2021年度

桜蔭中学校入試問題

【算　数】（50分）　＜満点：100点＞

I　次の □ にあてはまる数を答えなさい。［イ］は色を答えなさい。

(1)　$\left(7\frac{64}{91}\times \boxed{\text{ア}} -0.7-\frac{5}{13}\right)\times 11+76\frac{11}{13}=85\frac{5}{7}$

(2)　2021年のカレンダーの日付を１月１日から順に，青，黄，黒，緑，赤，青，黄，黒…と５色の○で囲んでいきます。

①　10月１日を囲んだ○の色は［イ］色です。

②　４月の日付のうち黒色の○で囲まれた日付の数字を全部足すと［ウ］になります。

(3)　整数Ｘの約数のうち１以外の約数の個数を【Ｘ】，１以外の約数をすべて足したものを＜Ｘ＞と表すことにします。

たとえば，2021の約数は，１，43，47，2021 なので【2021】＝３，＜2021＞＝2111 です。

①　＜Ａ＞÷【Ａ】が整数にならない２けたの整数Ａのうち，最大のものは［エ］です。

②　【Ｂ】＝２，＜Ｂ＞＝1406 のとき，Ｂ＝［オ］です。

③　２を10回かけた数をＣとするとき【Ｃ】＝［カ］です。

④　60以下の整数のうち【Ｄ】＝３となる整数Ｄは全部で［キ］個あります。

II　同じ大きさの白と黒の正方形の板がたくさんあります。図１のように白い板を９枚すきまなく並べて大きな正方形を作り，図２のように中央の板に◎をかきます。次に◎以外の８枚のうち何枚かを黒い板と取りかえます。このとき，大きな正方形の模様が何通り作れるかを考えます。

ただし，回転させて同じになるものは同じ模様とみなします。

たとえば，２枚取りかえたときは図３のように四すみの２枚を取りかえる２通り，図４のように四すみ以外の２枚を取りかえる２通り，図５のように四すみから１枚，四すみ以外から１枚取りかえる４通りの計８通りになります。

図１

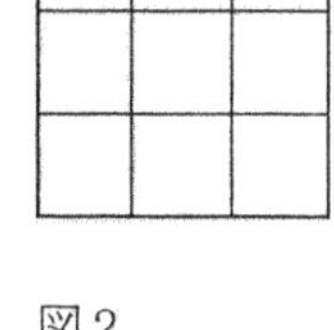

図２

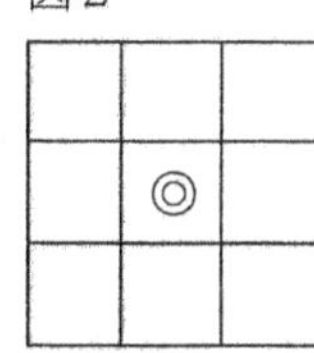

図３

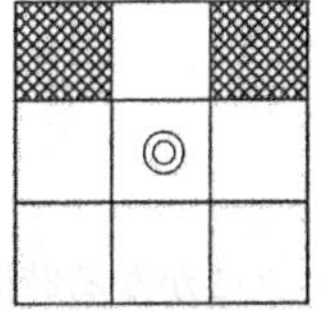

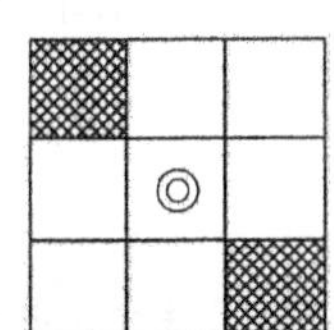

図４

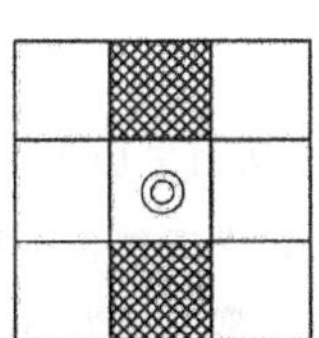

図５

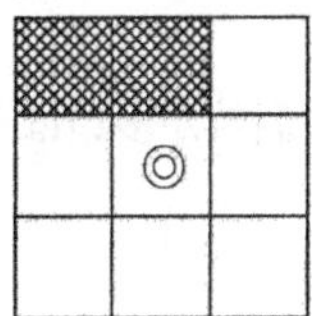

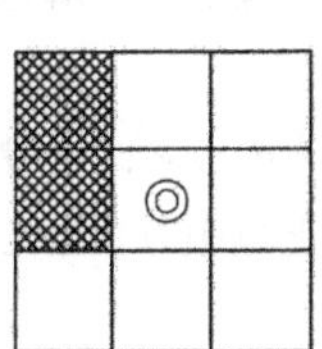

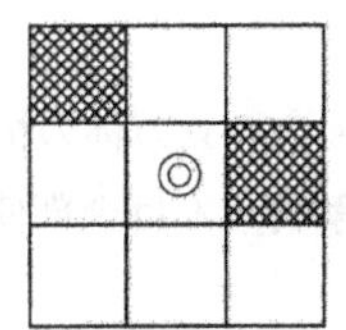

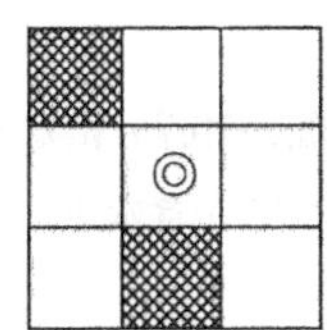

下の □ にあてはまる数を答えなさい。

⑴　大きな正方形の模様は，９枚のうち◎以外の８枚の白い板を１枚も取りかえないときは１通り，１枚取りかえたときは ア 通り，３枚取りかえたときは イ 通り，４枚取りかえたときは ウ 通りになります。

⑵　同じように５枚，６枚，…と取りかえるときも考えます。図２の場合もふくめると大きな正方形の模様は全部で エ 通りになります。

Ⅲ　底面が１辺35cmの正方形で，高さが150cmの直方体の容器の中に１辺10cmの立方体12個を下から何個かずつ積みます。立方体を積むときは，図のように上と下の立方体の面と面，同じ段でとなり合う立方体の面と面をそれぞれぴったり重ね，すきまなく，横にはみ出さないようにします。積んだあと，この容器に一定の速さで水を入れていきます。
立方体は水を入れても動きません。積んだ立方体の一番上の面まで水が入ると水は止まります。下の表は右の図の場合の立方体の積み方を表していて，このとき水を入れはじめてからの時間と水面の高さの関係は下のグラフのようになりました。

図

表

1段目	2段目	3段目	4段目	5段目	6段目	7段目	8段目
2	2	2	2	2	1	1	0

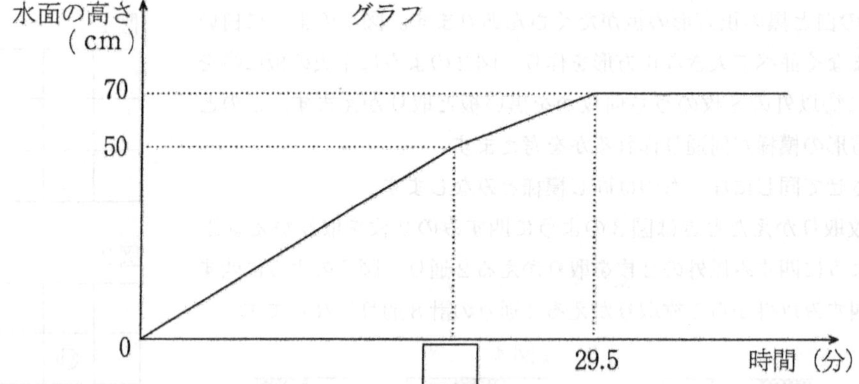

⑴　毎分何cm^{3}の水を入れていますか。

⑵　グラフの □ にあてはまる数を求めなさい。

⑶　立方体の積み方を変えてもっとも短い時間で水が止まるようにします。そのときにかかる時間は何分ですか。また，その場合の立方体の積み方をすべてかきなさい。解答らんは全部使うとは限りません。

⑷　水が止まるまでの時間が19.7分になる場合の立方体の積み方のうち，１段目の個数が多いほうから４番目のものをすべてかきなさい。解答らんは全部使うとは限りません。

Ⅳ　円周率は，3.14を使って計算することが多いです。しかし，本当は3.14159265…とどこまでも続いて終わりのない数です。この問題では，円周率を3.1として計算してください。

図のように点Oを中心とした半径の異なる２つの円の周上に道があります。

Ａさんは内側の道を地点ａから反時計回りに，Ｂさんは外側の道を地点ｂから時計回りに，どちらも分速50mの速さで同時に進みはじめます。ＡさんとＢさんのいる位置を結ぶ直線が点Oを通るときにベルが鳴ります。ただし，出発のときはベルは鳴りません。

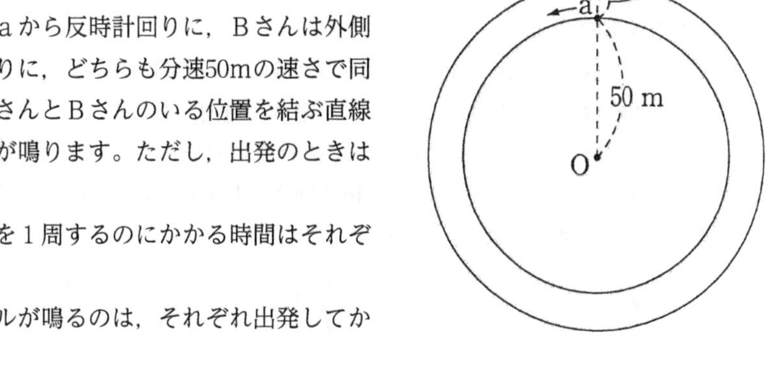

(1)　ＡさんとＢさんが道を１周するのにかかる時間はそれぞれ何分ですか。

(2)　１回目と２回目にベルが鳴るのは，それぞれ出発してから何分後ですか。

(3)　出発してから何分かたったあと，２人とも歩く速さを分速70mに同時に変えたところ，５回目にベルが鳴るのは速さを変えなかったときと比べて１分早くなりました。速さを変えたのは，出発してから何分後ですか。

【理　科】（30分）　＜満点：60点＞

Ⅰ　３本のストローにエナメル線をそれぞれ50回，100回，200回均等に巻いたコイルを作りました。ストローとエナメル線はそれぞれ同じ長さのものを用い，それぞれ余ったエナメル線は切らずに束ねておきました。

これらのコイルを用いて行った以下の実験について問いに答えなさい。

問１　右図のように50回巻きのコイル，電球，電池，およびスイッチをつなぎ，コイルの横に方位磁針を置きました。スイッチを入れたとき，方位磁針の指す向きとして正しいものをつぎの**ア～オ**から選び，記号で答えなさい。

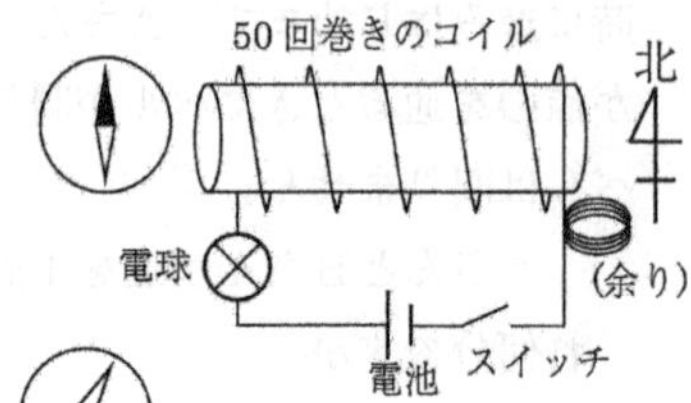

ア 　**イ** 　**ウ**　**エ**　**オ**

問２　右図のように電池のつなぐ向きを変え，問１と同じ実験を行いました。方位磁針の指す向きとして正しいものを問１の**ア～オ**から選び，記号で答えなさい。

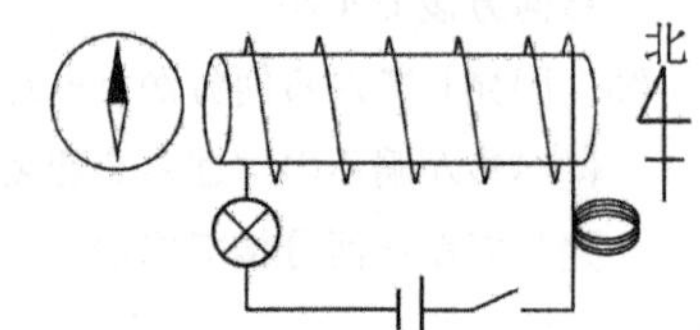

問３　100回巻きのコイルに変え，問１と同じ実験を行いました。方位磁針の振（ふ）れる角度は問１と比べてどのようになりますか。つぎの**ア～ウ**から選び，記号で答えなさい。

ア．大きくなる　　**イ**．変わらない　　**ウ**．小さくなる

問４　右図のように50回巻きのコイルに鉄くぎを入れ，問１と同じ実験を行いました。方位磁針の指す向きとして正しいものをつぎの**ア～エ**から選び，記号で答えなさい。

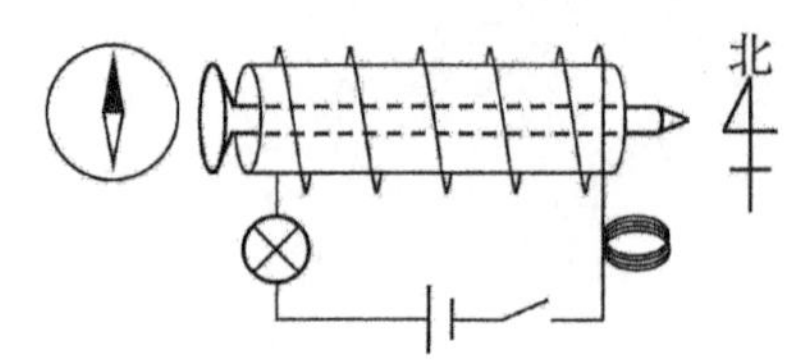

ア 　**イ**　**ウ**　**エ**

問５　問４のようにコイルの中に鉄くぎを入れて電流を流すと，鉄くぎが磁石になります。この磁石を何といいますか。

問６　下図のように鉄くぎを入れた100回巻きのコイルと電球，電流計，電池をつなぎ，ゼムクリップを引きつける実験を行いました。電球や電池のつなぎ方を変え，鉄くぎが引きつけたゼムクリップの数と電流の大きさを記録し，次のページの**表１**にまとめました。表中の①～⑧には何が入りますか。**ア～カ**から選び，記号で答えなさい。同じ記号を何回使ってもかまいません。図中のⒶは電流計を表しています。

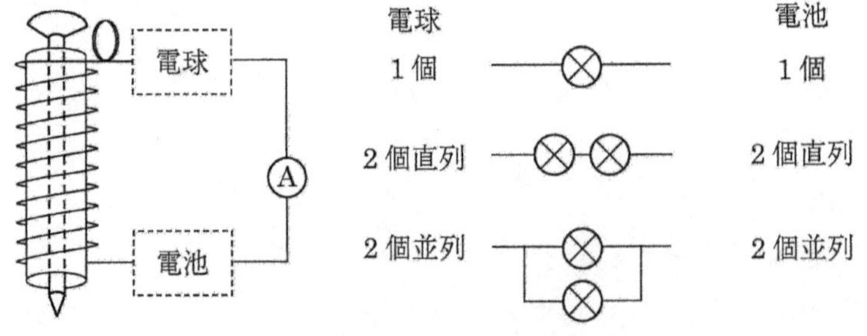

表1

電球	数	1個	1個	1個	2個	2個	2個	2個
	つなぎ方				直列	並列	③	⑥
電池	数	1個	2個	2個	1個	1個	2個	2個
	つなぎ方		①	②			④	⑦
電流の大きさ		0.5A	1A	0.5A	0.25A	1A	⑤	⑧
ゼムクリップの数		6個	12個	6個	3個	12個	6個	12個

ア．直列　イ．並列　ウ．0.25A　エ．0.5A　オ．1A　カ．2A

問7　鉄くぎを入れた200回巻きのコイルと2個の電球，2個の電池を使い，いろいろなつなぎ方をして，鉄くぎが引きつけるゼムクリップの数を記録しました。その数が最も少なくなるつなぎ方をしたときのゼムクリップの数をつぎの**ア**～**ウ**から選び，記号で答えなさい。

ア．1～2個　イ．3個　ウ．6個

II　つぎの文章を読み，あとの問いに答えなさい。

植物の花の開く時刻は生育環境や天候によって多少変わりますが，植物の種類によってある程度決まっています。1日のうちで，開花時刻の早いものから順に円状に並べて植えることで「花時計」を作ることができます。**表1**は東京で見られる植物を用いて作られたものの1つです。

表1

開花時刻	植物名	開花時刻	植物名
4時	ハス	12時	スミレ
5時	（A）	13時	カワラナデシコ
6時	リンドウ	14時	キキョウ
7時	フクジュソウ	15時	オニアザミ
8時	（B）	16時	ツユクサ
9時	ユキワリソウ	17時	ヨルガオ
10時	サフラン	18時	（C）
11時	チューリップ	21時	クジャクサボテン

※『花と花粉―自然のふしぎないとなみ』岩波洋造　著（1967年）　一部改変

問1　**表1**の（A）～（C）にあてはまる植物名の組み合わせとして正しいものをつぎの**ア**～**カ**から選び，記号で答えなさい。

	（A）	（B）	（C）
ア．	タンポポ	アサガオ	オオマツヨイグサ
イ．	タンポポ	オオマツヨイグサ	アサガオ
ウ．	アサガオ	オオマツヨイグサ	タンポポ
エ．	アサガオ	タンポポ	オオマツヨイグサ
オ．	オオマツヨイグサ	アサガオ	タンポポ
カ．	オオマツヨイグサ	タンポポ	アサガオ

植物の開花には光や温度が関わっています。アサガオの開花と光や温度との関係を調べるためにつぎのような実験をしました。

温度を20℃，23℃，25℃に調節した光の入らない箱を3つずつ用意しました。ある日の18時に切り取ったアサガオのつぼみをそれぞれの箱に入れました。箱の中に蛍光灯を入れておき，光の条件をつぎの①～③のように変えて，翌朝の状態を観察しました。**表2**はその結果をまとめたものです。

① 一晩中蛍光灯の光を当てた。

② 18時から22時まで暗くし，その後蛍光灯の光を当てた。

③ 18時から翌日2時まで暗くし，その後蛍光灯の光を当てた。

表2

	20℃	23℃	25℃
①	開花した	開花しなかった	開花しなかった
②	開花した	開花した	開花しなかった
③	開花した	開花した	開花した

問2　アサガオの開花について，この実験から正しいと考えられるものをつぎの**ア**～**キ**からすべて選び，記号で答えなさい。

ア．開花には，温度は全く関係していない。

イ．開花するには，必ず温度を25℃以上にしなくてはならない。

ウ．開花するには，必ず温度を20℃以下にしなくてはならない。

エ．25℃のとき，暗くする時間が4時間では開花しないが，8時間では開花する。

オ．23℃のとき，暗くする時間に関係なく開花する。

カ．温度を低くするほど，暗くする時間が短くても開花する。

キ．開花には，暗くする時間は全く関係していない。

問3　つぎの**ア**～**オ**から，アサガオの葉を選び，記号で答えなさい。

ア 　イ 　ウ　エ　オ 

問4　アサガオの花は5枚の花びらがつながっています．アサガオのように，花びらがつながっているものをつぎの**ア**～**オ**からすべて選び，記号で答えなさい．

ア．ハス　　**イ**．スミレ　　**ウ**．キキョウ　　**エ**．ツツジ　　**オ**．ホウセンカ

マツバボタンの花は朝早い時間に開き，その日の午後には閉じることから，太陽の光によって開花するのだと考えられていました。しかし，マツバボタンのつぼみを早朝に暗室（光の入らない部屋）に入れて温度を高めると開花しました。この実験から，マツバボタンの花の開閉には，光の有無は無関係であるとわかりました。

次のページの**図1**は32℃で開花していた花を26℃の暗室に移し（この時を0分とする），40分後に28℃，32℃，34℃の暗室に移したときのそれぞれの花の開度の変化をグラフにしたものです。た

だし，花の開度90度は，花びらが左右に45度ずつ開いていることを表しています。

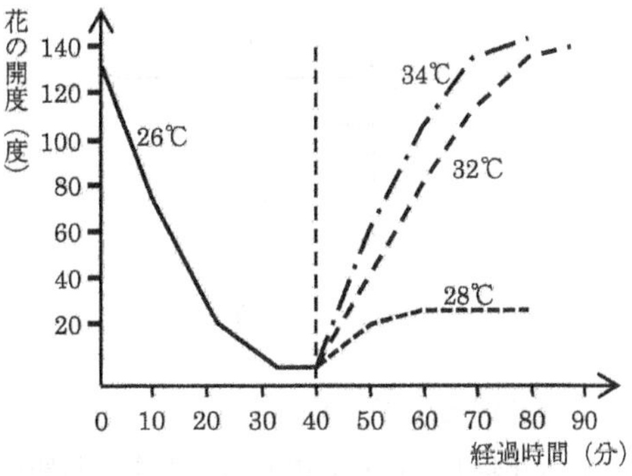

図１　マツバボタンの花の開度と温度の関係

問５　マツバボタンの開花について，本文および**図１**からわかることをつぎの**ア**～**カ**から３つ選び。記号で答えなさい。

ア．温度の変化によって，一度閉じた花も再び開くことがある。

イ．一度花が開くと，その後の温度や光の変化に関係なく開いたままである。

ウ．温度の低いところから高いところに移すと花は閉じる。

エ．温度が高いところから低いところに移すと花は閉じる。

オ．温度を低いところから高いところに移したとき，温度差が大きいほど花は早く開く。

カ．温度を低いところから高いところに移したとき，温度差が小さいほど花は早く開く。

Ⅲ　硫酸銅（りゅうさんどう）という固体を水にとかし，硫酸銅水溶液（すいようえき）をつくりました。以下の問いに答えなさい。

問１　上皿てんびんの使い方として正しいものを**ア**～**オ**からすべて選び，記号で答えなさい。

ア．使う前に，針が中央で静止（せいし）するまで必ず待ち，つり合っているかを確認する。

イ．上皿てんびんは水平な台の上に置いて使う。

ウ．硫酸銅の固体の重さをはかるとき，右ききの人は，右の皿に硫酸銅をのせる。

エ．５ｇの硫酸銅をはかりとるとき，左ききの人は，左の皿に硫酸銅を少しずつのせていき，おもりとつり合わせる。

オ．使った後は，左右に皿をのせてつりあった状態で片付ける。

問２　図は，上皿てんびんを使って，ある重さの硫酸銅の固体をはかりとろうとしているときのようすです。

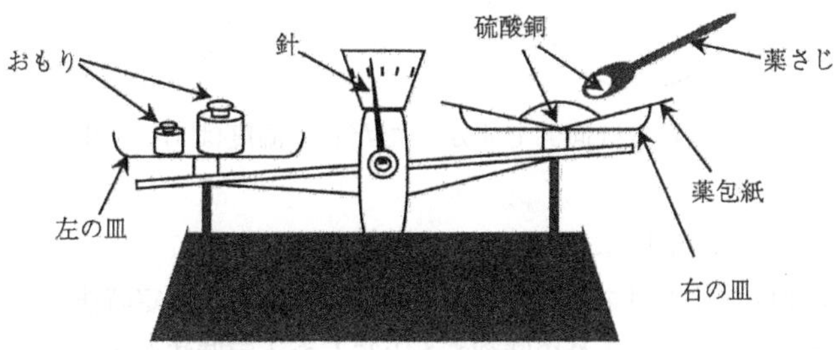

⑴　左の皿にのっているおもりを何といいますか。ひらがな４文字で答えなさい。

⑵　この状態では正確に硫酸銅をはかりとることができません。正しくはかりとるにはどのようにしたらよいですか，簡単に説明しなさい。ただし，上皿てんびんやおもりは変えないものとします。

問３　水の体積を100mLのメスシリンダーではかると次のページの**図１**のようになりました。メスシリンダーに入った水の体積は何mLですか。また，目もりを読み取るときの目の位置を次のページの**図２**の**ア**～**ウ**から選び，記号で答えなさい。

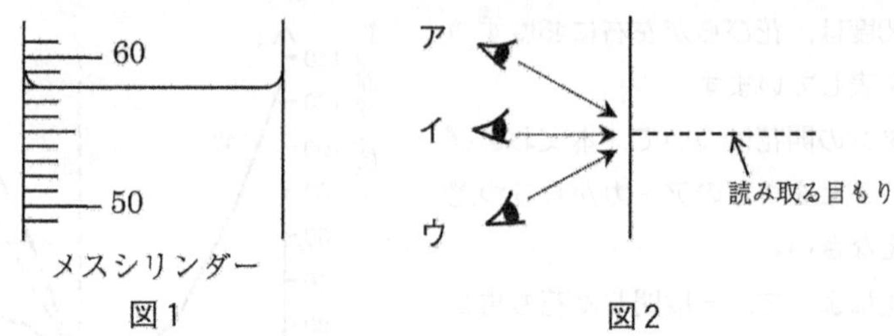

図1　　　　　　　　図2

硫酸銅は，30℃の水100ｇに25ｇまでとけます。また，水を取りこんだ状態の固体である「硫酸銅五水和物」というものもあります。硫酸銅五水和物に含まれる硫酸銅と水の割合は一定です。たとえば，硫酸銅五水和物25ｇには，硫酸銅16ｇと水９ｇがふくまれています。この硫酸銅五水和物25ｇを100ｇの水にとかした水溶液は，硫酸銅16ｇを水109ｇにとかしたものと同じ濃さになります。以下の問いに答えなさい。ただし，割り切れない場合は，小数第２位を四捨五入して小数第１位で答えなさい。

問４　硫酸銅15ｇを30℃の水75ｇにとかしました。この硫酸銅水溶液の濃さは何％ですか。

問５　硫酸銅五水和物15ｇを30℃の水75ｇにとかしました。

⑴　このとき，水溶液中の水は何ｇですか。

⑵　この硫酸銅水溶液の濃さは何％ですか。

問６　30℃の水50ｇを用意し，ある量の硫酸銅五水和物をとかすと，とけ残りができました。その後，この水溶液をろ過しました。

⑴　ろ過した後のろ紙を広げたとき，とけ残った固体はどのようにろ紙についていますか。正しいものをつぎのア～オから選び，記号で答えなさい。ただし，点線はろ過をしたときのろ紙の折り目，灰色の部分は固体を示しています。

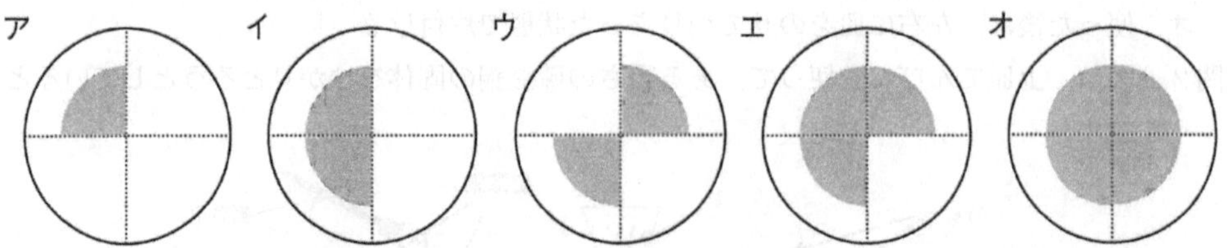

⑵　ろ紙を通った水溶液の濃さは何％ですか。ただし，温度は30℃のままであるとします。

Ⅳ　つぎの文章を読み，あとの問いに答えなさい。

現在では，季節に関係なく１日を24等分したものを１時間とする定時法が用いられていますが，江戸時代の日本では日の出と日の入りの時刻をもとにした不定時法が用いられていました。

この不定時法では日の出の30分前を「明け六つ」，日の入りの30分後を「暮れ六つ」と呼び，「明け六つ」から「暮れ六つ」までを昼とし，それを６等分して昼の一刻とします。同じように「暮れ六つ」から「明け六つ」までを夜とし，それを６等分して夜の一刻とします。したがって，１日の中でも昼と夜の一刻の長さは異なり，季節によっても一刻の長さは変化します。

不定時法の時刻は日の出前の「明け六つ」に続き，昼は一刻ごとに「五つ」「四つ」「九つ」「八つ」「七つ」と進み，日の入り後の「暮れ六つ」になります。「暮れ六つ」に続き，夜は「五つ」「四つ」「九つ」「八つ」「七つ」と進み，つぎの日の「明け六つ」になります。

当時，機械式の時計を持っていない人たちも「時の鐘(かね)」の鳴る回数や影(かげ)の長さから時刻を読み取る紙製の携帯(けいたい)用日時計などによって時刻を知ることができました。「時の鐘」は人々に気がつかせるためにまず鐘を３回打ち，その後「明け六つ」であれば６回鐘を打ちました。

問１　夏のある日，日の出時刻は４時30分，日の入り時刻は19時でした。

⑴　この日の昼の一刻の長さは何分ですか。

⑵　この日の昼，「時の鐘」が３回のあとに９回鳴りました。その時刻は何時何分ですか。

問２　冬のある日，Ａさんは夜の「九つ」にそば屋に行き，翌日は夜の「四つ」に行きました。この２日間はともに日の出時刻は７時，日の入り時刻は17時であるとします。Ａさんが２日目そば屋に行ったのは前日に比べて何時間何分早い，または，おそい時刻ですか。何時間何分かを答え，「早い」，または，「おそい」を丸で囲みなさい。

問３　下線部の日時計をまねて，暦(こよみ)を現在のものに直し，時刻は不定時法のままにした日時計を作りました。**図１**は６月のある日にこの日時計を使ったときのようすです。６月と書かれた札(ふだ)を折って垂直に立て，札を太陽の方角に向けて水平な地面に置きます。このときの影の長さからおおよその時刻を読み取ります。**図２**は日時計を真上から見たようすです。**九** と書いてある線まで影が伸びていれば「九つ」を意味しています。実際には各月のところに時刻を表す線と数字が書いてありますが，**図２**では一部しか書いてありません。

⑴　**図２**の**ア**，**イ**には一方に**四**（「四つ」を表す），他方に**五**（「五つ」を表す）が入ります。**五**が入るのは**図２**の**ア**，**イ**のどちらですか。

⑵　12月の **九** の線の位置を**図２**の**ウ**～**オ**から選び，記号で答えなさい。

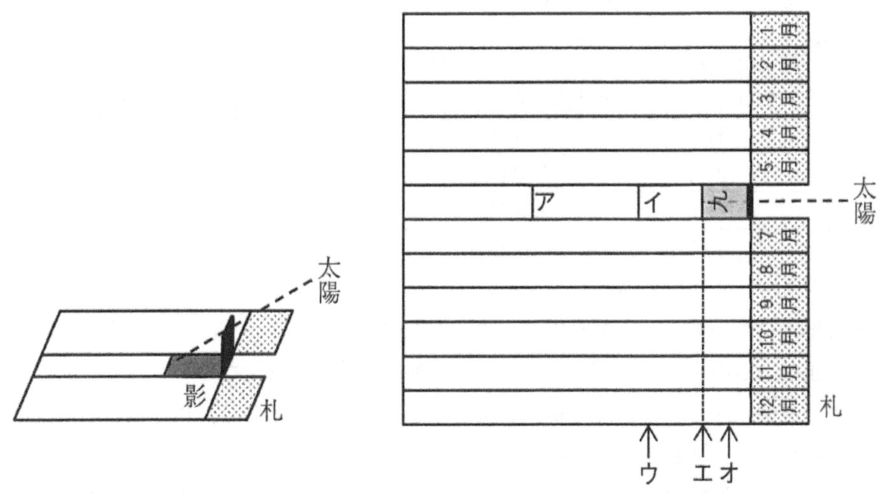

図１　日時計を使ったときのようす　　図２　日時計を真上から見たようす

【社　会】（30分）　＜満点：60点＞

I　次のA・Bの文を読み，後の問いに答えなさい。

A　2020年1月，国際地質科学連合が今から約77万4千年前～12万9千年前の地質時代を［1］と呼ぶことに決定しました。地層の年代の境界になる地磁気の逆転現象がよく記録されているとして，①市原市田淵にある地層が国際標準模式地に選ばれたからです。この地層を見に出かけましょう。［2］半島を走る小湊鉄道を利用して，最寄り駅「月崎」まで行き，そこから30分ほど歩くと養老川沿いの崖地でこの地層を観察できます。

小湊鉄道は単線の鉄道路線で，年々利用客が減少していますが，その一方で，登録有形文化財に指定されている古い駅舎や車両，里山の景観が観光客を集めています。沿線の石神地区では，毎年3月末から4月に車窓からの景色が一面黄色に染まり，［3］畑が乗客を楽しませています。［3］は10年ほど前から植えられ始め，②年々［3］畑の面積が広がっています。［3］は毎年5月に種取りをし，9月に種をまきます。種の一部は，食用油の生産に利用します。市原市では，都市に住む人々にこのような作業と自然を楽しむ体験をしてもらう［4］を振興し，里山を守るとともに観光業をさかんにしようとしています。③この地層も地域の観光資源の一つとなることが期待されています。

問1　文中の空欄［1］～［4］に適切な語句を答えなさい。［1］・［4］はカタカナで答えなさい。

問2　下線部①について，次の表は市原市，横浜市，豊田市，京都市の工業について示しています。市原市に当てはまるものを表中の あ～え から1つ選び，記号で答えなさい。

	第二次産業人口比率*	業種別製造品出荷額（2016）		
		食料品製造業	化学工業	輸送用機械器具製造業
あ	47.3%	529億円	71億円	133926億円
い	20.7%	5384億円	1051億円	4980億円
う	21.6%	1387億円	777億円	1149億円
え	30.3%	379億円	14405億円	538億円

*就業人口に占める第二次産業で働く人の割合（2015）　　データブックオブザワールド2020など

問3　下線部②について［3］畑が広がってきた理由を述べた次の X～Z の文の正誤の組み合わせとして正しいものを，下の あ～く から1つ選び，記号で答えなさい。

X　地域の高齢化がさらに進んで耕作放棄地の面積が増大しており，耕作放棄地が荒地になるのを防ぐためにこの活動に参加する人が増えたから。

Y　環太平洋経済連携協定（TPP）によって国によるコメの生産調整が強化され，コメを作付けしない土地を有効活用しようとする農家が増えたから。

Z　農業・農村の多面的機能の一つである良い景観の形成を促すものとして，市がこの活動を支援しているから。

あ　X 正　Y 正　Z 正　　い　X 正　Y 正　Z 誤
う　X 正　Y 誤　Z 正　　え　X 正　Y 誤　Z 誤
お　X 誤　Y 正　Z 正　　か　X 誤　Y 正　Z 誤
き　X 誤　Y 誤　Z 正　　く　X 誤　Y 誤　Z 誤

問４　下線部③について，地球科学的な価値を持つ大地の遺産を保全し，持続可能な開発を進める「ジオパーク」が注目されています。日本各地のジオパークに関する説明文 a～e に該当する地域を，右の地図中の あ～く から１つずつ選び，記号で答えなさい。

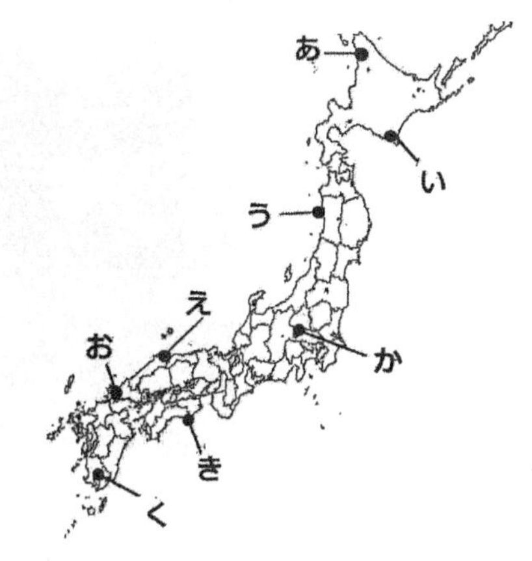

a　「半島と干拓が育む人と大地の物語」をテーマとする地域で，日本列島のでき方がわかる地層があり，ナマハゲなどの伝統行事で知られる。

b　カルスト台地特有の地形が広がり，東大寺の大仏をつくるときに使われた銅の産出地跡や化石採集で知られる大嶺炭田跡などがある。

c　アイヌの人々の伝説が多く残る奇岩が続く地域で，マグマが冷え固まった崖の下では夏にはコンブ干し作業が行われる。

d　海底火山噴出物が地下深くで圧力を受けて変成した緑色岩が特徴の地域で，かつて蚕の卵を貯蔵した風穴は世界遺産に登録されており，特産のコンニャクでも知られている。

e　今も海底で火山ガスが吹き出す海にはレアメタルが存在する。降り積もった火山灰を使った陶芸品や，シラスを使った化粧品がある。

B　2019年の日本の植物油の搾油量が最大の原料作物は［ 5 ］です。［ 5 ］は古くから日本で栽培され，食材・調味料の原料として使われてきましたが，現在はその多くをアメリカ合衆国，ブラジル，カナダなどから輸入しています。［ 5 ］以外の植物油の原料作物も海外に依存しており，国産はほぼコメ油の原料の米ぬかだけです。ぬかは，縄や俵をつくるのにも使われる［ 6 ］とともに④イネの副産物です。多くの植物油が油脂作物の種子そのものから油をとるのに対し，副産物を利用するコメ油は資源の有効利用という点で優れています。コメ油は他の植物油に比べ生産量が少なく，家庭ではあまり使われていませんが，地域でつくられたものを積極的に使用する学校給食ではよく使われています。地元の食材を活用する⑤地産地消は，消費者にとって新鮮でより安価なものを手に入れられる利点があります。食品がいつ，どこで誰によってつくられたのかを明らかにする［ 7 ］も容易になり，地域の食文化の継承にも役立ちます。

日本では，⑥原料や飼料を海外に依存している油脂類や畜産物の消費量が増える一方で，自給率の高いコメの消費量が減少してきたことから，食料自給率が長期的に低下傾向にあります。地産地消は⑦地元の農業・漁業の振興，国産の農水産物の消費につながり，その結果，食料自給率の向上も期待できます。

問５　文中の空欄［ 5 ］～［ 7 ］に適切な語句を答えなさい。［ 7 ］はカタカナで答えなさい。

問６　下線部④について，イネを育て，コメができるまでにはさまざまな作業が必要です。次のページの写真のように，田植えの前に田に水を張って土を砕いて表面をならす作業を何と呼ぶか，答えなさい。

農林水産省HPより

問7　下線部⑤について，地産地消は地球規模の環境問題の対策として役立つとされます。その理由を説明しなさい。

問8　下線部⑥について，次の a～c の文は日本が農水産物を輸入している国について述べています。a～c に当てはまる国名を答えなさい。

a　カニやサケ・マスの主な輸入先である。寒い地域で栽培されるビーツを使って，肉やタマネギなどを煮込む（にこ）ボルシチはこの国を代表する料理である。

b　ワイン輸入量ではチリについで第2位，金額では第1位の輸入先である。2024年にはこの国の首都でオリンピック・パラリンピックが開催（かいさい）される予定である。

c　パーム油やエビの輸入先である。赤道付近にあり，火山と地震（じしん）の多い島国で，オランダの植民地であった時期もある。

問9　下線部⑦について，次の表は北海道，千葉県，茨城県，鹿児島県の農業に関して示しています。表中の a～d に当てはまる県・道名を下の あ～え から1つずつ選び，記号で答えなさい。

	第一次産業人口比率* (2017)	耕地に占める田の割合 (2018)	耕地面積1ha当たりの農業産出額 (2017)	収穫量全国1位の農作物 (2019)
a	6.1%	19.4%	111.5万円	カボチャ　アズキ
b	8.1%	32.1%	420.2万円	サツマイモ　ソラマメ
c	5.4%	57.9%	296.5万円	メロン　ピーマン
d	2.8%	58.8%	373.9万円	カブ　サヤインゲン

*就業人口に占める第一次産業で働く人の割合(2017)　　データブックオブザワールド2020など

あ　北海道　　い　千葉県　　う　茨城県　　え　鹿児島県

Ⅱ　次の文を読み，空欄【A】～【D】に適する語を後の選択肢（せんたくし）から1つずつ選び記号で答え，空欄 1 ～ 8 には適する語句を答えなさい。その際に 1 4 6 7 8 は漢字で答えなさい。また，下線部について後の問いに答えなさい。

人類は移動を続けてきました。現在の人類はアフリカ大陸で誕生したと考えられていますが，そこから人類が移動したからこそ，世界中に人類が広がったのです。人が移動することによって起こることを考えていきましょう。人が移動する理由の一つには「飢（う）え」があります。日本列島に人類が渡（わた）ってきたのも，地球がとても寒かった氷河時代に主な食料だったマンモスなどの大型動物を追って移動してきたためと考えられています。

氷河時代が終わり地球が温暖化し，日本列島には①縄文文化が生まれました。人々は定住を始めますが，その一方で人々はかなりの距離を移動し②遠い地域と交易を行っていたことがわかっています。

弥生時代が始まるのも，朝鮮半島から人々が日本列島に移動してきたからです。朝鮮半島からきた渡来人たちは，③日本列島に新しい文化を伝え，その結果弥生文化が誕生しました。世界的に農耕が始まり穀物が生産され，金属器の使用が普及すると，交易がさかんになります。農耕が発達するのは豊かな土地ですが，金属の産出される土地はたいていの場合やせた土地で穀物の生産には向いていないからです。日本列島の場合，鉄器は朝鮮半島南部から入ってきました。こうした交易ルートを確保するため，この時期の日本列島の小国の支配者は中国に使者を送りました。1世紀に中国の【　A　】という王朝の皇帝に九州北部の支配者が使者を派遣したことが，中国の歴史書に記されています。

5世紀になるとワカタケル大王が中国の皇帝に使いを送り，朝鮮半島南部での力を認めて欲しいと願い出ています。このころ日本列島では大和政権の支配が広がっており，［　1　］県の遺跡からはワカタケル大王の名前が刻まれた鉄刀が，埼玉県の遺跡からは鉄剣が見つかっています。7世紀のはじめには中国の隋という王朝に使者が派遣されましたが，対等な関係を主張したため中国の皇帝の怒りを買いました。この時国内では④改革が進められており，日本は中国から国家のしくみを学ぼうと留学生を派遣しました。

8世紀には日本は中国をモデルとした国家体制をつくりあげました。それにともない⑤国内の移動もさかんになりました。こうした移動の活発化は問題も引き起こしました。⑥735年に《　a　》から入ってきた天然痘という感染症が《　b　》のあたりで流行し，その後徐々に《　c　》へと広まり，737年には《　d　》で多くの死者を出すことになります。自然災害や反乱などにも苦しんだ聖武天皇が，全国に国分寺をつくり，仏教の力で国を守ろうと考えるきっかけとなりました。さらに聖武天皇は東大寺に大仏をつくることを命じます。聖武天皇が亡くなると，ゆかりの品が東大寺の正倉院に納められました。そうした品々にはシルクロードの大移動を通じて伝えられたペルシア（現在の国名は［　2　］）やヨーロッパの文化の影響が見られるものがあります。これにはこの当時の世界の交易の活発化と関わりがあります。7世紀にアラビア半島で，商人だった人物が始めた［　3　］教が急激に広がり大帝国を築くと，陸上交通と海上交通の要となる地を支配し，移動や交易がさかんになりました。シルクロードや海の道といったアジアとヨーロッパを結ぶ交易の中間点をつないだのが［　3　］教の地域でした。こうした交易の終着点に正倉院があるわけです。

12世紀のおわりに日本では源頼朝が朝廷から許可を得て，⑦鎌倉幕府をつくりました。13世紀にモンゴルがチンギス・ハンによって統一され，さらにユーラシア大陸の大半を支配する大帝国が形成されると，移動はとても活発になりました。中国で王朝を築いたモンゴルは，朝鮮半島の【　B　】を支配しました。日本にも従うように求める使者を派遣しましたが，執権の［　4　］が要求を拒んだため，2回にわたって日本に攻め込んできました。暴風雨などにも助けられ日本はどうにかこれを退けることができましたが，この戦いの費用の負担から御家人は経済的に苦しくなり，幕府の滅亡につながっていきます。

15世紀になると日本は中国と正式に国交を結び，使者を派遣し貿易も行いました。この時代は今日の日本文化のもととなるものがたくさん生まれました。祇園祭が京都の富裕な町人の力によって復興されたのは有名ですが，祇園祭の山鉾を飾るヨーロッパやペルシアの織物など国際色豊かな品々には，世界的な交易の発達の影響をみることができます。アジアとヨーロッパの交易はインド洋からペルシア湾か紅海を経て，陸路で【 C 】の沿岸まで移動し，そこから再び海路でヨーロッパ各地の港へと向かうのが一般的でしたが，こうした交易のあり方を劇的に変えたのが [5] という国でしたが，彼らは大西洋を南下してアフリカ大陸の南端をまわってインド洋へと直接入る航路を開拓したのです。[5] は東南アジアの香辛料をヨーロッパへ運び，大きな富を得ました。その延長で彼らは中国との貿易も活発に行うようになりました。そのころに [5] 人が種子島に漂着し，日本に鉄砲を伝えます。[5] は中国のマカオに拠点を築き，中国産の生糸を日本に運ぶなど，さかんに日本にやってくるようになりました。また日本からも東南アジアなどに出かけていき貿易を行うようになり，日本人が現地に移り住んだ日本町も形成されました。

しかし江戸幕府は17世紀の前半に鎖国政策をとるようになり，海外にいた日本人は帰国できなくなり，日本と海外の移動は大幅に制限されました。貿易を認める港も長崎に限定され，中国と⑧オランダに限り長崎への来航が許されました。これ以外には [6] 藩を通じて朝鮮との貿易も行われました。一方で江戸時代に日本国内の経済活動が活発になり，国内の移動もとてもさかんになりました。商品生産が拡大したため，海上交通は特に重要な輸送手段となりました。しかし鎖国政策のため，外洋航海に適したような船をつくることは厳しく制限されていました。

ペリーが来航し開国に向かうと，そうした制限は解除されました。アメリカが日本に開国を迫った理由の一つには，【 D 】を横断して中国へ行く貿易ルートを開きたいと考えていたことがあります。この当時アメリカは蒸気船をいち早く実用化していましたが，蒸気船を動かすには燃料の石炭が必要です。アメリカから【 D 】を横断して中国に行くには，途中で石炭を補給する必要がありました。このためペリーが２隻の蒸気軍艦を含む４隻の軍艦を率いて最初に来航した際は，【 D 】を横断するルートはとっていません。

欧米列強は18世紀後半以降，産業革命により機械で大量生産した商品の市場を求めてアジアやアフリカに積極的に進出し，世界規模の移動が進みました。こうした欧米列強の進出に対抗するために，⑨幕府を倒し欧米のような近代国家を形成することを日本は選びました。近代国家となるには，憲法を制定し法律にもとづいて国家が運営されることが必要です。日本は⑩大日本帝国憲法や様々な法律を制定しました。

第一次世界大戦を経て1920年代に欧米列強と日本は協調体制をとっていきますが，1929年にアメリカの株式市場で大暴落が起きたことから世界恐慌と呼ばれる大不況が世界中に広がると，各国は自国の経済を優先し，高い関税をかけて自国や植民地などの市場を守ろうとしていきます。こうした争いの中で日本は⑪満州を独占しようとし，さらには日中戦争，太平洋戦争へと突き進んでいきました。戦争のための移動が活発になってしまった時代です。

戦後，アメリカは当初は日本の力をできるだけ弱めようとしましたが，アメリカとソ連の間で [7] が起こると，中国が共産主義の国家となったことに対抗させるために，アメリカは日本の経済復興を促すことになります。[7] が実際の戦いへと発展した朝鮮戦争をきっかけに，日本の経済は回復していきます。第二次世界大戦の反省からも自由な貿易の推進が図られ，日本は世界経済の復興とともに高度経済成長を迎えることになります。しかし [7] は世界経済に影を落とします。[7] は世界の移動も貿易も妨げました。そして発展途上国はその影響を大きく受けることになります。そうした中で1973年に起こった地域紛争がきっかけで，サウジアラビアなどの国々が自分たちの意見に反対しているとみなした国に対して [8] の輸出を制限し，[8] 価格が急激に上がるという事態が起こります。このため日本経済は大打撃を受け，高度経済成長が終わることになりました。

1989年に米ソ両国の首脳によって [7] の終結が宣言されました。移動と貿易の自由が進み，世界に平和が訪れたかのように思われましたが，その後も世界各地では地域紛争が続いています。さらに近年はむしろ自国第一主義がさかんになり，移動と貿易に制限をかけようとする動きもみられます。これから，私たちはどうこの問題に向かい合っていくのか，真剣に考えなくてはなりません。

【選択肢】

あ 新羅　い 太平洋　う 明　え 大西洋　お 清　か 黒海
き 漢　く 北海　け インド洋　こ 唐　さ 高麗　し 元
す 地中海　せ 宋　そ 百済　た 高句麗　ち 東シナ海

① 縄文文化について述べた，次の X～Z の文の正誤の組み合わせとして正しいものを，下の あ～く から1つ選び，記号で答えなさい。

X 木の実が重要な食料となっており，石包丁は木の実をすりつぶすのに使われた。
Y 貝塚を調べることによって，どのようなものを食べていたのかを知ることができる。
Z 土器を使い煮ることによって，食生活は以前よりも安全で豊かになった。

あ X 正 Y 正 Z 正　い X 正 Y 正 Z 誤　う X 正 Y 誤 Z 正
え X 正 Y 誤 Z 誤　お X 誤 Y 正 Z 正　か X 誤 Y 正 Z 誤
き X 誤 Y 誤 Z 正　く X 誤 Y 誤 Z 誤

② 遠い地域と交易が行われていたことと最も関わりが深い文を，次の あ～え から1つ選び，記号で答えなさい。

あ クリを栽培していた地域かおり，クリの木が竪穴住居などにも使われた。
い シカやイノシシといった動物を狩り，食料とするだけでなく，その骨や角を釣針などの道具に利用した。
う 各地域では，それぞれ特色のある装飾をした土器がつくられるようになった。
え 限られた地域でのみとれる黒曜石が各地で矢じりとして使われていた。

③ 渡来人たちが伝えた新しい文化について述べた，次の X～Z の文の正誤の組み合わせとして正しいものを，下の あ～く から1つ選び，記号で答えなさい。

X 米づくりが伝えられ，たくわえられる食料の生産が始まったことで，人々の間の戦いは縄文時代よりも減っていった。
Y 青銅器が伝えられ，銅鐸や銅剣などが豊作を祈る祭りの道具として使われた。
Z 鉄器が伝えられ，石器より優れた鉄製の武器がつくられ，軍事力が高まった。

あ X 正 Y 正 Z 正　い X 正 Y 正 Z 誤　う X 正 Y 誤 Z 正
え X 正 Y 誤 Z 誤　お X 誤 Y 正 Z 正　か X 誤 Y 正 Z 誤
き X 誤 Y 誤 Z 正　く X 誤 Y 誤 Z 誤

④ この時進められていた改革についての記述として誤っているものを，次の あ～え から1つ選び，記号で答えなさい。

あ 聖徳太子が蘇我氏とともに天皇中心の政治体制をつくろうとしていた。
い 豪族の支配していた土地と人民を，すべて天皇の支配下に置いた。

う　冠位十二階の制度を定めて，能力に応じて役人に取り立てるしくみをつくった。

え　天皇の命令に従うことなどを命じた憲法十七条という役人の心得が制定された。

⑤　このころの移動について述べた，次の X～Z の文の正誤の組み合わせとして正しいものを，下の あ～く から1つ選び，記号で答えなさい。

X　農民たちの中には兵士となって九州まで行き，九州の守りについた者もいた。

Y　都から地方の役所へ，さまざまな命令を伝えられる制度がつくられた。

Z　各地の特産物が都へ税として運ばれ，北海道からはコンブが運ばれた。

あ　X正　Y正　Z正　い　X正　Y正　Z誤　う　X正　Y誤　Z正
え　X正　Y誤　Z誤　お　X誤　Y正　Z正　か　X誤　Y正　Z誤
き　X誤　Y誤　Z正　く　X誤　Y誤　Z誤

⑥ 《a》～《d》に当てはまるものを次の あ～え から1つずつ選び，《a》～《d》の順番に記号で答えなさい。

あ　東　い　博多　う　朝鮮半島　え　平城京

⑦　鎌倉幕府について述べた，次の X～Z の文の正誤の組み合わせとして正しいものを，下の あ～く から1つ選び，記号で答えなさい。

X　周辺地域との移動がとても便利な地形である鎌倉を，幕府の中心地とした。

Y　御家人たちは戦いがないときでも，将軍への奉公の一つとして鎌倉や京都を守るため，領地から鎌倉や京都へ行く必要があった。

Z　将軍は御恩の一つとして，戦いで成果をあげた御家人に，新しい領地を与えた。

あ　X正　Y正　Z正　い　X正　Y正　Z誤　う　X正　Y誤　Z正
え　X正　Y誤　Z誤　お　X誤　Y正　Z正　か　X誤　Y正　Z誤
き　X誤　Y誤　Z正　く　X誤　Y誤　Z誤

⑧　ヨーロッパから来た国の中で，幕府がオランダとの貿易を認めたのはなぜか，鎖国を行った理由と，オランダと他のヨーロッパ諸国との違いにも触れて60字以内で答えなさい。

⑨　幕府が倒れるまでの出来事について述べた，次の X～Z の文の正誤の組み合わせとして正しいものを，下の あ～く から1つ選び，記号で答えなさい。

X　貿易が開始されると物価が上昇するなど経済が混乱し，民衆の不満が高まった。

Y　長州藩の木戸孝允は土佐藩の勝海舟の助けを得て薩摩藩と結び，倒幕をめざした。

Z　将軍徳川慶喜が政権を天皇に返上すると，薩摩藩の大久保利通らは新政府をつくり旧幕府軍との戦いに勝利して政権をにぎった。

あ　X正　Y正　Z正　い　X正　Y正　Z誤　う　X正　Y誤　Z正
え　X正　Y誤　Z誤　お　X誤　Y正　Z正　か　X誤　Y正　Z誤
き　X誤　Y誤　Z正　く　X誤　Y誤　Z誤

⑩　大日本帝国憲法についての記述として誤っているものを，次の あ～え から1つ選び，記号で答えなさい。

あ　この憲法では軍隊を統率する権限は天皇にあるとされた。

い　この憲法では条約を結ぶ権限は政府にあるとされた。

う　この憲法では法律と予算を審議する権限は議会にあるとされた。

え　この憲法では国民は法律の範囲内でのみ言論の自由などが認められた。

⑪ 満州についての記述として誤っているものを，次の あ～え から１つ選び，記号で答えなさい。

あ 軍部は満州の資源が戦争には欠かせないと考えた。

い 1931年に中国軍が南満州鉄道を爆破したことをきっかけに満州事変が始まった。

う 満州国がつくられたが，事実上日本の支配下に置かれていた。

え 国内の不況で農民が苦しんでいたので，満州への移民がさかんに行われた。

Ⅲ 次の①～⑤の各文の空欄 [1] ～ [5] に適する語句をそれぞれ答えなさい。そのとき漢字で書けるところは漢字で答えなさい。さらに問Ａ～問Ｅに答えなさい。

① 日本は少子高齢社会となっており，今後もさらに少子高齢化は進むと考えられている。子育てや高齢者の世話をしながら働き続けることができるように，1995年に [1] 法がつくられた。

問Ａ 日本の人口構成や介護（かいご）保険についての記述として誤っているものを，次の あ～え から１つ選び，記号で答えなさい。

あ 日本の人口は，2000年代後半から減少に転じている。

い 現在，65歳以上の人口の比率は25％を超（こ）えている。

う 介護保険では，20歳以上の人が保険料を払っている。

え 介護保険でサービスを受けるためには，サービスを受ける必要があると認定（にんてい）を受けなければならない。

② 国会は，法律をつくることや予算を認めることなどを行っている。また，国の政治のあり方が正しいかどうかを調べるのも国会の重要な仕事で，衆参両院は証人を呼んだり省庁に報告や記録の提出を求めることができる [2] 権をもっている。

問Ｂ 国会についての記述として誤っているものを，次の あ～え から１つ選び，記号で答えなさい。

あ 法律案は，参議院よりも先に衆議院で審議されることになっている。

い 法律案は，本会議での審議の前に委員会で審議されることになっている。

う 衆議院の方が，参議院より選挙に立候補できる年齢（ねんれい）が低い。

え 参議院の方が，衆議院より任期が長い。

③ 日本では，2009年から裁判員制度が導入されている。裁判の種類を２つに分ける場合，裁判員裁判の対象になっていないのが [3] 裁判である。

問Ｃ 裁判員制度についての記述として誤っているものを，次の あ～え から１つ選び，記号で答えなさい。

あ 裁判員は，20歳以上の人の中からくじで選ばれる。

い 裁判員裁判は，地方裁判所でのみ行われる。

う 裁判員は裁判官とともに，有罪か無罪かを判断し，有罪の場合には，量刑（りょうけい）（刑罰（けいばつ）の重さ）も判断する。

え 判決で死刑（しけい）が科される可能性がある，重い犯罪は裁判員裁判の対象外である。

④ われわれは，日本国民であるとともに，都道府県および市区町村の２つの [4] に属している。[4] にはその住民の選挙で選ばれた首長がいる。

問Ｄ 地方自治についての記述として誤っているものを，あとの あ～え から１つ選び，記号で答えなさい。

あ　市区町村の予算の歳入には，市区町村民からの税金だけでなく，国や都道府県からの交付金や補助金が含まれる。

い　住民は，国に対して要望や苦情を申し出る請願を行うことができるが，直接請求権があるため，都道府県や市区町村への請願権は認められていない。

う　都道府県や市区町村の中には，これから行おうとしている取り組みについて，住民から広く意見を集めて参考にする，パブリックコメントをとり入れているところがある。

え　子どもや高齢者の相談にのったり，その内容を市区町村などに伝える，民生児童委員（民生委員）が置かれている。

⑤　国々地域をこえて，地球規模で取り組まなければならない問題が起きている。環境問題では，近年，地球温暖化の問題が深刻化している。2015年に，［ 5 ］が採択され，世界の平均気温の上昇を産業革命前と比較して，2℃より低く抑えることが目標とされた。

問E　国際的に取り組むべき問題や，そのための機関についての記述として誤っているものを，次の あ～え から1つ選び，記号で答えなさい。

あ　1972年に国連人間環境会議が開かれ，気候変動枠組み条約が採択された。

い　地球温暖化の要因の一つとして，オゾンホールの問題をあげることができる。

う　難民の保護や救済・支援を行うことを目的として，国連難民高等弁務官事務所が創設されている。

え　食料が不足している国や天災などを受けた国に食料を援助する，国連世界食糧計画（WFP）が，2020年のノーベル平和賞を受賞した。

がわからへんかったそれに「馬が合わへん」ちゅう名前をもろて、なんや、すうっとむねが軽なった。

「ミーヤン、おおきに！　うち、らくになったわ」

別れぎわ、ミーヤンに②カンシャのハグをしたったら、

「水穂はえらいたんじゅんやなあ」

って笑われた。

真紀ちゃんのことはいまもにがてやで。

あの声も、あの顔も、あのコロンのにおいも。

そやけど、あれ以来、真紀ちゃんにむかついたり、むかつかれたりして、頭のどこかにどくどく「にがて汁」が流れこんできたときには、馬が合わへん、馬が合わへんって、心のなかで呪文みたいにとなえることにしとる。そしたら、ちょっとは汁がうすまる。

そや、似とる言葉も見つけたで。

「虫がすかん」

これも、なんやようわからへんけど馬が合わへんあいてをさす言葉やろ。

あと、あかん相性の者どうしを「水と ア 」って言ったりもする。

こんだけいろんな言葉ができたのは、やっぱり遠いむかしから、どこにでも、だれにでも、にがてなあいてがおったせいちゃうやろか。そのあいてへの腹立ちを、むかしの日本人は、うまいこと馬や虫にすりかえようとしたのかもしれん。人類の③エイチやな。

E そやからな、タロ。

そや、あんたの話や。

知っとるで。あんた、浅木さんとこのクリストファーがにがてやろ。散歩で会うたび、ガーッて歯をむきだして、えらいけんまくでおこっとるもんな。

たしかに、柴犬のあんたと、アフガンハウンドのクリストファーは、おなじ犬とは思えん。いもようかんと イ くらいかけはなれとる。

そやかて、おこってもムダや。体力の消費や。

カッときたときは、ぐっとのみこんで、そっと心で(注2)つぶやいとき。

「しゃあない、うちらは『犬猿の仲』なんや」って。

（森絵都「あの子がにがて」『あしたのことば』）

注 1 料理を食べているとちゅうで、調味料などで味を変えること。
2 「つぶやいておきなさい」の意。

問一 ＝＝線部①～③のカタカナを漢字に直し、漢字は読みを答えなさい。

問二 ア にあてはまる漢字一字を答えなさい。

問三 イ にはどのような言葉があてはまると思いますか。想像して答えなさい。

問四 ――線部A、Bとありますが、なぜこのようになったのでしょうか。このときの水穂の気持ちを、これまでの真紀ちゃんとの関係をふまえて、説明しなさい。

問五 ――線部Cとありますが、なぜ「ホッとした」のでしょうか。わかりやすく説明しなさい。

問六 ――線部Dからは、水穂のどのような気持ちの変化がわかりますか。読点の打ち方に注目して説明しなさい。

問七 ――線部Eとありますが、なぜタロに言い聞かせているのだと思いますか。考えて答えなさい。

「けど、ほんまにわからんわ。ケンカしたわけでもあらへんのに、なんでうちと真紀ちゃん、こないなことになっとるんやろ」

　塾でも、帰り道でも、うちはひたすらグチりつづけた。

　そしたら、うちのおりる駅が近づいたころ、それまでふんふんきいとるだけやったミーヤンが、きゅうに口を開いてん。

「あんな、水穂（みずほ）」

　ハスキーボイスのミーヤンは、じーっとうちの目を見て、ハスキーに言うてん。

「あんたと真紀ちゃんは、生まれながらに相性が悪い。それだけや」

「へ？」

「馬が合わへん、ちゅうやっちゃ」

　ちなみに、ミーヤンは今どきめずらしい六人きょうだいの長女で、だからか知らんけど、ごっつ①性根がすわっとる。うちはひとりっ子やし、親もようは家におらんさかい、ミーヤンを姉ちゃんみたいに思っとるとこもある。

　そのたのもしいミーヤンが、あんまりあっけらかんと言うてくれたもんやから、うち、ぽかんとなってしもて、十秒くらいなんも言えへんかった。

「……馬が、合わへん？」

　十一秒めくらいにかぼそい声を出したら、ミーヤンはアネゴらしく「そや」とあごをあげた。

「どうにもならへん生まれつきの相性や。どっちかええとか、あかんとかの話ちゃう。なやんだところで時間のムダや。ノウ細胞（ぼう）の浪費（ろう）や」

「へ。馬が合わへんかったら、なやんでもムダなんか？」

「そや。馬が合わへんちゅうのは、そういうこっちゃ。合わんもんは合わん。そうわりきって終わりにするしかない。そないな相性のあいてが、だれにでもおるねん」

「おるんか？」

「おる、おる。うちにもおるで」

「ミーヤンにも？」

「それが人生や」

「はあ……」

　ほんま、ミーヤンときたら、えらいきっぱり絶望的な宣言をしてくれたもんや。

　そやけどな、「どっちがええとか、あかんとかの話ちゃう」言うてもろたことで、なんとなく、Cうち、ホッとしたのもほんまやねん。

　親や先生に話したら、「人をきらったらあかん」とか、「ええとこ探したれ」とか、言われるやん。けど、ええとこ見つからへんから、うちはこまっとるねん。

　もともと馬が合わへんのんなら、たしかに、しゃあない思えるわ。

　うちも真紀ちゃんも悪なくて、あかんのは馬や。

　うちと真紀ちゃんは馬が合わへん。

　うちと真紀ちゃんは馬が合わへん。

　うちと真紀ちゃんは馬が合わへん。

　ふしぎやねん。D頭のなかでなんどもくりかえしとるうちに、なんや、うち、みるみる元気になってきた。

　うちと真紀ちゃんのあいだにあった、うまく言葉にならへんぎくしゃくした感じ。いつも空いとるびみょうな距離（きょり）。目と目のバチバチ。わけ

はかかわりあいにならへんように遠くからながめとった。

真紀ちゃんはそうもいかへん。花たばみたいなにおいのコロンをぷんぷんさせて、自分から近づいてくる。

真紀ちゃんがそばにおると、時間がたつのがおそい。休み時間の十分が、使いきれへんくらいに長ったらしく思える。給食もよう味わわん。真紀ちゃんのすまし顔をまっすぐ見られへんで、うちの目、いつも泳いどる。

ほんまに、ほんまに、にがてやねん。

ほんで、もっとあかんことに――たぶん、真紀ちゃんもうちがにがてや。うちの顔、まっすぐ見いひんし。めったに話しかけてきいひんし。うちのギャグにもしらっとしとるし。真紀ちゃんがうちを見て笑うときは鼻で笑うときやし。

みんなでろうかを歩いとるあいだに、うっかり、うちが真紀ちゃんの横になったりするやろ。そしたら、真紀ちゃんの足が急にはよなるねん。徒競走か、ちゅうくらいのいきおいでみるみるはなれてく。

あの人、ぜったい、うちがにがてやわ。

いや――にがてどころか、うち、真紀ちゃんにごっつきらわれとるんちゃうやろか。

古い橋みたいにぐらぐらしとったうちと真紀ちゃんの関係に、バリッと強烈なヒビが入ったのは、何日かまえの昼休みや。

昼どきはよく真紀ちゃんと田中さんがうちらにくっついてくるから、四人グループが六人になる。その日も、つくえ六つ合わせて、味のぼんやりした給食を食べとるあいだ、うち、半分ギャグでこぼしてん。

「うちの学校の給食、ほんま、塩分ひかえめすぎるわ。調味料のケチりかたえげつない」

ただの軽口やで。人間社会では、こないなギャグをスパイスにして、味のぼんやりした給食を食べるんや。生きる知恵や。

なのに、言うたとたんに、真紀ちゃんのずぶとい声が飛んできた。

「ほな塩でもしょうゆでも家からもってきて、どっさどっさかけて、高血圧になったらええわ」

A がつんと顔に岩塩ぶつけられた気がしたわ。ほんま。

ほかのみんなもぶったまげた顔して、一瞬、その場がしんとなった。二、三秒やな。それから、みんなはなんもなかったふりして、またぼちぼちしゃべりだしたけど、B うちはなかなか復活できひんかった。

頭のなかで真紀ちゃんの声がぐるぐるしとってん。

男子のまえではぜったい出さへん野性のうねりが、な。

その夜、うちは爆発した。

「あー、もう限界や。なんでうち、真紀ちゃんにあないなこと言われなあかんのやろ。給食の味がうすいのは、全校生徒に共通のなやみや。うちはみんなの心のさけびを代弁したっただけや。なんて真紀ちゃんがカッカせなあかんのん？　ほんま、あの子はうちのやることなすこと気にいらんのやろな。そやけど、それはおたがいさまや。うちかて、ぜんぜん負けへんくらい、真紀ちゃんがヤでヤでしゃあないわ」

うっぷんをぶちまけたあいては、塾仲間のミーヤン。毎週、火曜日と木曜日に塾で会うて、電車でとちゅうまでいっしょに帰る。

塾の仲間は、学校の人間関係を知らへんさかい、気楽になんでもしゃべれるねん。

というだけで、「苦手」と決めつけてしまうと、数学の本当の面白さに出会うことはないかもしれません。

勉強は得意なことを探すことでもあります。苦手なことを無理してやる必要はありません。最後は、得意なところで勝負すればいいのです。しかし、得意なことを探すためには、すぐに苦手と決めて捨ててしまわないということが大切なのです。

（稲垣栄洋『はずれ者が進化をつくる　生き物をめぐる個性の秘密』）

問一　═線部a～eのカタカナを漢字に直しなさい。

問二　──線部①のように言う筆者が──線部②のように言うのはなぜでしょうか、説明しなさい。

問三　──線部③について、私たちが「戦わずに勝つ」ためにはどうすればよいでしょうか、本文の内容にそって説明しなさい。

問四　X オオカミ と Y モモンガ はどのようなことを説明するための例としてあげられていますか、それぞれ説明しなさい。

二、次の文章を読んで、後の問いに答えなさい。

あのな、タロ。うち、おなじクラスに、にがてな女子がおるねん。

中沢真紀。

五年二組でいちばん髪が長くて、足もすーっと長くて、おはだもつるつるしとって、やたらおしゃれで、なんや気どっとる。男子には「クールビューティー」言われとるけど、うちは真紀ちゃんの目がこわい。

あれは、ケモノの目や。クロよりずっと狂暴や。

真紀ちゃんはいつもジミめの田中さんを手下みたいにしたがえて、ハデめの男子らとキャアキャアはしゃいどるのに、ときどき、なんや(注1)味変みたいな感じで、うちらのグループにくっついてくる。うちら、お人よしさかい、くっついてきたらムシできひん。そやから、うちらのグループは基本四人やねんけど、真紀ちゃんと田中さんがおるときは六人になる。

六人になるたび、うち、なんや無口になってまう。

なんでやろ。

うち、だれとでもペラペラしゃべれるはずやのに、真紀ちゃんとだけはよう話さん。口が動いてくれへんし、舌がまわってくれへん。根性ふりしぼって口開いても、あっというまに話がつきてまう。

たとえば、うちが「今日はえらい暑いなあ」とか、言うやろ。そしたら、真紀ちゃん、つんとした声で「ま、夏やしな」なんて言うねん。夏やしな、言われたら、もうなんも返せへん。冬かて「寒い」って言われへん。

真紀ちゃんの言葉がうちには通じひん、ちゅう問題もある。

まえに、うちが「肩からつるすズボンみたいなやつ、はいてみたい」言ったら、真紀ちゃん、「それ、ひょっとしてサロペットのことちゃう?」なんて、ケモノの目をギラギラさせて、つっこむねん。「肩からつるすズボンとか、ウケるー」なんて、ゲラゲラ高笑いや。

真紀ちゃんはセレブっぽいカタカナ言葉が好物で、なんでもカタカナにおきかえる。うちには意味がわからへん。日本語で言えることを日本語で言ってなにが悪いねん。

いつもはツンとしとるのに、射程圏内に男子が入ったとたん、あまったるい声ではしゃぎだすのも見苦しい。態度がちがいすぎるねん。

そないな女子は、これまでもクラスに一人か二人はおったけど、うち

れない雑草の生き方が、とても c**ツウカイ**で、少しうらやましくもあるのです。

Ⅱ　③古代中国の思想家・孫子という人は「戦わず勝つ」と言いました。孫子だけでなく、歴史上の偉人たちは「できるだけ戦わない」という戦略にたどりついているのです。

偉人たちは、どうやってこの d**キョウチ**にたどりついたのでしょうか。おそらく彼らはいっぱい戦ったのです。そして、いっぱい負けたのです。

勝者と敗者がいたとき、敗者はつらい思いをします。どうして負けてしまったのだろうと考えます。どうやったら勝てるのだろうと考えます。彼らは傷つき、苦しんだのです。

そして、ナンバー1になれるオンリー1のポジションを見つけたのです。

そんなふうに「戦わない戦略」にたどりついたのです。

生物も、「戦わない戦略」を基本戦略としています。

自然界では、激しい生存競争が繰り広げられます。生物の進化の中で、生物たちは戦い続けました。そして、各々の生物たちは、進化の歴史の中でナンバー1になれるオンリー1のポジションを見出しました。そして、「できるだけ戦わない」というキョウチと地位にたどりついたのです。

（中略）

苦手なところで勝負する必要はありません。嫌なら逃げてもいいのです。

しかし、無限の可能性のある若い皆さんは、勝手に苦手だと判断しないほうが良いかもしれません。

ペンギンは地面の上を歩くのは苦手です。しかし、水の中に入れば、まるで魚のように自由自在に泳ぎ回ります。アザラシやカバも、地上ではのろまなイメージがありますが、水の中では生き生きと泳ぎ始めます。まだ進化することなく、地上生活していた彼らの祖先たちは、まさか自分たちが水の中が得意だとは思いにもよらなかったでしょうし、さらに自分たちの祖先が水中生活を得意としていたとは思わなかったことでしょう。

リスは、木をすばやく駆け上がります。しかし、リスの仲間の Y［モモンガ］は、リスに比べると木登りが上手とは言えません。ゆっくりゆっくり上がっていきます。しかし、モモンガは、木の上から見事に滑空することができます。木に登ることをあきらめてしまっては、空を飛べることに気がつかなかったかもしれません。

人間も同じです。

サッカーには、ボールを地面に落とさないように足でコントロールするリフティングという基礎練習があります。しかし、プロのサッカー選手でもリフティングが苦手だったという人もいます。リフティングだけで苦手と判断しサッカーをやめていたら、強力なシュートを打つ能力は e**カイカ**しなかったかもしれません。

小学校では、算数は計算問題が主です。しかし、中学や高校で習う数学は、難しいパズルを解くような面白さもあります。大学に行って数学を勉強すると、抽象的だったり、この世に存在しえないような世界を、数字で表現し始めます。もはや哲学のようです。計算問題が面倒くさい

を、あなた自身も信じてしまうことです。

たとえば「おとなしい子」と他の人が思ったのは間違いではないかもしれません。しかし、それは一面でしかありません。

それなのに、みんなが思ったとおり、「おとなしい子」があなたらしさだと勘違いしてしまうのです。そして「おとなしい子」でなければ自分らしくないと、「おとなしい子」になっていってしまうのです。

こうして、人は「自分らしさ」を見失っていきます。

〝本当の自分〟とは違う自分に苦しくなってしまうときもあります。

そして時に人は、〝本当の自分〟らしさを自ら捨ててしまうのです。

「らしさ」って何でしょうか。

それは、まわりの人たちが作り上げた幻想ではないでしょうか。

他にも自分らしさを見失わせる「らしさ」があります。

上級生らしく、中高生らしく、男らしく、女らしく、お兄ちゃんらしく、優等生らしく……。

私たちのまわりにはたくさんの「らしさ」があります。

そして、その「らしさ」は、上級生らしくすべき、中高生らしくすべき、男らしくあるべき、女らしくあるべき、お兄ちゃんらしく振る舞うべき、優等生らしく頑張るべき……という「べき」という言葉を必ず連れてきます。

確かに、社会が期待するような「らしさ」に従うことも必要です。

しかし、①〝本当の自分〟らしさを探すときには、皆さんのまわりにまとわりついている「らしさ」を捨ててみることが必要なのです。

「らしさ」という呪縛を解いたときに、初めて自分の「らしさ」が見つかるのです。

（中略）

②私は雑草と呼ばれる植物に心惹かれます。

皆さんの中にも、「雑草魂」という言葉が好きだったり、「雑草集団」と呼ばれるチームは応援したくなる人がいるかもしれません。エリートではないのに、頑張っている。雑草にはそんなイメージがあるかもしれません。

しかし、私が雑草を好きな理由は少し違います。

雑草は図鑑どおりではありません。それが何よりの魅力です。

図鑑には春に咲くと書いてあるのに、秋に咲いていたり、三〇センチくらいの草丈と書いてあるのに、一メートル以上もあったり、そうかと思うと五センチくらいで花を咲かせていたりします。まったく図鑑どおりではないのです。

人間にとって、図鑑は正しいことが書いてあるものです。「こういうものだ」「こういうのが平均的だ」と書いてあります。つまり、「こうあるべきだ」と書いてあるのです。

しかし、図鑑は人間が勝手に作ったものです。図鑑に書かれていることは、人間の勝手な思い込みなのかもしれません。植物にしてみれば、図鑑どおりでなければいけない理由はまったくありません。

雑草は、図鑑に書かれていることを気にせず、自由に生えています。そして自由に花を咲かせます。

図鑑に書かれていることと違うということは、植物を研究している私にとっては、とても面倒くさいことで、とても困ることです。しかし、人間が勝手に作り出したルールや「こうあるべき」という幻想にとらわ

【国　語】（五〇分）〈満点：一〇〇点〉

一、次のⅠとⅡの文章を読んで、後の問いに答えなさい。

Ⅰ　ゾウはどんな生き物でしょうか。

「ゾウは鼻が長い動物である」そう答える人が多いかもしれません。しかし、本当にそうですか。

「群盲象を評す」というインド発祥の寓話があります。

　昔むかし、目の見えない人たちが、ゾウという生き物について感想を言い合いました。

　鼻に触れた人は、「ゾウはヘビのように細長い生き物だ」と言いました。ある人は、牙に触れて「ゾウは槍のような生き物だ」と叫びました。そして、耳に触った人は、「ゾウはうちわのような生き物だ」と言いました。そして、太い足を触った人は「ゾウは木のような生き物だ」と言ったのです。

　みんな正しいことを言っています。しかし、誰一人としてゾウの本当の姿がわからなかったのです。

　私たちも目の見えない物語の人たちと、そんなに違いはありません。

「ゾウは鼻の長い動物である」

　本当に、それがゾウのすべてですか。

　それでは、キリンはどうでしょう。キリンは首が長い動物……ただ、それだけですか。

　それでは、シマウマはどうでしょう。バクはどうでしょう。

　ゾウは、一〇〇メートルを一〇秒くらいで走ります。人間のオリンピック選手くらいの速さです。

　ソウは足の速い動物でもあるのです。

　ゾウは鼻が長いというのは、ソウの一面でしかありません。

X［オオカミ］は恐ろしい動物と言われています。本当にそうでしょうか。

　確かにオオカミはヒツジなどの**a**<u>**カチク**</u>を襲います。しかし、オオカミは家族で生活をし、お父さんは家族のために獲ってきた獲物を、まず子どもたちに与えます。オオカミは家族思いのとってもやさしい動物でもあるのです。

（中略）

　人間も同じです。

　あなたのことを「おとなしい人だ」と思う人がいるかもしれません、一方、あなたのことを「活発な人だ」と思う人もいるかもしれません。おそらく、そのどちらも本当です。

　本当のところ私たちは、そんなに単純な存在ではありません。

　しかし、人間はどうも一面を見て判断してしまいがちです。しかも、人間の**b**<u>**ノウ**</u>は複雑なことは嫌いですから、できるだけ簡単に説明したくなります。

　ゾウは鼻が長い動物で、キリンは首が長い動物、というような括り方で、あなたのことも「〇〇な人」と単純に納得したくなるのです。

　それは、仕方のないことだというのも事実です。人間のノウは、あなたの複雑さなど理解したくないのです。

　気をつけなければいけないのは、周りの人が一方向からみたレッテル

大切なことはメモしておこうネ！

2021年度

解　答　と　解　説

《2021年度の配点は解答欄に掲載してあります。》

<算数解答>

Ⅰ　ア　$\frac{27}{110}$　　イ　緑　　ウ　93　　エ　96　　オ　1369　　カ　10　　キ　19

Ⅱ　ア　2　　イ　14　　ウ　20　　エ　70

Ⅲ　(1)　2500cm^3　　(2)　20.5　　(3)　かかる時間　5分　積み方　解説参照　　(4)　解説参照

Ⅳ　(1)　Aさん6.2分　Bさん7.44分　　(2)　1回目　$1\frac{38}{55}$分後　2回目　$3\frac{21}{55}$分後

(3)　$4\frac{21}{22}$分後

○推定配点○

各5点×20(Ⅲ(3)積み方，(4)，Ⅳ(1)各完答)　　計100点

<算数解説>

Ⅰ　(四則計算，数の性質，割合と比，植木算，規則性，単位の換算)

(1)　ア$==\left\{\left(85\frac{5}{7}-76\frac{11}{13}\right)\div11+\frac{141}{130}\right\}\times\frac{91}{701}=\frac{807}{91\times11}\times\frac{91}{701}+\frac{141}{130}\times\frac{91}{701}=\frac{807}{11\times701}+\frac{141\times7}{701\times10}=\frac{27}{110}$

基本　(2)　①　元日から10月1日までの日数は31×5＋30×3＋28＋1＝274(日)，274÷5＝54…4より，10月1日は4番目の「緑」

②　元日から4月1日までの日数は31×2＋28＋1＝91(日)，91÷5＝18…1より，4月1日は1番目の青，3日が黒である。したがって，黒の日付の和は3＋8＋…＋28＝(3＋28)×6÷2＝93

+α　(3)　①　99…<99>＝99＋33＋3　【99】＝3

98…<98>＝98＋49＋14＋7＋2＝170　【98】＝5

97…素数

96…96＝2×2×2×2×2×3

<96>＝96＋48＋32＋24＋16＋12＋8＋6＋4＋3＋2＝96＋80＋40＋35＝251　【96】＝11

したがって，商が整数にならない2ケタの最大の数は96

②　約数が3個ある数は，「素数」の平方数である。

30×30＝900，40×40＝1600，約数の和が1406＋1＝1407より，37×37＝1369

③　素数を10回かけた数の場合，1を除いた約数の個数は10個ある。

④　約数が4個ある数…「素数×素数」または「素数を3回かけた数」

したがって，以下の9＋6＋2×2＝19(個)があてはまる。

2×3，2×5，2×7，2×11，2×13，2×17，2×19，2×23，2×29…9個

3×5，3×7，3×11，3×13，3×17，3×19…6個　　5×7，5×11…2個

2×2×2，3×3×3…2個

Ⅱ　（平面図形，場合の数）

やや難　(1)　ア　（1枚取り替える場合）

下図の2通りがある。

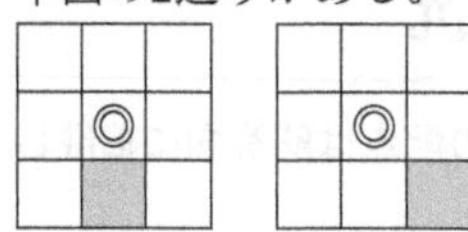

イ　（3枚取り替える場合）…下図の14通りがある。

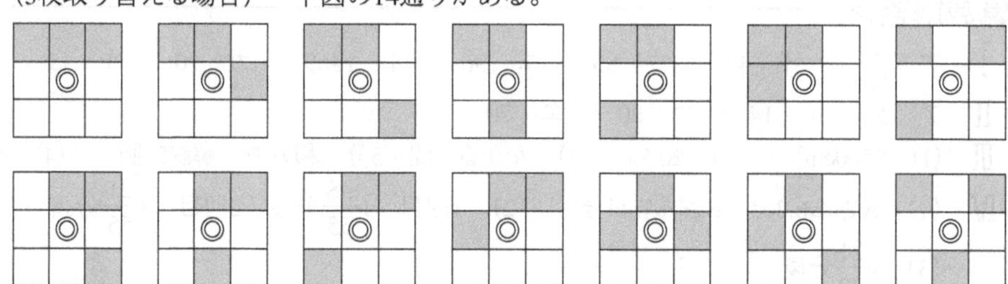

ウ　（4枚取り替える場合）…下図の20通りがある。

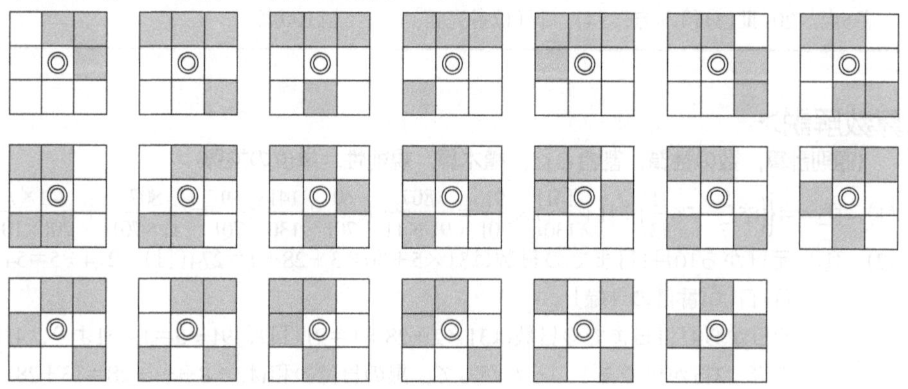

(2)　(1)より，(1＋2＋8＋14)×2＋20＝70(通り)

Ⅲ　（立体図形，平面図形，グラフ，統計と表，割合と比，場合の数）

基本　(1)　グラフより，給水量は毎分

(35×35×70－10×10×10×12)÷29.5

＝73750÷29.5＝2500(cm^3)

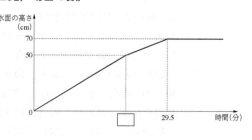

水面の高さ (cm)
70
50
0
29.5
時間(分)

重要　(2)　問題の表から，5段目までの立方体の個数は2×5＝10(個)である。

(1)より，50cmまで水がたまる時間は

(35×35×50－10×10×10×10)÷2500

＝51250÷2500＝20.5(分)

(3)　底面の1辺が35cmのため，1段に3×3＝9(個)まで立方体を並べられる。

したがって，2段目までの積み方は表Aのようになり，時間は

(35×35×20－10×10×10×12)÷2500

＝12500÷2500＝5(分)

表A

1段目	2段目	3段目	4段目	5段目	6段目	7段目	8段目
9	3	0	0	0	0	0	0
8	4	0	0	0	0	0	0
7	5	0	0	0	0	0	0
6	6	0	0	0	0	0	0

(4) 水面の高さ…$(2500\times19.7+10\times10\times10\times12)\div(35\times35)=50$(cm)
したがって，1段目の個数を$9-4=5$(個)にして5段目まで積む方法は，表Bのようになる。

表B

1段目	2段目	3段目	4段目	5段目	6段目	7段目	8段目
5	4	1	1	1	0	0	0
5	3	2	1	1	0	0	0
5	2	2	2	1	0	0	0

Ⅳ　(速さの三公式と比，旅人算，割合と比，鶴亀算)

基本 (1) Aさんが1周する時間…$100\times3.1\div50=6.2$(分)
Bさんが1周する時間…$120\times3.1\div50=7.44$(分)

重要 (2) Aさんが1分で回る割合…$1\div6.2=\frac{5}{31}$
Bさんが1分で回る割合…$1\div7.44=\frac{25}{186}$
円の中心について反対側にいる1回目…$\frac{1}{2}\div\left(\frac{5}{31}+\frac{25}{186}\right)=1\frac{38}{55}$(分後)
円の中心について反対側にいる…$1\frac{38}{55}\times2=3\frac{21}{55}$(分後)

やや難 (3) 分速50mで円の中心について反対側にいる5回目…(2)より，$1\frac{38}{55}\times5=8\frac{5}{11}$(分後)
2人が分速50mで1分に回る割合の和…(2)より，$\frac{5}{31}+\frac{25}{186}=\frac{55}{186}$
2人が分速70mで1分に回る割合の和…$\frac{55}{186}\div5\times7=\frac{77}{186}$
したがって，速さを変えたのは$\left\{\frac{77}{186}\times\left(8\frac{5}{11}-1\right)-\frac{5}{2}\right\}\div\left(\frac{77}{186}-\frac{55}{186}\right)$
$=\frac{109}{22}$(分後)

★ワンポイントアドバイス★
一見，難しそうな問題が並んでいるように感じられる場合でも，問題文を正確に読み取れば難しくない。差がつきやすいのはⅠ(3)「約数」，Ⅱ(1)「3枚の配置」であり，Ⅰ(1)，Ⅳ(2)・(3)レベルの「分数計算」に備えよう。

＋α は弊社HP商品詳細ページ(トビラのQRコードからアクセス可)参照。

<理科解答>

Ⅰ　問1　ア　問2　イ　問3　ア　問4　イ　問5　電磁石
問6　①　ア　②　イ　③　ア　④　ア　⑤　エ　⑥　イ　⑦　イ　⑧　オ　問7　ウ

Ⅱ　問1　エ　問2　エ，カ　問3　エ　問4　ウ，エ　問5　ア，エ，オ

Ⅲ　問1　イ，エ　問2　(1)　ふんどう　(2)　左の皿に薬包紙をのせる。
問3　体積　58(mL)　位置　イ　問4　16.7(%)
問5　(1)　80.4(g)　(2)　10.7(%)　問6　(1)　イ　(2)　20(%)

Ⅳ　問1　(1)　155(分)　(2)　11(時)45(分)　問2　2(時間)10(分)早い
問3　(1)　ア　(2)　ウ

○推定配点○
Ⅰ　問1～問5・問7　各2点×6　問6　各1点×8
Ⅱ　各2点×5(問2・問4・問5各完答)　Ⅲ　各2点×10(問1完答)　Ⅳ　各2点×5　計60点

＜理科解説＞

Ⅰ　(環境－地球温暖化，生態系)

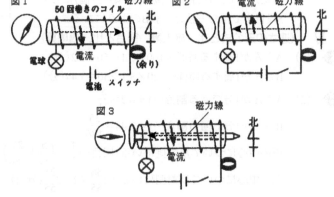

問1　図1のように電流が流れると，コイルの中の磁力線が東向きになり，方位磁針も東側に振れる。

問2　図2のように電流が流れると，コイルの中の磁力線が西向きになり，方位磁針も西側に振れる。

問3　50回巻きの2倍の100回巻きのコイルに電流を流すので，磁力が強くなり，方位磁針の振れは大きくなる。

問4・問5　図3のように，コイルの中に鉄くぎを入れて電流を流すと，鉄くぎが電磁石になり，磁力が大きくなる。

問6　①　電球1個に対して，電池2個を直列につなげることで，電磁石に流れる電流が，電球1個に対して電池が1個のときの2倍になり，ゼムクリップも2倍くっつく。

②　電球1個に対して，電池2個を並列につなげることで，電磁石に流れる電流が，電球1個に対して電池が1個のときと同じになり，ゼムクリップも同じ数くっつく。

③～⑤　電球2個と電池2個をどちらも直列につなげることで，電磁石に流れる電流が，電球1個に対して電池が1個のときと同じになり，ゼムクリップも同じ数くっつく。

⑥～⑧　電球2個と電池2個をどちらも並列につなげることで，電磁石に流れる電流が，電球1個に対して電池が1個のときの2倍となり，ゼムクリップも2倍くっつく。

問7　電球2個を直列につなぎ，電池2個を並列につなげることで，電磁石に流れる電流が，電球1個に対して電池が1個のときの半分となる。ただし，コイルの巻き数が200回で100回の2倍になっているので，ゼムクリップがくっつく数は，電球1個に対して電池が1個のときと同じになる。

Ⅱ　(植物のなかま－アサガオとマツバボタンの開花)

重要　問1　アサガオは夜明け前に開花する。また，タンポポは光の刺激により，夜が明けてしばらくしてから開花し，マツヨイグサは夕方ごろに開花する。

やや難　問2　25℃のとき，①のように，一晩中蛍光灯の光を当てていたり，②のように，暗くする時間が，22(時)－18(時)＝4(時間)のときは開花しないが，③のように，暗くする時間が，26(時)(午前2時)－18(時)＝8(時間)のときは開花する。また，23℃のときは，①では開花しないが，②や③では開花する。さらに，20℃のときは，①～③のいずれでも開花する。したがって，温度を低くするほど，暗くする時間が短くても開花する。

問3　アサガオの葉には深い切れ込みがあり，三つ部分に分かれている。

問4　キキョウはアサガオと同じように，5枚の花びらが合わさっている合弁花である。一方，ハス・スミレ・ホウセンカの花びらは1枚ずつ離れている離弁花である。

問5　図1から，32℃で開花しているマツバボタンを26℃の暗室に移すと，40分後に花は閉じるが，その後，温度の高い暗室に移すと，28℃と比べて，32℃や34℃の場合は，早く開花する。

Ⅲ　(ものの溶け方－硫酸銅水溶液)

問1　ア．上皿てんびんの針の振れ幅が左右で同じになれば，上皿てんびんはつり合っている。

ウ．物の重さを測るとき，右ききの人は，左の皿に測りたい物をのせ，右の皿にふんどうをのせながらつり合わせる。

オ．使用後は，左右の皿を一方に重ねておく。

問2　決まった重さを測るときは，左右の皿に薬包紙をのせた後，つり合わせてから，左の皿にふんどうを乗せ，右の皿に薬さじを使って，少しずつ測りたい物をを入れながら，つり合わせる。

重要　問3　メスシリンダーを読み取るときは，水面のへこんだ所を真横から読み取る必要がある。

問4　15 g の硫酸銅を75 g の水に溶かしたので，15(g)＋75(g)＝90(g)の硫酸銅水溶液になる。したがって，硫酸銅水溶液の濃さは，$\frac{15}{90}\times100=16.66\cdots$より，16.67％である。

やや難　問5　(1)　硫酸銅五水和物25 g には，硫酸銅16 g と水9 g が含まれているので，硫酸銅五水和物15 g に含まれている水は，$9(g)\times\frac{15(g)}{25(g)}=5.4(g)$である。したがって，水溶液中の水の重さは，75(g)＋5.4(g)＝80.4(g)である。

(2)　硫酸銅五水和物15 g に含まれている硫酸銅は，15(g)－5.4(g)＝9.6(g)である。したがって，硫酸銅水溶液の濃さは，$\frac{9.6(g)}{90(g)}\times100=10.66\cdots107(\%)$

問6　(1)　ろ紙は，次の図のように，2回折り曲げた後，一重の部分と三重の所に分けて広げる。

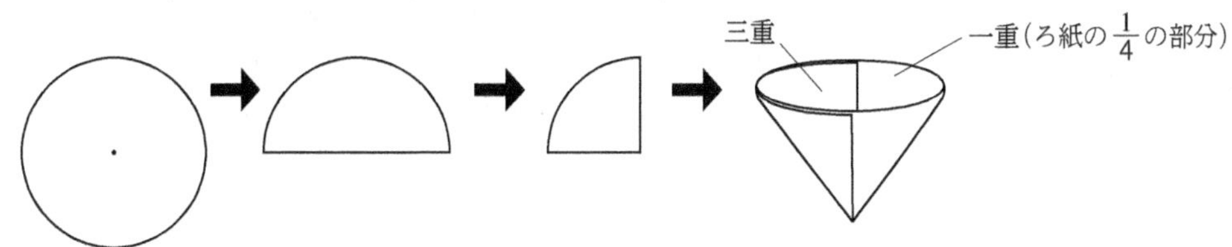

(2)　30℃の水50 g に硫酸銅五水和物を溶かすと，溶け残りが出たので，硫酸銅水溶液の飽和水溶液になる。また，30℃の水100 g に硫酸銅は25 g 溶けるので，硫酸銅水溶液は，100(g)＋25(g)＝125(g)となる。したがって，硫酸銅水溶液の濃さは，$\frac{25(g)}{125(g)}\times100=20(\%)$ である。

Ⅳ　（太陽と月－不定時法）

やや難　問1　実際の昼間の長さは，19：00－4：30＝18：60－4：30＝14：30である。ただし，不定時法では，日の出の30分前を「明け六つ」，日の入りの30分後を「暮れ六つ」と呼び，「明け六つ」から「暮れ六つ」までを昼とし，それを6等分して昼の一刻とするので，不定時法での昼の長さは，14：30＋1：00＝15：30より，15(時間)×60(分)＋30(分)＝930(分)である。したがって，昼の一刻は，930(分)÷6＝155(分)である。

やや難　問2　実際の昼間の長さは，17：00－7：00＝10：00である。また，不定時法での昼の長さは，10：00＋1：00＝11：00より，夜の長さは，24：00－11：00＝13：00なので，13(時間)×60(分)＝780(分)である。したがって，夜の一刻は，780(分)÷6＝130(分)で，2時間10分である。また，夜の「四つ」は夜の「九つ」より1刻早いので，Aさんがそば屋に行ったのは，前日に比べて2時間10分早くなる。

問3　(1)　昼は，「明け六つ」の後が「五つ」で，その後が「四つ」なので，「五つ」の方が「四つ」よりも，太陽高度が低く，影が長い。したがって，図2のアが「五つ」の影，イが「四つ」の影である。

(2)　6月の下旬は，太陽の南中高度が1年で最も高く，12月の下旬は，太陽の南中高度が最も低い。したがって，右の図のように，エよりも長いウが昼の「九つ」の影を表す。

★ワンポイントアドバイス★
理科の基本的な問題から応用問題まで含めて十分に理解しておくこと。
また，思考力を試す問題にも十分に慣れておくこと。

<社会解答>

Ⅰ 問1 1 チバニアン 2 房総 3 ナノハナ 4 グリーンツーリズム 問2 え
問3 う 問4 a う b お c い d か e く 問5 5 ダイズ
6 わら 7 トレーサビリティ 問6 しろかき 問7 遠くの生産地から長距離輸送すると，重油などのエネルギーを大量消費するが，地産地消ならば，輸送に関わるエネルギーの消費量が少なく，CO_2の排出量も減らせる。
問8 a ロシア b フランス c インドネシア 問9 a あ b え c う d い

Ⅱ A き B さ C す D い 1 熊本 2 イラン 3 イスラム
4 北条時宗 5 ポルトガル 6 対馬 7 冷戦 8 石油
① お ② え ③ お ④ い ⑤ い ⑥ う→い→あ→え ⑦ お
⑧ キリスト教が広まり，一揆などを起こされることを恐れて鎖国をしたが，オランダはキリスト教の布教に熱心ではなかったから。 ⑨ う ⑩ い ⑪ い

Ⅲ 1 育児介護休業 2 国政調査 3 民事 4 地方公共団体
5 パリ協定 問A う 問B あ 問C え 問D い 問E あ

○推定配点○
Ⅰ 問7 3点 他 各1点×22 Ⅱ ⑧ 3点 他 各1点×22 Ⅲ 各1点×10 計60点

<社会解説>

Ⅰ （日本の地理－「千葉県」「農産物」に関連する問題）

問1 1 チバニアンと命名されたのは今から77万4千年ほど前の時代で，地球を大きな磁石とした場合に，過去に何度か磁石の極が逆転した現象があり，この期間にもその逆転現象があり，その典型的な証拠が千葉の市原にある地層に残っていることから命名されたもの。 2 房総半島は千葉県が位置するところの半島で，かつての安房，上総，下総の国名にちなむ名称。 3 ナノハナはアブラナの花で，葉や花芽を食用とするほか，この種から食用油を採っている。 4 グリーンツーリズムは農山村を訪れ，その土地で暮らす人々の中に入り，様々な体験を通じて，その土地の自然や文化，その土地の人々との交流をありのままに楽しむ体験型の旅行形態。

問2 市原市は京葉工業地帯の中にある都市なので，化学工業の製造品出荷額が大きくなる。あは輸送用機械器具製造業の出荷額が大きいので豊田市，いはあに次いで輸送用機械器具製造業の出荷額が大きいので横浜市，残ったうは京都市。

重要 問3 Y TPPで外国産の安価な米が流入してくるなら，むしろ国産米の生産量を増やし，価格で競争できるようにするはずなので，生産調整は逆の行為で誤り。X，Zは正しい。

やや難 問4 a 秋田県の「男鹿半島・大潟ジオパーク」。 b 山口県の「Mine秋吉台ジオパーク」。 c 北海道の「とかち鹿追ジオパーク」。 d 群馬県の「下仁田ジオパーク」。 e 鹿児島県の「桜島・錦江湾ジオパーク」。

問5 5 大豆は日本やアジア圏では豆として食べる他にも加工食品がいろいろあるが，世界の大

半の地域では食用油の原料として使われている。 6 わらは稲の茎の部分を干したもの。
7 トレーサビリティはトレースtrace(足跡などをたどる)することが出来るという意味。

基本 問6 水田での米作りでは，一般に稲刈りをした後にまず稲わらや稲の株などを土の中にすき込む作業を秋から初冬にやり，その後は春まで待ち，春になると再び水田の土地を掘り起こす田起こしをやり，また水田の周りのあぜなどの補修作業も行い，水を入れる。水を入れた後に再度，田の土を細かく砕いてならす作業が代かきとなる。

重要 問7 地産地消は農林水産業の産物の産出地で，それらを消費するもの。一般に第一次産業がさかんな場所と，その大消費地との位置関係は離れている場合が多く，その生産物を消費地に運ぶ際に排出される二酸化炭素はかなりの量になる。そこで地産地消を推進すれば，この二酸化炭素の排出量をかなり抑えることができると考えられる。

問8 a ボルシチはロシアを代表する料理で，日本にとってロシアはカニ，サケ，マスなどの北洋漁業の海産物の輸入相手として重要。 b フランス産のワインでは，毎年，その年の新酒のボジョレ・ヌーボーが，時差の関係でフランス本国よりも日本の方が数時間早く解禁になるというので，日本でそのシーズンになると騒いでいる。 c インドネシアは赤道直下で多くの島々が点在している国で，地震の発生，被害が多い国である。

問9 a 北海道は農業産出額そのものは大きいが，耕地面積も広いので，耕地面積1haあたりの農業産出額に直すと小さくなってくることに注意。また耕地面積に占める水田の比率が北海道よりも小さくなるのは東京都と沖縄県だけ。カボチャは北海道以外でも生産が比較的あるが，小豆はほとんど北海道のみ。 b 鹿児島県は第一次産業人口比率が全国平均よりも高く，第二次産業比率が全国平均よりも低い。鹿児島県のサツマイモは全国的に有名。 c 茨城県は千葉県と並んで首都圏の近郊農業が盛んなところとして有名だが，千葉県と比べると第一次産業人口比率は高くなる。 d 千葉県は首都圏の中の近郊農業の盛んな県として重要な位置づけの県。茨城県と比べると千葉県は第一次産業人口比率は低く，第三次産業人口比率が高い。

Ⅱ (日本と世界の歴史－「人類の移動」に関する問題)

A 1世紀頃に中国に存在していた王朝は漢。紀元前，紀元後それぞれ200年ほどの間支配しており，紀元前が前漢，紀元後が後漢と呼ばれ，間にわずかの期間だが新という王朝が挟まる。
B 高麗は朝鮮半島で918年に成立し1392年に消滅した王朝。高麗が倒れ李氏朝鮮が建国した年は日本で南北朝が合一した年でもある。 C 地中海はアフリカ大陸とヨーロッパとの間に広がる海。大西洋の一部としてとらえられている。 D 太平洋はユーラシア大陸，オーストラリア大陸と南北アメリカ大陸，南極大陸に囲まれた海。 1 熊本県の江田船山古墳から出土した鉄刀にワカタケルと読める銘文がある。 2 イランは西アジアのペルシア湾をはさんでアラビア半島の反対側に位置する。あの地域の多くの国々はアラブ人だがイランはペルシア人の国で民族的には別系統になる。 3 イスラム教は610年にムハンマドが始めたとされる宗教で，一神教。
4 元寇の際の鎌倉幕府の執権は8代の北条時宗。 5 ポルトガルとスペインは15世紀にそれまでイベリア半島を支配していたイスラムの勢力を半島から追い出し建国した国。 6 対馬藩は宗氏を藩主とする藩で，対馬は地形的には山がちで農業には不向きで古くから朝鮮や中国との中継ぎ貿易が盛んなところで，江戸時代に宗氏が仲介し朝鮮と日本との国交を回復させている。
7 冷戦は第二次世界大戦後に，アメリカを中心とする自由主義，資本主義陣営の国々と，ソ連を中心とする社会主義陣営の国々とが実際の戦争には至らないものの対立をしていた状態のこと。1989年のマルタ島会談でアメリカとソ連との間で正式に解消したとされた。 8 1973年の第四次中東戦争の際に，アラブ諸国がイスラエルをアメリカなどが支援するのを妨げるために，OPECを通じて原油の輸出制限や価格のつり上げを行い，これが原因となって世界的に経済が混乱する事態になったのがオイルショック。

① お X 石包丁は稲の穂を刈り取る際に使われたものとされており弥生時代の稲作が行われていたことの証拠ともされる。Y，Zは正しい。

重要 ② え 石器の素材として使われていた黒曜石は火山の近くの限られた場所でしか採れないものであったが，その産出地域から離れた場所でもこの黒曜石を使った石器が出土しており，黒曜石が何らかの交易のような形で広まったと考えられている。

③ お X 弥生時代に稲作が普及したことで，その米の貯えをめぐり他の集落との争いが多く起こるようになったとみられている。Y，Zは正しい。

④ い 公地公民制が敷かれるのは，大化の改新後なので聖徳太子の時代ではない。

やや難 ⑤ い Z 奈良時代にはまだ北海道までは朝廷の支配が広がっていなかったので誤り。

⑥ 8世紀の奈良時代に，朝鮮半島から天然痘が日本に流入し，まず九州で広がりそれが東に動いて平城京などでも大流行となり，多くの死者が出た。この天然痘の流行を鎮めるためという目的もあり，東大寺の大仏などがつくられた。

⑦ お X 鎌倉は南は海で，その他三方は山で囲まれていて，ごく限られたルートでしか陸伝いには入りにくい場所なので幕府が置かれたので誤り。Y，Zは正しい。

やや難 ⑧ キリスト教を江戸幕府が禁止したのは，キリスト教の平等の精神が，幕府が支配する根底にある身分制度を否定するものであり，幕府にとっては危険なものであり，キリスト教が広まれば一揆などが起こりやすくなると考えられていた。また，オランダの前に日本に来ていたのはポルトガルとスペインで，これらの国々はカトリックの国で，イエズス会などの布教活動に便宜を図っていたが，オランダはそもそも宗教上の理由などでスペインから独立した国であり，この頃は布教活動には熱心ではなかった。

⑨ う Y 薩長同盟を仲介したのは土佐の坂本龍馬で，勝海舟は幕臣なので誤り。X，Zは正しい。

⑩ い 大日本帝国憲法では内閣というものの権限の規定はなく，そもそも三権は最終的には天皇に集約されていたので誤り。

⑪ い 満州事変のきっかけとなった柳条湖事件は，南満州鉄道を日本の関東軍が爆破し，それを中国軍の仕業として戦争を始めたものなので誤り。

Ⅲ （政治―政治に関する様々な問題）

1 育児介護休業法は，それまでにあった育児休業法を改め，介護の休業に関する規則も付け加えて，1995年に出された法律。この後，数度にわたって改正が行われている。 2 国政調査権は国会の衆参両院が対等に持つ権限で，国政に関して関係省庁に報告や記録を提出することを求めたり，証人を呼んで説明をさせることを求めたりできる。 3 民事裁判は裁判の中で一般の国民や企業同士が互いの権利などについて争ったり，一般の国民や企業が国や地方自治体を相手取って争う裁判。訴える側が原告で，訴えられる側が被告となる。 4 地方公共団体は都道府県及びその下の市町村。現在の制度では，都道府県はかなりの面で国と対等に近い存在になっている。 5 パリ協定は1997年の京都議定書に代わる新たな枠組みとして2015年に成立したもの。京都議定書では先進国の削減義務だけであったが，パリ協定では参加国それぞれが目標を設定することになっている。

問A う 介護保険制度では40歳以上の国民が介護保険料の負担を負うことになっている。

基本 問B あ 衆議院に先議権があるのは予算案のみで，法律案は参議院から審議を始めても構わない。

問C え 裁判員裁判は殺人，傷害，放火，強盗などの重大事件とされるものの第一審で行われるもので，裁判員は裁判官とともに裁判の最初から判決を下すところまで一緒に行うので，有罪の場合には刑罰の内容を決めるのも裁判員は裁判官と一緒に行う。

問D　地方自治の直接請求権と請願権とは別ものであり，地方自治にも請願権はある。国会や議会に対しての請願は議員を通して行われ，省庁や地方自治体の行政機関に対しては，その省庁や機関へ書面で行うことになっている。

問E　あ　1972年の国連人間環境会議では「かけがえのない地球」がキャッチフレーズとされ，それまでは公害問題や環境破壊が各国単位の問題であったのを地球全体のものとしてとらえるようになった。この20年後の1992年の国連環境開発会議で地球温暖化が問題となり，気候変動枠組条約が採択された。

★ワンポイントアドバイス★

問題文，設問の選択肢など読む量が多いわりに試験時間が短いのでスピードが大事。空欄補充は前後を丁寧に読み込んで，知識をフルに活用し，一見無関係のようなものも関連づけて考えてみることも大事。

<国語解答>

一　問一　a　家畜　　b　脳　　c　痛快　　d　境地　　e　開花

問二　（例）　人間は，他の人の印象や社会の期待など，外から与えられる「らしさ」に合わせようとするうちに，自分でもそれが自分らしいのだと信じ込んでしまい，本来自分が待っているはずの〝本当の自分〟らしさを見失ったり捨ててしまったりしてしまいがちであるが，雑草は図鑑に春に咲くと書いてあっても秋にも咲くといったように，図鑑に書かれている，人間が勝手に作り出したルールや幻想にとらわれずに生きていて，そのような生き方が痛快でうらやましいから。

問三　（例）　まずは勝ち負けを気にせず，様々なことに挑戦してみる中で，自分が他人には勝てない苦手なことを知る一方，自分が面白く感じることに出会い，他の誰にも負けない得意なことを発見すればよい。

問四　X　（例）　一面だけを見ていると他の側面が見えなくなる例としてあげられている。
Y　（例）　苦手なことであると決めつけてあきらめてしまうと得意なことに気がつくきっかけも失ってしまうかもしれないことの例としてあげられている。

二　問一　①　しょうね　　②　感謝　　③　英知　　問二　油

問三　（例）　ガトーショコラ（シュークリーム，モンブラン，ケーキ，クリームシチューなど洋風なお菓子または食べ物なら可）

問四　（例）　水穂は真紀ちゃんを苦手と感じ，さらに，真紀ちゃんも自分のことを苦手に思っているように感じ，そのことを気にしていた。だが，この時は，自分の言った軽口に，単に共感してもらえなかったのみならず真っ向から否定する言葉をぶつけられたことで，真紀ちゃんは自分を苦手どころか，本気で嫌いなのだと感じ，強いショックを受けたから。

問五　（例）　それまで，水穂は真紀ちゃんに苦手意識を持ちながらも，真紀ちゃんのことを嫌ってはいけない，いいところを探さなければならないと思い，それができない自分に苦しみ，またそれをしようとしない真紀ちゃんにいらだっていた。しかし，ミーヤンに「水穂と真紀ちゃんは生まれつき相性が悪いだけであり，どうしようもないのだ」と言ってもらったことで，自分と真紀ちゃんの仲の悪さについて，自分を責める必要も真紀ちゃんを責める必要もないのだと感じ，仕方ないものとして受け入れ，どうにかしようともがくことから解放されたから。

問六 (例) 真紀ちゃんとの関係がなぜうまくいかないのだろうともやもやしていたが，「馬が合わへん」という言葉を何度も繰り返すことで，その言葉が自分の中に定着していき，少しずつ少しずつ納得がいって，気持ちが楽になった。

問七 (例) ミーヤンに「馬が会わない」という言葉を教わった後も，水穂が真紀ちゃんにむかついたり，むかつかれたりすることは続いている。タロにクリストファーとの関係について言い聞かせるふりをしながら，「真紀ちゃんにむかついても，ぐっとこらえて，犬猿の仲だからしょうがないと思おう」と，自分自身に言い聞かせようとしているから。

(別解) 自分と真紀ちゃんとの面倒な関係の話を，タロとクリストファーの関係にすりかえることで，自分の真紀ちゃんへの腹立ちをどうにか納得しようとしているから。

○推定配点○

一 問一 各3点×5 問四 各5点×2 他 各10点×2

二 問一～問三 各3点×5 他 各10点×4 計100点

<国語解説>

一 (論説文―漢字の書き，内容理解，要旨)

重要 問一 a「家畜」の「畜」と「貯蓄」の「蓄」を区別しておくこと。 b「脳」と「悩」を区別しておくこと。 c「痛快」は，とても気持のよいこと。 d「境地」は，その人の今ある姿。 e「開花」は，物事の成果が実ること。

やや難 問二 ――線部①の「皆さんのまわりにまとわりついている『らしさ』」とは，直前の「社会が期待するような『らしさ』」であり，さらに前で筆者が述べているように「まわりの人たちが作り上げた幻想」である。人間がこういった「らしさ」に合わせようとして「〝本当の自分〟らしさを自ら捨ててしま」ったりするのに対して，「雑草は図鑑どおりではありません」「雑草は，図鑑に書かれていることを気にせず，自由に生えています」とある。筆者は，人間とは違う「雑草」のありようを好ましいと思っているのである。

問三 「苦手なところで勝負する必要はありません」「勝手に苦手だと判断しないほうが良い」「最後は，得意なところで勝負すればいいのです」などの言葉に注目してまとめる。

重要 問四 X「オオカミ」は「恐ろしい動物」と言われているが，「家族思いのとってもやさしい動物」であるとも言えるということに注目。 Y「モモンガ」は，「リスに比べると木登りが上手とは言え」ないが，空を飛ぶことが得意であるということに注目。

二 (小説―漢字の読み書き,空欄補充，慣用句，心情理解，内容理解，主題)

問一 ①「性根がすわっている」は，根本的な心の持ち方がしっかりしている，という意味。 ②「感謝」は，ありがたく感じること。 ③「英知」は，深遠な道理をさとりうる優れた才知。

問二 「水と油」は，互いに交じり合わないもののたとえ。

問三 「柴犬」の「タロ」を「いもようかん」という日本の菓子にたとえているので，「アフガンハウンドのクリストファー」は西洋の菓子か食べ物にたとえればよい。

問四 ――線部A，Bの話の前に，「にがてどころか，うち，真紀ちゃんにごっつきらわれとるんちゃうやろか。」「古い橋みたいにぐらぐらしとったうちと真紀ちゃんの関係に，バリッと強烈なヒビが入った」とあることに注目。苦手だと思っている相手から，自分の発言を真っ向から否定されたのが、水穂にはショックだったのである。

やや難 問五　水穂は真紀ちゃんが苦手なことで悩んでいたが，ミーヤンから「どっちがええとか，あかんとかの話ちゃう」と言われて，自分が悪いのではないと思うことができ，気が楽になったのである。

問六　「……くりかえしとるうちに，なんや，うち，……」という表現は，「うちと真紀ちゃんは馬が合わへん。」という言葉を何度も繰り返しているうちに，水穂があることに突然気づいたということを表している。

重要 問七　自分に言い聞かせるべきことをタロに言うことで，自分が悟るべきことを心に刻もうと思っているのである。

★ワンポイントアドバイス★

字数の多い記述問題が中心である。文章も長い。限られた時間内で，文章の内容をおさえ，自分の言葉で説明する力が求められる。読書を含め，ふだんからいろいろなジャンルの文章にふれ，文章の要約する練習をしておくことが大切！

大切なことはメモしておこうネ！

T.G

2020年度

★★★★★★★★★★★★★★★★★★★★★★★★

入　試　問　題

2020年度

桜蔭中学校入試問題

【算　数】（50分）　＜満点：100点＞

【注意】・円周率を用いるときは，3.14としなさい。
・三角すいの体積は（底面積）×（高さ）×$\frac{1}{3}$ で求めることができます。

Ⅰ　次の □ にあてはまる数を答えなさい。

(1)　$1\frac{11}{54}-\left\{\left(1.875-\frac{5}{12}\right)\times \boxed{\text{ア}}\right\}\times 3=\frac{25}{27}$

(2)　花子さんはお母さんと弟といっしょにお菓(か)子を買いに行きました。花子さんと弟は同じお菓子をそれぞれ12個ずつ買うことにしました。花子さんはそのうちのいくつかを持ち帰り，残りをお店で食べることにしました。弟は花子さんがお店で食べる個数と同じ個数のお菓子を持ち帰り，残りをお店で食べることにしました。2人分のお菓子の代金をお母さんがまとめて支払(はら)うため税込(こ)みの金額を計算してもらうと，ぴったり1308円でした。このお菓子1個の税抜(ぬ)きの値段は ［イ］ 円です。ただし，消費税はお店で食べるお菓子には10％，持ち帰るお菓子には8％かかります。

(3)　まっすぐな道に柱を立ててロープを張り，そこにちょうちんをつるします。柱と柱の間は5m50cmで，ちょうちんとちょうちんの間は1m35cmです。1本目の柱から35cm離(はな)れたところに1個目のちょうちんをつるしました。ロープはたるまないものとし柱の幅(はば)は考えません。柱を10本立てて，ちょうちんをつるしました。

①　ちょうちんは全部で ［ウ］ 個使いました。また10本目の柱に1番近いちょうちんはその柱から ［エ］ cmのところにつるしました。

②　柱から35cm以内の部分につるしたちょうちんは，とりはずすことにしました。ただし，1個目のちょうちんはとりはずしません。このとき，つるされたまま残っているちょうちんは ［オ］ 個です。

Ⅱ　(1)　右の図のようなコースで輪をころがしながら進む競走をします。コースは長方形と，半円を2つあわせた形をしています。Aさんがころがすのは周の長さが150cmの輪，Bさんがころがすのは周の長さが120cmの輪です。輪はすべることなくころがるものとします。

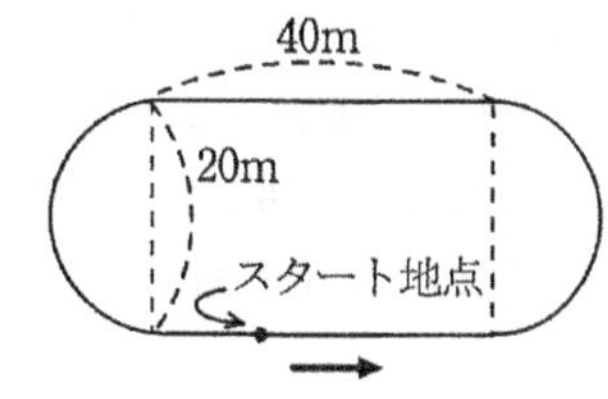

①　Aさんがこのコースを1周すると輪は何回転しますか。

②　AさんとBさんが図のスタート地点を矢印の向きに同時に出発しました。2人とも輪を1秒1回転させながら進みます。途(と)中，Aさんは2回，輪をコースの外にころがしてしまい，コースにもどるまでに1回20秒かかりました。その後AさんとBさんは同時にゴールしました。AさんとBさんは出発してからゴールするまでにこのコースを何周しましたか。スタート地点とゴール地点は同じとは限りません。

(2)　底面が半径3cmの円で高さが1cmの円柱の形をした白い積み木がたくさんあります。

(a) ① この積み木を図1のように10個積み重ねてできた円柱の体積を求めなさい。

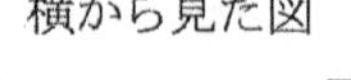

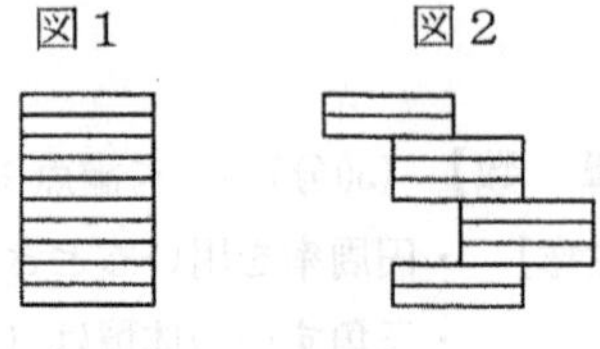

② ①でできた円柱の表面に青い色をぬりました。青い色をぬった部分の面積を求めなさい。

③ ②の積み木を図2のように少しずつずらしてくっつけました。上から2番目と3番目の円柱は底面の円の面積の3分の1が重なっています。上から5番目と6番目，8番目と9番目も同じずらし方です。この立体の表面で白い部分の面積を求めなさい。

(b) あらためて新しい積み木を図3のように積み重ねます。上から1段目には1個，2段目には2個，3段目には3個のように積み重ねます。図3の積み木「ア」と積み木「イ」，積み木「ア」と積み木「ウ」はそれぞれ底面の円の面積の3分の1が重なっています。他の部分の重ね方も同じです。

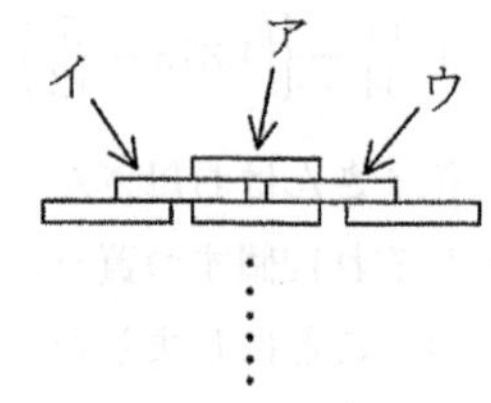

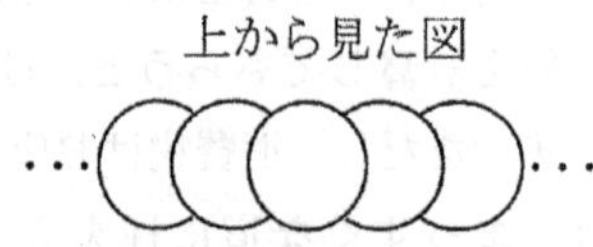

今，積み木が200個あります。

① これらの積み木を机の上で積み重ねました。何段まで積み重ねることができますか。また，積み木は何個余りますか。

② ①で積み重ねた立体の上から見えるところと，机に触(ふ)れているところを赤くぬりました。赤くぬった部分の面積を求めなさい。

Ⅲ 図の直方体ABCD－EFGHにおいて，辺DC，HGの真ん中の点をそれぞれM，Nとします。またMN上に点Lがあり，AD＝4㎝，DM＝3㎝，ML＝3㎝，AM＝5㎝です。三角形ADMを拡大すると，三角形GCBにぴったり重なります。三角形GCBの一番短い辺はBCです。

このとき次の問いに答えなさい。

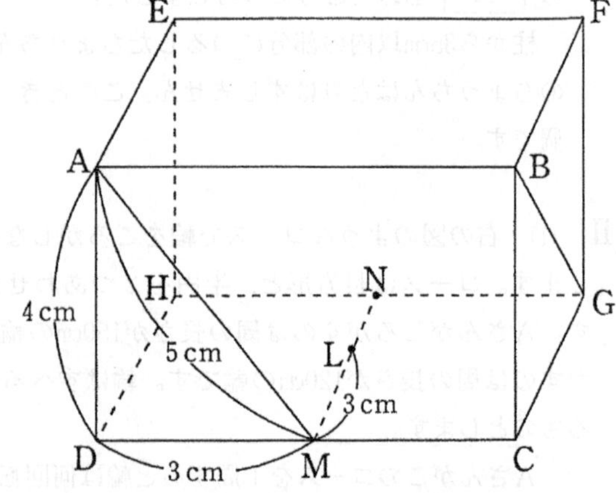

(1) 次の［　］にあてはまる数を答えなさい。

辺GCの長さは［ア］㎝，BGの長さは［イ］㎝です。

(2) 三角形ANB，三角形ALB，三角形ALN，三角形BLNで囲まれた立体ALBNの体積を求めなさい。

(3) ① 三角形ANBの面積を求めなさい。

② 立体ALBNの表面積を求めなさい。

Ⅳ　1個10g，20g，60gの球があります。

10gの球には1から100までの整数のうち，4の倍数すべてが1つずつ書いてあります。

20gの球には1から100までの整数のうち，3で割って1余る数すべてが1つずつ書いてあります。

60gの球には1から100までの4の倍数のうち，3で割って1余る数すべてが1つずつ書いてあります。ただし，同じ重さの球にはすべて異なる数が書いてあります。

⑴　60gの球に書いてある数字を分母，20gの球に書いてある数字を分子として分数をつくります。このときできる1未満の分数のうち，分母と分子を5で約分できる分数の合計を求めなさい。

⑵　①　これらの球から13個の球を選んで，その重さの合計がちょうど250gになるようにします。10gの球，20gの球，60gの球をそれぞれ何個ずつ選べばよいですか。考えられるすべての場合を答えなさい。ただし，選ばない重さの球があってもよいとします。解答らんは全部使うとは限りません。

②　①で求めた選び方の中で，60gの球の個数が2番目に多い選び方について考えます。13個の球に書かれている数の合計を4で割ると2余りました。合計が最も大きくなるとき，その合計を求めなさい。

【理　科】（30分）　＜満点：60点＞

I　つぎの文章を読み，あとの問いに答えなさい。

図1は，2015年のある月から3年間の，マウナロア（北緯19度），綾里（北緯39度），グリム岬（南緯40度）における二酸化炭素濃度（単位ppm：1 ppm＝0.0001％）を，**図2**は**図1**と同時期の二酸化炭素の世界平均濃度を示したものである。

二酸化炭素の放出源が（　**ア**　）半球に多く存在するため，（　**ア**　）半球で濃度が高く，（　**イ**　）半球で低い。また，季節による変化は主に陸上の生物の活動によるものであり，夏に(1)植物の（　**ウ**　）が活発化することで濃度が（　**エ**　）し，冬には生物の呼吸や，(2)菌類・細菌類による土中の有機物の分解活動が優勢となって濃度が（　**オ**　）する。

濃度が最大となる時期は，北半球と南半球では異なる。また，季節による濃度の差は，北半球の中・高緯度では大きいが，(3)北半球の低緯度や(4)南半球では小さい。そのため，**図2**で示す二酸化炭素の世界平均濃度は北半球の影きょうを強く受ける。

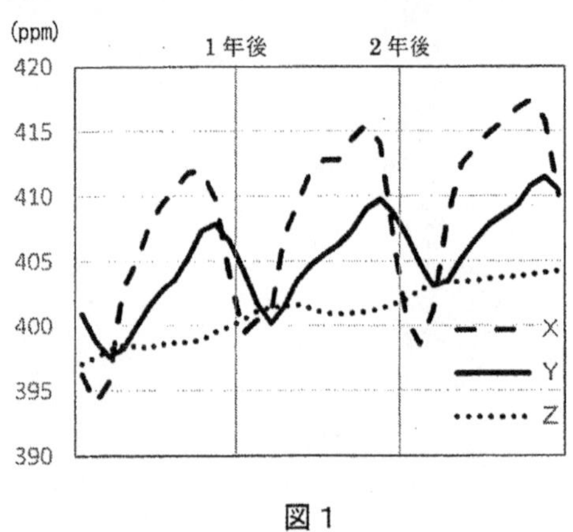

図1

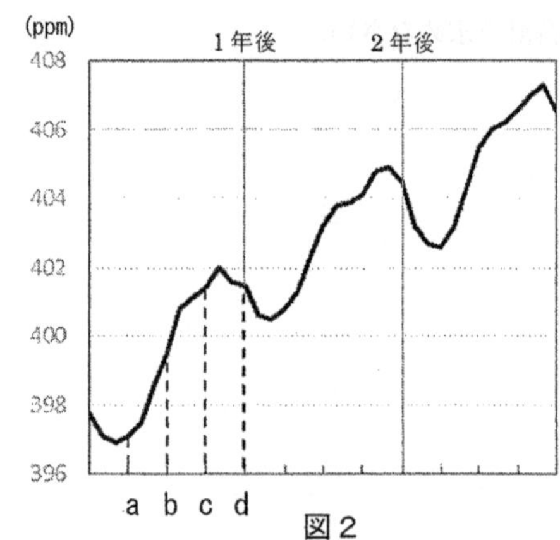

図2

問1　**(ア)～(オ)** にあてはまる語句を書きなさい。

問2　右の**図3**は，生態系を構成する大気，動物，植物，菌類・細菌類（分解者）の間の炭素の移動のようすを簡単に示したものです。なお，図中の**A**，**B**，**C**は，動物，植物，菌類・細菌類のいずれかです。また，炭素は大気中では二酸化炭素として，生物のからだの中ではでんぷんなどの有機物として存在しています。

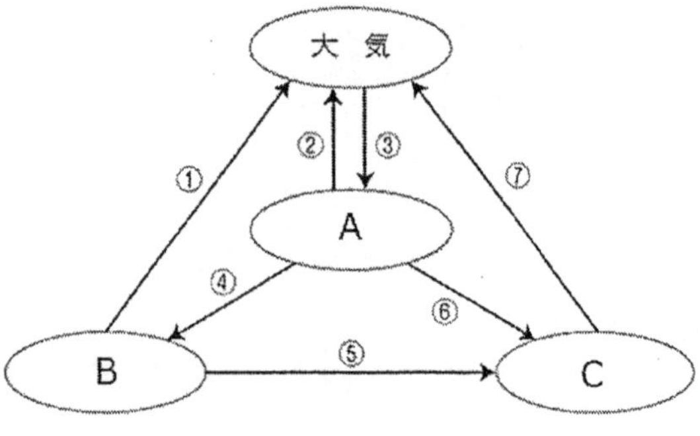

文章中の下線部(1)，下線部(2)を示す矢印の番号を，**図3**の①～⑦からそれぞれ選んで番号で答えなさい。

大気　①　②　③　④　⑤　⑥　⑦　A　B　C

図3

問3　下線部(3)，(4)で季節による濃度の差が小さくなる理由として最もふさわしいものを，つぎの**あ～え**からそれぞれ選び，記号で答えなさい。

あ．陸地の面積が小さく，生物の総重量が少ないため。

い．海の面積が大きく，湿度が高いため。

う．年間を通して温暖で，多種類の生物が生育できるため。

え．年間を通して日光が十分に当たり，葉がしげっているため。

問４　図１のＸ～Ｚのグラフが示す地点の組み合わせとして正しいものをつぎのあ～かから１つ選び，記号で答えなさい。

	Ｘ	Ｙ	Ｚ
あ．	マウナロア	綾里	グリム岬
い．	マウナロア	グリム岬	綾里
う．	綾里	マウナロア	グリム岬
え．	綾里	グリム岬	マウナロア
お．	グリム岬	マウナロア	綾里
か．	グリム岬	綾里	マウナロア

問５　図２のａ～ｄは，３月，６月，９月，12月のいずれかを示しています。12月はａ～ｄのどれにあてはまるか，記号で答えなさい。

問６　つぎの文章中の（カ），（キ）にあてはまる語句を書きなさい。

地球温暖化問題に関する国際的な枠(わく)組みを設定した条約が，「気候変動に関する国際連合枠組み条約」である。この条約の第３回締約(ていやく)国会議（COP3）で採択(さいたく)された「（　カ　）議定書」は，先進国のみに温室効果ガスの排(はい)出削(さく)減目標を課す枠組みである。2015年に開かれたCOP21では，2020年以降の気候変動対策について，先進国，開発途(と)上国を問わず全ての締約国が参加する公平かつ実効的な法的枠組みである「（　キ　）協定」が採択された。

Ⅱ　つぎの文章を読み，あとの問いに答えなさい。

今年の夏，開催(かいさい)される東京2020オリンピック・パラリンピック競技大会では，約5,000個の金・銀・銅メダルが用意される予定です。このメダルを，全国から集めたリサイクル金属で作ろうというプロジェクトが進められました。集めた使用済みの小型家電を，まず細かくくだき，軽い［　Ａ　］を弾(はじ)き飛ばし，巨大(きょだい)な磁石で［　Ｂ　］を取り除いた後，さらに残った金属を分けます。そして2019年３月までに，金を約32kg，銀を約3500kg，銅を約2200kg集めることができました。

なお，東京2020オリンピックのメダルの重さ，原材料は次のように発表されています。

金メダル　重さ：556ｇ　銀550ｇの表面に６ｇの金がはりつけられているもの※

銀メダル　重さ：550ｇ　銀100％

銅メダル　重さ：450ｇ　銅95％　亜鉛(あえん)５％

※　実際に発表されているのは，金メダルは「純銀に６ｇ以上の金メッキ」

銅メダルは，銅と亜鉛の２種類の金属の合金です。

金，銀，銅，亜鉛１㎤あたりの重さは，それぞれ19.3ｇ，10.5ｇ，9.0ｇ，7.1ｇです。

問１　下線部のように，携帯(けいたい)電話やパソコンのような使用済みの小型家電をリサイクルし，金属が回収されました。これらの小型家電は，金・銀・銅などの貴金属や希少金属を含(ふく)みます。このことから，大量に廃棄(はいき)される小型家電などを何と呼びますか。漢字４文字で答えなさい。

問２　［　Ａ　］には１円玉にも使われている金属が入ります。Ａは何ですか。

問３　［　Ｂ　］に入る金属は何ですか。

問４　１台の携帯電話から回収できる金が0.05ｇとすると，金メダル１つあたりに必要な携帯電話は何台ですか。

問5　銀メダルの体積は何㎝^{3}ですか。小数第2位を四捨五入して答えなさい。

問6　もし，この金メダルと同じ体積のメダルを，金だけで作るとしたら，重さは何gになりますか。小数第1位を四捨五入して答えなさい。

Ⅲ　桜さんの住む地域では，定期的に植物の調査をして，絶滅危惧種（絶滅のおそれのある種），在来種（もともとその地域に存在していた種），外来種（明治以降にその地域に入ってきた種）を調べています。あとの問いに答えなさい。

調査を行ったのは，以下の6か所です。

落葉樹林：［A］を中心とする落葉樹の雑木林
常緑樹林：人工的に植えられた［B］や，古くからある［C］を中心とする常緑樹の森林
かく乱地：定期的に地面をほり起こして草を取り除く場所
草刈地　：定期的に植物の地上部が刈り取られる場所
湿地　　：水田や休耕田
水辺　　：河川や池

問1　［A］～［C］に適する樹木の組み合わせとして正しいものを，つぎの**ア**～**カ**から1つ選び，記号で答えなさい。

	A	B	C
ア.	スギ・ヒノキ	クヌギ・コナラ	スダジイ・アラカシ
イ.	スギ・ヒノキ	スダジイ・アラカシ	クヌギ・コナラ
ウ.	クヌギ・コナラ	スギ・ヒノキ	スダジイ・アラカシ
エ.	クヌギ・コナラ	スダジイ・アラカシ	スギ・ヒノキ
オ.	スダジイ・アラカシ	スギ・ヒノキ	クヌギ・コナラ
カ.	スダジイ・アラカシ	クヌギ・コナラ	スギ・ヒノキ

問2　つぎの**ア**～**カ**の植物は，調査地全体で多く見られたものです。この中で，⑴　外来種を3つ，⑵　胞子をつくって子孫を残す在来種を1つ，それぞれについて選び，記号で答えなさい。

ア. セイタカアワダチソウ　**イ**. ヨモギ　**ウ**. スギナ（ツクシ）
エ. ヒメジョオン　**オ**. シロツメクサ　**カ**. カラスノエンドウ

下の表は，調査結果を示したものです。

	あ	い	う	計
落葉樹林	0	73	34	107
常緑樹林	0	24	8	32
かく乱地	68	69	0	137
草刈地	63	107	16	186
湿地	10	86	17	113
水辺	6	12	3	21

［あ］［い］［う］には，絶滅危惧種，在来種（絶滅危惧種を除く），外来種のいずれかが入る。

表中の数字は，それぞれの場所における植物の種類数を示している。

問3　つぎの①～③は，調査結果と分かったことをまとめたものです。

①　落葉樹林や常緑樹林では［あ］が見られないが［う］は存在し，かく乱地や草刈地では［あ］が多い

が [う] が少ない。[い] はすべての場所に見られる。土ほりや草刈りによって土地が開ける場所には [あ] が増えやすく，[う] がその数を減らしてしまうと考えられる。

② 落葉樹林と常緑樹林では，落葉樹林の方が植物の種類が多い。

③ 陸上に比べて，水中の植物の種類は少ない。これは，植物が陸上生活に適応して進化したからだと考えられる。

(1) [あ] と [う] にあてはまるものを，つぎの**ア～ウ**から１つずつ選び，記号で答えなさい。

ア．絶滅危惧種　**イ**．在来種（絶滅危惧種を除く）　**ウ**．外来種

(2) ②の理由として考えられることを答えなさい。

(3) ③の下線部について，コンブやワカメなどの海藻(そう)とはちがい，植物が陸上生活に適応した結果得たものを，つぎの**ア～オ**からすべて選び，記号で答えなさい。

ア．気孔(こう)を通して蒸散を行う　**イ**．光合成によってデンプンを合成する

ウ．じょうぶな茎(くき)でからだを支える　**エ**．根から水を吸収する

オ．酸素を用いて呼吸を行う

Ⅳ 長さ60cm，重さ15ｇの棒の端(はし)から30cmの位置にひもを結んでつり下げると，棒は水平になりました（**図１**）。この棒と，重さ45ｇの皿，重さ100ｇのおもり，分銅を使い，つぎの①～④の手順で「さおばかり」を作りました。あとの問いに答えなさい。ただし，ひもの重さは考えなくてよいものとします。

【手順】

① 棒の左端に皿を下げ，左端から15cmの位置にひもを結んで棒をつるす。

② 何も皿にのせず，棒が水平になる位置におもりを下げる。おもりの位置に「０ｇ」の印を付ける（**図２**）。棒をつるすひもからおもりまでの長さをａとする。

③ 皿に10ｇの分銅をのせ，棒が水平になる位置におもりを下げる。おもりの位置に「10ｇ」の印をつける。

④ 皿にのせる分銅を10ｇ増やすごとに，おもりの位置に印をつける作業を繰り返し，棒の右端まで印を付ける。

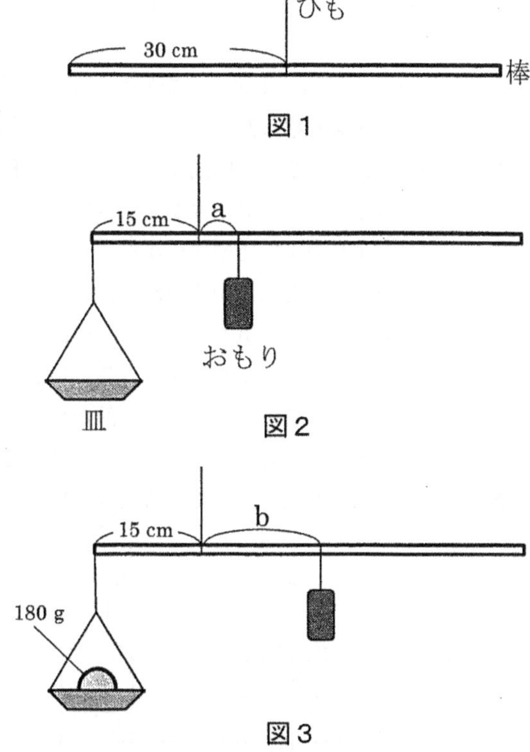

問１　ａは何cmですか。

問２　10ｇごとの印の間隔(かく)は何cmですか。

問３　**図３**のように，重さ180ｇのものを皿にのせて棒を水平にしました。棒をつるすひもからおもりまでの長さｂは何cmですか。

問４　棒の右端までおもりを下げられるとすると，量れる重さは最大で何ｇですか。

問５　重さ150ｇのおもりを使い，同じ手順でさおばかりを作った場合，量れる重さは最大で何ｇですか。

問６　おもりの重さを変えると，さおばかりはどう変わるかを説明したつぎの文**ア**～**カ**から，正しいものを２つ選び，記号で答えなさい。

ア．おもりの重さを変えると，０ｇの印の位置も，10ｇごとの印の間隔も変わる。

イ．おもりの重さを変えると，０ｇの印の位置は変わらず，10ｇごとの印の間隔は変わる。

ウ．おもりの重さを変えると，０ｇの印の位置は変わり，10ｇごとの印の間隔は変わらない。

エ．おもりの重さが２倍になると，量れる重さの最大値も２倍になる。

オ．おもりの重さが100ｇ増えると，量れる重さの最大値も100ｇ増える。

カ．おもりの重さが100ｇ増えると，量れる重さの最大値は300ｇ増える。

Ⅴ　空のコップと水の入ったコップがあります。そこに同じ大きさの氷を，それぞれ１つずつ入れると，水の入ったコップに入れた氷のほうが早くとけます。そこで氷のとけるようすを調べるために，つぎのような実験を行いました。あとの問いに答えなさい。

［実験］

同じ形の，空の500mLのペットボトル（プラスチックのラベルは外してある）が３本ある。ペットボトル**A**は下から１㎝のところに，ペットボトル**B**は下から10㎝のところに，それぞれ直径５㎜程度の穴を１つあけた。ペットボトル**A**と**B**は穴をビニールテープでふさぎ，穴をあけていないペットボトル**C**とともに，下から15㎝のところまで水を入れ，キャップを外したまま立てて凍(こお)らせた。25℃の部屋で，図のように，凍らせた３本のペットボトルを流しの中の台に置き，ビニールテープを外して氷がとけるようすを観察した。

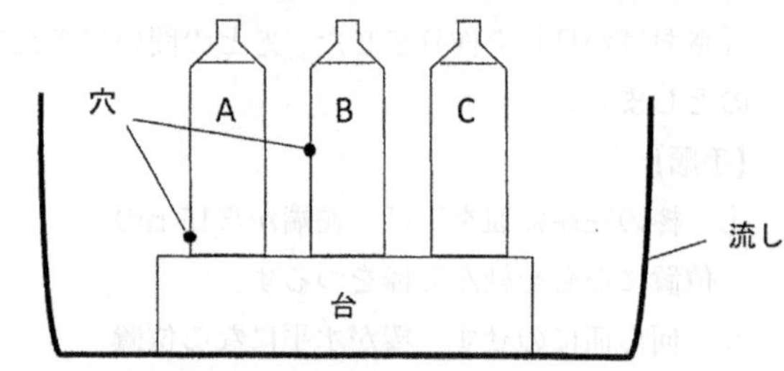

問１　氷がとけ終わるまでの時間が短い順に**A**，**B**，**C**の記号で答えなさい。

また，その理由をつぎの**ア**～**オ**からすべて選び，記号で答えなさい。

ア．空気は水より熱を伝えやすいから。

イ．水は空気より熱を伝えやすいから。

ウ．穴からあたたかい空気が入りこみ，内部で対流をおこすから。

エ．氷がとけた水が氷のまわりを覆(おお)うことによって氷がとけやすくなるから。

オ．穴から水がぬけることによって，熱が均等に伝わるから。

問２　ペットボトル**A**～**C**の氷が半分ほどとけたときの氷のようすを**ア**～**オ**から，とけた水の高さを**あ**～**お**からそれぞれ選び，記号で答えなさい。

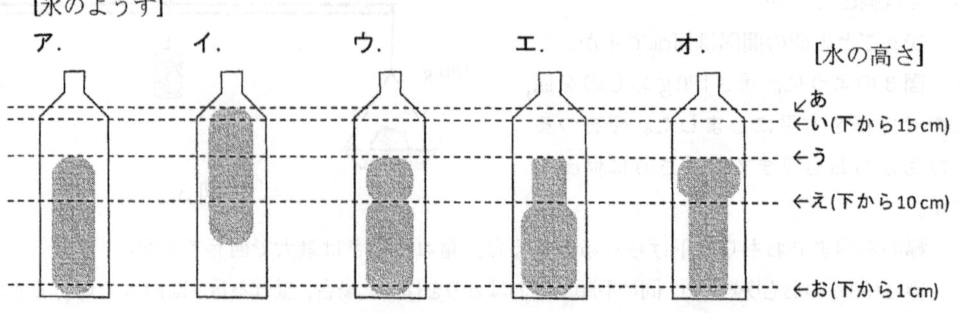

【社　会】（30分）　＜満点：60点＞

Ⅰ　次の文章を読んで，後の問いに答えなさい。

今年開かれる東京オリンピック・パラリンピックの主会場として建設されたのが，国立競技場（オリンピックスタジアム）です。この競技場の特色の１つが，日本産の木材を使っていることです。他の競技場でも，積極的に国産材が使われています。これは2010年に施行された「公共建築物等における木材の利用の促進に関する法律」に基づくもので，公共の建物に国産材を積極的に使用することで日本の林業の活性化を図る目的があります。

日本の国土面積の［ 1 ］%は森林で占められているため，昔から木の利用がとても盛んでした。森林は再生可能な資源で，きちんと手入れをすればずっと私たちの生活に役立ってくれます。木は使いみちも多く，近年，海洋生物が飲み込んでしまう被害などで問題になっている［ 2 ］製のものを，木製のものに代える例も増えてきました。皆さんも木のスプーンやフォークを見たことがありますね。とりわけ質の良い木材は特産品となり，①「秋田スギ」など　全国に名が知られた木材を産する林業地域もあります。また植林による人工林ではなく，人の手のほとんど入っていない②原生林も自然の生態系を守る貴重な存在です。山間の雪の多い地域では集落の周りの斜面の樹林を「雪持ち林」と呼び，［ 3 ］の被害から集落を守るものとして大事にしてきた例もあります。

しかし，長い間日本の木の文化を支えてきた国内の森林も，戦後の木材需要の急増と，それにともなう輸入木材割合の増加によって大きく変化しました。日本の森林はほとんどが山地にあるため，手入れも伐採も運搬もたくさんの人手が必要で，値段も高くなりがちです。かつては③木材の運搬には河川が利用され，伐採した丸太を組んで［ 4 ］にし，河口へ運ぶことが多くありました。しかし［ 5 ］が多く作られるようになったこともあってそれも難しくなりました。労働も過酷であり，日本の林業をめぐる状況は，大変きびしくなっていきました。

林業が衰退すると森林は荒れます。手入れも伐採もされないままの木が，台風や豪雨などで倒木となって流され，橋脚や建物を壊して被害をさらに大きくすることも多くなりました。このような状況を変えるために，先にあげた法律が作られたのですが，いくら国産材を利用しようにも，まずは森林を育て，守る人々が必要です。そのためには林業に携わる人たちの作業環境を良くする必要があります。「スマート林業」への試みもその１つで，人間の代わりに，小回りのきく［ 6 ］を使って，森林の生育状況調査や薬剤散布などを行なう例が出てきています。

さて，国立競技場の外側を囲む「のき」と「［ 7 ］」には全国47都道府県の木材が使われています。そのうちの１県を除いてはすべて④スギの木です。スギは日本原産の樹木で，成長が早く，加工もしやすいため，戦後の植林の主役でもありました。競技場では，各地の木材はほぼ方位別に並べられます。観客の出入り口となる北・東ゲートには2011年の東北地方太平洋沖地震で⑤津波などの被害を受けた東北三県のスギが，南ゲートには2016年４月の地震で被害を受けた［ 8 ］県のスギが使われています。「のき」とは建物の屋根が壁から突き出している部分，「［ 7 ］」とは窓や出入り口の上に突き出した部分をいいます。ともに日本の気候に根ざした作り方です。「のき」は雨から建物の壁を守ります。「［ 7 ］」は太陽高度の高い夏には強い日差しが室内に入るのを遮り，太陽高度の低い冬には【　A　】ように工夫されています。

オリンピック・パラリンピックが終わったあとも競技場は使われますから，ゲートをくぐるとき，震災を忘れないで，そして木の「［ 7 ］」の優しさを感じていたいと思います。

問1　文中の空欄 1 に入る最適な数字を次の あ～え から選び，記号で答えなさい。

あ　60　　い　67　　う　74　　え　81

問2　文中の空欄 2 ～ 8 に当てはまる語句を答えなさい。 8 は漢字で記しなさい。

問3　文中の【A】に入る適切な文を答えなさい。

問4　文中の下線部①について，「木材の名称」と「その木材産地に関連の深い地名」との組み合わせとして適切でないものを，次の あ～え から1つ選び，記号で答えなさい。

あ　津軽ヒバ－岩木山　　　い　木曽ヒノキ－御嶽山

う　北山スギ－鈴鹿山脈　　え　吉野スギ　－紀伊山地

問5　文中の下線部②について，ブナの原生林が保全されていることが評価されて世界自然遺産となった地域がある県の組み合わせとして正しいものを，次の あ～お から1つ選び，記号で答えなさい。

あ　青森県と岩手県　　い　青森県と秋田県　　う　秋田県と岩手県

え　岩手県と山形県　　お　山形県と新潟県

問6　文中の下線部③について，下の図には，ものや人の運搬を担ってきた河川のおもな流路が示されています。次の ア～オ はそれぞれの河川の上流から下流までに関連する語句の組み合わせです。ア～オ に適する河川を図中の A～K から1つずつ選び，記号で答えなさい。

ア　越後山脈－河川付け替え工事－水揚げ量全国一の漁港

イ　外輪山－久留米がすり－干拓地

ウ　甲武信ヶ岳－リンゴ産地－大河津分水路

エ　電子機器－伊那盆地－茶の産地

オ　中山道－毛織物－輪中

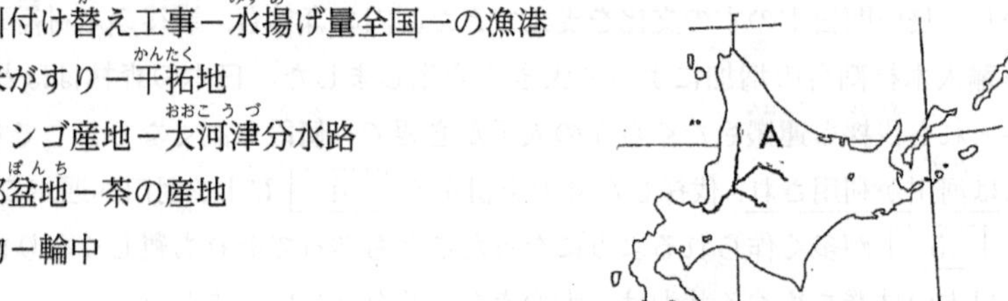

問7　文中の下線部④のスギの森林を，地形図で表したときに使われる地図記号として適切なものを右の あ～え から1つ選び，記号で答えなさい。

あ　い　う　え

問8　文中の下線部⑤について，次の図は静岡県の海岸近くで見られる建造物で，図Aも図Bも津波から人々を守るために作られたものです。AとBを比較して，Aの利点を2つの面から説明しなさい。

図A

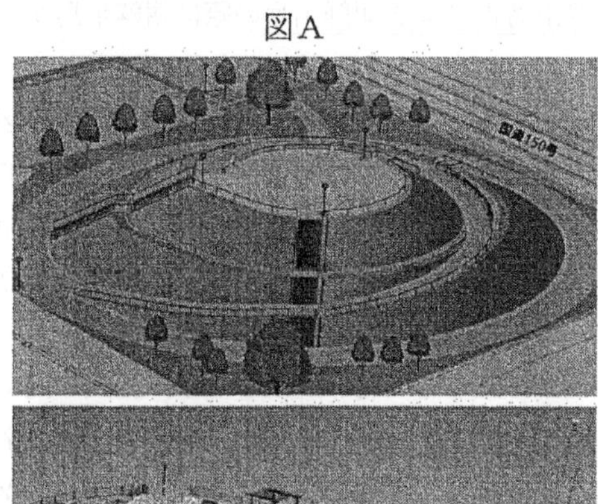

上の図は全体の模式図，下の図は実際に撮った写真です。

図B

Ⅱ　次の文章を読んで，空欄［1］～［4］に適する語句を答えなさい。また，下線部について後の問いに答えなさい。

私たち人類は，誕生以来，知りえたことや伝えたいことをさまざまな素材に書いて記録を残し，コミュニケーションを図ってきました。その素材には岩や石，粘土，骨，木，竹，布，紙などがありますが，その中でも，紙は文明の発達に大きな影響を与えてきました。紙や紙を使った情報伝達の歴史について，考えてみましょう。

紙が発明されたのは①紀元前2世紀頃の中国であったといわれています。日本には7世紀に朝鮮半島の［1］から製紙技術が伝わりました。当時の朝鮮半島は三国に分かれており，［1］はその中でも最北部に位置した王朝でした。その後，日本では8世紀の初めに大宝律令が制定されて法整備が進み，紙による記録が残されました。ただ，紙が広く普及するまでは竹簡や木簡が使われていました。平城京からも多くの②木簡が出土しています。書く内容が多い場合は何本もの竹簡・木簡を使用し，バラバラにならないように紐で縛って束ねました。この状態を表す漢字「［2］」は，書物を数える単位として現在も使われています。

紙を使った情報伝達における大きな転換点が印刷技術の発明です。隋から唐の時代にかけて発明された木版印刷技術は，朝鮮半島を経由して，遅くとも奈良時代までに日本へ伝わりました。東アジアにおける印刷は，③仏教と密接な関係があり，初期の印刷物のほとんどが仏教に関するものでした。日本最古の印刷物と考えられている「百万塔陀羅尼」は，8世紀半ばの天皇が国家の安定を願って，お経を百万枚印刷させてそれぞれ小塔に入れ，10の寺に納めたものです。その多くは失われてしまいましたが，現存する日本最古の木造建築が残る［3］には約四万塔が今も納められています。

金属活字による印刷技術は，④キリスト教の宣教師による布教が進む中で日本に伝わりました。16世紀後半に，西洋へ派遣された少年使節たちによって西洋式印刷機が持ち帰られ，キリスト教の教えや辞書などが印刷されました。その後，⑤豊臣秀吉による朝鮮出兵の際に朝鮮半島からも金属活字が伝わります。

集めた書物を保存，公開するための施設は歴史上つねに存在しました。世界史上最古の図書館としては紀元前の⑥イラクのものが知られています。日本において「図書館」の名称が初めて使われるのは明治時代です。⑦明治政府による近代化政策の中で，東京に国立図書館（帝国図書館）が設置されました。この図書館は関東大震災や太平洋戦争などの被害をくぐり抜け，現在の国立国会図書館につながります。

書物の保存庫や図書館の設置は，ほとんどが国家政策として行われましたが，庶民の間にも読書文化は着実に根づいていきました。［ 4 ］が全国に作られたこともあって江戸時代の識字率は高く，書物の読者数は大幅に増えました。ただし，当時はまだ本の値段が高かったので，人々はおもに貸本屋から本を借りて読んでいました。明治初期に印刷技術が発達すると，⑧『学問のすすめ』などのベストセラーが生まれました。明治後期には小説のベストセラーも登場します。

21世紀に入り，本のあり方は大きく変化しました。電子書籍が登場し，その利用率は年々上がっています。この先，紙の本はなくなっていくのでしょうか。それとも残っていくのでしょうか。

問1　文中の下線部①に関連して，紀元前2世紀頃の日本について説明した文として正しいものを，次の あ～え から1つ選び，記号で答えなさい。

あ　大仙古墳などの巨大な古墳が作られた。

い　人々は米を作り，高床の倉庫にたくわえた。

う　おもに木の実を採ったり，漁や狩りをしたりして暮らしていた。

え　中国の皇帝に使いを送り，金印などを与えられた。

問2　文中の下線部②について，右の図のような木簡は，どのような用途で使われていたか説明しなさい。

越前国坂井郡大豆一斗

問3　文中の下線部③に関連して，日本での仏教の広がりについて説明した文として正しいものを，次の あ～え から1つ選び，記号で答えなさい。

あ　中国の僧鑑真は，航海の失敗を乗り越えて日本にたどり着き，奈良に東大寺を建てた。

い　平安時代には，伊勢参りなど信仰と楽しみをかねた旅行が流行した。

う　織田信長は，比叡山延暦寺や石山本願寺などの仏教勢力をおさえこんだ。

え　五か条の御誓文では，仏教をあつく信仰することがしめされた。

問4　文中の下線部④に関連して，日本に初めてキリスト教を伝えた人物が最初に上陸した地は現在の都道府県ではどこにあたりますか。次の あ～え から1つ選び，記号で答えなさい。

あ　長崎県　　い　鹿児島県

う　山口県　　え　大阪府

問5　文中の下線部⑤に関連して，この出来事により朝鮮との関係は悪化しましたが，江戸時代には将軍が代わるごとに使節が送られるようになりました。この使節の名称を漢字で答えなさい。

問６　文中の下線部⑥について，現在のイラクの位置を，右の地図の あ～か から１つ選び，記号で答えなさい。

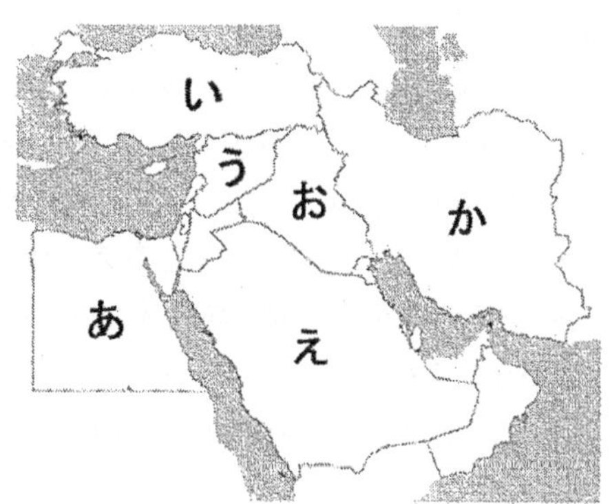

問７　文中の下線部⑦について説明した文として正しいものを，次の あ～え から１つ選び，記号で答えなさい。

あ　不平等条約の改正を目指して，岩倉具視や木戸孝允，西郷隆盛らを欧米（おうべい）に派遣したが，条約改正には失敗した。

い　学制が定められて全国に小学校が作られ，翌年には６歳（さい）以上の男女すべてが通うようになった。

う　全国の田畑の面積や収穫高（しゅうかくだか）を調べ，全国共通のますを使って米を納めさせることで政府の税収入を安定させた。

え　フランス人技師の指導によって若い女性に製糸技術を教えた富岡（とみおか）製糸場などの，西洋式の工場を作った。

問８　文中の下線部⑧について，この本の作者の名前を漢字で答えなさい。

Ⅲ　次の文章を読んで，空欄 [1]・[2] に適する語句を答えなさい。また，下線部について後の問いに答えなさい。

①昭和という時代は，不況（ふきょう）の中で始まりました。②1910年代半ば，綿製品や船の輸出が急増しましたが，1920年代には輸出が減少し，その後は長く不景気が続きました。③元号が昭和に代わったのはそのような時期のことです。1929年に世界恐慌（きょうこう）が起こったことで，世界中が不景気となりました。こうした中で，日本は大陸での影響力を拡大していきます。1937年に北京郊外（こうがい）での軍事衝突（しょうとつ）により日中戦争が始まると，戦争は中国各地に広がり，日本は当時の中国の首都だった [1] を攻（せ）め落としましたが，中国の人々の抵抗（ていこう）は続き，戦争は長引きました。やがて，日本はアメリカやイギリスとの戦争へと突入（とつにゅう）しました。

1945年に戦争が終わると，連合国軍総司令部の指令のもとで農業や④選挙などさまざまな分野におよぶ改革が行われました。1951年にアメリカの [2] で開かれた会議で平和条約が結ばれ，翌年日本は国際復帰を果たしました。1950年代半ば以降は，⑤高度経済成長と呼ばれる発展期を迎（むか）え，1964年の東京オリンピックは戦後の日本の復興と経済発展の様子を世界にしめすものとなりました。

問１　文中の下線部①について，昭和元年は西暦（せいれき）何年にあたるか，数字を答えなさい。

問２　文中の下線部②に関して，次の問いに答えなさい。

(ア)　日本の輸出が増えた理由を説明しなさい。

(イ)　輸出が増えたにもかかわらず，多くの人々の生活が苦しくなったのはなぜか，説明しなさい。

問３　文中の下線部③に関して，天皇一代につき元号を１つとする制度になったのは今から何年前ですか。最も近いものを次の あ～え から１つ選び，記号で答えなさい。

あ　600年前　　い　300年前　　う　150年前　　え　75年前

問４　文中の下線部④に関して，日本の選挙制度について述べた文として誤っているものを，次の あ～え から１つ選び，記号で答えなさい。

あ　明治時代の第一回衆議院議員選挙では，15円以上の税金を納めた30歳以上の男性のみに選挙権が与えられた。

い　貴族院は，選挙で選ばれた議員ではなく，皇族や華族（かぞく）の他，天皇が任命する議員からなっていた。

う　大正時代には普通選挙を要求する運動が高まり，25歳以上の男性すべてに選挙権が認められた。

え　初めて女性に選挙権が認められたのは，太平洋戦争後のことである。

問５　文中の下線部⑤について，この成長期は1970年代前半に終わりますが，その原因となった国際的な出来事を答えなさい。

Ⅳ　次の①～⑤の各文の空欄 1 ～ 5 に適する語句をそれぞれ答えなさい。 2 は３字以上で記しなさい。さらに空欄【A】～【E】に適するものをそれぞれの選択肢（せんたくし）より１つずつ選び，記号で答えなさい。

①　国会の働きには，内閣総理大臣を指名したり裁判官を裁く裁判を行ったりすることがある。さらに，内閣だけが作成し，衆議院に先に提出される 1 案を決める（議決する）ことがある。内閣の働きには，外国と条約を結ぶことなどのほかに，憲法に定められている天皇の仕事（国事行為（こうい））に 2 を与えることがある。

②　国民主権の具体的な例として，憲法改正に対する 3 をあげることができる。また，国民の代表である衆議院議員や参議院議員を選ぶことも国民主権の例の１つである。参議院についての記述として誤っている文は【　A　】である。

【A】　あ　2019年７月に行われた国政選挙は参議院議員選挙であった。

い　今まで衆議院議員選挙でも参議院議員選挙でも，投票率が50％を下回ったことはない。

う　衆議院議員選挙に立候補できるのは25歳以上の国民であるが，参議院議員選挙に立候補できるのは30歳以上の国民である。

え　衆議院には解散があるが，参議院には解散がない。

③　2019年10月に消費税率は８％から10％に引き上げられた。消費税は間接税で，【　B　】である。また，日本の消費税の特徴（とくちょう）として正しい文は【　C　】である。

【B】　あ　国税　　い　地方税　　う　国税と地方税の両方

【C】　あ　所得の高い人に高い税率を課し，所得の低い人には低い税率を課すことができる。

い　所得の低い人より，所得の高い人の方が，税の負担感が高くなる。

う　ヨーロッパ連合（EU）の国々の消費税（付加価値税）よりも税率が高い。

え　企業の利益に対して課される税（法人税）よりも，景気の良い悪いによって税収が増えたり減ったりすることが少ない。

④　日本は1956年にソ連と日ソ共同宣言を結び，国交を回復した。日ソ共同宣言には，ソ連が日本の［ 4 ］への加盟を支持すると書かれており，日本は同年，念願の［ 4 ］加盟を果たした。また日ソ共同宣言には，日本とソ連が将来，平和条約を結べば，ソ連は下の地図中の あ～え のうち，【　D　】を引き渡すと書かれている。

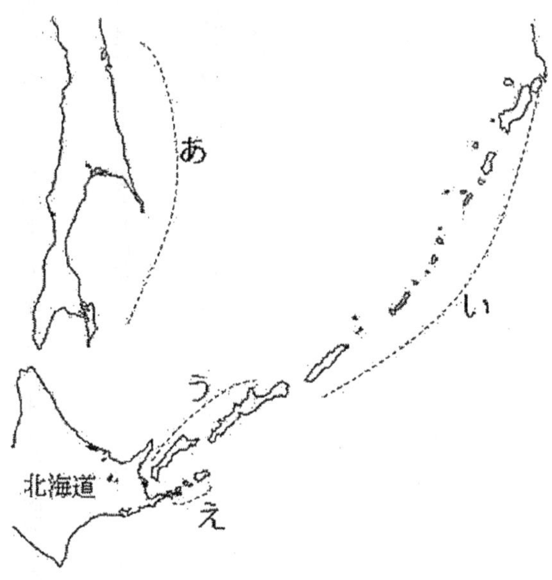

⑤　中華人民共和国（ちゅうかじんみんきょうわこく）は，1978年から改革･開放政策を打ち出し，独自の経済発展の道を歩み出した。特にシェンチェン（深圳）など沿岸部に［ 5 ］と呼ばれる区域を設けて，外国の企業（きぎょう）の進出を認め，大きく経済発展をとげた。中華人民共和国に関する記述として誤っている文は，【　E　】である。

【E】　あ　中華人民共和国では地域ごとにさまざまな料理があり，北部では米を使った料理が，南部では小麦を使った料理がよく食べられる。
　　い　中華人民共和国は，日本にとって最大の貿易相手国である。
　　う　中華人民共和国には，漢民族のほかに，50以上の少数民族が住んでいる。
　　え　中華人民共和国は人口増加を抑えるために一人っ子政策をとっていたが，現在ではやめている。

問一 [1]・[2] にあてはまる言葉を次の中から選び記号で答えなさい。ただし、同じ記号を二度使ってはいけません。

【ア 輝かせ　イ そらし　ウ しばたたかせ　エ むい
オ 丸くし】

問二 [☆] に、小鳥がしきりに鳴く様子を表す言葉を、文中にあてはまるようにして入れなさい。

問三 ——線部[A]について、どのような喜びでしょうか。説明しなさい。

問四 ——線部[B]について、「愛おしい重さ」とはどういうことですか。説明しなさい。

問五 ——線部[C]について、チャオミンのお母さん（ヤン・インシェン）がこのように手紙を書いたのはなぜでしょうか。説明しなさい。

飾りのないまっすぐな言葉に、シューインの背筋はすっと伸びた。日に焼けたユンエイの笑顔が見えるようだった。

三朝書を読みながら、シューインは心が落ち着いていくのを感じていた。さっきまでふわふわとして頼りなく、むなしく散ってしまいそうだった心に、芯が戻ったような気分だ。言葉に、自分のためにつづられた思いに、こんなにも力があるなんて。シューインは震える指先をおさえつつ、文字を追った。

もちろん二人の大切な姉妹からも三朝書をもらった。ジュアヌは誇り高く整った文章で結婚を祝ってくれた。そして、チャオミンは素直な思いを祈るようにつづってくれた。チャオミンらしいかわいらしい字だ。

〝わたしの小さなサンゴの筆で、シューインお姉さんに言葉を送ります
まずはありがとうと伝えます
本当に嬉しいご縁があって、わたしたちは姉妹になりました
わたしにとって、どんなに幸いなことだったでしょう
シューインお姉さんには、たくさんのことを教えていただきました
それなのにわたしには、あなたのためにできることがないのです
それが残念でなりません
だからせめて祈ります。この先のシューインお姉さんの幸せを祈ります
この手紙を書いている筆は、サンゴの飾りがついています
サンゴは海の底に眠っているのだそうです
深い深い海の底。その海のように深く深く、わたしは祈ります
刺しゅうもお裁縫も上手なシューインお姉さんは
新しい家のみなさんにきっと大事にされることでしょう
シューインお姉さん、どうかお元気で
ずっと、ずっと、大好きです
チャオミン〟

シューインは言葉のひとつひとつをすくい取るように三朝書を読んだ。今から先の生活はきっとこれらの言葉が助けてくれる。そう確信できた。

「あら」

シューインが、その紙に気がついたのは三朝書を戻そうとしたときだった。チャオミンからの三朝書の中に、もう一枚紙が入っていたのだ。シューインはその小さく折りたたまれた紙を引っ張りだした。

そこには、こう書いてあった。

〝[C]辛いときは、書きましょう
苦しいときは、歌いましょう
ヤン・インシェン〟

（まはら三桃『思いはいのり、言葉はつばさ』）

注 ※1 女性だけが書く文字。チャオミンが住む集落では、男たちが野や山で働いているときに、女たちがだれかの家に集まっていっしょに手仕事をしたりひそかに文字を習ったりする。チャオミンは十歳になったのでその集まりに参加できるようになった。

※2 集まりの中で仲良くなった人同士は〝姉妹〟となり、かたい絆で結ばれる。

※3 チャオミンは、あこがれのシューインと結交姉妹になった。シューインは親の決めた相手と結婚し、遠くへ行くことになった。

もう一度、言ってみる。今度は大きな声で。

それを合図にしたように、胸がぽんとはじけた。またとくとくと鼓動が騒ぎ始め、体の芯が熱くなる。

胸の内からあぶくのような喜びが噴きだすようにこみあげてきた。Ａ内側から湧いてくる痛いほどの喜びに、チャオミンは自分の体を抱えこむように縮めた。この気持ちを外にもらしたくはなかった。（中略※3）

シューインは結婚式の日を迎えた。チャオミンとジュアヌが書いた手紙は、結婚のしきたりにしたがい、シューインの実家に預けられることになった。三朝書は、実家から贈られる品物と一緒に大切に納められ、結婚式の三日目にシューインに届けられるのだ。

結婚式の前日、チャオミンは机に向かい自分の書いた三朝書をもう一度読み直した。

まだあまりうまくはない。けれどもせめて人一倍の願いだけはこめた。

封をしようとしたところ、母さんがやってきた。

「チャオミン、この手紙も一緒に入れてちょうだい」

母さんは、小さく折りたたんだ紙をさしだした。

「母さん、手紙を書いたの？」

チャオミンは目を［２］た。

「ええ。母さんもどうしても気持ちが送りたかったから」

母さんは恥ずかしそうに笑った。

「読んでもいい？」

チャオミンは返事もきかないうちに紙を広げてしまった。そして、にっこり笑った。そこには、短いけれど大切な言葉が書いてあった。

チャオミンも大好きな言葉だった。

あわただしく結婚準備を終え、シューインは住み慣れた愛おしい町から花駕籠に乗った。（中略）

新しい家では三日三晩祝宴が続いた。

はじめて会った夫とその両親、それから弟や妹たち。見知らぬ人たちの間で、シューインは自分がどこに座っているのかもわからなかった。強張るシューインにみんなは意地悪をするようなことはなかったけれど、やはり不安でいっぱいだった。

これから知らない人たちと暮らすのだ。

そんな不安をしばし吹きとばしてくれたのは、祝宴の途中で届いた、実家からの荷物だった。

シューインは飛びつくように荷物を受け取り、焦る手つきで結び目をほどいた。何はさておき三朝書だ。自分の愛しい人たちにつながる物がほしかった。

「まあ、こんなに」

入っていた三朝書を胸に抱く。Ｂ愛おしい重さを感じた。生み育んでくれた母や、慈しみをかけてくれた叔母や兄嫁、そして長い付き合いだったユンエイ。

それぞれがくれた言葉の数々を、シューインは吸い取るように丹念に読んだ。

特にユンエイからの言葉には励まされた。（中略）

と指を動かした。それは確かに、娥、という文字だった。

「あ、そうだ！」

チャオミンはすっきりしたが、すぐにまた、あれ？ と首をかしげた。

「母さん、ニュウシュを知っているの？」

母さんは文字の読み書きができないはずだ。そもそもあまり関心がないらしく、チャオミンが文字を教わりたいと言ったときも、少し困ったような顔をした。なのに、分からない字をすぐに書いて教えてくれるなんて。

「インシェンはニュウシュなんて書けないよ」

そのとき、突然(とつぜん)ぴしゃんとした声がきこえた。振(ふ)りかえると、入り口につえをついたイーレイおばあさんが立っていた。

「まあ、お義母(かあ)さん、いらっしゃいませ」

母さんははじかれるように立ちあがり、「すぐにお茶をお出しします」と台所に行ってしまった。隣に住むイーレイおばあさんは、チャオミンの家にしょっちゅうやってくるが、そのたびに母さんはまずお茶の準備をしなくてはならない。それが客に対する最低限の礼儀(れいぎ)なのだそうだ。

「ハル族の女たちは、文字を持たないの。ニュウシュの読み書きができるのは、漢族の女だけだよ」

面白くなさそうに言いながら、イーレイおばあさんはつえを頼(たよ)りによたよたと歩いてくると、「よいしょ」と上がり口に腰(こし)をかけた。（中略）

こうしてチャオミンは、文字を覚えていった。最初は歌に合わせてユンエイの字を見ながら真似(まね)をしていたのだが、少しずつ見なくても書けるようになった。そして、次(し)第に頭の中に文字が浮(う)かぶようになったのだ。

「九つ、黄龍(こうりゅう)は泳ぐ」

チャオミンはつぶやきながら、握(にぎ)ったペンを板に滑(すべ)らせた。頭に浮かんだ一文字ずつが、板の上に浮かびあがった。

ここまですべての文字を、お手本を見ずに書けた。

さあ、最後の一行だ。

胸がどくどくと弾(はず)んだが、チャオミンは握ったペンを止めることはしなかった。頭の中にある文字が消えてしまわないうちに、板の上に移したかったのだ。急(せ)くような気持ちで、息を詰めペン先を見つめる。

もう歌うこともつぶやくこともできなかった。

――十で、鯉(こい)は竜門(りゅうもん)をはねる

「ふう」

一気に書きあげると、やっと息をもらした。

しばらくチャオミンは、自分の書いた文字をながめた。書いては消しているせいで、板の表面はすっかり黒くなっているけれど、チャオミンが書いた文字がしっかりとそこにある。不格好で大きさもふぞろいだけれど、まぎれもなく意味を持った言葉だ。

さっきまであんなに急(せ)いていた胸が、不思議なほど静かになっていた。

風のない夜中の麦の穂(ほ)のように、なぜかそよとも動かなかった。

「書けた」

チャオミンはつぶやいた。小さな声をききとった耳が、震(ふる)えた気がした。

「書けた」

はじめてきく言葉を、鼻息交じりにくりかえしたチャオミンに、ユンエイは説明をしてくれた。

「結婚していく人への思いを文字にして綴るんだ。結婚していく女の人の幸せを、心から願って思いをこめて書くんだよ」

ユンエイは「心から」というところに力をこめて言った。

少し前まで手仕事をしにきていたチャオチャオという人が、結婚して隣の街に行くことになったので、お祝いに贈るのだそうだ。

「言った言葉はそのときだけだけど、思いを文字にしておけば、チャオチャオは読むたびにみんなのことを思い出せるだろう。ジュアヌ、あんたは特に気持ちをこめてね」

「もちろん」

ユンエイからそう言われて、ジュアヌは神妙な顔でうなずいた。

チャオチャオはジュアヌの※2結交姉妹なのだそうだ。

「チャオミンはまだ書けないから、これで勉強するといい」

ユンエイはそう言って、壁にしつらえた棚から、ノートを一冊取りだした。紙を皮の表紙で綴じた古い小さなノートだ。紙の部分は全体的に黄ばんでふちはささくれだっているが、ユンエイは両手で丁寧に取りあつかった。紙は貴重品なので、大事にしなくてはならない。

「これがニュウシュだよ」

ユンエイはまず表紙を開いた。

「わあ、きれい」

そこに書かれていた文字を見て、チャオミンは目を［ 1 ］た。文字は細くてこまかかった。ひとつひとつが形良く引きしまっている。それでいて、流れるようにしなやかだ。まるでシューインが刺す花の刺しゅうのようだった。見方によっては文字のところどころにある小さな丸は、花芯か種のようにも見える。父さんが書いている文字は角ばってごつごつしているが、こちらはやわらかく可憐で、やはり全然ちがう文字だとチャオミンは思った。

「まるできれいなお花みたい。いえ、小鳥の［ ☆ ］みたい」

この美しさをどう表現していいのかもどかしかったが、チャオミンの言葉にユンエイはぷっと噴きだした。

「チャオミンは面白いことを言うね。鳥の声なんて言った人ははじめてだよ」

ユンエイは愉快そうに言いながらさらにノートを開いた。

「このノートは、ずっと前からここにあるんだよ。普段、私たちが歌う歌をニュウシュであらわしたものが書かれている。これはめでたいときに歌う祝い歌だよ。あんたも上手に歌ってただろ」（中略）

家に帰ったチャオミンは土間に座りこみ、文字の練習を始めた。字が書けるようになったことが嬉しくてたまらない。土間の床に棒で書く。土でできた床は、とがったものでなぞると形がつくのだ。

「一つ空には」

口ずさみながら棒の先で書きつけていく。

「娥眉……、あれ？」

だが、さっそく文字が詰まってしまい、チャオミンは首をかしげた。

「うーんと、娥、はどうだったっけ？」

思いだそうとチャオミンがうなっていると、台所で煮物を作っていた母さんがひょいと顔をだした。母さんはそばに座ると、こうじゃない？

さやどこまでもつづく④大海原によって実体存在を与えられることに、探検や冒険の魅力はある。そしてこの自己存在確認の感覚は、こちらから自然に働きかけ、関与する⑤リョウイキが広がり、そして深まるほど大きくなる。

ところがGPSを使うと、この自然への働きかけと関与リョウイキが極端に狭くなってしまう。地図読みや天測にはあった外の世界を読みとるという働きかけがない状態で、いきなり百パーセントの正解が与えられるので、外との関係が薄くなり、自然から存在が与えられているという感覚も弱まってしまうのだ。

GPSを使いながら北極の荒野を歩いていたとき、私は常にB妙なもどかしさを感じていた。連日、寒さや風には苦しめられたし、極限的な空腹にも苛まれたが、それでも私は自分は北極という土地を爪で引っ掻いているだけなんじゃないかという奇妙な※5隔靴掻痒感を取り除くことができなかった。

肉体的には追いつめられているのに、なぜか？

その理由は、明らかにGPSを使っていることにあった。そのことには旅の途中で気がついていたが、しかしもはやどうしようもなかった。

結局このときの旅では「航法」という極地探検においてもっとも基本的な作業を機械に外部委託したせいで、自分が北極の自然とがっちりかみあっているという感覚を最後まで得ることができなかった。GPSを使うと、周囲の自然と自分との間にどうしても壁ができてしまい、その土地の真実の姿を知る機会を奪われてしまうのだ。

（角幡唯介『エベレストには登らない』）

注　※1　山野を走るレース。
※2　身の処し方がしなやかで、さまざまに変化する周囲の状況にただちに対処できる様子。
※3　天体と地平線との間の角度を測る道具。
※4　その場所の緯度と経度を知るために天体の位置を調べること。
※5　かゆいところに手が届かないようにもどかしいこと。

問一　ア・イにあてはまる漢数字をそれぞれ一字ずつ答えなさい。

問二　――線部①～⑤のカタカナを漢字に直し、漢字は読みを答えなさい。

問三　この文章がのっている本の題名は『エベレストには登らない』です。☆から★までの文章をふまえて、この題名にこめた筆者の思いを考えて説明しなさい。

問四　――線部A「コペルニクス的転回」とはどういうことですか。この表現で筆者が言おうとしていることを具体的に説明しなさい。

問五　――線部B「妙なもどかしさ」とはどのようなことですか。なぜもどかしいのかがわかるように説明しなさい。

二、次の文章を読んで、後の問いに答えなさい。

「じゃあ、※1ニュウシュを書こうかね」

とうとうユンエイが言ったので、チャオミンは鼻息を荒げて顔をあげた。

「はあーいっ、はいっ」

「みんなでチャオチャオへの言葉を三朝書にして届けよう」

「さ、三朝書？」

ところが実際に旅でGPSを使いはじめると、これが六分儀と全然ちがう。最大の相違点は、GPSを使うと周囲の自然条件と無関係に現在地を出せるところだ。

六分儀による天測だと、天体の高度を観測して位置を計算するわけだから、太陽だろうと夜空の星だろうと、とにかく外に出て天体観測しなくてはならない。そしてこの観測作業は口でいうほど簡単ではない。

特に極地のような極限的な寒さの中ではハードルが高く、氷点下四十度の寒さの中で向かい風に耐えながら、細かなネジを調整して天体を水平線に一致させるだけでも、極度に集中力が必要となる。しかも観測するうちに、六分儀には自分の吐く息で霜が張りついて星そのものが見えなくなってくるし、三十分も作業していたら手足は寒さでかじかみ、鼻ももげそうになる。

なんとか観測を終えても、今度はテントの中で天体の暦や対数表とにらめっこしながら、観測値を位置情報に変換するための複雑な計算作業に没頭しなければならない（ただし計算機があれば、この作業は省略できる）。苦労がともなうだけでなく、その観測値には少なくとも数キロの②ゴサがつきもので、一番困るのは、GPSとちがい、その結果がどこまで正確に出せているかは観測者には絶対的にはわからないことだ。天測とは、最後は自分の腕を信じるしかなく、その意味では極めてアナログな技術なのである。

ところがGPSを使うと、そういう苦労がすべてなくなり、夕飯の支度をしながら片手でボタンを数回押すだけで位置情報を取得することができてしまう。しかも、その情報は天測とちがってゴサがほぼゼロの、かぎりなく正確なものだ。

GPSを使うと、本来、旅において最も難しいはずの作業が最も③カンタンになるという逆転現象が発生する。それは〈前よりも便利になった〉という次元をはるかに超える、人間はなぜ冒険をするのかという本質を侵しかねないAコペルニクス的な転回だ。

なぜ私たちが探検や冒険をするのかというと、それは行為のプロセスの中にある〈自然との関わり方〉に秘密があるからだ。

北極が例だとわかりにくいだろうから、登山を例に考えてもいい。私たちが山に登るのは、単に山頂に行きたいからではない。山頂に至るまでの〝山との関わりあい〟の中に魅力があるからこそ、人間は山に登るのではないだろうか。

登山者は山という厳しい自然に規定された世界の中で、少しおおげさにいうと、命を懸けた判断をくだしながら山頂を目指している。その過程として見逃せないのは、登山者がその行動や判断をつうじて常時、山になんらかの働きかけをおこなっていることだ。働きかけをして山と関係性を構築することで、登山者は山から肯定され、今その瞬間、そこに自分が存在しているという感覚を強く持つことができる。

これは何も抽象的な話ではない。クライミングをする人なら、誰にでも岩壁や氷壁を登っている最中に墜落の恐怖でガタガタと足が震えた経験があるはずだ。この恐怖という負の感情をつうじて私たちが獲得できているのは、「氷壁の中に自分が今ある」という明確な自己存在確認である。

周囲の世界との関係の中で、身体的な五感をつうじて自己の存在を確立できること、つまり山からきわめて実体的な存在を与えられることに登山の最大の魅力はあり、逆にいうとそこにしかないともいえる。

それは登山に限らず、極地探検や外洋航海でも同じことだ。過酷な寒

分の成り行きを決定するような時間の流れのなかにある。たとえば、とある国を旅していたときにAという町にたどりつくとする。本当は明日にでもB町に移動するつもりだったが、A町がすっかり気に入ってしまったので二週間ほど居つくことにした。すると町の食堂で少し怪しげだが気のいいXという人物と親しくなり、C町に日本への留学経験のある友人がいるから会いに行かないかと誘われた。しょうがないからとC町に行ってみると、その留学経験のある友人の娘がたいそう美人で……というのが典型的な旅である。

　このように旅とは予定調和に終わらず、その場の状況や判断によって内容が次々と更新されていくのを本来の姿としている。よくいえば放浪、悪くいえば行き当たりばったりこそ、旅の本質だ。旅をしたときに自由だと感じられるのは、外国に行くことで日本の色々なしがらみから解放されるからではなく、むしろこの判断と成り行きの連動作業を体験できるからだろう。明日以降の自分がどうなるのかわからないなかで判断し、その結果がおのずと自分の運命に跳ね返ってくるのだから、かなり純粋なかたちでの自由がそこには達成されている。

　私が登山を旅的と感じるのはこの部分だ。登山は天候やルート状況を勘案しながら判断をくだして進めるゲームである。判断が正しければ登れるし、間違っていれば登れない。判断を間違うと登山者は最悪の場合、死という大きな代償を支払うことになるわけだから、結果として跳ね返ってくる運命の大きさを考えると、旅の最も旅的な部分を抽出したような行為だとすらいえる。

　そしてその意味で、登山では旅よりもさらに高度な判断と成り行きの連動作業が経験できる。だから、享受できる自由の感覚も途方もなく大きくなる。この自由の感覚こそスポーツでは決して味わえない旅ならではの感覚であり、自由であるからこそ、登山者は危険にもかかわらず性懲りもなく山に足を運ぶのだろう。★

（中略）

GPSの問題について深く考えるようになったのは北極圏の旅をはじめてからである。

北極圏に行くまで私の探検の舞台はチベットやネパール、ニューギニアの山岳地帯が多かった。山では尾根や谷の地形的な起伏が顕著なので、地図とコンパスさえあれば自分の位置を正確に把握できる。GPSはあってもなくてもどうでもいい存在で、ちゃんと使ったこともなければ、さほど意識したこともなかった。

　ところが北極圏の旅では、凍った海氷や平らな雪原に覆われたツンドラなど地形的に目印の乏しい場所を進むことが多い。こうした場所では山とちがい、尾根や谷のかたちや向きから位置を推測することができず、地図とコンパスで位置を決定することがとても難しくなる。そのため航海と同じように緯度と経度を求めて「航法（ナビゲーション）」しなければならず、GPSが圧倒的な威力を発揮する。

　二〇一一年にはじめて北極圏を旅するまで、私はこのGPSの威力を正確に認識できていなかった。（中略）GPSが登場する前も探検家や航海士は※3六分儀で※4天測していたわけだから、GPSを使うといっても六分儀が多少便利になっただけで、機器で航法するという本質に変化はないと、あまり深く考えていなかった。

【国　語】（五〇分）〈満点：一〇〇点〉

一、次の文章を読んで、後の問いに答えなさい。

☆登山がスポーツなのかどうかについて私見を述べてみたい。

まず登山云々の前にスポーツとは何かということについて考えてみたい。

私の考えではスポーツとはある一定数の人が活動していることと、舞台が整っていることの二つが成立条件になってくると思う。一定数の人がいることはいいとして、問題は後者のほうだ。舞台が整っているというのは、一つには文字どおり競技の舞台が用意されていることを意味する。野球でいえばスタジアム、ボクシングならリングだ。屋外でおこなわれる競技も、マラソンやトライアスロンなどは決まったコースから外れると失格になるので本質的には施設内と同じだ。また舞台が整っているということは、主催者により競技者の安全が――たとえそれが名目的であっても――確保されていることも意味している。ボクシングでは二人のファイターが野放図に死ぬまで殴りあうわけではない。事故で亡くなることはあっても、そうならないようにルールを設けて制限しているわけで、これもスポーツの舞台性を形成する重要な要件であろう。そう考えると※1トレイルランニングや山岳マラソン、アドベンチャーレースなどは、登山と同じように山や自然を競技の場とはしているものの、明確にスポーツだと規定することができる。マラソンなどと同様コースが決まっているし、万が一の事故や急病に備えてスタッフや医療関係者が各所に配置されている。もちろん自然が舞台なので亡くなったり怪我したりするリスクはあるだろうが、そうならないように主催者は全体に配慮の網をかぶせている。またゲレンデクライミングも、岩場の開拓者がルートを整備したりトポ（ルート図）を発行したりして安全の確保やルール作りに取り組んでいることなどを考えると、スポーツだと考えてよさそうだ。

さて登山はどうだろうか。登山の場合ももちろん舞台はあるが、それが整っているとはいいにくい。登る山とルートが決まっていたとしても、当日の天候やルート状況によっては変更することが頻繁に起こるし、長い縦走や継続クライミングの場合などは、[ア]変[イ]化する自然状況に柔軟に対応してルートを変更したり、エスケープしたりすることのほうがむしろ多いぐらいだ。それどころか、途中で目標を変更してまったく別の山に登る、などということもないわけではない。これがスポーツだったら完全に失格だが、登山では予定通りに登れなくても必ずしも失敗というわけではない。そしてその※2融通無碍なところが登山の魅力だったりもする。

それに登山にはゴミを捨てないだとか、岩には無駄にボルトを打たないなどといった倫理はあっても、スポーツにあるような堅苦しいルールや行動範囲を縛りつける規制は、今のところ存在しない。どの山をどのように登るかは個人の好みや技術、体力に応じて思い思いに決定することができる。また当然、主催者がいるわけではなく、自分で安全を確保しながら登ることが原則となる。つまり登山とはスポーツのように第三者が舞台を整えてそこで競技するものではなく、自分で舞台を拵えておこなう自己①カンケツ型の行為だといえる。

ではスポーツではないとすれば何なのか。私はその本質は旅だと考えている。旅の本質とは何か考えてみると、それは今日の判断が明日の自

2020年度

解　答　と　解　説

《2020年度の配点は解答欄に掲載してあります。》

<算数解答>

Ⅰ　(1)　ア　$\frac{4}{63}$　　(2)　イ　50　　(3)　①　ウ　37　　エ　55　　②　オ　30

Ⅱ　(1)　①　95.2回転　　②　$1\frac{81}{119}$周

　　(2)　(a)　①　282.6cm^2　　②　244.92cm^2　　③　113.04cm^2

　　(b)　①　19段，10個　　②　1243.44cm^2

Ⅲ　(1)　ア　$5\frac{1}{3}$　　イ　$6\frac{2}{3}$　　(2)　$9\frac{1}{3}$$cm^3$　　(3)　①　20cm^2　　②　$46\frac{2}{3}$$cm^2$

Ⅳ　(1)　$3\frac{29}{40}$　　(2)　①　解説参照　　②　1194

○推定配点○

各5点×20　　計100点(Ⅱ(2)(b)①完答)

<算数解説>

Ⅰ　**(四則計算，数の性質，割合と比，植木算，規則性，単位の換算)**

(1)　ア$=\left(\frac{65}{54}-\frac{50}{54}\right)\div 3\div\left(1\frac{7}{8}-\frac{10}{24}\right)=\frac{5}{54}\times\frac{24}{35}=\frac{4}{63}$

重要　(2)　イ×12×(1＋0.1＋1＋0.08)＝イ×12×2.18＝1308(円)

したがって，イは1308÷12÷2.18＝50(円)

重要　(3)　①　ウ…最初の柱から最後の柱までの距離は550×(10－1)＝4950(cm)

(4950－35)÷135＝36…90の商36に1を加えると，ちょうちんは37個

エ…ウより，90－35＝55(cm)

②　2本目の柱：　550cm…近いちょうちん35＋135×　4＝ 575(cm)→差：25cm

3本目の柱：1100cm…近いちょうちん35＋135×　8＝1115(cm)→差：15cm

4本目の柱：1650cm…近いちょうちん35＋135×12＝1655(cm)→差：5cm

5本目の柱：2200cm…近いちょうちん35＋135×16＝2195(cm)→差：5cm

⋮　　　　　⋮

8本目の柱：3850cm…近いちょうちん35＋135×28＝3815(cm)→差：35cm

したがって，ウより，取り外さないちょうちんは37－(8－1)＝30(個)

Ⅱ　**(速さの三公式と比，割合と比，平面図形，立体図形，数列・規則性，単位の換算)**

重要　(1)　①　(40×2＋20×3.14)÷1.5＝142.8÷1.5＝95.2(回転)

②　AさんとBさんの速さの比は1.5：1.2＝5：4であり，Aさんが20×2＝40(秒)コースから外れる間にBさんは1.2×40＝48(m)進む。

したがって，①より，2人が競走した距離はコースの48×5÷142.8＝$\frac{200}{119}$(周)

基本　(2)　(a)　①　3×3×3.14×10＝282.6(cm^3)

②　3×3×3.14×2＋3×2×3.14×10＝78×3.14＝244.92(cm^2)

③　3×3×3.14×$\frac{2}{3}$×6＝36×3.14＝113.04(cm^2)

重要　(b)　①　200×2＝400であり，（□＋1）×□が400以下になる最大の□は19（20×19＝380）
したがって，積み木は19段で200－（19＋1）×19÷2＝10（個）余る。

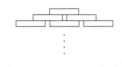

やや難　②　問題の図を利用する。

1段の場合：円の面積×$\left(2+\frac{2}{3}\times 0\right)$

2段の場合：円の面積×$\left(3+\frac{2}{3}\times 2\times 1\right)$

3段の場合：円の面積×$\left(4+\frac{2}{3}\times 2\times 2\right)$

したがって，19段の場合は$3\times 3\times 3.14\times\left(20+\frac{2}{3}\times 2\times 18\right)=$

396×3.14＝1243.44（cm²）

Ⅲ　（立体図形，平面図形，相似）

基本　(1)　図1において，GCは$4\div 3\times 4=\frac{16}{3}$（cm）

BGは$4\div 3\times 5=\frac{20}{3}$（cm）

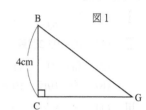

＋α　(2)　図2において，(1)より，三角形PLNの面積は

$\left(\frac{16}{3}-3\right)\times 4\div 2=\frac{7}{3}\times 2=\frac{14}{3}$（cm²），

三角錐A－LBNは$\frac{14}{3}\times 6\div 3=\frac{28}{3}$（cm³）

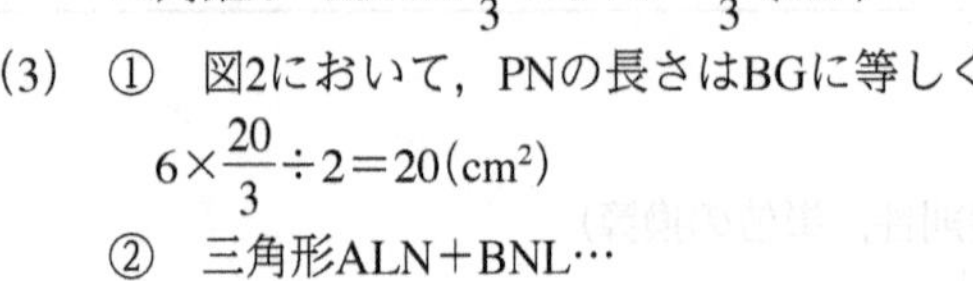

(3)　①　図2において，PNの長さはBGに等しく

$6\times\frac{20}{3}\div 2=20$（cm²）

②　三角形ALN＋BNL…

(2)より，$\frac{7}{3}\times 5=\frac{35}{3}$（cm²），

三角形ALB…図3より，6×5÷2＝15（cm²）

したがって，表面積は$20+\frac{35}{3}+15=46\frac{2}{3}$（cm²）

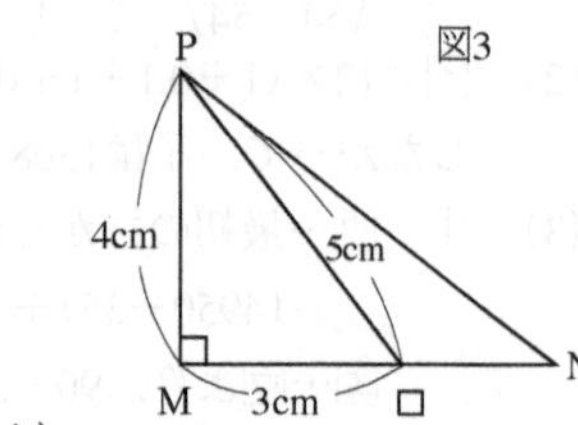

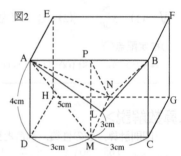

Ⅳ　（数の性質，場合の数，消去算）

基本　(1)　4，5の倍数で「3の倍数＋1」…40，100

5の倍数で「3の倍数＋1」…10，25，40，55，70，85（100を除く）

したがって，$(10+25)\div 40+(10+25+40+55+70+85)\div 100=3\frac{29}{40}$

重要　(2)　①　10g，20g，60gの個数をそれぞれ，△，□，○で表す。

10×△＋20×□＋60×○＝250→△＋2×□＋6×○＝25…ア　　△＋□＋○＝13…イ

アーイより，□＋5×○＝12

したがって，（□，○）＝（12，0），（7，1），（2，2）

であり，右表になる。

10gの球の個数	1	5	9
20gの球の個数	12	7	2
60gの球の個数	0	1	2

②　①より，10gが5個，20gが7個，60gが1個の場合で計算する。

10gが5個（4の倍数）…100＋96＋92＋88＋84＝184×2＋92＝460

60gが1個（4の倍数）…100

20gが7個…数の和が「4の倍数＋2」で最大になる場合は100＋97＋94＋91＋88＋85＋79

＝（100＋85）×3＋79＝634

したがって，これらの和は460＋100＋634＝1194

★ワンポイントアドバイス★
一見，難しそうな問題が並んでいるように感じられる場合でも，問題文を正確に読取り，図を的確に見れば解けるヒントが見つかるものである。したがって，これらの問題には難問がなく，正確に計算して解ける問題から解いていこう。

＋α は弊社HP商品詳細ページ(トビラのQRコードからアクセス可)参照。

<理科解答>

Ⅰ　問1　ア　北　　イ　南　　ウ　光合成　　エ　減少　　オ　増加
問2　(1)　③　　(2)　⑦　　問3　(3)　え　　(4)　あ　　問4　う
問5　b　　問6　カ　京都　　キ　パリ

Ⅱ　問1　都市鉱山　　問2　アルミニウム　　問3　鉄　　問4　120(台)
問5　52.4(cm^3)　　問6　1017(g)

Ⅲ　問1　ウ　　問2　(1)　ア，エ，オ　　(2)　ウ　　問3　(1)　あ　ウ　　う　ア
(2)　落葉樹は葉を落とす時期は地表に多くの光が当たるから。　　(3)　ア，ウ，エ

Ⅳ　問1　4.5(cm)　　問2　1.5(cm)　　問3　31.5(cm)　　問4　270(g)
問5　420(g)　　問6　ア，カ

Ⅴ　問1　(順序)　CBA　　(理由)　イ，エ　　問2　(氷のようす)　A　ア　　B　オ　　C　イ
(水の高さ)　A　お　　B　え　　C　い

○推定配点○
Ⅰ　各1点×13　　Ⅱ　問1　3点　　問2・問3　各1点×2　　問4～問6　各2点×3
Ⅲ　問1・問2(2)・問3(1)　各1点×4　　問2(1)・問3(3)　各2点×2(各完答)　　問3(2)　3点
Ⅳ　問1・問2・問6　各2点×3(問6完答)　　問3～問5　各3点×3
Ⅴ　問1　各2点×2(理由は完答)　　問2　各1点×6　　計60点

<理科解説>

Ⅰ　(環境－地球温暖化，生態系)

重要　問1　植物は，夏には光合成をさかんに行い，二酸化炭素を吸収して酸素をつくる。

重要　問2　図3のAは植物，Bは動物，Cは菌類・細菌類である。また，菌類・細菌類は呼吸により，土中の有機物を分解する。

問3　(3)　赤道付近では，年間を通して，日光が十分に当たるので，植物の光合成の働きが，ほぼ一定に行われている。　(4)　南半球は北半球よりも陸地の面積が少ないので，植物の働きも少ない。

やや難　問4　岩手県大船渡(おおふなと)市にある綾里(りょうり)では，Xのグラフのように，二酸化炭素の変化が最も大きく，ハワイ諸島にあるマウナロアでは，Yのグラフのように，二酸化炭素の変化が少ない。また，南半球のオーストラリアにあるグリム岬では，Zのグラフのように，二酸化炭素の変化が最も小さい。

やや難　問5　大気中の二酸化炭素の量は，8月～9月頃に最も少なくなり，3～4月頃に最も多くなる。したがって，aは9月，bは12月，cは3月，dは6月である。

重要　問6　京都議定書は，1997年12月に京都市で開かれた第3回気候変動枠組条約締約国会議で採択された。また，パリ協定は，2015年12月にパリで開かれた第21回気候変動枠組条約締約国会議で採択された。

Ⅱ （物質の性質－金属）

問1　都市などで，ゴミとして大量に捨てられる家電製品などの中に存在する金・銀・銅などの貴金属や希少金属を都市鉱山という。

基本　問2・問3　1円玉にはアルミニウム，10円玉には銅が使われていて，どちらも磁石にはつかない。

問4　金メダルには6gの金が使われているので，必要な携帯電話は，6÷0.05＝120(台)である。

問5　1cm^{3}の銀の重さが10.5gなので，550gの銀メダルの体積は，550÷10.5＝52.38…（cm^3）より，52.4cm^{3}である。

やや難　問6　1cm^{3}の金の重さが19.3gなので，52.4cm^{3}の金の重さは，19.3×52.4＝1011.32(g)より，1011gである。したがって，金だけで作った金メダルの重さは，1011＋6＝1017(g)である。

Ⅲ （植物のなかま－在来種と外来種）

問1　クヌギやコナラは，高木の落葉広葉樹である。また，スギやヒノキは建築材料に利用するため，植林されている。スダジイやアラカシは，高木の常緑広葉樹である。

重要　問2　ヨモギ・カラスノエンドウは種子を作って子孫を残す在来種であり，スギナは胞子をつくって子孫を残す在来種である。

やや難　問3　(1)　落葉樹林や常緑樹林では，外来種(あ)は見られないが，在来種(い)が最も多く見られ，絶滅危惧種(う)も見られる。　(2)　常緑樹林では，一年中，地面に光が届きにくいので，他の植物は育ちにくいが，落葉樹林では，落葉した時期には，地面にも光が十分に届くので，他の植物は育ちやすい。　(3)　コンブやワカメも呼吸や光合成を行う。

Ⅳ （力のはたらき－さおばかり）

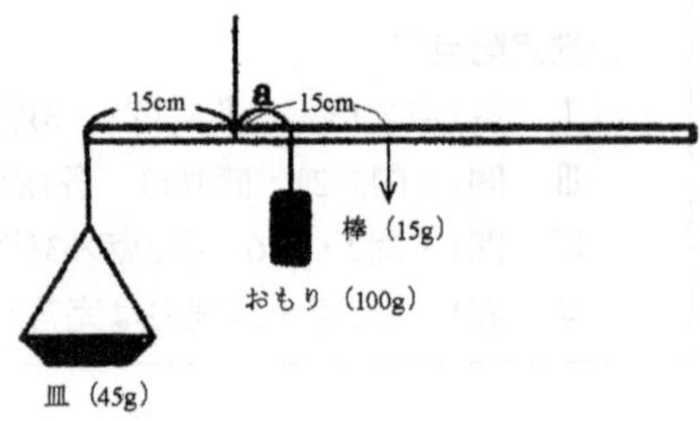

問1　図2において，ひもから右へ，30－15＝15(cm)の位置に棒の重さ15gがかかっているので，45×15＝100×a＋15×15より，a＝4.5(cm)である。

問2　10gのものを皿にのせると，皿全体の重さが，45＋10＝55(g)になる。また，ひもからおもりまでの距離を□cmとすると，55×15＝100×□＋15×15より，□＝6.0(cm)なので，10gごとの間隔は，6.0－4.5＝1.5(cm)である。

問3　問2より，180gのものを皿にのせたときのひもからおもりまでの距離は，$4.5+1.5\times\frac{180}{10}=31.5$(cm)

問4　量れる最大の重さは，おもりを棒の右端につるしたときなので，60－15－4.5＝40.5(cm)より，$10\times\frac{40.5}{1.5}=270$(g)

問5　皿とものの重さの合計を□gとすると，150gのおもりを使うので，□×15＝15×15＋150×45より，□＝465(g)である。したがって，ものの重さは，465－45＝420(g)である。

やや難　問6　おもりの重さを大きくすると，10gごとの印の間隔が短くなる。また，問4と問5より，おもりの重さが，150－100＝50(g)増えると，量れる最大の重さが，420－270＝150(g)増えているので，おもりの重さが2倍の100g増えると量れる最大の重さも150×2＝300(g)増える。

Ⅴ （状態変化－氷のとけ方）

やや難　問1　氷がとけた水が氷のまわりを覆い，まわりの熱を氷に伝えることで，氷は早くとける。したがって，水が多いCが最も早くとけ，次にBがとけ，最後に，Aがとける。

やや難　問2　A　下の方に穴があいているので，水はほとんどこぼれてしまう。また，氷は均等にとけている。　B　中央あたりに穴があいているので，水は半分残り，水につかっている氷の部分が，空気中に出ている部分よりもとけて少なくなっている。　C　水が容器に残っているので，氷は水に浮かんだ状態になっている。

★ワンポイントアドバイス★
理科の基本的な問題から応用問題まで含めて十分に理解しておくこと。また，思考力を試す問題にも十分に慣れておくこと。

<社会解答>

Ⅰ 問1 1 い 問2 2 プラスチック 3 なだれ 4 いかだ 5 ダム 6 ドローン 7 ひさし 8 熊本 問3 暖かい日差しが室内まで届く
問4 う 問5 い 問6 ア C イ J ウ B エ E オ F 問7 あ
問8 ・スロープがあるので，自転車や車いす，ベビーカーなどに乗ったままでも避難できる。 ・ふだんでも公園や遊び場として利用できる。

Ⅱ 1 高句麗 2 冊 3 法隆寺 4 寺子屋 問1 い 問2 税として都に運ばれてくるさまざまな品物につけられていた。 問3 う 問4 い
問5 朝鮮通信使 問6 お 問7 え 問8 福沢諭吉

Ⅲ 1 南京 2 サンフランシスコ 問1 1926 問2 ア 第一次世界大戦によって，ヨーロッパでの生産が落ち込んだから。 イ 大戦景気によって物の値段が高くなり，人々の生活は苦しくなった。 問3 う 問4 あ 問5 オイルショック[石油危機]

Ⅳ 1 予算 2 助言と承認 3 国民投票 4 国際連合 5 経済特区
A い B う C え D え E あ

○推定配点○
Ⅰ 問3 2点 問8 各3点×2 他 各1点×16 Ⅱ 問2 3点 他 各1点×11
Ⅲ 問2 各3点×2 他 各1点×6 Ⅳ 各1点×10 計60点

<社会解説>

Ⅰ (日本の地理－「木」に関連する問題)

問1 1 日本の森林面積は国土の7割弱だが，平地から山地にかけて広く分布している。海抜高度での上限は本州の中央部あたりでは海抜2800mあたりまで，北海道の大雪山や日高山脈だと1500mあたりまでになる。

問2 2 自然由来の素材ならば分解して自然に戻るが，プラスティックなどは紫外線などによって劣化してボロボロに細かくはなるが，自然に戻ることはないのでその汚染が問題になっている。

3 雪崩は積雪量が多いときに表面の雪がずり落ちて起こる。雪の降り方に間隔があり，前に積もった雪の層と新しくその上に積もった雲の間に氷などがあると表層雪崩が起こりやすい。

4 山の上の方で伐採した材木を下へ運ぶ方法として，日本ではかつては川に材木を運び，それを数本ずつ並べてひもなどで固定し，いかだにして下流へ流して運ぶ方法をとっていた。

5 ダムは川をせき止めて水を貯えるものだが，その目的や用途は様々で，下流に一気に大量の水が流れるのを防ぐための治水目的のものもあれば，用水を確保するためのもの，また貯えた水をつかって水力発電を行うためのものなど様々である。

6 ドローンは無線操縦の小型の飛行体。日本で一般的に使われているものはヘリコプターみたいなプロペラで空中に浮かぶ小型のもので，カメラを搭載して上空から下の様子を見たり撮影するのに使うもの。大きなものでは農薬散布などに使えるものもある。

7 ひさしは本文にもあるように家屋の窓や出入り口などの開口部の上に外へ張り出すように設

ける小さな屋根のようなもの。

8　2016年4月16日に熊本県を中心に震度7の地震が発生し，地震の直接被害で亡くなった方が50人にもなる被害があった。この地震で熊本城も損傷したりした。

やや難　問3 「ひさし」や「のき」は構造的には単純だが，夏の高くから差す強い日差しを遮り，家の中に直射日光を差さなくするが，冬の低い日差しの場合には，家の中にまで日差しがとどき，その場所を明るくし温めてくれるという働きがある。

問4　**え**　北山スギは京都市の北部で栽培，生産されるスギ材。

重要　問5　**い**　ブナの原生林が保全されているとして世界遺産に登録された白神山地は青森県と秋田県の県境に位置する。

問6　ア　越後山脈に源を発し，群馬，埼玉，茨城と千葉の県境を流れるのがCの利根川。かつては利根川の流れのかなりの部分が東京湾に流れ込んでいたが江戸時代初期に流れを変える工事が行われ今の流路になった。河口近くの銚子は水揚げ全国一の漁港。　イ　Jの筑後川は阿蘇の外輪山から流れ出し，九州北部を反時計回りに熊本県，大分県，福岡県，佐賀県，福岡県と流れ有明海へ注ぐ，九州一の河川。途中の久留米はかすりの木綿の織物有名。有明海の河口付近は古くから干拓が行われていた。　ウ　長野県，山梨県，埼玉県の県境のところにある甲武信ヶ岳から流れ出し，長野県，新潟県と抜けて日本海に注ぐのがBの信濃川。長野県内では千曲川という流れで，その流域ではリンゴの栽培が盛んである。新潟県に入ると信濃川になる。新潟県内では比較的平らな場所を流れていくので，水害の防止のために信濃川の水を途中で分けて，信濃川の河口よりもかなり西のところで海に注ぐようにしてあるもの。　エ　諏訪湖から南下し長野県，静岡県を経て太平洋に注ぐのがEの天竜川。諏訪湖の周りの諏訪市や岡谷市は電子工業が盛んな場所。天竜川は長野県南部の伊那盆地を抜けて静岡県に入り，静岡県の天竜川の流域は茶栽培が盛んな場所である。　オ　長野県から流れ出し，中山道と交わりながら岐阜，愛知，三重の4県を流れるFの木曽川は下流域ではすぐそばを流れる揖斐川や長良川などとともにたびたび水害を引き起こしてきたので，家屋や田畑を堤防で囲ってある輪中が，下流域である濃尾平野の辺りには見られる。流域の愛知県一宮市のあたりは毛織物産業が盛んな場所である。

問7　スギの木は針葉樹なので**あ**の記号が該当。**い**は竹林，**う**は広葉樹林，**え**は荒地。

やや難　問8　津波の際の避難場所としてA，B二つの建造物の図から，Aの利点を答える問題。図を丁寧に見ると，Aは小高い丘のようなもので，らせん状のスロープで頂上まで登るようになっている。それに対してBはやぐらのようなもので，高い柱の上に避難してきた人を収容する空間が設けられており，そこに登るための手段として階段が設置されている。この違いを踏まえてAの方が優れているととらえると，頂上まで登るのが階段だと足腰の弱い老人や車いす，ベビーカーなどでは登るのが難しいが，緩やかな斜面なら階段よりは楽に登れる。また，公園などに設置した場合に，Aなら普段は単なる丘のようなものとしてあれば，災害時の避難場所としての用途以外にも使えるが，Bのような施設だと見晴らし台ぐらいにはなるかもしれないが，あまり他の用途には使えないということが考えられる。

Ⅱ　(日本の歴史－「文字の記録」に関する問題)

1　6世紀から7世紀ごろの朝鮮半島の北部を支配していたのは高句麗。　2 「書物を数える単位」とあるので「冊」。　3 「日本最古の木造建築」とあるので法隆寺。　4　庶民の読書文化に関連し，人々の識字率を上げるのに貢献したものなので寺子屋。

重要　問1　**い**　紀元前2世紀頃だと，弥生時代の初期に該当。**あ**は4世紀末から5世紀末。**う**は縄文時代。**え**は紀元後1世紀の頃。

問2　奈良時代に農民が課されていた負担の中で，都に納めることになっていたものが庸としての布や調としての特産物で，これらの品物を納める際に，荷札として木簡が使われていたと考えられている。

問3 **あ** 鑑真に関連する寺院は唐招提寺。 **い** 伊勢参りなどがはやるのは江戸時代。 **え** 明治維新の際に，それまで神道と仏教とが混在していた状態を改め，仏教をともすると排除するような動きがみられた。

問4 1549年にザビエルが上陸したのは九州の鹿児島県。

問5 江戸時代，対馬の宗氏を介して李氏朝鮮と日本との間での国交は持たれ，日本の将軍の代替わりの際には朝鮮通信使が来日していた。

やや難 問6 イラクの場所は**お**。**あ**はエジプト，**い**はトルコ，**う**はシリア，**え**はサウジアラビア，**か**はイラン。

問7 **あ** 岩倉使節団には西郷隆盛は参加していない。 **い** 1872年に学制が定められたものの，当時の日本の実情には合わず国民の経済的な負担が大きかったので就学率はさほど上がらなかった。 **う** 1873年の地租改正によって，それまでは米を収める現物の租税であったのが地価の3%を現金で納める租税の形になったことで政府の税収は安定した。

問8 『学問ノススメ』の著者は福沢諭吉。1872年に出された。

Ⅲ （日本の歴史―昭和の歴史に関する問題）

重要 問1 元号は明治元年以後は天皇が替わるタイミングで替わっていることに注意。昭和は1926年から1989年まで。明治は1868年から1912年，大正は1912年から1926年，平成は1989年から2019年まで。

やや難 問2 (ア) 1910年代半ばということで，第一次世界大戦の頃とわかってほしい。第一次世界大戦はヨーロッパが中心の戦争で，アジアでは限定的な戦いしかなかったが，ヨーロッパが戦場になっているということで東南アジア地域にあったヨーロッパの国々の植民地ではヨーロッパからの物資の流入が途絶えていたので，そこに日本が輸出をするようになったことで日本の景気は非常に良くなった。また，物資を大量に輸出していたので，その物資を運ぶ船なども多く売れた。

(イ) 景気が良くなると物価も上昇するが賃金も上昇するのが一般的だが，賃金の上がり方と物価の上がり方とを比べて物価の上がり方の方が大きいと生活は苦しくなってしまう。

問3 明治時代に一世一元の制が定められたので，大体現在から150年ほど前。

問4 **あ** 第一回衆議院議員選挙の際の有権者資格は直接国税を15円以上納める25歳以上の男子だったので，年齢が違うから誤り。

問5 第一次石油危機(オイルショック)は同じ頃にあった第四次中東戦争の際に，イスラエルをアメリカが助けるのを妨害するためにアラブ諸国の中の産油国が参加しているOPEC石油輸出国機構が原油価格のつり上げや輸出削減を行ったことで起こったもの。

Ⅳ （政治―日本の国会，人権，外交などに関する問題）

① 1 衆議院に先議権があるのは予算の審議のみ。 2 現在の憲法の下では天皇には一切の政治的な権限はないので，天皇の国事行為に関しては内閣が助言と承認を与えるという形で，内閣にその責任がある。

② 3 憲法改正の際の国民投票は，国会で憲法改正の発議が行われた後に，それを認めるのか否かという形での国民が意思表示をするものになるので，国の在り方を最終的に決める権限としての主権を国民がもつという考え方をよく表しているものと見ることができる。 【A】 **い** 衆議院の総選挙はおおむね50%以上だが，参議院の選挙では下回っていることもある。直近では2019年の参議院選挙では50%を下回っている。

重要 ③ 【B】 消費税は現在の10%の段階で7.8%が国税で2.2%は地方税となっている。 【C】 **あ** 消費税は基本的に消費の際に商店などで支払うので税負担者の所得で税率を変えるのは無理であり，一律の税率になる。 **い** 消費税は最低限の消費活動は所得が低い人でも行うので，市所得に対する税負担は所得の低い人の方が重くなる。 **う** EUの加盟国の中では20%以上の税率の国も多い。ヨーロッパの国々は消費税率は高いが，その分，福祉面の保障も厚い。

④ 4 日本は1951年のサンフランシスコ平和条約と同時に国際連合への加盟を望んだが，当時のソ連の反対によって国連加盟はその段階ではなされなかった。その後，1956年にソ連との間で日ソ共同宣言で国交が回復した段階で，国連への加盟は達成された。 【D】ソ連，現在のロシアとの間の平和条約は，北方四島の問題が解決できていないのでいまだに結ばれていない。ロシア側は北方四島のうちの歯舞群島と色丹島の日本への返還については可能性をにおわせているが，日本側はあくまでも四島全部の返還を求めているので平行線の状態になっている。

やや難 ⑤ 経済特区は社会主義の中国の中で，当初は特例的に外国の企業が進出し事業を行うことを認めた場所。 【E】 **あ** 中国では黄河と長江の間あたりで大体畑作地帯と米作地帯とが分かれており，北は畑作，南は米作なのでその地域にみられる料理にもこの違いはあらわれている。

★ワンポイントアドバイス★

問題文，設問の選択肢など読む量が多いわりに試験時間が短いのでスピードが大事。空欄補充は前後を丁寧に読み込んで，知識をフルに活用し，一見無関係のようなものも関連づけて考えてみることも大事。

<国語解答>

一 問一 ア 千 イ 万

問二 ① 完結 ② 誤差 ③ 簡単 ④ おおうなばら ⑤ 領域

問三 (例) 世界最高峰であるエベレストの頂上を目指すということは，言いかえればエベレスト以外の山を認めない考え方である。しかし筆者は，登山とは旅と同じであり，自分の判断と成り行きが連動して次々と新しい場面に出会う自由なものであると考えているので，行き先が最終的にエベレストである必要はないということ。

問四 (例) GPSの登場によって，それまでとはくらべものにならないほど簡単に正確な位置情報を知ることができるようになったということを言いたいのではなく，旅や冒険をする理由そのものがなくなってしまったということを言おうとしている。

問五 (例) 登山や極地探検や外洋航海とは，人間が，過酷な自然の中で身体の五感をとぎすませ，自分の命がけの判断が正しいかどうかわからないという恐怖をたえず味わうことで，自己の存在を確認できることこそが，大きな魅力である。しかし，このときの筆者は，自分の位置を知る作業をGPSにすっかりまかせたせいで，恐怖からのがれて，肉体の苦しみはあっても，自己存在確認ができず，もの足りず，じれったかったということ。

二 問一 1 ア 2 オ 問二 さえずり 問三 (例) チャオミンはこれまで文字の形を真似て必死に覚えてきたが，ここではじめて，自分の手で意味のある文字を書くことができたと気がつき，これからは自分の思うことを思いどおりに×のだという喜びを感じている。

問四 (例) 愛しい人たちからの三朝書にこめられた，自分への愛情が深いということ。

問五 (例) チャオミンのお母さんにとって，文字にすることは歌うことと同じで，自分を表現することであり，そのようにして自分を見失いそうに不安なとき，辛いとき，苦しいときを乗り越えた経験があった。いまシューインが自分と同じように嫁ぎ先で孤独で不安な思いをしていること，これから困難なことがあるかもしれないことをよく理解していたチャオミンのお母さんは，自らを苦しみから解放する手段に文字や歌があることを伝えて励ましたかった。

○推定配点○

一　問一・問二　各5点×6(問一完答)　　他　各10点×3

二　問一・問二・問四　各4点×5　　他　各10点×2　　　計100点

<国語解説>

一　(論説文―四字熟語，漢字の読み書き，空欄補充，内容理解，要旨)

基本　問一　「千変万化」は，種々さまざまに変化すること。

問二　①　「自己完結」は，物事について，自分自身の中だけで納得したり決着したりしている様子。②　「誤差」は，真の値と近似値または測定値との差。　③　「簡単」は，てがるなこと，という意味。④　「海」の読みに注意。　⑤　「領域」は，ある力や作用・規定などが及ぶ範囲のこと。

やや難　問三　第三段落と第四段落で筆者は，「登山」と「スポーツ」が違うことについて述べ，第五段落で「その本質は旅だと思っている」と述べている。さらに第六段落で，「旅とは予定調和に終わらず，……よくいえば放浪，悪くいえば行き当たりばったりこそ，旅の本質だ」と述べ，「旅」においては「かなり純粋なかたちでの自由がそこには達成されている」と述べている。このことをふまえると，筆者は，「登山」とは「自由」なものであるから，必ずしもその最終目的が世界最高峰の「エベレスト」である必要はないと考えていると予想できる。

問四　直前に注目。「GPSを使うと，本来，旅において最も難しいはずの作業が最も簡単になるという逆転現象が発生する。それは(前よりも便利になった)という次元をはるかに超える，人間はなぜ冒険をするのかという本質を侵しかねない」とある。GPSの登場によって，旅や冒険をする理由そのものがなくなってしまうと，筆者は考えているのである。

重要　問五　――部Ⓑのある段落の三つ前の段落に「周囲の世界との関係の中で，身体的な五感をつうじて自己の存在を確立できること，つまり山からきわめて実体的な存在を与えられることに登山の最大の魅力はあ」るとあるが，その二つあとの段落に「ところがGPSを使うと，……いきなり百パーセントの正解が与えられるので，外との関係が薄くなり，自然から存在が与えられているという感覚も弱まってしまう」とある。この内容をふまえて解答をまとめる。

二　(小説―空欄補充，慣用句，心情理解，内容理解，主題)

問一　1　直前にあるように，ノートに書かれた「文字」を見たときのチャオミンの反応である。チャオミンはこの「文字」に魅力を感じている。　2　「目を丸くする」は，驚いて目を見張ること。

問二　鳥がしきりに鳴くことを「さえずり」という。

問三　文字の形を真似て覚えてきたチャオミンだったが，自分の書いた文字が「まぎれもなく意味を持った言葉だ」と気づいて，「書けた」と言い，「鼓動が騒ぎ始め，体の芯が熱くな」っている。初めて自分の手で意味のある文字を書けたことに喜びを感じているのである。

重要　問四　「三朝書」には，「生み育んでくれた母や，慈しみをかけてくれた叔母や兄嫁，そして長い付き合いだったユンエイ」らの言葉が書かれているということから考える。

やや難　問五　チャオミンの母は，自分が結婚したときの経験から，シューインのことを思いやって，この手紙を書いたと思われる。自分がつらかったときに，文字や歌によって乗り越えたことを，シューインに伝えようとしたのである。

★ワンポイントアドバイス★

字数の多い記述問題が中心である。文章も長いので，内容をしっかりおさえたうえで，自分の言葉で説明する力が求められる。読書を含め，ふだんからいろいろなジャンルの文章にふれることや，文章を要約する練習をしておくことが大切！

2019年度

★★★★★★★★★★★★★★★★★★★★★★★★

入　試　問　題

2019年度

桜蔭中学校入試問題

【算　数】（50分）　＜満点：100点＞

【注意】円周率を用いるときは，3.14としなさい。

I　次の □ にあてはまる数を答えなさい。ただし，(2) [イ] については曜日を答えなさい。

(1)　$\left(3\dfrac{5}{24}+0.225\right)\div 1\dfrac{11}{15}-1.25\times\dfrac{10}{13}=$ □

(2)　平成31年２月１日は金曜日です。元号が平成になってから，うるう年は [ア] 回あり，３回目のうるう年の２月29日は [イ] 曜日でした。ただし，次にうるう年になるのは2020年で，平成になってからうるう年は４年ごとにありました。

(3)　３人の中から１人の勝者が決まるゲームのトーナメントを考えます。ゲームは必ず３人で行います。このトーナメントに参加する子どもたちに１から順に番号をふります。番号の小さい順に３人ずつ組み，１回戦を行います。３人の組にならない子どもは２人以下とし，そのまま２回戦に進みます。２回戦以降も同じように組を作ってゲームを行います。例えば，１番から11番の参加者11人でトーナメントをするとき，図１のように１回戦はａ，ｂ，ｃの３回ゲームを行い，10番と11番の子どもはそのまま準決勝に進みます。そのあとｄ，ｅの２回ゲームを行うと優勝者が１人決まります。

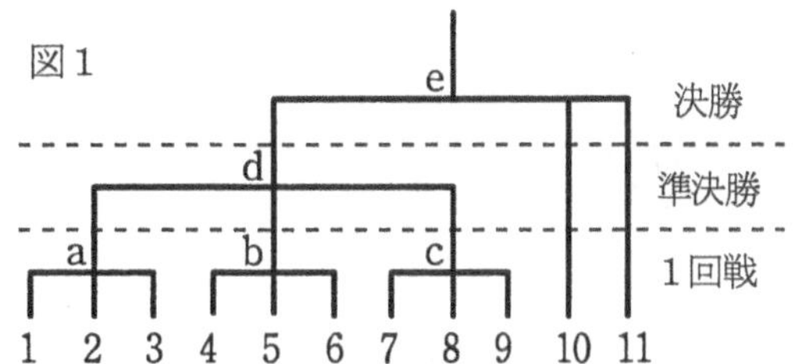

１番から81番の参加者81人で１回戦を図２のように行うと，優勝者が１人決まるまでに合計 [ア] 回ゲームが行われました。

１番から235番の参加者235人でトーナメントを行うと，優勝者が１人決まるまでに合計 [イ] 回ゲームが行われました。

優勝者が１人決まるまでに合計24回ゲームが行われたとき，トーナメントの決勝，準決勝は図３のようになりました。このときのトーナメントの参加者は [ウ] 人です。

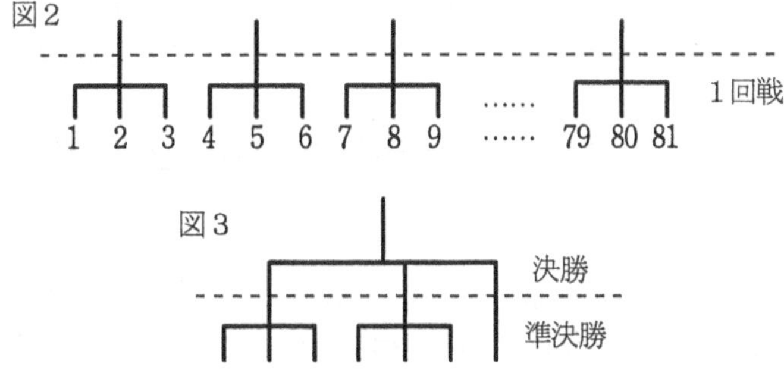

Ⅱ (1) 半径6㎝，中心角19°の扇形(おうぎがた)Aの紙と，半径3㎝，中心角19°の扇形Bの紙がたくさんあります。扇形の中心角とは，2本の半径がつくる角のことです。

① 扇形Aの紙だけを図1のようにはり合わせて円を作ります。このとき，最後にはる扇形の紙は，1枚目の扇形の紙にはり合わせます。ただし，のりしろ部分の扇形の中心角はどれも3°以上です。のりしろ部分の面積の合計がいちばん小さくなるようにはり合わせたとき，のりしろ部分の面積の合計を求めなさい。

② 扇形A，Bの紙を図2のように扇形Aと扇形Bが必ず交互になるように，平らにはり合わせます。このとき，最後にはる扇形の紙は，1枚目の扇形の紙にはり合わせます。ただし，のりしろ部分の扇形の中心角はどれも3°以上です。また，扇形の紙が3枚以上重なる部分はありません。のりしろ部分の面積の合計がいちばん小さくなるようにはり合わせたとき，できた図形の周の長さを求めなさい。

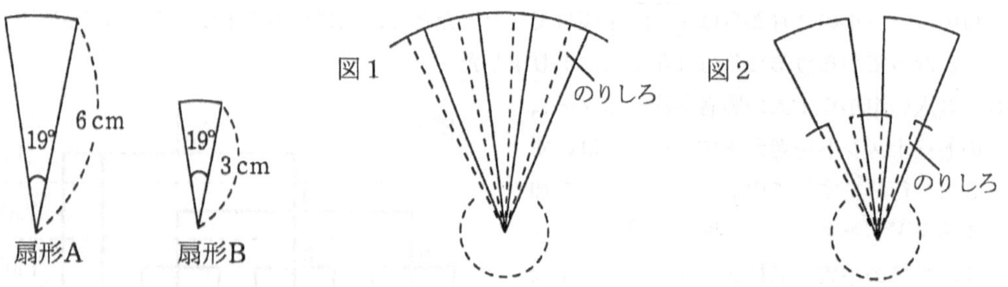

(2) 右の図で，直線xと直線yは点Oで垂直に交わっています。台形ABCDは辺BCが直線x上にあり，正方形EFGHは辺EFが直線y上にあります。はじめOCの長さは8㎝で，OEの長さは4㎝です。台形ABCDは直線xにそって矢印aの向きに秒速2㎝で動き，正方形EFGHは直線yにそって矢印bの向きに秒速1㎝で動きます。2つの図形は同時に動き始めます。

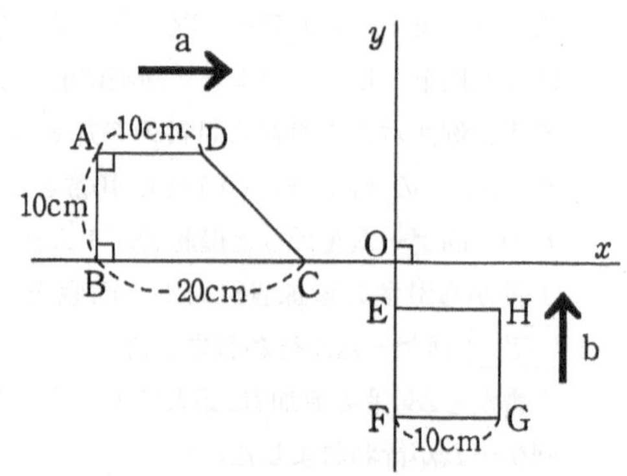

① 図形が動き始めて16秒後のとき，2つの図形が重なっている部分はどんな図形ですか。また，その図形の面積を求めなさい。

② 次の ☐ にあてはまる数を答えなさい。

2つの図形が重なっているのは，図形が動き始めて ア 秒後から イ 秒後までです。ただし，2つの図形が重なっているのは，点と点，辺と辺，点と辺がそれぞれ重なる場合も含めます。

また，2つの図形が重なっている部分が五角形になるのは ウ 秒後と エ 秒後の間です。

Ⅲ 空の大きな水そう①，②，③と，容器A，B，Cが1つずつあります。容器A，B，Cに入れることができる食塩水の重さは，合わせて600ｇです。3つの容器にそれぞれ食塩水をいっぱいになるまで入れてから，3つの容器に入れた食塩水をすべて1つの水そうに移す，という作業をします。

容器A，B，Cのすべてに濃度が10%の食塩水をいっぱいになるまで入れたあと，水そう①に移しました。

⑴　容器A，B，Cにそれぞれ濃度が15%，10%，10%の食塩水をいっぱいになるまで入れたあと，水そう②に移し，さらに水そう②に水を100g入れると，水そう①と水そう②の濃度は同じになりました。容器Aには何gの食塩水が入りますか。

⑵　容器A，B，Cにそれぞれ濃度が12%，7%，13%の食塩水をいっぱいになるまで入れたあと，水そう③に移したところ，水そう①と比べて水そう③に含まれる食塩の量は5.8g多くなりました。容器Bには何gの食塩水が入りますか。

Ⅳ　右の図のようなかわった時計があります。この時計には，7から17までの数字と目盛りが書いてあります。7と8，8と9，9と10，………，16と17の目盛りの間隔は，すべて等しいとします。午前7時を7時0分，午後1時を13時0分のように表すことにします。8時0分のとき，右の図のように時計の長針は7，短針は8を指します。長針と短針は右回りになめらかに動きます。

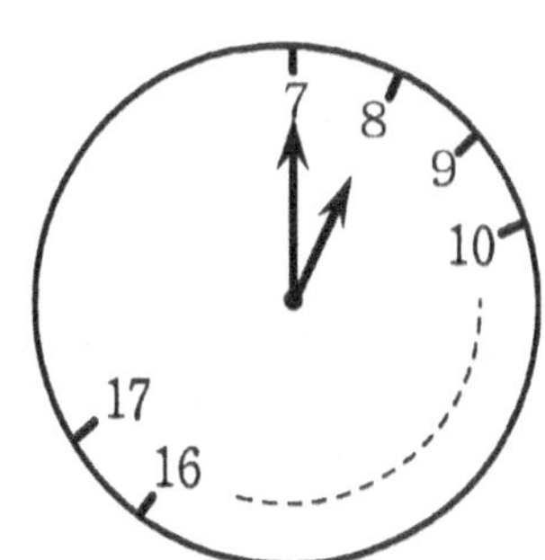

長針は次の①②の規則に従って動きます。

①　長針は7時0分から17時0分までは60分で1周します。
　　このとき，長針と短針はそれぞれ一定の速さで動きます。

②　長針は17時0分から翌日の7時0分までは168分で1周します。
　　このとき，長針と短針はそれぞれ一定の速さで動きます。

長針が1周する間に短針が回転する角度は，①のときも②のときも同じで，短針は24時間で1周します。ただし，普通の時計と同じように1時間は60分です。

⑴　次の □ にあてはまる数を答えなさい。
　長針が1周する間に短針が回転する角度は［ア］°です。
　時刻が12時45分のときの長針と短針のつくる角の大きさは［イ］°です。
　ただし，長針と短針のつくる角の大きさは0°以上180°以下とします。

⑵　10時0分から11時0分までの1時間で，長針と短針のつくる角の大きさが60°になる時刻は何時何分ですか。すべて求めなさい。解答用紙の答のらんは全部使うとは限りません。

⑶　17時0分から翌日の7時0分の間で，長針と短針が重なる時刻は何時何分ですか。すべて求めなさい。解答用紙の答のらんは全部使うとは限りません。

【理　科】（30分）　＜満点：60点＞

I　**実験１～３**について，文章を読み，問いに答えなさい。

実験１　図のように，砂糖をティーバッグの中に入れ，割りばしではさんで水中につるしておくと，モヤモヤしたものが見られた。およそ15分後，モヤモヤしたものが見られなくなったので，ティーバッグを静かに取り出した。

ティーバッグ
割りばし
砂糖
水

問１　モヤモヤしたものが横からどのように見えるかを説明した文として正しいものをつぎの**ア～エ**から１つ選び，記号で答えなさい。

ア．砂糖の近くから上にのぼっていくように見える。

イ．砂糖の近くから下に落ちていくように見える。

ウ．砂糖の近くから上下左右に広がっていくように見える。

エ．砂糖の近くだけに見え，広がっていかない。

問２　ティーバッグを静かに取り出した直後の液体について説明した文として正しいものをつぎの**ア～カ**から２つ選び，記号で答えなさい。

ア．水面の近くよりも底に近い方が濃い砂糖水である。

イ．水面の近くよりも底に近い方がうすい砂糖水である。

ウ．容器内のどこも同じ濃さの砂糖水である。

エ．砂糖のつぶは小さくなって水中に散らばっている。

オ．水に溶けると砂糖の一部が砂糖とは異なるものに変化して，水中に散らばっている。

カ．この液体を加熱すると，砂糖の一部は水とともに蒸発する。

実験２　水，１％砂糖水，５％砂糖水の３つの液体を用意した。このうち１つをビーカーに50ｇとり，液体Ａとする。もう１つをスポイトに５ｇとり，液体Ｂとする。液体Ａに液体Ｂを１滴ずつ入れていったときに，モヤモヤしたものが見られるかどうかを観察した。組み合わせを変えて，９通りの実験をした結果が下の表である。

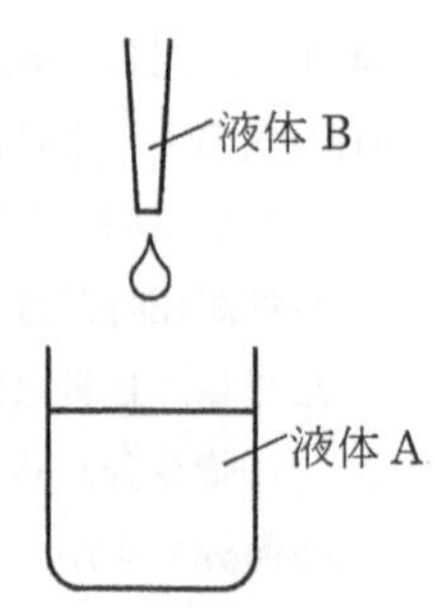

液体Ａ ＼ 液体Ｂ	水	1%砂糖水	5%砂糖水
水	見られない	見られる	見られる
1%砂糖水	見られる	見られない	①
5%砂糖水	見られる	見られる	②

問３　表の①，②はそれぞれ，見られる，見られない，のどちらですか。

問４　**実験２**を行うために，少なくとも何ｇの砂糖と水が必要ですか。それぞれ答えなさい。

問５　実験結果を説明した文として正しいものをつぎの**ア～オ**から１つ選び，記号で答えなさい。

ア．液体Ａが砂糖水の場合のみ，モヤモヤしたものが見られる。

イ．液体Ｂが水の場合は，モヤモヤしたものが見られない。

ウ．砂糖水どうしを混ぜると必ずモヤモヤしたものが見られる。

エ．同じ濃さの砂糖水を混ぜたときにモヤモヤしたものが見られることもある。

オ．異なる濃さの砂糖水を混ぜると必ずモヤモヤしたものが見られる。

問６　実験結果が同じ「見られる」でも，よく観察するとモヤモヤしたものが液体の上の方に見られる場合と，液体の下の方に見られる場合の２通りがありました。つぎの表の**あ**～**け**のうち，モヤモヤしたものが上の方に見られるのはどの組み合わせですか。すべて選び，記号で答えなさい。

液体A ＼ 液体B	水	1%砂糖水	5%砂糖水
水	あ	い	う
1%砂糖水	え	お	か
5%砂糖水	き	く	け

実験３

(1)　冷水に少量のかたくり粉（デンプン）を入れ，よくかき混ぜた。これをろ過し，得られたろ液にヨウ素液を加えた。

(2)　熱湯に少量のかたくり粉（デンプン）を入れ，よくかき混ぜた。これをろ過し，得られたろ液にヨウ素液を加えた。

問７　つぎのものの他に，ろ過をするのに必要な器具が１つあります。それは何ですか。

ろ紙　　ろうと　　保護メガネ　　ろうと台　　ビーカー

問８　(1)について，①ろ過した直後のろ液，②ヨウ素液を加えた後のろ液の様子をつぎの**ア**～**カ**からそれぞれ選び，記号で答えなさい。

ア．青むらさき色のにごった液体

イ．青むらさき色の透明（とうめい）な液体

ウ．無色透明な液体

エ．白色のにごった液体

オ．かっ色のにごった液体

カ．かっ色の透明な液体

問９　(2)では，白色の半透明なろ液が得られ，ヨウ素液を加えると青むらさき色になりました。熱湯中のデンプンは冷水中と異なり，どのような状態になっていますか。「つぶ」と「ろ紙」という言葉を必ず使って20～30字で答えなさい。

Ⅱ　実験１，２について，文章を読み，問いに答えなさい。

実験１　電熱線に電源装置をつなぐと，電熱線に電流を流そうとするはたらきが加わり，その結果，電流が流れる。この電流を流そうとするはたらきを電圧と呼び，Ｖ（ボルト）という単位をつけた値で表す。

同じ長さで太さの異なる２つの電熱線**Ａ**，**Ｂ**をそれぞれ200mLの水に入れた。それぞれの電熱線に電源装置をつないで10分間電流を流し，水の温まり方を調べた。次のページの表は，用いた電熱線と，電圧，電流，水の温度変化をまとめたものである。

電熱線	A			B		
電圧（V）	6	12	18	6	9	12
電流（A）	0.5	1	1.5	1	1.5	2
温度変化（°C）	2	8	18	4	9	16

問1　実験結果について述べたつぎの文章の空らん①～⑥にあてはまる語句を，それぞれ（**ア**．大き，　**イ**．小さ）から選び，記号で答えなさい。

電熱線A，Bのどちらにも同じ大きさの電流が流れているとき，Aに加わる電圧の方が［①］く，Aの方が水の温度変化は［②］い。このことから，電熱線を流れる電流が同じであれば電圧が大きいほど水の温度変化が［③］くなることがわかる。また，電熱線A，Bのどちらにも同じ大きさの電圧が加わっているとき，Aに流れる電流の方が［④］く，Aの方が水の温度変化は［⑤］い。このことから，電熱線に加わる電圧が同じであれば電流が大きいほど水の温度変化が［⑥］くなることがわかる。

問2　右の図のように，電熱線A，Bを直列につなぎ，それぞれ200mLの水に入れ，電源装置をつないで2Aの電流を10分間流し，水の温まり方を調べました。直列につないだ電熱線には，どちらにも同じ電流が流れますが，加わる電圧が異なります。どちらの電熱線で温めた水の方が温度変化が大きくなりますか。AまたはBの記号で答えなさい。

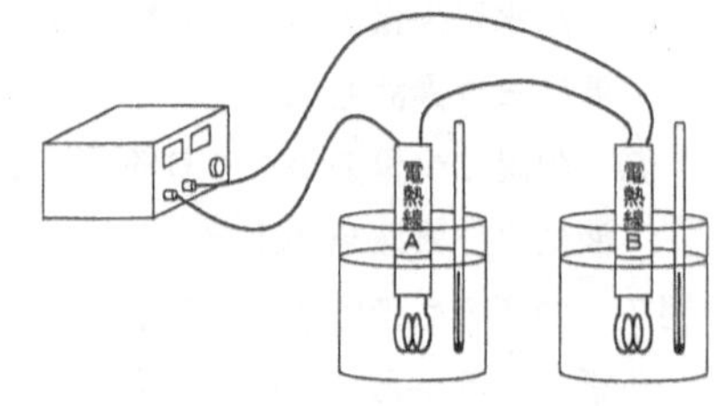

問3　右の図のように，電熱線A，Bを並列につなぎ，それぞれ200mLの水に入れ，電源装置をつないで9Vの電圧を10分間加え，水の温まり方を調べました。並列につないだ電熱線には，どちらにも同じ電圧が加わりますが，流れる電流が異なります。どちらの電熱線で温めた水の方が温度変化が大きくなりますか。AまたはBの記号で答えなさい。

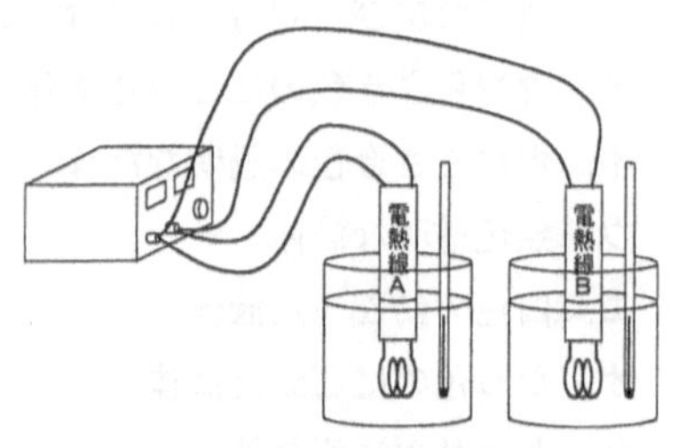

問4　電熱線A，Bはどちらの方が太いと考えられますか。AまたはBの記号で答えなさい。

実験2　モーターは，電流を流すと軸（じく）が回転するが，逆に，軸を回転させることにより発電機としてはたらき，電流を取り出すことができる。

右の図のように，豆電球と電流計をモーターの端子（たんし）につなぎ，モーターの軸に糸のはしをとめて巻き付ける。糸のもう一方のはしにおもりをつけ，100cmの高さから地面まで落とすことでモーターの軸（じく）を回転させた。モーターの軸の直径は1cmである。おもりの重さを変え，おもりが100cm落ちるのにかかる時間と，豆電球に流れる電流を調べた結果が次のページの表である。

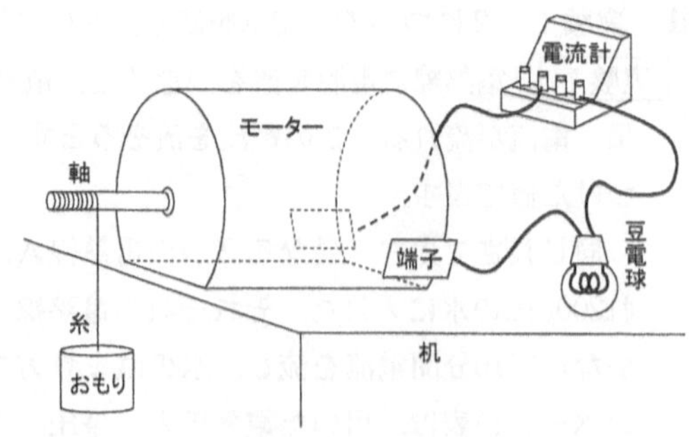

おもりの重さ（g）	600	900
時間（秒）	18	8
電流（A）	a	b

問5　**実験2**の装置は回転運動を電気に変えるしくみをもっています。このしくみを**もたないもの**をつぎの**ア～カ**からすべて選び，記号で答えなさい。

ア．太陽光発電　　**イ**．風力発電　　**ウ**．火力発電　　**エ**．原子力発電　　**オ**．水力発電

カ．燃料電池

問6　表の**a**と**b**ではどちらの値が大きいと考えられますか。**a**または**b**の記号で答えなさい。

問7　おもりは始めから終わりまで一定の速さで落ちたものとします。900gのおもりを用いた実験では，モーターの軸が1回転するのに何秒かかりましたか。円周率を3.14として計算し，四捨五入して小数第2位まで求めなさい。

問8　600gのおもりを用い，モーターの端子につなぐものを以下の**ア～エ**のようにして実験をしました。おもりが100cm落ちるのにかかる時間を比べるとどのようになりますか。かかる時間の短い順に**ア～エ**の記号を並べなさい。

ア．豆電球を1つつないだ場合

イ．発光ダイオードを1つ，光る向きにつないだ場合

ウ．発光ダイオードを1つ，光らない向きにつないだ場合

エ．1本の導線で2つの端子をつないだ場合

Ⅲ　図はヒトを正面から見たときの体内の血液の流れを表したもので，細い線は血管を示しています。心臓は4つの部屋からなり，図の ⌝ ⌜ は血液が逆流しないようにするための弁を表しています。また，心臓に血液がもどってくる部屋を心房(しんぼう)，心臓から血液を送り出す部屋を心室といいます。

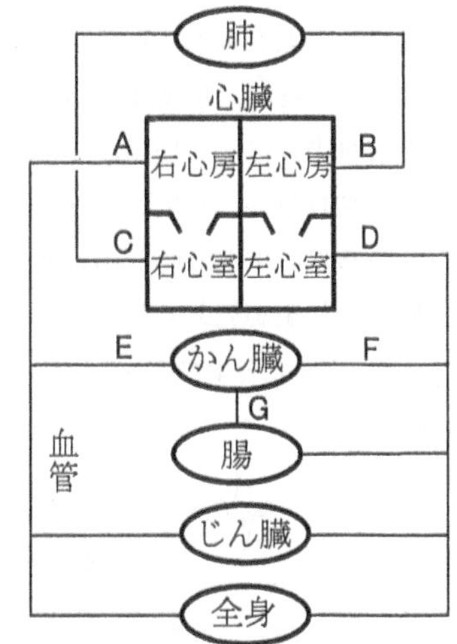

問1　酸素の多い血液を動脈血，酸素の少ない血液を静脈血といいます。心臓につながる4つの血管**A～D**のうち，動脈血が流れている血管をすべて選び，記号で答えなさい。

問2　ヒトの心臓の4つの部屋のうち，一番壁(かべ)が厚くて丈夫(じょうぶ)な部屋の名前を答えなさい。

問3　魚類と両生類の心臓について述べたつぎの文章の空らんにあてはまる語句をそれぞれ選び，記号で答えなさい。

フナなどの魚類は心室と心房を1つずつ持ちます。心室から送り出された血液はエラを通ると勢いが①（**ア**．強く，　**イ**．弱く）なり，そのまま全身をめぐります。

また，カエルなどの両生類は1つの心室と2つの心房を持ちます。全身からもどった血液と肺からもどった血液が心室で混ざり，心室から送り出される血液は肺からもどった血液と比べて酸素の割合が②（**ア**．大きく，　**イ**．小さく）なります。

問4　体重50kgのヒトでは体重の7％が血液であり，左心室は60秒間に4Lの血液を送り出してい

るとします。左心室から出た血液は何秒後に左心室にもどると考えられますか。ただし，血液は1mLあたり1gとします。

問5　左心室が送り出した血液の25%はじん臓に流れこみます。流れこんだ血液の10%が尿（にょう）のもと（原尿（げんにょう））になります。**問4**のヒトのじん臓では1時間に何Lの原尿が作られるか求めなさい。

問6　**問5**で作られた原尿をすべて排出（はいしゅつ）すると，体から水分が失われてしまうので，じん臓で作られた原尿の水分の大部分はじん臓の他の場所で吸収されます。ヒトが一日に排出する尿の量を1.5Lとすると，原尿の何%が尿になると考えられますか。四捨五入して小数第2位まで求めなさい。ただし，原尿は1mLあたり1gとします。

問7　つぎの文①～④はかん臓の役割について述べたものです。それぞれの役割から考えて，（　　）内の特ちょうをもつ血液が流れている血管を前のページの図中の**E**～**G**から選び，記号で答えなさい。なければ「なし」と答えなさい。同じ記号を何回選んでもよい。

① 食べ物を消化したときにできた養分の一部をたくわえる。（養分が多い）

② 食べ物の消化を助ける胆汁（たんじゅう）をつくる。（胆汁をふくむ）

③ 血液中の有害物質を分解する。（有害物質が少ない）

④ 血液中の糖分が少なくなると，かん臓にたくわえられている物質から糖分が作られ，血液に供給される。（糖分が多い）

Ⅳ　文章を読み，問いに答えなさい。ただし，**昼間にも星を見ることができる**とします。

図1は太陽，地球，星座をつくる星の位置を表したものです。地球は太陽の周りを1年かけて1周しますが，太陽や星の位置は1年を通して変わりません。

星占（うらな）いで用いられる星座は黄道十二星座といわれ，特定の時期に太陽の近くに見えます。ある星占い※では，12月の中ごろ～1月の中ごろ（以後1月とする）生まれの人の星座はいて座で，太陽はそのころに，いて座の近くに見えます。また，1月の中ごろ～2月の中ごろ（以後2月とする）生まれの人はやぎ座で，太陽はやぎ座の近くに見えます。このように，12星座それぞれに1か月ずつが割り当てられています。

ある日の午前0時ごろに夜空を見ると，**図2**のように，いて座は真南の方角に見え，近くにやぎ座，わし座が見えました。

※一般（いっぱん）的に日本で用いられている星占いとは異なります。

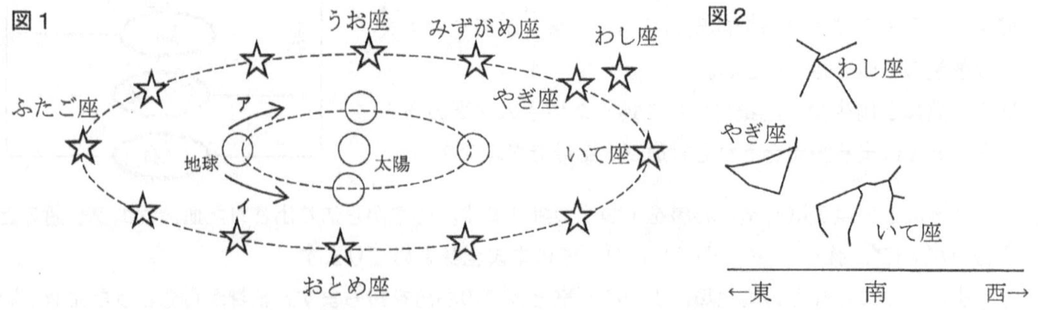

問1　地球が太陽の周りを回る向きは**図1**の**ア**，**イ**のどちらですか。

問2　いて座が午前0時ごろに真南に見える日があるのは何月と考えられますか。あとの**ア**～**エ**から選び，記号で答えなさい。

ア．１月　　**イ**．４月　　**ウ**．７月　　**エ**．10月

問３　**問２**の日にやぎ座が真南に見えるのは何時ごろですか。つぎの**ア**～**エ**から選び，記号で答えなさい。

ア．午後８時　**イ**．午後10時　**ウ**．午前２時　**エ**．午前４時

問４　ふたご座は１月には何時ごろ南の空に見えますか。つぎの**ア**～**エ**から選び，記号で答えなさい。

ア．午前６時　**イ**．正午　**ウ**．午後６時　**エ**．午前０時

問５　おとめ座は何月に太陽の近くに見えると考えられますか。つぎの**ア**～**エ**から選び，記号で答えなさい。

ア．１月　　**イ**．４月　　**ウ**．７月　　**エ**．10月

問６　うお座にはある時期に太陽のすぐ近くに見える星があります。この星が真南に見えたときの高さにもっとも近いものをつぎの**ア**～**オ**から選び，記号で答えなさい。

ア．夏至の日に太陽が真南に見えたときの高さ

イ．秋分の日に太陽が真南に見えたときの高さ

ウ．真上

エ．冬至の日に太陽が真南に見えたときの高さ

オ．北極星の高さ

問７　わし座のアルタイルとともに夏の大三角を作る星をふくむ星座を２つ答えなさい。

【社　会】（30分）　＜満点：60点＞

Ⅰ　次の【a】【b】【c】の文を読んで，各問いに答えなさい。

【a】　私たちの生活は，交通の発達と結びついて発展してきました。日本では，いつごろから交通路が発達してきたのでしょうか。

青森県青森市にある①三内丸山遺跡からは，新潟産のヒスイや北海道産の黒曜石などが発見されています。また②吉野ヶ里遺跡からは，中国や沖縄をはじめ各地と交易していたことを示す出土品が発見されています。人々の集まる所で交易が行われると，交易の場をつなぐように交通路がつくられていきました。川や海を行きかう航路が開かれ，陸路が整備されました。

3世紀に書かれた中国の書には，日本の③邪馬台国では，交易の場として市が存在し，草むらと区別された道がつくられていた様子が記されています。

各地で豪族が力を持った④古墳時代には，流通の範囲も飛躍的に拡大し，大和政権が支配を広げていきました。⑤大和政権は地方勢力を徐々に従え，大陸の制度や文化を採り入れながら，天皇中心の国づくりを進めました。

中国の都にならって平城京がつくられると，都と地方を結ぶ道が全国に広げられ，日本各地から特産物が都に集められました。主要な道には果樹が植えられ，食べることもできたということです。平城京の⑥街路樹が通行する人々にいやしを与えていたことが⑦万葉集の中にうたわれています。一方，海賊や遭難の危険にもかかわらず，⑧日本と大陸との交流はいっそうさかんになりました。正倉院には⑨ペルシア文化の影響を受けたガラスの器や水差しなども納められています。

都が平安京に移され，遣唐使の派遣が停止されると，中国の文化をもとにした日本風の文化が発達しました。

やがて鎌倉に幕府が開かれ，武士政権が支配を広げる中で，幕府は守護や地頭に命じて交通路の整備・管理を進めました。各地と鎌倉を結ぶ「鎌倉街道」がつくられ，重大な出来事が起これば，⑩御家人は「いざ鎌倉」と鎌倉にかけつけ，幕府のために働きました。

問1　下線部①～④について書かれた次の あ～え の文から，正しいものを1つ選び，記号で答えなさい。

あ　三内丸山遺跡は約5500年前から約1500年間続いた縄文時代の遺跡で，人々はタイやブリなどの魚や貝，野山の動物，山菜，木の実などを手に入れるとともに，コメやクリ，クルミを栽培していた。

い　吉野ヶ里遺跡は佐賀県にある約2000年前の弥生時代の遺跡で，物見やぐらやムラを囲む深い堀と木のさくの跡，人骨に刺さった矢じりなどが見つかっており，ムラ同士の争いがあった様子が伝わる。

う　中国の書によると，邪馬台国の女王卑弥呼は，30ほどの国を従え，中国皇帝から同じ皇帝の称号を与えられ，さらに金印や銅の鏡などを授かったとされる。

え　奈良県にある高松塚古墳から出土した精巧につくられた金銅製のくつや，藤ノ木古墳の壁に描かれた極彩色の女性の絵は，大陸文化との深いつながりを感じさせる。

問2　下線部⑤について，5世紀後半に大和政権の大王だった「ワカタケル大王」と読める漢字が記された刀剣が出土した古墳の場所を，次のページの地図Ⓐの ㋐～㋕ から2つ選び，記号で答えなさい。

問３　下線部⑥について，現在では街路樹は環境問題の改善にも役立っています。たとえば，日差しをさえぎり周囲の気温上昇を抑えることで，「郊外に比べ都市部ほど気温が高くなる現象」をやわらげます。この現象を指す語句を次の あ～え から１つ選び，記号で答えなさい。

あ　地球温暖化　　い　光化学スモッグ　　う　フェーン　　え　ヒートアイランド

問４　下線部⑦の書には，次の歌（今の言葉づかいに直してある）も収められています。これらの歌は当時のどのような人の気持ちをよんだものですか。下の あ～え から１つ選び，記号で答えなさい。

「着物の裾にとりついて泣く子をおいてきてしまった
　母もいないのに今ごろどうしているのだろうか」
「今日からは後ろなど振り返ったりすることなく，
　つたないながらも，大君の楯となって出立してゆくのだ」

あ　都を離れ任地に向かう役人

い　中国に行く留学生

う　税を逃れるために，家を離れる農民

え　北九州の防備につく兵士

問５　下線部⑧について，５世紀頃から奈良時代までの大陸との交流に関して，次の あ～え の文を時代の古い順に並べたとき，３番目に古いものの記号を答えなさい。

あ　苦しい航海の末に日本にたどり着いた鑑真は，守らなければならない仏教のきまりを日本に伝えた。

い　小野妹子らは中国に渡り，中国と対等な関係を結ぼうとする日本の意思を伝えた。

う　中国から帰国した留学生や留学僧らが活躍し，すべての土地と人民を天皇が治める仕組みにするための改革が始められた。

え　「私の祖先は，東は55国，西は66国，さらに海を渡って95国を平定した」という内容の手紙が中国に送られた。

問６　下線部⑨のペルシア文化が栄えた現在のイランの位置を，次のページの地図Ⓑの ㋐～㋔ から１つ選び，記号で答えなさい。

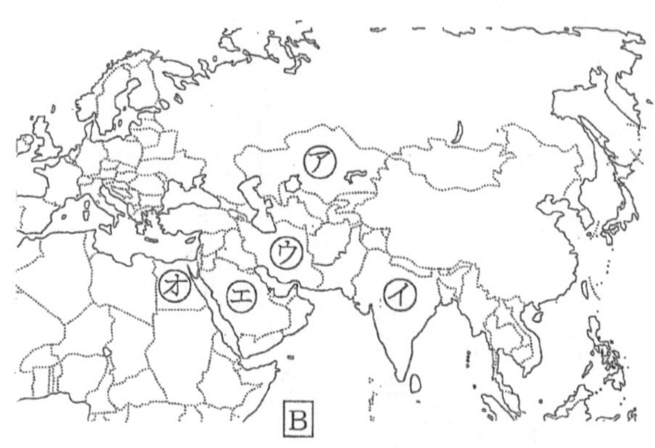

問７　下線部⑩のような御家人の働きを何といいますか。漢字２字で答えなさい。

【b】　室町時代には，専門の輸送業者が活躍し，交通量がさらに増えました。守護大名や貴族，寺社は関銭などの通行税を徴収しようと，自領内に多くの関所を設置し，交通の要所である⑪琵琶湖や淀川沿いには数百の関所が置かれたといいます。応仁の乱後は，戦乱のために主要交通路はしばしば分断されましたが，戦国大名は，領国内の交通路の整備に力をそそぎました。⑫また外国との関わりも，室町時代以降いちだんと進みました。

江戸時代になると関所は幕府の管理下に置かれ，⑬関所は室町時代とは違う役割を担うことになりました。また江戸を中心とした東海道，中山道，甲州街道，日光街道，奥州街道の⑭五街道や，各地を結ぶ船の航路が整備され，交通網が全国に張りめぐらされました。五街道には旅人の宿泊や荷物の運搬のために宿場が置かれ，宿場には一定数の人や馬がつねに用意され，不足すると，近隣の農村からも人馬を提供する体制がとられました。また⑮徳川家光が支配を強化するために整備した制度は，街道や宿場の発展に貢献し，地方と江戸をつなぐ文化の交流も進みました。

江戸は発展し，人口が増えました。人口密度が高く，木造家屋が密集していた⑯江戸はたびたび大火に見舞われました。そのため，道幅を広げたり，広小路や火除地を設けて，延焼を防ごうとしました。

産業が発達し，流通が活発になると⑰宿場をめぐって問題も起きました。

江戸の消費を支えるために，江戸周辺部からの物資では供給が間に合わなかったので，⑱江戸に向けて大量の物資が大阪から運ばれました。また，旅に出るためのさまざまな環境が整うと，⑲庶民の旅ブームも起こりました。江戸時代には⑳外国との交易を制限する鎖国状態が続きましたが，幕末に通商が拡大し，㉑明治になるとさらに貿易量は増加しました。

問８　下線部⑪について，日本の湖について述べた次の あ～え から琵琶湖にあてはまるものを１つ選び，記号で答えなさい。

あ　湖の南岸に県庁所在地があり，鮒寿司は県の郷土料理として有名である。

い　日本最大のカルデラ湖で，冬には結氷する。白鳥の飛来地としても知られる。

う　水深は深い所で12メートル程度と浅く，湖岸沿いの低地ではレンコンの栽培がさかんである。

え　海水と淡水が混じる湖で，ホタテガイやカキの養殖がさかんである。

問９　下線部⑫について書かれた次の あ～え の文から，正しいものを１つ選び，記号で答えなさい。

あ　北山に金閣を建てた足利義政は中国（明）との国交を開き，勘合貿易を始めて幕府に大きな利益をもたらした。

い　南蛮貿易が長崎や平戸などの港を中心に行われ，生糸や鉄砲などがもたらされた。貿易とともに伝えられたキリスト教を織田信長は保護した。

う　現在の鳥取県にあった石見銀山で産出された銀は大量に輸出され，ヨーロッパとアジアの経済に大きな影響を与えた。

え　２度にわたる朝鮮出兵の際に，多くの焼き物の技術者が日本に連れてこられ，現在の佐賀県の特産品である有田焼や岡山県の萩焼などの生産が開始された。

問10　下線部⑬について，江戸時代の関所の役割を答えなさい（文章で答えること）。

問11　下線部⑭について，次の あ～え のうち，街道とそれぞれが通過する場所の組み合わせとして正しいものを１つ選び，記号で答えなさい。

あ　東海道：鈴鹿山脈　大井川　箱根　　い　中山道：木曽山脈　高梁川　関ヶ原

う　甲州街道：諏訪湖　多摩川　品川　　え　日光街道：関東山地　隅田川　宇都宮

問12　下線部⑮の制度は何と呼ばれますか。漢字で答えなさい。

問13　下線部⑯について，明暦の大火（1657年）をはじめとする江戸の大火は冬から春に集中して起こっています。江戸でこの時期に火災が発生すると延焼・類焼が起こりやすい理由を，自然の条件に注目して30字以内で答えなさい。

問14　下線部⑰について，18世紀後半には，中山道沿いの宿場をつなぐように，宿場周辺の農村の人々が20万人も参加する大きな一揆が発生しています。その理由を，本文【b】を参考に30字以内で答えなさい。

問15　下線部⑱について，大阪から江戸への大量な物資の輸送を主に担った交通手段を，本文【b】の中にある語句で答えなさい。

問16　下線部⑲について，江戸から京都までの宿場風景や江戸の名所風景を描いて庶民の旅への関心をかき立てた浮世絵師を次の あ～え から１つ選び，記号で答えなさい。

あ　歌川広重　　い　喜多川歌麿　　う　鈴木春信　　え　東洲斎写楽

問17　下線部⑳に関連して，江戸時代の外国との関係について，内容に誤りがある文を次の あ～え から１つ選び，記号で答えなさい。

あ　徳川家康は日本船の海外渡航に際して朱印状を与えるなど積極的に貿易を進めたため，ルソンやカンボジア，シャムなどには日本町がつくられた。

い　徳川家光はポルトガル船の来航を禁じた後，オランダ商館を出島に移し，オランダとの交易を認めた。

う　幕府は，オランダ商館長が毎年のように提出していたオランダ風説書により，外国の情報を得ていた。

え　江戸時代には，ペリーが来航するまで，オランダと琉球以外に正式な国交を結んだ国はなかった。

問18　下線部㉑について，1890年には輸入品の第１位を占め，1910年になると生糸に次ぐ輸出品となるものを次の あ～お から１つ選び，記号で答えなさい。

あ　茶　　い　石炭　　う　綿糸　　え　コメ　　お　鉄鋼

【c】 明治時代以降は近代化が急速に進められ，鉄道は文明開化の象徴的存在となり，蒸気船とともに，富国強兵にも欠かせないものとなりました。2012年に東京駅丸の内駅舎が復元され，現在の私たちは㉒1914年に建築された当時の美しい姿を見ることができます。堂々とした洋風建築に，当時の人々の鉄道への期待が感じられます。

関東大震災後には，自動車の数が増え，乗り合いバスやトラックなどによる輸送もさかんになり，それまでの交通手段を圧倒していきました。このころになると定期航空路も開設されました。ドイツのアウトバーンをモデルに自動車道路も計画されましたが，㉓満州事変以降の戦争の混乱の中で実現しませんでした。

第二次世界大戦後，日本に来た外国人は日本の道路事情の悪さに驚いたそうですが，道路の復旧や改良は急速に進められました。1964年10月の東京オリンピック開催に向けて，高速道路や新幹線の建設，羽田空港と東京モノレールの整備，主要道路の建設と㉔舗装が実施されます。トラック，バス，乗用車など㉕自動車保有台数は急増しました。高速で大量に人やものを輸送することが可能になると，国内の経済活動は活発化し，外国との貿易や交流も拡大しました。㉖港湾や空港の整備がさらに進みました。

㉗昨年は，自然災害のために，しばしば交通が混乱しました。交通が社会に与える影響の大きさを改めて実感する機会となりました。交通網の充実が現在の経済の発展や快適な生活を支えているといっても過言ではありません。現在，㉘持続可能な社会を実現する新しい交通手段や交通の仕組みが求められています。私たちをとりかこむ物流，通信システムは大きな変革期を迎えています。

問19　下線部㉒について，1914年の状況として内容に誤りがある文を次の あ～え から１つ選び，記号で答えなさい。

あ　小村寿太郎による交渉の結果，日本は1911年に輸入品に自由に関税をかける権利を回復したため，このころには日本は貿易の上で，欧米諸国と対等な立場に立っていた。

い　日本は韓国を支配しており，さらに大陸での勢力を拡大するために，ドイツに宣戦布告を行い，第一次世界大戦に参戦した。

う　第一次世界大戦が始まると，欧米やアジアへの輸出が増えて，景気が上向いていった。

え　このころ，25歳以上のすべての男性には選挙権が認められており，女性の選挙権を求める運動が平塚らいてうなどにより行われていた。

問20　下線部㉓について，この時期に起きた あ～お の出来事を時代の古い順に並べたとき，３番目に古いものの記号を答えなさい。

あ　日本が国際連盟を脱退する。

い　軍人がクーデターを計画し首相を殺害する。

う　日中戦争が始まる。

え　太平洋戦争が始まる。

お　日本・ドイツ・イタリアが同盟を結ぶ。

問21　下線部㉔について，次の文中の空欄にあてはまる語句を答えなさい。

都市では，地表のほとんどが建物や（　X　）舗装の道路などで覆われたため，雨水が地中にしみこみにくくなり，いっきに（　Y　）道や中小河川に流れ込むようになりました。(Y) 道や河川が流せる量を越えると，水があふれて道路や低地が冠水・浸水してしまいます。(Y) が逆流し，マンホールからあふれ出すこともあります。このような水害を都市型水害と呼びます。

問22　下線部㉕について，日本，大韓民国，中華人民共和国，アメリカ合衆国，フランスの５カ国について，乗用車保有状況を調べ，次の表にまとめました。大韓民国にあてはまるものを表中のあ～え の中から１つ選び，記号で答えなさい。

各国の乗用車保有状況

	1㎢あたりの乗用車台数	乗用車1台あたりの人口	
		2000年	2015年
日本	161.4	2.4	2.1
あ	12.8	2.1	2.5
い	49.9	2.1	2.1
う	14.1	218.6	10.3
え	165.1	5.9	3.1

データブックオブザワールド2018

問23　下線部㉖について，次の A～J にあてはまる港湾や空港の位置を次のページの地図Ⓒの㋐～㋞ から１つずつ選び，記号で答えなさい。

A　北前船の寄港地として栄え，日米修好通商条約で開港した。現在はコンテナ化が進み，雪が降ると自動的に地下水や海水が散水される融雪ヤードが整備されている。

B　江戸時代には，ヨーロッパの知識を吸収する窓口としての役割を果たしていた。2018年に世界遺産に登録された潜伏キリシタンの集落がある離島地域に向かう高速船のターミナルがある。

C　港とその周辺海域は夏に霧が発生しやすい。東には酪農地帯が広がり，アメリカや中国からトウモロコシや大豆などが輸入される。生乳はミルクタンク車ごと船に乗せられて移出される。

D　日本の近代化を支えた港湾である。1901年に操業を開始した製鉄所が位置する地区の海域は，「死の海」といわれるほど汚染がひどかったが，現在，水質は大幅に改善された。

E　1908年に鉄道連絡船が就航して港の重要性が高まったが，海底トンネルの開通で1988年に連絡船は廃止となった。

F　米代川の河口に位置する港で，古くからコメやスギの積出港として栄えた。米代川流域では，スギを使った桶樽や曲げわっぱが生産されている。

G　埋め立て地につくられ1994年に開港した貿易港である。2016年の主な輸出品は，集積回路や半導体などである。貨物便の多くがアジアの都市と結ばれている。

H　2016年の輸出額が日本第１位の貿易港で，主な輸出品は完成自動車や自動車部品，内燃機関などである。この貿易港のある県は，工業の出荷額が国内最大である。

I　日本の工業化とともに国際貿易港として地位を高め，1970年代には世界有数のコンテナ取扱量を誇ったが，1995年の地震で深刻な被害を受け，その後，貿易港としての地位が低下した。

J　大規模なリアス海岸が特徴の湾に面する天然の良港で，アジアとの交流拠点として古くから重要であった。この港湾のある都市には原子力発電所がある。現在，金沢まで開通している新幹線が2023年にこの都市まで延長する予定である。

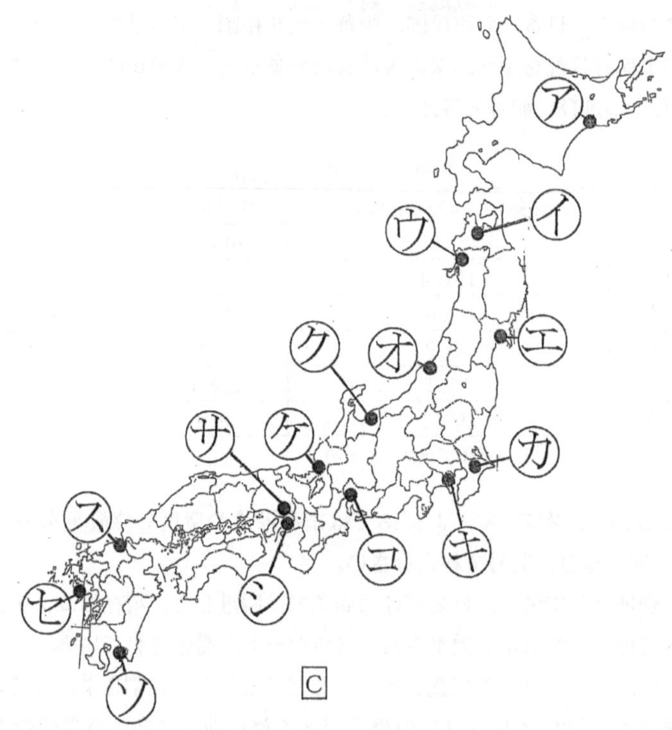

問24　下線部㉗について，昨年（2018年）に50周年を迎えた出来事は何か。次の あ～え の中から1つ選び，記号で答えなさい。

あ　日中平和友好条約締結（ていけつ）　い　小笠原（おがさわら）諸島返還（へんかん）　う　ソ連と国交回復　え　沖縄返還

問25　下線部㉘について述べた次の あ～え の文中の下線部が正しい場合には○を，誤っている場合には適切な語句を答えなさい。

あ　東京都は二酸化炭素排出（はいしゅつ）量を減らす燃料電池自動車を普及（ふきゅう）させるために，<u>水素</u>ステーションの整備を積極的に支援（しえん）している。

い　日本では二酸化炭素排出量削減（さくげん）のための取り組みの1つとして，長距離（ちょうきょり）貨物輸送の主な部分をトラックから，船舶（せんぱく）や鉄道利用に切りかえる<u>エコドライブ</u>を進めている。

う　2015年の国連気候変動枠組（わくぐみ）条約第21回締約国（ていやくこく）会議（COP21）で採択（さいたく）された<u>京都議定書</u>順守のために，フランスは2040年までに国内におけるガソリン車の販売（はんばい）を禁止するとしている。

え　東京都は二酸化炭素を排出しない移動手段である自転車を有効に活用するために，自転車を簡単に借りることができ，借りた場所とは異なる場所に返すことができる自転車<u>シェアリング</u>サービスを行っている。

Ⅱ　次の①～⑤の各文の空欄 1 ～ 5 に適する語句をそれぞれ漢字で答えなさい。さらに空欄【A】～【E】に適するものをそれぞれの選択肢（せんたくし）より1つずつ選び，記号で答えなさい。

①　憲法第25条が定める「健康で文化的な 1 の生活を営む権利」を現実のものにするために，国は公的扶助（ふじょ）（生活保護）や社会福祉（ふくし）などの 2 制度をつくり充実させてきました。 2 関係費は，国家予算の支出（歳出（さいしゅつ））の項目（こうもく）の中でもっとも大きな比率を占めています。

②　2018年6月に，【　A　】が改正されて， 3 年齢（ねんれい）が18歳以上に引き下げられました。

【　A　】は婚姻（結婚）や財産などの家族関係や社会生活について定めた法律です。

【A】 あ　消費者契約法　　い　民法　　う　公職選挙法　　え　消費者基本法

③　日本の国会は，衆議院と参議院とからなる二院制をとっています。国会のしごととして誤っているのは【　B　】です。また，衆議院だけの特徴としてふさわしくないのは【　C　】です。

【B】 あ　憲法改正を国民に提案する。　　い　裁判官を裁く裁判を行う。

う　内閣総理大臣を指名する。　　え　外国と条約を結ぶ。

【C】 あ　党首討論を行う。　　い　解散がある。

う　予算を先に審議する。　　え　内閣不信任決議権がある。

④　日本の裁判所では，裁判を三度まで受けることができる［ 4 ］制がとられています。簡易裁判所から始まった民事事件の二度目の裁判は【　D　】裁判所で行われます。

【D】 あ　家庭　　い　地方　　う　高等　　え　最高

⑤　2018年４月に韓国と北朝鮮の首脳会談が11年ぶりに行われました。韓国・北朝鮮に関する記述として誤っているのは【　E　】です。1965年に，［ 5 ］条約が結ばれ，日本と韓国は国交を回復しました。

【E】 あ　日本と韓国は，サッカーのワールドカップを共催したことがある。

い　日本と北朝鮮との間には国交がない。

う　朝鮮半島に韓国と北朝鮮という２つの国家ができたきっかけは，朝鮮戦争である。

え　2018年４月の南北首脳会談は，板門店で行われた。

「あちゃ（おとうさん）が出征（せい）するときも、イチみーが注12予科練に行くときも、わたし、手を振ったの」

カミはぼくを見ないで話した。

「わたし、手を振って、あちゃとイチみーを呪ってしまった。伍長さんのもらった人形と同じことをした。あのとき、あちゃとイチみーに、がんばってね、お国のためにがんばってきてねって、言ってしまった」

「それは」

ぼくはさえぎった。

「みんな言うよー。ぼくも言ったよー」

カミは首を振った。

「みんな言う。わたしも言った。あたりまえだと思ってた。きっと、伍長さんを見送った女学生もあたりまえだと思ってる。わたしはあちゃとイチみーに呪いをかけた。わたしは手を振って、送りだした。わたしはをぅない神なのに。それで、ふたりとも、帰ってこなかった」

カミはぎゅっとこぶしを握（にぎ）った。めずらしく、水桶（おけ）もきびの束も、注13ナークも抱えていない手だった。

「もう手は振らない」

カミの握りしめたこぶしの中には、何もなかった。

ぼくは思わず、その手に、拾った卵をひとつ握らせた。

「何よ、これー」

カミはわらいだした。

「もうひとつ、あげるよー」

ぼくはもう片方の手にも、まだ生あたたかい卵を押しこんだ。カミは両方の手に卵をひとつずつ握って、わらった。

ぼくもわらった。

カミがわらってくれるだけで、ぼくはそれだけでよかった。

（中脇初枝『神に守られた島』）

注 1…カミのおじいさん
2…「ぼく」たちの暮らす沖永良部島に不時着した特攻隊員
3…「ぼく」の友達の女の子
4…カミのお兄さん、じゃーじゃの孫。特攻で亡くなっている。
5…悪く言うこと　6…国を乱す者　7…飛行機の一種
8…戦時中に女性たちによって構成された、国家のためにつくす集団
9…飛行機の一種　10…沖永良部で陸軍陣地が置かれた場所
11…ガジュマルの、枝から下がった根っこ
12…海軍飛行隊の練習生　13…カミの弟

問一 □ a～cに入る適当な言葉を次の中から選び記号で答えなさい。

ア 非難がましく　イ つっかえつっかえ

ウ 優しく　エ 淡々（たん）と

問二 ――線部①とありますが、この時のじゃーじゃの気持ちを説明しなさい。

問三 ――線部②から分かる、当時の戦争の状況を説明しなさい。

問四 ――線部③・④とありますが、このように言う伍長の気持ちはどのように変化したのでしょうか。くわしく説明しなさい。

問五 （　）にあてはまる三文字の言葉を、問題文中から探して書きなさい。

問六 ＝＝線部のような様子であったカミは、伍長と別れる時には、どのように変化しましたか。くわしく説明しなさい。

ぼくたちも黙りこんだ。

波の音と鳥の鳴き声が沈黙を埋めていく。

「ここにいれば？」

カミがぽつりと言った。伍長ははっと顔を上げた。

「もうヤマトゥに戻らないで、ずっとここにいれば？　戦争が終わるまで隠れていれば？」

思いきった言葉に、ぼくはまじまじとカミを見た。カミを見る伍長の顔はわからない。

いきなり伍長はわらいだした。

「きみはお母さんにそっくりだね。きっときみはいいお母さんになるよ」

わらって、わらって、目尻から流れた涙を拭った。

「④生きててよかった」

わらいながら、そうつぶやいた伍長は、もう、（　　　）じゃなかった。

（中略）

「またいつか、この砂糖をいただける日があるといいのですが」

最後に出されたサタで、お茶を飲みながら、伍長は言った。

伍長がカミの家を後にすると、カミのあまがトーグラで泣いていた。

「ヤマトゥに帰って、また特攻に行かされるんだろうねー。かわいそうにねー、かわいそうにねー」

あまはいつまでもくりかえしていた。

あじは怒った顔をしてあまをなぐさめていた。

「戦争だから、しかたがないねー」

あじはくりかえした。

「しかたがないねー」

ぼくはシマの外れまで伍長を見送った。

みんな疎開して、シマには伍長を見送る人しかいない。置いていかれた鶏たちだけが、こっここっこ鳴きながら、我が物顔で歩きまわっている。

ぼくはガジュマルの木にのぼって手を振った。カミは注11気根の垂れ下がる木の下で伍長を見送っていた。

伍長はふりかえって、手を振り返してくれた。ぼくは木から落っこちそうになるくらい、大きく手を振った。でも、カミは木の下でじっとして、手を振らなかった。

伍長はもうふりかえらず、そのまま歩いていって、白い道の先に消えた。

伍長を見送りに集まってきた人たちは、空襲を怖れ、すぐに砂糖小屋へ戻っていった。

ぼくはシマの中を通りながら、鶏が生んだ卵を拾った。夜、鶏が上がって眠るトゥプラ木の下にも、卵が生んであった。ぼくはあたたかい卵を拾っては、ズボンのポケットに入れた。雛を連れて歩いている鶏もいる。

「なんで手を振らなかったのー」

砂糖小屋への道で、先に行ったカミに追いついて、訊ねた。

カミはうつむいて黙っていた。

「せっかく伍長さんが手を振ってくれたのに」

ぼくが［　C　］言った言葉が風に飛んでいって、ずいぶんたったころ、やっとカミは口を開いた。

「やっぱりあげられないよ。これはぼくへの呪いだから」
伍長はまた人形を胸に下げた。
カミはほっとため息をついて、からっぽになった手を砂の中につっこんだ。手を汚してしまったとき、ぼくたちがいつもするように。（中略）

「伍長さん」
ぼくが声をかけると、伍長はぼくを見た。
「ぼくは、もしいつか、特攻隊の人に会えたら、お礼を言いたいってずっと思ってたんだ。ぼくたちの島を守ってくれているお礼を」
「お礼？」
「この前、この沖に特攻機が三機落ちたんだ」
ぼくは珊瑚礁のむこうを指さした。
「島の上を飛んできたんだよ。それで南から来た注9シコルスキーにみつかって、追いかけられた。そうしたら、どの飛行機も沖へ飛んでいって、撃墜された。ぼくたちが地上にいたから、島に被害を与えないようにしてくれたんだ。だから」
「それはちょっとちがうかもしれない」
伍長はぼくの言葉をさえぎった。
「敵機に発見されたら、海上を飛んだほうが、敵機には見えにくくなるんだよ。緑色に塗ってある翼が、海の色と重なって見えるからね」
伍長の言葉の意味がわかるまで、ちょっと時間がかかった。なんとかのみこめると、ぼくは続けた。
「でも、だって、特攻機はいつも島の上を通らないで、海の上を通っていくよー。もし撃墜されても、島に被害を与えないようにしてくれてるんでしょー。注10越山の兵隊さんが言ってたって」
「レーダーに捕捉されないよう、低空で飛ぶからね。障害物のない海上のほうが安全なんだよ。もちろん、島に被害を与えたくないというのは事実だけど、不時着する場合は島に降りるしかないしね」
伍長はこともなげに言った。
「そもそもぼくたちは未熟だからね、正直言って、そんな余裕はないんだよ。みんな晴れた日にしか飛べないし、ぼくは今回の出撃が初めての長距離飛行だった」
そういえば、特攻機は、晴れた日にしか飛んでこない。
神さまは島を守っていたわけじゃなかった。
「最初で、それで最後の長距離飛行になるはずだったのに」
伍長は珊瑚礁のむこうを見た。
「ぼくはこんなところで生きている」
伍長はそうつぶやくと、ぼくたちをかわるがわる見た。
「ごめんよ。ぼくがすみませんって謝ってたのは、芋畑を荒らしたことじゃないんだ」
ぼくは、雨戸の上でうめいていた伍長の姿を思いだした。
「③貴重な飛行機を失って、ぼくだけが生き残ってしまった」
伍長はまた海を見た。
「昨日、一緒に出撃したみんなは沖縄に辿りついて突入している。ぼくも昨日、みんなと一緒に死ぬはずだったのに。死んで神になるはずだったのに」
伍長は叫ぶようにそう言うと、頭を抱えた。
胸で人形が大きく揺れた。

伍長はウム畑(いも)で口にしたことをまた言った。それでも、海をみつめたまま、動かない。

「どうしたのー」

ぼくは伍長のそばまで引き返してたずねた。

「まだ生きているのが信じられないんだよ」

伍長はぼくを見もせずに言った。

「すべてが夢なんじゃないか。ここは天国のようだ」

ぼくとカミは目を見合わせた。それから、伍長が身じろぎもせずみつめている海に目をやった。

最近は浮(ふ)遊物がないせいか、今朝は砂浜にはだれもいない。朝日を浴びた波は、きらきら光りながら、真っ白な砂浜に寄せてくる。島をぐるりとかこむ珊瑚礁(さんごしょう)は、どんな荒波も打ち消して、おしとどめてくれる。水平線は真っ平らで、いつも通りの海だ。青い空にぽっかり浮かんだ雲が、鏡のような海面に浮かんでいる。

「それなに?」

カミは伍長の胸に下がる女の子の人形を指差した。

伍長は我に返ったようで、カミの人差し指の先を見下ろした。

「ああ」

伍長は人形のひとつを胸から外した。

「あげるよ」

伍長は人形をカミに差しだした。人形はきちんと白い開衿(きん)シャツを着て、絣(かすり)のもんぺを穿(は)き、頭には日の丸の鉢(はち)巻きを締(し)めている。

「いいの?」

伍長は頷いて、砂浜に腰(こし)を下ろした。ぼくたちも伍長をはさんで横にすわった。カミは人形を両手でそっと包んだ。

「ゆうべは君たちもびっくりしたろう。こっちは生きてるのに、神さま扱(あつか)いされる。ずっとなんだ。もう慣れた」

伍長は胸に揺(ゆ)れる人形にそっと触(ふ)れた。まだ二つの人形が下がっている。

「これは、呪(のろ)いだと思ってる」

ぼくは聞きまちがえたと思った。聞き返す間もなく、伍長は続けた。

「基地のまわりの注8挺(てい)身隊の女学生たちがね、作ってくれたんだ。特攻の成功を祈(いの)ってね。ひと針、ひと針」

ぼくとカミはカミの手の中の人形を見た。縫(ぬ)い目は見えないほどに細かかった。目と口は墨(すみ)で描(か)かれている。

「成功って、死ねっていうこと。死ねという呪いなんだよ。こわかったよ。ぼくたちが通ると、女学生たちが近づいてきてはね、手渡してくれる。みんな花のようにきれいな顔をしてね。みんなわらっていたなあ」

日の丸の鉢巻きをしたおさげ髪(がみ)の人形は、たしかにわらっていた。

「彼女たちだけじゃない。みんなね、成功を祈ってくれる。上官も、整備兵も、取材に来た新聞記者も、みんな。ぼくが本当に神になれるように。死んで神になれるように」

伍長は海をみつめてつぶやいた。

「本当に、みんな、きれいだったなあ」

カミは手の中でわらう人形を見下ろしたまま、どうしたらいいかわからず、固まっていた。

「ごめんごめん」

伍長はカミの様子に気づいて、その手から人形を取りあげた。

た母は、弾代わりの特攻で死なせるために、わたしを生み、ここまで育ててくれたわけではないはずです。そして、わたしは、母になんの親孝行もできませんでした。だから、志望するとは、わたしは、どうしても書けなかった」

そのとき、飛行機の音がした。

見上げると、見たことのない飛行機が、月の光を浴びて、ゆっくりと飛んでいく。

空中に浮かんでいるのがふしぎなほどの速度だ。エンジン音もかたかたと、ひどく元気がない。息切れして、今にもとまってしまいそうだ。

「あれも特攻ですか」

じゃーじゃが訊ねた。

伍長は頷いた。

南へ向かう飛行機を見送って、カミのあじが庭に降り、月を拝むように手を合わせて拝んだ。

「とーとぅ、とーとぅ」

「海軍の練習機ですね。白菊といったかな」

月の光に顔をさらして、伍長は懐かしそうに見上げた。

「加古川の教育隊で、訓練中、よく瀬戸内海で出会ったものです。偵察員を何人も載せて飛ぶし、練習機ですので、速度は殆ど出ません」

伍長は、低空を飛んでいく飛行機を見送りながら言った。

「②海軍も、あんな練習機を特攻に使うようになったんですね。あの遅さですから、日中飛べば注7グラマンの餌食でしょう。だから月夜に飛ぶことにしたんでしょうね」

「とーとぅ、とーとぅ」

伍長は、手を合わせるあじに目をやった。

「わたしの乗機も似たようなものです。九七式戦という戦闘機ではありますが、使い古された機体で、いつもどこかしら調子がわるかった」

伍長はそこまで話すと、はっとしたようにじゃーじゃを見た。

「もちろん、だからといって、不時着が許されるわけではありませんが」

伍長の声に力がこもった。

「でも、わたしは決して、命を惜しんだわけではありません。エンジンの故障だったんです」

みんな砂糖小屋に疎開して、ぼくたちのほかはだれもいないシマ（集落）に、伍長の声は響きわたるようだった。

「なー、ゆかんどやー（もう、いいんですよー）」

カミのあまがトーグラから出てきて、伍長の背中を抱きしめた。

「なたわ生きちたぼり（あなたは生きてください）。どーか生きちたぼりよー（どうか生きてくださいねー）」

驚く伍長を、あまはぎゅうっと抱きしめて、くりかえした。

「どーか生きち（どうか生きて）、あまがとぅくるちむどぅていたぼりよー（お母さんのところに帰ってやってくださいねー）」

ぼくは庭に下りた。

月の出た夜は、足許が明るい。ぼくは、砂糖小屋に走って戻った。（中略）

砂浜に降りると、なぜかぼくはいつも波打ち際に向かって駆けだしてしまう。

思わず五、六歩駆けたあとで、はっとしてふりかえると、伍長はカミと砂浜に立ちつくしていた。

「きれいだね」

「では、白紙で出したのですか」

伍長はまた首を振った。

「なぜですか」

じゃーじゃは目を見張った。

「意思の確認といいながら、白紙で出せば、卑怯者の注5誹りは、免れません。注6国賊扱いされ、郷里の家族にも迷惑が、かかります。ただ、わたしの家庭の事情は、上官も知ってくれていました。そこでわたしは、上官が察してくれることに望みを託し、『命令のまま』と書いて、出しました」

「でも、あなたはここにいる。上官は事情を察してくれなかったのですか」

伍長は頷いた。

「やはり、同じような事情があって、同じことを書いた人間が、何人かいました。また、白紙で出した人間も、いたのです。彼の家は両親を亡くしていて、お姉さんひとりが、家を支えていました。自分が進学できたのは姉のおかげだと、つねづね言っていた彼は、早く自分が家を支えられるようになって、お姉さんに、幸せな結婚をしてもらうことを望んでいました」

をうない神はたかさ。ヤマトゥでも同じなんだなとぼくは思った。

「それなのに、翌朝、部隊長は言ったのです。白紙は、一枚もなかった、と」

伍長はじゃーじゃをじっと見た。

「すべて、熱望する、と、書いてあったと」

まるで、じゃーじゃに救いを求めているようだった。

「それは、嘘ですねー」

伍長は小さく頷いた。

「何日かして発表された攻撃隊員名簿には、わたしの名前も、白紙で出した彼の名前も、入っていました。名簿を見て、すぐにわかりました。成績順だと」

伍長はかえって［ b ］話しつづけた。

「わたしたちは飛行経験の少ない空中勤務者ですから、操縦技量の成績のよくないものは、そもそも、沖縄まで辿りつくことができない。意思の確認は、建前でした。白紙で出した彼は、成績がよかった。最初に指名を受けて出撃していって、帰ってきませんでした」

①じゃーじゃの膝に置かれたこぶしが、ぶるぶると震えていた。

「ありがとうございます。よくわかりました」

じゃーじゃは深く頭を下げた。それを見た西島伍長も、同じくらい深く、じゃーじゃに頭を下げた。

「申し訳ありません」

西島伍長はそう詫びてから、頭を上げた。

「本当は、志願しました、勇んでいきました、と言うべきだと思ったのです。わたしも、そう書き遺して出撃しました。そうとしか書けないということもありますが、そうでなければ、残されたものはどんなに悲しいかと思ったのです。本当のことを申し上げて、申し訳ありません」

もう一度、西島伍長は深く頭を下げた。

「頭をお上げください」

恐縮するじゃーじゃに、西島伍長は頭を下げたまま、続けた。

「母は、わたしが特攻隊員となったことを知りません。いつも優しかっ

である。７００万年の進化のｅ［カテイ］で、人間は高い共感力を手に入れた。他者のなかに自分を見るようになり、他者の目で自分を定義するようになった。ひとりでいても、親しい仲間のことを考えるし、隣人たちの［Ａ］怒哀［Ｂ］に大きく影響される。ゴリラ以上に、人間は時間を他者と重ね合わせて生きているのである。仲間に自分の時間をさしだし、仲間からも時間をもらいながら、注２互酬性にもとづいた暮らしを営んできたのだ。幸福は仲間とともに感じるもので、信頼は金や言葉ではなく、ともに生きた時間によって強められるものだからである。

世界は今、多くの敵意に満ちており、孤独な人間が増えている。それは経済的な時間概念によってつくりだされたものだ。それを社会的な時間に変えて、いのちをつなぐ時間をとりもどすことが必要ではないだろうか。ゴリラと同じように、敵意はともにいる時間によって解消できると思うからである。

（山極寿一『ゴリラからの警告「人間社会、ここがおかしい」』）

注　１…こだわること
　　２…お互いに、してもらったことに対してお返しをし合う関係

問一　［　］ａ～ｅのカタカナを漢字に直して答えなさい。

問二　＝＝線部の四字熟語は、人間の様々な感情を表しています。［Ａ］［Ｂ］に入る漢字一字をそれぞれ答えなさい。

問三　――線部①とはどういうことですか。わかりやすく説明しなさい。

問四　――線部②について、「それ」とはどういうことかを明らかにして、――線部②全体の言っていることを説明しなさい。

問五　――線部③のように言えるのはなぜですか。

二、次の文章を読んで、後の問いに答えなさい。

注１じゃーじゃは、怯む注２伍長をまっすぐに見た。

「あなたはどうやって志願したのですか。言えないことはわかっています。それでもどうしてもお聞きしたいのです。決してだれにも言いません。どうか教えてください。冥土の土産に教えてください」

伍長とじゃーじゃはみつめあった。ぼくは唾を飲んだ。トーグラから、注３カミのあじもあまも顔を出して、ふたりを見ていた。

注４イチみーが死んだときには、軍神として、町を挙げた葬式が行われた。先生に引率されて、学校から生徒みんなで参列した。イチみーに憧れない男子はいなかった。

カミのあまは手の甲で涙を拭った。イチみーの葬式のときは、参列者からしきりに「特攻戦死おめでとうございます」と声をかけられながらも、涙の一粒もこぼしていなかったのに。

「申し訳ありませんが、フィリピンの、特攻が、どのように編成されたかは、知りません」

伍長は［ａ］、ぼそぼそと言うと、頭を下げた。

「ただ、自分のときのことは、お話しします。指名に先立っては、意思の確認をされました。白い紙と封筒を渡されたのです。志望する場合は、志望と書き、志望しない場合は、白紙で提出せよ、と言われました」

じゃーじゃは頷いた。

「それでは、あなたは、その紙に志望と書かれたのですね」

伍長は首を振った。

「わたしは、ちょうど父を亡くし、戸主になったばかりでした。郷里には、病気の母と、幼い弟妹を残しています」

【国　語】〈五〇分〉〈満点：一〇〇点〉

一、次の文章を読んで、後の問いに答えなさい。

今、私たちは経済的な時間を生きている。そして、自分が自由に使える時間を欲しがっている。しかし、自分の時間とはいったいどういう状態のことをいうのだろう。それをどうすごしたら、幸せな気分になれるのだろうか。

どこの世界でも、人は時間に追われて生活している。私がゴリラを追って分け入ったアフリカの森でもそうだ。晩に食べる食料を集めに森へ出かけ、a［アサッテ］に飲む酒を今日仕こむ。昨日農作業を手伝ってもらったので、そのお礼として明日ヤギをつぶす際に肉をとり分けて返そうとする。それは、つきつめて考えれば、人間の使う時間が必ず他者とつながっているからである。

①時間は自分だけでは使えない。ともに生きている仲間の時間と速度を合わせ、どこかで重ね合わせなければならない。だから、森の外から流入するb［ブッシ］や人の動きに左右されてしまう。

ゴリラといっしょに暮らしてみて私が教わったことは、互いの存在を認め合っている時間の大切さである。野生のゴリラは長い間人間に追い立てられてきたので、私たちに強い敵意をもっている。しかし、辛抱強く接近すれば、いつかは敵意を解き、いっしょにいることを許してくれる。それは、ともにいる時間がケイカするにしたがい、信頼関係が増すからである。

ゴリラたち自身も、信頼できる仲間といっしょに暮らすことを好む。食物や繁殖相手をめぐるトラブルによって信頼が断たれ、離れていくゴリラもいるが、やがてまた別の仲間といっしょになって群れをつくる。とくに、子どもゴリラはc［シュウイ］のゴリラたちを引きつける。子どもが遊びにくれれば、大きなオスゴリラでもよろこんで背中をd［カ］すし、悲鳴をあげればすっ飛んでいって守ろうとする。ゴリラたちには、自分だけの時間がないように見える。

人間も実はつい最近まで、自分だけの時間にそれほど注1固執していなかったのではないだろうか。とりわけ、木や紙でつくられた家に住んできた日本人は、隣人の息遣いから完全に隔絶することはできず、常にだれかと分かち合う時間の中で暮らしてきた。それが原因で、うっとうしくなったり、ストレスを高めたりすることがあったと思う。だからこそ、戦後に高度経済成長をとげた日本人は、他人に邪魔されずに自分だけで使える時間をひたすら追い求めた。そこで、効率化や経済化の観点から時間を定義する必要が生じた。つまり、時間はコストであり、金に換算できるという考え方である。

しかし、ブッシの流通や情報技術の高度化を通じて時間を節約した結果、せっかく得た自分だけの時間をも同じように効率化の対象にしてしまった。自分の欲求を最大限満たすために、効率的なすごし方を考える。映画を見て、スポーツを観戦し、ショッピングをたのしんで、ぜいたくな食事をする。自分で稼いだ金で、どれだけ自分がやりたいことが可能かを考える。でも、②それは自分が節約した時間と同じ考え方なので、③いつまでたっても満たされることがない。それればかりか、自分の時間が増えれば増えるほど、孤独になって時間をもてあますようになる。

それは、そもそも人間がひとりで時間を使うようにできていないから

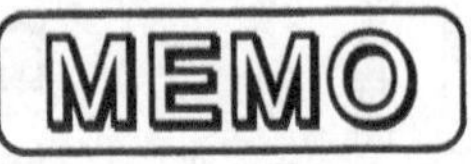

大切なことはメモしておこうネ！

2019年度

解　答　と　解　説

《2019年度の配点は解答欄に掲載してあります。》

＜算数解答＞

Ⅰ　(1)　$1\frac{1}{52}$　　(2)　ア　7　　イ　火　　(3)　ア　40　　イ　117　　ウ　49

Ⅱ　(1)　①　24.178cm^2　　②　102.772cm

　　(2)　①　長方形　48cm^2　　②　ア　4　　イ　19　　ウ　9　　エ　14

Ⅲ　(1)　200g　　(2)　170g

Ⅳ　(1)　ア　24　　イ　132　　(2)　10時$2\frac{1}{7}$分　10時$23\frac{4}{7}$分

　　(3)　19時0分　22時0分　1時0分　4時0分　7時0分

○推定配点○

各5点×20（Ⅳ(2)・(3)各完答）　　計100点

＜算数解説＞

Ⅰ　（四則計算，規則性，数の性質）

(1)　$\left(3\frac{5}{24}+\frac{9}{40}\right)\times\frac{15}{26}-\frac{5}{4}\times\frac{10}{13}=\frac{103}{30}\times\frac{15}{26}-\frac{25}{26}=1\frac{1}{52}$

α　(2)　ア　うるう年の2020年は平成32年に相当し，平成のうるう年は32÷4－1＝7(回)あった。

イ　2月1日は平成31年が金曜日，32年が土曜日，30年が木曜日，29年が水曜日，7回目のうるう年の28年が月曜日である。したがって，3回目のうるう年の2月1日は月曜日から2×(7－3)＝8(日後)の火曜日であり，その4週間後の2月29日も火曜日である。

重要　(3)　ア　3人ずつのゲームで1人だけ勝ち進み2人ずつ敗退していくトーナメント戦であり，81人のトーナメント戦のゲーム回数は(81－1)÷2＝40(回)である。【別解】81÷3＝27　27÷3＝9　9÷3＝3　3÷3＝1　27＋9＋3＋1＝40(回)

イ　同じく(235－1)÷2＝117(回)　【別解】235÷3＝78…1　78÷3＝26　(26＋1)÷3＝9　9÷3＝3　3÷3＝1　78＋26＋9＋3＋1＝117(回)

ウ　(□－1)÷2＝24　　したがって，24×2＋1＝49(人)

Ⅱ　（平面図形，図形や点の移動，速さの三公式と比，植木算）

重要　(1)　①　のりしろの角度を3度にすると360÷(19－3)＝22…8(度)より，Aを23枚はり合わせて1つののりしろの角度を19－8＝11(度)にする。したがって，のりしろの面積は6×6×3.14×(3×22＋11)÷360＝3.14×7.7＝24.178(cm^2)　【別解】6×6×3.14×(19×23－360)÷360＝24.178(cm^2)

②　①より，A＋Bを12回反復すると，Aの弧の長さの合計は6×2×3.14×19×12÷360＝3.14×228÷30＝3.14×7.6(cm)，Bののりしろ以外の弧の長さの合計は3×2×3.14×(360－228)÷360＝3.14×132÷60＝3.14×2.2(cm)，直線部分の長さは(6－3)×24＝72(cm)である。したがって，これらの合計は3.14×9.8＋72＝102.772(cm)

基本 (2) ① 右図において，台形は2×16＝32(cm)，正方形は16cm移動している。したがって，重なっている部分は縦が10－{16－(4＋10)}＝8(cm)，横が10－{32－(8＋20)}＝6(cm)の「長方形」であり，面積は8×6＝48(cm²)

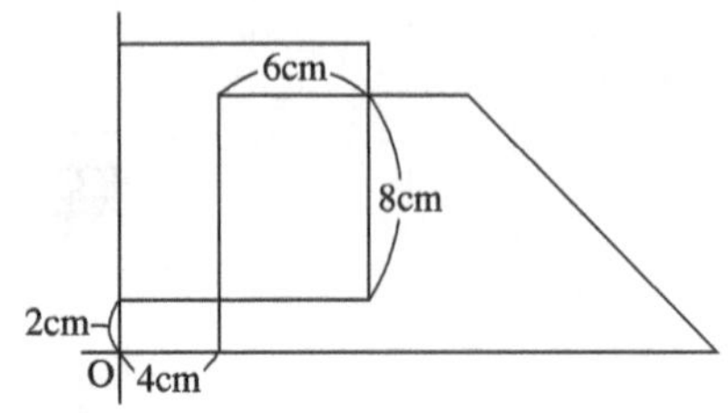

② ア 台形と正方形が重なり始めるのは台形の右下端Cと正方形の左上端Eが同時に点Oに着く，8÷2＝4÷1＝4(秒後)である。 イ 台形の左辺ABが正方形の右辺HGと重なるのは(28＋10)÷2＝19(秒後)である。 ウ 図1において，台形の右下端Cが正方形の右辺HGと重なるのは(8＋10)÷2＝9(秒後)である。 エ 図2において，台形の右上端Dが正方形の右辺HGと重なるのは(8＋10＋10)÷2＝14(秒後)である。

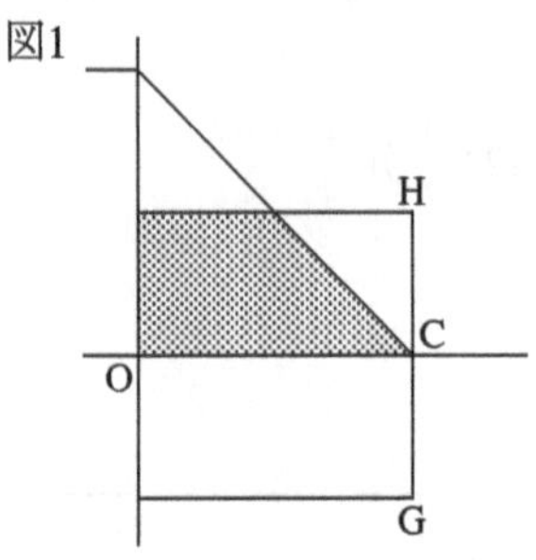

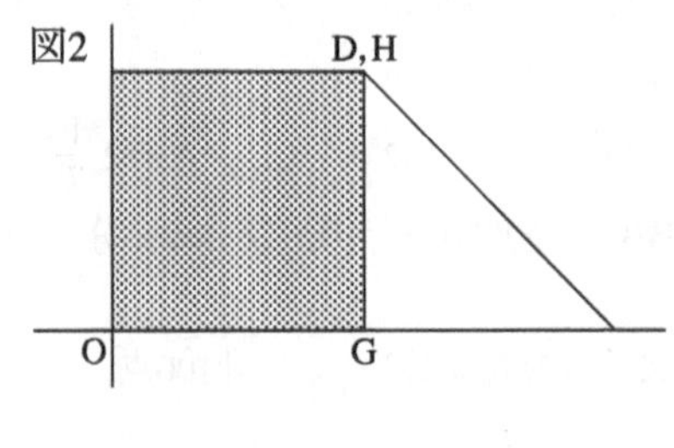

Ⅲ (割合と比，鶴亀算)

基本 (1) 容器Aの濃度も10%になればよく，右図において，色がついた部分の面積は等しいのでAの食塩水は100×10÷(15－10)＝200(g)

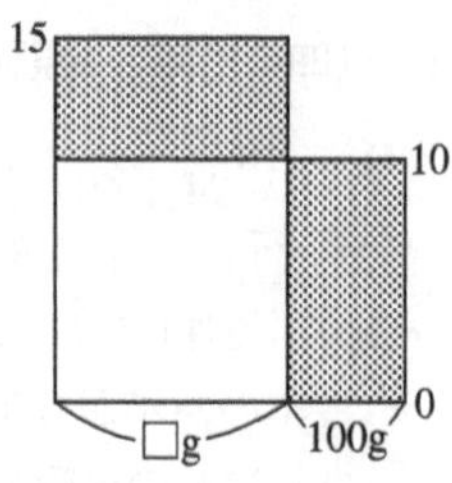

重要 (2) 水そう③のなかの食塩の量は600×0.1＋5.8＝65.8(g)であり，(1)より，容器B，Cの食塩水の合計は600－200＝400(g)，これらのなかの食塩の量は65.8－200×0.12＝41.8(g)である。したがって，Bの食塩水は(400×0.13－41.8)÷(0.13－0.07)＝10.2÷0.06＝170(g)

Ⅳ (時計算，割合と比)

やや難 (1) 短針が1周する24時間から，7～17時までの10時間を引いた14時間を長針は168分ずつ1周するので，この時計は10＋60×14÷168＝15(時制)である。したがって，長針が1周すると短針は ア 360÷15＝24(度)回転する。図3において，ア より，短針から長針の間は イ 270－(120＋24÷4×3)は270－138＝132(度)である。

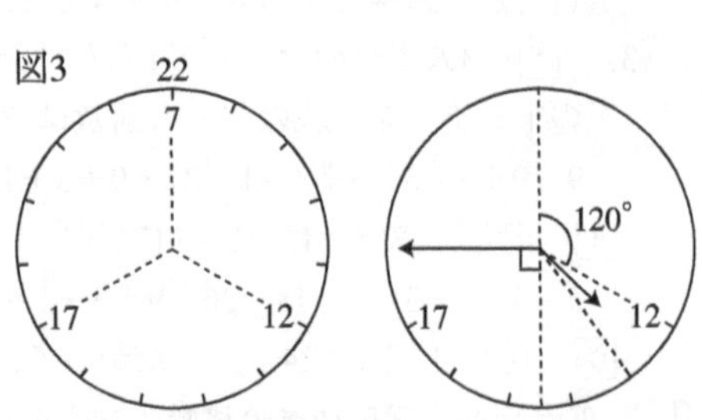

(2) 10時のとき，長針から短針までは24×3＝72(度)であり，長針と短針が1分で回転する角度の差は(360－24)÷60＝5.6(度)である。したがって，両針の間の角度が60度になるのは(72－60)÷5.6＝$2\frac{1}{7}$(分)と(72＋60)÷5.6＝$23\frac{4}{7}$(分)である。

(3) 17時のとき，長針から短針までは120×2＝240(度)であり，長針と短針が1分で回転する角度の差は(360－24)÷168＝2(度)である。したがって，この時計の両針が重なるのは正しい時計において240÷2＝120(分後)の19時，この後，360÷2＝180(分後)の22時，25時すなわち1時，4時，7時である。

★ワンポイントアドバイス★

Ⅰ～Ⅲまでを，自分にとって解きやすい問題から適度の速さで正確に解くことがポイントである。Ⅳ「変わった時計」は内容の意味を理解するのに時間がかかりやすいが，(1)が解けると(2)は基本レベルの問題としてすぐに解ける。

＋α は弊社HP商品詳細ページ(トビラのQRコードからアクセス可)参照。

＜理科解答＞

Ⅰ　問1　イ　問2　ア，エ　問3　①　見られる　②　見られない
問4　(砂糖)　9.9(g)　(水)　485.1(g)　問5　オ　問6　え，き，く
問7　ガラス棒　問8　①　ウ　②　カ　問9　デンプンのつぶがろ紙を通りぬけられるくらい小さくなっている

Ⅱ　問1　①　ア　②　ア　③　ア　④　イ　⑤　イ　⑥　ア　問2　A　問3　B
問4　B　問5　ア，カ　問6　b　問7　0.25(秒)　問8　ウ，イ，ア，エ

Ⅲ　問1　B，D　問2　左心室　問3　①　イ　②　イ　問4　52.5(秒)　問5　6(L)
問6　1.04(%)　問7　①　G　②　なし　③　E　④　E

Ⅳ　問1　イ　問2　ウ　問3　ウ　問4　エ　問5　エ　問6　イ
問7　はくちょう座，こと座

○推定配点○

Ⅰ　問1～問3・問5・問8　各1点×7(問2は順不同で完答)
問4・問6・問7・問9　各3点×4(問4は完答，問6は順不同で完答)

Ⅱ　問1～問6　各1点×11(問5は順不同で完答)　問7・問8　各3点×2(問8は順通りで完答)

Ⅲ　問1～問3・問7　各1点×8(問1は順不同で完答)　問4～問6　各3点×3

Ⅳ　問1～問7　各1点×7(問7は順不同で完答)　計60点

＜理科解説＞

Ⅰ　(ものの溶け方，水溶液の性質ー砂糖水，ヨウ素デンプン反応)

重要　問1　砂糖が水に溶けてできた濃い砂糖水がモヤモヤして見える。濃い砂糖水は，まわりよりも重いので，下に落ちながら，水に混ざっていく。

重要　問2　15分後，モヤモヤしたものが見られなくなったが，この段階では，砂糖水の濃さは底に近い方が濃い。また，砂糖が水に溶けるときは，砂糖の粒が小さくなり，目には見えなくなる。

問3　①　1%の砂糖水よりも濃い5%の砂糖水を少しずつ入れるので，モヤモヤが見られる。
②　5%の砂糖水に同じ濃さの砂糖水を少しずつ入れるので，モヤモヤが見られない。

問4　実験2で使用した水，1%の砂糖水，5%の砂糖水の重さがそれぞれ，$5\times3+50\times3=165$(g)なので，砂糖だけの重さは，$165\times0.01+165\times0.05=9.9$(g)，水だけの重さは，$165\times3-9.9=485.1$(g)である。

問5　異なる濃さの砂糖水を混ぜたり，砂糖水と水を混ぜたりすると，モヤモヤが見られる。

問6　1%の砂糖水をビーカーに入れ，水をスポイトで注いだり，5%の砂糖水をビーカーに入れ，水や1%の砂糖水をスポイトで入れたりすると，モヤモヤしたものがビーカーの上の方で見られる。

問7　ろ過をするときは，液をビーカーからガラス棒を伝わらせて，ろうとに注ぎこむ。

問8　デンプンは冷水には溶けないので，ろ液は無色透明な水である。また，ヨウ素液を加えると，ろ液はヨウ素液のかっ色になる。

問9　デンプンは熱湯には溶けて，のり状の液体になる。このとき，デンプンは，ろ紙を通るほどの細かい粒になり，目には見えなくなる。

Ⅱ　(電流と回路ー電熱線による発熱，発電機)

問1　実験1で，電熱線A，電熱線Bに1Aの電流が流れているときは，電熱線Aには12V，電熱線Bには6Vの電圧がかかり，温度変化も，電熱線Aでは8℃，電熱線Bでは4℃である。一方，電熱線A，電熱線Bに6Vの電圧がかかっているときに流れる電流は，電熱線Aには0.5A，電熱線Bには1Aであり，温度変化も，電熱線Aでは2℃，電熱線Bでは4℃である。

問2　電熱線を直列につなぐと，回路に流れる電流の大きさは同じになるので，電熱線Aの方に大きな電圧がかかり，温度変化も大きくなる。

問3　電熱線を並列につなぐと，電熱線には同じ大きさの電圧がかかるので，電熱線Bに流れる電流が大きくなり，温度変化も大きくなる。

問4　並列につないだときに，大きな電流が流れた電熱線Bの方が，電気抵抗が小さく，太いと考えられる。

問5　太陽光発電は，光のエネルギーを電気エネルギーに変え，燃料電池は，水素と酸素が結びつくときに発生するエネルギーを電気エネルギーに変える装置である。

問6　600gよりも重い900gの方が，大きな力で軸を回転させるので，電流も大きくなる。

やや難　問7　表から，おもりが100cmの高さから落ちるのにかかる時間が8秒である。また，モーターの軸の直径が1cmなので，軸の円周が，$1\times3.14=3.14$(cm)なので，100cmを落ちる間に，$\frac{100}{3.14}$回転する。したがって，1回転するのにかかる時間は，$8\div\frac{100}{3.14}=0.2518$(秒)より，0.25秒である。

やや難　問8　発光ダイオードが光らないときは，電流が流れず，モーターには手応えがないので，おもりが最も早く落ちる。次に，発光ダイオードが光っているときに流れる電流の大きさは，豆電球が光っているときに流れる電流の大きさよりも小さいので，モーターの手応えが小さく，おもりが早く落ちる。最後に，導線で端子をつなぐと，大きな電流が流れるので，モーターの手応えが大きくなり，おもりはゆっくり落ちる。

Ⅲ　(人体ーヒトの血液循環)

重要　問1　Aの大静脈とCの肺動脈には静脈血が流れ，Bの肺静脈とDの大動脈には動脈血が流れている。

重要　問2　左心室からは，全身に血液が流れ出るので，壁が最も厚い。

問3　①　フナなどの魚類の心臓は，一心房一心室であり，血液は，心臓→エラ→全身→心臓の順に流れ，エラを通った後の血液の勢いは弱くなる。　②　カエルなどの両生類の心臓は，二心房一心室であり，心室で，動脈血と静脈血が混ざり合う。

やや難　問4　体重が50kg(50000g)のヒトの血液の重さは，$50000\times0.07=3500$(g)である。一方，左心室からは，60秒間に4L(4000g)の血液が送り出されるので，3500gの血液を送り出すのにかかる時間は，$60\times\frac{3500}{4000}=52.5$(秒)である。

やや難　問5　左心室からは，1分間に4Lの血液が送り出されるので，1時間(60分)に作られる原尿は，$4\times60\times0.25\times0.1=6$(L)である。

やや難　問6　1時間に6L，1日に，$6\times24=144$(L)の原尿が作られるので，1.5Lの尿の割合は，$\frac{1.5}{144}\times100=1.041\cdots$(%)より，1.04%である。

やや難　問7　①　小腸で吸収したブドウ糖などの養分は，Gの血管を通って肝臓に運ばれ，一部がたくわえられる。 ② 胆汁は，肝臓でつくられ，胆のうにたくわえられ，十二指腸に出される。
③ 肝臓では，アンモニアなどの有害物質が分解されるので，Eの血管には有害物質が少ない。
④ 血液中の糖分が少なくなると，肝臓にたくわえられた物質から糖分がつくられ，Eの血管を通して，全身に送られる。

Ⅳ （星と星座―地球の公転と星座）

重要 問1 地球は太陽のまわりを反時計回りに公転している。

問2 いて座が，わし座の近くに見られることから，夏の星座であることがわかる。

問3 やぎ座は，いて座よりも約30°東寄りに見えるので，約2時間後の午前2時に南中する。

問4 図1で，いて座が7月の午前0時ごろに南中するので，やぎ座は8月，みずがめ座は9月，うお座は10月の午前0時ごろに南中する。したがって，ふたご座は1月の午前0時ごろに南中する。

問5 うお座が午前0時頃に南中する日に，太陽と同じ方向におとめ座がある。

やや難 問6 おとめ座が午前0時頃に南中する日に，太陽と同じ方向にうお座がある。この日は，3月下旬の春分の日に近い。したがって，うお座に含まれる星の南中高度は，春分の日や秋分の日の太陽の南中高度に近い。

基本 問7 夏の大三角は，わし座のアルタイル，こと座のベガ，はくちょう座のデネブを結ぶ。

★ワンポイントアドバイス★

理科の基本的な問題から応用問題まで含めて十分に理解しておくこと。また，思考力を試す問題に十分に慣れておくこと。

＜社会解答＞

Ⅰ 問1 い　問2 イ・カ　問3 え　問4 え　問5 う　問6 ウ　問7 奉公　問8 あ　問9 い　問10 大名の妻子が江戸から逃亡したり，武器が江戸に入るのを防ぐこと　問11 あ　問12 参勤交代　問13 この時期は雨が少なく空気が乾燥し，強い北西の季節風がふくから　問14 宿場に人馬を出す負担が増えることに付近の農村が抵抗したから　問15 船の航路　問16 あ　問17 え　問18 う　問19 え　問20 う　問21 X アスファルト　Y 下水　問22 え　問23 A オ　B セ　C ア　D ス　E イ　F ウ　G シ　H コ　I サ　J ケ　問24 い　問25 あ ○　い モーダルシフト　う パリ協定　え ○

Ⅱ 1 最低限度　2 社会保障　3 成年[成人]　4 三審　5 日韓基本
A い　B え　C あ　D い　E う

○推定配点○

Ⅰ 問7・問10・問12・問13・問14・問15 各2点×6　他 各1点×33　Ⅱ 1～5 各2点×5　A～E 各1点×5　計60点

＜社会解説＞

Ⅰ （地理と歴史―「交通」に関連する問題）

やや難 問1 あ 縄文時代の後期には原始的な農業として栗や柿などを植えていたとされるが稲作はまだなので誤り。 う 卑弥呼が魏から得た称号は親魏倭王というものなので誤り。 え 藤ノ木古墳から出てきたのが金銅のくつで，高松塚古墳にあるのが壁画なので誤り。

問2　鉄剣が出てきたのは埼玉の稲荷山古墳で鉄刀が出てきたのは熊本の江田舟山古墳。

問3　え　ヒートアイランドは都市部でエアコンの室外機や自動車などから発せられる熱があることで，郊外と比べて気温が高くなるもの。ヒートが熱でアイランドは島の意味で，周囲と比べて温度が高い場所が島のように存在していることを指す。

問4　え　律令時代，成人男子の中から選ばれて九州の大宰府の守りについたのが防人で，その防人として九州へ行く際に詠んだ歌が設問のもの。

問5　え　倭王武の上表文478年→い　遣隋使派遣607年→う　大化の改新645年→あ　鑑真の来日754年の順。

問6　イランはウ。アはカザフスタン，イはインド，エはサウジアラビア，オはエジプト。

重要　問7　御家人は将軍と主従関係を結んだ武士で，その御家人が将軍や幕府のために主に軍事面でつくすのが奉公。その奉公に対する見返りとして，御家人の土地などを保障するのが御恩。

問8　い　日本最大のカルデラ湖は屈斜路湖。カルデラは火山活動でできるくぼ地。　う　浜名湖。　え　サロマ湖。

やや難　問9　あ　金閣を建てたり，勘合貿易を始めたりしたのは足利義満なので誤り。　う　石見銀山があるのは島根県なので誤り。　え　萩焼は山口県。岡山の焼き物は備前焼なので誤り。

重要　問10　当時の江戸近隣の関所で特に注意されていたのが，「入り鉄砲に出女」。江戸の市中に鉄砲が入ってくるのは反乱などが起こる恐れのあることであり，出女は江戸から女性が出て行くのは，人質として江戸にいる大名の妻が逃げ出すものかもしれないということ。

やや難　問11　い　高梁川は岡山県にあるので中山道沿いではない。　う　甲州街道は日本橋から西に行くので品川は通らない。　え　関東山地は東京の西になるので日光街道は通らない。

問12　参勤交代は徳川家光の代に，定められたもの。諸大名の石高に応じて，大名行列の規模も定められており，諸大名に経済的負担を強いることも狙いとなっていた。

問13　江戸がある関東は，冬から春にかけての時期は降水量が特に少なく乾燥し，また春先は風が強いので，いったん火事が起こると，風にあおられ火がどんどんと広がってしまいがちである。

やや難　問14　江戸時代の街道では，途中途中に駅が設けられ，そこで人や物を運ぶ人足や馬が用意されていたが，それが足りない場合には近隣の村にも人馬の動員が求められる助郷制度が18世紀半ばに拡大されたことで，特に中山道沿いの地域での負担が重くなり，1764年から65年にかけて中山道沿いで次々と反乱が起こった。これを中山道伝馬騒動という。

問15　大量の物資を運ぶのには昔も今も船が一番簡単である。江戸時代，大阪と江戸の間で物資を運んでいたのは最初は菱垣廻船でやがて樽廻船がとって代わっていった。

問16　あ　歌川広重の代表作が「東海道五十三次」。各地の景色を描いた浮世絵である。他の選択肢の絵師は主に人物画が中心。

やや難　問17　え　江戸時代の日本と正式な国交があったのはオランダ，朝鮮，琉球。朝鮮との窓口となっていたのは対馬藩。琉球は薩摩の支配下にあった。

問18　明治時代の1890年代にまず日本の中で軽工業の産業革命が起こり，綿糸の生産が伸びる。

問19　え　1914年の頃は，まだ日本の中で選挙権は直接国税を10円以上納めている25歳以上の男子に限って与えられていた。財産制限がなくなるのは1925年の法改正から。

問20　い　1932年→あ　1933年→う　1937年→お　1940年→え　1941年の順。

問21　X　アスファルトとは原油から精製する物質で黒いドロドロのもの。これに砂や小石などを混ぜたものが一般に道路の舗装材に使われている。　Y　下水は排水で，生活排水や工業排水，農業排水などがあり，これらを集めて流している水道はいろいろと流入してくることが前提となっているので密閉されていない。飲料水などの上水を流している水道とは別で，上水道の水道管は異物が混入しないように密閉されている。

問22　え　国土面積がこれらの国々の中で一番小さく，人口も少ないのが大韓民国。したがって1平方キロメートルあたりの乗用車台数が日本よりも多い。なお，他の国々は日本よりも国土面積が広いのでこの数字は日本よりもはるかに小さいものになっている。また，乗用車の普及率が経済格差などで一番低いのが中国。あがアメリカ，いがフランス，うが中国となる。

や難　問23　A　オの新潟港。日米修好通商条約で開いたのは新潟の他は函館，横浜，神戸，長崎。B　セの長崎港。江戸時代の鎖国中には長崎の出島がオランダとの接点となっていた。　C　アの釧路港。近くの根釧台地は酪農のパイロットファームがつくられたところ。　D　スの小倉港。この近くに八幡製鉄所が作られ，ここに面する洞海湾がかつては「死の海」とされていた。E　イの青森港。本州と北海道とをつなぐ現在の青函トンネルが開通する前は，ここから青函連絡船が運行されていた。　F　ウの能代港。秋田杉の積出港。　G　シの関西国際空港。空港の貿易品目は小型で軽く，単価が高い電子部品や宝石，光学機器などが多くなる。　H　コの名古屋港。中京工業地帯の主力製品である自動車の積出が多い。　I　サの神戸港。港の中の六甲アイランドやポートアイランドなどに巨大なコンテナ埠頭がある。　J　ケの敦賀港。若狭湾から続くリアス海岸の中の港。

問24　い　2018年の50年前の1968年に小笠原がアメリカから返還されて東京都に編入された。あは1978年，うは1956年，えは1972年。

問25　い　モーダルシフトは貨物や人の輸送機関を別のものに換えること。貨物の場合には一般には自動車での輸送を他の輸送手段に切り替えるもの。　う　パリ協定は京都議定書に代わる温室効果ガスの削減についての世界の国々で連携を取るための協定。

Ⅱ　(政治一憲法，三権，時事に関する問題)

①　空欄1　憲法第25条の第1項の条文にある，生存権の定義にあたるものが「健康で文化的な最低限度の生活を営む権利」。　空欄2　日本の社会保障制度は社会保険，社会福祉，公的扶助，公衆衛生を四つの柱としている。

②　空欄3　国民投票法によって参政権を持つ年齢が18歳以上に引き下げられ，成人年齢も同様に引き下げられることになった。2022年から施行されることになっている。　A　様々な国民の生活に関連する事柄を定めている法が民法。

③　B　え　外国と条約を結ぶのは内閣の仕事。　C　あ　党首討論は衆参どちらの院でも可能。

④　空欄4　日本の裁判では原則，三回までは裁判を行える三審制が取られている。ただし，前の裁判の内容を覆せる可能性のある新たな証拠や証人がないと上級の裁判所での第二審，第三審に進むのは難しい。　D　民事裁判では第一審が簡易裁判所の場合には第二審は地方裁判所となり，第三審は高等裁判所になる。刑事裁判の場合，第一審が簡易裁判所でも第二審は高等裁，第三審は最高裁となる。

⑤　空欄5　日本と韓国との間で日本による植民地支配が終わったあとに結ばれた条約が1965年の日韓基本条約。　E　大韓民国と朝鮮民主主義人民共和国の二つの国家によって朝鮮半島が分断されたのは，日本による植民地支配の後にアメリカとソ連とによって分割統治されたことによる。

★ワンポイントアドバイス★

問題文，設問の選択肢など読む量が多いわりに試験時間が短いのでスピードが大事。空欄補充は前後を丁寧に読み込んで，知識をフルに活用し，一見無関係のようなものも関連づけて考えてみることも大事。

<国語解答>

一　問一　a　明後日　b　物資　c　周囲　d　貸す　e　過程

問二　A　喜　B　楽

問三　（例）人は仲間のためになることをしたり，人に何かを手伝ってもらったらそのお礼をしたりして，だれもが必ず仲間とともに暮らしているということ。

問四　（例）「それ」とは自分だけの時間を使うときに，お金を使うことで自分のやりたいことをたくさんつめこもうとする考え方のことである。その考え方が，自分だけの時間を作る時の考え方と，時間をお金で買い，少ない時間にできるだけ多くのことをこなそうという点で同じだということ。

問五　（例）他の人と共有する時間を他の人に邪魔された時間と考えるようになると，お金を使ってその時間をできるだけ短く効率的にすませようとしてしまう。その結果，生み出された「自分の時間」にもできるだけぜいたくにたくさんのことをするのがよいと思うようになり，どこまでいってもきりがないので満足できない。しかも，「自分の時間」を充実させようとしたところで，そもそも人間は他人と関わり合い，共感しながら暮らしていくものなので，その部分が節約されてしまっては，いくら「自分の時間」を増やしたくさんのことをしても，かえってひとりぼっちの気持ちが強まってしまい，幸せな時間を過ごすことができないため。

二　問一　a　イ　b　エ　c　ア

問二　（例）孫の最期を知りたかったが，伍長の話によって，自らすすんで命がけでなどと言う話ではなく，軍の作戦遂行のために都合よく利用された形で飛び立っていったのだとわかった。自分の孫もまたそのように死んだのだと思うと，強い憤りと悲しみで胸がいっぱいになった。

問三　（例）戦闘に不向きな練習機までも使わなければならないなど，実戦向きの飛行機に不足するほどに日本は追い詰められているという様子。

問四　（例）自分は本来ならば，仲間たちと一緒に昨日死ぬはずであったのに，機械の故障のせいで一人だけ生き残ってしまった。傍線部③では，自分一人だけが死ぬという使命を果たすことができず，さらに貴重な飛行機を失ってしまったことに罪悪感を抱き，まだ生きている自分は許されないのだと感じ，思い詰めていた。しかしカミに「ここにいれば」「隠れていれば」と思いがけないことを言われたことで早く自分も死ななければならないという追い詰められた思いから解放され，傍線部④では，ああこの親子に会えてよかった，生きていてよかったと，生きている自分を受け入れることができた。

問五　神さま

問六　（例）伍長の話を聞く前は，出征する人にたいして「がんばれ」と手を振り，送り出すことは，彼らを応援するために，みんなやっている当たり前のことだと思っていた。しかし，伍長の話を聞くことで，それは無自覚であったとしても，「立派に死ぬこと」を願う呪いをかけていたのと同じであると気づき，自分が戦士した父や兄に対して，「生きて帰ってほしい」と思っていたにもかかわらず，彼らの死を願いながら送り出してしまったのだと深く後悔をした。そして，たとえみんながやっていたとしても自分はもう決して手は振らない，誰の死も願わないと決意するようになった。

○推定配点○

一　問一・問二　各3点×6(問二は完答)　他　各10点×3

二　問一・問五　各3点×4　　他　各10点×4　　　計100点

＜国語解説＞

一　(論説文ー漢字の書き取り，空欄補充，四字熟語，内容理解，要旨)

基本　問一　a「明後日」は「あさって」とも「みょうごにち」とも読む。　b「物資」は，(経済活動の面から見た)品物，という意味。　c「周囲」は，まわり，という意味。　d「貸す」と「借りる」を区別しておくこと。　e「過程」は，経過したみちすじ，という意味。

問二　「喜怒哀楽」は，喜びと怒りと悲しみと楽しみ，という意味。

問三　直後の「ともに生きている仲間の時間と速度を合わせ，どこかで重ね合わせなければならない」や，直前の「昨日農作業を手伝ってもらったので，そのお礼として……返そうとする。それは，……他者とつながっているからである」に注目して解答をまとめる。

重要　問四　まず，「それ」の内容を直前からとらえる。「自分の欲求を最大限満たすために，効率的なすごし方を考える。映画を見て，……どれだけ自分がやりたいことが可能かを考える」という部分が「それ」の内容にあたる。次に，「それが自分が節約した時間と同じ考え方」である，とはどういうことなのかを，直前の段落の後半からとらえる。

やや難　問五　まず，――線部③の「いつまでたっても満たされることがない」のはなぜかをとらえる。「戦後に高度経済成長をとげた日本人は，他人に邪魔されずに自分だけで使える時間をひたすら追い求めた」ために，「時間はコストであり，金に換算できるという考え方」をもつようになった。しかし「せっかく得た自分だけの時間をも同じように効率化の対象にしてしまった」ため，できるだけ多くの欲求を満たそうとすると，きりがないのである。次に，――線部③の「自分の時間が増えれば増えるほど，孤独になって時間をもてあますようになる」のはなぜかをとらえる。これには最後の二つの段落に注目。「自分の時間」を充実させようとしても，そもそも人間は他人と共感しながら暮らしていくものなので，その面が節約されてしまうと，かえって孤独な気持ちが強まってしまい，幸せな時間を過ごすことができないということである。

二　(小説ー空欄補充，心情理解，内容理解，主題)

問一　a　直後の「ぼそぼそと」に合うものを考える。　b　直前に「かえって」とあることに注目。「淡々と」はここでは，あっさりとした，執着の無い様子を表している。　c「非難がましく」は，責めとがめるように，という意味。

問二　――線部①の前で，伍長は自分から進んで攻撃隊員を志願したわけでなく，軍に都合よく利用されたという話をしている。じゃーじゃは孫のイチみーを特攻で亡くしており，孫の最期がどうだったのかを知りたかったが，伍長の話を聞いて，孫も同じように軍に利用されたのだろうと感じて憤っている。

問三　――線部②の直後に「あの遅さですから，日中飛べばグラマンの餌食でしょう」とあることから，「練習機」は戦闘には向かないということがわかる。そのような「練習機」を戦闘に使わなければならないほど，日本軍は飛行機にも不足して，追い詰められた状況にあったのである。

重要　問四　――線部③のときの気持ちは，――線部③とそのあとの「ぼくも昨日，みんなと一緒に死ぬはずだったのに」などからとらえる。伍長は，自分が死ぬという任務を果たせなかったうえに貴重な飛行機を失ってしまったことで思い詰めている。そのような伍長に対してカミが，「ずっとここにいれば？　戦争が終わるまで隠れていれば？」と言った。この言葉を聞いて伍長は追い詰められた思いから解放され，――線部④「生きててよかった」と言うに至ったのである。

問五　「ぼく」は，特攻隊が「島に被害を与えないように」海の上を飛んでいると考えていた。しかし，伍長の「障害物のない海上のほうが安全なんだよ」という話を聞いて，「神さま(＝特攻隊)は島を守っていたわけじゃなかった」ということを知った。伍長は「ぼくだけ生き残ってしまった」「死んで神になるはずだったのに」と言っていたが，カミに「ここにいれば？」と言われたことをきっかけに，「目尻から流れた涙を拭っ」て，「生きててよかった」と言っている。この姿を見て「ぼく」は，伍長に人間らしさを感じている。人間であるということは，「神さま」ではないということである。

やや難 問六 「人形」について伍長は「これは，呪いだと思っている」と言っている。「呪い」とは，人に悪いことが起こるように祈ることである。人形は特攻隊員の「成功」を祈って渡されたものだが，特攻隊員の「成功」は死であるため，その「成功＝死」を祈る人形は，死を祈る呪いと同じだということなのである。カミの気持ちの変化については，空欄cのあとの部分からとらえる。カミは，「あちゃが出生するときも，……わたし手を振ったの」「わたし，手を振って，あちゃとイチみーを呪ってしまった。伍長さんのもらった人形と同じことをした」「あたりまえだと思ってた」「それで，ふたりとも，帰ってこなかった」と言っている。あちゃとイチみーに手を振ったことを後悔しているのである。そして，「もう手は振らない」と言っている。これは，もう自分は，誰にも，死なせるための「呪い」はかけないという決意である。

★ワンポイントアドバイス★

字数の多い記述問題が中心である。文章の内容をしっかりおさえたうえで，自分の言葉で説明する力が求められる。ふだんからいろいろなジャンルの文章にふれることや，文章を要約する練習をしておくことが大切！

平成30年度

★★★★★★★★★★★★★★★★★★★★★★★★

入　試　問　題

平成30年度

桜蔭中学校入試問題

【算　数】（50分）　＜満点：100点＞

【注意】 円周率を用いるときは，3.14としなさい。

Ⅰ　次の □ にあてはまる数を答えなさい。ただし，(3)(ウ)については曜日を答えなさい。

(1) $\frac{5}{24}-\square\times\left(0.875+1\frac{9}{16}\right)+\frac{5}{56}\div2.5=\frac{11}{168}$

(2) ① ある整数 n を2回かけてできた数を10で割った余りを＜ n ＞と表すことにします。

たとえば，2×2＝4 なので ＜2＞＝4

7×7＝49，49÷10＝4 あまり9 なので ＜7＞＝9 です。

このとき，1から127までの整数で，＜ n ＞＝4 となる整数 n は □ 個あります。

② ある整数 n を2回かけてできた数を15で割った余りを≪ n ≫と表すことにします。このとき17を17回かけた数を m とすると，≪ m ≫＝ □ です。

(3) 47人のクラスで，5月7日月曜日から出席番号順に7人ずつ教室そうじをします。つまり，5月7日は1番から7番，5月8日は8番から14番の人がそうじをします。日曜日と祝祭日はそうじはしません。5月7日にそうじをした7人がそろって次にそうじをするのは [(ア)] 月 [イ] 日 [(ウ)] 曜日です。

Ⅱ (1) 半径が3cmの円Aと，1辺の長さが6cmの正方形Bを用いてできる次の3つの図形をA＋A，A＋B，B＋Bと呼ぶことにします。

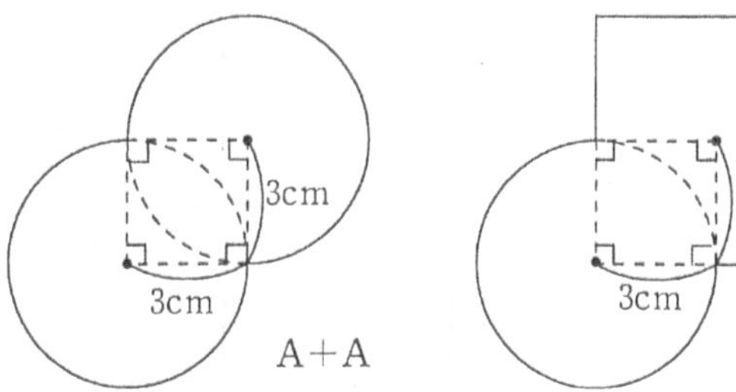

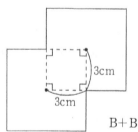

このとき，次の問いに答えなさい。

① A＋A，A＋B，B＋Bの面積はそれぞれ何cm²ですか。

② 同じように，AとBを合わせて10個用いて，右のような図形を作ります。両端（りょうたん）にAを使うとき，Bをできるだけ少なく使って面積が250cm²以上の図形を作るには，Bを何個使いますか。また，作った図形の面積は何cm²ですか。

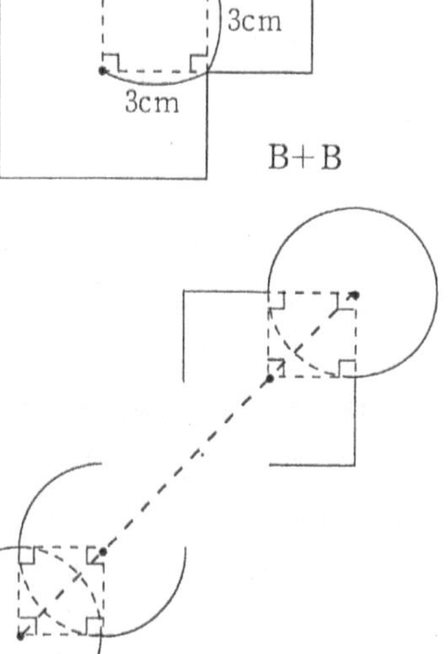

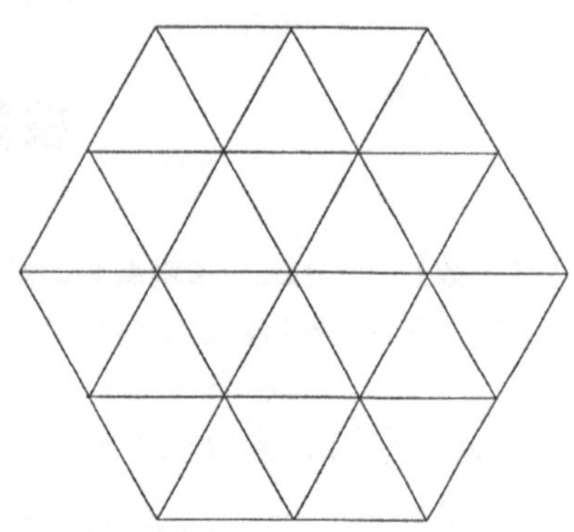

(2) 同じ大きさの白と黒の正三角形の板がたくさんあります。図のように白い板を24枚すきまなく並べて正六角形を作ります。

次に，24枚のうち何枚かを黒い板と取りかえます。このとき，正六角形の模様は何通り作れますか。ただし，回転させて同じになるものは同じ模様とみなします。また，正六角形を裏返すことはしません。

① 24枚のうち１枚を取りかえたとき

② 24枚のうち２枚を取りかえたとき

Ⅲ　１冊あたりの税こみ定価が100円のノートをＡ店，Ｂ店，Ｃ店で売っています。売り方は次の通りです。

Ａ店：10冊を束にして１束目は1000円で販売(はんばい)。２束以上買うと，２束目からは800円で販売。 　　　１冊単位では買えません。 Ｂ店：１冊単位で定価で販売。10冊買うごとに２冊のおまけがつきます。 Ｃ店：１冊単位で販売。値段はすべて定価の８％引きになります。

今，３店のうち１店または２店でノートを買うことにします。

(1) 20冊のノートを手に入れるためには最低いくらかかりますか。ただし，ノートは余分に手に入れてもよいものとします。

(2) 4900円以内で手に入れることができるノートは最大何冊ですか。

(3) (2)で求めた冊数を4900円未満で手に入れるとき，それぞれの店で何冊ずつ手に入れればよいですか。考えられる組を解答らんにすべて書きなさい。解答らんは全部使うとは限りません。

Ⅳ　右の図のように，立方体Ａ，Ｂをはなれないようにくっつけて重りを作り，直方体の透明な水そうの中にひもでつるします。

重りの下の面は水そうの底面から５cmのところにあり，常に水そうの底面と平行です。

水そうの中は，最初水で満たされていて，底面の排(はい)水口から毎秒50cm³の割合で排水します。また，排水を始めると同時に，重りをつるしたひもを毎秒$\frac{1}{2}$cmの速さで上にひきあげます。ただし，水の浮力やひもの体積，水そうの厚みは考えないものとします。ひもはのびたり，たるんだりしません。

(1) 水面の高さがＡの上の面より１cm上になるのは，排水を始めてから何秒後ですか。

(2) 水面の高さがＡの上の面より１cm上になったとき，今度はひもを毎秒$\frac{1}{2}$cmの速さで下ろすことにし

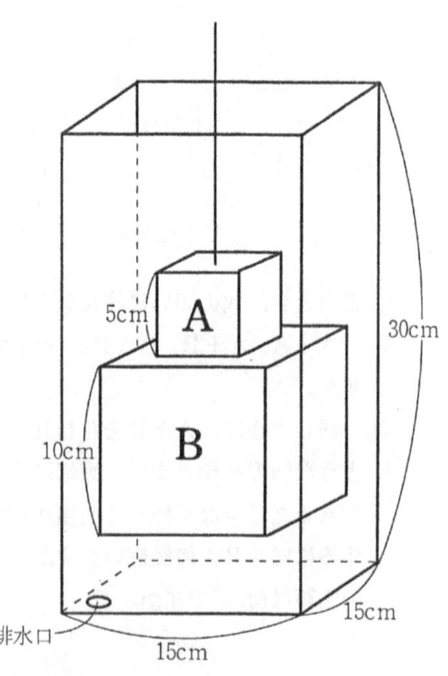

ます。排水は変わらずに続け，重りは排水口をふさぎません。重りが水そうの底面に着地した後は，ひもを動かさず，排水だけ続けます。

① 重りが水そうの底面に着地したとき，水面は水そうの底面から何cmのところにありますか。

② 排水を始めてから75秒後，残っている水の体積は何cm^3ですか。このとき，水面は水そうの底面から何cmのところにありますか。

【理　科】（30分）　＜満点：60点＞

Ⅰ　さくらさんは，一辺が10cmの正方形の鏡を１枚用意して，２つの実験を東京で行いました。以下の問いに答えなさい。

実験１　２月の晴れた日，太陽がちょうど南にのぼった時に，鏡の面が水平になるように地面に置いて，反射した光が壁に映るようすを観察しました（**図１**）。すると，鏡の北側にある壁には，明るく光る長方形が映っていました。

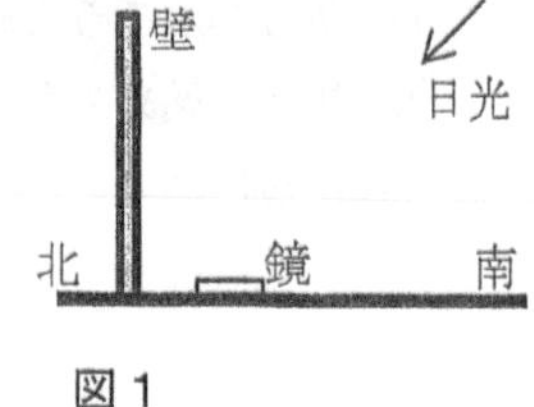

図１

問１　一般的な鏡は，ある金属のうすい膜をガラスと板ではさんだ構造になっています。この金属１kg の体積は95.2cm³です。下の表を参考にして，この金属は何かを答えなさい。また，この金属について説明した文としてふさわしいものを**ア〜ク**から１つ選びなさい。

金属	アルミニウム	亜鉛(あえん)	銅	銀	鉛(なまり)	金
1 cm³の重さ(g)	2.7	7.1	9.0	10.5	11.4	19.3

ア．塩酸にとけて気体を発生する　　**イ**．磁石に付く性質がある
ウ．10円硬貨の主な成分である　　**エ**．１円硬貨の主な成分である
オ．釣り用のおもりに用いられる　　**カ**．黄色の美しい光沢をもつ
キ．さびにくい性質のためアクセサリーに用いられる
ク．水酸化ナトリウムにとけて気体を発生する

問２　**実験１**を６月に行った場合，反射した光が壁に映るようすは，２月に行ったときと比べてどうなりますか。明るく光る部分の面積について**ア〜ウ**から，反射した光が映る位置について**エ〜キ**からそれぞれ１つ選びなさい。

ア．大きくなる　　**イ**．小さくなる　　**ウ**．変わらない
エ．上に移動する　　**オ**．下に移動する　　**カ**．東に移動する　　**キ**．西に移動する

実験２　**図２**のように，**A**の文字を書いた紙を机の上に置き，鏡を①〜③の位置に順に立てて，それぞれ鏡に映った文字の形を観察しました。鏡に映った文字の形は**図３**のようになりました。**A**の他にもいろいろな文字を書いて，①〜③の鏡に映る文字の形を調べました。

①，③に映った形　　②に映った形

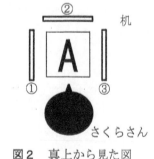

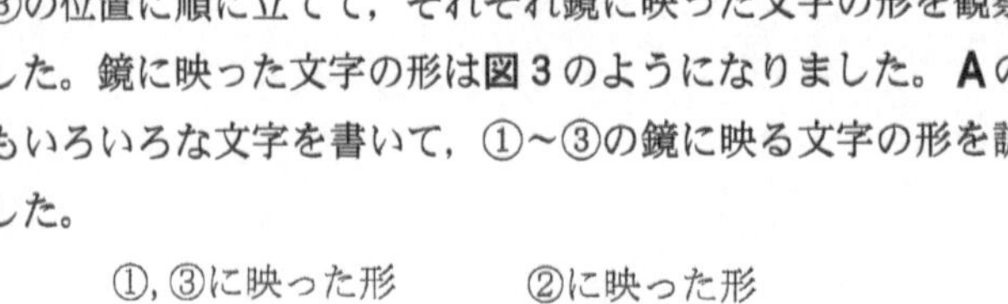

図３

②　机　A　①　③　さくらさん

図２　真上から見た図

問３　**C**の文字を鏡に映すとどのように見えますか。①〜③それぞれについて，つぎの**ア〜エ**から選びなさい。

問4　つぎのア～キの文字を鏡に映したときに，①～③に映る形が３つとも紙に書いた文字とは異なるものはどれですか。ア～キからすべて選びなさい。

ア. X　イ. N　ウ. L　エ. D　オ. S　カ. H　キ. Y

問5　①に映った形がひらがなの「ん」に見えるようにするには，紙にどのように書けばよいですか。図で表しなさい。

Ⅱ　水は，冷やすと氷に，温めると水蒸気に姿を変えます。固体，液体，気体の３つの状態のうち，ある状態から別の状態に変わることを状態変化といいます。状態変化に関する以下の問いに答えなさい。

問1　水（液体），氷（固体），水蒸気（気体）のそれぞれについて，あてはまる性質をつぎのア～オからすべて選びなさい。同じ記号を何回選んでもよい。

ア．容器に合わせて形が変わる。

イ．圧縮しても体積がほとんど変わらない。

ウ．同じ体積で比べると３つの中で最も重い。

エ．同じ重さで比べると３つの中で最も体積が大きい。

オ．状態変化をしない範囲（はん）で温めると体積が最も大きく変化する。

問2　つぎの(1)～(3)では水がどのような状態変化をしたか，下のア～カからそれぞれ選びなさい。また，(1)のような状態変化，(2)のような現象をそれぞれ何といいますか。「化」の文字を使わずに答えなさい。

(1)　洗たくをしてぬれたタオルを干しておくとかわいた。

(2)　寒い日に窓ガラスの内側がくもっていた。

(3)　水でぬれた指で，冷とう庫の氷にさわると氷が指にくっついた。

ア．固体→液体　　イ．液体→気体　　ウ．気体→固体

エ．液体→固体　　オ．気体→液体　　カ．固体→気体

問3　ドライアイスを皿にのせてしばらく置いておくと，ドライアイスの表面にふわふわとした白い粉が付き，ドライアイスの周りは白いけむりでおおわれます。

(1)　ドライアイスはある気体に圧力を加えるなどして固めたものです。この気体の名前は何ですか。また，この気体の性質として正しいものをア～キからすべて選びなさい。

ア．鉄を塩酸に入れると発生する気体で，爆発（ばくはつ）性がある。

イ．ものが燃えるのを助けるはたらきがあり，空気中で２番目に多くふくまれる。

ウ．人間の呼気に最も多くふくまれる気体であり，品質保持のためにスナック菓子（がし）のふくろに入れられることがある。

エ．植物が呼吸をするときに空気中から取りこむ気体である。

オ．メタンやフロンガスと同じく人間活動によって増加した温室効果ガスである。

カ．水にとかすと酸性になり，鉄をとかす性質がある。

キ．空気より重い気体で，水に少しとける。

(2)　ドライアイス表面の白い粉と周りの白いけむりは何だと考えられますか。つぎのア～カから

それぞれ1つ選びなさい。

ア．ドライアイスの成分が気体になったもの

イ．ドライアイスの成分が液体になったもの

ウ．ドライアイスの成分が固体になったもの

エ．水蒸気　　**オ**．水　　**カ**．氷

問4　空気の主成分であるちっ素は，－（マイナス）196℃まで冷やすと気体から液体に変わります。液体のちっ素を金属製のコップに入れて空気中にぶら下げてしばらくすると，コップの表面にうすい青色の液体が付きます。この液体を集めて，火のついた線香を近づけると線香がほのおをあげて燃えました。この液体は空気中のある気体が冷やされたものです。

(1)　この気体の名前は何ですか。

(2)　この気体が，気体から液体に変わる温度について説明したつぎの**ア～ウ**から正しいものを1つ選びなさい。

ア．－196℃より高い　　**イ**．－196℃より低い　　**ウ**．これだけでは判断できない

Ⅲ　以下の問いに答えなさい。

問1　地層のでき方を調べるために，**図1**のように水の入った十分に長い筒に，大きさの異なる3種類のつぶ（れき・砂・どろ）を流しこみました。一度流しこむのを止め，水のにごりがうすくなってからもう一度流しこんでしばらく静かに置いたところ，6つの層と水の層ができました。

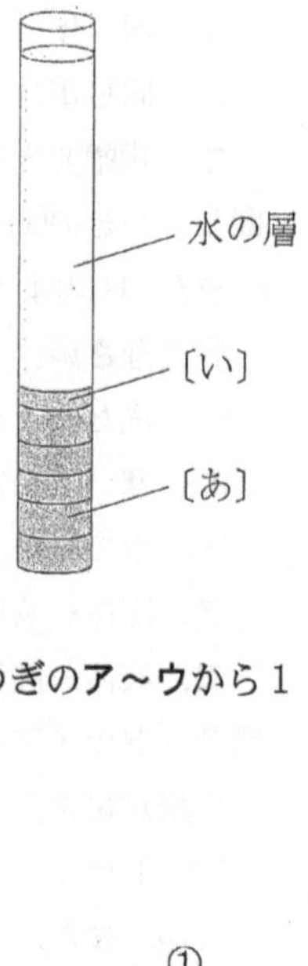

水の層

〔い〕

〔あ〕

図1

(1)　**図1**のように実験を行ったとき，たい積するまでにかかる時間が最も長いと考えられるつぶはどれですか。つぎの**ア～エ**から1つ選びなさい。

ア．れき　　**イ**．砂

ウ．どろ　　**エ**．つぶの大きさとは関係ない

(2)　**図1**の〔あ〕と〔い〕の層に主にふくまれるものは何ですか。それぞれつぎの**ア～ウ**から1つずつ選びなさい。

ア．れき　　**イ**．砂　　**ウ**．どろ

問2　**図2**は水の流れる速さと，たい積物のつぶの大きさの関係を表したグラフです。曲線①は止まっていたつぶが流され始めるときの水の流れる速さを，曲線②は流されていたつぶが止まり始めるときの水の流れる速さを表しています。

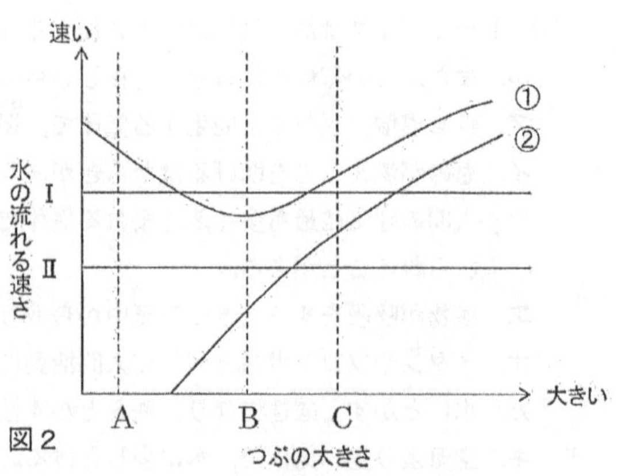

図2

(1)　水の流れる速さを少しずつ速くしていったとき，最初に流され始めるつぶはA～Cのうちどれですか。

(2)　水の流れる速さが**図2**のⅠからⅡに変化したとき，運ぱんされていたA，

Cはそれぞれどうなりますか。つぎのア，イから１つ選びなさい。

ア．底にたい積する　　イ．運ぱんされ続ける

問３　川の河口付近で見られる三角州（す）は，川の何という作用が主にはたらいたためにできたものですか。つぎのア～ウから１つ選びなさい。

ア．しん食　　イ．運ぱん　　ウ．たい積

問４　火山灰のつぶを水で洗い，そう眼実体けんび鏡で観察しました。火山灰のつぶには，川で採取した砂のつぶとは異なるどのような特ちょうが見られますか。簡単に説明しなさい。

問５　川に短時間で大量の雨が降り注ぐと増水し，危険をともないます。2017年７月の北九州北部豪雨（ごうう）では１時間に約130㎜もの雨が降った地域もありました。

(1)　底面積が１m^2の容器に１時間に130㎜の雨が降ったとき，１時間で容器にたまった水の量は何Ｌですか。

(2)　雨水が１mLあたり１ｇだとすると，(1)で答えた水の重さは何kgになりますか。

Ⅳ　ホウセンカは，植物の育ち方を知るためによく用いられます。ホウセンカに関する以下の問いに答えなさい。

問１　ホウセンカの種子を手にとって，虫めがねを使って観察しました。観察の方法として正しいものを，つぎのア～ウから１つ選びなさい。

ア．種子を持った手と目の位置は動かさず，虫めがねを動かして，はっきりと見えるところで止める。

イ．虫めがねを目に近づけておき，種子を持った手を動かしてはっきりと見えるところで止める。

ウ．虫めがねを目と種子の間におき，種子を持った手を動かしてはっきりと見えるところで止める。

問２　ホウセンカの種子の発芽に最も適した気温を，つぎのア～ウから１つ選びなさい。また，ホウセンカの種子の発芽に必要なものを，エ～キからすべて選びなさい。

ア．10℃　　イ．20℃　　ウ．30℃

エ．空気　　オ．水　　カ．肥料　　キ．種子の中の養分

問３　ホウセンカの子葉は２枚です。つぎのア～オのうち，子葉が２枚ではないものをすべて選びなさい。

ア．アサガオ　　イ．エノコログサ　　ウ．ヒマワリ　　エ．ヘチマ　　オ．マツ

草たけが30㎝ほどに成長したホウセンカのはち植えを用いて**実験１**を行いました。

実験１

①　次のページの**図１**のように，ホウセンカのはち植えに透明（とう）なふくろをかけ，根元をしっかりしばる。

②　ふくろに小さな穴を開け，ボンベで二酸化炭素を入れた後，穴をふさぐ。

③　同じ穴に気体検知管を差しこみ，ふくろの中の酸素の割合をはかる。

④　はち植えを光の当たらない場所に置き，30分ごとにふくろの中の酸素の割合をはかる。（計２時間）

⑤　はち植えを十分な強さの光に当て，30分ごとにふくろの中の酸素の割合をはかる。（計３時間）

図１

図２

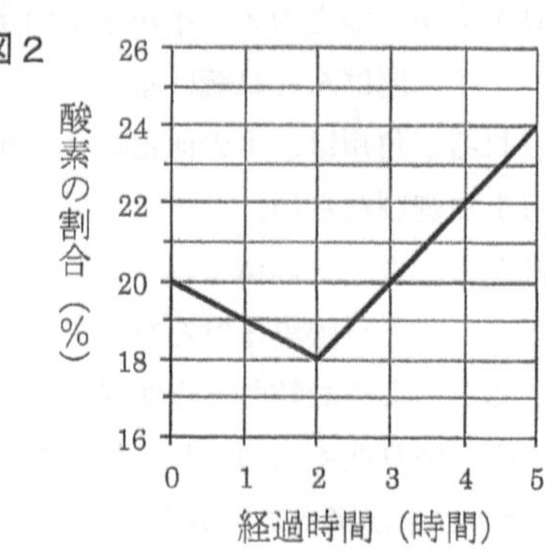

図３

問４　空気中の酸素の割合は21%ですが，ボンベで二酸化炭素を入れてふくろがふくらんだため，**実験１**③でのふくろの中の気体中の酸素の割合は20%になりました。このときの二酸化炭素の割合（%）を，小数第二位を四捨五入して，小数第一位まで求めなさい。

問５　**実験１**④，⑤での酸素の割合（%）の変化を，**図２**に示しました。なお，④と⑤では，光以外の条件はすべて同じで，呼吸によって消費される酸素の量は光の有無によって変化しません。**実験１**④，⑤で，１時間あたりに呼吸によって消費される酸素は，ふくろの中の気体の体積に対して何%になりますか。また，**実験１**⑤で，１時間あたりに光合成によって発生する酸素は，ふくろの中の気体の体積に対して何%になりますか。

実験１の後，透明なふくろの内側はくもっていました。これは，根から吸収した水が，くきや葉の中の細い管を通ってからだのすみずみまでいきわたり，気こうから空気中に出ていったためです。そこで，**図３**のようなけんび鏡を用いて，ホウセンカの気こうを観察しました。

問６　気こうの観察に最も適した部位はどこですか。つぎの**ア〜オ**から１つ選びなさい。

ア．葉の表側のうすい皮　**イ**．葉の裏側のうすい皮　**ウ**．くきの外側のうすい皮
エ．花びら　**オ**．根の先たん

問７　**図３**のようなけんび鏡の使い方に関する説明**ア〜エ**のうち，誤っているものをすべて選びなさい。

ア．けんび鏡は，日光が直接当たらない明るい場所に置く。
イ．ステージにプレパラートをのせた後に反射鏡を動かして，見えている部分の全体が明るく見えるようにする。
ウ．対物レンズは，最初は一番高い倍率にしておく。
エ．ピントを合わせるときは，接眼レンズをのぞきながら調節ねじを回し，ステージを下げる。

問８　**図３**のようなけんび鏡でひらがなの**「ん」**の文字を見た場合，どのように見えますか。図で表しなさい。

実験１の後，日光によって葉の中にでんぷんができていることを確認するために，**実験２**を行いました。

実験２

①　葉を湯に入れて，やわらかくする。

② 葉の色をぬく。

③ 色がぬけたら，葉を取り出して水で洗う。

④ 洗った葉をうすい □ にひたし，色の変化を調べる。

問9 **実験2**②のようすを図で表しなさい。ただし，下に書かれたもののうち，必要なものを選ぶこと。また，液体は，(例) のように中身がわかるように示すこと。

葉	ビーカー(大)	ビーカー(小)
氷水	水	湯
エタノール	うすい塩酸	水酸化ナトリウム水溶液

(例)

水

問10 **実験2**④の □ に適する薬品名を答えなさい.

問11 ホウセンカの花粉はハチなどのこん虫によって運ばれますが，めしべとおしべを丸めて自分で受粉もできます。つぎの**ア**～**エ**のうち，こん虫や風の力を借りずに，自分で受粉ができる花をさかせる植物を1つ選びなさい。

ア．ヘチマ　**イ**．トウモロコシ　**ウ**．リンゴ　**エ**．アサガオ

【社　会】（30分）　＜満点：60点＞

I　次の文を読み，空欄 1 ～ 4 に適する語句をそれぞれ答え，下線部①～⑤について後の問いに答えなさい。

「ある事柄についての知らせ」を情報といい，①私たちは交通手段や郵便などによって，遠く離れた人とも情報を伝えあってきました。今では，電話やファクシミリ，無線，ラジオ・テレビなど情報を伝えるさまざまな手段があります。インターネットを使って知りたい情報を検索し，すばやく大量の情報を集め，伝えあうこともできます。インターネットは世界中のコンピュータなどの機器を接続するネットワークです。通信衛星や 1 を使った海底ケーブルなどの設備によって，大量の情報を遠く離れた地域に瞬時に伝えることができます。とくに 1 ケーブルは電磁波の影響を受けず，高速で信号を送れるために急速に広まっています。

情報を伝えるためにピクトグラムとよばれる絵文字，絵単語が使われることもあります。2016年3月，内閣府と 2 省消防庁は，地方公共団体に災害時の避難場所などの表示板をつくる時には，全国で②共通のピクトグラムを使用するように通知しました。日本では1964年の東京オリンピック開催に際して，競技種目や施設を示すためにピクトグラムがデザインされました。

地図にもさまざまな記号が使われています。現在，すべての日本の③地図の基礎となるものを国土地理院が作成しています。地図は地表の状況を一定の縮尺に縮小して紙などにあらわします。地図記号を使うと，地図が文字だらけになって見にくくなるのを防げます。また縮小すると小さくなりすぎてあらわせないものも，地図記号を使って表示することができます。地名や経緯度などのように，実際の地表上では④目に見えないものを記号や線で示すこともあります。国土地理院作成の地図記号は，時代に応じて少しずつ変化してきました。

近年，⑤観光産業をさかんにする取り組みが進み，日本を訪れる外国人が増加しています。2016年は中華人民共和国， 3 ，台湾，香港，アメリカ合衆国の順に多くの外国人が日本を訪れ，全体で2400万人を超えました。外国人旅行者のさらなる増加が期待され，2020年のオリンピック・ 4 東京大会開催に向けて，外国人にもわかりやすい地図記号もつくられました。

問1　下線部①について，下の表は福島県，東京都，神奈川県，島根県について，今日の交通や情報通信に関わる統計をまとめたものです。福島県にあてはまるものを次のあ～えから1つ選び，記号で答えなさい。

	乗用車の100世帯あたり保有台数(台) 2016年	携帯電話の100人あたり加入件数(件) 2016年	情報通信機械器具製造品出荷額等(億円) 2014年
あ	157.1	97.6	7526
い	45.2	313.5	8785
う	72.4	111.8	8262
え	141.2	97.1	1314

データでみる県勢2018（矢野恒太記念会）

問2　下線部②について，右のピクトグラムが示す災害の種類を漢字3文字で答えなさい。

問３　下線部③について，次の地図は，国土地理院発行の縮尺25000分の１の地形図『鏡』の一部を改変したものです。地図を見てａ～ｄの問いに答えなさい。

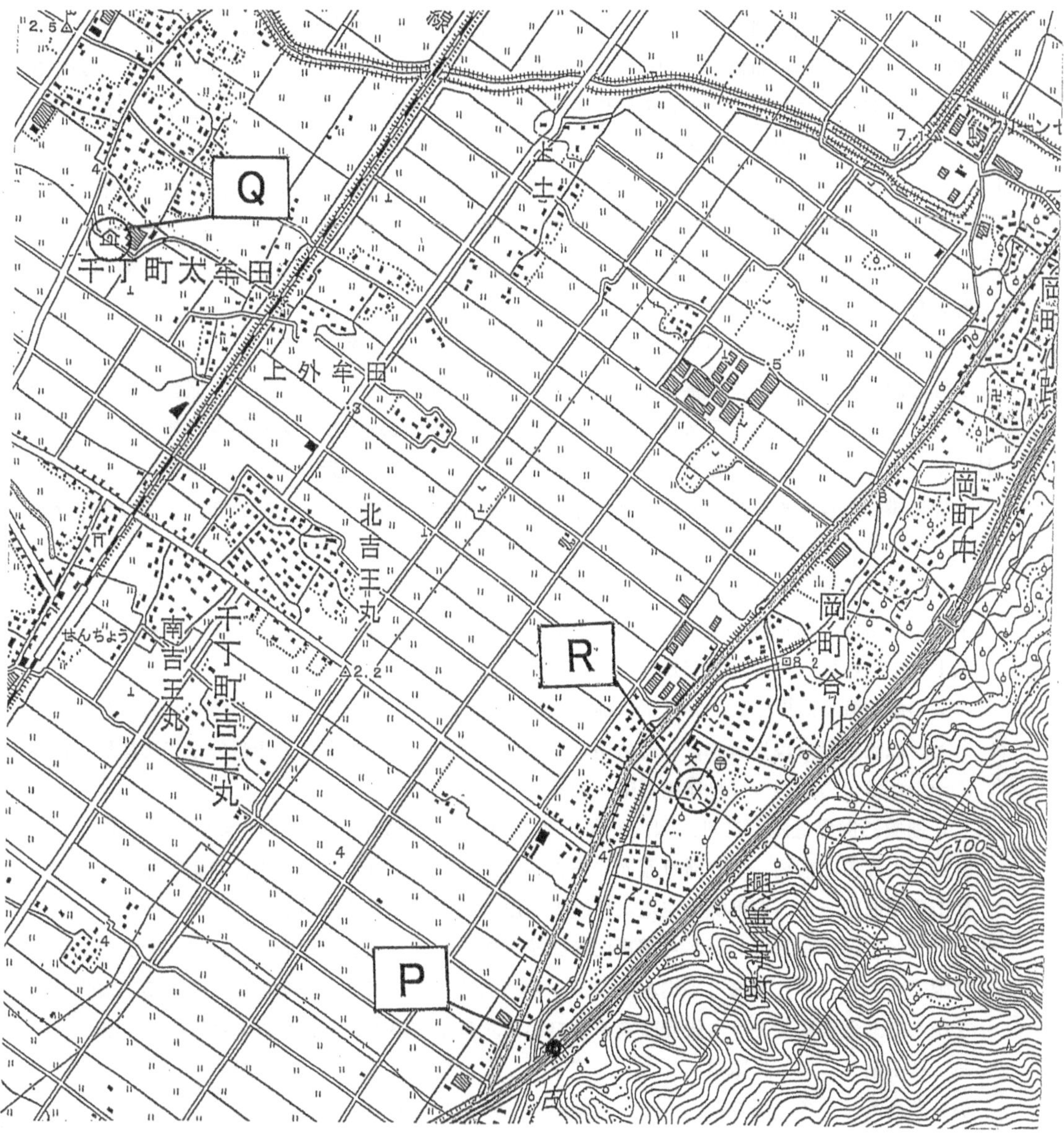

ａ　地図中の地点Ｐから見て，神社はどの方向にあるか，次のあ～くから１つ選び記号で答えなさい。

あ 北　い 東　う 南　え 西　お 北東　か 南東　き 南西　く 北西

ｂ　地図中の記号Ｑ とＲ は何をあらわしているか，それぞれ記号名を答えなさい。

ｃ　地図を見て次の文中の空欄（　）に適する語句を漢字で答えなさい。すべての空欄に同じ語句が入ります。

自動車専用道路が山地と低地の境界を通っており，山地と低地の境界は直線になっている。

これは，山地と低地が（　　）で区切られているからである。2016年4月，この（　　）帯の北端が動き，さらにその北にある（　　）帯の活動によって震度7の熊本地震が起こった。

d　地図中の ıı で示された農地では，12月に苗を植え，6～7月に収穫する作物も栽培されています。この作物の熊本県の生産量は全国第1位で，全国の生産量の90%以上を占めています。この作物の作付面積は1950年代後半以降，70年代前半まで急激に広がりました。この作物の名称を明らかにして，この時期に作付面積が広がった理由を答えなさい。近年，この作物の作付面積は減ってきています。

問4　下線部④について，文中で示されているもの以外で，目には見えないが，地図上に描かれているものの例を1つ答えなさい。

問5　下線部⑤について，次の各説明文にあてはまる道府県を下のあ～こから1つずつ選び，記号で答えなさい。

A　8月が最も観光客の多い季節であるが，雪祭りが行われる冬にもタイやマレーシアなどから多くの観光客が訪れる。北緯42度46分，東経141度41分にある空港は，多くの旅客が乗降するだけでなく，アジア各国とアメリカ合衆国を結ぶ貨物機給油地としても利用される。

B　多くのクルーズ船が立ち寄る港があり，特にアジアからの観光客が多い。かつてさかんだった炭鉱業のありさまを絵で表現した作品群が世界記憶遺産に登録されている。イチゴが特産品で，イチゴを使った菓子類が土産品にもなっている。

C　北部は豪雪地帯である。南部は交通が便利で，新幹線の駅が4つある。南東部にある人口第1位の都市は，南京町とよばれる中華街や北野の異人館街など見どころが多い。日本の伝統的黒毛和牛の産地の1つとして知られる。

D　高い崖が続く海岸や美しいリアス海岸に恵まれ，越前ガニはこの地域の冬の代表的な味覚である。伝統産業を観光資源として活用しており，生産量全国第1位の和紙の紙すき体験や世界に一つだけのめがねづくり体験が楽しめる。

E　3地域に世界遺産があり，国内外から多くの観光客が訪れる。空港や新幹線の駅はなく，近隣の大都市に宿泊して日帰り観光する人が増えている。近隣の大都市に通勤する人も多く，都市化が進む一方，古都保存法により歴史的風土の保存に努めている。

F　インドなどが原産の，春から初夏に赤い花が咲くデイゴはこの地域のシンボルであり，観光資源でもある。2月の海は平均水温が21℃程度だが，ダイビングを楽しむ人もいる。観光業がさかんで，全就業者のうち観光産業を含む第三次産業従事者の割合が東京都に次いで高い。

あ　秋田県　　い　兵庫県　　う　沖縄県　　え　京都府　　お　岩手県
か　奈良県　　き　福井県　　く　福岡県　　け　北海道　　こ　鹿児島県

Ⅱ　次の文を読み，空欄【A】～【I】に適するものをそれぞれの選択肢から1つずつ選び記号で答え，空欄 [1] ～ [4] には適する語句をそれぞれ漢字で答えなさい。さらに下線部①～⑨について後の問いに答えなさい。

細菌，ウイルスなどの感染によって起こり，人から人へ次々と移る病気は，伝染病とよばれてきました。1998年に感染症法が制定され，それ以降は，感染症というよび方が一般化しています。

古くから感染症は，多くの人々の命を奪い恐れられてきました。このため，いろいろな風習や文化が生まれています。正月に屠蘇を飲んだり，七草がゆを食べたり，五月に菖蒲湯に入るといった風習は，感染症を避けるために①季節ごとに宮中で行われていたものが，一般の人々にも広がったものです。

感染症の流行を防ぐための祭りも，行われてきました。古代にはうらみを残して死んだ人が怨霊になると信じられ，怨霊のたたりが感染症の流行を引き起こすと考えられました。このため9世紀に，怨霊のたたりを鎮めるための祭りが始まりました。この祭りは室町時代に応仁の乱で一度すたれましたが，富裕な町衆たちの手によって復興されています。この祭りが現在まで京都で続く【　A　】です。こうした感染症と人類の関係をふり返ってみましょう。

人類の間に感染症が拡大したのは，文明が発達したころと考えられます。一定の人口に達すると，感染症の流行は始まります。【　B　】が始まり，人口が増えた頃，感染症の流行が起こり出したと考えられています。しかも【　B　】が始まると人々は定住を始め，糞便による感染の危険も高まりました。また【　B　】を始めたころ，野生動物を家畜化したため，動物に起源をもつウイルスが人類の病気となっていきます。天然痘，麻疹，インフルエンザなどです。

日本では②弥生時代の人骨に，結核のあとが残っているものがあります。結核は弥生時代に大陸からやってきた渡来人たちによってもたらされ，古墳時代に日本に広まりました。平安時代には貴族の女性である［ 1 ］が，「春はあけぼの」という書き出しで知られる随筆のなかで，「病は胸」と記していますが，この胸の病の多くは結核だったと考えられています。その後も感染力が強い結核は，多くの人の命を奪っていきました。近代産業が発達すると都市に人口が集まり，非衛生的で過酷な労働環境におかれた労働者たちの間に結核が広がっていきます。1944年に結核菌に有効な抗生物質が開発されたことで，やっと先進国では結核による死亡が激減していきました。

天然痘は6世紀半ば，大陸から伝わったとされています。735年に始まった流行がよく知られています。まず大陸との窓口である北九州で流行がはじまり，737年には都にも広まって，大流行しました。中臣鎌足の孫にあたる四兄弟は政治の中心にいましたが，この時の流行で全員が亡くなっています。この天然痘の流行は，聖武天皇が大仏をつくろうと決意するきっかけの一つになりました。大仏をつくる詔は，聖武天皇が【　C　】にいたときに出されました。

平安時代にも何度か天然痘や麻疹の流行があり，藤原道長の兄二人も，天然痘で亡くなっています。兄の死は道長が権力を握るのに大きな影響を与えています。また道長の娘である嬉子は皇太子時代の朱雀天皇の妃となり，後の後冷泉天皇を産むときに，麻疹により亡くなりました。このように感染症は権力者にとっても恐ろしいものであり，さまざまな不安に苦しんだ平安時代の貴族たちは，【　D　】にすがって，死後に極楽浄土に行くことを願う信仰を強くもつようになりました。

天然痘により失明する人も少なくありませんでした。③戦国大名の伊達政宗は，天然痘により片目を失い，独眼竜とよばれました，ヨーロッパでは18世紀に天然痘に対する免疫をつけさせる種痘が発明されると，天然痘の被害は減っていきます。日本で種痘を広めるために力を尽くした蘭学者の一人が【　E　】です。【　E　】は適塾で多くの人材を育てたことでも知られています。適塾では④福沢諭吉などが学びました。

その後，1958年にソビエト連邦（ソ連）の提案により天然痘の根絶計画が，【　F　】の総会で可決されました。当初は実現不可能と思われていましたが，1965年にアメリカ合衆国大統領が計画を支持したことで，計画は実現に向かいました。この時期にソ連とアメリカは［ 2 ］と呼ばれる状況にあったことを考えると，米ソがこのような協力を行ったことは驚くべきことです。その後，地道なウイルスの封じ込め作戦が展開され，【　F　】は1980年，ついに天然痘根絶を宣言しました。

このほかにも長らく人々を苦しめてきた感染症に，マラリアがあります。⑤平清盛はマラリアで亡くなったと考えられています。マラリアはアフリカの歴史に大きな影響を与えました。かつてアフリカに進出したヨーロッパ人の多くがマラリアに感染して亡くなったため，アフリカは白人の墓場とよばれました。しかし19世紀にキニーネというマラリアの特効薬が開発されるとアフリカ進出は容易になり，アフリカは次々とヨーロッパの［ 3 ］となっていってしまいます。

コレラはもとはインドの風土病でしたが，イギリスがインドを［ 3 ］としたことから，19世紀に世界に広がっていきました。日本に初めてコレラが入ってきたのは1822年です。インドで1817年に始まった流行が，オランダ船を通じて【　G　】に入ってきたとも，朝鮮から対馬を経て入ってきたともいわれています。欧米先進国では糞便を介してコレラが広まっていたため，コレラの流行をきっかけに上下水道を整備していきます。そのため1877年に来日した動物学者モースは，⑥東京などの都市における江戸時代以来の糞便の処理に興味を示しています。

この時期に欧米諸国や日本は，感染症の流行が自国に入ってこないようにするために，検疫を行おうとします。検疫とは感染症の有無を調査し，感染の拡大を予防することです。特にこの時期は，船に感染者がいないかを確認するため，一定の期間拘束し，人や物の上陸をとどめることが一般的でした。

しかしコレラの流行していた1879年に，ドイツの船が日本側の検疫を拒否して，入港を強行する事件が起こっています。日本は⑦イギリスやドイツに日本の制度を守らせることが難しい立場にあったため，こうしたドイツの行いを受け入れざるをえませんでした。日本が検疫をきちんと行えるようになったのは，1899年に⑧ある条約が効力をもち，海港検疫法を施行してからです。

こうした海港検疫は，その後ペスト患者の上陸を防ぐなど，一定の効果をあげました。ペストはヨーロッパで流行が何度も起こり，多くの人々の命を奪った感染症です。19世紀にはアジアで大流行しました。ヨーロッパとの関わりが深い香港で流行が起こった1894年には，欧米諸国は国際調査団を香港に派遣し，検疫体制を整え，欧米でのペストの流行を防ぎました。このときに香港に派遣されペスト菌を発見したのが，コッホの弟子だった日本人の細菌学者［ 4 ］です。

感染症は政治的にも利用されるようになります。1911年に【　H　】でペストが流行すると，ペスト対策を口実に，日本とロシアはこの地への進出を図ろうとしています。清はアメリカ，イギリスなどを含む国際ペスト会議を開き，日本とロシアの影響力をおさえようとしました。このように感染症対策は，時に国際政治に左右されます。

［ 3 ］の拡大をねらう帝国主義の諸国にとっては，感染症の克服は重要な課題でした。20世紀前半のノーベル生理学・医学賞の受賞者に，感染症に関わる研究をした人が多いのは，このことと深い関係があります。そして20世紀の半ばに抗生物質が開発されることで，感染症の恐怖は薄らいでいきました。先進国では1950年代以降，感染症による死者が激減していきます。

先進国では多くの感染症が，身近な病気ではなくなっていきます。天然痘も根絶され，人類は感染症を克服できるのではないかと思われたこともありました。しかし20世紀後半にも新たな感染症は見つかっており，人類の大きな脅威となっています。2015年にはジカ熱が⑨ブラジルなどアメリカ大陸で流行し，2016年のオリンピックの開催があやぶまれたほどでした。

また発展途上国では，今も多くの人が感染症で亡くなっています。発展途上国の感染症は，薬を開発しても利益につながらないため，対策がおろそかにされがちです。そうした中で，【　I　】は，熱帯地方で流行する寄生虫病の治療薬を開発したことが評価され，2015年にノーベル生理学・医学賞を受賞しました。エボラ出血熱や新型インフルエンザなど，感染症は私たちに，今も大きな影響を与え続けています。感染症は決して過去の病気ではなく，今日の私たちが向かい合っていかなければいけない問題です。

選択肢

	あ	い	う	え
【A】	葵祭	祇園祭	疫神祭	祈年祭
【B】	大型動物の狩り	魚の漁	木の実の採取	穀物の栽培
【C】	平安京	難波宮	恭仁京	紫香楽宮
【D】	釈迦如来	阿弥陀如来	大日如来	薬師如来
【E】	緒方洪庵	吉田松陰	広瀬淡窓	大塩平八郎
【F】	UNESCO	UNHCR	WFP	WHO
【G】	横浜	長崎	兵庫	新潟
【H】	華南	満州	華中	台湾
【I】	利根川進	山中伸弥	大隅良典	大村智

① 毎年一定の時期に宮中で行われていた儀式を何と呼ぶか，漢字４文字で答えなさい。

② 弥生時代に使われた右の図のような木製農具の名前を，次のあ～えから１つ選び記号で答えなさい。

あ えぶり　い すき　う たてぎね　え 田げた

③ 戦国大名織田信長に関わる次の出来事ａ～ｃを，起こった順に並べたものとして正しいものを，次のあ～えから１つ選び記号で答えなさい。

＜出来事＞ ａ 長篠の戦い　ｂ 桶狭間の戦い　ｃ 室町幕府を滅ぼす

あ ａ→ｂ→ｃ　い ａ→ｃ→ｂ　う ｂ→ａ→ｃ　え ｂ→ｃ→ａ

④ 福沢諭吉は適塾で蘭学を学んでいました。開港後の横浜に出かけた福沢諭吉は，外国人向けの店のウィンドウの外国語が読めないことに驚きました。なぜ福沢諭吉は，横浜で外国語が読めなかったのか，横浜で貿易を行っていた主な相手国をあげて，説明しなさい。

⑤ 平清盛が源氏をおさえて権力を握った戦いを，次のあ～えから１つ選び記号で答えなさい。

あ 平治の乱　い 保元の乱　う 石橋山の戦い　え 壇ノ浦の戦い

⑥ 江戸時代に江戸の町では糞便はどのように処理され，何に使われていたのか，説明しなさい。

⑦ 下線部⑦のような立場に日本がおかれたのは，イギリスやドイツに何が認められていたためか，漢字で答えなさい。

⑧ 下線部⑧の条約は1894年に結ばれています。この条約を最初に結んだ相手国を次のあ～えから１つ選び記号で答えなさい。

あ イギリス　い ドイツ　う オランダ　え アメリカ

⑨ ブラジルには1908年以降，日本からたくさんの人が移住しました。ブラジルへの移住が始まる前に，明治以降日本から最も多くの人が移住したのはどこか，次のあ～えから１つ選び記号で答えなさい。

あ マレーシア　い オーストラリア　う ハワイ　え グアム

Ⅲ 次の①～⑤の各文の空欄 [1] ～ [6] に適する語句をそれぞれ答えなさい。[1] ～ [5] は漢字で答えること。さらに，空欄【A】～【D】に適するものをそれぞれの選択肢から1つずつ選び，記号で答えなさい。

① 新しい人権の1つとして自己決定権があり，自らの生き方を決める権利として注目を集めている。そのような考え方の広がりもあり，[1] 法が成立し，2017年で20年がたった。この法律が施行されて，[2] の状態にあると判定された人から臓器が提供できるようになった。

② 2016年7月に [3] 議員選挙が行われた。この選挙では，国政選挙で初めて18歳(さい)・19歳の人が選挙権を行使した。この選挙は，比例代表選挙と選挙区選挙の2つの方法により議員を選出した。選挙区の数は【 A 】であった。

【A】 あ 45　い 47　う 289　え 295

③ 三権のうち [4] 権を担(にな)っているのが裁判所である。日本には，最高裁判所以外に4つの種類の裁判所があり，その中で裁判所の数が最も多いのは【 B 】裁判所である。

【B】 あ 高等　い 地方　う 簡易　え 家庭

④ 1992年に【 C 】で国連環境開発会議（地球サミット）が開催された。そこでは，「[5] な開発」という考え方が掲(かか)げられた。それは将来の世代も現在の世代もともに利益を得られる社会を築いていこうという考えである。国連は2015年に，2016年～2030年までの「[5] な開発目標（SDGs）」として，貧困や飢餓(きが)をなくすことや，教育を普及(ふきゅう)させることなど17の目標を設定した。

【C】 あ ストックホルム　い リオデジャネイロ　う パリ　え 京都

⑤ 現在世界では，国家間の統合という動きと，国家および国家間の分裂(ぶんれつ)という，相反する2つの動きが見られる。たとえば，[6] は加盟国が28カ国に増える一方で，2017年3月に，イギリスは [6] からの離脱(りだつ)を通知した。次の選択肢のうち，[6] の加盟国でないのは【 D 】である。

【D】 あ ノルウェー　い ルクセンブルク　う ギリシャ　え エストニア

問五　——線部③とありますが、どのようなことが「大いなるフェイク」なのでしょうか、説明しなさい。

問六　インターネットにおいて、フェイクニュースができあがってしまうこと、そして、広がってしまうことの理由について、本文をふまえてくわしく説明しなさい。

かには、膨大な量の情報が世界を飛び回った。当時はまだ、フェイクニュースなどという言葉が今日のように使われてはいなかったが、それでも、当事者の国や軍によって意図的に流された情報の類は相当の数に上っていた。

　そして、そうしたニセ情報は年月が経つとともに少しずつ検証され、いずれは注8淘汰されていく。しかし、戦争のさなかでは検証もされない情報の断片をいくらつなぎ合わせて、テレビのキャスターがd［ワケシリ］顔のコメントをしようが、少しも真実に近づくことはできない。そこでは、淘汰されない情報に、新たな主観が加わるだけの無意味な作業がなされただけのことなのだ。

　しかし、淘汰されたのちに残った情報は、ようやく信用することができる。それはいつの時代でも、あてはまる真実だ。（中略）

　そのほか、他国の選挙を自国の都合がいいように導くために、国家ぐるみでフェイクニュースが量産されるケースもあるという。つまり、ネットの中にはニセ情報を作るだけの十分な注9インセンティブが働いており、作られたニセのニュースはきわめて精巧にできていて、しかもそれは、「嘘でもいいから、自分が見たいものが見たい」という人間の根本的な心理に基づいて発信されるという、恐るべき状態になっているのである。

　ネットの登場によって、すべての人類が情報を共有することができるようになり、立場を超え、国境を越え、同じ土俵で問題に向き合うことができるようになった。そういう輝かしい時代をインターネットが切り拓いた、などと考えている人間がいるとしたら、それはかなり控えめに言っても、無自覚に注10デマゴギーをまき散らす存在であり、要するにただの馬鹿である。そんなことが本当に可能な世界が来ると考えていること自体が、③大いなるフェイクなのである。

　インターネットの出現は、個人が手にできる情報の精度を、それまでよりも格段に落としてしまった。一見、便利で使い勝手がよいネットは、情報から人々を遠ざけてしまった。そのことに早く気づくべきである。

（押井守『ひとまず、信じない　情報氾濫時代の生き方』）

注
1…いかにも現実の世界であるかのような空間の中にいる様子
2…小さな目がたくさん集まって、一つの目のように見えるもの
3…にせもの
4…すでに存在している全ての決まり、立派とされているものを否定する考え
5…カタールの衛星テレビ局
6…自分に有利なように書き直すこと
7…でたらめで現実味がないこと
8…不適なものが取り除かれること
9…ごほうびによって物事に取り組む意欲を高める作用
10…もととなる理由のないうわさ話

問一　［　］a～dについて、カタカナは漢字に直し（送りがながあればふくめて書くこと）、空らんには当てはまる漢字一文字を答えなさい。

問二　（X）に入る内容を考えて書きなさい。

問三　――線部①とはどのような考えか、本文中のたとえを用いて具体的に説明しなさい。

問四　――線部②について、どんな映像がどのような意図で流されたのか、具体的に説明しなさい。

だったとしても、それを確かめることはできないのだ。ユメの中の知覚のみが僕らのすべてであるならば、ユメの外のリアルに触ることができないからである。（中略）

つまり、ある意味では僕らの接する情報のすべては、脳が知覚しているだけという点でいうと、初めから注3フェイクなのだ。

もちろん僕は今のような話をもってして、インターネットがよくない方へ進んでいるかもしれないという業界の危機感をａ［チャカス］つもりはない。だが、「情報なんてフェイク」くらいの注4ニヒリズムでも持っていなければ、フェイクニュースに［ｂ］をすくわれるということは、言いたい。それが今のネットの根本的な問題ではなかったか。

実は、リアルタイムで真実を追求するというインターネットの構造そのものが、フェイクニュースを生み出す仕組みになっている。今のように世界が衛星回線とインターネットでつながり、地球の裏側で起きたことを瞬時に知ることができるということは、一見、便利なことのような気もする。しかし、そこには大きな落とし穴がある。

戦争の映像をリアルタイムで見ることと、戦場で何が起きているかを知るということは、まるで違うことだからだ。特に映像として切り取られたものは、戦争という現実のごく一部にしかすぎない。

イラク戦争の映像は、軍が撮影を許した範囲しか映し出してはいないし、それは注5アルジャジーラ側の映像にしても同じことだ。彼らもまた、自分たちの基準に応じて、彼らのストーリーに合う映像を切り出している。

そのことと、イラクで何が起きているかを知ることは違う。だから、僕らはリアルタイムで本当は何が起きているかを知ることはできない。

これは映像だけの話ではない。仮に現地にいる人間がツイッターで何かを発信していたとして、それは、その人物が知りえた情報でしかない。

情報発信している人間が、将軍なのか、一兵士なのか、民間人や難民なのか。それによっても情報の信頼度や中身は大きく変わってくる。あるいは、そのツイッター情報そのものが、何かの意図をもって流されたニセ情報である可能性も捨てきれない。

この章の冒頭で、脳を介在する情報がすべて注6改竄されているかもしれないという問題ｃ［テイキ］をしたが、外界と人間の脳の間で起きえる情報の改竄と同じようなことが、ツイッターの情報を受け取る我々と戦場の間で起きている、ということだ。

自分が目にしている現実が、実はまったくのニセモノでただ単に脳が騙されているだけかもしれないと書いたが、多くの読者は論理的にはその記述に納得しても、実際に自分の脳が騙されているとは思わなかったはずだ。それくらい人々は自分の知覚に相当の自信を持っているはずだ。

でも、注7荒唐無稽に思えるそんな話が、実は脳の外で起きているかもしれない。考えてみれば、これは怖いことである。

イラク戦争のとき、僕らは正確無比な多国籍軍のミサイル攻撃の映像を見た。敵の軍事施設だけをピンポイントで狙い、少しも標的を外すことはないように見えた。人々が死んでいくような悲惨な映像はなかった。②<u>まるでテレビゲームのような映像が次々とテレビの画面に映し出された。</u>

では、イラクでは本当は何が起こっていたのか。それがおぼろげにでも見えてきたのは、戦争から5年以上経ってからのことだ。戦争のさな

芍薬の花も、声をひそめて、（　２　）。
風にゆられて、（　２　）。

（大久保雨咲「五月の庭で」）

問一 □①～④のカタカナを漢字に直し、その字を使って解答らんのa～dの二字熟語を完成させなさい。同じ漢字は一回ずつしか使わないこと。

問二 （　）1～5に当てはまる言葉を次のア～クから選び、記号で答えなさい。同じ記号は一回ずつしか使わないこと。

ア　ぷかり、ぷかり　　イ　ほろん、ほろん　　ウ　ゆんら、ゆら
エ　ゆらん、ゆらん　　オ　がっかり　　カ　さっぱり
キ　ぴくぴく　　ク　ほれぼれ

問三 ――線部A、Bについて、なぜA、Bのような様子になったのでしょうか。それぞれ理由を二つずつ考えて説明しなさい。

問四 ＝＝線(1)について、「かえちゃんだって」とありますが、どういうことが言いたいのでしょうか。

問五 ＝＝線(2)はなぜ（　）付きなのでしょうか。また、どのような思いが込められているのでしょうか。よく考えて説明しなさい。

二、次の文章を読んで、後の問いに答えなさい。

自分が知覚しているこの現実と、本当に自分が生きている現実が同じものであるという保証はどこにもない。これは、科学的にも実証しようがないことなのだ。

解剖学者の養老孟司さんも話していたが、人間の脳自体が、この世界を注1バーチャルに理解しているので、何が現実なのかということは、人間には実証できないのだ。

確かに今、僕の目の前にコップがある。どうしても、そこにコップがあるとしか思えない。しかし、そのことも僕の手先に伝わるコップの感触と、僕の目に映るコップの色形を感じただけのことで、その視覚と触覚自体がニセモノの情報だったとしても、知覚している僕にはそのことに気づけない。

もともと世界はこのように、バーチャルに存在しているものなのだ。僕の目に映る若葉の緑が、あなたの見ている緑と同じものであると、どうして言えるのだろうか、ということだ。

「ローマ人は味と色については議論しない」と言われるが、それも（　　X　　）ということなのだろうと思う。

もちろん、緑という色を彩度や明度に分解することはできる。しかし、そのことと人間の脳が緑をどのように知覚しているかは、話が違う。

（中略）

犬や虫たちは、どうも人間とは違うようにこの世界を認識している。虫たちの注2複眼には花の色は違って見えている。彼らは僕らが見ているように、世界を認識していないかもしれない。同じものを見ても、違うように見ているのだとしたら、緑で覆われた美しい山並みという景色も、実は現実なのかどうかが疑わしくなってくる。

①その考えをさらに押し進めれば、人間の脳にリアルなユメを見せることができたら、もはやそれがその人間にとっての現実となってしまうのではないか、ということだ。それこそ過去のSF作品が何度も描いてきた世界ではないか。（中略）

本当はすべてユメを見ているだけなのかもしれない。そして仮にそう

しげみからとびだしたのは、ちいさいじいじです。とのさまがえるにまたがって、あちこちはねたと思ったら、そのうち、かえるにほうりだされてしまいました。

「ああ。じいさん、落っこちた！」

ばあばは、おなかをかかえて大わらい。ばあばがわらうと、芍薬の花も、（　3　）とわらいます。かえるは（　4　）とした顔で、そのままどこかへ消えました。

「あのかえるめっ」

じいじは、おこっていましたが、かえちゃんに気がつくと、たちまち、ほにゃりとやさしい顔になりました。

「おおきくなったなあ」

じいじは、（　5　）とかえちゃんを見あげました。ちいさいじいじから見たら、かえちゃんは、たしかに、とんでもなくおおきいのです。

「じいじ、いままで、どこにいたの」

「はて。どこにいたかなあ。稲穂（いなほ）にぶらさがったり、すずめにとびのったり、金魚といっしょに泳いでいたなあ」

じいじは、ひとつひとつ、思い出すように言いました。

（なんだあ。じいじも、あそんでいたのか）

かえちゃんは、すっかりあきれました。あそんでいたなら、かえちゃんもさそってくれればよかったのに。なかまはずれなんて、あんまりです。

「かえちゃんも、金魚といっしょに泳ぎたい」

かえちゃんは、しゃがみこむと、頭を両手でかくして、まあるくなりました。こうすれば、ちいさくなれるはずです。

「おやあ、なにをしてるんだい」

ばあばが、ふしぎそうにたずねると、かえちゃんはB<u>おこりながら、</u>こう言いました。

「いま、ちいさくなっているところ。じゃましないで」

かえちゃんは、う～ん、う～ん、と、うなります。こんなに、いっしょうけんめいにやったのですから、きっと、芍薬の花くらいのおおきさには、なっているはずです。そっと目をあけて、自分の手を見ました。

「あれえ、おんなじ」

かえちゃんは、がっかりしました。それから、いそいで、もういちど、まあるくなりました。じいじとばあばは、かえちゃんの心の中が、すっかりわかったようです。

「いそがなくても、だいじょうぶ。かえちゃんも、いつか、ちいさくなれるよ」

「ほんとう？」

「ほんとうだとも。でも、そのまえに、もっとおおきくならなくちゃ」

じいじも、いつのまにやら、ばあばのとなりで、風にゆられてわらっています。

「おおきくなってから、ちいさくなるの？」

「そうそう。だから、ゆっくりおいで」

かえちゃんは、首をかしげます。

「そうそう。ゆっくり、ゆっくり……」

(2)<u>（うんと、う～んと、ゆっくりおいで）</u>

【国　語】（五〇分）〈満点：一〇〇点〉

一、次の文章を読んで、後の問いに答えなさい。

よい、よい、よいっと、かえちゃんが、庭を歩いています。自分とおんなじくらいの背のたかさの、芍薬の花のところまでくると、ぽてん、と、おしりをついてすわりました。うすもも色にふくらんだ、芍薬のつぼみは、まあるくて、かわいらしい。これは食べたら、きっとおいしい。そう思ったかえちゃんは、手をのばしました。すると……。

「こおら、これは、おやつじゃないよ」

おや？　これは、どこかできいたことのある声。よく見ると、りっぱに咲いた芍薬のまんなかに、ちいさい、ちいさい、おばあちゃんがいます。

「あれえ、ばあば。このあいだ、死んだよねえ？」

「はい、はい。ぽっくり、ぽっくり」

ちいさいばあばは、うすもも色の花の中から、Aうれしそうな顔でかえちゃんを見ました。

「なんだあ」

かえちゃんは、ちょっと①［ハラ］がたちました。だって、ばあばが死んだとき、かえちゃんは泣いたのです。いとこのおねえちゃんが、ばあばは星になったよ、もう会えないよ、と言うので、悲しくて悲しくて、（　1　）、と泣いたのです。でも、ほんとうは、ばあばはちいさい人になって、こんなところで、②［アソ］んでいたのです。

「とつぜん、いなくなって」

かえちゃんは、お母さんのまねをして、ひとさし指を立てて、ばあばをしかりました。まえの日までいっしょにいたのに、つぎの日にはいなかったのですから、しかられてとうぜんです。すると、ばあばは、こう言いました。

「(1)かえちゃんだって、とつぜん、やってきたよお」

かえちゃんも、まえの日までいなかったのに、つぎの日にはいたんだよ、と、ばあばは言うのです。

へえ、とつぜん？

風が吹くと、花がゆれて、ばあばもいっしょに、（　2　）。ちいさいばあばは、楽しそうです。うすもも色の芍薬に、ずっと入ってみたかった、③［ユメ］がかなった、と言って、④［ワラ］っています。

「いいなあ」

かえちゃんは、うらやましくて、しかたがありません。

「ねえ、ばあば。じいじも、いる？」

「さあて、ねえ」

ばあばは、よいしょと背のびをしました。

「さっきまでいたけれど。とのさまがえるにまたがって、どこかへとんでいったねえ」

かえちゃんと、ちいさいばあばは、むこうのしげみを見つめました。かさり、かさかさ。かさり、かさかさ。しげみが、こまかく動いています。じぃーっと、目をこらしていると……。

がさりっ。

平成30年度

解答と解説

《平成30年度の配点は解答用紙に掲載してあります。》

＜算数解答＞

Ⅰ　(1)　$\dfrac{20}{273}$　(2)　①　25　②　4　(3)　ア　6　イ　30　ウ　土

Ⅱ　(1)　①　(A＋A)　51.39cm²　(A＋B)　57.195cm²　(B＋B)　63cm²
②　4個，251.91cm²　(2)　①　4通り　②　48通り

Ⅲ　(1)　1736円　(2)　57冊　(3)　解説参照

Ⅳ　(1)　$12\dfrac{6}{13}$秒後　(2)　①　$22\dfrac{28}{117}$cm　②　1875cm³，$13\dfrac{1}{8}$cm

＜算数解説＞

Ⅰ　(四則計算，演算記号，数の性質，規則性)

(1)　$\square=\left(\dfrac{24}{168}+\dfrac{1}{28}\right)\times\dfrac{16}{39}=\dfrac{5}{28}\times\dfrac{16}{39}=\dfrac{20}{273}$

重要　(2)　①　$n\times n$の積の一の位が4になればよいので，n=2，8，12，18，～，112，118，122であり，2×12＋1＝25(個)ある。

②　17÷15の余りは2　17×17÷15の余りは2×2＝4　17×17×17÷15の余りは2×2×2＝8　17の4個の積の余りは16÷15より1，17の5個の積の余りは32÷15より2である。また，17を17回かけた数mの場合，$m\times m$には17が17×2＝34(個)ある。したがって，これらの積の余りは34÷4＝8…2より，4である。

やや難　(3)　47と7の最小公倍数を7で割ると商が47(日目)になり，5月7日(月)から週6日ずつ掃除をするとき47÷6＝7…5より，7週後の金曜日に当番の組み合わせが1巡する。したがって，最初の7人が再び当番になるのは7週後の月曜日から5日後の土曜日で6月の7＋7×7＋5－31＝30(日)である。

Ⅱ　(平面図形，鶴カメ算，場合の数)

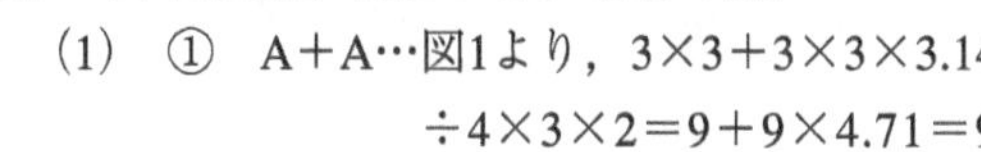

重要　(1)　①　A＋A…図1より，3×3＋3×3×3.14÷4×3×2＝9＋9×4.71＝9×5.71＝51.39(cm²)

A＋B…図2より，6×6＋3×3×3.14÷4×3＝36＋7.065×3＝57.195(cm²)

B＋B…3×3×(4×2－1)＝63(cm²)

図1

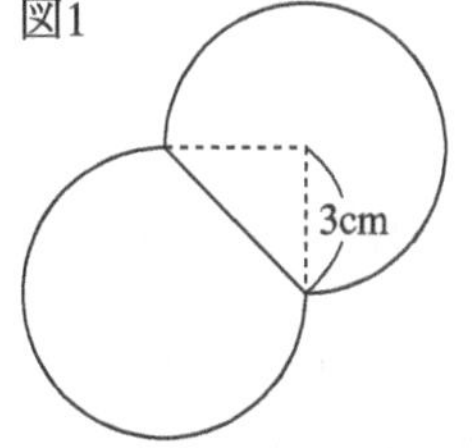

図2

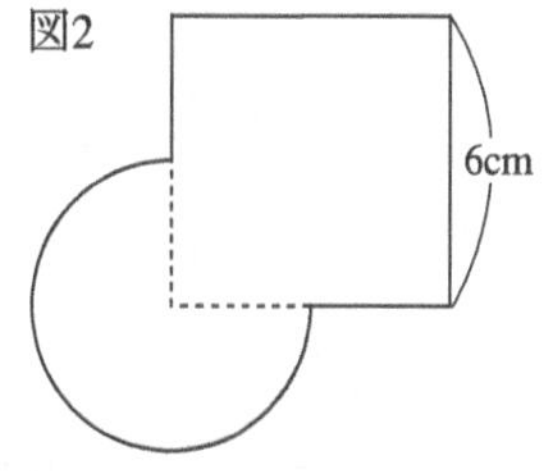

②　図3において，①より，ア×2は51.39cm²
イは3×3＋3×3×3.14÷2＝9×2.57＝23.13(cm²)
ウは3×3×3＝27(cm²)である。したがって，イとウの個数の和が10－2＝8(個)で面積が250－51.39＝198.61(cm²)より大きくなる場合，(198.61－23.13×8)÷(27－23.13)＝13.57÷3.87＝3.5…よりBは最低4個，必要であり，求める面積は51.39＋(23.13＋27)×4＝251.91(cm²)である。

図3

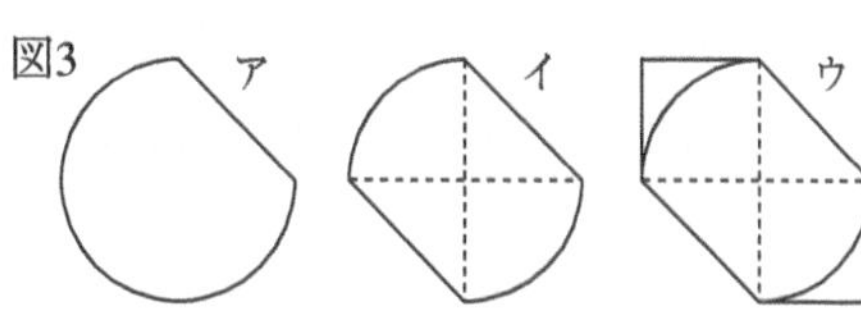

やや難 (2) ① 右図の4個の正三角形のうち，1個を選ぶので4通り。

② ①の図の4個の正三角形のうち，2個を選ぶ方法…4×3÷2=6(通り)
下図において，AとB，AとCのそれぞれの4個の正三角形のうち1個ずつを選ぶ方法は4×4×2=32(通り)，AとDのそれぞれの4個の正三角形のうち1個ずつを選ぶ方法は10通りある(回転に注意)。したがって，全部で6+32+10=48(通り)ある。

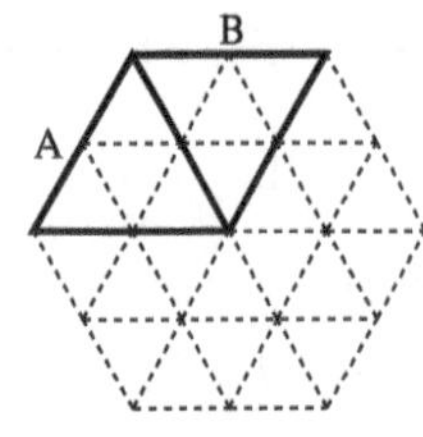

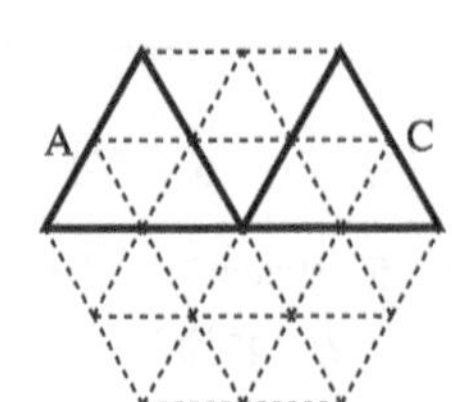

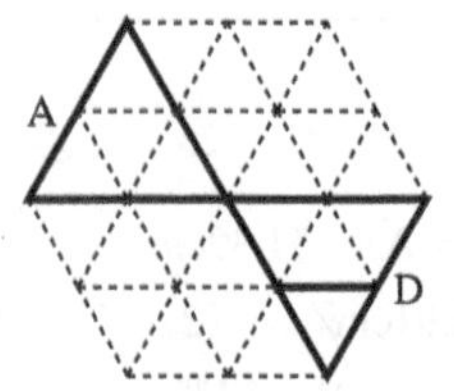

Ⅲ (割合と比)

基本 (1) 20冊までの場合，1冊の値段はB店の$1000\div(10+2)=\dfrac{250}{3}=83\dfrac{1}{3}$(円)が一番安く，B店で12冊を入手しC店で20−12=8(冊)を買うと1000+100×(1−0.08)×8=1000+92×8=1736(円)になる。

重要 (2) A店で50冊を買うと1000+800×{(50−10)÷10}=4200(円)になり，残りの4900−4200=700(円)でC店のノートを買うと700÷92より7冊になる。したがって，全部で50+7=57(冊)になる。

やや難 (3) (2)の場合のほかに，A店で買わない場合を含めると以下のようになる(3店では買わない)。例えば，B店で56冊，C店で1冊入手する場合，1000×(48÷12)+100×8+92×1=4892(円)

それぞれの店で手に入れる冊数											
A店	50	0	0	0	0	0	0	0	0	0	
B店	0	56	55	54	53	52	51	50	49	48	
C店	7	1	2	3	4	5	6	7	8	9	

←(順不同)

重要 Ⅳ (立体図形，平面図形，速さの三公式と比，旅人算)

(1) 立方体Aの上面と水面の間は最初，30−(5×2+10)=10(cm)であり，Aの上面と水面は毎秒$0.5+50\div(15\times15)=0.5+50\div225=\dfrac{13}{18}$(cm)ずつ近づく。したがって，これらの間が1cmになるのは$(10-1)\div\dfrac{13}{18}=\dfrac{162}{13}$(秒後)である。

(2) ① 立体が上下する時間は(1)より，$\dfrac{162}{13}\times2+5\div0.5=\dfrac{454}{13}$(秒)であり，この間に水面は$50\times\dfrac{454}{13}\div225=\dfrac{908}{117}=7\dfrac{89}{117}$(cm)下がるので，水面の高さは$30-7\dfrac{89}{117}=22\dfrac{28}{117}$(cm)である。

② 75秒後の水の体積…225×30−(5×5×5+10×10×10+50×75)=6750−4875=1875(cm^3)
水面の高さ…底面からの高さが10cmまでの水の体積は(225−10×10)×10=1250(cm^3)
75秒後の水の高さ…$10+(1875-1250)\div(225-5\times5)=13\dfrac{1}{8}$(cm)

★ワンポイントアドバイス★

間違いやすい問題はⅠ(3)「掃除当番」，Ⅲ(3)「冊数の組み合わせ」であり，Ⅳの「水そう」の問題も分数の計算に注意しないとミスしやすい。ただし，特に新規の発想を求める問題はないので，解きやすい問題から解く時間配分が鍵になる。

＜理科解答＞

Ⅰ　問1　(金属)　銀　(記号)　キ　問2　(面積)　ア　(位置)　エ
問3　①　イ　②　ア　③　イ　問4　イ，ウ，オ　問5

Ⅱ　問1　(水)　ア，イ，ウ　(氷)　イ　(水蒸気)　ア，エ，オ
問2　(1)　イ　(2)　オ　(3)　エ　((1)の状態変化)　蒸発　((2)の現象)　結露
問3　(1)　(気体の名前)　二酸化炭素　(性質)　オ，キ　(2)　(白い粉)　カ
(白いけむり)　オ　問4　(1)　酸素　(2)　ア

Ⅲ　問1　(1)　ウ　(2)　あ　イ　い　ウ　問2　(1)　B　(2)　A　イ　C　ア
問3　ウ　問4　流水の作用を受けていないため，つぶが角ばっている。
問5　(1)　130(L)　(2)　130(kg)

Ⅳ　問1　イ　問2　(気温)　イ　(必要なもの)　エ，オ，キ
問3　イ，オ　問4　4.8(％)　問5　(呼吸)　1(％)
(光合成)　3(％)　問6　イ　問7　イ，ウ　問8
問9　右図　問10　ヨウ素液　問11　エ

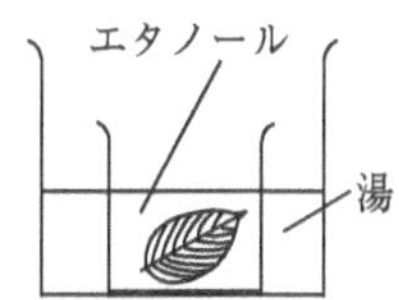

＜理科解説＞

Ⅰ　**(物質の性質，光や音の性質－金属の性質，光の反射)**

問1　金属1kg(1000g)の体積は95.2cm^{3}なので，1cm^{3}あたりの重さは，1000÷95.2＝10.50…(g)より，約10.5gなので，銀であることがわかる。

問2　太陽の南中高度は，6月の方が2月よりも高いので，次の図のように，反射した光は壁の上の方に移動して，明るく光る部分は大きくなる。

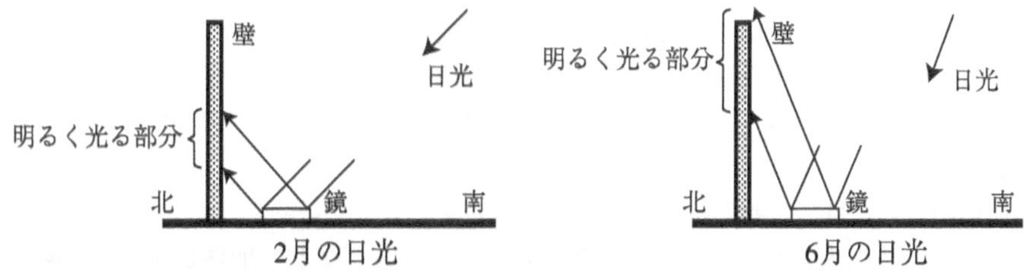

問3　①と③は左右が反対になるが，②は上下が反対になる。

問4　上下と左右の形がそれぞれ異なるN，L，Sを選ぶ。

問5　①にうつすので，左右が反対の形になる。

Ⅱ　**(状態変化－水・二酸化炭素・空気の状態変化)**

重要　問1　水や水蒸気は，容器に合わせて形が変わる。また，水と氷は圧縮してもほとんど体積が変わらない。さらに，同じ体積の重さは，水の方が氷よりも重い。

重要 問2 (1) 沸とうは100℃で起こるが，蒸発は，0℃～100℃の間で起こる。 (2) 寒い日に窓ガラスによって内側の空気が冷やされると，水蒸気が水滴に変わり，窓ガラスにつく。 (3) 冷とう庫の氷は－20℃近くに冷やされている。

重要 問3 (1) アは水素，イとエは酸素，ウはちっ素，カは塩化水素である。 (2) ドライアイスは－79℃ほどで，空気中の水蒸気が直接ふれると氷になる。

問4 液体の酸素はうすい青色をしていて，沸点は－183℃である。

Ⅲ (地層と岩石－地層のでき方と流水のはたらき)

重要 問1 最も重いれきが最初にたい積し，続いて，砂，ねん土の順にたい積する。

問2 (1) グラフのAはどろ，Bは砂，Cはれきである。川底にたい積した砂は，水の流れが遅くても，流され始める。 (2) 川の流れがⅡになると，れきだけは川底にたい積するが，砂やどろは流され続ける。

基本 問3 河口付近では，川の流れが遅くなるので，土砂がたい積して三角州ができる。

重要 問4 火山灰は，風で運ばれるので，つぶは角ばったままである。

やや難 問5 (1) 130mm＝13cmで，$1m^2=10000cm^2$なので，1時間に容器にたまった水の量は，13×10000＝130000(cm^3)である。また，1L＝1000mL＝$1000cm^3$なので，130000÷1000＝130(L)である。
(2) 1mL(cm^3)が1gなので，$130000cm^3$は130000g＝130kgである。

Ⅳ (植物のなかま－ホウセンカ)

重要 問1 虫めがねを使って，種子を観察する場合は，虫めがねを目の近くに持ち，種子を近づけたり遠ざけたりして，はっきりと見える位置を探す。

重要 問2 夏に花を咲かせるホウセンカは，気温が20℃くらいになる4～5月頃に種子をまく。

重要 問3 単子葉植物のエノコログサの子葉は1枚，多子葉植物のマツの子葉は5～10枚程度である。

やや難 問4 ふくろの中の酸素の量を1とすると，最初の全体の量は，$1\div0.21=\frac{100}{21}$である。一方，二酸化炭素を入れた後の全体の量は，1÷0.2＝5となる。したがって，増加した二酸化炭素の量は，$5-\frac{100}{21}=\frac{5}{21}$なので，二酸化炭素の全体に対する割合は，$\frac{5}{21}\div5\times100=\frac{5}{105}\times100=4.76\cdots$(%)より，4.8%である。

重要 問5 呼吸 最初の2時間は，はち植えを光の当たらない場所に置いたので，図2のグラフより，呼吸によって，酸素が1時間あたりに1%ずつ消費されていることがわかる。 光合成 次の3時間は，酸素の増加量が1時間あたり2%である。したがって，実際に1時間あたりに光合成によって発生する酸素は，2＋1＝3(%)である。

基本 問6 ホウセンカは，葉の裏側の表皮細胞を顕微鏡で観察すると，気孔が多く見られる。

重要 問7 イ 反射鏡を動かして，見えている部分の全体が明るく見えるようになってから，ステージにプレパラートをのせる。 ウ 対物レンズは，最初は一番低い倍率にして，できるだけ全体が見えるようにする。

問8 顕微鏡の視野には，実物とは上下左右が反対の像が見えている。

問9 エタノールは引火しやすいので，直接アルコールランプなどで加熱しないで，湯であたためることで，葉緑素をとかし出し，葉の緑色をぬくことができる。

基本 問10 茶色のヨウ素液はでんぷんと反応すると，青紫色になる。

重要 問11 ヘチマとリンゴはこん虫によって，トウモロコシは風によって受粉する。

★ワンポイントアドバイス★

理科の基本的な問題から応用問題まで含めて十分に理解しておくこと。また，思考力を試す問題に十分に慣れておくこと。

＜社会解答＞

Ⅰ　1　光ファイバー　2　総務　3　大韓民国[韓国]　4　パラリンピック　問1　あ
問2　土石流　問3　a　く　b　Q　老人ホーム　R　交番　c　断層　d　高度経済成長と核家族化の進展によって，家がたくさん建ち，畳の需要が増えたので，い草の作付面積が広がった。　問4　等高線など　問5　A　け　B　く　C　い　D　き
E　か　F　う

Ⅱ　A　い　B　え　C　え　D　い　E　あ　F　え　G　い　H　い　I　え
1　清少納言　2　冷戦　3　植民地　4　北里柴三郎　①　年中行事　②　え
③　え　④　福沢諭吉は蘭学でオランダ語を学んでいたが，横浜で貿易をしていた相手は主にイギリスで，店では英語が使われていたから。　⑤　あ　⑥　江戸近くの農家が買い取って，肥料[下肥]にしていた。　⑦　領事裁判権[治外法権]　⑧　あ　⑨　う

Ⅲ　1　臓器移植　2　脳死　3　参議院　4　司法　5　持続可能　6　欧州連合[EU]
A　あ　B　う　C　い　D　あ

＜社会解説＞

Ⅰ　**(地理－「情報・通信」に関連する問題)**

空欄　1　光ファイバーは従来の銅などの電線で電気信号を伝えるものと違い，周りの電気や磁気の影響を受けることなく長い距離でも信号を伝えられるもので，デジタル通信の信号を伝えるものとして急速に利用が広まっている。　2　総務省は2001年の中央省庁の再編によって自治省，総務庁，郵政省が統廃合されてできたもの。国家の基本的仕組みに関わる諸制度や国民の経済・社会活動を支えるシステムを統括する役所。　3　大韓民国から日本を訪れる人は年々増えている。政治面では様々な対立などもあるが，大韓民国にはいろいろと批判もされてはいるが日本の文化もかなり浸透している。　4　パラリンピックは何らかの体の障害のある人たちによるスポーツの祭典。障害の程度や部位により同じようなスポーツの中でも種目が細かく分かれており，グループ競技の場合には障害の程度の異なる選手の組み合わせを取り入れているものもある。その記録も種類によっては健常者の普通の記録と肩を並べるレベルのものもある。

問1　乗用車の保有台数が多い場所と少ない場所が極端に分かれていることに注目。東京や神奈川と福島や島根で比較すると一般に都会の方が交通機関が発達していて，公共交通機関の便がいいから自家用車はさほど必要ではない。したがって多い二つが福島と島根で，少ない二つが東京と神奈川と判断できる。その上で，乗用車の多い県の中で，情報通信機械器具製造品出荷額に極端な差があるので，こちらの額が多い方が福島で少ない方が島根と判断できる。残りのいは東京で，うは神奈川。

問2　山のようなところから川が流れてくるような絵になっていて，その川の中に岩のようなものがあることから大雨などの際に土砂が山などの上から流されてくる土石流を思い浮かべてほしい。

やや難 問3 a 神社は地図のせんちょう駅のすぐ右上にある。特に，図中で指示がない限り，地図の上が北で，下が南，右が東で左が西になる。地点Pから見ると左上になるので，北西の方角。 b Qの⌂は老人ホームを指す記号。平成の時代になってから新しく作られた記号の一つ。RのXは交番・派出所を指す記号。警察署の⊗との区別に注意。 c 断層は地層や岩盤に大きな力がかかり，地層がズレているもの。 d 1955年から1970年ごろにかけて，日本の経済は急成長を遂げた，いわゆる高度経済成長の時代。この頃，急速に都会はもちろん，その郊外へ住宅が広がった。い草は畳表の原料として使われる。温帯の湿地や浅い水辺に生えるので，水田を利用して栽培される。

問4 地図(地形図)に描かれているものの，実際の風景・景色を見てもそこにはない情報としては，等高線で表示される標高がある。

問5 A 雪まつり，北緯42度46分，東経141度41分などに関連するのは北海道。緯度経度の座標では秋田県の八郎潟のところに北緯40度東経140度の交点があるのを覚えておきたい。 B かつてさかんだった炭鉱業，イチゴに関連するのは福岡県。 C 北部は豪雪地帯，新幹線の駅が4つ，中華街，異人館街などから兵庫県。兵庫県北部は日本海側で若狭湾の西の場所。兵庫県内にある新幹線の駅は新神戸駅，西明石駅，姫路駅，相生駅。 D リアス海岸，越前ガニなどから福井県。 E 3地域に世界遺産，空港や新幹線の駅はなく，から奈良県。奈良県には京都や大阪に通勤・通学で通う人が多くいる。奈良県内の世界遺産は単独で「法隆寺」と，「古都奈良の文化財」と，奈良県と和歌山県・三重県にまたがる「紀伊山地の霊場と参詣道」の3件がある。

F デイゴ，観光業がさかん，第三次産業従事者の割合が高い，などから沖縄県。沖縄県は日本の中でも第二次産業の比率が低く第三次産業の比率が高いのが特徴の県。

やや難 **Ⅱ (日本の歴史ー感染症に関する歴史の問題)**

A 祇園祭は京都の八坂神社の祇園御霊会と山鉾の二つの祭りが合わさったもの。祇園御霊会は平安初期の9世紀にあった，災害や疫病などで引き起こされた社会不安を鎮めるために始まったものとされる。 B 世界の歴史で人口が増えるのは，食料を手に入れやすくなる穀物の栽培が始まった頃から。 C 聖武天皇はその治世において恭仁京，紫香楽宮，難波京と都・王宮を度々動かしたが最終的には平城京に戻った。 D 平安時代には釈迦が亡くなってから1500年以後の時代には仏教の教えが廃れてくるようになるという末法の世になると信じられ，来世で救われることを阿弥陀如来に願う浄土教が広がる。そのため平安時代半ば頃に築かれた寺院の多くは阿弥陀如来を祀ってある。 E 大阪で蘭学塾の適塾を開いた緒方洪庵はもともとは武士の家の出だが，体が弱かったことから医者になったとされる。 F WHOは世界保健機関の略称。UNESCOは国連教育科学文化機関，UNHCRは国連難民高等弁務官，WFPは(国連)世界食糧計画。 G 江戸時代，オランダに対して開かれていたのは長崎の出島。 H 20世紀初頭に日本とロシアが進出を図った場所は満州。華中，華南，台湾は日本からはさほど離れていないが，ロシアからはモンゴルや，満州，華北を間にはさむので進出はしづらい場所になる。 I 2015年のノーベル生理学・医学賞受賞は大村智。利根川進は1987年のノーベル生理学・医学賞受賞者。山中伸弥は2012年のノーベル生理学・医学賞受賞者。大隅良典は2016年のノーベル生理学・医学賞受賞者。 1 清少納言は平安時代の女性で「枕草子」の作者。一条天皇の中宮定子に仕えた。 2 冷戦は第二次世界大戦末頃からのアメリカを中心とする勢力とソ連を中心とする勢力との間で，実際の軍事的な衝突の戦争・紛争にはいたっていないものの，対立し緊張した状態のこと。 3 植民地は欧米や日本などがアジア，アフリカ，南米などの地域で軍事力などを背景に支配し，その土地の資源を安く手に入れられるようにしたり，自国への様々なものの供給地にしたり，あるいは自国で作った商品を売り込む市場としていたもの。 4 北里柴三郎はペスト菌の発見と破傷風の治療方法の確立に貢献。赤痢菌を発見した志賀潔と間違える人が多いから注意。

① 年中行事は日本の場合，宮中に限られるものもあるが，一般庶民の生活に根付いてるものも多く，仏教や神道の祭りがその中に残されているものも多い。

② 弥生時代に農耕が広がり水田での稲作も始まると，水田の中で移動する際の工夫もなされていた。設問の田げたもその一つ。

③ b 1560年桶狭間の戦い→c 1573年室町幕府を滅ぼす→a 1575年長篠の戦いの順。

重要 ④ 蘭学はオランダ語やオランダ語を通じて西洋の医学や科学技術などを学ぶもの。日本が開国した後，日本に積極的に進出してきたのはイギリスで，横浜にもイギリスの商人が多く来ていたため，横浜の町の中で目にしたり耳にした外国語は英語が中心であった。日本を開国させ，修好通商条約なども結んだアメリカは，横浜が開港した頃から後は，南北戦争が国内で起こり，少し日本からは遠ざかっていた。

⑤ 1156年の保元の乱で後白河上皇側についた平清盛と源義朝がぶつかり，清盛が勝つのが1159年の平治の乱で，この後，平氏の政権ができる。

やや難 ⑥ 江戸時代の江戸の町は，今の東京23区よりも狭い範囲でそのすぐ外側が農村地帯になっており，江戸の町の中で出された糞便などは，江戸の外の農村の農民が肥料にするために買い取っていた。

⑦ 1858年の日米修好通商条約で日本がアメリカの領事裁判権を認め，これと同様のものが諸外国との条約にも盛り込まれたため，日本の司法当局が外国人に日本のルールを適用するのが困難であった。

⑧ 1894年に日英通商航海条約が結ばれ，これでまずイギリスとの間で領事裁判権が撤廃されることになった。これが日本の条約改正にこぎつけた最初。

⑨ 19世紀のハワイではサトウキビ栽培が盛んに行われており，その農場の労働力として移民をもとめていたので，日本からも明治時代に数多くの人がハワイに渡った。

Ⅲ (政治に関する様々な問題)

やや難 ① 1 臓器移植法は日本では1997年に成立施行された。当初は15歳以上の人の本人の意思に基づいて遺族が拒否しない限り，脳死状態を死亡したものとして臓器を摘出し他の人への移植が行えるようにしたもの。このあと，15歳未満でも脳死と判定され家族の同意があれば臓器の提供が可能なように改められた。 2 脳死状態とは，脳の活動が回復できない状態になっている状態を指す。心臓や肺の活動が停止した状態でも現在では人工呼吸器を使うことで，身体を生かすことは可能であるが，その際に脳の機能がほとんどなくても形式的には生きているような状態にもなる。臓器の移植のためには心臓が人工的にでも機能しているうちに対象の臓器を取り出さないと使えなくなる場合がほとんどなので，脳が回復不可能な状態になった場合には生体反応があっても死亡状態と判断して臓器を摘出することが必要になる。

② 3 2016年7月10日に第24回参議院議員通常選挙が行われた。参議院議員242人のうちの121人を改選した。 A この選挙でいわゆる一票の格差の是正のために，議員定数は変わらないが，選挙区の中の定数の変更と選挙区の区割りの変更が行われ，従来は参議院の選挙区は47都道府県の区割りであったが，人口が少ない島根県と鳥取県，高知県と徳島県をそれぞれ合わせて一つとする合区が作られ，選挙区の数が2減らされ45となった。

③ 4 裁判所が担うのは司法権。 B 簡易裁判所は全国に438あり，地方裁判所や家庭裁判所は50，高等裁判所は8，最高裁判所は1。

④ 5 持続可能な開発とは，現在の世代だけが恩恵を受けるのではなく，将来の世代にわたって自然とかかわり恩恵を受けられるような開発の仕方。 C 1992年に国連環境開発会議が開催さ

れたのはブラジルのリオデジャネイロ。20年前の1972年の国連人間環境会議を受け，開催されたもので，当時，ブラジルは急激な開発で熱帯林の乱開発が行われていたので，これへの警鐘を鳴らす意味もある開催地の選択であった。

重要 ⑤ 6 EU(ヨーロッパ連合)は前身のEC(ヨーロッパ共同体)からマーストリヒト条約で発展してできたもので，2017年末の段階で加盟国は28カ国。ただしイギリスがそこからの離脱を決定している。 D 一般にヨーロッパと考えられる地域の主要国でEUに加盟していないのはスイスとノルウェー。

★ワンポイントアドバイス★

問題文，設問の選択肢など読む量が多いわりに試験時間が短いのでスピードが大事。空欄補充は前後を丁寧に読み込んで，知識をフルに活用し，一見無関係のようなものも関連づけて考えてみることも大事。

<国語解答>

一 問一 ① (交)遊 ② (中)腹 ③ 夢(中) ④ (談)笑

問二 1 イ 2 ウ 3 エ 4 カ 5 ク

問三 A (例) ばあばはうすもも色の芍薬の花の中に入ってみたかったので夢がかなってうれしいし，かえちゃんにも会えてよろこんでいるので。 B (例) じいじもばあばも楽しそうに遊んでいてかえちゃんは仲間はずれにされたような気持ちになった上，二人と同じように小さくなろうと努力しているのにその気も知らずにばあばがのん気に「何をしているんだい」などと聞いてくるから。

問四 (例) 人間の生命は始まりも終わりも(生まれるときも死ぬときも)自分たちの手で何とかできるものではないということ。

問五 (例) 芍薬や風や周りの自然たちの声だから(　)にしている。かえちゃんがこれから元気に育っていくことを見守り祈っている気持ち。

二 問一 a 茶化す b 足 c 提起 d 訳知り

問二 (例) 主観にすぎないものを議論しても仕方がない

問三 (例) たとえば花の色は人間の目と虫の複眼では違って見えているというふうに人間と犬や虫たちは世界を違うように認識しているが，どちらの目で見た花の色が真実とも言い難い。このように自分の目の前に確かに存在していると感じられる様々なものは，自分の脳の感覚によってそのように見せられているだけのことで，実際には全く違うものかもしれない。その実際の姿を人間は見ることができないのだから，所詮人間は自分の感覚の内側で生きるしかないのだという考え。

問四 (例) 多国籍軍のミサイルが敵の軍事施設だけをピンポイントで狙って，少しも標的を外すことがないような映像。実際にはピンポイントで軍事施設だけを攻撃するわけにはいかず，民間人もミサイルの犠牲になっているのだが，民間人が死んでいく映像が流れると自分たちの攻撃の正当性が揺らぎ，攻撃反対の声があがるおそれがあるので，その都合の悪い部分を切り取った映像をながすことで攻撃が正当なものであると観る人々に印象づけようとしている。

問五　（例）　ネットの登場によって，すべての人類が情報を共有できるようになり，立場を超え，国境を越え，同じ土俵で問題に向き合えるようになるなどという楽観的で浅はかな考え。

問六　（例）　現在起こっている出来事に関する情報は当事者たちの都合によって意図的にゆがめられることもあり，正しいものと間違っているものとを区別することが難しい。長い時間をかけて情報を検証し淘汰してようやく情報は真実に近づいていくものなのに，インターネットで世界中の新しい正確な情報が瞬時に手に入れられるようになったと信じている人々は誰にも検証も淘汰もされていない精度の低い情報を無自覚に集めようとしてしまうから。そして，人間は「たとえ嘘でも自分が見たいものが見たい」と考えるものなので，この心理につけ込もうとして発信された嘘の情報を疑おうとせず安易に信じ込んで不安を解消しようとしてしまうものだから。

＜国語解説＞

一　（小説ー漢字の書き取り，空欄補充，心情理解，内容理解，主題）

本　問一　①「交遊」は，交わりあそぶこと。　②「中腹」は，山のふもとと頂上との中間のこと。　③「夢中」は，ものごとに熱中して我を忘れること。　④「談笑」は，打ち解けて楽しく語り合うこと。

問二　1　ここでの「ほろん，ほろん」は「ほろほろ」と似た意味を表している。「ほろほろ」は，涙のこぼれ落ちる様子を表す言葉。　2　ばあばや芍薬の花が揺れる様子を表している。　3　芍薬の花が笑う様子を表現している。　4「さっぱり」はここでは，不快感やわだかまりなどが消えて気持ちのよい様子を表している。　5「ほれぼれ」は，心を奪われ，うっとりする様子を表す。

要　問三　A　まず，ばあばは死んだ人であることをとらえる。死んだあとにかえちゃんに再び会えてうれしいのである。また，ばあばは「うすもも色の芍薬に，ずっと入ってみたかった，夢がかなった」と言っており，芍薬の花の中に入ることができてうれしいのである。　B「かえちゃんは，すっかりあきれました。……なかまはずれなんて，あんまりです」から，かえちゃんの不満をとらえる。また，「こうすれば，ちいさくなれるはず」と思って努力しているのに，ばあばから「おやあ，なにをしてるんだい」とのん気に言われて怒っているのである。

難　問四　ばあばは「とつぜん」いなくなった(死んだ)。かえちゃんは「とつぜん」やってきた(生まれた)。つまり，人間の死と生は，いつも「とつぜん」のものであり，人間の力を超えたものであるということ。

問五「いそがなくても，だいじょうぶ。かえちゃんも，いつか，ちいさくなれるよ」「そのまえに，もっとおおきくならなくちゃ」から，ばあばとじいじがかえちゃんの健やかな成長を願っていることがわかる。この優しい思いは，芍薬や風といった周囲の自然ととけ合っているのである。

二　（論説文ー漢字の書き取り，空欄補充，慣用句，内容理解，要旨）

問一　a「茶化す」は，冗談のようにしてからかう，という意味。　b「足をすくう」は，相手のすきにつけ入って，失敗や敗北に導くこと。　c「提起」は，問題などをもちだすこと。　d「訳知り顔」は，物事の事情を心得ているような顔つきのこと。

問二　直前に「僕の目に映る若葉の緑が，あなたの見ている緑と同じものであると，どうして言えるのだろうか」とある。目に見えている色というものは，それぞれの人間の主観によって違っているかもしれないということである。だから，その違いを議論しても仕方がないとうこと。

重要 問三 「犬や虫たちは，どうも人間とは違うようにこの世界を認識している。虫たちの複眼には花の色は違って見えている」ということをたとえとして，筆者は人間一人一人の認識もそのように違うものかもしれないと考えている。

問四 流された映像は，「正確無比な多国籍軍のミサイル攻撃」「敵の軍事施設だけをピンポイントで狙い，少しも標的を外すことはない」映像である。これは「人々が死んでいくような悲惨な映像」など，都合の悪いものをカットすることで作り出された映像であるといえる。なぜそのような映像を作り出すか。それは，攻撃する側の正当性を印象づけるためである。

問五 段落の冒頭に，「ネットの登場によって，……輝かしい時代をインターネットが切り拓いた」とあり，このような考えをもつこと自体が「大いなるフェイク」であると筆者は述べている。

やや難 問六 問四で見たように，ある出来事に関する情報は意図的にゆがめられることがある。インターネットの発達した時代では，多くの情報発信者がそれぞれ勝手な情報を流すため，正しいものの識別が難しくなる。また，「『嘘でもいいから，自分が見たいものを見たい』という人間の根本的な心理」もはたらくため，この心理に沿った嘘の情報も流されることになる。

★ワンポイントアドバイス★

字数の多い記述問題が中心である。文章も長いので，内容をしっかりおさえたうえで，自分の言葉で説明する力が求められる。読書を含め，ふだんからいろいろなジャンルの文章にふれることや，文章の要約する練習をしておくことが大切！

平成29年度

★★★★★★★★★★★★★★★★★★★★★★

入　試　問　題

平成29年度

桜蔭中学校入試問題

【算　数】（50分）　＜満点：100点＞

【注意】 円周率を用いるときは，3.14としなさい。
三角すいの体積は（底面積）×（高さ）×$\frac{1}{3}$ で求められます。

Ⅰ　次の □ にあてはまる数を答えなさい。

⑴ ①　$\left\{1.04 \div 9 \times \left(12 - 5\frac{4}{7}\right) - \frac{13}{42}\right\} \times 2\frac{23}{26} = \square$

②　$\left(7\frac{6}{11} - 4\frac{1}{16} \div 6.875\right) \div \left\{15 - \left(\square + 5\frac{1}{3}\right)\right\} = 6\frac{3}{4}$

⑵　0から9までの1けたの数字10個から，異なる2個の数字を選びます。その2個の数字をどちらも1回以上使って4個を並べた数を作ります。ただし0を使うときは，たとえば0030は30，0101は101と考えることとします。

①　このようにしてできる数は全部で □ 個あります。

②　2020は小さい方から数えて □ 番目の数です。

③　大きい方から数えて92番目の数は □ です。

Ⅱ　右の図は，AD＝DH＝16cm，GH＝12cm の直方体ABCD-EFGHで，AF＝20cmです。2つの動く点PとQが同時に出発して，毎秒2cmの速さで点Pは長方形ADGFの周上を，点Qは三角形CDGの周上を次のように動きます。

点P：A→D→G→F→A→D→G→……

点Q：G→D→C→G→D→……

⑴　2点P，Qが初めて出会うのは，2点が出発してから何秒後ですか。

⑵　2点P，Qが4回目に出会うのは，2点が出発してから何分何秒後ですか。

Ⅲ　右の図1は，1辺の長さがそれぞれ3cm，12cm，21cmの正方形を底面とする直方体から上の面を取り除いてできた3つの水そうA，B，Cを重ねて底面を固定した容器です。この容器を水平な床（ゆか）の上に置き，図のようにAにはⒶの蛇（じゃ）口から，BにはⒷの蛇口から，CにはⒸの蛇口から毎秒一定の量の水を同時に入れ始め，全ての水そうが水で満たされるまで3つの蛇口から水を入れ続けました。

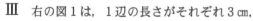

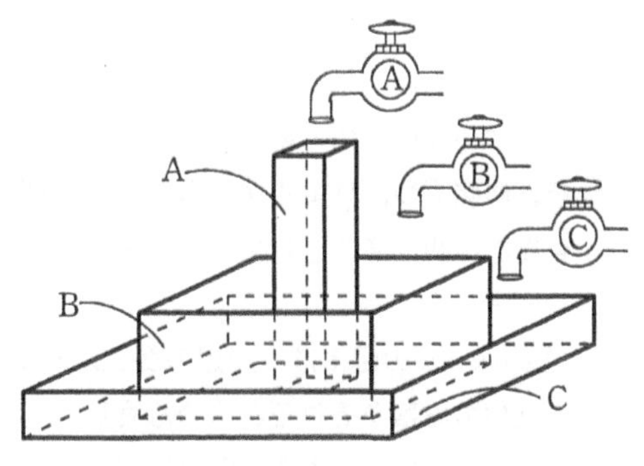

図1

ただし，3つの蛇口から毎秒出る水の量は全て同じとし，容器の厚さは考えないものとします。

⑴　右の図2は，水を入れ始めてから容器が水で満たされるまでの時間と水面の高さの関係を表したグラフです。水を入れ始めてから ア 秒後までの容器Bの水面が上昇する速さが毎秒$\frac{1}{27}$cm，ウ が189であるとき，次の①，②を求めなさい。

① 1つの蛇口から1秒間に出る水の量

② 容器Cの高さ

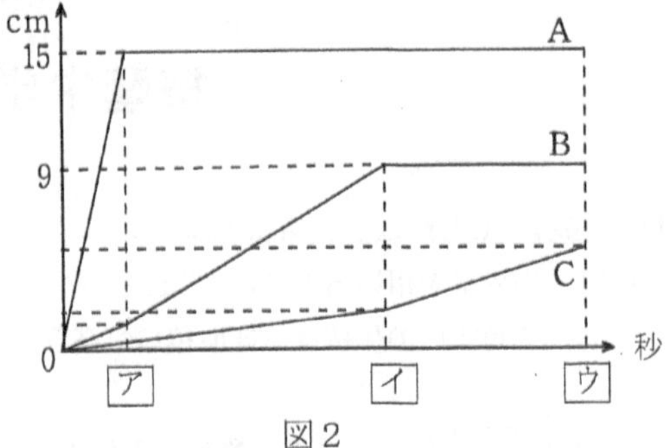

図2

⑵　この容器を空にして，再び3つの蛇口から毎秒一定の量の水を入れました。全ての水そうが水で満たされるまでに2分かかったとき，1つの蛇口から1秒間に出る水の量を求めなさい。

Ⅳ　図のような立体1，2，3がどれも1個以上あります。立体1は円すい，立体2は円柱，立体3は底面の半径が4cmの円柱から底面の半径が2cmの円柱をくりぬいてできた立体です。
立体1の底面（下の面）は赤，立体2の底面（上下の2つの面）は青，立体3の底面（上下の2つの面）は黄色にぬられていて，どの立体もその他の面は全て白くぬられています。
このとき次の問いに答えなさい。

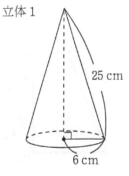

立体1　25cm　6cm

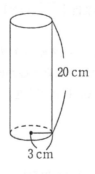

立体2　20cm　3cm

立体3

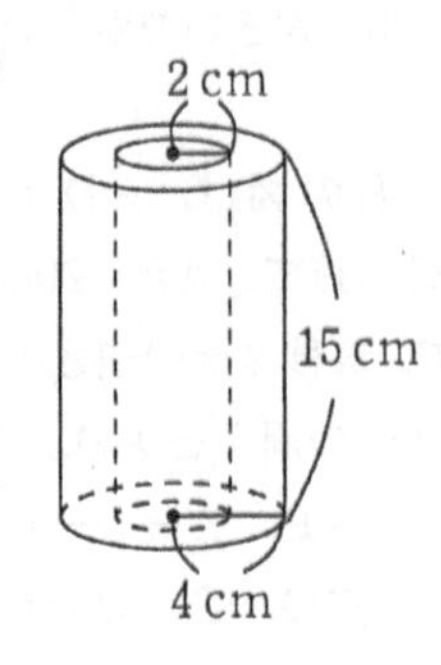

⑴　立体1，2，3の1個ずつについて，白くぬられている部分の面積と，赤，青，黄色にぬられている部分の面積をそれぞれ求めなさい。

⑵　全ての立体の赤くぬられている部分の面積の合計と，青くぬられている部分の面積の合計と，黄色くぬられている部分の面積の合計がどれも同じとき，全ての立体の白くぬられている部分の面積の合計は最も少なくて何cm^{2}ですか。

⑶　全ての立体の白くぬられている部分の面積の合計が5652cm^{2}であるとき，立体1，2，3はそれぞれ何個ずつありますか。考えられる個数の組を全て答えなさい。ただし，立体1，2，3はどれも異なる個数あるとします。解答らんは全部使うとは限りません。

Ⅴ　次のページの図1は，一辺の長さが6cmの立方体16個をすき間なくはりつけて作った立体です。次の立体の体積をそれぞれ求めなさい。

⑴　図1の立体を3点A，B，Cを通る平面で切断したとき，2つの立体ができます。そのうちの小

さい方の立体は三角すいです。
このとき，点Dを含む立体の体積

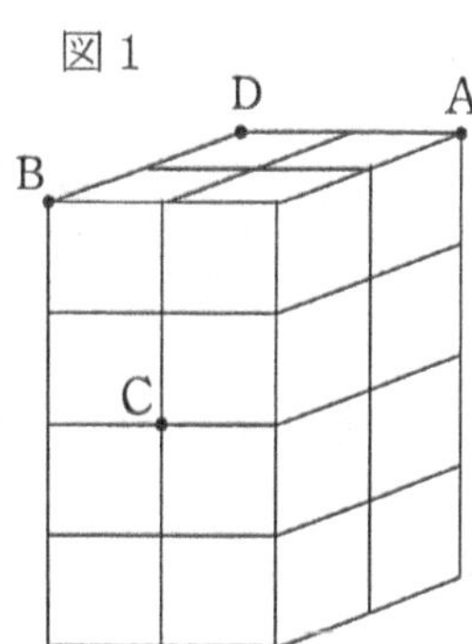

⑵　図１の立体から１つの立方体アを取り除きます。（図２）
その立体を⑴と同じように３点A，B，Cを通る平面で切断したとき，点Dを含む立体の体積

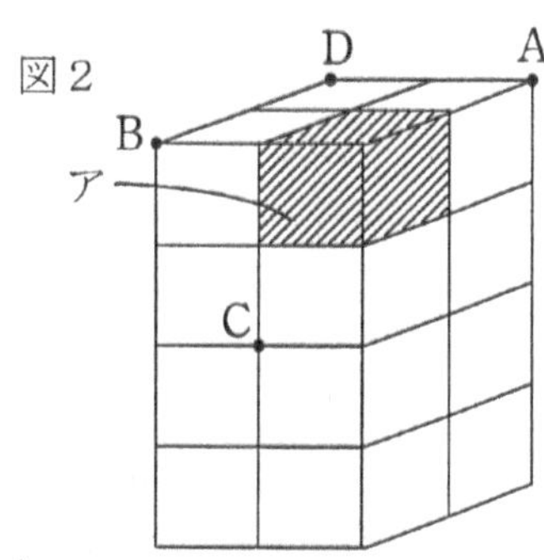

⑶　図１の立体から２つの立方体イ，ウを取り除きます。（図３）
その立体を⑴と同じように３点A，B，Cを通る平面で切断したとき，点Dを含む立体の体積

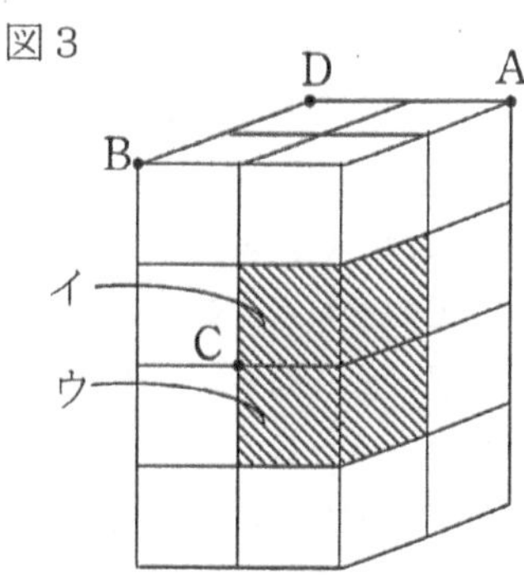

【理　科】（30分）　＜満点：60点＞

Ⅰ　**図1**のように，重さの無視できる糸のはしにおもりをつけ，もう一方のはしを天じょうの点Oに固定してふりこを作り，以下の**実験**を行いました。下の問いに答えなさい。

図1

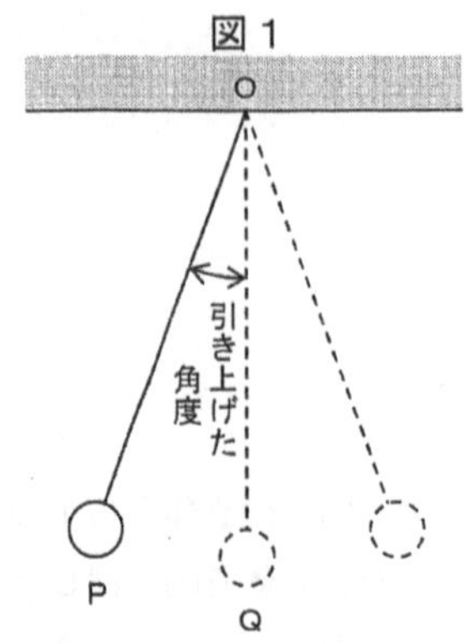

〔実験〕　**表1**のA～Gのように条件を変えてふりこの実験を行った。おもりを自然に垂らした位置Qから，糸を張ったままある角度引き上げた位置Pで手をはなし，10往復してもとの位置Pにもどるまでの時間を調べた。

表1

	A	B	C	D	E	F	G
おもりの重さ　[g]	200	200	200	300	400	500	600
引き上げた角度　[°]	10	10	20	10	20	10	20
ふりこの長さ　[cm]	60	120	60	30	60	90	120
10往復にかかる時間　[秒]	15.5	22.0	15.5	11.0	15.5	19.0	22.0

問1　(a)おもりの重さ，(b)はじめに引き上げた角度，(c)ふりこの長さ　をそれぞれ大きくしたとき，ふりこが10往復するのにかかる時間はどのようになりますか。つぎの**ア～ウ**から選び，記号で答えなさい。また，それらのことは，A～Gのうちのどの2つを比べることによってわかりますか。それぞれA～Gの記号の組み合わせで答えなさい。

ア．長くなる　　**イ**．変わらない　　**ウ**．短くなる

問2　A～Gのうち，Qを通るときのおもりの速さが最も速いのはどれですか。

問3　**図2**のように，200gのおもりをつけた120cmのふりこの，支点Oから90cm真下の位置Sに棒を固定し，おもりを20°引き上げた位置Pで手をはなしました。おもりは最も低い位置Qを通り，Pと同じ高さの位置Rまで達しました。Sを中心とするQからRまでの角度は，どのような角度でしょうか。また，おもりが通るQからRまでの道のりはどのような長さでしょうか。それぞれつぎの**ア～カ**から選び，記号で答えなさい。

図2

ア．20°より小さい　　**イ**．20°である　　**ウ**．20°より大きい

エ．道のりQRは，道のりPQよりも短い

オ．道のりQRは，道のりPQと等しい

カ．道のりQRは，道のりPQよりも長い

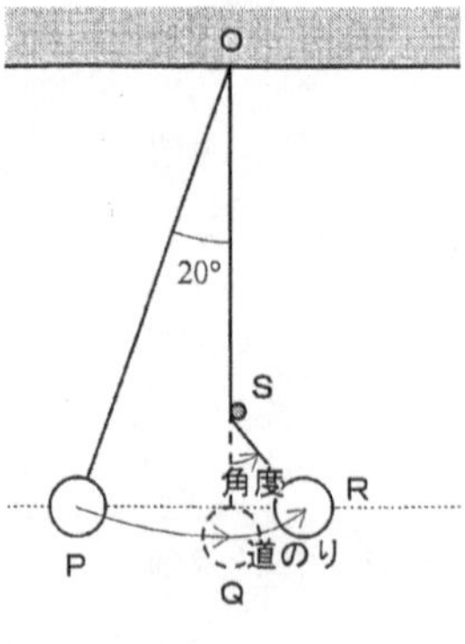

問4　問3のとき，ふりこをはなしてから10往復してPにもどってくるまでにかかる時間は何秒ですか。

Ⅱ　鳥の渡り（わた）に関する，下の問いに答えなさい。

鳥には渡りをするものがいて，長いきょりを移動するにもかかわらず，正確に方向を定めることができます。

ホシムクドリは，冬鳥として知られています。A地点に住むホシムクドリは群れで生活し，**図1**のように，A地点から実線（⟶）の向き（南西）に渡り，冬を過ごします。このホシムクドリの渡りについて，**実験1**を行いました。

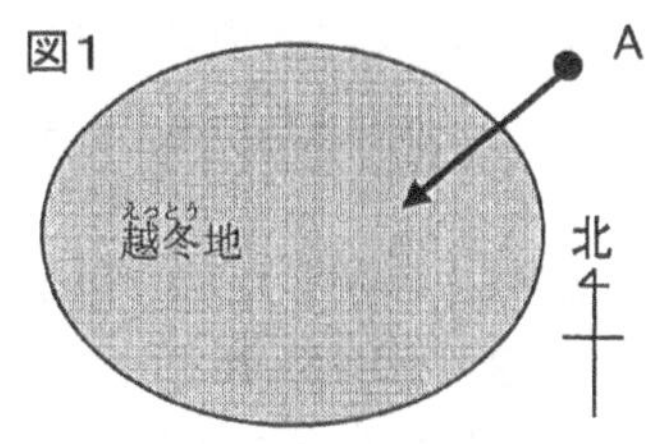

〔実験1〕　A地点に住むホシムクドリを，渡りの経験のある成鳥と経験のない若鳥に分け，混ざらないようにA，B，C地点から放ち，渡りを行う方向を調べた。成鳥は**図2**のように点線（┈┈▸）の方向へ，若鳥は**図3**のように破線（----▸）の方向へ飛んだ。ただし，**図2**，**3**に示すように，B，C地点はAから十分はなれた場所である。

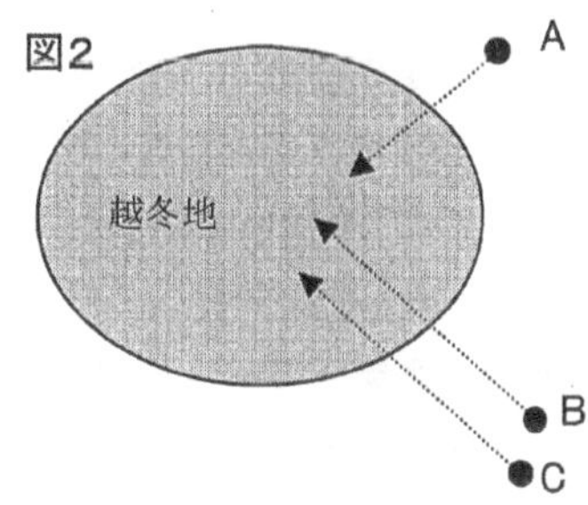

問1　ホシムクドリと同じ，冬鳥はどれですか。つぎの**ア**～**エ**から1つ選び，記号で答えなさい。

ア．ヒヨドリ　　**イ**．ツバメ　　**ウ**．ハクチョウ　　**エ**．ハト

問2　**実験1**の結果からわかることを，つぎの**ア**～**エ**から**2つ**選び，記号で答えなさい。

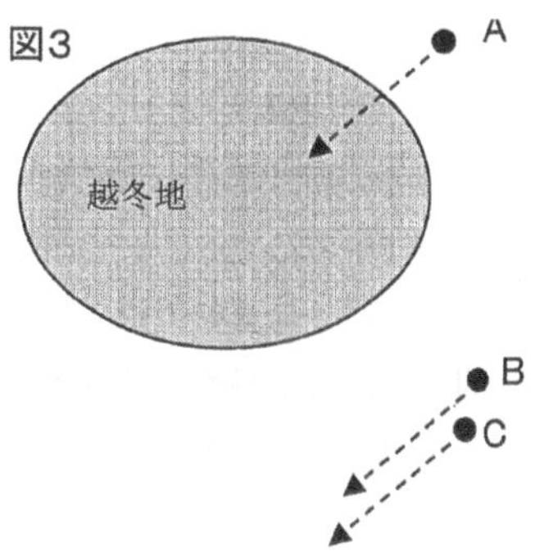

ア．ホシムクドリは，渡りの経験がなくても，南西の方向に移動する能力をもっている

イ．ホシムクドリは，渡りの経験がなくても，経験のある成鳥といっしょに行動すると，目的地にたどりつくことができる

ウ．ホシムクドリは，渡りの経験によって，南西の方向に移動する能力を失ってしまう

エ．ホシムクドリは，渡りの経験によって，本来住んでいる場所とは違うところからも，目的地に向かうことができる

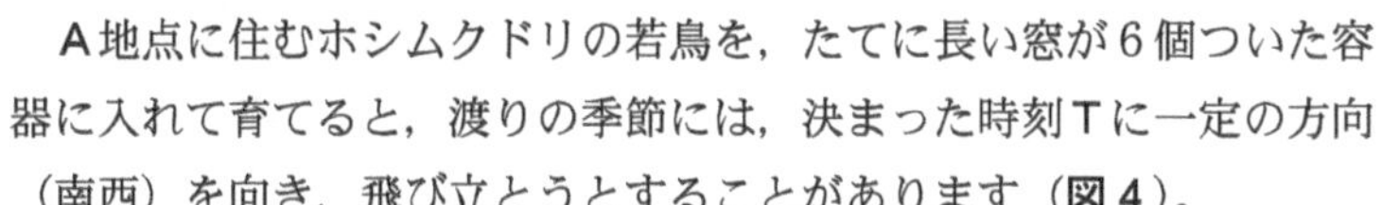
A地点に住むホシムクドリの若鳥を，たてに長い窓が6個ついた容器に入れて育てると，渡りの季節には，決まった時刻Tに一定の方向（南西）を向き，飛び立とうとすることがあります（**図4**）。

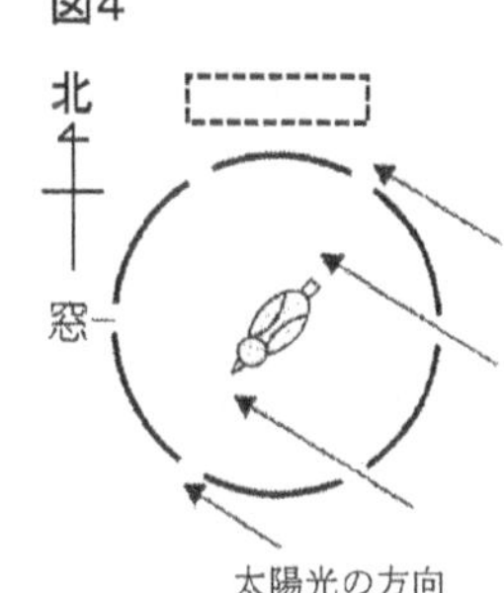

ホシムクドリがどのようにして向きを決めているのかを調べるため，渡りの季節に**実験2**～**6**を行いました。

〔実験2〕　晴れの日は，時刻Tに南西の方向を向いた。

〔実験3〕　くもりの日は，時刻Tに一定の方向を向くことはなかった。

〔実験4〕　晴れの日に，窓の下半分をおおい，周囲の景色は見えないが，窓から空だけが見えるようにすると，時刻Tに南西の方向を向いた。

〔実験5〕　晴れの日に，強力な磁石を**図4**の［┈┈］の位置にN極が西を向くように置くと，時刻Tに南西の方向を向いた。

問３　**実験２～５**の結果から，ホシムクドリは何を最も優先して一定の方向を向いていると考えられますか。つぎの**ア～ウ**から１つ選び，記号で答えなさい。

ア．周囲の景色　　**イ**．太陽光の方向　　**ウ**．磁石の向き

〔**実験６**〕　晴れの日に，**図５**のように容器のそばに強力な磁石をＮ極が西を向くように置いた。さらに，表も裏（うら）も鏡になっている両面鏡を用いて容器の中から見える景色や太陽光がさしこむ方向を変えると，時刻Ｔに一定の方向を向いた。

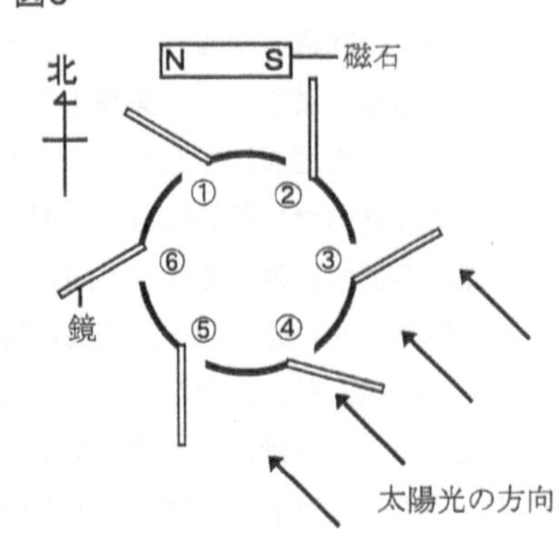

問４　**実験６**において，時刻Ｔでは，鏡を用いることで，**図５**の①～⑥のどの窓から太陽光がさしこみますか。その窓の番号を**すべて**選びなさい。

問５　**実験６**において，時刻Ｔでは，ホシムクドリの向きはどのようになりますか。つぎの**ア～エ**から，最も近いものを１つ選び，記号で答えなさい。

ア．北東を向く　　**イ**．北西を向く　　**ウ**．南東を向く　　**エ**．南西を向く

Ⅲ　つぎの文章を読み，下の問いに答えなさい。

春分の日，関東のある地点（北緯（い）35度，東経140度）において，**図１**のように，長さ10cmの棒を地面に垂直に立て，一定時間ごとにかげを調べたところ，**図２**のようになりました。

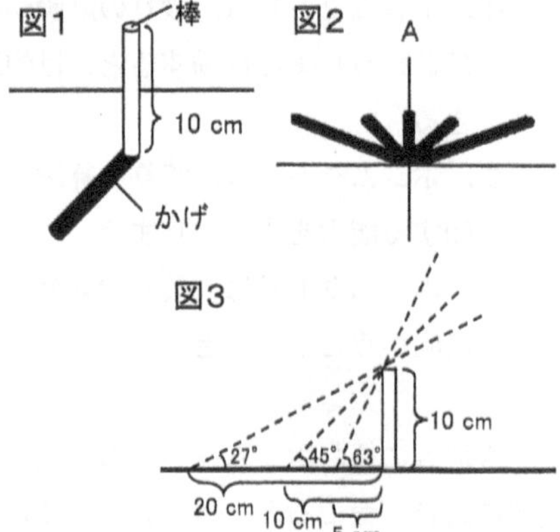

問１　**図２**のＡの方位を答えなさい。

問２　かげが最も短くなるのはいつですか。つぎの**ア～ウ**から１つ選び，記号で答えなさい。

ア．12時より前　　**イ**．12時　　**ウ**．12時より後

問３　かげが最も短くなる時のかげの長さはどうなりますか。**図３**を参考にして，つぎの**ア～エ**から１つ選び，記号で答えなさい。

ア．５cmより短い

イ．５cm以上10cm未満

ウ．10cm以上20cm未満

エ．20cm以上

春分の日のかげのようすをもとにして，午前６時から午後６時までの１時間ごとに目盛りを刻んだ日時計を作りました。**図４**はそのばん面で，春分の日のある時刻のかげS_1が書かれています。ところが，別の日の同じ時刻におけるかげは，S_2のようになり，異なる向きになってしまいました。

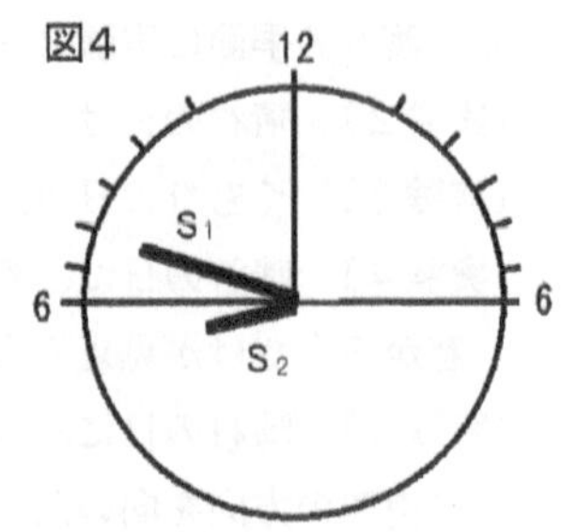

問４　S_1のかげができた時刻は，春分の日の　**ア**．午前８時，**イ**．午後４時　のどちらですか。記号で答えなさい。

問５　S_2のかげができたのはどの日ですか。つぎの**ア**～**ウ**から１つ選び，記号で答えなさい。

ア．夏至　　**イ**．秋分　　**ウ**．冬至

問６　つぎの文章中の①～⑤に適するものを，それぞれ選び，記号で答えなさい。

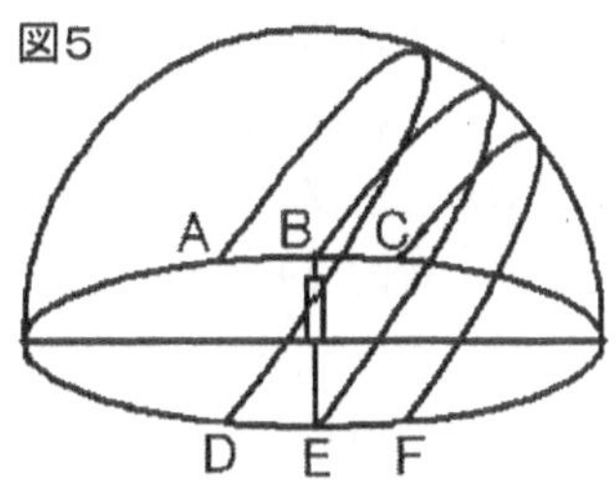

図５は，春分，夏至，冬至の太陽の通り道を，とうめい半球（太陽などの天体がその球面を移動しているように見立てたもの）上に表したものです。この**図５**の**A**～**F**のうち，夏至の日の入りの位置は，（　①　）になります。**図５**から，棒を垂直に立てたとき，季節によって，同じ時刻のかげの向きが異なることがわかります。

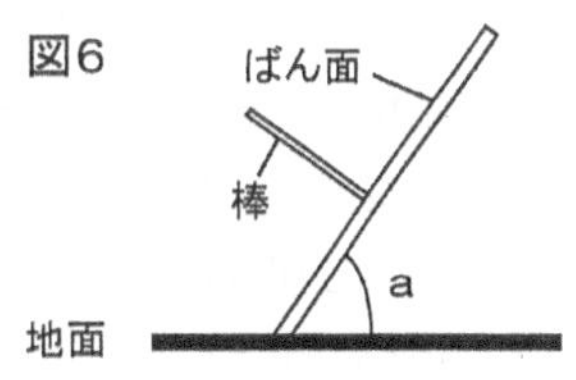

そこで，**図６**のように，棒の向きが地軸（じく）（北極と南極を結んだ軸）と平行になるようにばん面をかたむけました。これにより，かげができているときは，異なる季節であっても，同じ時刻のかげの向きが同じになります。このとき，棒の先たんの向きは（②**ア**．東　**イ**．西　**ウ**．南　**エ**．北），ばん面と地面との角度**a**は（③**ア**．35°　**イ**．23.4°　**ウ**．55°　**エ**．66.6°）です。

また，ばん面をかたむけたことで，太陽の通り道がつくる面とばん面が平行になります。そのため目盛りの間かくは**図７**の**ア**～**ウ**のうち，（　④　）になります。そして，７月１日の午後３時のかげの長さは，同じ日の正午のかげの長さと比べると，（⑤**ア**．短く　**イ**．同じに　**ウ**．長く）なります。

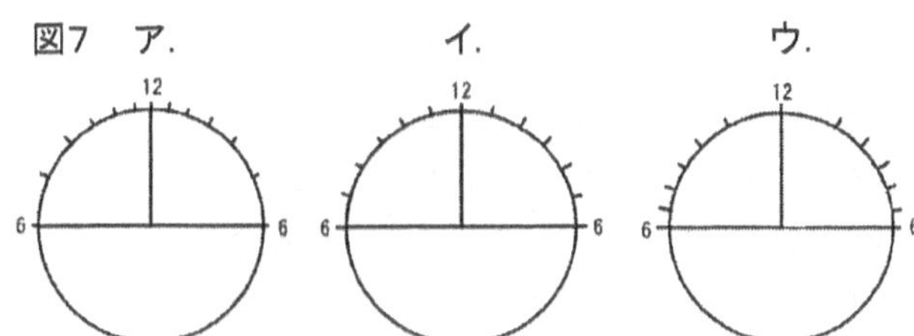

Ⅳ　つぎの文章を読み，下の問いに答えなさい。

地球では，その誕生以来，さまざまな生物が太陽光を浴びながら活動をしてきました。植物は光合成をし，また，動物は植物やほかの動物を食べることで，体内に栄養をとりこみます。これらの①生物の死がいがたい積し，長い年月をかけて圧力や熱によって変化してできたと考えられるものが石油や石炭であり，現代社会において主要な燃料として利用されています。現在の日本では，石油や石炭，天然ガスなどを燃やして発電する火力発電が，全発電量のうちの最も多くの割合をしめています。火力発電では，②燃料を燃やすことによって発生した熱が，タービンと呼ばれる羽根車によって電気に変換（へんかん）されます。

現在は，火力発電の次に水力発電が多くの割合をしめています。それ以外にも，風力や太陽光などを用いた発電方法があり，これらの割合を増やすことが検討されています。火力，水力，風力による発電はどれも，太陽光に由来するエネルギーを，液体や気体の流れ，タービンの回転に変え，電気を発生させるという点で共通しています。

わたしたちは，地球上にある限られたエネルギー資源を利用して生活していかなければなりません。そのためには，例えば③電気をむだにしないことなどを心がける必要があります。

問１　下線部①のような燃料を何といいますか。漢字４文字で答えなさい。

問２　下線部②について説明したつぎの文章の空らん［A］～［C］にあてはまる語句を下の**ア**～**カ**から選び，記号で答えなさい。

一般的な火力発電では，燃料を燃やすときに発生する熱で［A］の水を加熱して［B］にし，タービンにふきつけます。これは［A］から［B］になるときに水の［C］が増加し，流れの勢いが増すことを利用しています。その流れがタービンを回転させ，電気を発生させます。

ア．固体　**イ**．液体　**ウ**．気体　**エ**．重さ　**オ**．体積　**カ**．温度

問３　火力発電の問題点として適切なものを**ア**～**オ**から**すべて**選び，記号で答えなさい。

ア．地中にうまっている燃料をいずれ使い切ってしまう可能性が考えられている
イ．発電量が季節や天候の影響を受けやすい
ウ．燃料を海外からの輸入にたよっており，国際情勢に価格が影響を受けやすい
エ．燃料が燃え始めるとコントロールが難しく，他の方法と比べて発電量を調整しにくい
オ．二酸化炭素やちっ素酸化物等の温室効果ガスや有毒ガスを発生させる可能性がある

問４　つぎの**ア**～**エ**は，水力発電における水とエネルギーの循環を説明したものです。水力発電でもタービンを回転させて電気を発生させますが，タービンを回転させるまでの説明として正しい順番になるように，**ア**～**エ**を並びかえなさい。

ア．水蒸気が雲となり，雨となって山間部に降りそそぐ
イ．高い位置にあるダムに水がたくわえられる
ウ．地表や海面の水が太陽光によって温められて水蒸気となる
エ．高い位置にあった水が低い位置に落下し，速さを増していく

問５　下線部③について，つぎの文章の空らん［A］～［C］にあてはまる語句を答えなさい。

今まで白熱電球が使われていた照明などに，［A］が使われるようになってきました。［A］はLEDとも呼ばれています。白熱電球とLEDを使った照明を比べると，同じくらいの明るさにするには，LEDを使った照明の方が少ない電気の量ですみます。これはLEDの方がむだな［B］をあまり出さず，電気を効率よく［C］に変えることができるからです。

Ⅴ　**表１**は，固体A，B，C，Dが，20℃～80℃の水100ｇにとける量を表し，次のページの**図１**は，B，C，Dがとける量をグラフにしたものです。下の問いに答えなさい。計算の結果は四捨五入をしないで，整数または小数で答えなさい。

表１

	20℃	40℃	60℃	80℃
A	204	238	287	362
B	35.8	36.3	37.1	38.0
C	5	9	15	24
D	32	64	109	170

単位はｇ

問１　次のページの**図２**の**（例）**は20℃の水100ｇにAがとける量をかきこんだものです。この**（例）**にならって，40℃，60℃の水100ｇにAがとける量を解答らんに×でかきなさい。

問２　水100ｇに，BとDがとける量が同じになるのは何℃のときですか。整数で答えなさい。

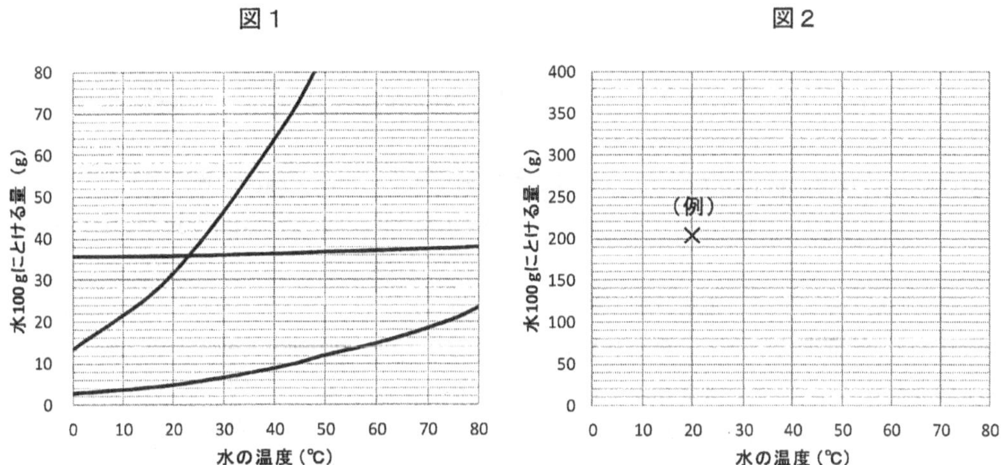

問３　60℃の水200ｇにＢをとけるだけとかした後，加熱して水を20ｇ蒸発させ，再び60℃にしました。固体として出てくるＢは何ｇですか。

問４　Ａ～Ｄ60ｇを，それぞれ40℃の水120ｇに入れてよくかき混ぜました。とけ残るものはＡ～Ｄのうちどれですか。**すべて**選び，記号で答えなさい。

問５　Ａ～Ｄ100ｇを，それぞれ80℃の水150ｇに入れてよくかき混ぜた後に，すばやくろ過し（ろ過①），20℃まで冷やした後に再びろ過をしました（ろ過②）。とけ残りがなくてもろ過は行い，ろ過をしている間に温度は変わらず，水の量は変わらないものとします。

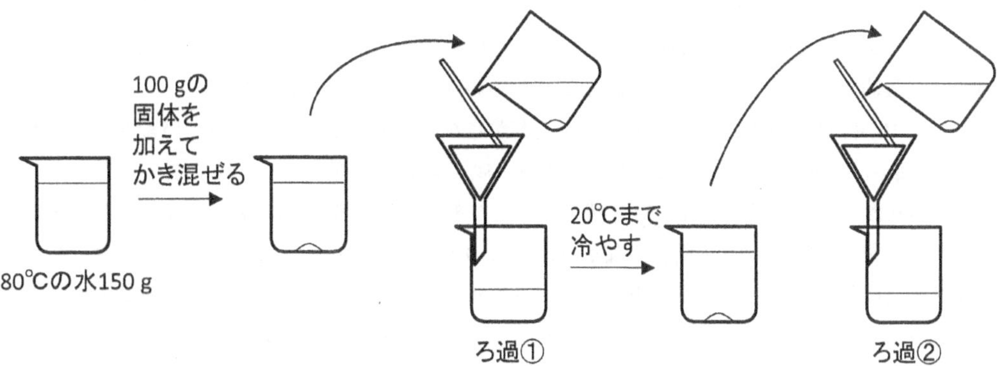

(a)　ろ過①をしたときに，ろ紙の上に最も多くの固体が残ったものは，Ａ～Ｄのうちどれですか。記号で答えなさい。また，それは何ｇですか。

(b)　ろ過②をしたときに，ろ紙の上に最も多くの固体が残ったものは，Ａ～Ｄのうちどれですか。記号で答えなさい。また，それは何ｇですか。

(c)　ろ過②をしたときに，ろ紙の上に固体が残らないものは，Ａ～Ｄのうちどれですか。**すべて**選び，記号で答えなさい。

【社　会】（30分）　＜満点：60点＞

Ⅰ　次の文を読んで，後の問いに答えなさい。なお，問12・問13については，解答欄の順番に注意すること。

1960年代は，日本の経済がめざましく成長した時期です。この高度経済成長期に人々の暮らし方も，それを反映する町や村のようすも大きく変わりました。このことを富山県を例に見てみましょう。

富山県には砺波平野という地域があります。この平野には，日本にはあまり見られない形の集落があります。それは散村といって，農家と農家の間がおよそ100m離れて，それぞれの農地の中に家が立っているものです。孤立した家を風雨や強い日ざしから守るために，人々は開拓の時に家の周りに木を残しておき，それを元に屋敷林をつくり上げました（11ページの写真参照）。屋敷林は，家屋を守るだけではありません。山林を持たない平野の人々にとって，屋敷林の枝打ちなどで得られる木片や小枝は[1]として，ふろや台所の欠かせない燃料になりました。早く育つスギが多く植えられたのは，建築用の木材にもなるからです。

この地域は扇状地といって，水はけがよくて水田には向かないところもありました。しかし長い年月をかけて①平野を流れる庄川や小矢部川から水を引き，水路を整備して，江戸時代には豊かな稲作地域となりました。さらに大正時代からはコメの[2]として，チューリップの球根栽培が取り入れられ，今ではチューリップは富山県の県花にもなっています。なぜ砺波平野でチューリップが広く栽培されるようになったかというと，チューリップの生育条件がこの地域の自然に合っていたからです。チューリップはコメの収穫が終わった後に球根を植えますが，そこから春先までは，②地温が低めに安定し，乾燥しないという環境を好みます。開花をへて，6月の球根の掘り取りまでは，水はけがよい状態が最適です。こうした条件を備えていたのが砺波平野だったのです。

一方，富山県は日本海側の各県の中では製造業がさかんな県としても知られています。とりわけ製[3]工業や，アルミニウム加工を中心とする金属工業の割合が高くなっています。製[3]工業は江戸時代から「越中富山の[3]売り」として知られた歴史のあるものです。そして実はアルミニウム加工業も江戸時代の産業とつながりがあるのです。加工しやすく，軽くて丈夫なアルミニウムは高度経済成長期にはさまざまな用途で利用されました。またアルミニウムは「電気のかんづめ」と言われるほど，原料のボーキサイトからアルミニウムを生産するときに大量の電力を使います。そこで③水力発電所がたくさんあり，豊富な電力が得られた富山県では，輸入したボーキサイトを使ってアルミニウムの生産がさかんに行われました。しかし④1970年代に入って急激に電気料金が上がったため，日本ではアルミニウムの輸入が増えていき，⑤今ではアルミニウムの生産はとだえてしまいました。しかし，現在でも富山県ではアルミニウム加工業がさかんです。とくに住宅の窓などに設置されるアルミサッシの生産の中心は富山県です。それは江戸時代からその名を知られる富山県高岡市の「高岡銅器」の技術の伝統があるからです。銅器もアルミニウム加工も「鋳造」といって溶かした金属を型にはめて冷やし，製品をつくる方法をとります。第二次世界大戦中に銅が不足し，代わりにアルミニウムを使ったのが富山のアルミニウム加工の始まりと言われています。高度経済成長期の建築ブームの中で，アルミサッシは急速に広まりました。

アルミサッシは砺波平野の景観も変えました。今までの木製の窓わくに比べ，家屋の気密性が高まったため，室内が外気の影響を受けにくくなりました。屋敷林の必要性が低下したのです。さらに

1960年代にガス・上下水道などの整備が進み，外国から安い木材が輸入されるようになり，必ずしも屋敷林がなくても暮らしに困らなくなりました。またこの時期に道路の整備や農地の区画整理も進みました。便利になった広い平野は工場用地としても注目され，散村の中には農地を手ばなす人も出てきました。車で通勤ができるようになったこともあり，兼業農家も増えました。そうなると屋敷林の手入れが重荷になり，屋敷林を切ってしまう家も出てきたのです。

このような変化は，日本各地の農村で見られました。総就業人口（仕事をしている人）のうち，農林水産業に従事している人の割合は，1960年代の日本では約４分の１を占めていましたが，⑥<u>その後急激に減少していきました。農業従事者の高齢化も深刻で，耕作放棄地も増えています</u>。一方で，日本は今後，［ 4 ］へ加盟することを前提に，コメの国際競争力をつけるために農業の合理化・大規模化を進めようとしています。たとえば，直まき法といって，苗代をつくらず，田に直接種もみをまくことで［ 5 ］の作業を省く方法などを試みています。そして農家の自立を目指すという目的で，政府は1970年から続けてきたコメの［ 6 ］政策を2018年にやめる予定でいます。［ 6 ］政策が終わると，［ 6 ］協力農家への補助金もなくなり，小さな農家はさらに減っていくおそれもあります。

砺波平野での屋敷林の減少はこうした日本の変化を反映しているものです。一方で，日本ではめずらしい散村の景観に，屋敷林はなくてはならないものです。富山県では砺波平野のこの景観を観光資源として保存したいとしています。しかし屋敷林は人々の生活に欠かせないものであったからこそ，長い間守られてきたのです。暮らしと結びつかなくなった景観を保つのはとても難しいことです。

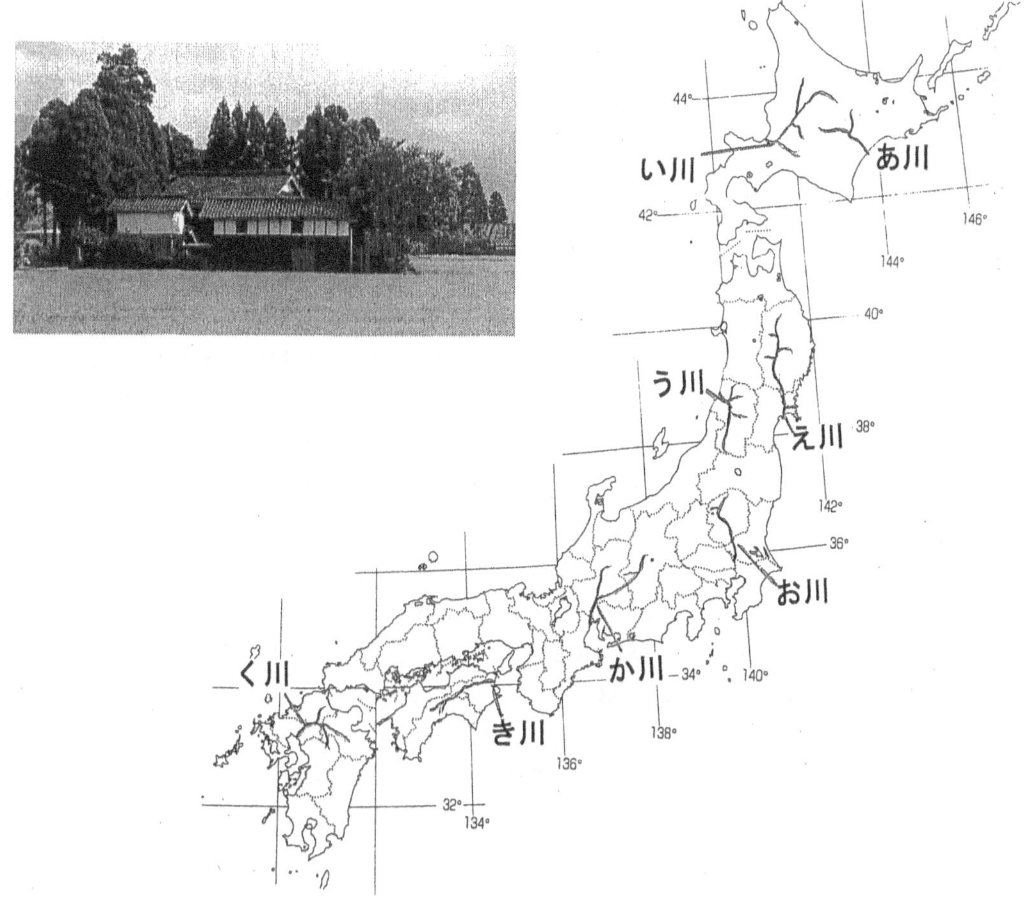

問１　文中の［１］に適する語句をひらがな３文字で答えなさい。

問２　文中の［２］に適する語句を漢字２文字で答えなさい。

問３　文中の［３］に適する語句を次の あ～え から１つ選び，記号で答えなさい。

あ 紙　い 薬　う 塩　え 糸

問４　文中の［４］に適する語句をアルファベットの略号で答えなさい。

問５　文中の［５］に適する農作業名を答えなさい。

問６　文中の［６］に適する語句を答えなさい。

問７　文中の下線部①に関連して，日本の平野を流れる河川（かせん）に関する次の１～４の各文に関係の深い河川の位置を，11ページの地図中の あ～く から１つずつ選び，記号で答えなさい。

１　流路に沿って広がる盆地（ぼんち）を高速道路が走り，自動車工場やIC工場が立地している。

２　明治時代にオランダ人土木技師の指導で３本の河川の流路が固定し，水害が減った。

３　河口は遠浅の海で，古くからの干拓地（かんたくち）では，コメやイチゴの栽培がさかんである。

４　ジャガイモやダイズ，タマネギなどの生産が多い日本最大の畑作地帯を流れる。

問８　文中の下線部②について，このような条件がなぜ砺波平野で整っているのかを50字以内で説明しなさい。

問９　文中の下線部③について，2015年度の日本の発電量に占める水力発電の割合として最も近いものを次の あ～え から１つ選び，記号で答えなさい。

あ　約10％　　い　約20％　　う　約30％　　え　約40％

問10　文中の下線部③に関連して，日本の電力エネルギーについて述べたものとして，適切なものを，次の あ～え から１つ選び，記号で答えなさい。

あ　燃焼するときに汚染物質を出しやすいため，火力発電の燃料として石炭はほとんど使われていない。

い　2011年の東日本大震災以来，運転が休止となった日本の原子力発電所のうち，運転を再開したものはまだない。

う　ダムによる水力発電は，二酸化炭素を排出（はいしゅつ）しないうえ，自然環境に悪い影響を与えない発電方法である。

え　火力発電の燃料として用いられる天然ガスは，日本の場合，冷却して液体にしてから輸入されている。

問11　文中の下線部④について，その原因となった出来事を答えなさい。

問12　文中の下線部⑤について，日本では生産されるアルミニウム製品のすべてが輸入したアルミニウムからつくられているわけではありません。その理由を皆（みな）さんの身近なアルミ製品の例をあげて30字以内で説明しなさい。

問13　文中の下線部⑥について，現在の日本の農業の状況（じょうきょう）を述べたものとして適切でないものを次の あ～え から１つ選び，記号で答えなさい。

あ　農家１戸当たりの経営耕地面積は徐々（じょじょ）に減っていて，1haを下回っている。

い　農林水産業に従事している人の割合は，総就業人口の５％を下回っている。

う　農業を職業としている人のうち，65歳（さい）以上の高齢者の割合は50％をこえている。

え　耕地面積のうち水田の割合は，減ってきてはいるが，50％をこえている。

Ⅱ　次の文を読み，空欄 [1] ～ [4] に適する語句をそれぞれ漢字で記し，下線部について後の問いに答えなさい。

日本で一番古い喫茶に関する記述は，①平安時代初期の僧侶が嵯峨天皇にふるまったというものです。茶は中国から伝わりましたが，当初は日本では僧侶や貴族などごくわずかな人たちにしか知られていませんでした。鎌倉時代には，禅宗の僧侶栄西が記した日本初の茶の専門書『喫茶養生記』が，三代将軍源実朝に献上されました。日本最古の茶園がつくられたのもこの頃だと言われています。鎌倉時代は禅宗の寺院で喫茶の習慣が広がり，社交の場として武士階級にも好まれるようになっていきました。

室町時代に京都の宇治茶が有名になりますが，それは北山文化の中心となる建物を建てた [1] が栽培をすすめたからです。②豊臣秀吉も宇治茶を保護したので品質が向上し，高級茶として知られるようになりました。また，15世紀に村田珠光によって「侘茶」が始められ，16世紀後半に [2] がこれを大成しました。これは，簡素な茶室で心静かに茶を楽しむというものです。

江戸時代に入ると，庶民も茶を飲むようになりました。③18世紀には新しい製法が編み出され，④流通が活発になったこともあり，茶の取り引きがさかんに行われました。

江戸時代末から明治時代にかけて，茶を取り巻く状況は大きく変わります。⑤1854年にアメリカ合衆国と条約が結ばれ，日本は開国しました。その後，日本は，アメリカ合衆国や他の国々と貿易を始め，1859年には [3] に次ぐ輸出品として181トンの茶を輸出しました。政府の援助によりその後も輸出量は増え続け，1887年まで輸出総額の15～20％を占めていました。

京都と並ぶ茶の産地である静岡で，栽培量が増えたのは明治の初めです。たとえば，牧ノ原台地には集団農園がつくられ，多くの [4] が茶園の開拓を行いました。彼らは，明治政府による政策の変更で，収入を失っていったため，新たな収入源を必要としたのです。ただ，その開拓は長続きせず，やがて [4] は牧ノ原を去り，茶園は農民によって継承されていきました。

明治中期までは輸出品の中心であった日本茶も，インド産の茶の台頭で，次第に輸出量が減っていきます。その分，国内の消費が増えていき，大正末期から昭和初期にかけて日本人の生活に深く根付いていきました。その後，高度経済成長期には炭酸飲料やコーヒーの消費が増えたことや，⑥1970年代にファストフードやコンビニエンスストア，自動販売機が普及したことなどにより，急須で茶をいれることは減っていきました。しかし，ペットボトルなどを使用した商品の開発により，再び日本人の生活に定着し，現在国民１人当たりにすると年間で約18リットルの緑茶が飲まれているそうです。日本茶はその時代の文化や生活スタイルに合わせて，日本文化の一つとして受け継がれているのです。

問１　文中の下線部①に関連して，平安時代の社会や文化についての説明として誤りがあるものを次の あ～う から１つ選び，記号で答えなさい。どれも正しい場合は え と答えること。

あ　『平家物語』を琵琶の伴奏で語る芸能がさかんになり，多くの人が楽しんだ。

い　貴族たちは寝殿造の屋敷に住み，季節ごとにさまざまな年中行事や儀式を行った。

う　仮名文字が誕生し，女性が和歌をよんだり物語を書いたりするときに使った。

問２　文中の下線部②の人物はある寺院の跡地に大阪城をつくり，政治の拠点としました。その寺院の名称を漢字で答えなさい。

問３　文中の下線部③について，18世紀の出来事として正しいものを次のページの あ～え から１つ選び，記号で答えなさい。

あ　薩長同盟の結成　　　い『古事記伝』の完成

う　大塩平八郎の乱　　　え　東南アジアでの日本町の形成

問４　文中の下線部④に関連して，江戸時代に流通が発達した要因の１つに街道の整備があげられます。主要な街道を指す五街道のうち，内陸部を通って江戸から京都にいたる街道名を漢字で答えなさい。

問５　文中の下線部⑤の条約で，日本は，アメリカ合衆国との友好や漂流民の保護以外に，どのようなことをアメリカ合衆国に認めましたか。具体的に答えなさい。

問６　文中の下線部⑥について，1970年代の出来事として正しいものを次の あ～え から１つ選び，記号で答えなさい。

あ　政府は経済の急速な発展を目指し，国民所得倍増計画を発表した。

い　東京と大阪の間に東海道新幹線が開通した。

う　冬季オリンピックが札幌で行われた。

え　青函トンネルが完成し，本州と北海道が鉄道で結ばれるようになった。

Ⅲ　次の文を読み，空欄 [1] ～ [3] に適する語句をそれぞれ記し，下線部について後の問いに答えなさい。

2016年７月，東京都にある国立西洋美術館が「ル・コルビュジエの建築作品」の１つとして世界遺産に登録されました。西洋美術館には，松方コレクションと呼ばれる大正から昭和初期にかけての美術品などが収蔵されています。収集した松方幸次郎は明治時代の実業家で，①内閣総理大臣をつとめた松方正義の息子です。それらの美術品の中には，外国で所蔵されていたものもありましたが，連合国と日本の講和を実現した [1] 講和会議の後，美術品の返還交渉が行われました。日本に戻ってきた美術品を展示するために，1959年に西洋美術館が開館しました。

ここ数年，世界遺産への登録が相次ぎ，2013年登録の「富士山」や，殖産興業のさきがけとなったことが認められて2014年に登録された [2] ，2015年登録の「明治②日本の産業革命遺産」と，現在，日本における世界遺産は20件です。

世界遺産への登録が認められるには，まず国内での暫定リストに載る必要があります。2016年現在，「古都③鎌倉の寺院や神社」や「彦根城」，「飛鳥・藤原の宮都とその関連遺産群」，「長崎の教会群と④キリスト教関連遺産」，「⑤北海道・北東北の縄文遺跡群」，「⑥百舌鳥・古市古墳群」，江戸時代に日本最大の金の産出量をほこった「 [3] 鉱山の遺産群」，「宗像・沖ノ島と関連遺産群」の８件が暫定リストに載っています。そのうち「宗像・沖ノ島と関連遺産群」は，2017年の世界遺産委員会で審議される予定です。⑦沖ノ島は４世紀後半から９世紀末にかけて，日本と大陸との間の航海の安全を祈願する儀式が行われた場所です。また，この地では自然を崇拝する伝統が現在も続いており，文化遺産として価値が高いと考えられています。

⑧国際連合の専門機関であるユネスコは，世界遺産の登録をあつかうだけでなく，伝統的な舞踊や祭礼など，形をともなわない文化についても「無形文化遺産」として保護しています。日本のものとしては能や⑨歌舞伎，人形浄瑠璃（文楽），アイヌ民族の古式舞踊などが挙げられます。

世界遺産の中には栄光や繁栄を表すものだけでなく，戦争による被害などを未来への教訓として示すものもあります。⑩太平洋戦争末期の原爆被害を語り継ぐ「広島平和記念碑（原爆ドーム）」はその１つです。世界遺産の登録においてはその価値をめぐって時に意見が対立することもありますし，登録されたことで観光客が増えて管理しきれなくなることもあります。それでも世界遺産を知ることは，その地域の歴史や多種多様な価値観を学ぶことにもつながります。現在を生きる世界中の人々が過去から引き継ぎ，未来へと伝えていかなければならない人類共通の遺産です。

問１　文中の下線部①に関連して，日本の初代内閣総理大臣を務めた人物について説明した文として誤りがあるものを次の あ～え から１つ選び，記号で答えなさい。

あ　不平等条約の改正を目指す岩倉使節団の一員として，欧米を訪れた。

い　薩摩出身の大久保利通の死後，政府の中心的役割を果たすようになった。

う　憲法制定に備えて，ヨーロッパで憲法の調査を行った。

え　大日本帝国憲法の発布式で，明治天皇から憲法を受け取った。

問２　文中の下線部②に関連して述べた文として正しいものを次の あ～え から１つ選び，記号で答えなさい。

あ　国内で豊富にとれた綿花を原料にした綿糸の生産が伸び，日本の輸出額の第１位となった。

い　繊維産業がさかんになってくると，電灯をつけて，24時間休みなく機械を動かす工場もあらわれた。

う　日清戦争後に労働者が権利の拡大を求めて運動し，第一次世界大戦の前に25歳以上のすべての男子が選挙権を持つことになった。

え　日露戦争の後，八幡製鉄所がつくられるなどして，製鉄業・造船業などの重工業も発達し，大型の機械や兵器も国内で生産されるようになった。

問３　文中の下線部③に関連して，鎌倉に幕府が置かれていた頃，将軍を補佐し，事実上幕府の実権をにぎっていた役職名を漢字で答えなさい。

問４　文中の下線部④について述べた文として正しいものを次の あ～え から１つ選び，記号で答えなさい。

あ　16世紀半ばにオランダの宣教師ザビエルがキリスト教を伝え，以後，キリスト教は貿易と結びついて広がっていった。

い　16世紀後半には，織田信長がキリスト教を保護し，安土城下に教会や学校を建てることを認めた。

う　江戸時代に起こった島原・天草一揆をきっかけに，日本人の海外渡航や海外からの帰国が禁止されるようになった。

え　明治時代の初期に出された五箇条の御誓文では，キリスト教を信仰することが禁じられた。

問５　文中の下線部⑤に関連して，青森県にある縄文時代最大の遺跡について説明した文として誤りを含むものを次の あ～え から１つ選び，記号で答えなさい。

あ　出土した花粉などから，クリの栽培が行われていたと考えられている。

い　竪穴住居や高床倉庫などが建てられ，10メートルをこえる高い建物もあったと考えられている。

う　この遺跡は水を得やすい湿地にあり，木のくわ・すきを使用していたと考えられている。

え　土偶がたくさん見つかっていることから，豊かな恵みを願ったのではないかと考えられている。

問６　文中の下線部⑥には日本最大の古墳が含まれています。この古墳のある都道府県名を漢字で答えなさい。

問7　文中の下線部⑦について，9世紀末に朝廷があることを決定した影響を受け，この地で大規模な儀式は行われなくなりました。その決定とは何か簡単に記しなさい。

問8　文中の下線部⑧に関連して，次の あ～え の出来事のうち，日本が国際連合に加盟した後の出来事を1つ選び，記号で答えなさい。

あ　朝鮮戦争の開始

い　自衛隊の発足

う　日中国交正常化

え　アメリカ軍の駐屯開始

問9　文中の下線部⑨に関連して，歌舞伎おどりを始めた人物の名前を答えなさい。

問10　文中の下線部⑩に関連して，次の あ～え はすべて1945年の出来事です。起こった順に並べかえ，記号で答えなさい。

あ　沖縄戦の開始

い　ソ連が日本に宣戦

う　東京大空襲

え　広島への原爆投下

Ⅳ　次の①～⑤の各文の空欄【A】～【E】に適するものをそれぞれの選択肢の中から1つずつ選び，記号で答えなさい。さらに空欄 [1] ～ [5] に適する語句をそれぞれ答えなさい。

①　日本国憲法は，国や地方公共団体に対して要望を表明する【　A　】権を保障している。

　また，日本国憲法には定められてはいないが，知る権利が主張されるようになり，国や地方公共団体に対して，税の使われ方がわかる資料や会議で話し合われた内容などを見ることを求める [1] 制度の重要性が増してきている。

【A】ア　請願　　イ　請求　　ウ　参政　　エ　社会

②　内閣は，内閣総理大臣と内閣総理大臣によって任命された [2] からなっている。また，行政機関の1つに，2012年に設置され，2021年3月末までに廃止されることになっている【　B　】がある。【　B　】は，他の12省庁などより上位に位置づけられており，その長には [2] があてられている。

【B】ア　五輪担当省　　イ　スポーツ庁　　ウ　内閣府　　エ　復興庁

③　地方議会は，景観 [3] のように，その地方公共団体のとりきめやルールである [3] を制定することができる。地方議会議員を選出する選挙権は，現在【　C　】以上の人に認められている。

【C】ア　中学生　　イ　15歳　　ウ　18歳　　エ　20歳

④　少子高齢化が大きな問題となっている。高齢化に対しては，高齢者が安心して暮らしていけるように，さまざまな政策が行われている。2000年に，5つ目の社会保険制度として，[4] が導入された。次のページに示す1990年・2010年・2030年の日本の人口ピラミッドのうち，2010年の人口構造をあらわしているグラフの記号は【　D　】である。（なお，人口ピラミッドとは，人口を年齢別・男女別にグラフ化したものです。2030年のものは推計です。）

【D】

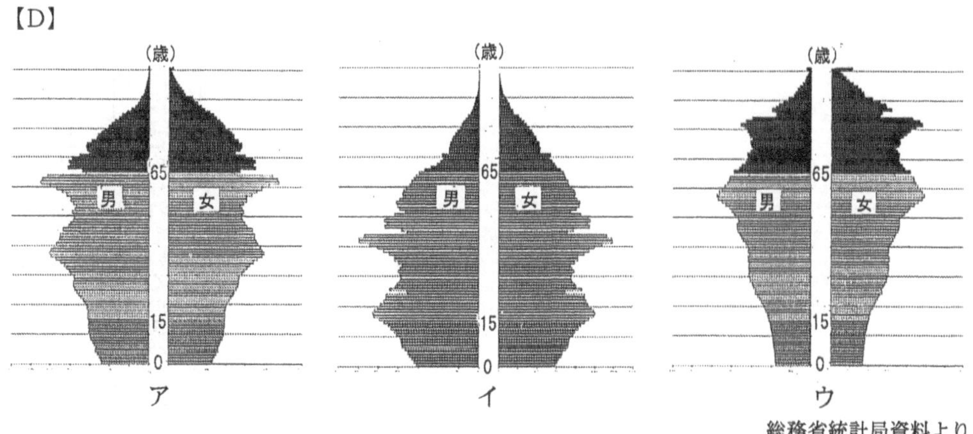

総務省統計局資料より

⑤ 日本は，民間や政府がさまざまな国際協力を行っている。外務省の関連機関である国際協力機構（JICA）が行っている事業の１つに［ 5 ］がある。［ 5 ］では，20歳から39歳の人たちが，農業指導や医療（いりょう）現場での貢献（こうけん），さまざまな技術指導などを行っている。また，国連平和維持（いじ）活動（PKO）では，現在【 E 】に自衛隊が派遣（はけん）されている。

【E】 ア インドネシア　　イ 南スーダン　　ウ シリア　　エ カンボジア

問二　――②のようにしたのはなぜですか。

問三　――③のようにしたのはなぜですか。父親の心情がわかるように説明しなさい。

問四　――④について。「こういうもの」とはどういうものですか。このことばにこめられている母親の気持ちもわかるように答えなさい。

問五　＝＝について。「言おうとしている中味そのもの」とは何ですか。また、「中味そのものがかわいそう」とはどういうことですか。二〇〇字以内で述べなさい。（句読点をふくむ）

少女は、薔薇の花のエキスとアイスクリームが口の中で溶け合っているような気がした。後味のきれいな甘みが、南の海の深い色と空の輝きを呼んで、あの島に行けば、海と空を見ながら毎日おじさんとこの果物が食べられるのかと思うと、浮き立つようだった。

③「西瓜でもない。メロンでもない……」

父親はひとりごとを言いながらほんの二口三口だけで、残りのマンゴーの皿を少女の方へ押しやった。

母親は、

「何でも新しいうちがいいの。兄さん、本当にいい物を送ってくれたわ」と、唇の回りの果汁を片方の手の指先で拭き拭き、せわしくスプーンを口に運んだ。

洗い場に少女と一緒に皿を下げた。

長年炊事をしてきたが、梅干の種をわざわざ水で洗ったことはない。桃の種を洗ったこともない。それなのにどういうわけか、母親は皿に残っているマンゴーの種をそのまま捨てる気にならず、蛇口の下で洗い始めていた。洗いながら、美味しさのあまり種にまで執着しているのかという恥ずかしさもなくはなかったが、洗い続けているうちに、おや、から、あら、に変って、水を止めると掌の内側にのせたままじっと見入った。

種の全長は八、九センチメートル、幅は五、六センチメートル、いちばん厚いところのふくらみは二センチメートルか、せいぜい二・五センチメートルくらいで、扁平な楕円形の生糸色の種には、表面に数本、抉られたような凹凸の縞目が走っている。その上、楕円形を横にして見た時の上側の縁には、白髪を逆立てたような毛立ちがあり、下側の縁にも少量の毛立ちがある。これがマンゴーなの？　とわが目を疑いながら、母親はその種を、模様のない若草色の皿の中に置いた。

次の日、種は乾いていた。ただ毛立ちの部分には、乾燥で弾力性が加わった。高さは一〇メートルもあって、厚い葉をつけるというマンゴーのあの美味しい果肉が、④しんにこういうものを抱えているのかと思うと、娘に見せておきたくなった。娘を呼んだ。

若草色の皿の中を見るなり、あの卵色の少女は言った。

「海のお魚が木になっている」

「……………」

母親はすぐには反応できなかった。言われてみれば、全体マンボウ形の魚で、上下の縁の毛立ちは背鰭と腹鰭に見えなくもない。いや、シッポを落とされた注皮剥ぎか。

海の魚が木に？

母親は少女の迷いのない言葉に不意をつかれたが、まさか、と思い、そのうちに、もしかすると、などと思い始めていた。

少女は、今夜はおじさんにマンゴーのお礼の手紙を書こうと思っている。お礼だけでなく、前々から教えてもらいたかったことも書こうと思う。今日も又庭で鳴いていた蝉が、蝶でも蜻蛉でも人間でもなくて、蝉で生きているふしぎについて。そしてこのわたしが、マンゴーではなく、花でも鳥でも魚でもなかったふしぎについても。あのおじさんなら、きっとやさしく教えてくれると思う。（竹西寛子「木になった魚」）

注　魚の名前

問一　――①について。これらはどういうもののたとえだと思いますか。

の海水一〇〇パーセントという、やはり今度と同じくらいの小袋に入った焼塩が送られてきた。

「この塩を毎日食べて、女のひとはもっと美しくなって下さい」

と書き添えてあった。この時の塩も、母親には結晶のこまやかさは見慣れたものと違っていたが、焼塩だったせいか、今度の雪塩のようにはおどろかなかった。

今年の夏休みは、そのおじさんが沖縄から休みをとって帰ってくるというので、少女は、友達の誘いも断ったし、うちに誘うこともしなかった。学校の図書館だけでなく、住んでいる町の図書館にも出掛けて行って、沖縄の自然や日常生活に関するものを、一冊でも多く見たり読んだりして、おじさんがどんなところで毎日を過ごしているのか知りたいと思った。図鑑や図録の類は、ただ見ているだけで分ることもいろいろあるけれど、文章になると、すぐには分らない説明が次々に押し寄せてきて、言葉の意味を調べるのに横道に逸れる場合が少なくなかった。それに、意味が分ればまだいいほうで、堂々巡りしながら自分はいったい何を調べていたのか分らなくなるようなことさえあった。沖縄を知りたい気持とおじさんを知りたい気持がひとつになっていて、真夏日の連続にもくじけず、少女は大きな麦藁帽子をかぶって図書館に通った。

おじさんから、急に都合で島を離れられなくなったという葉書が母親に届いた時、少女の夏休みもあと数日になっていた。

「あのひとは、いつもこうなんだから」

と②<u>母親は少女に聞こえよがしにつぶやいて</u>、娘の落胆に先回りした。

「その代りにいい物を送ります、って書いてあるけれど、まさか今度も塩じゃないでしょうね」

母親は娘の顔を見ないままで続けた。

「あんなに一所懸命調べて待っていたのに」

それを言いたいのはわたしなのに、と少女は思い、いいわ、この次がもっとたのしみになる、そうも思って口は開かなかった。

葉書から二日後、沖縄からの航空便でマンゴーが届いた。三個並んでいる。

「家族三人、一人一個ずつ、のつもりかしら」

母親はそう言って縦長の球形の果実が、ざくろの皮の色に近く濃い紅に熟れているのを手に取り、顔を寄せた。強い香りが南国だった。少女は、いつか友達の誕生祝に招かれた時、フルーツサラダの中にまじっている淡い橙色の果肉をマンゴーだと教えられたことはあったが、近くでこうして丸ごと目のあたりにするのは初めてだった。少女の父親はいったいに果物の類を好まず、妻や娘にはすすめるものの、自分ときたら和菓子一辺倒であった。いきおい、母親もマンゴーを丸ごと買うようなことはなかった。

父親のつとめからの帰りを待ち、夜食の後、母親は報告のつもりで冷やしたマンゴーを皮つきのまま縦に三つに切り、大皿に一つずつ盛ってそれぞれの前に置いた。大き目のスプーンを添えた。種が固くて自分の力ではとても割れないので、平たい種がついたままの果肉の部分は自分が取り、父親と少女には種なしの果肉をつけた。皮の外からはうかがいようもなかった甘い芳香が漂った。

父親は、手をつけないのは悪いと思ったのか、まっ先にスプーンを取って、柔らかな橙色の果肉に当てた。

三人三様の沈黙の動きが続いた。

たという少年の言葉を、すぐに否定はできなかった。自分に同じ経験があったのではない。ただ、見る、見えるということに関して、少女には日頃から迷いがあった。たとえ自分に見えても人に見えないものは、見たことにはならないのか。もし自分が間違っているのなら、間違いとそうではないという見分けはどこでどうつけられるのか、という疑問があって、当然答は簡単には得られないので、迷いは消えそうもないのだった。

　少女は、みんなにうそだとはやされている少年についてこう思っていた。日頃の態度や物言いからすると、彼は見ないものを見たとは言わないだろう。人をびっくりさせたり、騙したりするのがうれしい友達ではない。それともう一つ、自分も彼のように、空に象を見たらいいなという漠然とした羨しさもあった。

　この少女にも、みんなの前で言いたいことがないわけではなかった。けれども疑われたり、うそつき呼ばわりされたのでは、言おうとしている中味そのものがかわいそうなので、やはり言うのはやめようと思い、ひとり胸のうちに繰り返していた。「わたしは、木になった魚を見たのよ」

（中略）

　朝の庭で蟬が鳴いている。鳴き始めは去年よりも早かった。

「これ、ベビーパウダーみたいね」

「お母さんは片栗粉かと思った」

　卵色の少女と母親が、透明な、チャック付きの小さいポリ袋に詰められている塩を、左右から見詰め合っている。沖縄に出張している母親のすぐ上の兄が、近くの島の産物だと言って送ってきた。

　袋の中の塩は、こまかい結晶ではなく真白な粉状で、毎日スプーンといわず、指先にも塩を当てている母親は、これでもお塩なのかと目に力を入れた。母親は言った。

「雪塩って名前がついている。沖縄の周辺には島がたくさんあって、珊瑚礁で出来た島もあるのね。兄さんに聞いた説明では、珊瑚にしみとおった地下の海水を原料にしているので、私達のからだに大切なミネラルがいっぱいふくまれているんですって」

　少女は、両手の指先で、ふくらんでいる袋のあちこちをつまんだ。母親には、いかにも湿気を呼び易い、優美な自然塩だと思われた。

　この母親には、二人の兄がいたが、少女は雪塩を送ってくれたこの下の伯父さんが好きだった。突然、

「①豚の卵と馬の角」

と言って、

「分る？」

と聞いたり、変に着飾っている女のひとを見て、

「ああいうのを、耳朶に口紅をつけているような人って言うんだよ」

などと真面目な顔をして言う。そういうところが気に入っている。未だに結婚していない。仕事柄、会社からはよく出張するし、自分も地球の上を出来るだけたくさん動いてみたいので、家族はいないほうがいいというのがおじさんの考えらしいと少女は思っている。

　そういえば、おじさんからの塩は、今度が初めてではなかった。二、三年前だったが、その頃のおじさんのきんむ地は北海道で、オホーツク

ら声高く下りて来る。卵色に紺色、それに鼠色の子もいる。陽は西に移っていた。

切り通しの線路なので、電車の音はいつも坂の下を流れてゆく。下りと上りの電車が擦れ違うと話し声は途絶えた。誰かが口を噤み、誰かがそれに倣い、次々に倣って高まった音の流れて消えるのを待った。誰からともなく柵に寄って、並んで下を覗いている。

「ぼく、ずっと前、空にいる象を見たことがあるよ」

沈黙を破ったのは緑色に着膨れた男の子である。すぐに、

「ええっ？　象を？　うそ！　そんなのうそ！」

と黄色に膨んだ女の子が叫び、そのあと、「うそだあ！　うそだあ！」の声が続いた。

空は深く晴れている。

うそだあ！　と声を合わせた者も合わせなかった者も、一様にその空を見上げている。ここからは見えないが、小学校の校庭には、まだ運動に熱中している生徒達が残っていて、彼等のあげる喚声は、この坂道にも時々もつれ合いながら伝わってきた。

「うそじゃないよ。本当なんだよ」

真顔で言い返している男の子に、大柄な鼠色の男の子が、低い、太い声で言った。

「あるわけないだろう、そんなこと。夢？　それとも……」

「ぼく、見た。テレビで見た。象が、象が空にいたんだよう」

「なあんだ、テレビか。そんならそうと早く言えよ」

そんならそうと、と言いはしたものの、想像が追いつかないので、彼は半分だけ納得し、半分は不貞腐れている。

「ねえ、聞いて聞いて。あたしなら空を泳いでいるピアノを見たことがあるわ」

左右の者を制するように、赤いマフラーの女の子が言った。低い、太い声が続いた。

「テレビや映画の話ならよせよ」

「違う。あたしはねえ、おばあちゃんのうちの二階の窓から、ちゃあんとこの目で見てたんだから」

今度は周りも「うそだあ！」とは言わなかった。しかしそれは、この女の子の言ったことを誰もが認めたからではなかった。左右からの冷たい視線に、女の子はひるんだ。象を空に見たと言った少年も、空を泳いでいるピアノを見たと言った少女も、友達の意外な反応に出鼻を挫かれ気勢を削がれて、それぞれあとを言いそびれてしまった。どちらも少しずつさびしかった。

いつのまにか小学生達は、又くるくる回りながら、再び坂を下り始めていた。彼等が背中の鞄に吊り下げている布袋入りのカップは、回り方が強いと、伸び切った吊り紐の先で円を描いた。大柄な男の子のカップが、卵色の女の子の腕に当った。

「許せ」

と強気に言い捨ててから、彼はにわかに首をすくめ、腰を折ってその少女の前に回り、掌を合わせると、猫撫で声で、

「ごめんね」

と言った。

少女は笑顔を見せただけで何も言わなかった。この少女は、少し前、柵に寄りかかった友達が「うそだあ！」と声を合わせていた時、象を見

はない過剰なものを含んでいた気がする。周囲は一面雑木林で、もうとっぷりと暗く、生来臆病者の私は正直言って空恐ろしかった。このまま向こう側に行ってしまうのではないかという怖さが、私を、手の中の煙草の火や、振り向いたらまだ灯りの点いている校舎へと何度も引き戻したのだろう。何かでこの世と繋がっておかなければやばい、という感覚は確かにあったと思う。

　恐らく世に詩人と呼ばれる人種だけが、私が立ち止まっていた地点を遥かに超えて、B向こう側の世界へと踏み込んでいけるだけの⑤[シシツ]を持っているのではなかろうか。彼らは（　a　）向こう側の世界に飛び込んでいく。そしてあちら側とこちら側の世界とを（　b　）注5往還し、Cこちら側の世界にない宝を持ち帰ってはこの世界を（　c　）彩っていくのである。何と勇気のある営みだろうか。

　しかし当然それには危険が伴う。あちら側に行ったきり戻れなくなってしまった詩人は、決して少なくないに違いない。逆に言うと、こちら側の世界に戻れなくなった人々は、ことごとく詩人であったと言えるかも知れない。この危険な冒険に魅了されない芸術家はいない。個人的に私は、向こう側に行くのは文字通り死の時と思い定めている。人は皆ことごとく、死の瞬間には一線を越えて詩人の世界へと移行していくに違いない。死に背中を押してもらわないと、とても怖くて飛び込めないところがいかにも私の二流なところであるが、二流には二流なりに「安全な離れた場所から見つめる」という役割がある。

　あちら側は言語を超えた世界である。私はこちら側で、散文家としての仕事をする。

（吉村　萬壱『生きていくうえで、かけがえのないこと』）

注　1…じゅうぶんに満足すること　2…深いあい色
3…すでに知っていること　4…大地が肥えて実り多いこと
5…行き来すること

問一　[　]①～⑤のカタカナを漢字に直しなさい。

問二　（　）a～cにあてはまる言葉としてもっともふさわしいものを、次の中から選び、記号で答えなさい。

a　ア　恐る恐る　イ　雄々しく　ウ　あわただしく　エ　のんびりと
b　ア　必死で　イ　注意深く　ウ　自由に　エ　きまじめに
c　ア　さびしげに　イ　明るく　ウ　じまんげに　エ　豊かに

問三　――Aの「頭の中の思い込み」とは、筆者の体験ではどういうものでしたか。具体的に説明しなさい。

問四　――Bと反対の世界を具体的に表している言葉を、――Bより前の部分から七字で見つけ、ぬき出して答えなさい。

問五　――Cとありますが、「こちら側の世界にない宝」とはどういうものですか。そして、それを「持ち帰って」くるとは、だれがどうすることですか。

二、次の文章を読んで、後の問いに答えなさい。

線路わきのゆるい坂道を、連れ立った小学生が下りて来る。
落葉の始まった桜並木に沿って、黄や緑、赤などに着膨れた男の子や女の子が、前向きになったり、後ろ向きになったり、くるくる回りなが

【国　語】（五〇分）〈満点：一〇〇点〉

一、次の文章を読んで、後の問いに答えなさい。

かつて私が①［ツト］めていた高校は、二百余段の階段を上った高台の上に建っていた。大阪湾に②［ノゾ］み、水平線に沈む夕陽がとても美しかった。

夕陽は毎日のように見ていたはずだが、じっくり眺めたことはなかった。

ある日、夕焼け空があまりに美しかったので、気紛れに私は、日没までじっくり腰を据えて眺めてみようという気になった。見晴らしの良い場所に腰を下ろし、煙草を吸いながら西の空に目を遣った。

一時間半ほどもそうしていただろうか。

夕暮れの光景というものは、実に驚くべきパノラマであった。一ときも同じ状態に止まっていない。刻々と色が変わる。陽の③［ハ］える雲もゆっくりと風に流れていくから、色だけでなく雲の形状も変わっていく。名前を知らない色が次々と現れては、名前を知らない別の色に変わっていく。こんなにも、見たことのない色があったのかと驚かされる。空が海で、雲はその海に浮かぶ島のようにも見えてくる。そしてこの不思議な風景の中を、関西国際空港から飛び立った飛行機が金色の尾を引いて過ぎっていく。太陽は、最後の強い輝きを放った後、加速度がついたように水平線へと没する。

私は心から注1堪能し、「見た」と思って腰を上げようとした。

しかし素晴らしいのはここからだった。水平線に沈んだ太陽はまだ死んでおらず、海の向こう側にいて、下からの深い角度から雲の底部を照らし始めた。すると雲はそれまでとは全く違う陰影を帯びてきた。地獄が現れた、と思った。空がすっかり注2インディゴブルーに染まって暗く沈んでいくまでに、一体どれだけの造形美が立ち現れただろうか。

気が付くと、辺りはすっかり暗くなっていた。

立ち上がると、別世界から戻ってきた気がした。見つめるとは、こういうことかと思った。私は生まれて以来無数の夕陽や夕焼け空を見てきたが、本当は何も見ていなかったのだと知った。恐らく私はこれに限らず、この世界のほとんどのものをちゃんと見ずに生きてきたに違いない。A見つめるということは、頭の中の思い込みから自由になることであった。

しかし何も知らないかのような純粋な目でものを見ることは、生きていく上では実に効率が悪い。夕焼けだな、と一瞬思うだけで、あとは頭の中の注3既知の夕焼けをなぞるだけで済ますことが最も楽で、そのようにして組み立てられているのが我々の日常生活であると言える。たとえ、じっくり見つめるならば限りなく注4豊饒で未知なる世界が堪能出来るとしても、そのように初めて見るかのような目で世界を見ることは多大なエネルギーを要する。ためしに鉛筆の先に④［シンケイ］を集中させてみれば、その集中力は一分と持たないことが分かるだろう。夕焼け空を見つめていた時の私も、実は何度も気が散って度々見つめることから離れていたのである。それはひょっとすると、本能的な危険回避行動だったと言えるかも知れない。

ものを見つめ過ぎることには、どこか不気味なものを招き寄せてしまうところがあるのではなかろうか。日没後の雲は地獄の風景を思わせた。その時の夕焼け雲はなじみのない異形のものであって、こちら側に

平成29年度

解答と解説

《平成29年度の配点は解答用紙に掲載してあります。》

＜算数解答＞

Ⅰ　(1)　①　$1\frac{1}{4}$　②　$8\frac{7}{11}$　(2)　①　630　②　129　③　8811

Ⅱ　(1)　9秒後　(2)　2分3秒後

Ⅲ　(1)　①　毎秒5cm^3　②　5cm　(2)　毎秒$7\frac{7}{8}cm^3$

Ⅳ　(1)　立体1　(白)　471cm^2　(赤)　113.04cm^2
立体2　(白)　376.8cm^2　(青)　56.52cm^2
立体3　(白)　565.2cm^2　(赤)　75.36cm^2
(2)　4144.8cm^2　(3)　(立体1，2，3)＝(2，8，3)，(2，11，1)，(4，1，6)，(4，7，2)

Ⅴ　(1)　2880cm^3　(2)　2871cm^3　(3)　2664cm^3

＜算数解説＞

Ⅰ　(四則計算，場合の数)

(1)　①　$\frac{1.04}{9}\times\frac{45}{7}\times\frac{75}{26}-\frac{13}{42}\times\frac{75}{26}=\frac{15}{7}-\frac{25}{28}=\frac{35}{28}=\frac{5}{4}$

②　$\square=15-\left(7\frac{6}{11}-\frac{65}{16}\times\frac{8}{55}\right)\times\frac{4}{27}-5\frac{1}{3}=9\frac{2}{3}-6\frac{21}{22}\times\frac{4}{27}=9\frac{2}{3}-\frac{34}{33}=8\frac{7}{11}$

(2)　①　A・Bという2個の数字について，A3個・B1個を並べる方法は4通り，A2個・B2個を並べる方法は4×3÷2＝6(通り)ある。したがって，できる数は10×9×4＋10×9÷2×6＝360＋270＝630(個)ある。

②　〈千の位が0〉　残りの3個の数のうち2個が0のとき…できる数は9×3＝27(個)
残りの3個の数のうち1個が0のとき…できる数は9×3＝27(個)
残りの3個の数のうち0個が0のとき…できる数は9個
〈千の位が1〉　同じく27×2＋9＝63(個)
〈千の位が2〉　小さい数から2000・2002・2020…3個
したがって，2020は小さいほうから63×2＋3＝129(番目)である。

③　②より，〈千の位が9〉の数は63個ある。
〈上2ケタが89〉　大きい数から8999・8998・8989・8988…4個
〈上2ケタが88〉　大きい数から8899・8898・8889・8887・～・8880・8878・8877・8868・8866・～・8818・8811まで…2＋9＋7×2＝25(個)
したがって，8811は大きいほうから63＋4＋25＝92(番目)である。

Ⅱ　(速さの三公式と比，立体図形，単位の換算)

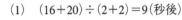

(1)　(16＋20)÷(2＋2)＝9(秒後)

重要　(2)　P…1周(16＋20)×2÷2＝36(秒)　Q…1周(20＋12＋16)÷2＝24(秒)
PがDG上にある時刻…1回目16÷2＝8(秒後)から8＋20÷2＝18(秒後)まで

2回目8＋36＝44（秒後）から18＋36＝54（秒後）まで
3回目80秒後から90秒後まで
4回目116秒後から126秒後まで

QがDG上にある時刻…1回目0秒後から10秒後まで　2回目24秒後から34秒後まで
3回目48秒後から58秒後まで　4回目72秒後から82秒後まで
5回目96秒後から106秒後まで　6回目120秒後から130秒後まで

したがって，下のグラフの三角形アイオとウエオにおいて，アオ：オウは（126－120）：（130－116）＝3：7であり，P・Qが4回目に出会うオの時刻は120＋（130－120）÷（3＋7）×3＝123（秒後）すなわち2分3秒後である。

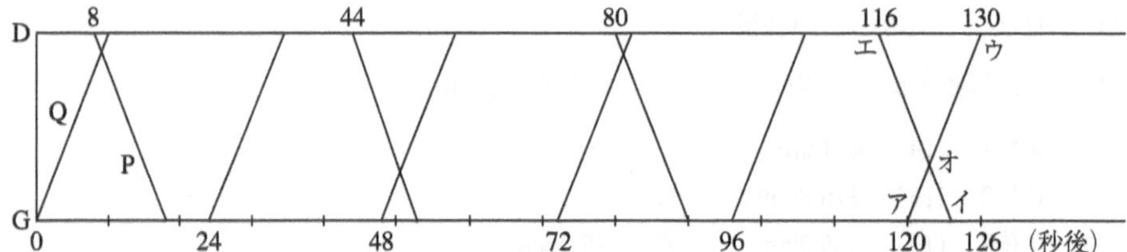

重要　Ⅲ　（立体図形，グラフ，割合と比，単位の換算）

（1）　①　容器Bの水がたまる部分の底面積は12×12－3×3＝135（cm^3）であり，1個の蛇口の水量は毎秒135÷27＝5（cm^3）である。

②　容器Cの水がたまる部分の底面積は21×21－12×12＝33×9＝297（cm^3）であり，①より，189秒で入った水の体積は5×3×189（cm^3），グラフより，容器A・Bの高さはそれぞれ15cm，9cmである。したがって，Cの高さは（5×3×189－3×3×15－135×9）÷297＝（5×63－150）÷33＝（105－50）÷11＝5（cm）である。

（2）　（1）より，5×189÷（60×2）＝$\frac{189}{24}$＝$\frac{63}{8}$（cm^3）

Ⅳ　（立体図形，平面図形，割合と比，数の性質）

基本　（1）　〈立体1〉　白　6×25×3.14＝150×3.14＝471（cm^2）
赤　6×6×3.14＝36×3.14＝113.04（cm^2）
〈立体2〉　白　3×2×20×3.14＝120×3.14＝376.8（cm^2）
青　3×3×2×3.14＝18×3.14＝56.52（cm^2）
〈立体3〉　白　（4＋2）×2×15×3.14＝180×3.14＝565.2（cm^2）
黄　（4×4－2×2）×2×3.14＝24×3.14＝75.36（cm^2）

重要　（2）　（1）より，赤・青・黄の面積の比は36：18：24＝6：3：4であり，これらの数の最小公倍数は12である。したがって，立体1・2・3がそれぞれ12÷6＝2（個），12÷3＝4（個），12÷4＝3（個）あるとき，白の面積の合計は471×2＋376.8×4＋565.2×3＝942＋1507.2＋1695.6＝4144.8（cm^2）

やや難　（3）　5652÷3.14＝1800であり，（1）より，立体1・2・3のそれぞれの白の面積を150，120，180，それぞれの個数を△・○・◎で表すと150×△＋120×○＋180×◎＝1800であるから，各数を30で割ると5×△＋4×○＋6×◎＝60である。したがって，60－5×△＝4×○＋6×◎，5×（12－△）＝2×（2×○＋3×◎）であり，12－△が偶数，2×○＋3×◎が5の倍数になる組み合わせを求めると右表のようになる。…同じ個数がある場合を除く。

立体の個数

立体1	2	2	4	4
立体2	8	11	1	7
立体3	3	1	6	2

要 V （立体図形）

(1) 図1において，全体の直方体から三角錐F－ABEを除去した体積は12×12×24－12×12÷2×24÷3＝144×(24－4)＝2880(cm^3)である。

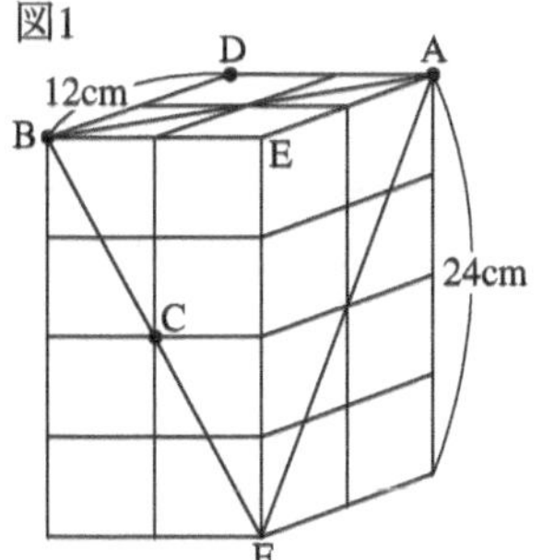

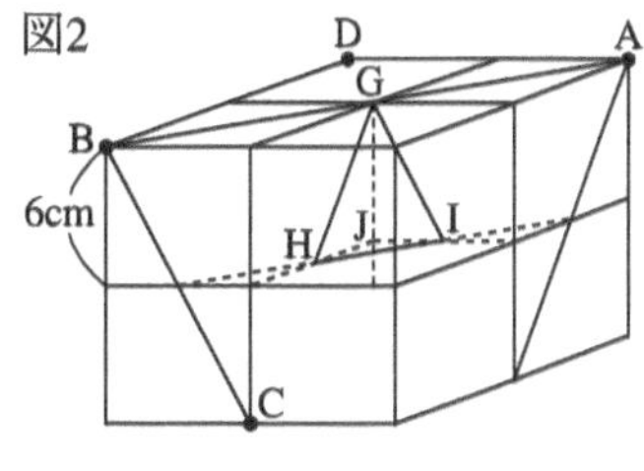

(2) 図2における三角錐G－HIJの体積を(1)の体積から引くと，直角二等辺三角形HIJの等しい2辺の長さが6÷2＝3(cm)であるから2880－3×3÷2×6÷3＝2880－9＝2871(cm^3)になる。

(3) 右図において，三角錐台HIJ－CKLとPMN－KCOは合同であり，三角錐台HIJ－CKLの体積と立方体1個から三角錐台PMN－KCOを除去した立体の体積の和は6×6×6＝216(cm^3)である。したがって，この体積を(1)の体積から引くと，2880－216＝2664(cm^3)になる。

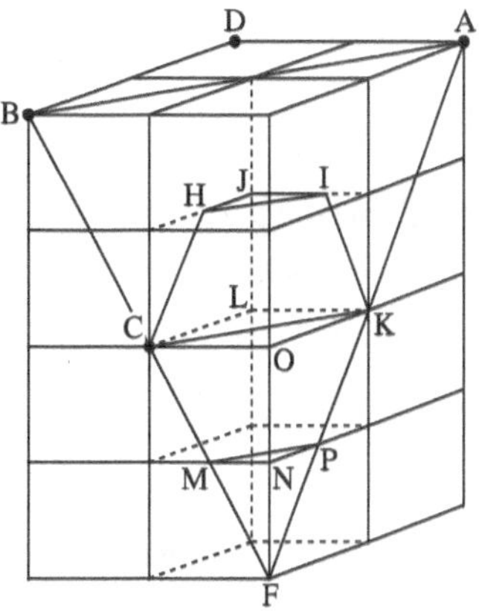

★ワンポイントアドバイス★

Ⅰ(2)②・③「場合の数」は容易ではなく，これらに時間をかけていると得点が低くなる。Ⅱ～ⅤはⅣ(3)「数の性質」を除くと難しくなく，基本レベルの問題やよく出る問題で構成されており得点しやすいので，時間配分が鍵である。

＜理科解答＞

Ⅰ 問1 (a) (時間) イ (実験の組み合わせ) CとE
(b) (時間) イ (実験の組み合わせ) AとC
(c) (時間) ア (実験の組み合わせ) AとB
問2 G 問3 (角度) ウ (道のり) エ 問4 16.5(秒)

Ⅱ 問1 ウ 問2 ア，エ 問3 イ 問4 ⑤ 問5 イ

Ⅲ 問1 北 問2 ア 問3 イ 問4 ア 問5 ア
問6 ① D ② エ ③ ウ ④ イ ⑤ イ

Ⅳ 問1 化石燃料 問2 A イ B ウ C オ 問3 ア，ウ，オ
問4 ウアイエ 問5 A 発光ダイオード B 熱 C 光

Ⅴ 問1 次ページ図 問2 23(°C) 問3 7.42(g) 問4 B，C
問5 (a) (記号) C (残った量) 64(g)
(b) (記号) D (残った量) 52(g) (c) A

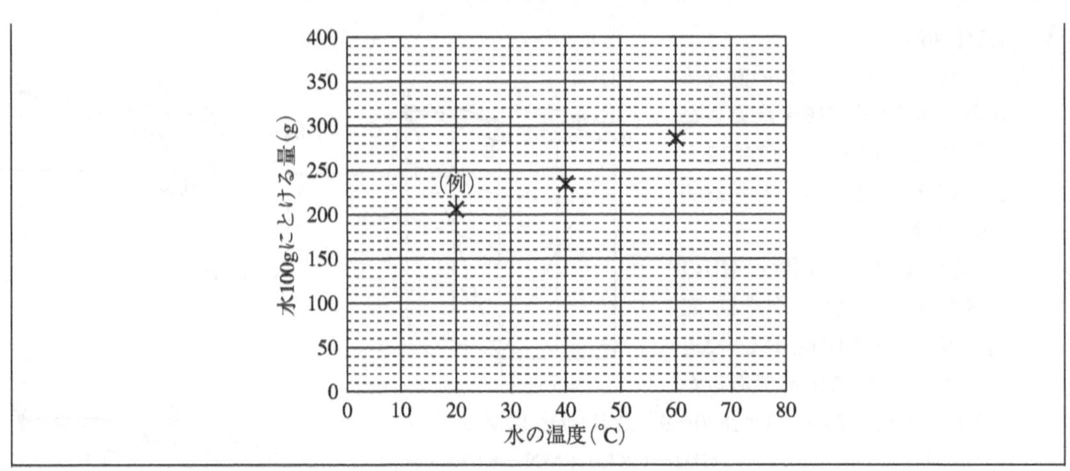

＜理科解説＞

Ⅰ （力のはたらき－ふりこ）

重要 問1 ふりこが往復する時間は，ふりこの長さによって決まり，おもりの重さやおもりをふりあげた角度には関係しない。

問2 引き上げた角度が大きく，ふりこの長さが長い方が，最高点Pの高さが高くなり，最下点Qでの速さが速くなる。

問3 位置Pと位置Rの高さは同じで，SRの長さがのOPの長さよりも短いので，道のりは短く，角度は大きくなる。

問4 120cmの真下の90cmの位置に棒を打ったので，棒に当たってからのふりこの長さは，120－90＝30(cm)である。10往復する時間は，120cmのふりこでは22.0秒，30cmのふりこでは11.0秒なので，くぎを打ったときに10往復する時間は，(22.0＋11.0)÷2＝16.5(秒)である。

Ⅱ （動物－ホシムクドリの渡り）

重要 問1 冬鳥には，ハクチョウ以外に，マガモやガンなどもある。

問2 図2より，渡りの経験があるホシムクドリは，本来すんでいる場所とは違う場所からも，目的地に向かうことができる。一方，図3より，渡りの経験がないホシムクドリは，南西の方向に移動するだけである。

問3 実験3で，太陽光の方向がわからないくもりの日では，ホシムクドリは，一定の方向を向くことがなかった。また，実験4で，晴れの日で，景色が見えないが，空だけは見えるようにすると，ホシムクドリは，南西の方向を向いたので，太陽光の方向を優先していることがわかる。

問4 図5では，鏡によって反射した光が入るのは，⑤の窓だけである。

やや難 問5 図4で，南東の方向から太陽光が差しこんだとき，ホシムクドリは，時計回りに90°ずれた南西の方向を向く。一方，図5では，⑤の窓からは，南西の方向から太陽光が差しこむので，ホシムクドリは，時計回りに90°ずれた北西の方向を向く。

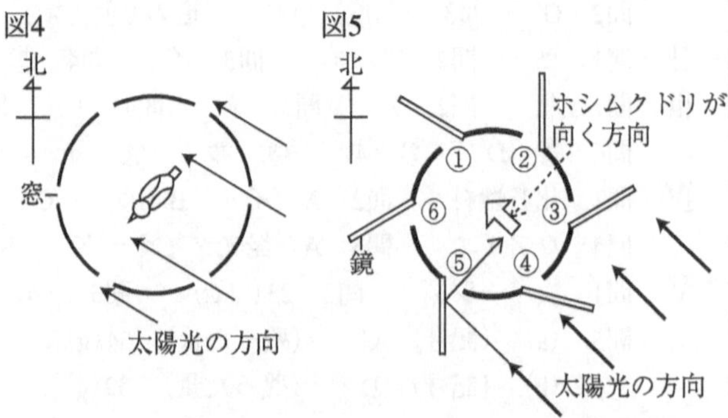

Ⅲ　**（太陽と月－太陽の動きと棒の影の動き）**

要　問1　太陽が南中したときに，棒の影は最も短く，真北にできる。

要　問2　この地点は東経140度なので，東経135度の明石よりも前に太陽が南中する。

問3　この地点は，北緯35度なので，春分の日の太陽の南中高度は，90－35＝55(°)で，45°よりも大きく63°よりも小さい。したがって，図3より，影の長さは，5cm以上10cm未満である。

問4　S_1は北西寄りなので，太陽が南東寄りの，春分の日の午前8時の影である。

問5　S_2は南西寄りなので，太陽が北東寄りの，夏至の日の午前中の影である。

難　問6　①　図5のAは夏至，Bは春分，Cは冬至の太陽の通り道である。また，A～Cが日の出，D～Fが日の入りの位置である。　②～⑤　図6のように，棒の先端を北極星に向けると，棒の傾きが，その地点の緯度と等しくなるので，aは，90－35＝55(°)である。また，このとき，棒の影は円をえがくので，一定時間ごとの影の間隔は，ばん面上で等しくなり，影の長さも等しい。

Ⅳ　**（環境－化石燃料と発電方法）**

要　問1　化石燃料には，石油・石炭・天然ガスなどがある。

問2　タービンは，水が100℃で沸とうするときに体積が約1700倍になることを利用している。

問3　火力発電は，天候の影響を受けにくく，また，燃料の量を変えることで，発電量の調整が容易にできる。

問4　水力発電は，水が高い所から低い所に落ちるときに生じる力を利用してタービンを回している。

要　問5　発光ダイオード(LED)は，電球や蛍光灯などと比べると，電気を効率よく光に変えることができる。

Ⅴ　**（ものの溶け方－溶解度と溶け残り）**

問1　縦軸の1目盛りは10gである。

問2　表1の数値と比べると，図1において，B～Dは次のようになる。したがって，BとDが交わったところの温度を読み取ると23℃である。

問3　60℃の水にBを溶けるだけ溶かし，水を20g蒸発させた。一方，Bは60℃の水100gに37.1g溶けるので，固体として出てくるBは，$37.1\times\frac{20}{100}=7.42$(g)である。

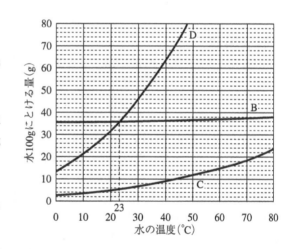

問4　40℃の水120gに溶けるA～Dは，次のようである。

A　$238\times\frac{120}{100}=285.6$(g)

B　$36.3\times\frac{120}{100}=43.56$(g)　　C　$9\times\frac{120}{100}=10.8$(g)　　D　$64\times\frac{120}{100}=76.8$(g)

したがって，A～Dを60gずつ加えると，AとDはすべて溶けるが，BとCは溶け残る。

問5　(a)　80℃の溶解度が最も少ないCが，溶け残りが最も多く，次のようになる。$100-24\times\frac{150}{100}=64$(g)　(b)　AとDは，80℃の水150gに100g以上溶ける。また，Dは20℃まで冷やしたときに，溶ける量が最も大きく変化し，出てくる固体は，次のようになる。$100-32\times\frac{150}{100}=52$(g)　(c)　Aは，20℃の水150gに100g以上溶けるので，ろ過②でも，溶け残りはでない。

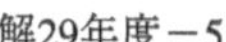

★ワンポイントアドバイス★
理科の基本的な問題から応用問題まで含めて十分に理解しておくこと。また，思考力を試す問題に十分に慣れておくこと。

<社会解答>

Ⅰ 問1 たきぎ 問2 裏作 問3 い 問4 TPP 問5 田植え 問6 減反
問7 1 え 2 か 3 く 4 あ 問8 冬は地面が雪でおおわれるため，土がこおったりかわいたりすることなく，球根に適した条件が保たれるから。 問9 あ
問10 え 問11 石油危機 問12 アルミかんなどを回収し，再加工して製品をつくっているから。 問13 あ

Ⅱ 1 足利義満 2 千利休 3 生糸 4 士族 問1 あ 問2 石山本願寺
問3 い 問4 中山道 問5 下田・函館の開港／食料・石炭の提供 問6 う

Ⅲ 1 サンフランシスコ 2 富岡製糸場 3 佐渡 問1 え 問2 い
問3 執権 問4 い 問5 う 問6 大阪府 問7 遣唐使を廃止したこと
問8 う 問9 出雲の阿国 問10 う→あ→え→い

Ⅳ ① A ア 1 情報公開 ② B エ 2 国務大臣 ③ C ウ 3 条例
④ D ア 4 介護保険 ⑤ E イ 5 青年海外協力隊

<社会解説>

Ⅰ （日本の高度経済成長期に関連する地理，歴史の融合問題）

問1 かつての日本では台所や風呂の燃料として木を切って割ったものや細い枝などが広く使われていた。こういう木々の燃料がたきぎ，まきと呼ばれていた。

問2 空欄2の後に，「チューリップはコメの収穫が終わった後に球根を植える」とある。メインの稲作の後の水田を利用するのが裏作。

問3 富山の薬売りは，江戸時代に富山藩が財政難を解消するために腹痛などに効く反魂丹という丸薬を作り販売したことが始まりとされる。

問4 TPPは環太平洋パートナーシップの略。加盟国の間での自由貿易の推進が目的のもの。

問5 田植えは水田に，直接，コメの種もみをまくのではなく，苗床に種もみをまいて発芽させ，ある程度大きくなった苗を水田に植えるもの。

問6 減反は，かつての食糧管理制度のもとで，米作農家が生産したコメをすべて国が買い上げて国民に払い下げていた時代にコメが余るようになったことで，米作農家にコメの作付け面積を減らすようにさせていたもの。

重要 問7 1 高速道路とIC工場から東北自動車道と連想できれば，北上川とわかる。 2 3本の河川で木曽三川を連想できれば，木曽川とわかる。オランダ人土木技師はヨハニス・デ・レーケ。
3 遠浅の海，古くからの干拓地で有明海を連想できれば，筑後川とわかる。 4 日本最大の畑作地帯で十勝平野を連想できれば，十勝川とわかる。

やや難 問8 春まで「地温が低めで，乾燥しない」環境と砺波平野の関係を考えれば，日本海側は冬の間は雪に閉ざされる期間が長いということを思い出せればよい。

問9　現在の日本の水力発電は，総発電量の10％弱ほど。東日本の震災前と比較してもさほど変わりはない。

問10　あ　石炭を使う火力発電所も国内ではまだ多く稼働している。　い　震災後，福井の大飯と高浜，愛媛の伊方，鹿児島の川内は運転を再開した。　う　水力発電は二酸化炭素は排出しないが，ダムを伴うものの場合にはダムを作ることで著しく自然環境は変わってしまう。

問11　1970年代に電気料金が大幅に値上げせざるを得なくなった原因は1973年の第一次石油危機と1979年の第二次石油危機。

難　問12　身近にあるアルミ製品の中で，比較的リサイクルが上手く行われているのがアルミ缶。

問13　あ　日本の農家1戸あたりの耕地面積は微増していて，2010年の全国平均では1.82ha。

Ⅱ　(日本の歴史ー茶に関する歴史の問題)

空欄　1　鎌倉時代に栄西が宋から茶を持ち帰り，それを京の栂尾(とがのお)の高山寺の明恵上人に託したのが京の宇治での茶栽培の始まり。その後，足利義満が宇治の中でも特に指定の茶農園を定め，以後宇治茶が盛んに栽培されるようになったのだとか。　2　千利休は堺の商人の出身でわび茶を大成したが，秀吉と対立し自害させられてしまう。　3　日本が開国した頃の主力の輸出品は生糸。　4　静岡の牧之原を開拓し茶栽培を始めさせたのは，旧江戸幕府の勝海舟で，明治になり職を失った士族を集めて開拓事業を行った。

問1　あ　『平家物語』は平氏の興亡を題材にしたものなので平安時代のものではなく，鎌倉時代のもの。

問2　織田信長が1580年に顕如と和解し石山本願寺を明け渡され，その後，豊臣秀吉がこの地に大坂城を築き，秀吉は一向宗には現在の京都にある本願寺の場所を寄進した。

問3　い　本居宣長が『古事記伝』を完成させたのは1798年。　あ　薩長同盟は1866年成立。
う　大塩平八郎の乱1837年。　え　東南アジアに日本町が形成されるのは17世紀初頭。

問4　中山道は日本橋から北上し群馬を通り碓氷峠を越えて長野に入り岐阜を抜け滋賀の草津で東海道に合流し京都へ至る。

要　問5　1854年の日米和親条約では他に，下田・函館の開港，食料や石炭の提供などの条項がある。アメリカは，太平洋の東側に捕鯨船の補給拠点を求めていた。ほぼ同内容のものをイギリス，オランダ，ロシアとも結び，ロシアとは千島と樺太の国境についても定めた。

問6　う　札幌冬季オリンピックは1972年。　あ　池田勇人内閣が国民所得倍増計画を発表したのが1960年。　い　東海道新幹線が開通したのは1964年。　え　青函トンネルが完成したのは1988年。

Ⅲ　(日本の世界遺産に関する歴史の問題)

空欄　1　日本と連合国との間での講和会議は1951年，サンフランシスコで開かれた。日本の全権として吉田茂が出席し，連合国51カ国中，48カ国との講和条約をここで調印した。　2　富岡製糸場は明治維新から間もない1872年にフランスの技術を導入して作られた。ここで働いた女工たちは，大名の子女など家柄の良い家の娘たちで，ここで技術を身につけてから国元に戻りそこで技術を広める役目を負っていた。　3　佐渡金山は江戸時代の採掘量はかなりのものであったが，現在では閉山している。

問1　え　日本の初代内閣総理大臣は伊藤博文。大日本帝国憲法が1889年2月11日に発布された際の内閣総理大臣は黒田清隆。

問2　あ　日本で綿花栽培は江戸時代以降に行われるが，さほど量はなく，明治以降の綿糸の生産を支えたのは輸入品の綿花。　う　日本で25歳以上の全ての男子が選挙権を獲得したのは1925年で第一次世界大戦後。　え　八幡製鉄所の操業開始は1901年で日露戦争の前。

問3　執権は鎌倉幕府の侍所と政所のそれぞれの別当(長官)を兼ねる職で北条時政が初代。

重要　問4　あ　ザビエルはスペインのバスク地方出身。オランダはプロテスタントが主流でカトリックのスペインから独立した国。　う　日本人の海外渡航・帰国が禁止されたのは1635年で島原の乱(1637)の前。　え　一般の国民にキリスト教を禁じたのは五箇条の御誓文ではなく五榜の掲示。

問5　う　三内丸山遺跡は縄文時代のもので，クリなどの木を植える原始的な農業も行われていたとみられるが，田畑を耕す本格的な農耕はまだ行われていなかったようで，農機具も出土していない。

問6　日本最大の古墳とされるのは大阪にある大仙古墳。

問7　9世紀末に大陸とのつながりが切れるのは，894年の遣唐使廃止によって。

重要　問8　日本の国際連合加盟は1956年。日中国交正常化は1972年の日中共同声明によって。朝鮮戦争勃発は1950年，自衛隊発足は1954年，アメリカ軍が駐屯をするようになるのは，占領でなくなる1952年から。

問9　歌舞伎おどりの始まりは，出雲阿国による。

問10　う　東京大空襲は1945年3月10日→あ　沖縄戦開始は本島にアメリカが上陸し始めたのが1945年4月1日→え　広島への原爆投下は1945年8月6日→い　ソ連の対日宣戦は1945年8月8日。

Ⅳ　(政治に関する様々な問題)

①　A　請願権は日本国憲法第16条で保障されている。国民が何かを国や地方自治体に求める場合には請願権，国民が基本的人権を侵されたり不利益を被った場合に救済を求めるのが請求権。憲法には定められていないが，国民の知る権利を守るために制度として整えられているのが情報公開制度。

②　B　復興庁は東日本大震災の復興のために時限的に設けられた庁。国務大臣は内閣総理大臣が任意に任免する大臣で，その過半数を国会議員の中から選ばなければならない。

重要　③　C　地方公共団体が憲法，法律の範囲内で独自に制定する法令が条例。平成27年に公職選挙法が改められ，平成28年6月以降，選挙権の年齢が18歳以上に引き下げられた。被選挙権はそれまでどおりで，参議院議員と都道府県知事が30歳以上，衆議院議員，市町村長，都道府県議会議員，市町村議会議員は25歳以上である。

重要　④　D　設問の人口ピラミッドは20年間隔のものなので，比較的多い人口の部分が20年後にほぼ同じ状態で他の年齢よりも多くなっているかどうかで判断していけばわかる。イが1990年，アが2010年，ウが2030年のものとなる。介護保険制度は40歳以上の国民が健康保険とは別に，介護が必要になった場合に備えての保険料を負担するもの。

⑤　E　現在，自衛隊がPKO活動として派遣されているのは南スーダン。この南スーダンのPKOで初めて，駆けつけ警護の任務も付加され論議を呼んだ。JICAの主導のもとで行われている青年海外協力隊は20代から30代の人たちが世界の各地で教育，医療，農業などの様々な分野で地元の人たちに技術指導を行ったり，実際の業務の補助などを行い貢献している。

★ワンポイントアドバイス★

問題文，設問の選択肢など読む量が多いわりに試験時間が短いのでスピードが大事。問題の条件などを注意深く読み込んで，知識をフルに活用し，一見無関係のようなものも関連づけて考えてみることも大事。

＜国語解答＞

一 問一 ① 勤　② 臨　③ 映　④ 神経　⑤ 資質

問二 a イ　b ウ　c エ

問三 (例) 夕暮れの空を見つめていたとき，太陽が水平線へと没するまでの美しさを，「夕暮れの光景」だと思いこんでいたこと。

問四 我々の日常生活

問五 (例) 「こちら側の世界にない宝」とは，思いもよらない見たこともないような美しさを持ち，人々を引きつけるもので，詩人や芸術家だけがそれを見つけ，他の人々にも見えるようなものに置きかえて表現し，示せるということ。

二 問一 (例) 現実にはありえないもの

問二 (例) 娘が，おじさんが大好きで，おじさんと話をすることを心待ちにして，おじさんのいる沖縄を知りたい気持ちとおじさんを知りたい気持ちから，夏休みに友だちと遊ぶこともせずに，暑い中図書館に通い続けたことを母親はよくわかっていた。それで娘が感じているだろう落胆を受け止めて代弁しようとしたから。

問三 (例) 父親はふだん果物の類を好まないこと，おいしいとも言わず，少ししか食べずに残りを娘にあげたことから，あまり気が進まなかったが，おじさんの好意を無にしないために食べることにつきあったと考えられるから。

問四 (例) マンゴーの木は大きくたくましく，果肉はあざやかでおいしいのに，果実のしんに，小さく扁平でみすぼらしいような妙に生き物のような生々しい奇妙な種を抱えていた。予想もしなかったものに出会ったことに驚き，感動している。

問五 (例) 少女は「木になった魚」を見たと言いたかった。したがって確かに存在した「木になった魚」が中味そのものである。それは魚のような木でも魚の形のマンゴーの種でもない。蟬が蟬としてわたしがわたしとして生きていることと同様に，まぎれもなく「木になった魚」であり，ふしぎで新せんな驚きを感じさせたものだった。かわいそうなのは，見たと言ったわたしが否定されるからではなく，その存在そのものが否定されるからなのである。(200字)

＜国語解説＞

一 **(論説文―漢字の書き取り，空欄補充，内容理解，要旨)**

基本 問一 ① 同訓異字「つと(める)」は，「会社に勤める」「司会を務める」「看護に努める」のように使い分ける。 ② 同訓異字「のぞ(む)」は，「海を臨む部屋」「成功を望む」のように使い分ける。 ③ 「映える」は，光をうつして美しく輝く，という意味。 ④ 「神経」はここでは，物事に気づく心のはたらき，という意味。 ⑤ 「資質」は，生まれつきの性質や才能，という意味。

問二 a 「雄々しい」は，勇ましい，という意味。 b 「詩人」がどのように「あちら側とこちら側の世界」を「往還」するのかをとらえる。 c 「詩人」がどのように世界を「彩っていく」のかをとらえる。

重要 問三 筆者は，「夕焼けがあまりに美しかったので，……日没までじっくり腰を据えて眺めてみようという気にな」り，太陽が水平線へ没したときに「『見た』と思って腰を上げようとした」。ここで筆者が「見た」と判断したのは，夕暮れの光景がこれで終わりだと思ったからである。ところが「素晴らしいのはここからだった」とあり，筆者は太陽が沈んだあとの光景に感動したのである。この日まで筆者は，太陽が沈むまでを夕暮れの光景だと思い込んでいたのである。

問四　「向う側の世界へと踏み込」むとは，「何も知らないかのような純粋な目でものを見る」こととつながっている。しかし，「我々の日常生活」の中では普通，このようなことはなかなかできるものではない。

やや難　問五　――Cを含む段落とそのあとの段落から，「こちら側の世界にない宝」とは，日常世界を超えた向う側にある，人を引きつける美しさをもったもののことであり，それを見つけ，表現するのは，詩人や芸術家であるということが読み取れる。

二　(小説ー内容理解，心情理解，表現理解，主題)

問一　「豚の卵」も「馬の角」も，現実には存在しないものである。

重要　問二　――②の直後に「娘の落胆に先回りした」とあり，そのあとで母親が「あんなに一生懸命調べて待っていたのに」と言っていることに注目。おじさんのことを大好きな娘が，夏休みをかけて友達にも会わず図書館で沖縄のことを調べたのに，急におじさんが来られなくなった。そのことで，娘がどんなに落胆しているだろうかと，母親は気遣っているのである。

問三　「少女の父親はいったいに果物の類を好まず」とある。また，「父親は，手をつけないのは悪いと思ったのか，まっ先に……当てた」とあることから，マンゴーを食べるのは気が進まなかったが，おじさんの好意を無にしたくないので，「ほんの二口三口だけ」でも食べたのだと考えられる。

問四　直前の段落に，マンゴーの種の細かな描写のあとに，「これがマンゴーなの？　とわが目を疑いながら，……置いた」とあることや，――④の直後に「娘に見せておきたくなった」とあることから，母親が，マンゴーの種に驚き，感動し，それを娘にぜひ見せたいと思っていることがわかる。

やや難　問五　「言おうとしている中味」とは，直後にあるように「木になった魚」である。だから，「中味そのものがかわいそう」というのは，「木になった魚」がかわいそうだということになる。つまり，話をみんなに否定される自分がかわいそうなのではなく，存在を否定される「木になった魚」がかわいそうだということ。「木になった魚」に対するこの少女の思いは，文章の最後の段落に書かれているので，この部分の内容も加えて解答をまとめるとよい。

★ワンポイントアドバイス★

字数の多い記述問題が中心である。文章の内容をしっかりおさえたうえで，自分の言葉で説明する力が求められる。ふだんからいろいろなジャンルの文章にふれることや，文章を要約する練習をしておくことが大切！

データ対応

収録から外れてしまった年度の
問題・解答解説・解答用紙を弊社ホームページで公開しております。
巻頭ページ＜収録内容＞下方のQRコードからアクセス可。

※都合によりホームページでの公開ができない内容については，
次ページ以降に収録しております。

問四 ――Ⓒとありますが、なぜそう言えるのですか。説明しなさい。

問五 【イ】にあてはまる言葉を、問題文中から探して漢字で答えなさい。

問六 ＝＝①～③のカタカナを漢字に直しなさい。

二、 ※問題に使用された作品の著作権者が二次使用の許可を出していないため、問題を掲載しておりません。

である。

＊　＊　＊

Ｃ人の住む空間の大切な基本条件は、人が訪れることにある。私は、ひとり住み、また他を招いて住むのである。動物の巣と人間の家の重要な違いのひとつが、ここにあることは、すでに注5第二章で述べた。門・入口によって、内（私）は外（他）とつながるのである。内に私が居る場合、誰を私は招くのか、誰を私は拒むのか、私が外に居る場合、私はそこに入ることを望むのか、否か、この大切で難しい判断をするのが門である。

門は、鉄道の改札口のように、ただ人が瞬時に通過するためのものではない。「オン」か「オフ」かを仕分けるだけの選別機ではない。門は待つところでもあり、判断し決意するところでもある。従って、部屋の囲いに開かれた最初の開口部である入口は、ひとつの開口に始まって、やがてそれ自体がひとつの空間となり、部屋になろうとする。

縄文時代の竪穴住居をみても、入口の上にひさしがかけられ、そのひさしを支える柱が立ち、しばらくするとそこにひとつの小さい【　イ　】が生まれてくる。これはどのような原始的な住居においてもみられることである。

（中略）

門は単なるオン・オフの機構ではないことをもう一度それぞれの経験の中でとらえ直していただきたい。建築を見る喜び、訪れる楽しみが、門に集中していることに改めて気がつくことであろう。

注6モダニズムの建築は、門は過去の②**イブツ**であり、古くさい権威に結びついた注7虚栄である、とみなしたこともあった。第二次世界大戦後の日本における住居改良運動や住居学等においては、玄関、門構え等は注8封建的な社会の生み出した虚飾だとして否定的に扱われた。しかし、このような考えは、単に門の③**ケイシ**ということ以上に、内なる空間、内なる生活のとらえ方そのものが、浅薄だったといわざるを得ない。

今日改めて、個＝内部空間が自己の固有性を獲得しつつ、全体＝都市とつながっていくことの求められている時、門の新たなるはたらきとそれを生み出すかたちがつくり出されなければならない。

（香山壽夫『建築を愛する人の十二章』）

注　1逡巡…決心がつかなくてぐずぐずとためらうこと。
2かんぬき…門や出入口の開き戸をしっかりしめるための横木。
3カレッジ…ここでは、学生のための寮。
4閾…内と外の境。
5第二章で述べた…第二章はこの問題文に入っていません。
6モダニズム…つねに新しさを求める傾向。
7虚栄…うわべだけを飾って、実際よりもよく見せようとすること。
8封建的…上下関係を重んじ、個人の自由や権利を認めないさま。

問一　――Ａとありますが、「私の入口だ」とはどういうことですか。そして、なぜそのことに「価値がある」のですか。まとめて答えなさい。

問二　【ア】にあてはまる言葉を、漢数字をふくむ漢字二字で答えなさい。

問三　――Ｂとはどういうことですか。「そうした人間の行為、心の動き」というのがどういうことを指すかくわしく述べた上で、二百字で説明しなさい。

【国　語】〈五〇分〉〈満点：一〇〇点〉

一、次の文章を読んで、後の問いに答えなさい。

門をくぐる時、私達の心は躍る。あるいは実際にくぐらないで眺めるだけの時も、私達はその時の心の高まりを思って、喜ぶ。門のかたちは、そのような力を持っているものだ。

しかし時には、門は私達を緊張させ、注1逡巡させ、立ち止らせるかもしれない。門の前で私達は、自分は果たして招かれているのか、本当に入るべきなのか、引き返すべきではないのか、迷う時もある。門は招き入れるものであり、同時に拒み閉じられるものでもある。門とはそのようなものなのだ。

「狭き門より入れ」という言葉は、天国に入るための準備の大切さを教えた聖書の一節であるが、日本では、入学試験の難しさ、それを突破する価値を語るために、広く用いられているようである。いずれにせよ、門の意味は、入れてもらえる人もあれば、入れてもらえない人もあるということが示されている。誰でも、勝手に入れる門を入ったって面白くもありがたくもない。入れてもらえない人もある門に、自分は入れてもらえたからこそ嬉しいのだ。そのことは、決して、大学の場合だけではない。家の門の場合でも同じだ。家の門という大げさな造りがないなら、広く出入口、戸口、と言ってもいい。A**ここは、私の入口だということに価値がある**。だからこそ、そこに入れてもらえる人は、家族、友人であり、特に招かれた客人、ということになる。入れたくない人、入ってもらいたくない人がいるからこそ、家には注2かんぬきが、あるいは錠がかけられているのがあたり前なのだ。門という漢字の古い字体は、まさに、この開いたり閉じたりするかたちを図形化したものである。

「【　ア　】」とは、同じ門をくぐって入り、生き方、考え方を共にする人々のまとまりをいう。「入門」とは、その仲間に入れてもらうことだ。そのためには、決心、決意が大切だ。門はそれを自分に確かめ、そして示す場所である。禅の修行を志して越前永平寺の門をたたく者は、拒まれても拒まれても、立ち去らず三日間ひたすら立ち続けた後初めて入門を許された。

このように門とは、入る前に、立ち続け、自分の心を確かめる場所でもある。それは準備が必要であり、待つことも、期待も、また不安もそして決意も必要である。門は、B**そうした人間の行為、心の動きに応じたかたちを持つこと**が求められている。学び舎の門とは、たとえば江戸時代につくられた岡山に残る閑谷学校をみても、桐生に再建された足利学校をみても、あるいはオックスフォードやケンブリッジの注3カレッジの門をみても、それぞれこのような門の持つべき多様な意味に対応した見事なかたちが与えられていることに気づく。

このことは、都市が門を持っている場合においても同じである。共同体としての性質を持っていた都市には、必ずなんらかのかたちで入口があった。入口によって共同体の存在は守られていたのである。城壁で囲まれていた古代や中世の都市においては、門は一層はっきりとしたかたちをとった。門の内には法律と秩序があり、外には無法、無秩序があった。門の内には法に従う市民が住み、外には無法者が住んだ。従って、門は多くの場合、①**サバ**きの場所でもあった。エリアーデは、「古代においては、判決の場が注4閾の上に置かれた」と述べているが、まさに門とは秩序の支配する空間と、無秩序の支配する空間との境であったから

問一　〰〰①～⑤のカタカナを正しい漢字に直しなさい。

問二　――1とありますが、なぜ「自然と笑みが上」り、「小さく頷いた」のか、全体を読んで考えなさい。

問三　――2とありますが、登瀬はなぜこう感じたのか。「これまで味わったことのない」理由も考えに入れて二百字以内で説明しなさい。

問四　[　]は、文中ではどういう意味で使われているのですか、言葉の意味を答えなさい。

問五　――3とありますが、登瀬はなぜ涙を流したのですか。理由を説明しなさい。

瀬は驚きで声も出ず、促されるまま父の温みの残った藁座布団にくしゃりと座った。吾助が四十年近く座り続けてできた床の窪みに身体がすっぽり収まると、これまで味わったことのない安堵に包まれた。

「挽いてみろ」

父は、自分の歯挽き鋸を娘に手渡す。手入れのときも片付けのときでさえも、家族の者にも触れるのを禁じていた鋸であった。登瀬は不用意に受け取ってしまってから、事の大きさに気づいて手が震えた。

「ええんだか？　触っても」

「ええもなんも、もう摑んどるだが」

吾助は小さく笑い、「一遍しか教えんぞ」と柄を握った登瀬の手ごと、鋸を櫛木に当てた。手前にグッと引く。父の手元を見続けて想像していたより遙かに激しい手応えがあった。登瀬ひとりの力であれば、よほど踏ん張らねば挽けぬ重みである。刃先まで挽き込むと、今度は鋸を向こうに押し戻す。これは手前に引くよりずっと軽く滑っていく。挽くときと同じ④ヨウリョウで力を込めては櫛歯を傷つけてしまうかもしれない。

登瀬は密かに驚嘆していた。同じ拍子、同じ力で鋸を動かしているとばかり思っていたが、父は、引くのと押すのとで微妙に力加減を変えていたのである。もしかすると櫛木ひとつひとつの堅さを見極めて、その⑤ツド歯挽きの加減を変えているのかもしれない。単純に同じ拍子と見えていた作業の裏には、長年の勘によるきめ細かな調整が隠されていたのだ。

――こんねに難しいものだっただか。

粗鉋も上鉋も一通りこなせるようになっていた登瀬は、歯挽き鋸に移っても刻をまたずに使えるようになると信じ込んでいた。むしろ、父と同じく当て交いなしで挽くにはどうすればいいか、先走ったことばかり考えていたのだ。それが、一本の歯をまともに挽くことも容易ではないのだと、このとき思い知ったのだった。

櫛というものの奥深さにまたぶつかった。これまでであれば、そのたび登瀬の気持ちは高らかに鳴ったものだ。一向に飽きのこない面白さと、一生を掛けるだけの深みと、それを抜きん出た技量でものにしている父への尊崇※1が一気に渦巻いて、とてつもない昂揚※2を巻き起こしたのだ。自分も習練を重ね、どれだけかかっても技を身につけようと、新たな覚悟が湧いたのだった。この家に生まれたこと、吾助の娘に生まれたことは、櫛挽として高みを目指すと決めた自分にとって、なんという幸甚※3かと噛みしめずにはいられなかったのだ。

登瀬は、父の力加減を自分の手に覚え込ませようとただ一心に鋸へ向かう。拍子を乱さぬよう。［心を白くして］――。

3ぽたぽたと、櫛木の上に水が落ちた。それがなんであるか、登瀬自身はじめはわからなかった。手元を見詰める視界が滲んでようやく、その水が自分の目からこぼれ落ちていることを知った。

吾助も娘の涙に気付いて束の間、手を止めた。が、すぐに岩のような顔を一層いかめしくして、鋸を動かしはじめた。木を削る音が層を成して板ノ間に満ちていく。揺るがぬ拍子に守られ、音は延々と続いていった。

（木内昇『櫛挽道守』）

※1　敬い尊ぶこと　※2　気分がぐっともりあがること

※3　とてもありがたく、幸せと思うこと

そっと父の手元を窺(うかが)う。吾助が歯挽き鋸を上下させるたび、青縞(しま)の間着(あいぎ)から覗(のぞ)いた太い腕(うで)に幾(いく)筋もの蛇(へび)がうねる。その逞(たくま)しい腕が刻んでいるのは、梳櫛(すきぐし)の極(きわ)めて細かな歯なのだった。

（中略）

粒木賊掛けの終わった櫛を、登瀬は人見障子から入る陽にかざしてみる。浮かび上がった木目が、光の加減で生きているようにうねる。

――父さまは拍子で挽いとるんだね。

拍子が乱れぬから、当て交いなしでも加減と早さを等しく保って歯が挽けるのだ――それが、父の仕事を間近に見続けて、ようやく先頃辿り着いた登瀬なりの答えだった。吾助は歯を挽きはじめると、端(はし)から端まで百二十本を刻むまで一時たりとも手を休めず、船でも漕(こ)ぐように同じ拍子で鋸を動かし続ける。幼い時分は、かたわらでそれを見つつ、父が息をすることを忘れているのではないかと案じたほどだった。

拍子を整えることだ。等しい拍子を頭ではなく身体で刻めるようになることだ。

キュッキュッキュッと規則正しい鋸の音が吾助の手元から生まれていく。みい、よう、いつ、むう、なな、やあ。登瀬もまた父の拍子に合わせて櫛の上に粒木賊を滑(すべ)らせるのだが、速くてすぐにおいていかれる。ただ櫛を磨いているだけなのに、吾助の鋸にかなわないのだった。

隣の勝手場から、味噌汁(おつけ)の香(かお)りがまぎれ込んできた。板ノ間という気高い場所に、勝手場で立つ所帯じみた音や匂(にお)いが入り込んでくることが登瀬にはいつになっても馴染(なじ)めない。それだというのに身体は勝手に味噌汁に応え、腹の虫を大きく鳴らした。驚(おどろ)いて、自分の三尺帯辺りに目を落とす。太吉も手を止めて登瀬を見た。笑いたいのをこらえているのか、小鼻が膨(ふく)らんでいる。

ちょうどそのとき、吾助が百二十本目の歯を挽き終えて大きく息を吐(は)いた。登瀬もまた、静かに息を漏(も)らした。自分の失態で父の拍子を乱すことなく済んだ。そのことに安堵(ど)したのだった。

（中略。この後、十八歳(さい)になった登瀬(せ)は、櫛磨きだけでなく男の仕事の一つである粗削(あらけず)りも任されるようになった。一方、問屋である三次屋の伝右衛門から、田ノ上村の男性との縁談(えんだん)が持ち込(こ)まれる。相手は豊かな大地主の家であり、元々「女としての幸せ」を重視する母の松枝は縁(えん)談を喜んだ。吾助も、日頃(ひごろ)世話になっている伝右衛門からの話ということもあって、縁談を承諾(しょうだく)した。登瀬は、櫛挽(くしびき)とは縁のない人生を送ることを受け入れかねる。が、女性ならば「仕方がない」し、自分が嫁(とつ)ぐことで父のためにもなると割り切ることにした。登瀬は、嫁(よめ)入りの準備として台所仕事なども覚えようと心がける。そんなある日のことである。）

勝手場を離(はな)れて板ノ間に入る。今日のうちに終わらせねばならぬ櫛磨きが残っていた。太吉はすでに家に帰ったらしく、板ノ間では吾助がひとり鋸を動かしている。癖(くせ)で、つい手元を見てしまう。気配に気づいたのか、いつもは一列歯を挽き終えるまでけっして鋸を止めない吾助が、つと顔を上げた。作業を止めてしまったことに登瀬は動じ、すぐに詫(わ)びたが吾助は応えず、代わりに、

「ここへ来」

と、かたわらを指さした。登瀬はおずおずと吾助の横に腰を下ろす。

2 すると父は意外にも立ち上がり、自分の座を娘に譲(ゆず)ったのである。登

するのだ。

戸間口の潜り戸を開けると、すでに父の吾助と弟子の太吉が作業をはじめていた。鋸の拍子と木の芳香が家の中に満ち、吾助の膝掛けには大鋸屑や鋸粉がもうずいぶん溜まっている。歯挽き鋸を操る父の動きが止まったところを見計らい、登瀬は板ノ間に声を掛けた。

「父さま、すぐに手伝うなし」

太吉が顔を上げた。が、父は低く返事をしただけで、目は櫛を挟んだ盤に据えたままである。

櫛挽というのは朝飯前から板ノ間にこもって仕事するものだんね――登瀬は幼い頃からその道理を身に染みて感じながら育った。父に言い聞かされたわけではなく、職人町である藪原下町の櫛挽たちの暮らしぶりに、そう教えられてきたのだ。下町では年を通し、鶏の声と先を競うようにして櫛挽く音が立ちはじめる。冬はどの家も、まだ暗いうちから板ノ間に灯がともった。

しかしその中にあっても、吾助の朝は飛び抜けて早いのだった。毎朝、暁七ツには跳ね起きて、素足のまま土間に降り、甕からすくった柄杓一杯の水を大きく喉を鳴らして飲み干す。口もとを拭う間も惜しんで板ノ間に座り、両手の指を鳴らして膝の前に据えた盤のツグに櫛木を挟んだと思ったら、もう鋸を当てている。そこからは、三度の飯のときに手を休めるだけで、延々夜更けまで櫛を挽き続けるのだ。一日中座り詰めるおかげで吾助の座布団はすぐ紙のように薄くなり、しょっちゅう中の藁を換えねばならなかった。座布団をはぐるとその下の床は③セキネンの重みによって艶やかな円形に窪んでいる。吾助は、その父親に櫛作りを教わりはじめた六歳の頃から三十四年の間、一日も欠かさず同じ場所に座って櫛を挽いてきた。物心ついてから吾助の仕事ぶりをつぶさに見てきた登瀬が、未だ父に接するとき身の引き締まる思いがするのは、三十四年という年月への畏れなのかもしれない。

甕の前まで行き、音を立てぬよう手桶の水を移す。勝手場からは、朝飯の支度をしている母の松枝の声が響いてくる。小皿取って。包丁で菜切って。指図に従い、妹の喜和が慌ただしく動き回る気配が伝わってくる。登瀬は湯気に身を隠して、忍び足で板ノ間へ向かう。それを、あっさり母に見咎められた。

「もう飯だんね。少しはわれも裏を手伝わんね」

聞き倦んでいる小言に、襟首を摑まれる。

「したって……」

「したってもなんもねぇずら。おなごの仕事は飯炊きと櫛磨きだ。櫛を挽くのは男の仕事だで。朝は父さまに任せでこっちさ手伝え」（中略）

「わがった。ほんだら足さ拭いてくるね」

登瀬はすすぎ桶に水を汲み、土間づたいに表へ出た。アカギレだらけの手足をすすいでいると、すぐ脇から聞こえてくる櫛挽く拍子にたちまち囚われた。結局足は勝手場に向かわず、すんなり板ノ間へ乗り上げてしまう。

「ええのか。母さまを手伝わんで」

面皰面を寄せて太吉がささやいた。登瀬は聞こえぬ振りをして、吾助の斜め後ろに据えた自分の座布団に胡座座りし、刺し子縫いの膝掛けを広げる。歯挽きを終えた櫛を磨きにかかるのだ。親歯の木口に粒木賊を当てて力を込めて磨くと、表面の毛羽立ちが取り払われ、木肌が艶やかな光沢をたたえていった。片面を磨き終えて櫛を裏返すとき、登瀬は

「われはまだ、妙なこどで遊んで。よぐまぁ、ひどり遊びを思いつくだんね」

やはり水を汲みにきたらしい近所の女房に呆れ顔を向けられて、しどろもどろに朝の挨拶を返す。女房は笑みを浮かべ、登瀬のよれた襟を手早く直した

「すぐに歳ノ神さんのお祭りだに、まぁず寒ぃだんね。陽は眩しいのにのう」

「はい。たんと凍みますなし」

そう応えた登瀬が、綿入れも羽織らず、着古してペラペラになった木綿の袷一枚きり、しかも襷がけしているせいでひじの上まで袖がまくり上げられているのを見て、女房は苦笑した。この娘の身なりで冬を感じさせるのは、足の甲をすっぽり覆った藁沓くらいなものなのだ。

引き上げた釣瓶の水を手桶に移し替えると登瀬は、

「じゃ、行くだで。お先」

と会釈して、今度は歩幅を小さくとって歩きはじめた。ひい、ふう、みい、よう……。行きは三十歩、帰りは手桶の水をこぼさぬように少し刻んで三十八歩。家から井戸までの道のりを、登瀬は毎朝拍子で計る。

藪原宿下町の人々はこれを、「登瀬の無言参り」と呼んでいた。お参りの行き帰り、たとい知人に会っても口をきかぬことで願掛けをする「無言参り」になぞらえているのである。平素は朗らかな登瀬が、小声でなにごとか唱えつつ井戸と家とを往き来する姿には近寄りがたい気魄があって、村人もこのときばかりはみだりに話しかけぬよう気をつけていた。いったいなんの願を掛けとるだがね、と井戸端で女房たちは、十六の娘が決死の①ギョウソウで水を運ぶ様を真似しては笑い合う。意地の悪い嗤いではない。猫をじゃらすときに自然と口元に上ってしまう笑みと等しい。

登瀬は、周りにそんな気遣いをさせていることなどまるで知らない。数を数えるときは、心になにも置かないようにしているからだ。ただ五感だけを研ぎ澄まし、等しい拍子を身体が刻めるよう習練しているのだった。けれどそうしながらも登瀬の目は、朝日を受けた尾根の美しさや、街道筋を横切る下横水の澄み切った流れを感じとっている。そのたび「きれいだなし」と胸の奥を震わせる。

藪原宿は、中山道の宿場町だ。江戸から京を繋ぐ道のりのほぼ真ん中にあたる木曽十一宿のひとつで、信濃国の北に位置する贄川宿、奈良井宿、宮ノ越宿とともに上四宿と呼ばれている。険路の多い木曽路の中でもとりわけ高地で、旅人からは難所として恐れられていた。

（中略）

ちょうど二十四歩で街道筋まで出た。至る所に掲げられた「②ガンソお六櫛」の幟がはためき、家々からは木を削る音が立ち上っている。登瀬は矢も楯もたまらず駆け出したいのを我慢して慎重に足を運び、きっかり三十八歩を刻んで家の前へと辿り着く。

間口は三間一尺、奥に長い造りである。戸間口をくぐると細長い通り道のような土間があり、それに沿って入り口側から順に、ミセとも呼ばれる板の間、煮炊きをする勝手場、家族が寝起きする八畳二間、納戸代わりの小室が並んでいる。街道沿いに設えられた板ノ間は櫛挽にとってその作業場で、窓の代わりに三段重ねの人見戸がはめ込まれており、その中段に収まった人見障子から射し込む明かりを手元に取り込んで仕事を

人のコンプレックスを刺激しそうなものばかり。こうしたオキテは外側から人をしばるのではなく内側から、わたしの場合はわたし自身がわたしをしばるというかたちで作用するので、意識してOFFにする必要があるとわたしはおもっています。

わたしにとって学びのスイッチをONにすること、そして学びのエンジンを始動することは、まずは自分をしばっている無意識のオキテのスイッチ、固定観念のスイッチをOFFにすることから始まる、といえそうです。そしてF自分のなかのコンプレックスを克服するのではなく、それらと共存していくことをとおして初めて、作品のメッセージをだれかの心に届けられる可能性がでてくるのかもしれない、と感じています。

（林ナツミ「浮遊する自由からの学び」『じぶんの学びの見つけ方』）

※1　行動を起こさせるきっかけとなるもの
※2　自分らしさを自覚すること

問一　――Aについて、「たまたま撮影した1枚のスナップ」がなぜ3年間も続くシリーズのきっかけになったのでしょうか、説明しなさい。

問二　――Bのように感じたのはどうしてでしょうか、説明しなさい。

問三　――Eとはどういうことですか、――C・Dを例に挙げて、説明しなさい。

問四　――Fとは筆者の場合はどのようなことでしたか。説明しなさい。

問五　＝＝①の慣用句の□に入る、身体の一部分を漢字で答えなさい。

問六　＝＝②の慣用句の□ア・イに入る語を語群から選び漢字に直して答えなさい。

【語群】　はじめ　おわり　おや　こ　ゆめ　もと　なに

二、次の文章を読んで、後の問いに答えなさい。

歩を進めると、足下の雪が鳴いた。登瀬は、音に耳を添わせて数を唱えはじめる。

――ひい、ふう、みい、よう、いつ、むう。

つぶやく声が、等しい間合いをとって足音に重なっていく。右手に手桶を抱え、前のめりに進むうち、山際から朝日が顔を出した。白一色に塗り込められた村の景色が、途端に息づいていく。

雪を踏む音は蛙の鳴き声に似とる、と歩きながらも登瀬はちらと思うのだけれど、考えが膨らみそうになるのをひとつ深呼吸して追い払い、頭の中を真っ白にする。そうしてただ、身体で拍子を刻むことだけに心を傾ける。

――十二、十三、十四。

瞬きをするたび睫毛に降りた霜が飛んで、目の前を光の粒が駆け回った。息をすれば鼻の奥がツンと凍みる。立春を過ぎても木曽路には冬しか見当たらず、村を埋め尽くす雪は未だ夜ごとに背丈を伸ばしているのだ。

1ちょうど「三十」で、登瀬の身体は井戸の縁にぶつかった。自然と笑みの上った顔を、今来た道へと振り向ける。自分の刻んだ足跡が一直線を描いているのを確かめて小さく頷いた。

かたわらに手桶を置いて釣瓶を落とすと、この寒さで井戸水にも薄く氷が張っているのか、下のほうから槌で木を打ったような音が響いてきた。伸び上がって暗い井戸の中を覗き込み、「あー」と叫んで跳ね返ってくる音に耳を澄ます。と、すぐ後ろで「なにしとるだが」と声がして、登瀬は飛び上がって身を起こした。

だろうか、できるのは克服ではなく、共存なのではないか、とも考えています。

ちょっと脱線しますが、わたしのコンプレックスに関連して、中学1年生のころの記憶でいつもおもいだすことがあります。美術の授業で、和紙細工の張り子人形をつくったときのことです。伝統工芸品でよくある、人形の首が揺れる「首ふり張り子」です。クラスのみんながトラやウサギなど単体の動物を提案するなかで、わたしはたくさんの動物がひとつの手袋に潜り込むというウクライナの民話を張り子で再現することをおもいつきました。手袋の口から飛び出たたくさんの動物の首がいっせいに揺れる、というアイデアでした。先生に提案したところおおいに褒められ、わたしは有頂天になって制作にとりかかりました。ところが、複雑な構造を仕上げるのはおもいのほか難しく、退屈で①［　　］の折れる作業をくりかえすうちに、構想をおもいついたときの情熱は徐々に失われてしまいました。

できあがった張り子を見た先生はひどくがっかりして「アイデアはよかったのだけど……仕上がりがね」といったのです。わたしは先生の期待が失望へと転覆したことに大きなショックをうけ、よいアイデアをおもいついても、それを形にできないかぎりBアイデア自体も時間をさかのぼって否定されるのだ、と感じたのでした。このとき以来、わたしのなかに、自分は写真にかぎらず技術面に弱い、そしてアイデアはだせても実現力にとぼしい、という自己認識とコンプレックスが形成されたような気がします。

さて、そのようなわたしが、浮遊写真撮影の技術面に実際どのように対処しているかですが、答えはいたってシンプルです。自分はジャンプに専念し、撮影技術は人にゆだねるのです。もちろん、だれにゆだねるかはものすごく重要で、世界観を共有できて、わたしのコンプレックスを許容してくれて、かつ技術に長けている人でなければなりません。そしてその人がわたしの制作コンセプトに共感して、無条件で手伝ってくれるのでなければなりません。わたしの場合、その人はわたしのパートナーでした。彼自身、写真で作品をつくる作家であり、もともとわたしがアシスタントとして技術の手ほどきを受けた師匠でもあります（浮遊写真のきっかけとなったスナップ写真で最初に浮遊した人でもあります）。

幸いにも彼がわたしの提案を受け入れてくれたことで、技術を彼に一任し、わたしはジャンプのポーズと撮影結果だけに意識を集中することができています。そのおかげで、浮遊写真の表現の可能性はどんどんひろがっています。もしわたしが「写真を撮るには、技術を習得しなければならない」いうオキテのスイッチをOFFにすることができず、これにしばられていたとしたら、技術の習得に何十年もかかって、もうジャンプの体力をなくしていたにちがいありません。（浮遊の撮影では毎回数十回から数百回のジャンプが必要なのです）。それでは②［ア］も［イ］もなかったとおもうのです。

ところで、OFFにしなければならないオキテのスイッチはほかにもいろいろあります。「Cやり始めたことは、最後までやり遂げなければならない」「D退屈なことでも、一生懸命やることが大切だ」といったものから、「すぐれた写真家は多くのショットを撮らない」「すぐれたアーティストは決断が早い」といったものまで、さまざまです。こういうものをわたしはぜんぶOFFにします。Eどれも一見もっともらしくて、

【国　語】（五〇分）〈満点：一〇〇点〉

一、次の文章を読んで、後の問いに答えなさい。

わたしは写真で作品をつくっていますが、私の学びはすべて作品の制作にむすびついています。日常のなかの些細なできごとや自分のこだわりが学びのスイッチをＯＮにして、そこから作品の構想が生まれ、作品の制作が始まると学びのエンジンが始動するという感じです。

Aこれまで3年間取り組んできたシリーズもきっかけはたまたま撮影した1枚のスナップでした。ある日、買い物の途中でわたしがパートナーにカメラを向けたところ、彼が突然ジャンプをして、わたしは反射的にシャッターを押したのです。

するとあたかも彼が空中浮遊しているかのような、ジャンプの躍動感を打ち消したような、人間が空中を水平移動しているような写真が撮れていました。デジタルカメラだったのでその場ですぐに液晶画面で確認できたわけですが、そのときの感動は今でもわすれません。写真は「真を写す」と書くけれど、ジャンプを撮ったのに浮遊に変換されたということは、写真が「真を写さない」こともあるんだ！と興奮しました。こうして学びのスイッチがはいり、いかにしてより浮遊に見えるジャンプをするか、いかにして「真を写さない」写真を撮るか、自分自身でジャンプをくりかえしながら浮遊感の研究に没頭し、それから数ヶ月後に『本日の浮遊』と題したシリーズを始動しました。自分が浮遊している写真を日記形式でウェブにアップしていくセルフポートレートのシリーズです。以来、ジャンプのポーズとシャッターのタイミング、光線と構図、撮影場所とレンズの無限の組み合わせを追求しながら、浮遊写真の可能性を探る学びの日々がつづいています。

ところで、わたしの場合、学びのスイッチをＯＮにしてエンジンを始動させるためには、まず「ＯＦＦ」にしなければならない別のスイッチがあります。それは固定観念のスイッチ、自分をしばっている無意識のオキテ（掟）のスイッチといえるかもしれません。作品づくりにあたっては、かならずこのスイッチをＯＦＦにします。

段階的にいろいろなオキテのスイッチをＯＦＦにしていく必要があるのですが、たとえば「写真を撮るには、技術を習得しなければならない」というオキテのスイッチ。まずこのスイッチをＯＦＦにします。

じつは、わたしは写真学校や美術学校などで写真をアカデミックに学んだことがありません。だから技術にたいしてコンプレックスをいだいているのです。父が写真を趣味にしていたこともあって幼いころから経験的に写真を撮ってきましたが、写真の技術を体系的に身につけたことはありません。暗室で現像や引き伸ばしをした経験もありません。そういうわたしにとって、「写真を撮るには、技術を習得しなければならない」というオキテは、自信を喪失させ、制作のモチベーション※1をうばう恐れのあるマイナスなオキテなのです。

ところで、ちまたではよく「コンプレックスを克服したから○○をできるようになった」という声を聞きますが、わたしは、コンプレックスは良くも悪くもその人の人格の一部、アイデンティティ※2の一部、もっといえば、その人をかたちづくる大切なエッセンスだと感じています。わたしの場合はそこをベースに作品の構想が生まれてくるという実感があるので、コンプレックスは克服すればよいというものではないと考えています。そもそも、コンプレックスをほんとうに克服などできる

びつけたがるんだろうか。

「いや……どうも、よくわかりません」

「マウンドが感じられなくなるからだ。調子のいいときは、自分の足でマウンドに立っていることが、わかる。自分とマウンドがつながっているんだなあと感じる。しっかり、下から支えてもらっていると感じられる」

監督がレポートを読み始めた。読書の他にカラオケが趣味だという声は、よく響き、恭介を慌てさせる。

「かっ監督、何するんですか。そんな大声で読み上げたりせんでください」

「詩だ。このマウンドの捉え方はまさに、一編の詩だ。恭介、おれはおまえを見直したぞ」

「はぁ……」

「こういう感覚、マウンドとの一体感を知ってこそピッチャーなんだ。詩人であり、ピッチャー。うーん、まさに理想だな。恭介」

「はぁ……」

「しかも、ちゃんと、弱点の克服法まで自分で導きだした。いや、実に見事だ」

「はぁ……」

「走り込め」

監督の声が低く太くなる。

「おまえのレポートの通りや。走り込んで下半身を鍛えろ。自分の足でしっかりとマウンドを踏むんや。そうすれば、マウンドがおまえを支えてくれるで」

「はい」

大きく頷く。監督の言うことがやっと、理解できた。恭介が理解できることをやっと言ってくれた。何となく安堵する。

「おまえがどんなピッチャーになるか、えらい楽しみやぞ」

蘆守監督は恭介を見下ろしたまま、真顔で言った。

その日から、恭介は毎朝五キロの道程を走った。

（あさのあつこ『かんかん橋を渡ったら』）

問一 ═①～⑤のカタカナを漢字に直しなさい。送り仮名がある場合は、それも含めて書きなさい。

問二 ア・イ にあてはまる語を入れなさい。いずれも、漢字一字です。

問三 (a)～(d) にあてはまる語をあとから選び記号で答えなさい。

ア さっぱり　イ とっくに　ウ こんこんと

エ めったに　オ とうとう　カ 高らかに

問四 ――Aは、どんな気持ちですか。また、なぜこのようになったのでしょうか。説明しなさい。

問五 ――Bとありますが、監督がこのように言う理由を二百字以内でくわしく説明しなさい。

うん、満足だ。（中略）

蘆守監督がうーんと一声、唸る。唸ったまま黙りこむ。

恭介の差し出したレポートを睨むように見つめている。いや、本当に睨んでいるのだ。口元はへの字に結ばれ、眉間に皺が寄っている。それほどの量でもないレポートに目を通してから、すでに三、四分は過ぎている。

おれ、何かやばいこと書いたっけ。

少し、焦る。

自分としては、上手くまとまったと満足し、意気揚々とまでは言わないが、かなり自信をもって提出したレポートだった。けれど、それは、独り善がりの思い込みに過ぎなくて、監督からすれば的外れでしかなかったのかもしれない。

でも、いいや。

恭介は密かに、胸を張る。

監督がどう思おうと、これがおれなんだから。

マウンドで感じたこと。マウンドから受け取ったもの。そのマウンドに立ち続けるために、どんな努力も惜しまない決意。

みんな、自分のものだ。嘘はない。

監督が、大人がどう思おうと何を言おうと、関係ない。

恭介は挑むような心持ちで、蘆守監督の前に立っていた。

背後のグラウンドでは各運動部の練習が始まっている。野球部の部員たちもそれぞれがストレッチを終え、ランニングに移ろうとしていた。

（中略）

ベンチに座っていた監督が、唐突に立ち上がる。

「恭介」

「はっ、はい」

「Bおまえ、詩人やったんやなあ」

「シジン？」

「詩人や詩人。リルケやヴェルレーヌやランボー、上田敏や草野心平」

「はぁ……」

どれも未知の名前だった。聞いたこともない。

「誰ですか、それ？」

「だから、詩人なんだ。みんな、教科書に出てきた詩人やぞ。知っとるやろが」

「知りません」

恭介は正直に答える。どの学年でも教科書の最初に詩が載っていたのは覚えがある。けれど、それがどんな内容だったのか、作者が誰だったのかほとんど記憶にない。まるで興味を持っていなかったのだ。

「情けない。東西の代表的詩人の名前ぐらい知っとけや。学力ちゅうより⑤キョウヨウの範囲やぞ」

「はぁ……でも、監督」

「なんや」

「詩人と野球が関係あるんですか」

僅かの関わりもないように思える。

「おおありだ。感性の問題やからな。感性の鈍いやつに詩は創れんし、野球はできん。わかるか？」

漢字の次は詩人か。どうして、うちの監督は何でもかんでも野球に結

も、年賀状を書くんでも、知ってる漢字はできるだけ使え。それが、回り回って野球の上達に繋がったりもするんやぞ。わかるか？」

いつだったか、毎朝、行われている漢字テストのセイセキが振るわなくて、職員室に呼びだされたことがある。そこで、（　c　）説教された。

わかるか？　と言われても、わかりませんと答えるしかない。漢字と野球がどう繋がるのか、恭介には（　d　）理解できなかったからだ。今でも、できない。正直、蘆守先生が国語教諭であり野球部監督だという立場から、無理やりこじつけたとしか思えないのだ。ただ、

比較的調子がいい。

と書き直したとたん、閃くものがあった。

比較的調子が良いとき、足の④ウラにマウンドを確かに感じられるのだ。スパイクを通して、マウンドの熱や感触がまっすぐに伝わってくる。それが打たれ始めると、まるで途切れてしまう。いや、逆さまか。足ウラに何も伝わらなくなると、調子が崩れてしまうのだ。

要は足か。

恭介はマウンドで慌ててしまうとか、焦ってピッチングのリズムがくるったとか、書き連ねた部分をきれいに消した。消しゴムの滓を一息に吹き飛ばす。

シャープペンをしっかりと握り、一気に書く。もう迷わない。書きたいことが込み上げてくる。込み上げてくるものを青い罫線のノートに写し取っていく。

自分のピッチングについて。

三、四回までは比較的調子がいい。そこから、崩れるのはどうしてか？マウンドが感じられなくなるからだ。調子のいいときは、自分の足でマウンドに立っていることが、わかる。自分とマウンドがつながっているんだなあと感じられる。しっかり、下から支えてもらっていると感じられる。

恭介はそこで息を一つ、吐いた。A何だか胸がどきどきする。こういうのを動悸と呼ぶのだろうか。いや、そんな病的なものじゃない。もっと心地よい、胸の高鳴りだ。自分とマウンドが繋かっている。それを確認できた。高揚感に心臓が大きく鼓動を刻む。

でも、調子が悪いとき、打たれ出したときは、そういうのを感じられない。マウンドをどこか遠くに感じてしまう。しっかり立っている気がしない。

結論。

一試合、ずっと、マウンドに立っていられるようなしっかりした足が必要だ。マウンドをずっと感じていたい。そのためには、強い足腰がいる。（中略）

つまり下半身を鍛えることが大切だと、ぼくは思いました。

読み返してみて、文章が少し子どもっぽいとは感じたが、概ね満足できる。自分が大発見をしたようで、心はまだ弾み続けていた。

マウンドに立っていたい。マウンドを感じていたい。一試合、投げ切りたい。自分のピッチングに自分で◎を付けてみたい。これがおれの一球なのだと、胸を張りたい。そのためには、どうしたらいいか。恭介なりの精一杯の解答がここにある。

蘆守監督は恭介の頭を指さした。

「ここで考えるんだ。頭ってのは帽子（ぼうし）をかぶるためだけにあるんやないでな」

「……はぁ」

「恭介、他人に教えてもらったことってのは、けっこう忘れやすい。いつの間にか、消えてしもうてることが多いんや。けど、自分の頭を使って考えたことは、（　b　）忘れんもんや。頭に刻（こ）み込まれてるからな」

「はぁ……」

「ともかく、明日までの宿題や。ちゃんとやってこい」

まさか、部活で宿題が出るとは思ってもいなかった。恭介は家に帰り、ルーズリーフを広げた。（中略）

なぜ、打たれたか。

一文字一文字、力を込めて書き込む。そして、考える。

おれ、なんで、打たれたんやろか。

立ち上がりはいつも、調子がいい。ストライクがびしっと決まる。身体も軽くて、自由に動く。それがどの試合も申し合わせたように三回、四回あたりで連打を浴びてしまう。

どうしてだろう。原因はなんだろう。

恭介はノートを開いたまま、考え込んだ。

ものごとをじっくり考えるのは苦手だ。③セイセキはそう悪くはないけれど、勉強が好きなわけではない。

野球が上手くなるためには、ともかくひたすら練習するだけだと、それしか方法はないと信じていた。「考える」なんて作業が必要だとは思いもしなかった。

しかし、蘆守監督は考えろと言う。考えて、レポートを書けと言うのだ。

教科の宿題ではないので、点数や順位をつけられるわけではないだろうが、提出物となると適当にごまかすわけにはいかない。ごまかせるほど器用でもなかった。それに、野球に関する限り、恭介は真面目（まじめ）でいたかった。真面目に、真摯（しんし）に〈注：まじめでひたむきなこと〉、まっすぐに関わっていたかった。

だから、考える。

おれ、なんで、打たれたんだろう。

なんで、なんで、なんで……。

考え、そして、書く。

何度もシャープペンの先が折れた。一行書いては考え、考えてはまた一行書く。

（中略）恭介は、書きあげたばかりのレポートにざっと目を通す。

自分のピッチングについて。

三、四回までは比かく的調子がいい。そこから、崩（くず）れるのはどうしてか？

そこまで読んで、比かく的を消しゴムで消した。

比較（かく）的。漢字に書き換（か）える。蘆守監督は国語の教師でもあるので、習った漢字をきっちり使わないときげんが悪くなるのだ。

「頭だって、道具だって、きかいだって、使わなくちゃ錆（さ）びるだけやろが。習ったことはどんどん使う。使わないのは、自分を甘（あま）やかしている証拠（こ）やぞ。自分に甘いやつが野球に勝てるか。ええな、日記を書くんで

嘘ではなかった。建前でもない。真実だ。

滅多打ちにあったピッチャーとして、試合の結果はどうあれ明らかな敗者としてマウンドを降りねばならなかった惨めさ、投げた球がことごとく打ち返される衝撃、誰も助けてくれないという恐怖と孤独、自信がはらはらと剥がれおちて行く心細さ、「野球の才能なんて、欠片もないんじゃないのか」と鋭く突き刺さる声、渦巻く感情……耐え難いほど嫌な経験だった。今でも［ア］を引いている。

だけど、嫌いにはなれない。どうしても、なれない。捨ててしまおうとも、止めたいとも思わない。

「嫌いにはなれません」

「もう一度、投げたいか」

監督を見上げたまま、恭介は頷いた。

「もう一度、投げたいです」

投げたい。

恐いけれど、やっぱりマウンドに立ちたい。

そうかと、監督も頷いた。深く首を曲げるように頷いた。それから、ふいに笑いだす。大声ではないけれど、よく響く笑い声だ。グラウンド周辺を走っていた陸上部員が振り返り、①**ジュカ**の二人を見やった。

監督は笑い続ける。いかにも愉快そうな②**ホガラカナ**笑いだった。

「監督……何がそんなに可笑しいんですか」

おそるおそる尋ねてみる。

「いや、いいんだ。いいんだ。そうか、嫌いじゃないか。ははは。恭介、おまえたいしたもんやな。大物だぞ、大物」

太い腕が伸びて来て、バシリバシリと恭介の肩を叩いた。

「ピッチャーなんてのはな。打たれてなんぼや。打たれて打たれて、打ちのめされて、それでもマウンドから逃げなんだやつだけが、ピッチャーになれるんや。はは、そういう意味で恭介、おまえ、合格や。合格。はははは」

バシリバシリ。

肩を叩かれる。何だか、恭介も一緒に笑いたくなる。監督の言葉を本当に理解できたとは思えないけれど、真っ直ぐに伝わってくるものがあった。

おれ、ピッチャーなんやな。（中略）

確かにそう思う。思える。監督ほど（ a ）笑う（哄笑というのだと、後から教えてもらった）のはさすがに憚られるけれど、遠く霞む津雲〈注：地名〉の山々を眺めながらにんまりと口元を緩めるぐらいはやってみたい。

恭介が口を僅かに開き、笑顔になったとたん、監督の笑い声は止んだ。

「恭介」

「はい」

「この前の試合、なぜ打たれたか、その理由を明日、提出しろ」

「え？」

「レポートだよ。箇条書きで構わん。書いてこい」

「レ、レポートですか」

田舎の中学生にすればレポートという言葉さえ［イ］になじまない。

「そうだ。難しく考えなくていい。何で打たれたか他人に教えてもらうんじゃなくて、自分のここで」

「はあ……」
蘆守監督は国語科の教師でもあるのだ。
「嫌なもんやろ」
　これには、はっきり答えられる。
「だろ。おれはピッチャーの経験はないから、偉そうなことは言えんが、まったく打てる気がしないのに、一点差で負けている試合のツーアウト満塁の場面で、打席が回ってきたことがある。あれは……きつかったな」
「……ですね」
　相当きついな。おれなら、膝ががくがく震えて無理やりでないと足が前に出ないかもしれない。バットを捨てて逃げ出したくなるかもしれない。
「結局、打席には立たなかったがな」
「え？」
「代打を出された。そのときの監督に言われたよ。おまえの背中をみてると、『何がなんでも打つ』ってオーラがまったく感じられない。怖くて打席に立たせられないってな」
「はい」
「代打を告げられてチームメイトの一人が素振りを始めたのを見て、おれは、むちゃくちゃ悔しかった。けど、ほっとしたのも確かだ」
　蘆守監督はそこで大きく息を吐き出した。
「あぁこれで打席に立たずに済むって、安堵したわけだ。安堵の意味、わかるな」
「わかります」
「けっこう。まぁ、今、監督の立場で考えれば、代打を出されてほっとしている選手なんか、確かに怖くて使えんよなあ」
　自分はどうだったろう。
　恭介は考える。
　降板〈注：投手が交代させられること〉を言い渡されたとき、どうだったろう。悔しかったのか、安堵したのか。情けなかったのか、辛かったのか。
　一言では上手く言い表わせない。諸々の感情が綯い交ぜ〈注：いろいろなものをまぜあわせて一つにすること〉になって渦巻いていた。ぶぉうぶぉうと渦巻く音が聞こえたほどだ。
「だから、おまえがマウンドでどんな気持ちを味わったか、だいたいの想像はつく。試合が終わったあと、どんな気持ちになったのかもな。だいたいやで。ピッチャーの気持ちなんて、マウンドからボールを放るやつでないと、わからんものやからな」
「はい」
「で、恭介、どうなんや？」
「はい？」
「野球が嫌いになったか？」
　恭介は顎を引き、監督の顔を見つめた。精悍な〈注：態度や顔つきが勇ましく、気力に満ちあふれていること〉という形容がそのまま当てはまるような日に焼けた顔だ。
「どうなんだ、恭介」
　顎を引いたまま、恭介はかぶりを振った。
「いえ、嫌いじゃないです」

カクなクラス（階級）がある国でもある。でもだからこそ、サトクリフやトールキン〈注：小説家。トールキンは『指輪物語』の作者〉には、支配する、支配されるということに対する実感と深い洞察があったのでしょう。

国と国との戦いなら「戦争」と言ってもらえるけれど、国を失った人、国を持たせてもらえない人がそれをすると「テロリズム」と呼ばれます。テロリズムというのは、つまり、圧倒的な力の差があるとき、それでも自分たちは間違っていないということを証明するためには、他者を壊してもかまわないという論理です。

自分たちが苦しい状況に置かれ、弱者として押しつぶされようとしている原因は、世界全体がそういうシステムになっていることにある。そうなると、世界全体が彼らの敵であって、そのシステムの恩恵で生きている以上、たとえC生まれたばかりの赤ちゃんでも責任はあるのだから、無差別の暴力によって④ホウフクしてもよいのだという考えかたであるように思います。

（ａ）、時として、この世界は、強い者に有利な、ひとつの巨大なシステムとして⑤キノウしているように思えてきます。

（ｂ）、だからといって、恐怖を武器にして人を殺すことで、自分の正当性を証明しようとする考えかたは、やはり、どこか大きく間違っています。

（ｃ）日本が「お国のために」と戦争に突き進んでいったように、何かを守ろうとすることは、時に他者を破壊することをよしとしてしまうほどの強さを持ちうるのです。

（ｄ）、そこに至らない別の道、境界線を越える別のやりかたを見つけるしかない。

（上橋菜穂子『物語ること、生きること』）

問一 ①～⑤のカタカナを漢字に直しなさい。

問二 （ａ）～（ｄ）にあてはまる語をあとから選び記号で答えなさい。

ア さて　イ しかし　ウ だとしたら
エ もしかして　オ かつて　カ 確かに

問三 筆者が、——Aのように言うのは、「あきらめること」「捨てること」にどんな意味があると考えているからでしょうか、説明しなさい。

問四 ——Bについて、なぜ気になるのでしょうか、説明しなさい。

問五 ——Cについて、なぜ責任があるというのか、また、なぜ「生まれたばかりの赤ちゃん」を例にあげているのか、合わせて説明しなさい。

二、次の文章を読んであとの問いに答えなさい。

＊恭介は中学二年生の秋、野球部のエースピッチャーとなった。エースとして初めての試合では、順調に投げていたが、五回を過ぎたところでスタミナ切れの状態になり、相手チームにさんざん打たれて惨めな思いをした。

「野球が嫌いになったか」

グラウンドの片隅、桜の木の陰でいきなり問いかけられた。一瞬、問いかけの意味が理解できなくて、

「はぁ、嫌いって？」と、間の抜けた返答をしてしまった。

「野球だよ。ぼかすか打たれて、マウンド〈注：野球で、ピッチャーが投球のために立つ所〉でどうしてええかわからなくなって、文学的な表現をすればだな、途方にくれたわけや、な」

【国　語】〈五〇分〉〈満点：一〇〇点〉

一、次の文章を読んであとの問いに答えなさい。

『指輪物語』は、多様な者たちが、ある一つのルールによってすべてが縛られてしまう世界に反抗して、その指輪を捨てに行く物語なのです。

なんといっても、旅の目的が「何かを得ること」じゃなくて「何かをあきらめること」「捨てに行くこと」というのが①カッキ的、従来の冒険物語にはなかったエポックメイキングな発想だったと思います。「指輪を捨てる」というのは、多文化の中で、己の②リョウブンだけをかたくなに守ろうとする考えを捨てること、時にはあきらめたり、譲ったりしながら、自らも変容して、互いの壁を乗り越えていこうとすることでもあるのでしょう。

A何かを「守ること」は、いかにもいいことのように賞賛されます。反対に「あきらめること」「捨てること」は批判の対象にされがちですが、はたしてそうでしょうか。

たとえば、近ごろB「わたし的には」という言葉が流行っていますが、私は、あの言葉がとても気になります。「わたし的には」という言葉が意味しているのはつまり「わたしの考えていることは、あなたの考えていることとは違うと思いますが」と、先回りして前置きしているわけです。

言葉のあたりが柔らかいせいで相手に対する配慮のような感じがするけれど、じつのところは「わたしはわたし」「あなたはあなた」と、あらかじめ一線を引いて、自分と他者を切り離そうとしている、ということでもある。それをあらかじめ言われてしまうと、返す言葉も限定されてしまいます。

「わたし的には」と口にするとき、人は、おそらく他者からの否定も、肯定も、求めていないのでしょう。違いを認めたうえで、お互いをわかり合おうとする意図もあるのかもしれませんが、でも、自分が人と違っていることで傷つきたくないので、違いがあるのだからかまわないでほしい、放っておいてほしいと、あらかじめ距離をとってしまう、それが「わたし的には」という言葉に表れているような気がするのです。

それぞれの価値を尊重した結果、埋めがたい溝が、溝のまま、放置されてしまう。それは、文化人類学で、「相対主義の罠」といわれていたものに似ている気がします。

アメリカにはアメリカの文化があり、ヨーロッパにはヨーロッパの文化があり、日本には日本の文化があって、それぞれに固有の価値観があるのだから、批判してはならないということは、とても大切な大前提ではあるのですが、その結果、ひとつひとつがバラバラのモザイクのように散らばって、わかり合えないことはわかり合えないままということが起こってくるわけです。

文化や伝統は守るべきもの、尊重すべきものという考えかたを否定するつもりはありませんが、相手の中によいところを見つけたら「自分の持っているものより、こっちのほうがいいような気がする」と思うことができる自由、かたくなに守らなくてもいい、捨てたっていい、どちらを選んでもいいんだよという寛容さ、それこそが、本当の自由という気がするのです。

イギリスは、かつて大英帝国の植民地政策によって、まさに「一つの指輪は、すべてを統べる〈注：統治する〉。(One Ring to rule them all)」をやろうとした国です。よく知られているように、いまだに③ゲン

部理解できたわけじゃなかった。だけど、こうして村田さんを見ているだけで、村田さんと話をしているだけで、詩がどんなものか、少しはわかるような気がした。もっと正確に言うと、ぼくには、村田さん自身が詩そのもののように思われてならなかった。（長薗安浩『あたらしい図鑑』）

問一 ［　］①〜③に入る最も適当な言葉を、次から選び記号で答えなさい。

ア 何気なく　イ 無性に　ウ 大胆(たん)に
エ 慎重に　オ 満足げに

問二 ――1とありますが、「ぼく」は、何を期待したのでしょうか。

問三 ――2「不気味」なのは「今まで見たことのないものだからだ」と言っていますが、どういうことですか。くわしく説明しなさい。

問四 ＝アのように感じていた「ぼく」が、＝イのように感じました。「ぼく」はどのように変わったのでしょうか。二〇〇字以内で答えなさい。

問五 ＝イの［それ専用の言葉］とは、どう言いかえられますか。文中から五字程度の語句をさがして抜き出しなさい。

かけた。墨はきれいに流れ落ちた。

タオルで足をふいて部屋にもどると、足形はもう乾いていた。ぼくはスケッチブックの紙を破り、ベッドの上にあがってひまわりの隣に画鋲で止め、二枚の紙を見くらべた。

2しおれたひまわりも、しまりのない足形も、どちらもかなり不気味だった。なぜだろう、と考えながらぼくはもうしばらくながめ、それらが今まで見たことのないものだからだ、と思った。

しおれたり枯れてしまったひまわりなら、夏のおわりに何度も見たことがある。人の足形だって、小学校のプールサイドで何十人分も見てきた。だけど、こうして白い紙の上に固定された形で見ると、それらはまったく別物のようだった。

ぼくは思った。

この足形は、ぼくだ。

べたっとしたしまりのない足形は、つまり、ぼくなんだ。ひまわりを見るたびに彼女を思いだすように、この足形を見ていると、まるで写真やビデオに映った自分を見ているような気分になる。野球をしているぼく。トモと並んでVサインをしているぼく。お父さんとお母さんにはさまれて動物園のキリンの前に立っているぼく。そういった昔の光景だけじゃなく、足形を見ている今のぼくの気持ちまで、足形に反映されているような気がしてくる。

イこういう気分をなんと言うのか、ぼくにはわからない。きっとそれ専用の言葉があるんだろうけど、ぼくはまだ知らない。だけど、言葉は知らなくても、気分だけはもうぼくの中にある。まだもやもやした感情だけど、それは実感できる。

でも、……言葉がない。

＊　＊　＊　＊　＊

「ところでだ」村田さんはテーブルの脚もとにある灰皿で煙草の火をもみ消し、ぼくのスクラップを手にとった。「これ、面白かったぜ」

「ありがとうございます」

「礼なんかいらねえよ。おれはただ、面白かったと言っただけだ」

「でも、こんなんでいいのかどうか、自信がなかったから」

「いいも悪いもあるもんか。大事なのは、ここに、あなたの言葉にならない感情が採集されているか、どうかだ。たとえば、この貧弱なひまわりが醜いまでに枯れ果てても、あなたが見れば、他の人間には見えないものが感じられる。あなたの中にある何かが、すっとよみがえる。それは、あなたの目にも見えないけれど、あなただけはそのものの深さや、豊かさに近づくことができる。それは、真夏の日ざしもとどかない、暗い海底の、さらに岩陰のような場所で、原始の言葉を抱いてうたた寝をしているんだ。でもな、気まぐれな詩の女神が運よく手助けしてくれたら、あなたは、その言葉を手にいれることだってできる」

村田さんはそこで話を切り、苦しそうにひとつ咳をした。

「どうだい、わかるかい？」

ぼくは、村田さんがぼくを「あなた」と呼んだことに緊張していた。

「前よりは、……少し」

「いいかい、詩は、あなたの詩は、いつだって見えないところに隠れているんだ。だから、まずは目をつむるんだ」

「はい！」

そうきっぱりと返事をしたけど、もちろん、村田さんの話の中身を全

ニールテープで紙に貼りつけた。

　ひまわりに貼ったテープは、全部で十一ヵ所になった。根に残った細かい土は机の上にはらい落とし、村田さんをまねてベッドの横の壁に画鋲で止め、床に正座してしばらくながめた。距離をおいて見てみると、それがひまわりか何なのかよくわからなかった。道端によく生えている雑草のようだった。

　だけど、ぼくは満足していた。そのみすぼらしい植物を貼った紙からは、間違いなく、ぼくの中にあるもやもやとして言葉にならない何かが、あふれ出していた。

　ぼくは汗に濡れた制服を着たまま、お母さんが帰ってくるまでベッドの脇の紙をながめつづけた。

　翌朝は、雨だった。「梅雨入りしたから傘を持っていきなさいよ」と叫ぶお母さんの声を聞き、ぼくは玄関のドアノブをつかんだまま雨空を恨んだ。

　翌日も、その翌日も雨だった。

　学校からまっすぐ帰ったぼくは短パンとTシャツに着替え、ベッドに寝っ転がってひまわりをながめた。

　ますますしおれていくひまわりを見ていると、② 彼女に会いたくなった。今この瞬間、いったい彼女は何をしてすごしているのか。勉強しているのか、それとも何かクラブ活動をやっているのか。まったく見当がつかないから、なおさら頭の中がざわついてしかたがない。ぼくは、彼女がバレーボールやバスケットボールをしている姿を想像しようと目をつむってみた。だけど、ひまわり柄のワンピース姿ばかりが瞼の裏にちらついてくらくらしてしまい、いつの間にか呼吸がおかしくなった。ついには背中に汗までかいて気持ち悪く、ぼくは起きあがってベッドからはなれた。

　今度は、立ったままひまわりとむきあった。

　ひまわりは、たとえしおれていても、花がなくても、彼女にしか見えなかった。ぼくの目には、はっきりと彼女が映っていた。

　ひらめいた。

　ぼくは食堂のテーブルにあった昨日の新聞を持ってきて床にひろげ、その上にスケッチブックをおいて腰をおろし、両足のギプスをはずした。それから机のひきだしに手を伸ばして中にあった墨汁と書道用の太筆をとりだし、左足の裏に墨を塗りたくった。

　筆先はこそばゆかった。特にギプスをあてていた足の中央部がむずむずし、ぼくは「ひゃっひゃっ」と声をあげながら筆を動かした。そして、踵の隅まで塗りおえると立ちあがり、スケッチブックの真上から足をおろした。

　白い紙を踏みつけたままひまわりの花を見て十秒数え、③ 足を引きあげた。

　右足だけで立って下を見ると、紙の中央に、土踏まずのない黒い足形ができていた。墨をつけすぎたのか、一本のしわも写っていなかった。五本の指がなければそれが足なのか何なのかもわかりにくい、べたっとした足形だった。

　ぼくは左足をうかせ、捻挫が治った右足でケンケンをしながら浴室へむかった。浴室でボディソープを足裏にくまなくつけ、お母さんが踵や肘の角質を落とすためにおいているブラシでこすってシャワーのお湯を

け」

「……はい」

「意味なんてものは、ある日、ある時がくれば、ぱっとわかるもんさ。その瞬間、意味は、嫌でも少年のものになる」

「…………」

「いいかい、おれの詩を朗読する暇があったら、この詩を何度も口に出してみな。きっと、少年の身に幸運が舞いこむぜ」

村田さんはいななき笑い、そしてまた咳こんだ。ぼくはその姿にあきれつつもかすかに胸の高鳴りを感じた。図書館の彼女の横顔が、咳きこむ村田さんの頭のむこう側にうっすらと見えた。

村田さんを縁側から家の中に押しあげて別れると、ぼくは教わった『天気』という詩を復唱しながら小川沿いの道を歩いた。国道にもどって永井総合病院が近づくころには、〈くつがえされた宝石のような朝〉の映像が、目の前にはっきりとうかぶようになった。

それはお母さんが大好きなダイヤモンドだけじゃなく、ルビーや真珠やオパールや、名前も知らない宝石たちがあふれるような光を放っている朝だった。村田さんの庭で見た木もれ日のきらめきより何万倍もまぶしく輝き、とてもまともには見ていられないほどに美しい、奇跡のような朝。

ぼくは、[1]明日の朝、実際に家の玄関に立ってみようと考え、そのアイデアに気を良くしながら、病院の前にさしかかった。歩道と駐車場の境界には横長のプランターが並んでいて、ポピーが紫やピンクや白の花を咲かせていた。ぼくは暑さでしおれた花々を見おろしながら進み、最後のプランターの前で足を止めた。

そこには、四十センチほどに成長したひまわりが五本、植えられていた。暑い日がつづいてはいたけど、まだ五本とも茎はほそく、葉っぱはどれも薄い緑色だった。茎の先端にある花になる部分は、まだ緑色のブツブツがうかんできたところだった。あと一カ月もすれば、茎も葉もぐっとたくましくなって、黄色い大きな花をつけるだろう。

だけど、ぼくにはもう、満開のひまわりが見えていた。図書館の彼女が着ていたワンピース。競いあうように大輪の花を咲かせるひまわりたち。

ぼくはあたりを見まわし、駐車場の先にある永井家の窓とベランダに人影がないのを確認して腰をかがめ、左から二番目のひまわりを引き抜いた。その瞬間、土の中にひろがっていた根がぶちぶちと音をたてて切れた。ぼくは背中を起こしながらもう歩き出し、根に土がついているのも気にせずにひまわりを鞄の中に隠した。

一度もふり返らずに帰宅したぼくは、すぐに自分の部屋に入り、机の上にあったスケッチブックから紙を一枚、破りとった。それから盗んできたひまわりを鞄から出し、白い紙の上においてみた。

花のないひまわりはみすぼらしかった。だけど、いや、だからこそ、ぼくは目の前の植物に興奮した。病院のひまわりを盗んだという罪悪感とは違う、もっと決定的にいけないことをしたという思いが湧きあがり、それが、ぼくをときめかせた。

ぼくはすでにしおれはじめたハート形の葉っぱに指を伸ばし、生死を確かめるようにそっと触れてみた。産毛に似た感触が、かすかに指先にひろがる。ぼくは気持ちを落ちつかせるために時間をかけて息を吐き、それからひまわりの根もとを折って紙の大きさに収まるよう工夫し、それからビ

らしい図鑑99〉と書かれたラベルが貼られていた。

「中を見てもいいですか?」

「望むところだ」

ぼくは呼吸を整えて皮の表紙をめくった。めくったとたん、息をのんだ。

そこには、小枝に刺さったカエルの死骸があった。干からびたカエルは遠慮がちに万歳をするように左右の前肢をあげ、筋張った後ろ肢を百八十度に広げていた。

「こいつ、どうだい?」

「……どうだいって、言われても」

ぼくはカエルから目をそらし、村田さんの顔を見た。

「なんだかうれしそうだろう。おそらくはモズにやられたと思うが、こいつ、納得した顔してるんだよな。こうなるのを待ってましたって顔だぜ。ウカトウセンの顔だ、うらやましい」

村田さんはカエルの顔を指さした。カエルの隣には、にじんだインク文字で〈天使。羽化登仙〉と縦に書かれていた。口をとじたカエルの顔は、言われてみればたしかに ① 笑っているようにも見えたけど、それよりも不気味さの方がまさっていた。ぼくはこんなものを紙に貼りつける村田さんが怖くなり、そっと紙をめくった。

今度は、……。

何もなかった。

紙のいたるところにぽつぽつと丸く傷んだ箇所があるだけで、何も貼られてはいなかった。

「これは、……何ですか?」

「これは、雨のなごりだ」

「雨のなごり?」

「ああ、縁側に紙をおき忘れていたら、にわか雨が降ってきてな、気がついたときには、雨粒がうまいことちらばっていやがった」

ア村田さんの説明を聞いているうちに、頭がぼうっとしてくるのがわかった。何が面白いのか、何がもやもやなのか、ぼくにはちらっとも理解できなかった。カエルの死骸はカエルの死骸でしかなく、雨粒は雨粒でしかないじゃないか。

＊　＊　＊　＊　＊

「スクラップ、してみたか?」

「まだ、一枚も……」

「そうか」村田さんは麦藁帽子をかぶり、下顎をなでた。「じゃあ本日のお土産に、少年に短い詩を贈ろうかな」

「ありがとうございます」

「礼は後からだ」

ぼくが苦笑いをすると、村田さんは目をほそめ、それから空を仰いだ。

「くつがえされた宝石のような朝、なんぴとか戸口にて誰かとささやく、それは神のせいたんの日」

時報代わりのメロディーが止んだ。ぼくが黙って突っ立っていると、村田さんはまた同じ詩を、同じように朗々と語った。

「どうだい?」

「う~ん」

「まあいいや」村田さんはほほえんだ。「これはニシワキジュンザブロウという、おれの師匠みたいな詩人の『天気』という詩なんだが、意味なんてわからなくていいから、とにかく、だまされたと思って暗記してお

部分は男の子であろう）に向かってこういう解説を書く牧野氏もおもしろい。

穿ってみれば、この解説の裏に、時代背景（図鑑の初版は一九四九年刊行である）が見通せる。当時の子供達は、母親が弟や妹のオシメを取り替えるところを見ていたのであろう、場合によっては手伝ったのであろう。植物採集など「何の役にも立たないこと」である。植物採集の標本を作製している少年の傍らで、「そんなことする暇があったら、手伝ってよ！」と叫ぶ母親の声が聞こえてくる。

少年たちは、植物採集が許されるためにもオシメを取り替えるのを手伝ったのだ。私の家庭には赤ちゃんはいなかったが、当時ほとんどの家は（私の家も）とても貧しかった。4貧しいなか、黄色い電灯のもと、狭い部屋で、家族の視線を浴びながら、少年たちは昆虫採集を、植物採集を、つまり何の役にも立たないことを心躍らせて続けたのだ。これは、5すこぶる「健全な」ことではないだろうか。

（中島義道『孤独な少年の部屋』）

※　努力しておこたることなく実行すること。

問一　～～～①～⑤のカタカナを正しい漢字に直しなさい。

問二　——1・2とありますが、二つの話に共通しているのはどういうところでしょうか、答えなさい。

問三　——3とは、どのような性格でしょうか。□ア・イにそれぞれ、ちがう性質を表すことばを考えて入れなさい。

問四　——4とありますが、これについて——5と筆者が言っているのはなぜでしょうか。

二　次の文章を読み、あとの問いに答えなさい。

> 中学一年生の「ぼく」は、整形外科病院の待合室で出会った老人に心ひかれていく。老人は詩人だった。「ぼく」は詩人の家を訪れた。

村田さんは満足そうに一冊のスケッチブックを取りあげた。文具店でよく売っているスケッチブックだった。

「ほら、プレゼントだ」

「ぼくに？」

「ああ、もやもやして言葉にならないものを、このスケッチブックの紙に貼りつけるんだ」

「さっきの、ビー玉やインスタント写真みたいに？」

「ああ、シンラバンショウ、相手が何だってかまやしねえ、まずは貼っちゃえばいい。大切なのは、自分がもやもやを感じた瞬間を採集することさ。そして、一枚ずつ部屋の壁にでも貼って、じっくりとむきあってみな。そこからもしも言葉がうきあがってきたら、さっとメモにでも残すんだな。きっと、少年の世界がちょっとだけ広く、深くなるぜ」

ぼくは受けとったスケッチブックの表紙をひらいた。何も描かれていない白い紙があった。……どうしよう。まったく見当がつかないまま紙を見ていると、村田さんはテーブルの中央に手を伸ばし、スケッチブックとほぼ同じ大きさの紙の束を取りあげた。

「これを見てごらん」

村田さんが差しだした紙の束には、上等な皮の表紙がついていた。ぼくはスケッチブックをテーブルの上におき、その表紙をなでてみた。何の皮かはわからなかったけど、滑らかな手触りだった。表紙には、〈あた

"major L.var.asiatica Dencne" であり、どこの道端にでも生えている「こがねやなぎ」の学名が "Scutellaria baikalensis Georgi" であって、汚いどぶ川縁に生えている「はないばな」の学名が "Bothriospermum tenellum Fisch.et.Mey.var.asperugoides Maxim" とは、すごいものだ。当時の私はこれを書きながら、おかしくなかったのであろうか。いや、おかしいどころか、たぶん植物図鑑でラテン語を引き当てて2得意満面だったのだろう。

実際、ラテン語の学名はともかく、「和名」すら図鑑から探し当てるのは難しいのである。牧野富太郎自身、「附録 I植物名の引き方」で、次のように書いている。

> （植物の）名称を知らずに実物が何であるかを知る場合、これは多くの植物図鑑を持っている人が実際上いかにして名称を求むべきかに苦しんでいる。あてもなくその植物に似たものを第一頁から四百余頁にわたって照し合せていては徒労に終る場合が多い。（原文旧字）

このことを考えれば、十八種類もの植物の学名から和名までとにかく突き止めてあるのだから立派である。もちろん、いまあらためて調べてみると「うそ臭い」のもある。というか、似ていそうで似ていないものもある。だが、私がすべての植物に強引に名称をかぶせたのでないことは確かのようだ。なぜなら、その図鑑の索引に赤鉛筆でいくつも線が引いてあり、それらは標本になっている十八種類の植物とは別のものであるのだから。たぶん、私はずっと多くの植物を採取したのだが、苦労に苦労を重ねて名称を突き止められないものは、泣く泣く④ハブいていったのであろう。

それにしても、独学でその道を究めた牧野氏の植物採集の仕方は、とても古風である。

> 植物の枝や葉や花（果実）を生きたまま圧し水分を新聞紙にしみとらせて毎日中間の新聞紙をとりかえ、その湿つた新聞紙は晴天の日に天日で乾かしては乾燥したのととりかえる。このことは赤子のオシメをかえると同様に採集した翌日から一週間くらいは毎日日課として※励行する。
>
> ……翌日おし石をおろし、上の板をとり、新聞紙の間に挟んだ植物を一つ一つ⑤ケンサする、葉のうらかえり、花のずれなどを指さき或はピンセットで整える。この時は昨日採集した時のことを思い出しながらとても愉快である。そして一つ一つの植物に深い愛着が湧いてくる。このように毎日一回或は余暇があれば朝に夕に中間のしめつた新聞紙をとりかえて一日も早く植物に含まれた水分を脱水して腐らないように植物の干物をつくるわけである。（原文旧字）

じんわり好感の持てる文章である。なにしろ植物が好きな、すべてにおいて［　ア　］、［　イ　］、しかも貧乏な男という感じである。

当時の私は、3こうした性格に通じるものがあったから、おそらくこのとおりのことを一心不乱に「励行」したのであろう。それにしても、十四歳の少年が「オシメを取り替える」ように植物の新聞を取り替えていたのかと思うと微笑ましい。「学生版」なのだとすれば、学生（その大

【国　語】（五〇分）〈満点：一〇〇点〉

一　次の文章を読み、あとの問いに答えなさい。

いつごろからであろう、私は昆虫採集に①ムチュウになっていた。『昆虫の図鑑』（小学館学習図鑑シリーズ②）を見て、虫取り網、捕獲した昆虫を入れる毒管、昆虫を殺すホルマリン、昆虫を生きたまま持ち帰る三角紙、捕獲した昆虫を広げて形を保つ展翅台、展脚台、②チュウシャ器、留め針、虫ピン、標本箱などを買ってもらい、四年生のころから夏休みのたびに、家の近くや多摩川の川縁にまで遠征して昆虫採集をし、その標本を提出していた。

（中略）

カマキリやキリギリスを飼ったこともある。キリギリス（そう思い込んでいたが、いま図鑑を調べてみると「ショウリョウバッタ」だったのかもしれない）には世界で一番長い名前をつけた。それは「ネーチャーリーズアララッドアラエッディーベンジャミンド」というのである。当時、宮城まり子の「玉のようにかわいらしいアララッドアラエッディーのほくろ」という子供向けラジオドラマを聴いていたが、それを中核にして上下に当時知ったばかりの英語名を入れて合成したもの。

発想はとても③タンジュンなのだが、九歳ばかりの私は1大得意で、二歳年下の妹にもそれを憶えさせ、「これは秘密だから、だれにも言っちゃだめだよ」と命じた。そのキリギリスの入った虫籠を子供部屋のベランダに吊るして、私と妹は、眼をさますと、「おはよう、ネーチャーリーズアララッドアラエッディーベンジャミンド！」、学校から帰ってくると、「ただいま、ネーチャーリーズアララッドアラエッディーベンジャミンド！」、そして寝るときも「おやすみ、ネーチャーリーズアララッドアラエッディーベンジャミンド！」と挨拶した。だが、そのネーチャーリーズアララッドアラエッディーベンジャミンドは一週間ほどで死んでしまった。

（中略）

昆虫採集の成果は、すべてなくなってしまった。だが、それを埋め合わせるかのように、中学二年生（十四歳）の夏休みに作製した植物採集の標本（だから、四十七年前のもの）がすっかり残っている。それは十八種類あり、八月十九日～二十五日の一週間に採取したものであり、場所は当時住んでいた川崎市中原区である。

（中略）

北アルプスや富士山麓ではなく、私は家の周りのこうしたごく普通の土地で植物採集をしたのである。だから、当然のことながら、珍しい植物は何もなく、どこにでも生えているような雑草ばかり採取されている。

とはいえ、自分で言うのも気が引けるが、A3の画用紙に神経症のように丁寧に押し葉にされた植物群は、ちょっとした見ものである。それぞれの葉を白く細いテープで留めているが、形が崩れないように懸命に留めようとした自分の姿を想像すると、男の子らしいなあと思う。

おもしろいのは、たぶんそのために買ってもらった牧野富太郎の『学生版　牧野日本植物図鑑』を参照にして、ラテン語の学名まで入れていること。

（中略）

それにしても、あの小便くさい「おおばこ」の学名が"Plantago

風はどちらからふいているのでしょう。

つめたい空気のかたまりを感じると、小さくかたくかためていたものを、ひろげました。

とたん、風がわたしのからだをおしあげていきます。

ああ、とべる！

おどろいて、ぶかっこうなチドリを見ました。

かれは、ほほ笑み（え）ました。

「さあ、いそごう」

「はい、まいりましょう」

海面に二羽のチドリのすがたが、うつっていました。

よく見ると、わたしはそれほど、べっぴんではありませんでした。

わたしは、ほっとしました。

それから、つめたく気持ちのよい風にのって、ぐんぐんあがっていきました。

（魚住直子『クマのあたりまえ』より「べっぴんさん」）

問一 □部に入るふさわしいセリフを、十字〜十五字（句読点をふくまない）で考えて答えなさい。

問二 ――Aとありますが、この時の「べっぴんさん」の「こころ」の様子を、本文全体から想像してくわしく説明しなさい。

問三 ――Bとありますが、この時の「べっぴんさん」の気持ちを考えて答えなさい。

問四 「べっぴんさん」が空をとぶことができるようになったのは、なぜだと思いますか。――Aの後、「べっぴんさん」の気持ちがどのように変化したかを考えて、二〇〇字以内で答えなさい。

た。

ぶかっこうなチドリが、たつのを見ようと思ったのです。
よくはれていて、水平線がくっきりとしていました。
水平線のうえには、はてしない空がひろがっています。
わたしが、いちどもとんだことのない空。
おさないとき、わたしは兄弟といっしょに、とびたつ練習をしました。
でも、こわくてたまりませんでした。
落ちてしまう!
そう思うと、羽もからだも、ちぢこまり、ふるえます。
そして想像したとおり、なんどやっても落ちました。
おくびょうものと、いわれました。
鳥にうまれた意味がないねと、笑われました。
でも、わたしは地面にうずくまりながら思ったのです。
わたしはうつくしく、りっぱすぎるから、とべないのです。兄弟たちは、わたしのようにうつくしくないから、あんなにむぞうさにとべるのでしょう。

そのとき、だれかが頭のうえでわたしをよびました。
見あげると、ぶかっこうなチドリが、わたしのうえをとんでいました。
なんども、輪をえがくようにとび、それからなごりおしそうにいいました。

「さようなら」
思わず、わたしはがけからとびたちました。
とたん、おちていきました。
やっぱり、わたしの羽は役立たず。
青灰色の海が、ぐんぐんちかづきます。
目をつよくつぶりました。
わたしのからだはもうじき、つめたい海の底によこたわるのでしょう。
しかたのないこと、いいのです。
いずれにせよ、こうなる運命でした。はやいか、おそいかのちがいです。

そのとき、なにかが、落ちていくからだをしたからおしとどめました。
目をあけると、ぶかっこうなチドリが、わたしのからだをすくいあげるようにささえていました。
おもさにたえながら、あえぎながら、いいます。
「ひろげて、もっと羽をひろげて!」
けれど、わたしはこれでもせいいっぱい、ひろげているのです。
「もっと! もっとだ!」
ぶかっこうなチドリの言葉は熱いかたまりになって、わたしにぶつかりました。
わたしはひっしで、はばたきました。
「ちがう。風にのるんだ」
ぶかっこうなチドリは苦しそうです。
「ああ、はやく、もっと力をぬいて。なにをこわがっているの。こわいものなんて、なにもないのに」
ほんとうでしょうか。
ほんとうに、こわいものなんて、ないですか。
わたしはもういちど目をつぶりました。

つぎの日もまた、ぶかっこうなチドリはやってきました。

散歩をしているわたしのそばで、食べものをさがしながらいいました。

「ひとりは、さびしいでしょう?」

わたしは、たからかに笑いました。

「ちっともさびしくなんかありません」

ぶかっこうなチドリは、まぶしいものを見るように、わたしを見つめました。やっと、わたしのうつくしさに気がついたのかもしれません。

ぶかっこうなチドリはなにか考えこむようにうつむいて、それからはなれていきましたが、すこしするともどってきました。

「ぼくたちは、草原に立つ一本の大木じゃありません」

「どういう意味かしら」

わたしは注意深く、たずねました。

ぶかっこうなチドリは、小さな黒い目で、まっすぐにわたしを見つめました。

「[　　　　]」

あくる日、ぶかっこうなチドリがまた来るだろうかと、わたしはそわそわしていました。

でも、やってきませんでした。

もしかしたら、南へ行ってしまったのかもしれません。

でも、こういうことは、きちんとたしかめておいたほうがよいことですから、ぶかっこうなチドリのねぐらのあるほうへ歩いていきました。

ぶかっこうなチドリは、砂浜にはえた短い草にかくれるようにうずくまっていました。

わたしを見ると、はずかしそうに顔をあげました。

「ちょっと、けがをしましてね」

そういうと、羽でそっと足をおさえました。

わたしはすぐ、波打ちぎわへ行って、小さな貝とやわらかなミミズをつかまえ、ぶかっこうなチドリのところへもっていきました。

ぶかっこうなチドリはだまって、わたしを見あげました。それから、とてもおいしそうにゆっくりと食べました。

そうした日が三日、つづきました。

ぶかっこうなチドリが、やってきました。すっかり元気になったようです。

「ぼくもあした、南にむかって、たちます」

ぶかっこうなチドリは思いきったようにいいます。

「あなたもいっしょに行きませんか。そして、つぎの春、いっしょにあかんぼうをそだてませんか」

わたしはだまりこみました。

ぶかっこうなチドリは、がっかりしたようでした。

わたしはだまったまま、じぶんのうちのほうへ歩いていきました。

[B]息をすいました。

でも、あさくしか、できません。

むりにすうと、胸がいたいのです。

つぎの日、わたしはながい時間をかけて、がけのうえまでのぼりまし

A うつくしいけしきにたたずむ、べっぴんさんのチドリ。

わたしのこころは満ちたりて、波がない海のようにぴったりとどこまでも平らです。

しばらくして、すずしい風がわたしの羽をゆらしました。

耳につくのは波の音。

いつのまにか、ほかのチドリたちを見なくなりました。

朝夕がすずしくなったのは、もうずいぶんまえのことです。

このごろは、おひさまが頭のうえにあるときも、ひんやりとした風がふくようになりました。

ああ、そうだわと、思いました。

みんな、行ってしまったのでしょう。

ある日、カニに会いました。

わたしはカニもいただきます。

けれど、いただくには大きすぎるカニでした。それがわかっているのでしょう、カニはかくれもしないで、ずうずうしくちかづいてきました。

「あんたは南へは行かないのか」

わたしは聞こえないふりをしました。

「あんたが冬をこすには、ここはさむすぎるよ」

わたしはカニを見おろし、いってやりました。

「あなたがもうすこし小さかったら、食べていたわ」

べつの日、トンビがわたしのうえをぐるぐる回っていました。

ひどくおなかがすいているのでしょう。しつこく回ります。

わたしは、ちょん、ちょん、とびはね、いそいでにげました。

岩かげにとびこんだちょうどそのとき、トンビは風をきって、おりてきました。

岩にぶつかりそうになり、あわててまた空へとあがっていきます。

わたしは、どきどきしながら、岩かげにじっとしていました。

へいき？　と、じぶんで聞きました。

へいきよ、と、じぶんでこたえました。

さらにつめたい風がふくようになりました。

海の灰色も、濃(こ)くなっていきます。

一羽のチドリが、どこからかやってきました。

わたしよりもからだが大きいのに、足は短く、目も小さい、ぶかっこうなチドリです。

ぶかっこうなチドリは、浜辺(はまべ)におりると、わたしのところにやってきました。

「あなたは、ひとりですか」

「ええ」

「ほかのチドリたちは、どうしたのですか」

「南へ行ったのでしょうね」

「あなたは行かないのですか」

わたしは返事をしませんでした。

ぶかっこうなチドリはしばらく、そばをちょんちょん歩いていましたが、ついっと、とんでいきました。

ずこの「七世代の掟」を念頭に置くべきだろう。

ついでにいっておくなら、われわれ人間に「永遠」はない。はるかな未来に太陽が消滅することは運命づけられているし、それよりはるかに早い時点で、地球は現行の生物の大部分を④キョヨウしない環境となることだろう。だが、その宇宙物理的な宿命は、生物の進化史の⑤シャクドを超えている。そこまで先を急いでも仕方がない。ヒトは鉱物の運命や天体の運命に※与することはできない。

それに対して、生命の運命には、われわれは「はじめ」から参加してきた。「私」を作り上げるこの細胞は、地球に「最初」に発生したひとつの単細胞からの、遠い系統発生の旅の、直接の後継者なのだ。

こうして「生命」に連帯することは、われわれの「生存」の重要な一部だ。そして生命との連帯は、人の生活と意識が「ヒト」という種の中だけで完結することをゆるさない。Dそのことに対する痛切な自覚も、「七世代の掟」には、はじめから織りこまれていた。

（管啓次郎　小池桂一『野生哲学　アメリカ・インディアンに学ぶ』）

※収斂…一点に集まること　※与する…仲間になる

問一　Ⓐにあてはまる言葉を考えて五文字～十文字で答えなさい。

問二　――Bとありますが、何が、なぜ利己的だといえるのでしょうか。説明しなさい。

問三　――Cとはどういうことですか。具体的な例をあげて説明しなさい。

問四　――Dを、「そのこと」の内容も含めて分かりやすく説明しなさい。

問五　===①～⑤のカタカナを漢字に直しなさい。

二　次の文章を読み、あとの問いに答えなさい。

わたしは、べっぴんさんのチドリです。

だれよりも大きく黒い目、なめらかでかたちのよいクチバシ、上品な曇り空のような羽色。そして、若枝のようにしなる、ほそい足。

小さなころから、べっぴんさん、べっぴんさんと、うるさいくらいいわれつづけてきました。

ひとりでいると、ほかのチドリから声をかけられます。

「おはよう。きょうもべっぴんさんね」

あたりまえです。

と、思いながら「おはよう」とかえします。

「そろそろ、さむくなってきたわね。べっぴんさん、どうするの」

相手はなぜか笑いをこらえたようにたずねます。

そういうとき、わたしは返事をしません。

また、べつのチドリもやってきていいます。

「べっぴんさん、なかよくしないかい」

わたしはじぶんにふさわしい相手かどうか、だまってじっと見つめます。

相手は思い出したようにいいます。

「ああ、でも、むりだね。べっぴんさんは、ここにのこるのだからね」

いっさい、わたしは気にいたしません。

潮だまりに、じぶんのすがたをうつします。

なんてきれいなんでしょう。われながら、ほれぼれします。

そのうえ、海は青みがかった灰色。

風がふくと、白い波と青灰色の海の、だんだらもよう。

【国　語】（五〇分）〈満点：一〇〇点〉

一　アメリカ大陸に住んでいた先住民に関する次の文章を読み、あとの問いに答えなさい。

きわめて民主的な政治システムを完成していたイロクオイ族（現在のニューヨーク州付近に住んでいた人々）では、部族の会議が開かれるたび、人々はまず自分たちの①ギムを次のような言葉で誓いあうのだった。「何事を取り決めるにあたっても、われわれの決定が以後の七世代にわたっておよぼすことになる影響をよく考えなくてはならない」と。ある決議事項をめぐって自分が投票するなら、その票は自分だけではなく、まだ（ A ）者たちも含めて、以後の七世代のための一票なのだ。ざっと見て、百五十年から二百年。そんな遠い未来の子にまで、いくつもの世代を超えて、いま決められたこのことは、影響を与えつづけるのだから。

衝撃的な視点だと思う。単純だが、透明な水のように深い。われわれのどれだけが、何事を考えるにせよ、七世代を見通した上で決断を下しているだろうか。ふたたび「実感」という曖昧な真実に従うなら、ぼくらの大部分の者にとっては、ほんの二世代前あたりで（祖父母の存在とともに）突如として歴史的世界がはじまり、未来にしてもせいぜい二世代後（自分の孫たちあたり）までを、自分自身の生きてきたわずか数十年からの不確実な②ルイスイに立って想像しているにすぎないのではないだろうか。

子のため孫のためを考える人は、いくらでもいる。Bそれは結局は利己的な視点（中略）だ。七世代の後を見通す。それはすでに「家系」はおろか、ヒトという「種」さえも超える。

七世代後のことを真剣に考えるなら、農林水産業にしても、工業の各分野にしても、都市計画にしても、消費の全般的体制にしても、Cたちまち重い沈黙が強いられることは確実だろう。いまもわれわれには未来が、未来という名で呼ばれる未確定のすばらしい拡がりそのものが、はたしてありうるかどうかさえ、わからない。二百年とは、いかにも長い時のようにも思われる。だが、変わりはてたように思われるぼくらの生活圏にだって、たとえばこの二百年をおなじ場所で生きてきた大きな樹木は、まだいくらでも見つかる。そして二百年前の人々が見たこともなかったプラスチックは日常生活のすみずみまで入りこみ、分解されることもなく次の二百年を生き延びて、海に山野に溜まってゆくだろう。

「7」とは、アメリカ・インディアンの多くの部族にとって、特別な意味をもつ数字だ。7が特別な数となった理由としては、おそらく次の二つがあげられると、ぼくは考えている。

まず、方位。東西南北という基本方位に、上と下を加えて、6。この三次元の③ザヒョウの原点にいる自分の位置が、7にあたる。

ついで、世代。自分の発生源である父と母に、それぞれの両親を加えて、6。そしてこれらの直接的な先祖たちがひとつに※収斂する点である自分が、7にあたる。

7、それは私のいる場所、私という世代、私の位置。この7から新たにはじまる七世代を、強く想像することができるかどうか。

どんな相手からであれ、ぼくらが学びそれをもって世界に働きかけようとする知識に、ある最低限の倫理的な了解事項が必要だとしたら、ま

MEMO

大切なことはメモしておこうネ！

T.G

解答用紙集

○月×日　△曜日　天気（合格日和）

◆ご利用のみなさまへ
＊解答用紙の公表を行っていない学校につきましては、弊社の責任において、解答用紙を制作いたしました。
＊編集上の理由により一部縮小掲載した解答用紙がございます。
＊編集上の理由により一部実物と異なる形式の解答用紙がございます。

人間の最も偉大な力とは、その一番の弱点を克服したところから生まれてくるものである。――カール・ヒルティ――

東京学参株式会社

桜蔭中学校　2024年度

◇算数◇

※ 169%に拡大していただくと，解答欄は実物大になります。

I

ア		イ		ウ		エ	
オ				カ		キ	

II

(1)ア		(2)イ		(2)ウ	

(3) 考え方・式

答　　　　個

(4) ① 考え方・式

答　　　　個

(4) ② 式

答　　　　mL

III

(1) 式

答　　　　cm^2

(2) 式

答　　　　cm^2

IV

ア		イ		ウ		エ	
オ		カ		キ			

ク　式

答

ケ　式

答

コ　式

答

サ		シ	

桜蔭中学校　2024年度

◇理科◇

※解答欄は実物大です。

Ⅰ

問1	問2

問3	問4	問5			
		a	b	c	d

問5	問6	問7
e		

Ⅱ

問1

問2	問3	問4			問5	
		①	②	③	a	b

Ⅲ

問1	問2 i			
	a	b	c	d

問2 ii	問2 iii	問2 iv	問2 v	問3

Ⅳ

問1	問2 i	問2 ii
	回	

問3 i				問3 ii	
ア	イ	ウ	エ	秒	m

問3 iii			
オ	カ	キ	ク

問4			問5
a	b	c	

桜蔭中学校　2024年度

◇社会◇

※解答欄は実物大です。

I

1		2		3		4	
5		6		7		① i	
① ii		② A		② B		② C		② D		③	
④ 1		④ 2		④ 3		⑤	

II

1		2		3	
A		B		①		②		③	

III

1		2		3	
4		5		6	
7		8		9	
10		A		B		C		D	
①	
②	
③		④		⑤		⑥		⑦		⑧		⑨	
⑩		⑪	

桜蔭中学校　2024年度

◇国語◇

※ 159%に拡大していただくと，解答欄は実物大になります。

一

問一		問二	問三	問四
A	C			
B	D			

二

問一	問二	問三	問四	問五
A	ア			
B	イ			
C				

桜蔭中学校　2023年度

◇算数◇

※ 163％に拡大していただくと，解答欄は実物大になります。

I

ア		イ		ウ	
エ		オ		カ	
キ		ク		ケ	

II

(1) 式

答＿＿＿本

(2) 式

答＿＿＿時間＿＿＿分

(3) 花子さん＿＿＿時間＿＿＿分　桜さん＿＿＿時間＿＿＿分

(4) 考え方

答＿＿＿時間＿＿＿分

III

(1)

答＿＿＿通り

	1回目	2回目
A		
B		

(2) ① Aの得点　＿＿＿点，＿＿＿点，＿＿＿点，＿＿＿点，＿＿＿点

② 考え方

答＿＿＿通り

IV

(1) 式

答＿＿＿cm^3

(2) 3秒後　式

答　3秒後＿＿＿cm^3

5秒後　式

答　5秒後＿＿＿cm^3

(3) 式

答＿＿＿cm^3

(4) 式

答　秒速＿＿＿cm

桜蔭中学校　2023年度

◇理科◇

※ 101％に拡大していただくと，解答欄は実物大になります。

Ⅰ

問1	問2	問3	問4
	mL	g	g
問5	問6	問7	
%			

Ⅱ

問1	問2	問3	
問4	問5	問6	
		(1)	(2)

Ⅲ

問1	問2		問3
	(1)	(2)	
問4		問5	
(1)	(2)	(1) 光年	(2)
問5			問6
(3)	(4)	(5)	
問7			

Ⅳ

問1														
(a)														
(b)														

問2	問3	問4	問5	問6
cm		cm		cm

桜蔭中学校　2023年度

◇社会◇

※ 104%に拡大していただくと，解答欄は実物大になります。

Ⅰ 問８と問９の解答場所に注意すること

問1	X		Y		Z			
問2	1	島	2	諸島	3	半島	4	
	5	列島	問3		問4	A	B	C

問5	

問6		問7		問9	神奈川		佐賀		長崎	

問8	

Ⅱ

1		2		3		4			
5		6		①		②		③	

④		⑤		⑥		⑦	

⑧	→　→　→	⑨	の戦い

⑩														

⑪		⑫		⑬		⑭		⑮	

Ⅲ

1	月　日	2	法	3	投票	4	税		
5		問1		問2		問3		問4	
								問5	

桜蔭中学校　2023年度　　◇国語◇

※156％に拡大していただくと，解答欄は実物大になります。

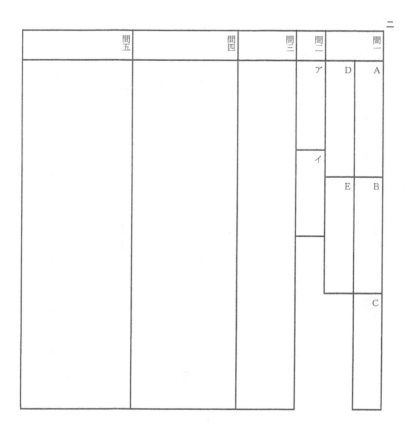

一

問一	問二	問三	問四		問五
A			③	④	
B					
C					

二

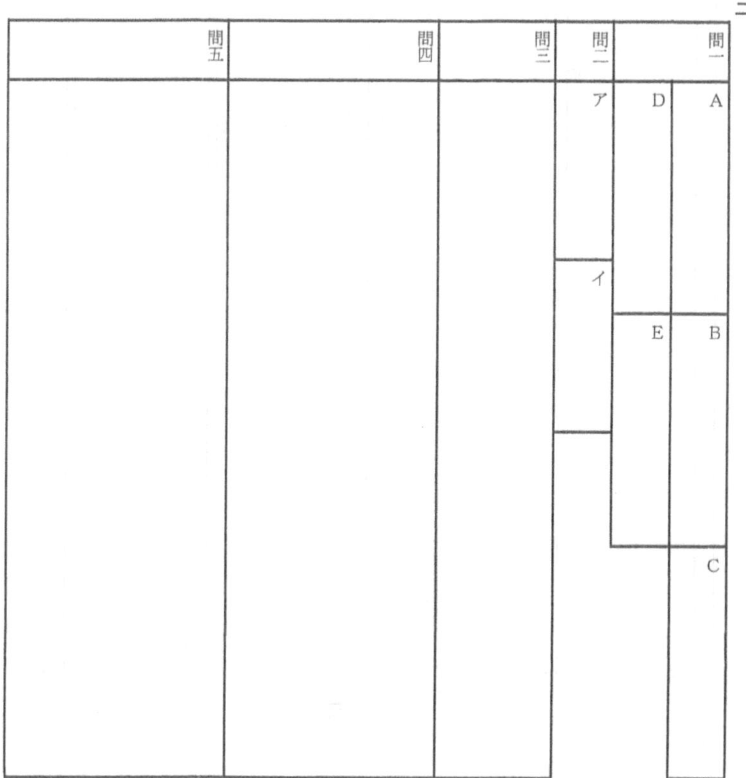

桜蔭中学校　2022年度

◇算数◇

※ 167%に拡大していただくと，解答欄は実物大になります。

I

ア		イ		ウ	
エ		オ		カ	

II

(1) 式

答　時　分

(2) 考え方

答　回

III

(1) 式

答　分速　m

(2) 式

答　m

(3) 式

答　m

IV

(1) ① 底面

答　使う立方体の個数　個

(1) ② 底面

(2) ① 考え方

答　使う円柱の個数　個
使う円すいの個数　個
体積　cm^3

(2) ② 考え方

答　一番大きい体積　cm^3
一番小さい体積　cm^3

桜蔭中学校　2022年度

◇理科◇

※ 110%に拡大していただくと，解答欄は実物大になります。

I

問1			
A	B	C	D

問2			問3	問4	問5
X	Y	Z			

問6		問7
生物 カエル ・ イモリ	理由	く
	理由	け

II

問1		問2
g	浮く ・ 沈む	

問3				問4
①	②	③	④	mm

III

問1		問2
あ	い	

問3		問4	問5	問6
i g	ii g	g	g	%

IV

問1	問2

問3

厚 い 鉄 板 よ り も ス チ ー ル ウ ー ル の ほ う が ，

問4			問5	問6	問7	
				L		

桜蔭中学校　2022年度

◇社会◇

※ 108%に拡大していただくと，解答欄は実物大になります。

I　問５と問６の解答場所に注意すること

問1	1		2		3		4	
	5		6	日	7		8	
	9		10		11		12	

問2		問3		問4		問6	

問5	

問7	

II

問1	1		2	寺	3		4	
	5		6		7			

問2		問3		問4		問5	

問6	

問7		問8		問9		問10		問11		問12	

問13		問14		問15	

問16		問17		問18	

III

1		2		3	権	4					
5		問A		問B		問C		問D		問E	

桜蔭中学校　2022年度

◇国語◇

※ 161%に拡大していただくと，解答欄は実物大になります。

一

問一	問二	問三	問四	問五	問六
a	A	B			
b					
c					

二

問一	問二	問三	問四		問五	問六
a	ア	A	①	②		
b	イ					
c						

桜蔭中学校　2021年度

◇算数◇

※ 164%に拡大していただくと，解答欄は実物大になります。

I

ア		イ		ウ	
エ		オ		カ	
キ					

II

ア		イ		ウ		エ	

III

(1)式

答　　　　cm^3

(2)式

答

(3)式

答 かかる時間　　　　分

(積み方)

1段目	2段目	3段目	4段目	5段目	6段目	7段目	8段目

(4) (積み方)

1段目	2段目	3段目	4段目	5段目	6段目	7段目	8段目

IV

(1)式

答 Aさん　　　　分　Bさん　　　　分

(2)式

答 1回目　　　　分後　2回目　　　　分後

(3)式

答　　　　分後

桜蔭中学校　2021年度

◇理科◇

※ 106%に拡大していただくと，解答欄は実物大になります。

Ⅰ

問1	問2	問3	問4	問5
問6				
①	②	③	④	⑤
問6			問7	
⑥	⑦	⑧		

Ⅱ

問1	問2	問3	問4
問5			

Ⅲ

問1			
問2			
(1)		(2)	
問3			問4
体積　mL	位置		%
問5		問6	
(1)　g	(2)　%	(1)	(2)　%

Ⅳ

問1		問2
(1)　分	(2)　時　分	時間　分　早い・おそい
問3		
(1)	(2)	

桜蔭中学校　2021年度

◇社会◇

※ 108％に拡大していただくと，解答欄は実物大になります。

I

問1	1		2	半島	3		4	

問2		問3		問4	a		b		c		d		e	

問5	5		6		7		問6	

問7	

問8	a		b		c	

問9	a		b		c		d	

II

A		B		C		D	

1	県	2		3	教	4	
5		6	藩	7		8	

①		②		③		④		⑤	

⑥	→	→	→	⑦	

⑧	

⑨		⑩		⑪	

III

1	法	2	権	3	裁判	4	

5		問A		問B		問C		問D		問E	

桜蔭中学校　2021年度

◇国語◇

※ 161％に拡大していただくと，解答欄は実物大になります。

一

問一		問二	問三	問四	
a	d			X	Y
b	e				
c					

二

問一	問二	問三	問四	問五	問六	問七
①						
②						
③						

桜蔭中学校　2020年度

◇算数◇

※ 166％に拡大していただくと，解答欄は実物大になります。

I

ア		イ		ウ	
エ		オ			

II

(1)①式

答　　　回転

②式

答　　　周

(2)(a)①式

答　　　cm^3

②式

答　　　cm^2

③式

答　　　cm^2

(b)①式

答　　　段　　　個

②式

答　　　cm^2

III

(1)ア		イ	

(2)式

答　　　cm^3

(3)①式

答　　　cm^2

②式

答　　　cm^2

IV

(1)式

答

(2)①

10gの球の個数					
20gの球の個数					
60gの球の個数					

②式

答

桜蔭中学校　2020年度　　◇理科◇

※ 104％に拡大していただくと，解答欄は実物大になります。

Ⅰ

問1							
ア	イ	ウ		エ		オ	
問2		問3		問4		問5	
(1)	(2)	(3)	(4)				
問6							
カ		キ					

Ⅱ

問1	問2	問3
問4	問5	問6
台	cm^3	g

Ⅲ

問1	問2		問3　(1)	
	(1)	(2)	あ	う
問3　(2)				
問3　(3)				

Ⅳ

問1	問2	問3	問4
cm	cm	cm	g
問5	問6		
g			

Ⅴ

問1					
順序			理由		
問2					
氷のようす			水の高さ		
A	B	C	A	B	C

桜蔭中学校　2020年度

◇社会◇

※ 106%に拡大していただくと，解答欄は実物大になります。

I

問1	1		問2	2		3		4	
	5		6		7		8		
問3									
問4		問5							
問6	ア		イ		ウ		エ		オ		問7	
問8									

II

1		2		3		4	
問1		問2					
問3		問4		問5			
問6		問7		問8			

III

1		2		問1	年
問2	ア				
	イ				
問3		問4		問5	

IV

1		2		3		4				
5		A		B		C		D		E	

桜蔭中学校　2020年度

◇国語◇

※ 155％に拡大していただくと，解答欄は実物大になります。

一

問一	問二	問三	問四	問五
ア イ	① ② ③ ④ ⑤			

二

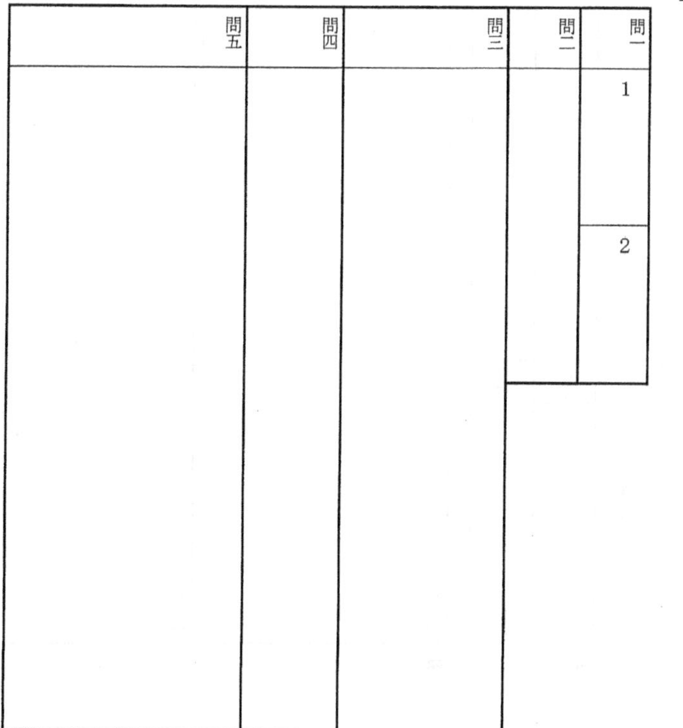

桜蔭中学校　2019年度

◇算数◇

※この解答用紙は166%に拡大していただくと，実物大になります。

I

(1)		(2)ア		(2)イ	
(3)ア		(3)イ		(3)ウ	

II

(1)①式

答＿＿＿＿cm²

(1)②式

答＿＿＿＿cm

(2)①式

答　図形＿＿＿＿，面積＿＿＿＿cm²

(2)② ア		(2)② イ		(2)② ウ		(2)② エ	

III

(1)式

答＿＿＿＿g

(2)式

答＿＿＿＿g

IV

(1)ア		(1)イ	

(2)式

答

時	分
時	分
時	分
時	分
時	分

(3)考え方

答

時	分
時	分
時	分
時	分
時	分
時	分
時	分

桜蔭中学校　2019年度　◇理科◇

※この解答用紙は103%に拡大していただくと，実物大になります。

I

問1	問2		問3 ①	問3 ②

問4 砂糖	問4 水	問5	問6
g	g		

問7	問8 ①	問8 ②

問9（30字）

20　30

II

問1 ①	②	③	④	⑤	⑥

問2	問3	問4	問5	問6

問7	問8			
秒				

III

問1	問2	問3 ①	問3 ②	問4
				秒

問5	問6	問7 ①	②	③	④
L	%				

IV

問1	問2	問3	問4	問5

問6	問7	
	座	座

桜蔭中学校　2019年度

◇社会◇

※この解答用紙は106%に拡大していただくと，実物大になります。

I

問1		問2		問3		問4	
問5		問6		問7			
問8		問9					
問10							
問11		問12					
問13							
問14							
問15		問16		問17		問18	
問19		問20		問21	X	Y	問22

問23	A		B		C		D		E	
	F		G		H		I		J	
問24										
問25	あ		い		う		え			

II

1		2		3		4	制
5	条約						
A		B		C		D	
E							

桜蔭中学校　2019年度

◇国語◇

※この解答用紙は160％に拡大していただくと，実物大になります。

一

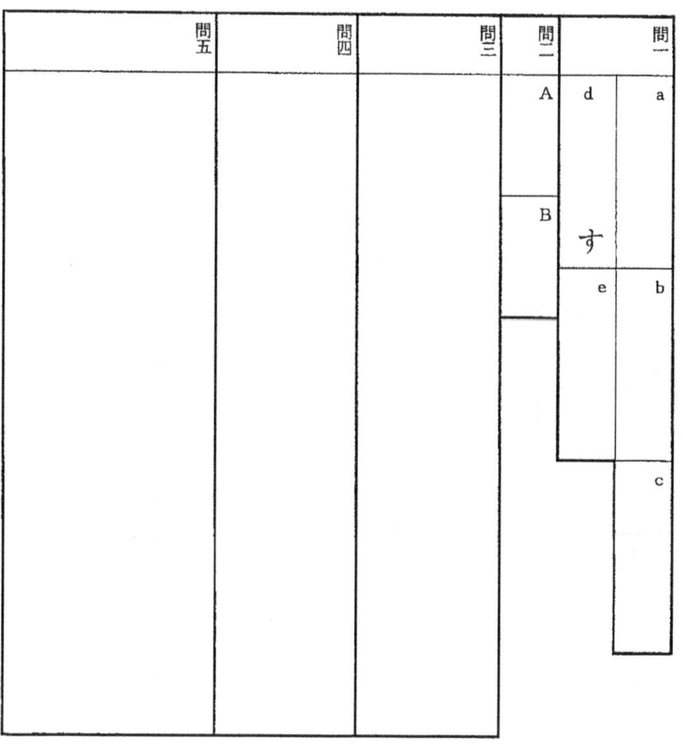

二

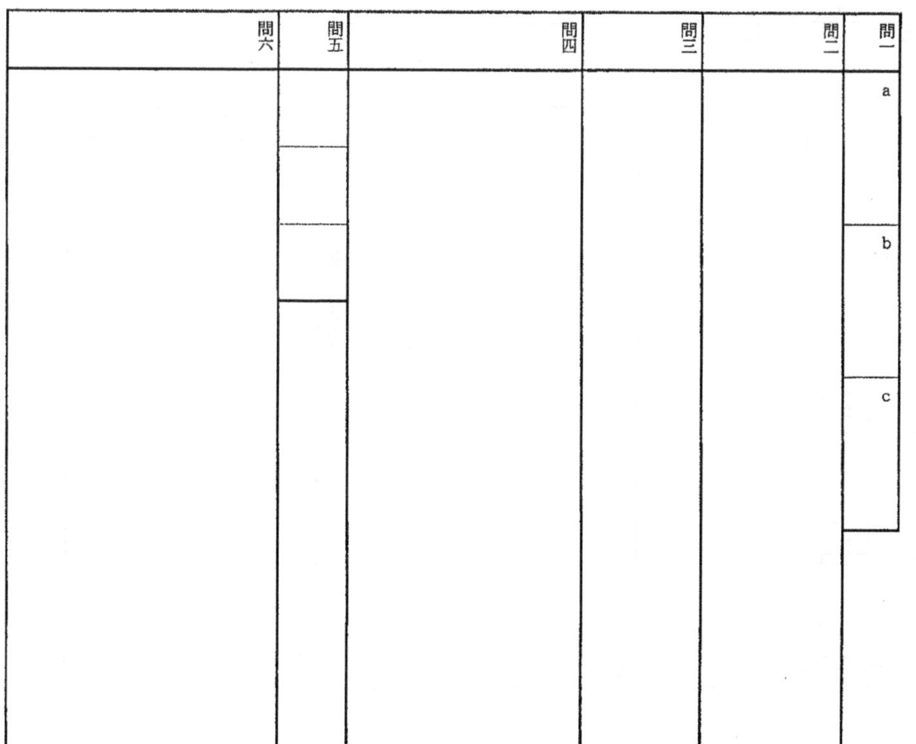

桜蔭中学校　平成30年度

◇算数◇

※この解答用紙は199%に拡大していただくと，実物大になります。

I

(1)		(2)①		(2)②	
(3)(ア)		(3)(イ)		(3)(ウ)	

II

(1)① 式

答　A＋A　　　cm^2，A＋B　　　cm^2，B＋B　　　cm^2

(1)② 式

答　Bを　　個使う，作った図形の面積　　　cm^2

(2)① 考え方

答　　　通り

(2)② 式

答　　　通り

III

(1)	円	(3) それぞれの店で手に入れる冊数												
		A店												
(2)	冊	B店												
		C店												

IV

(1) 式

答　　　秒後

(2)① 式

答　　　cm

(2)② 式

答　残っている水の体積　　　cm^3，水面の高さ　　　cm

○推定配点○　各5点×20(Ⅲ(3)完答)　　計100点

/100

桜蔭中学校　平成30年度　　◇理科◇

※この解答用紙は110%に拡大していただくと，実物大になります。

I

問1		問2		問3		
金属	記号	面積	位置	①	②	③

問4	問5

II

問1			問2		
水	氷	水蒸気	(1)	(2)	(3)

問2		問3	
(1)の状態変化	(2)の現象	(1)気体の名前	性質

問3		問4	
(2)白い粉	白いけむり	(1)	(2)

III

問1			問2			問3
(1)	(2)あ	い	(1)	(2)A	C	

問4

問5	
(1)　L	(2)　kg

IV

問1	問2		問3	問4	問5	
	気温	必要なもの		%	呼吸　%	光合成　%

問6	問7	問8	問9

問10	問11

○推定配点○
Ⅰ　問1～問4　各1点×8(問4完答)　問5　3点
Ⅱ　各1点×14(問1水・水蒸気，問3(1)性質 完答)
Ⅲ　問1～問3　各1点×7　問4・問5　各3点×3
Ⅳ　問1～問3・問5～問7・問10・問11　各1点×10(問2必要なもの・問3・問7各完答)
問4・問8・問9　各3点×3　計60点

/60

桜蔭中学校　平成30年度

◇社会◇

※この解答用紙は111％に拡大していただくと，実物大になります。

Ⅰ

1		2	省	3		4	
問1		問2					
問3	a		b	Q	R	c	
d							
問4							
問5	A		B		C		D		E		F	

Ⅱ

A		B		C		D		E	
F		G		H		I			
1		2		3		4			
①		②		③					
④									
⑤		⑥							
⑦		⑧		⑨					

Ⅲ

1	法	2		3		4	権		
5		6		A		B		C		D	

○推定配点○　Ⅰ　問3d　3点　　他　各1点×17
Ⅱ　④・⑥　各2点×2　　他　各1点×20
Ⅲ　1～6　各2点×6　　他　各1点×4　　計60点

/60

桜蔭中学校　平成30年度　◇国語◇

※この解答用紙は163％に拡大していただくと，実物大になります。

一

問一 a 交 / b 巾 / c 中 / d 談

問二 1 / 2 / 3 / 4 / 5

問三 A / B

問四

問五

二

問一 a / b / c / d

問二

問三

問四

問五

問六

○推定配点○　一　問一・問二　各2点×9　問三　各8点×2　他　各7点×2
二　問一　各2点×4　問二・問五　各7点×2　他　各10点×3　計100点

/100

桜蔭中学校　平成29年度

◇算数◇

※この解答用紙は199%に拡大していただくと，実物大になります。

I

(1)	①		②			
(2)	①		②		③	

II

(1) 式

答　秒後

(2) 式

答　分　秒後

III

(1)①式

答　毎秒　cm^3

②式

答　cm

(2) 式

答　毎秒　cm^3

IV

(1) 式

立体1	白　cm^2	赤　cm^2
立体2	白　cm^2	青　cm^2
立体3	白　cm^2	黄色　cm^2

(2) 式

答　cm^2

(3) 考え方

完成した立体の個数							
立体1							
立体2							
立体3							

V

(1) 式

答　cm^3

(2) 式

答　cm^3

(3) 式

答　cm^3

○推定配点○　IV(3)　各5点×4　他　各4点×20　計100点

/100

桜蔭中学校　平成29年度　　　　　　　◇理科◇

※この解答用紙は114%に拡大していただくと，実物大になります。

Ⅰ

問1		問2	問3	
時間	実験の組み合わせ		角度	道のり
(a)	と			
(b)	と	問4　　秒		
(c)	と			

Ⅱ

問1	問2		問3	問4	問5

Ⅲ

問1	問2	問3	問4	問5	問6				
					①	②	③	④	⑤

Ⅳ

問1	問2			問3	問4			
	A	B	C					

問5		
A	B	C

Ⅴ

問1

水100gにとける量（g）: 0, 50, 100, 150, 200, 250, 300, 350, 400

（例）×

水の温度（℃）: 0, 10, 20, 30, 40, 50, 60, 70, 80

問2	問3
℃	g

問4	
問5	
(a)記号	残った量　g
(b)記号	残った量　g
(c)	

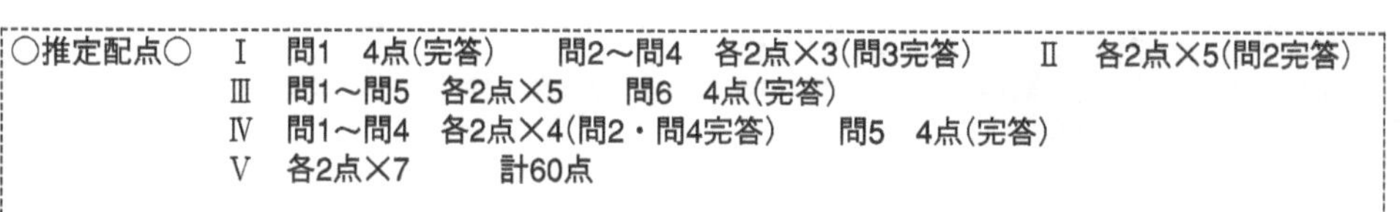

○推定配点○　Ⅰ　問1　4点(完答)　　問2～問4　各2点×3(問3完答)　　Ⅱ　各2点×5(問2完答)
Ⅲ　問1～問5　各2点×5　　問6　4点(完答)
Ⅳ　問1～問4　各2点×4(問2・問4完答)　　問5　4点(完答)
Ⅴ　各2点×7　　　計60点

／60

桜蔭中学校　平成29年度　◇社会◇

※この解答用紙は114%に拡大していただくと，実物大になります。

I

問1		問2		問3		問4	
問5		問6		問7	1	2	3	4

問8 (answer grid)

問9		問10		問11		問13	

問12 (answer grid)

II

1		2		3		4	
問1		問2		問3		問4	
問5		問6					

III

1		2		3							
問1		問2		問3		問4		問5		問6	
問7											
問8		問9		問10	→　→　→						

IV

①	A		1	制度	②	B		2	
③	C		3		④	D		4	
⑤	E		5						

○推定配点○　I　問8　5点　問12　4点　他　各1点×14
II　問5　3点　他　各1点×9　III　問7　3点　他　各1点×12
IV　各1点×10　計60点

/60

桜蔭中学校　平成29年度

◇国語◇

※この解答用紙は163％に拡大していただくと，実物大になります。

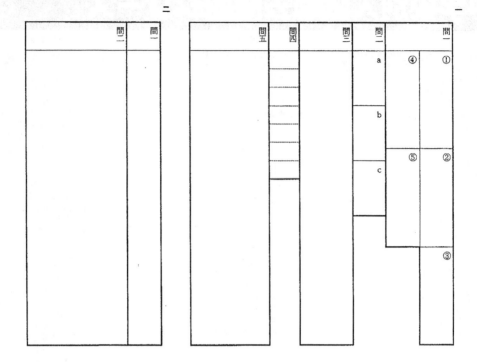

一

問一 ① ② ③ ④ ⑤

問二 a b c

問三

問四

問五

二

問一

問二

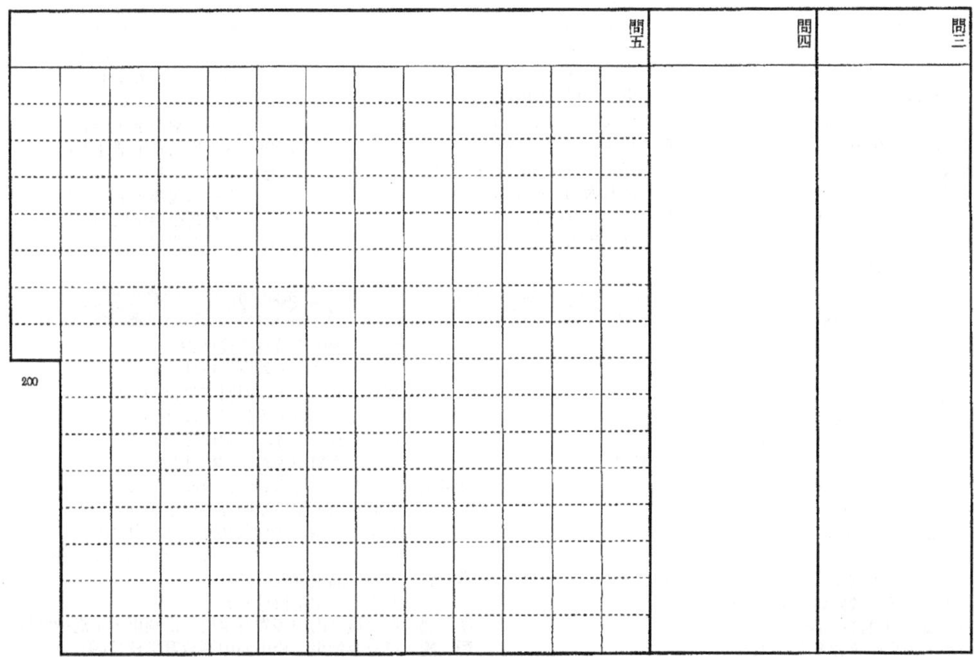

○推定配点○　一　問一・問二・問四　各4点×9　他　各10点×2
二　問一　4点　他　各10点×4　計100点

/100

東京学参の
高校別入試過去問題シリーズ

＊出版校は一部変更することがあります。一覧にない学校はお問い合わせください。

東京ラインナップ

- あ 愛国高校（A59）
- 青山学院高等部（A16）★
- 桜美林高校（A37）
- お茶の水女子大附属高校（A04）
- か 開成高校（A05）★
- 共立女子第二高校（A40）★
- 慶應義塾女子高校（A13）
- 啓明学園高校（A68）★
- 国学院高校（A30）
- 国学院大久我山高校（A31）
- 国際基督教大高校（A06）
- 小平錦城高校（A61）★
- 駒澤大高校（A32）
- さ 芝浦工業大附属高校（A35）
- 修徳高校（A52）
- 城北高校（A21）
- 専修大附属高校（A28）
- 創価高校（A66）★
- た 拓殖大第一高校（A53）
- 立川女子高校（A41）
- 玉川学園高等部（A56）
- 中央大高校（A19）
- 中央大杉並高校（A18）★
- 中央大附属高校（A17）
- 筑波大附属高校（A01）
- 筑波大附属駒場高校（A02）
- 帝京大高校（A60）
- 東海大菅生高校（A42）
- 東京学芸大附属高校（A03）
- 東京実業高校（A62）
- 東京農業大第一高校（A39）
- 桐朋高校（A15）
- 都立青山高校（A73）★
- 都立国立高校（A76）★
- 都立国際高校（A80）★
- 都立国分寺高校（A78）★
- 都立新宿高校（A77）★
- 都立墨田川高校（A81）★
- 都立立川高校（A75）★
- 都立戸山高校（A72）★
- 都立西高校（A71）★
- 都立八王子東高校（A74）★
- 都立日比谷高校（A70）★
- な 日本大櫻丘高校（A25）
- 日本大第一高校（A50）
- 日本大第三高校（A48）
- 日本大第二高校（A27）
- 日本大鶴ヶ丘高校（A26）
- 日本大豊山高校（A23）
- は 八王子学園八王子高校（A64）
- 法政大高校（A29）
- ま 明治学院高校（A38）
- 明治学院東村山高校（A49）
- 明治大付属中野高校（A33）
- 明治大付属八王子高校（A67）
- 明治大付属明治高校（A34）★
- 明法高校（A63）
- わ 早稲田実業学校高等部（A09）
- 早稲田大高等学院（A07）

神奈川ラインナップ

- あ 麻布大附属高校（B04）
- アレセイア湘南高校（B24）
- か 慶應義塾高校（A11）
- 神奈川県公立高校特色検査（B00）
- さ 相洋高校（B18）
- た 立花学園高校（B23）
- 桐蔭学園高校（B01）
- 東海大付属相模高校（B03）★
- 桐光学園高校（B11）
- な 日本大高校（B06）
- 日本大藤沢高校（B07）
- は 平塚学園高校（B22）
- 藤沢翔陵高校（B08）
- 法政大国際高校（B17）
- 法政大第二高校（B02）★
- や 山手学院高校（B09）
- 横須賀学院高校（B20）
- 横浜商科大高校（B05）
- 横浜市立横浜サイエンスフロンティア高校（B70）
- 横浜翠陵高校（B14）
- 横浜清風高校（B10）
- 横浜創英高校（B21）
- 横浜隼人高校（B16）
- 横浜富士見丘学園高校（B25）

千葉ラインナップ

- あ 愛国学園大附属四街道高校（C26）
- 我孫子二階堂高校（C17）
- 市川高校（C01）★
- か 敬愛学園高校（C15）
- さ 芝浦工業大柏高校（C09）
- 渋谷教育学園幕張高校（C16）★
- 翔凜高校（C34）
- 昭和学院秀英高校（C23）
- 専修大松戸高校（C02）
- た 千葉英和高校（C18）
- 千葉敬愛高校（C05）
- 千葉経済大附属高校（C27）
- 千葉日本大第一高校（C06）★
- 千葉明徳高校（C20）
- 千葉黎明高校（C24）
- 東海大付属浦安高校（C03）
- 東京学館高校（C14）
- 東京学館浦安高校（C31）
- な 日本体育大柏高校（C30）
- 日本大習志野高校（C07）
- は 日出学園高校（C08）
- や 八千代松陰高校（C12）
- ら 流通経済大付属柏高校（C19）★

埼玉ラインナップ

- あ 浦和学院高校（D21）
- 大妻嵐山高校（D04）★
- か 開智高校（D08）
- 開智未来高校（D13）★
- 春日部共栄高校（D07）
- 川越東高校（D12）
- 慶應義塾志木高校（A12）
- さ 埼玉栄高校（D09）
- 栄東高校（D14）
- 狭山ヶ丘高校（D24）
- 昌平高校（D23）
- 西武学園文理高校（D10）
- 西武台高校（D06）
- た 東京農業大第三高校（D18）
- は 武南高校（D05）
- 本庄東高校（D20）
- や 山村国際高校（D19）
- ら 立教新座高校（A14）
- わ 早稲田大本庄高等学院（A10）

北関東・甲信越ラインナップ

- あ 愛国学園大附属龍ヶ崎高校（E07）
- 宇都宮短大附属高校（E24）
- か 鹿島学園高校（E08）
- 霞ヶ浦高校（E03）
- 共愛学園高校（E31）
- 甲陵高校（E43）
- 国立高等専門学校（A00）
- さ 作新学院高校
  - （トップ英進・英進部）（E21）
  - （情報科学・総合進学部）（E22）
- 常総学院高校（E04）
- た 中越高校（R03）＊
- 土浦日本大高校（E01）
- 東洋大附属牛久高校（E02）
- な 新潟青陵高校（R02）
- 新潟明訓高校（R04）
- 日本文理高校（R01）
- は 白鷗大足利高校（E25）
- ま 前橋育英高校（E32）
- や 山梨学院高校（E41）

中京圏ラインナップ

- あ 愛知高校（F02）
- 愛知啓成高校（F09）
- 愛知工業大名電高校（F06）
- 愛知みずほ大瑞穂高校（F25）
- 暁高校（3年制）（F50）
- 鶯谷高校（F60）
- 栄徳高校（F29）
- 桜花学園高校（F14）
- 岡崎城西高校（F34）
- か 岐阜聖徳学園高校（F62）
- 岐阜東高校（F61）
- 享栄高校（F18）
- さ 桜丘高校（F36）
- 至学館高校（F19）
- 椙山女学園高校（F10）
- 鈴鹿高校（F53）
- 星城高校（F27）★
- 誠信高校（F33）
- 清林館高校（F16）★
- た 大成高校（F28）
- 大同大大同高校（F30）
- 高田高校（F51）
- 滝高校（F03）★
- 中京高校（F63）
- 中京大附属中京高校（F11）★
- 中部大春日丘高校（F26）★
- 中部大第一高校（F32）
- 津田学園高校（F54）
- 東海高校（F04）★
- 東海学園高校（F20）
- 東邦高校（F12）
- 同朋高校（F22）
- 豊田大谷高校（F35）
- な 名古屋高校（F13）
- 名古屋大谷高校（F23）
- 名古屋経済大市邨高校（F08）
- 名古屋経済大高蔵高校（F05）
- 名古屋女子大高校（F24）
- 名古屋たちばな高校（F21）
- 日本福祉大付属高校（F17）
- 人間環境大附属岡崎高校（F37）
- は 光ヶ丘女子高校（F38）
- 誉高校（F31）
- ま 三重高校（F52）
- 名城大附属高校（F15）

宮城ラインナップ

- さ 尚絅学院高校（G02）
- 聖ウルスラ学院英智高校（G01）★
- 聖和学園高校（G05）
- 仙台育英学園高校（G04）
- 仙台城南高校（G06）
- 仙台白百合学園高校（G12）
- た 東北学院高校（G03）★
- 東北学院榴ヶ岡高校（G08）
- 東北高校（G11）
- 東北生活文化大高校（G10）
- 常盤木学園高校（G07）
- は 古川学園高校（G13）
- ま 宮城学院高校（G09）★

北海道ラインナップ

- さ 札幌光星高校（H06）
- 札幌静修高校（H09）
- 札幌第一高校（H01）
- 札幌北斗高校（H04）
- 札幌龍谷学園高校（H08）
- は 北海高校（H03）
- 北海学園札幌高校（H07）
- 北海道科学大高校（H05）
- ら 立命館慶祥高校（H02）

★はリスニング音声データのダウンロード付き。

都道府県別 公立高校入試過去問 シリーズ

- 全国47都道府県別に出版
- 最近数年間の検査問題収録
- リスニングテスト音声対応

公立高校入試対策 問題集シリーズ

- 目標得点別・公立入試の数学（基礎編）
- 実戦問題演習・公立入試の数学（実力錬成編）
- 実戦問題演習・公立入試の英語（基礎編・実力錬成編）
- 形式別演習・公立入試の国語
- 実戦問題演習・公立入試の理科
- 実戦問題演習・公立入試の社会

高校入試特訓問題集 シリーズ

- 英語長文難関攻略33選（改訂版）
- 英語長文テーマ別難関攻略30選
- 英文法難関攻略20選
- 英語難関徹底攻略33選
- 古文完全攻略63選（改訂版）
- 国語融合問題完全攻略30選
- 国語長文難関徹底攻略30選
- 国語知識問題完全攻略13選
- 数学の図形と関数・グラフの融合問題完全攻略272選
- 数学難関徹底攻略700選
- 数学の難問80選
- 数学 思考力―規則性とデータの分析と活用―

〈ダウンロードコンテンツについて〉

本問題集のダウンロードコンテンツ、弊社ホームページで配信しております。現在ご利用いただけるのは「2025年度受験用」に対応したもので、**2025年3月末日**までダウンロード可能です。弊社ホームページにアクセスの上、ご利用ください。

※配信期間が終了いたしますと、ご利用いただけませんのでご了承ください。

中学別入試過去問題シリーズ

桜蔭中学校　2025年度

ISBN978-4-8141-3140-2

[発行所] 東京学参株式会社

〒153-0043　東京都目黒区東山2-6-4

書籍の内容についてのお問い合わせは右のQRコードから ⇒

※書籍の内容についてのお電話でのお問い合わせ、本書の内容を超えたご質問には対応できませんのでご了承ください。

2024年3月29日　初版